Wilhelm Brinkmann / Jörg Petersen (Hrsg.)

Theorien und Modelle der Allgemeinen Pädagogik

Eine Orientierungshilfe für Studierende der Pädagogik und in der pädagogischen Praxis Tätige

Ⓐ Auer Verlag GmbH

Gedruck auf umweltbewußt gefertigtem, chlorfrei gebleichtem
und alterungsbeständigem Papier

1. Auflage 1998
© by Auer Verlag GmbH, Donauwörth. 1998
Alle Rechte vorbehalten
Gesamtherstellung: Ludwig Auer GmbH, Donauwörth
ISBN 3-403-03129-2

Inhalt

**Exkurse – oder die Anwendung allgemeinpädagogischen Denkens
am Beispiel**

Vorwort

Prüfungen im Rahmen des Ersten Staatsexamens für die Lehrämter, aber auch im Bereich der pädagogischen Hauptfachstudiengänge (Diplom, Magister) waren für uns ein wiederkehrender Ort der Erfahrung, wie schwierig es für die Studierenden ist, sich ein zutreffendes Bild und verläßliche Informationen über die Geschichte, den Stand und die Entwicklungsperspektiven der Allgemeinen Pädagogik zu verschaffen. Neben anderen Gründen resultiert diese Schwierigkeit unseres Erachtens vor allem aus zwei Umständen: zum einen aus der für Studierende nur unter großen Mühen zu verarbeitenden Fülle ganz unterschiedlich strukturierter und verstreuter Literaturfundstellen und zum anderen aus der Heterogenität und Konkurrenz der Entwürfe einer Allgemeinen Pädagogik in unserer Disziplin.

Diesen Schwierigkeiten wollen wir mit dem vorliegenden Band abhelfen. Er richtet sich an Studierende im Haupt- und Nebenfach Pädagogik und in Lehramtsstudiengängen sowie an praktizierende Pädagogen und alle anderen Interessenten, denen er eine erste Einführung in und einen orientierenden Überblick über die Vielfalt von *Theorien und Modellen Allgemeiner Pädagogik* geben will. Zu diesem Zweck haben wir sowohl *theoretische* Beiträge eingeworben, die über das Allgemeine der Pädagogik, die Allgemeine Pädagogik sowie über die allgemeine pädagogische Diskussion über diese Themen informieren, als auch historische Beiträge, die ausschnitthaft und exemplarisch einen Blick auf besondere Etappen in der Entwicklungsgeschichte der Allgemeinen Pädagogik werfen, sowie schließlich *konzeptionelle* Beiträge, in denen die Autoren der verschiedenen, in der gegenwärtigen Fachdiskussion dominierenden Modelle Allgemeiner Pädagogik Gelegenheit hatten, ihren Entwurf darzustellen und gegebenenfalls gegen andere Entwürfe abzugrenzen.

Die Kollegen, die unserer Einladung zur Mitarbeit gefolgt sind, haben sich bereit erklärt, ihre Beiträge als einführende Orientierungen zu konzipieren und so aufzubauen, daß sie der Leserin und dem Leser die Möglichkeit zu einer gezielten Intensivierung der eigenen Studien eröffnen. Das gilt insbesondere im Hinblick auf die Adressatenbezogenheit der sprachlichen Gestaltung und auf die Qualität der Literaturverweise. Dafür sagen wir auch an dieser Stelle herzlichen Dank, ebenso für die unkomplizierte und konstruktive Kooperation. Unseren Mitarbeiterinnen und Mitarbeitern im Institut für Pädagogik der Christian-Albrechts-Universität zu Kiel danken wir für vielfältige Unterstützung, besonders Petra Kühnberger und Rosemarie Lüthje-Witt für das Erfassen und Ordnen von Manuskripten und die Koordination der editorischen Tätigkeit.

Dem Auer Verlag schließlich danken wir für seine Bereitschaft, das Buch in sein Verlagsprogramm und in die Reihe *Bildung und Erziehung* aufzunehmen.

Für alle etwaigen Mängel des Buches tragen gleichwohl die Herausgeber die alleinige Verantwortung.

Kiel, im August 1998   *Wilhelm Brinkmann, Jörg Petersen*

Wilhelm Brinkmann / Jörg Petersen

Und es gibt sie doch – die Allgemeine Pädagogik

Allerdings, und hier ist schon die erste Einschränkung notwendig, sie existiert nicht als *die* Allgemeine Pädagogik, sondern als ein bisher loser Verbund *unterschiedlicher* Positionen mit unterschiedlichen Zielformulierungen, Argumentationsfiguren und Beweisgründen.

1969 hat Herwig BLANKERTZ den überaus erfolgreichen Versuch unternommen, die zeitgenössischen ‚Theorien und Modelle der Didaktik' zu sichten, zu ordnen und für die systematische Lehre zugänglich zu machen. Nahezu zeitgleich erschienen die Überblicke von Karl Ernst NIPKOW (1968), Horst RUPRECHT (1972) und für den Bereich der DDR der Band von Lothar KLINGBERG (1972). Ohne die Liste derartiger Zusammenfassungen vervollständigen zu wollen, zeigt schon die Konzentration solcher Bemühungen in einem relativ eng begrenzten Zeitraum an, daß eine Phase didaktischer Theoriebildung als vorläufig abgeschlossen betrachtet wurde, die wesentlich durch drei didaktische Schulen bzw. Strömungen beeinflußt war: die bildungstheoretische Didaktik, die lerntheoretische Didaktik und die kybernetisch und/oder informationstheoretisch orientierte Didaktik.

Ob die theoretische Entwicklung im Bereich der Allgemeinen Pädagogik heute schon so weit vorangeschritten ist, daß es sich lohnt, die vorliegenden Arbeiten unter den Gesichtspunkten einer Zusammenschau zu ordnen und der Lehre zugänglich zu machen, bleibt der außenstehenden Beurteilung des Vorhabens selbst überlassen. Zu beobachten ist auf jeden Fall seit den frühen achtziger Jahren auch im Bereich der Allgemeinen Pädagogik eine Konzentration von Versuchen mit dem Ziel, die Wissensbasis einer wie immer strukturierten Allgemeinen Pädagogik in didaktischer und legitimatorischer Absicht zu konturieren und Handlungsorientierungen aufzuzeigen. Wir rechnen unter vielen anderen dazu die „Allgemeine Pädagogik" von Hans-Jochen GAMM (1979), Karl Alfred TREMLS „Einführung in die Allgemeine Pädagogik" (1987), die zeitgleich erschienene „Allgemeine Pädagogik" von Dietrich BENNER, Theodor DIETRICHS „Zeit- und Grundfragen der Pädagogik" (1988), Heinz-Elmar TENORTHS „Geschichte der Erziehung" (1988), den 1993 erschienenen Wiederabdruck der „Allgemeinen Erziehungswissenschaft" von Hermann RÖHRS, die Edition von Jörg PETERSEN und Gerd-Bodo REINERT unter der Überschrift „Pädagogische Konzeptionen" (1992) und die vierbändige „Einführung in die Grundbegriffe und Grundfragen der Erziehungswissenschaft" von Heinz-Hermann KRÜGER und Werner HELSPER aus dem Jahr 1996 – in der zweiten Auflage.

Nicht ganz unerwähnt bleiben sollen die zahlreichen unter eher prüfungstak-

7

tischen Gesichtspunkten erstellten Zusammenfassungen, wie das „Grundwissen Pädagogik" von Friedrich W. KRON (1988), das „Studienbuch Pädagogik" von KAISER & KAISER – 1996 bereits in 8. Auflage erschienen – und nicht zuletzt das „Pädagogische Grundwissen" von Herbert GUDJONS, 1995 als 4., überarbeitete und erweiterte Auflage vorgestellt.

Diesen zahlreichen Bemühungen legitimatorischer, paradigmatischer und pragmatischer Art um Inhalt und Struktur einer Allgemeinen Pädagogik korrespondiert eine hohe Anzahl von Veröffentlichungen, die sich, häufig verstreut als Aufsätze vorliegend, an den Bedingungen der Notwendigkeit und Möglichkeit einer Allgemeinen Pädagogik im Kontext einer sich in Spezialdisziplinen differenzierenden Pädagogik abarbeiten.

Allen hier nur an wenigen Publikationstiteln herausgestellten Bemühungen vordergründig gemeinsam ist der Wille zum System, die Anerkennung eines leitenden Prinzips, das im weitesten Sinne als „systematisch" bezeichnet werden kann. Denn „systematisch" (lat. systematicus), als Ableitung zum Substantiv „System" (lat.: sýstemus), meint ja nichts anderes, als daß hier irgend etwas in ein System gebracht, *also ordentlich und planvoll und folgerichtig gegliedert wird*. Auf einen zweiten Blick ist der Tatbestand jedoch, was die Allgemeine Pädagogik angeht, keinesfalls so selbstverständlich. Denn Gliederungsgesichtspunkte einer sich ausdifferenzierenden Disziplin, die sich durch eine fast unüberschaubare Breite ihrer Erkenntnis- und Handlungsfelder und Erkenntnis- und Handlungsmethoden auszeichnet, können ihrerseits äußerst vielfältig sein und sind in ihren jeweils vorfindbaren Konfigurationen weder „natürlich" noch „selbstverständlich", sondern immer das Ergebnis geistiger Anstrengungen und Auseinandersetzungen, die so weit führen können, daß sich der Erkenntnisgegenstand „Allgemeine Pädagogik" gleichsam ‚unter der Hand' auflöst in ein bloßes Ordnungschema pädagogischer Regional-Disziplinen.

Ein Gedankenexperiment und ein kurzer Blick auf einige Erkenntnis- und Handlungsfelder der Pädagogik soll diese Thematik verdeutlichen. Schulpädagogik, Erwachsenenbildung, Berufs- und Betriebspädagogik, Sozialpädagogik, Verkehrserziehung, Sexualpädagogik, Geragogik, Vorschulpädagogik, Sonderpädagogik, Medienpädagogik, Computerpädagogik, Umweltpädagogik und Friedenspädagogik – das alles sind nur einige Regional-Pädagogiken, die sich bei einem einfachen Nachschlagen der Sachwortregister beliebiger Wörterbücher der Pädagogik finden lassen und die ihren Bezug zu einer Allgemeinen Pädagogik nur in wenigen Fällen explizit noch angeben.

Motivation, Schulangst, Disziplin, Aggressivität, Lehrer-Schüler-Interaktion, Sozialverhalten, Emanzipation, Impulsverfahren, Schulleistung, didaktische Modelle, soziale Schicht, Sozialisation, Personalisation, Bildung, Kommunikationsfähigkeit usf. – das sind nur einige Hinweise auf Begriffe, Konstrukte, Gegenstands- und Forschungsfelder der Pädagogik, die auf einer etwas anderen Reflexionsebene anzusiedeln sind, gleichwohl aber auch die Komplexität der Disziplin und zusätzlich ihre Verbindungen zu den Nachbardisziplinen (u. a. Psychologie, Soziologie, Anthropologie) verdeutlichen.

Und nicht zuletzt zeichnet sich die Allgemeine Pädagogik durch eine Vielzahl unterschiedlicher wissenschaftstheoretischer Konzeptionen und damit mittelbar zusammenhängender Forschungsmethoden aus. Das sind Denkfiguren oder auch, wie es in dem Sammelband „Pädagogische Konzeptionen" von PETERSEN & REINERT heißt: „Orientierungen" oder „Konzepte". Geisteswissenschaftlich orientierte Pädagogik, historische Pädagogik, empirisch orientierte Pädagogik, phänomenologisch orientierte Pädagogik, handlungstheoretisch orientierte Pädagogik, transzendental-kritisch orientierte Pädagogik, biographisch orientierte Pädagogik sind auch für dieses letzte Beispiel nur einige Aufzählungen.

Deutlich wird, daß sich die Allgemeine Pädagogik nicht nur in ganz unterschiedlicher Weise begrifflich ihrer Komplexität versichert, sondern daß auch schon die Reihung und sprachliche Schichtung der hier angeführten Beispiele nicht ganz zufällig ist, sondern in unserem Gedankenexperiment schon in systematischer Absicht auf eine von vielen möglichen Strukturen einer Allgemeinen Pädagogik verweist. Die erste Beispielsserie erfaßt ein Großteil der sogenannten Bindestrich-Pädagogiken oder auch Regional-Pädagogiken. Die zweite Beispielsreihe benennt vorwiegend sprachliche Zeichen mit dem Charakter von pädagogisch-psychologischen Konstrukten aus dem Bereich einer Regional-Pädagogik, nämlich der Schulpädagogik. Die dritte und letzte Beispielsreihe schließlich verweist auf Erkenntnishaltungen und Denkansätze im Sinne von Konzepten (wie empirisch orientierte Pädagogik, geisteswissenschaftlich orientierte Pädagogik, phänomenologisch orientierte Pädagogik usf.).

Im eigentlichen Sinne des Wortgebrauchs „systematisch" haben wir es bei diesem Gedankenexperiment bereits schon mit vier verschiedenen Systematiken einer Allgemeinen Pädagogik zu tun. Die Sachlage wird noch komplexer, wenn man bedenkt, daß ein Erkenntnis- und Handlungsfeld der Disziplin, das weiter oben im Bereich der zweiten Systematik mit dem sprachlichen Zeichen „Motivation" belegt wurde, durchaus nicht nur im Bereich der Schul-Pädagogik eine Rolle spielt, sondern ebenfalls im Bereich der Sexual-Pädagogik, der Verkehrs-Erziehung, der Erwachsenen-Bildung usf. Was sich andeutet, ist der Tatbestand, daß sich den Versuchen einer Strukturierung der Allgemeinen Pädagogik in systematischer Absicht auf horizontaler Ebene eben solche in vertikaler Richtung angliedern lassen. Es folgt daraus eine dreidimensionale Systematik, die in ihren drei definierenden Achsen (also Regional-Pädagogiken, pädagogisch-psychologische Konstrukte, die wir als Bereiche bezeichnen, und Erkenntnishaltungen bzw. Denkansätze) nicht endgültig sein kann, weil von historischer zu historischer Lage sich nicht nur sprachliche Zeichen ändern, sondern Erkenntnis- und Handlungsgebiete, Konstrukte und Denkhaltungen sich wandeln, verschwinden oder neu generiert werden.

Die folgende Abbildung (Abb. 1) verdeutlicht ein mögliches *erstes System* einer Allgemeinen Pädagogik, das sich durch die drei schon beispielhaft angesprochenen Systematiken, nämlich Regional-Pädagogiken, Bereiche und Denkrichtungen, im dreidimensionalen Raum aufspannt. Reduziert wurde diese Systematik in didaktischer Absicht auf jeweils 10 verschiedene Bereiche, Regional-Pädagogiken und Denkrichtungen.

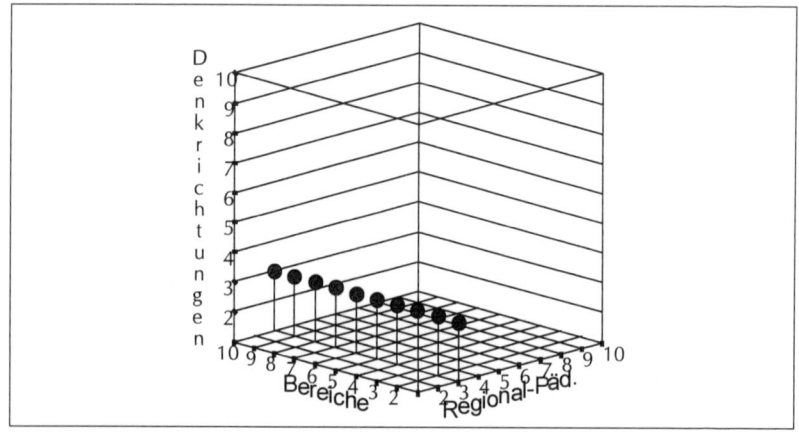

Abb. 1: Ein erstes System einer Allgemeinen Pädagogik

Nimmt man einmal an, daß der dritte Bereich der hier aufgeführten *Regional-Pädagogiken* die Schul-Pädagogik wäre, und nimmt man nun weiter an, daß der dritte Bereich *pädagogischer Denkrichtungen* hier der Bereich wäre, in dem die Pädagogik mit Hilfe empirisch orientierter Verfahrensweisen forscht, dann ergibt sich aus diesem System eine Systematik der Allgemeinen Pädagogik, die alle der hier angeführten Handlungs- und Erkenntnisbereiche (wie Motivation, Leistung, Angst, Klassengröße, Interaktion, Disziplin etc. (10 an der Zahl)) unter schulpädagogischen Gesichtspunkten erfaßt.

Auf der zweiten Abbildung (Abb. 2) bildet das Gedankenexperiment die Systematik eines Bereiches, also eines Erkenntnis- und Handlungsbereiches der Allgemeinen Pädagogik, erforscht und dargestellt über alle Regional-Pädagogiken unter einer bestimmten Denkrichtung. Das wäre beispielsweise der Fall, wenn das pädagogisch-psychologische Konstrukt „Motivation" unter empirisch-analytischer Forschungs- und Denkrichtung in allen hier aufgeführten Regional-Pädagogiken, also beispielsweise im Bereich der Schulpädagogik, der Erwachsenenbildung, der Berufs- und Betriebspädagogik etc. erforscht und dargestellt würde.

Auf der dritten Abbildung (Abb. 3) wiederum entwickelt sich ein ganz anderes

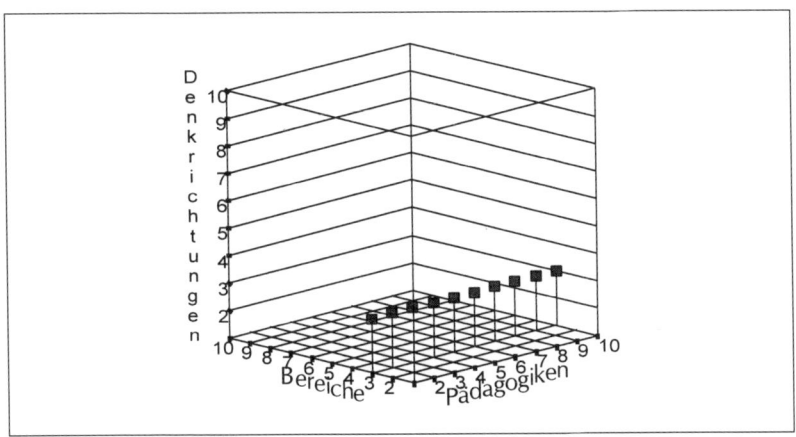

Abb. 2: Ein zweites System einer Allgemeinen Pädagogik

System der Allgemeinen Pädagogik. Das Gedankenexperiment führt hier zur möglichen Erforschung und Darstellung *eines* Bereiches, beispielsweise des Konstrukts „Motivation", aus *einer* Pädagogik, beispielsweise der Schulpädagogik, *über alle* Denkrichtungen der Pädagogik. Diese Darstellung würde dann ein System des Bereichs „Motivation" aus dem Bereich der Schulpädagogik unter empirisch-analytischen, geisteswissenschaftlichen, phänomenologischen, historischen, systemtheoretischen usf. Denkansätzen bzw. Konzepten bilden.

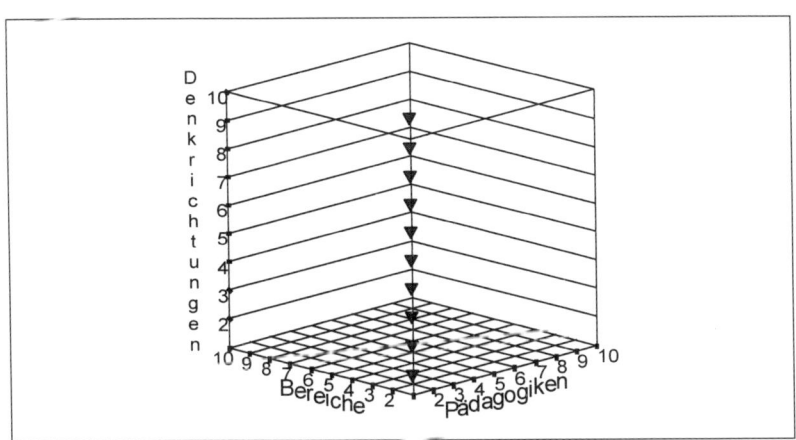

Abb. 3: Ein drittes System einer Allgemeinen Pädagogik

11

Auf der vierten Abbildung (Abb. 4) schließlich führt das Gedankenexperiment zum differenziertesten System einer unter den angenommenen Prämissen entwickelten Allgemeinen Pädagogik. Hier werden *verschiedene* Erkenntnis- und Handlungsbereiche der Pädagogik, die aus *verschiedenen* Regional-Pädagogiken stammen, mit Hilfe *verschiedener* Denkrichtungen der Pädagogik erforscht und in systematischer Absicht dargestellt.

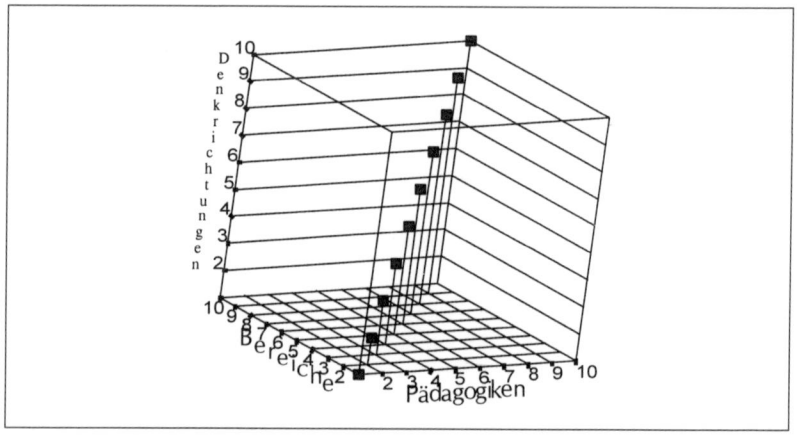

Abb. 4: Ein viertes System einer Allgemeinen Pädagogik

Das Gedankenexperiment und die vier Beispiele sollten deutlich machen, daß es ganz unterschiedliche Wege und Möglichkeiten gibt, Systeme der Allgemeinen Pädagogik zum darstellungsleitenden Gesichtspunkt zu entwickeln. Diese Komplexität gilt nicht nur für die Pädagogik, sie gilt ebenso für andere Wissenschaften. Der große Unterschied liegt nur darin, daß sich innerhalb der Wissenschaftsgemeinschaft *Pädagogik* noch kein Konsens darüber hat herstellen lassen, welches System einer Allgemeinen Pädagogik Geltung beanspruchen kann bzw. soll. Alle hier in didaktischer Absicht vorgeführten Beispiele lassen sich im Sinne des Begriffs „systematisch" als folgerichtig und planvoll einstufen. Kein System ist gegenüber anderen Systemen ausgezeichnet, weil Strukturierungsentscheidungen sich eben nicht nach den Kriterien wahr oder falsch charakterisieren lassen, sondern im Kontext ihrer Verwendung als mehr oder weniger sinnvoll zu begreifen sind.

Während der erste Systematisierungsversuch zu einem Zusammenfallen von Allgemeiner Pädagogik und empirisch orientierter Schulpädagogik führt, zeichnet der vierte Systematisierungsversuch die Allgemeine Pädagogik als eine wohl denkbare, in der Praxis allerdings kaum zu realisierende „Superpädagogik" aus, die die gesamte Wissensbasis der Disziplin repräsentiert.

Im Bereich der *wissenschaftlichen Reflexionen über die Bedingungen und Möglichkeiten einer Allgemeinen Pädagogik* – wir nennen diesen Bereich *Theorien Allgemeiner Pädagogik* – ist es besonders Dieter LENZEN, der sich in seinem Beitrag ‚Allgemeine Pädagogik – Teil- oder Leitdisziplin der Erziehungswissenschaft?' mit ähnlichen Systematisierungsfragen auseinandersetzt. Vor dem Hintergrund der These, es lasse sich – gleichsam unter umfangslogischen Gesichtspunkten – zwischen Erziehungswissenschaft und Allgemeiner Pädagogik unterscheiden, stellt er drei Angebote des Verhältnisses der Allgemeinen Pädagogik zur Erziehungswissenschaft und ihren anderen Teildisziplinen, zum Wissenschafts- und Erziehungssystem und schließlich zum Gesellschaftssystem in toto vor: 1. Die *Allgemeine Pädagogik als Teildisziplin*, die sich „gewissermaßen von den Teildisziplinen der angewandten oder speziellen Erziehungswissenschaft abgrenzt, indem sie sich auf sie bezieht" (D. Lenzen, i. d. B., S. 41)[1], und damit zugleich die Bereiche Geschichte, Richtungen, Grundlagen und Forschungsmethoden für den konkreten Fall der Teildisziplinen versucht zu klären; 2. Die *Allgemeine Pädagogik als Leitdisziplin*, die beansprucht, den Teildisziplinen *„theoretische Vorgaben* für das Verständnis des Pädagogischen zu machen, das in allen Teilbereichen pädagogischer Tätigkeit Geltung haben soll. Eine Allgemeine Pädagogik in diesem Sinne hat einen weitreichenden Anspruch: Sie will nicht weniger als für alle pädagogischen Handlungen Kriterien formulieren" (ebd.), die sie selbst aus normativen, ethischen und bildungstheoretischen Argumentations- und Reflexionsebenen gewinnt. LENZENS Einschätzung dazu: „Da es für die ‚Wirkung' normativ akzentuierten, auch im emphatischen Sinne pädagogischen Handelns keine Evidenzen gibt, tendieren Theorien innerhalb einer als Leitdisziplin verstandenen Allgemeinen Pädagogik dazu, zu Glasperlenspielen zu werden. Man kann auch sagen, daß sie die Referenz (den Bezug) zur Erziehungswirklichkeit verlieren und sich nur noch aufeinander beziehen" (ebd., S. 46f.); 3. Schließlich die *Allgemeine Pädagogik als integrierter Bestandteil einer Lebens(lauf)wissenschaft*, die die Erkenntnisse PESTALOZZIS in den „Nachforschungen" ernst nimmt, daß nämlich der Mensch nicht nur ein Werk der Natur, nicht nur ein Werk der Gesellschaft, sondern auch, und hier müßte man sagen, *ganz besonders*, ein *Werk seiner selbst* ist. Autopoiesis ist hierfür das Stichwort, wobei im Nachgang zum pädagogischen Begriff und Prinzip der *Selbsttätigkeit* der Verfügbarkeit des Individuums über die ihn betreffenden Mechanismen der Selbstorganisation Grenzen gesetzt sind. „Im Rahmen einer Lebens(lauf)wissenschaft, man könnte auch sagen einer ‚Humanvitologie', findet dann nicht mehr die Fixierung von pädagogischen Normen statt und auch nicht die empirische Untersuchung von Bedingungen, die zur Durchsetzung bestimmter Normen geeignet sind, sondern erstens die Produktion und Kommunikation von Wissen über Selbstorganisa-

---

1 i. d. B. = in diesem Band

tionsprozesse autopoietischer Systeme und zweitens die Reflexion der Voraussetzungen und Folgen oder besser Implikationen, die die ‚pädagogische' Bereitstellung von Umweltstrukturen für den Organismus hat" (ebd., S. 50). Nach diesem dritten Systematisierungsvorschlag bleibt zu fragen, „ob die skizzierte Entwicklung nicht zu einer programmatischen Auflösung der gesamten Erziehungswissenschaft führen würde. Darauf läßt sich eine doppelte Antwort geben: Faktisch hat eine Erweiterung der Zuständigkeit von Erziehungswissenschaft in alle Bereiche des Lebenslaufs längst stattgefunden. Absolventen erziehungswissenschaftlicher Studiengänge übernehmen neben Pflegekräften, Marketingfachleuten und Kinderärzten längst Funktionen, die im ursprünglichen Sinne mit Erziehung nichts mehr zu tun haben. Die Erziehungswissenschaft bereitet diese Menschen darauf nur unzulänglich vor, weil sie sich weder in ihrer Lehre noch in der Forschung auf die Erweiterung erzieherischer Funktionen zu kurativen eingestellt hat. Die Allgemeine Pädagogik als Leitdisziplin verstärkt immer noch den falschen Schein einer pädagogischen Aufgabe, die in der tradierten Form längst nicht mehr besteht. So gesehen kann es sein, daß das erziehungswissenschaftliche System kollabiert, wenn es auf die neuen Umweltanforderungen nicht durch eine Ausdifferenzierung und die Erweiterung der selbstdefinierten Systemgrenzen reagiert. Wenn sie es umgekehrt aber tut, wenn die Erziehungswissenschaft den Prozeß der Humanontogenese (der individuellen Entstehung des Menschen) in seiner Gänze zu seinem Gegenstand und seinem Kommunikationsmedium machen würde, dann hätte sie die Chance, zum Kern einer umgreifenden Disziplin zu werden, die ich probeweise als ‚Lebens(lauf)wissenschaft' bezeichne" (ebd., S. 51).

Allgemeine Pädagogik als Lebens(lauf)wissenschaft, man könnte auch sagen *Entwicklungswissenschaft*, die, wie Dieter LENZEN selbst betont, nicht steuernd, sondern forschend und lehrend auf die professionelle Wahrnehmung integrierter und nicht bloß pädagogisch akzentuierter kurativer Funktionen vorbereitet, kommt aber schnell in das Dilemma der Ununterscheidbarkeit genuin pädagogischer und allgemein sozialwissenschaftlicher Perspektiven, Aufgaben und Handlungsmodalitäten. Eine Allgemeine Pädagogik als Integrationswissenschaft, die nicht mehr nur auf das Erziehungssystem rekurriert, sondern alle in irgendeiner Form auf die Individualgenese wirkenden Teilsysteme der Gesellschaft als Bezugsdisziplinen reklamiert, käme in die Ununterscheidbarkeit von Erziehung und Leben, von erziehungswissenschaftlicher Reflexion und allgemeiner Lebensphilosophie. Wirkt der integrative Anspruch einer Allgemeinen Pädagogik dann nicht geradezu kontraproduktiv, so wie es die Geschichte der ‚datenverarbeitenden Integrationswissenschaft' im Kontext der Pädagogischen Anthropologie eindrucksvoll demonstriert hat? Dient sie schließlich „gerade noch als ein Raum, in dem das bislang nicht Ressortierte verhandelt wird, ehe es sich dann in Sonderdiskurse davonschleicht", wie es Michael WINKLER in seinem Beitrag „Maria und die *positive Haltung* – auch ein Zugang zur Allgemeinen Pädagogik" ausdrückt (M. Winkler, i. d. B., S. 61). Sonderdiskurse also, die in den sich zunehmend als gesellschaftlich unverzichtbar etablierenden Teildisziplinen bzw. Regional-Pädagogiken oder auch in anderen, von LENZEN als Bezugsdisziplinen reklamierten Teilsystemen geführt werden. „Nicht einmal die Nomenklatur erinnert noch an das Erziehungsproblem: Sozialpädagogen sehen sich als Betreuer oder betonen ihre psychologischen und therapeutischen Kompetenzen, stellen Konzepte des social engineering und des Sozialmanagements in der Vordergrund, Mitarbeiterinnen der Erwachsenenbildung reagieren allergisch auf das Wort ‚Pädagogik', weil sie dieses ihrer Klientel nicht zumuten wollen; sie ziehen Begriffe wie ‚Moderation' und ‚Information' vor" (ebd., S. 64f.). Hier schließlich greift die zentrale These Michael WINKLERS, die er *die empirische Allgemeinheit von Pädagogik* nennt, denn es sehen sich „erziehungswissenschaftliche Einzeldisziplinen und pädagogische Professionen mit den Wirkungen ihres Erfolgs konfrontiert; den pädagogischen Professionen und Disziplinen droht gleichsam, daß sie sich zu Tode gewinnen: Ausdifferenziert in unterschiedlichste pädagogische Teilbereiche greift professionell betriebene, durch akademische Ausbildungsgänge bestimmte Pädagogik nun in alle Lebensbereiche ein; sie inkludiert nicht nur alle Individuen in allen Lebensphasen, sondern bildet sowohl institutionell wie auch semantisch eine Voraussetzung moderner Gesellschaften. Damit konstituiert sich als Effekt der erfolgreichen Teildisziplinen eine empirische Allgemeinheit von Pädagogik in modernen Gesellschaften; sie wird allgegenwärtig, zunächst in einer Vielzahl von Institutionen und professionellen Ansätzen, dann in institutionalisierten Verpflichtungen, endlich unterliegt sie zunehmend einer Tendenz zur Entgrenzung: Gesellschaftlich erfolgreich verwandelt sie sich in ein Moment alltäglicher Kommunikation, das den Mitgliedern moderner Gesellschaften als ein charakteristisches Muster der Selbstdeutung dient, somit gleichsam in sie hinein verlagert wird" (ebd., S. 65). Pädagogik, mithin auch die Allgemeine Pädagogik, erscheint, da sie vordergründig von allen verstanden, von allen vermeintlich ausgeübt, als vielseitiges Erklärungsschema allerlei gesellschaftlicher Mißstände und individueller Befindlichkeiten genutzt wird, als forschende, lehrende und handelnde Institution überflüssig. „Möglicherweise erklärt dies die Leichtigkeit, mit der heute Kürzungen im Bildungsbereich selbst dort durchgesetzt werden können, wo es um die elementaren Angebote für Kinder und Jugendliche geht. Auch das gibt am Ende der Frage nach dem Allgemeinen der Pädagogik erneut Gewicht: Teildisziplinen und Professionen bedürfen geradezu zwangsläufig der Kriterien, die professionelle Abgrenzung von den Laienpädagogen erlauben, die sie doch selbst hervorgebracht haben. Was die Gemeinsamkeit von Schulpädagogik, Erwachsenenbildung, Sozialpädagogik und Sonderpädagogik ausmacht, muß daher neu diskutiert werden, wobei das Ergebnis inhaltlich vielleicht traditionellen Formeln nahekommt, wie sie als *pädagogischer Grundgedankengang* formuliert werden sollten, ohne freilich aus dem Blick verlieren zu dürfen, daß sie die Tatsache einer Ausdifferenzierung von pädagogischen Handlungsfeldern und Erziehungswissenschaften voraussetzen: Allgemeine Pädagogik hat mit der Allgemeinheit von Pädagogik als einem pädagogisch selbsterzeugten Effekt zu tun" (S. 65f.). Vor dem Hintergrund der im Freilegen von Denkvoraussetzungen sich konturierenden transzendentalkritischen Pädagogik (vgl. Ines H. Breinbauer 1992) sieht WINKLER die Chancen einer Allgemeinen Pädagogik als Erziehungswissenschaft in der „Gestalt einer Forschungsdisziplin, die den Grundlagen der Pädagogik gilt, diese aber in dem Kontext ihrer sozialen und disziplinären Bedingungen erörtert" (ebd., S. 67). Der kleinste gemeinsame Nenner liegt hierbei im Problem der Erziehung bzw. in der in allen pädagogischen Situationen liegenden *unvermeidlichen Temporalität des generativen Verhältnisses.* „In diesem generativen Verhältnis müssen ein Geburts- und ein Todesproblem bewältigt werden. Einerseits bedarf es einer kulturellen Leistung, mit der die menschliche Gattung sich in ihrer sozialen, kulturellen und auch psychischen Verfaßtheit über den physischen Tod ihrer Mitglieder hinaus reproduziert; andererseits müssen neue Mitglieder der Gattung in eine stets schon sozial bedeutsam gemachte Welt geführt werden. Schließlich bedarf es einer sozialen Reaktion auf die Tatsache, daß sich Individuen im Kontext sich wandelnder gesellschaftlicher Verhältnisse selbst entwickeln, mithin in diesem Kontext biographische und soziale Geschichte zu vermitteln sind" (ebd., S. 70f.). Im Gegensatz zu dem Systementwurf einer Lebens(lauf)wissenschaft als Integrationswissenschaft von Dieter LENZEN, bei der die Allgemeine Pädagogik im Idealfall ein breiter Fundus positiven Handlungs- und Orientierungswissens aus allen am *curriculum vitae* in irgend einer (pädagogischen) Form beteiligten Institutionen und Teildisziplinen zur Verfügung steht, zwingt die durch Michael WINKLER aufgezeigte Vereinnahmung bzw. Entgrenzung pädagogischen Handlungswissens (vor allem aber auch pädagogischer Legitimationsprozeduren) die Allgemeine Pädagogik als Erziehungswissenschaft in die Etappe einer transzendental kritisierenden Metawissenschaft, sich als pädagogisches Gewissen der Regional-Pädagogiken gerierend. Hinter dem Verdacht, daß sich durch diese Hintertür ein Gutteil normativer Pädagogik re-etablieren könnte, steht kein böser Wille.

„Theorie, nicht Moral ist das Defizit", so lautet der auf diese Vermutung reagierende Teil-Titel des Beitrages von Heinz-Elmar TENORTH, der auf der Basis der von Wolfgang BRENZINKA (1969; 1978) vorgeschlagenen Unterscheidung von *Pädagogik* und *Erziehungswissenschaft* die Befürchtung äußert, daß die Diskussion um Struktur und System und um das Allgemeine der Allgemeinen Pädagogik in der „Gefahr ist, den Ertrag der grundlagentheoretischen Anstrengungen, denen sich die Erziehungswissenschaft seit der realistischen Wende unterzogen hat, nicht intensiv genug aufzunehmen. (...) In systematischer Hinsicht war es deshalb nur konsequent, daß ‚Pädagogiken' – im Plural –

nicht nur von Erziehungswissenschaft unterschieden, sondern ihr auch distinkt relationiert wurden: als Objekt der Forschung, als Thema der Reflexion, als Referenz der Kritik und Analyse" (H.-E. Tenorth, i. d. B., S. 90).

Es überrascht im Kontext dieser Unterscheidungen natürlich nicht, daß Bedeutung und Notwendigkeit einer Allgemeinen Pädagogik zunehmend unter wissenschaftslegitimatorischen Druck gerieten. Allgemeine Erziehungswissenschaft, funktional als Gedächtnis der Disziplin gedacht, bewahrt unter dieser Perspektive das, „was wir wissen können, aber auch, worüber Streit war und sein muß. Weil das methodisch reflektiert geschieht, als strikt theoretisch verstandene Wissenschaftsgeschichte der Disziplin, deshalb ist in der Erinnerung an das Bekannte und an das Arsenal der Lösungen und Leistungen auch die Sicht auf das Vergessene, zu Recht Überwundene ebenso enthalten wie der Sinn für die Neuentdeckung des Alten" (ebd., S. 89). Ein bisher häufig als selbstverständlich angenommenes Vorrecht der Allgemeinen Pädagogik, nämlich die Reflexion auf Grundbegriffe, Verhältnisse und Befunde, die als „genuin pädagogisch" in allen Regional-Pädagogiken auszuweisen waren, wird hierbei allerdings durch eine sich auf eine semantische Stufenlehre gründende monistisch verstehende Allgemeine Erziehungswissenschaft okkupiert. „Allgemeine Erziehungswissenschaft, nicht: allgemeine Pädagogik, bezeichnet dann den Versuch, diese Grundbegriffe systematisch auszuweisen und in ihrer Leistung in Theoriebildung und Forschung zu entfalten. Von dieser Art von Literatur gibt es nicht viel in unserem Fach, kaum entfaltete Lehrgebäude, am wenigsten Lösungen, die auch die disziplinäre Besonderung, nicht nur das philosophisch allgemeine Referenzproblem artikulieren, aber dennoch: In der Tradition der Pädagogik, vor allem in der Erziehungsphilosophie der Tradition von HERBART oder des Neukantianismus, finden sich solche Lehrstücke, in denen – systematisch, meist aber ohne die anschließende Forschung eigenständig zu entwickeln – Grundbegriffe ausgearbeitet wurden. In der bildungstheoretischen Reflexion, vor allem der Geisteswissenschaften, des 20. Jahrhunderts bleibt davon häufig nur der Bildungsbegriff, für den es Mühe macht, den allgemeinen kultur- und sozialphilosophischen Anspruch und die problemspezifische Auslegung in der Erziehungstheorie zu unterscheiden" (ebd., S. 95).

Im Gegensatz zu Heinz-Elmar TENORTH verwendet Heinz-Hermann KRÜGER in seinem Beitrag „Wozu noch Allgemeine Pädagogik? Notizen zur Entwicklung und Neuvermessung der Erziehungswissenschaft" die Begriffe „Allgemeine Pädagogik" und „Allgemeine Erziehungswissenschaft" synonym. Relational zu den theoretischen Entwürfen einer Allgemeinen Pädagogik als Lebens(lauf)wissenschaft (D. Lenzen), einer eher transzendental kritisierenden Metawissenschaft (M. Winkler) und einer Allgemeinen Erziehungswissenschaft als Versuch einer systematischen (und historischen) Erforschung und Auslegung von genuin pädagogischen Grundbegriffen und Grundverhältnissen (H. E. Tenorth) trägt KRÜGER: „Ist eine Allgemeine Pädagogik im Sinne eines integrierenden disziplinären Kerns der Erziehungswissenschaft überhaupt noch notwendig, wenn, wie es scheint, sich der Diskurs über das Allgemeine inzwischen auch in die expandierenden erziehungswissenschaftlichen Teildisziplinen verlagert hat?" (H.-H. Krüger, i. d. B., S. 101). Ergebnisse der empirischen Wissenschaftsforschung, wonach sich nur noch ein geringer Teil (ca. 17%) der (zwischen 1990 und 1992) ausgeschriebenen Hochschullehrerstellen der Allgemeinen Pädagogik zuordnen läßt und auch die Anzahl von Qualifikationsarbeiten im Bereich der Allgemeinen Pädagogik dramatisch zurückgegangen ist, zeigen, so KRÜGER, den Bedeutungsverlust auf, der sich zugleich als ein Spezialisierungsprozeß begreifen läßt, „der zu einer kontinuierlichen Verlagerung der Gewichte von der Allgemeinen Erziehungswissenschaft hin zu den spezialisierten Teildisziplinen geführt hat" (ebd., S. 103). Anhand einer exemplarischen Analyse der von Dietrich BENNER 1987 vorgelegten „Allgemeinen Pädagogik" versucht Krüger nachzuweisen, „daß die Allgemeine Pädagogik in ihrer Gegenstandsbestimmung, ihrer disziplinären Matrix und in ihren Diskursen bislang kaum auf die Ausdifferenzierungsprozesse der Erziehungswissenschaft, der Ausbildungsgänge und der pädagogischen Handlungsfelder reagiert hat. Vielmehr man könnte sogar zugespitzt formulieren, daß sie mit ihrem schulzentrierten Blick hinter ein Gegenstandsverständnis zurückgefallen ist, wie es in der Tradition der geisteswissenschaftlichen Pädagogik, in FLITNERS „Allgemeiner Pädagogik" (1950) oder in NOHLS „Die pädagogische Bewegung in Deutschland und ihre Theorie" (1935) schon expliziert worden ist" (ebd., S. 106f.). Fünf Aufgaben sind es, die KRÜGER im Kontext einer ‚Neukonturierung der Allgemeinen Erziehungswissenschaft' formuliert: 1. Eine Neudefinition bzw. umfassendere Definition ihres Aufgabenbereiches vor der offensichtlichen Tatsache der Entgrenzung des Pädagogischen bzw. der Universalisierung pädagogischer Argumentationsfiguren, 2. die Bündelung und Systematisierung von ‚Theoriediskursen in den Nachbardisziplinen und den erziehungswissenschaftlichen Teildisziplinen', 3. die Formulierung von Forschungsthemen für die erziehungswissenschaftliche Grundlagenforschung in Kooperation mit den jeweiligen Regional-Pädagogiken und deren empirische Bearbeitung, wobei dann allerdings die Auflistung derartiger Grundlagenthemen ein deutliches Schwergewicht im Bereich der Erwachsenenbildung und Sozialpädagogik aufweist und mit der Forderung KRÜGERS zu erklären ist, „daß sich die Allgemeine Pädagogik aus dem Ghetto von Schultheorie, Unterrichtswissenschaft und ihrer alleinigen Fixierung auf die Lehrerbildung lösen und sich in ihrer disziplinären Matrix und der Bestimmung ihrer Forschungs- und Ausbildungsaufgaben für jene Teildisziplinen öffnen muß, die aufgrund der Expansion erziehungswissenschaftlicher Hauptfachstudiengänge und der Ausweitung des außerschulischen Arbeitsmarktes für Pädagogen … ein zunehmendes Gewicht bekommen haben" (ebd., S. 112f.). Als vierte Aufgabe einer allgemeinen Erziehungswissenschaft nennt Krüger „die Fortschreibung der Wissenschaftsforschung, wie sie auch im Rahmen der Erziehungswissenschaft im vergangenen Jahrzehnt in historischer, systematischer und empirischer Hinsicht erfolgreich in Gang gesetzt worden ist. (…) Bleibt als fünfte Aufgabe der Allgemeinen Erziehungswissenschaft abschließend noch zu erwähnen, daß sie sich nicht nur dem Forschungs-, sondern auch dem Ausbildungsproblem stellen muß" (ebd., S. 111f.).

Die hier verhandelten *Theorien der Allgemeinen Pädagogik* – verstanden als Reflexionen über die Bedingungen der Möglichkeit von Allgemeiner Pädagogik bzw. Allgemeiner Erziehungswissenschaft – sind sich in der Diagnose, nämlich einer zunehmenden Gefährdung der Eigenständigkeit und Bedeutsamkeit der Allgemeinen Pädagogik einig. Zwei Gründe für diesen Bedeutungsverlust werden immer wieder genannt: erstens die rasante Ausdifferenzierung der Disziplin in immer weiter sich spezialisierende Regional-Pädagogiken und zweitens die Entgrenzung des Pädagogischen in den allgemeinen gesellschaftlichen Diskurs. In didaktischer Absicht lassen sich die angebotenen Therapien zu zwei Klassen zusammenfassen: erstens zu einer Allgemeinen Pädagogik als *Entwicklungswissenschaft* mit den Elementen einer *Lebens(lauf)wissenschaft* (Dieter Lenzen) und einer intergenerativen, die Gemeinsamkeiten der Regional-Pädagogiken reflektierenden und ihre Grenzen transzendierenden *Vermittlungswissenschaft* (Michael Winkler) und zweitens zu einer Allgemeinen Erziehungswissenschaft als *Grundlagenwissenschaft* mit *metatheoretischer* (Heinz-Elmar Tenorth) und *forschungsorientierter* (Heinz-Hermann Krüger) Ausrichtung. Ohne Integrationsbestrebungen überstrapazieren zu wollen, so ließe sich bei diesem Befund eine Allgemeine Pädagogik denken, deren leitende Forschungsfrage die nach den Möglichkeiten und Bedingungen der Individualgenese und zugleich stattfindender sozial-kultureller Reproduktion (auch unter phylogenetischer Perspektive) ist, wobei zugleich auch das Referenzproblem in Form der Aufnahme positiven Wissens und metatheoretischer Reflexion der eingehenden Methodeninventare, disziplinspezifischen Voraussetzungen und Fragestellungen zumindest bearbeitbar wäre. *Allgemeine Pädagogik als Entwicklungswissenschaft* in dieser Bedeutung könnte dann ihre Bezüge zu den Regional-Pädagogiken neu ordnen und ihre Begrenzung zum öffentlichen Diskurs wieder deutlich machen. Graphisch könnte man sich das in etwa so vorstellen (siehe Abb. 5 Seite 20).

Im Kontext der Reflexion über die Bedingungen und Möglichkeiten einer Allgemeinen Pädagogik, die wir stipulativ als *Theorien der Allgemeinen Pädagogik* bezeichnet haben, haben sich im Verlauf der letzten Jahrzehnte zahlreiche Ansätze einer Allgemeinen Pädagogik entwickelt, von denen in diesem Sammelband nur einige der in den letzten zehn Jahren erschienenen unter exemplarischen Gesichtspunkten aufgenommen werden konnten. Wir nennen diese Ansätze ebenso stipulativ *Modelle der Allgemeinen Pädagogik*. Im Sinne eines

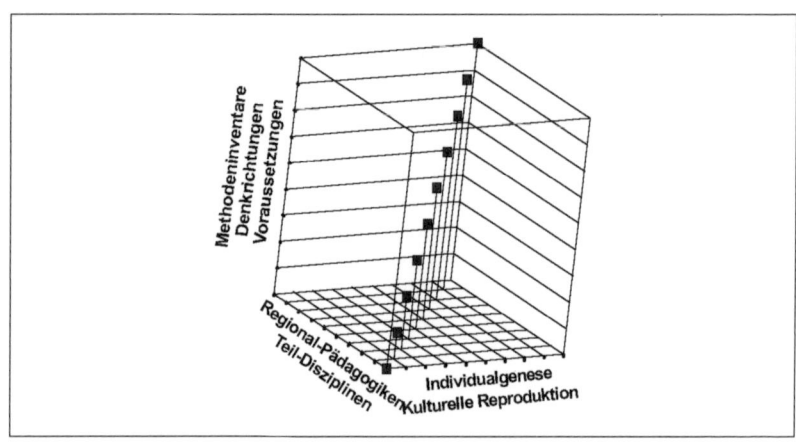

Abb. 5: Allgemeine Pädagogik als Entwicklungswissenschaft

Modells versuchen sie, komplizierte Zusammenhänge transparent zu machen, Komplexitäten unter bestimmten Kriterien zu reduzieren, spezifische materiale Aspekte hervorzuheben, um so für Theorie und Praxis zugleich produktiv zu sein. Modelle haben also eine heuristische und konstruktive Funktion, indem sie ganz spezifische Problemhorizonte eröffnen, Grundbegriffe, Prinzipien, Methoden und Fragestellungen thematisieren.

Ein erstes Modell in diesem Sinne liegt mit dem Beitrag von Dietrich BENNER unter dem Titel „Systematische Pädagogik und Historische Rekonstruktion" vor. Der Untertitel erklärt deutlicher Sinn und Absicht dieser theoretischen Bemühungen. Es geht um die Begründung der Notwendigkeit der Artikulation von „Strukturprinzipien pädagogischen Denkens und Handelns für die Verständigung über pädagogische Fragen und die Geschichtsschreibung der Pädagogik" (D. Benner, i. d. B., S. 117). Vor dem Hintergrund der schon öfter angesprochenen Auflösungsproblematik der Pädagogik in viele Regional-Pädagogiken und der Ausdifferenzierung pädagogischer Einzeltätigkeiten stellt sich BENNER die grundsätzliche Frage, ob „eine über metatheoretische Reflexion hinausgehende systematische Pädagogik denkbar und ein sie verbindender pädagogischer Grundgedanke formulierbar ist. Aussichtslos muß es jedenfalls auf den ersten Blick erscheinen, allgemeine Aussagen über eine besondere Wissenschaft und deren Gegenstand machen zu wollen, wenn diese ihre Identität und Besonderheit eingebüßt haben" (ebd., S. 121f.). Eine Allgemeine Pädagogik, BENNER spricht in diesem Zusammenhang von einer „systematischen Pädagogik", kann es nur dort geben, wo sich ein der Pädagogik ureigener Gegenstandsbereich und eine ebenso genuin-pädagogische Fragestellung entwickeln lassen. Dann allerdings kommt die systematische Pädagogik in die

Aporie, „daß sie womöglich nur unter Bedingungen möglich ist, unter denen sie gar nicht erforderlich ist, unter Bedingungen nämlich, in denen die Einheit pädagogischen Denkens dessen Besonderheit gegenüber anderen Wissenschaften und Handlungsbereichen auszeichnet und für alle theoretischen und praktischen Fragen der Pädagogik bestimmend ist; und umgekehrt bedeutet dies, daß systematische Pädagogik womöglich gerade dort nicht mehr möglich ist, wo sie vielleicht erforderlich wäre, um der Vielzahl der mit dem Namen ‚Erziehungswissenschaft' und dem Attribut ‚pädagogisch' versehenen Disziplinen und Tätigkeiten zu einer ihnen fehlenden systematischen Einheit zu verhelfen. (…) Wenn überhaupt läßt sich ein pädagogischer Grundgedanke heute nur aufgrund einer dem pädagogischen Denken und Handeln selbst eigenen existentiellen, gesellschaftlichen und geschichtlichen Notwendigkeit formulieren, die den sich mit pädagogischen Fragen befassenden Einzeltätigkeiten, der sich in Disziplinen ausdifferenzierenden Erziehungswissenschaft und der nach dem pädagogischen Grundgedanken fragenden systematischen Pädagogik in einer Weise zugrunde liegt, daß wir den pädagogischen Grundgedanken weder geschichts- und sozialwissenschaftlich einfach rekonstruieren, noch hermeneutisch als eine überzeitliche Wesensbestimmung unseres Daseins erschließen, noch in transzendentaler Reflexion auf die Voraussetzungen vernünftiger Rede über pädagogische Fragen einfach setzen, sondern uns seiner nur handlungstheoretisch und problemgeschichtlich zugleich vergewissern können" (ebd., S. 122). Diese Vergewisserung führt über eine knappe historische Analyse systematischer Pädagogik der griechischen Antike und der Neuzeit zur Formulierung von zwei *konstitutiven Prinzipien* der individuellen Seite pädagogischer Praxis, nämlich 1. dem *Prinzip der Bildsamkeit* und 2. dem Prinzip der *Aufforderung zur Selbsttätigkeit.* „Damit sie in der pädagogischen Interaktion anerkannt werden können, ist die Beachtung zweier weiterer Prinzipien erforderlich, welche sich auf die veränderte Stellung der neuzeitlichen pädagogischen Praxis im Rahmen der menschlichen Gesamtpraxis beziehen. Es sind dies die Prinzipien der *Transformation der gesellschaftlichen Determination pädagogischer Prozesse in eine praktische Determination* und *die Idee einer nicht-hierar-*

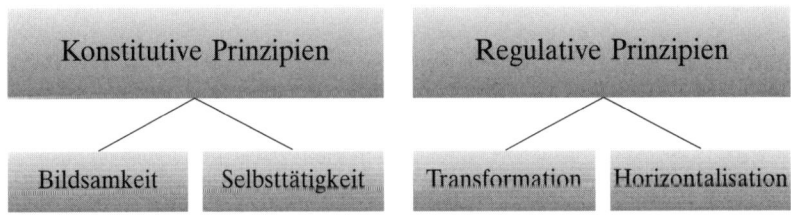

Abb. 6: Vier Prinzipien pädagogischen Handelns und Denkens nach D. Benner

chischen Verhältnisbestimmung der ausdifferenzierten Grundformen menschlicher Praxis" (ebd., S. 127, Hervorh. d. d. Verf.).

Der Nachweis der Bedeutung dieser Prinzipien aus allgemeinpädagogischer und systematischer Sicht wird von BENNER unter praxeologischen Perspektiven in drei Richtungen geführt bzw. reklamiert: „Sie erheben Anspruch, für die Verständigung im Handeln und die Beratung in pädagogischen Entscheidungssituationen hilfreich zu sein, sie beanspruchen ferner, Perspektiven für eine historische Erforschung der Entstehungsgeschichte neuzeitlicher Pädagogik und die empirische Erforschung gegenwärtiger Handlungsfelder zu formulieren, und sie versuchen schließlich, einen Beitrag zur Verständigung über die Einheit der Pädagogik in Theorie, Empirie und Praxis zu leisten" (ebd., S. 133). Die Notwendigkeit der Formulierung pädagogischer Grundgedanken, Prinzipien oder Regeln im Konnex pädagogischer Gegenstandsbereiche und Fragestellungen bewegt auch Winfried BÖHM, die Frage nach dem ‚Gemeinen der Allgemeinen Pädagogik' zu stellen. Damit ist nicht mehr und nicht weniger gemeint „als jener prinzipielle pädagogische Grundgedanke – *Prinzip* dabei verstanden in dem geläufigen Doppelsinn von *Anfang* und *durchtragendem Grund* –, der allem pädagogischen Denken und allem erzieherischen Handeln einwohnen muß, sofern sich dieses und jenes als *pädagogisch* begründet und ausgewiesen verstehen will. Wenn wir also das von der Allgemeinen Pädagogik zu bestimmende Gemeine in den Blick nehmen, dann geht es darum, nach jener anthropologischen Grund- und jener pädagogisch-erzieherischen Zielvorstellung zu fragen, die allem pädagogischen Denken und Handeln gemein ist und gemein sein muß" (W. Böhm, i. d. B., S. 139). Die Nähe einer personalistischen Grundlegung einer Allgemeinen Pädagogik zur praxeologisch orientierten Auffassung Dietrich BENNERs wird von Winfried BÖHM betont, wenn er sagt: „In beiden Fällen geht es darum, die Pädagogik als eine praktische Wissenschaft zu begründen, ohne daß diese den Anspruch erhöbe, die konkrete und einmalige Erziehungssituation unmittelbar ‚normieren' oder gar technisch anleiten zu wollen. Beide Positionen kommen darin überein, die Pädagogik als ‚praktische Theorie' sowohl von der ‚theoretischen Theorie' einer normativen Pädagogik als auch von der ‚poietischen Theorie' einer sich selbst als Erziehungswissenschaft beschönigenden Erziehungstechnologie abzuheben und abzugrenzen" (ebd., S. 149). Das *primum* der Allgemeinen Pädagogik und das wesentliche Prinzip ist dieser Auffassung zufolge die Person als dynamische Wirklichkeit. Die zentrale These dieser personalistischen Grundlegung lautet dabei: „In Hinsicht auf die dialektische Struktur pädagogischen Denkens und erzieherischen Handelns bietet sich die Besinnung auf ein Verständnis des Menschen als *Person* als der geeignetste und plausibelste archimedische Punkt für die Sinn- und Zielorientierung des Pädagogischen an, zumal in einer Zeit, in der – angesichts des Unbehagens an der Moderne und eingedenk der postmodernen Beliebigkeiten – andere und in der Vergangenheit leuchtkräftige Rich-

punkte verblaßt sind und weder die naiv-romantisierende Verharmlosung von Bildung und Erziehung auf bloße Entwicklung bzw. Entwicklungshilfe noch ihre zweckrationale Verkürzung auf pure Sozialisation, d. h. die Vergesellschaftung des Menschen für uns in Frage kommt, da der Mensch nicht nur Naturwesen und nicht nur Gesellschaftswesen, auch nicht nur deren Verquickung, sondern zu allererst Geistwesen und Person ist" (ebd., S. 142). Diese These, die sich zugleich als Programm lesen läßt, stellt den ‚unverlierbaren Eigenwert' der Person in den Mittelpunkt der Idee des Pädagogischen, die dann nicht mehr nur als Arrangeur der Individualgenese und Kontrolleur der Bildungswirkung auftreten kann, denn Person sein ist 1. *notwendige Wesensbestimmung* des Menschen, 2. *eine einmalig konkrete Verwirklichungsform*, 3. eine *Realität sui generis*, 4. *denkende Selbstverwirklichung* und 5. schließlich: „Person ist *Subjekt*" (ebd., S. 146). Der Mensch als *sprachliches Wesen* ist Person, mit dem Potential der *Handlung aus freier Entscheidung*, der als Person auch Person *werden* kann und *Autor seiner eigenen Lebensgeschichte* ist. „Allein deshalb, weil die Person ihr *Prinzip* ist, weiß die personalistische Pädagogik auch darum, daß die personale Praxis niemals poietisch-wissenschaftlich normiert und von außen bewirkt werden kann – eine Einsicht, zu der PESTALOZZI am Ende seines Lebens im ‚Schwanengesang' gelangt ist. Weder der einzelnen sich bildenden Person noch dem konkreten Erzieher können in der praktischen Erziehungssituation zu treffende Entscheidungen von einer vorgefertigten Theorie abgenommen werden. Die Pädagogik kann hier nur eine Sinnorientierung liefern, die sich an der Person ausrichtet; ob diese praktische Theorie in der Praxis angenommen wird – das ist und bleibt außerhalb ihrer Verfügungsgewalt" (ebd., S. 150).

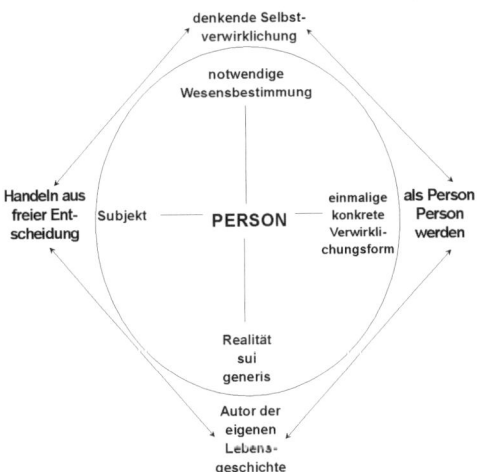

Abb. 7: Ein Persona-Modell der personalistisch orientierten Allgemeinen Pädagogik

Ob allerdings die methodisch-prozedurale Unbestimmtheit der Allgemeinen Pädagogik aus personalistischer Perspektive durch die Deklaration von Klärungs-, Besinnungs- und Rechenschaftsabsichten (vgl. Litt 1924) überwunden werden kann, bedarf einer gesonderten Betrachtung.

Weniger die Person, sondern mehr Veränderung gesellschaftlicher Zustände, die sich über einen von situativen Zwängen entlasteten Drei-Generationen-Umgang realisiert, steht im Mittelpunkt der sich materialistisch auffassenden allgemeinpädagogischen Reflexion über die „Reichweite des Erziehungsbegriffs in der deutschen Zeitgeschichte" von Hans-Jochen GAMM. Es geht ihm darum, den „Erziehungsbegriff aus seiner individuellen Perspektive zu lösen und ihn zwischen Ontogenese und deren soziogenetischen Bestimmungen handhabbar zu machen. Dazu ist es dienlich, die Erziehung aus dem Zwei-Generationen-Muster gedanklich zu befreien und in eine Dreispurigkeit hinüberzuleiten" (H.-J. Gamm, i. d. B., S. 159). Die von GAMM vorgenommene materialistische Erweiterung des Erziehungsbegriffs schließt als pädagogische Kritik, mit deren Hilfe die Erziehungswirklichkeit interpretiert wird, die Kritik der politischen Ökonomie stets mit ein und ruht auf der sechsten These FEUERBACHS, nach der das menschliche Wesen kein dem Individuum innewohnendes Abstraktum ist, sondern in seiner *Wirklichkeit das Ensemble der gesellschaftlichen Verhältnisse sei*. „Im Begriff der Erziehung liegt, daß er zu Einsichten verhelfen und zu vernunftbestimmtem Handeln anleiten soll. Dabei ist nicht eine abstrakte Welt gemeint, sondern die gegenwärtige höchst widersprüchliche, die allenthalben denjenigen irritiert, der sich in ihr bewegt und notwendig bewegen muß. Die materialistische Erweiterung des Erziehungsbegriffs richtet sich folglich darauf, Kindern und Jugendlichen den Grundwiderspruch des Kapitalismus verständlich zu machen, der unermeßlichen Reichtum und sinnlose Vergeudung auf der einen und bittere Armut auf der anderen Seite in immer neuen Variationen hervorbringt und inzwischen globale Gefährdungen verursacht" (ebd., S. 165). So richtig einerseits die ökonomisch-politische Analyse in der Sache sein mag, so unklar bleibt andererseits die Folge, ob es denn möglich sei, die Logik der pädagogischen Praxis „zum Motor der Veränderungen der gesamten Gesellschaft zu machen" (H.-E. Tenorth 1992, S. 193). Und es bleibt schließlich, vor allem in der Gegenschau zu idealistischen Ansätzen unterschiedlicher Couleur, die Frage, ob und wie die Idee einer Änderung gesellschaftlicher Zustände mittels der Erziehung zur Vereinnahmung des Menschen als Mittel zu anderen Zwecken denn der Menschwerdung dient. „Würde ein Erzieher ein Kind nur unter sozialer Perspektive ansehen, vergäße er die Gesundheit und die Psyche des Kindes; würde er es nur aus der Perspektive seiner Psyche ansehen, vergäße er die Gesundheit und die Gesellschaft, in der es aufwächst; würde er es nur aus biologischer Perspektive ansehen, vergäße er die beiden anderen Seiten. Die Wirklichkeit, in der ein Kind aufwächst und in der die Menschen leben, mit denen sich Pädagogik befaßt, ist eben viel komplexer, als daß sie ohne Kontexte verkleinert werden könnte: Sie gehört nicht nur einem einzigen System an. Und dieser Tatsache muß die Wissenschaft von der Erziehung gerecht werden" (R. Huschke-Rhein, i. d. B., S. 172). Diese Aussage HUSCHKE-RHEINS bildet gleichsam den Ausgangspunkt seiner Neubestimmung der Allgemeinen Pädagogik als Systemischer Erziehungswissenschaft. *Systemisch* wird dabei von ihm als ein Sammelbegriff verstanden, der systemtheoretische und konstruktivistische Perspektiven auf den Erziehungs- und Bildungsprozeß als Handlungs- *und* Interpretationsperspektiven begreift: als eine bestimmte Form der Konstruktion von psychischen und sozialen Systemen. Pädagogik und Allgemeine Pädagogik haben hierbei die gemeinsame Aufgabe, die Systematisierung der beteiligten Teilsysteme metatheoretisch zu begleiten. Sie, die Allgemeine Pädagogik, ist „in der berufsmäßigen Position eines *Beobachters*, der die Meta-Position, die *Meta-Perspektive* über die unterschiedlich spezialisierten anderen Positionen einhält. Dieser Beobachter darf also das Spiel der Ausdifferenzierung nicht einfach mitspielen. Oder: Er darf es nur bis zu einem bestimmten Punkt mitspielen. Er bedient sich derselben Wissenschaftssprache und Fachausdrücke wie seine Mitspieler – aber nur so lange, wie er noch etwas vom Gesamtsystem wahrnehmen kann. Früher brauchte und gebrauchte er vielleicht eine philosophische oder eine theologische Sicht und Sprache, um die Übersicht zu behalten. Welche Sicht und Sprache könnten heute dafür taugen?" (ebd., S. 171). Sein Vorschlag? Es einmal mit einer systemischen Sicht und Sprache zu versuchen. Es ist nicht nur überraschend, wie sich dabei die über Nachbardisziplinen und Regional-Pädagogiken verstreuten Einsichten zum Erziehungs- und Bildungsprozeß bündeln und zugleich neu fokussieren lassen, sondern auch bedeutsam, welche Umstrukturierungen und neuen Aufgaben sich hierbei für die Pädagogik unter allgemeinpädagogischen Gesichtspunkten ergeben, die Rolf HUSCHKE-RHEIN unter dem Begriff des *Konsultativen* (beratend, helfend, zur Verfügung stellend) zusammenfaßt. Man könnte versucht sein, von einer *pädagogischen Theorie des Konsultativen* im Kontext systemischer Perspektiven zu sprechen, die sich auf mindestens drei konstitutive Theoreme beruft, nämlich 1. das Autopoiesistheorem – als Modell für die interne Steuerungsfähigkeit lebender Systeme, 2. dem mit dem ersten Theorem eng verknüpften Instruktionsvorbehalt, der besagt, daß Informationen nur nach Maßgabe ihrer Anschlußfähigkeit an den Bedürfnissen und Fähigkeiten der Lernenden und sich bildenden Subjekte „vermittelt" werden sollten, und 3. schließlich das Theorem, daß Lernen und Bildung nicht immer als lineare Prozesse, sondern auch als nicht-lineare Systeme zu begreifen sind. „Dieses Bewußtsein ist nicht folgenlos; im Gegenteil ergeben sich gravierende Folgen sowohl für die alltägliche Erziehungspraxis wie für die Pädagogik als Erziehungswissenschaft. Es ändern sich der Erziehungsstil, die Rolle der Erziehenden, die pädagogischen Techniken und Steuerungskonzepte, das berufliche und vor allem das persönliche Selbstverständnis der Erziehenden, die Erwartungen an die zu Erziehenden, ja letztlich der Erziehungs- und Bildungsbegriff selber. Hinter einer konsultativen Auffassung der Pädagogik steht nicht etwa Resignation, sondern im Gegenteil der Respekt und die Achtsamkeit gegenüber der Selbstorganisationsfähigkeit des anderen" (ebd., S. 187). Daß sich daraus auch neue Perspektiven für das Berufsbild des Pädagogen ergeben, bei HUSCHKE-RHEIN exemplarisch am Beispiel des Schulpädagogik verdeutlicht, ist ebenso nachvollziehbar wie die Neudefinition von Inhalten und Formen der Pädagogen-Ausbildung.

Während der systemische Ansatz von HUSCHKE-RHEIN die Theorie-Praxis-Trennung überwinden will, indem in Anlehnung an den Grundsatz MATURANAS „Erkennen ist Tun" auch die traditionelle (naturwissenschaftliche) Trennung von Wissenschaft und (nachträglicher) Anwendung aufgegeben wird, bezieht sich der systemtheoretische Entwurf einer Allgemeinen Pädagogik von Alfred K. TREML explizit auf diese, die Pädagogik immer wieder beschäftigende Differenz von Theorie und Praxis. Diese „artifizielle Form des Distanznehmens zur alltäglichen Erziehungspraxis impliziert, ... daß die modische und so eingängige Aufforderung an die Allgemeine Pädagogik, sie solle doch nun endlich einmal (unmittelbar) praxisrelevant werden, haarscharf an der Sache vorbeigeht und diesbezügliche Erwartungen unvermeidlich enttäuscht werden müssen. (...) Allgemeine Pädagogik ist eine besondere Art von Praxis, nämlich Theorie, und kann nur dadurch, daß sie zu anderen Praxen, etwa der Erziehungspraxis, auf Distanz geht, ihre Funktion erfüllen. Es macht keinen Sinn, eine solche Theorie instrumentell auf ihre Praxis zu beziehen und ihre Leistungsfähigkeit allein daran zu messen, ob und wie nah sie den Erwartungen praktischer Brauchbarkeit in konkreten Handlungsvollzügen ist (K. A. Treml, i. d. B., S. 197). Allgemeine Pädagogik erfüllt in diesem Sinn ihre Aufgabe als Lieferant kognitiver Orientierungen, ohne den Anspruch zu erheben (erheben zu können), diese seien allgemeingültig, übergeschichtlich wahr oder gar natürlich. Über eine gleichzeitige Verfügung von systemtheoretischer und evolutionstheoretischer (zur Begriffsentfaltung vgl. S. 201f.) Betrachtungsweisen geht es TREML um eine „Interpretation" der „beiden Pfeiler" einer Allgemeinen Pädagogik, nämlich der systematischen und der historischen Pädagogik mit dem Ziel einer Aufklärung *einer* basalen Struktur der Allgemeinen Pädagogik (vgl. Abb. 1 auf S. 204). Der sich so aufspannende historische und begriffliche Rahmen, in dem sich die biologische, die kulturelle und die individuelle Evolution als miteinander verschränkt, aber zeitlich nachfolgend erweisen, schafft eine Möglichkeit allgemeiner kognitiver Orientierungen über die (evolutionären) Bedingungen der Möglichkeit von Unterricht, Erziehung und Bildung im Medium der Unterscheidung.

Weit entfernt von systemischen bzw. systemtheoretisch orientierten Entwürfen einer Allgemeinen Pädagogik bewegen sich die Überlegungen von Siegfried UHL im Kontext des Zweck-Mittel-Schemas von Wolfgang BREZINKA (vgl. Brezinka 1995). Aufgabe der Allgemeinen Pädagogik sind hiernach Gewinnung, Aufbereitung und Darstellung erziehungstheoretischen Grundlagenwissens, das in allen Regional-Pädagogiken bedeutsam ist. „Die beiden wichtigsten Teilaufgaben sind erstens die Auswahl der Wissensbestände, die als Inhalt der Allgemeinen Pädagogik in Betracht kommen, und zweitens deren Systematisierung" (S. Uhl, i. d. B., S. 226). Im Mittelpunkt steht die Suche vor allem nach empirischen Forschungsergebnissen, die eine Zweck-Mittel-Annahme stützen und vor allem für viele Teil-Disziplinen zugleich bedeutsam sind. Allgemeine Pädagogik konstituiert sich in dieser Perspektive als ein nach bestimmten Ausgangsfragen systematisch gegliedertes Kompendium positiven Wissens über Erziehungs- und Bildungsprozesse, wobei die Ausgangsfragen, weil nicht zum positiven Wissenscorpus rechenbar, aus dem System herausfallen.

Ideen, Möglichkeiten und Konzeptionen gründen auf *Erfahrungen*, die im Fall der Allgemeinen Pädagogik als umfassend bemessene systematische Entwürfe vorliegen. Winfried MAROTZKI setzt sich in seinem Beitrag mit der Allgemeinen Pädagogik Wilhelm FLITNERS auseinander. Dessen großer systematischer Entwurf eines pädagogischen Grundgedankenganges ist zuletzt wohl 1991 in einem größeren Zusammenhang eingehend gewürdigt worden (Peukert/Scheuerl 1991). Jede Sammlung von Theorien und Modellen Allgemeiner Pädagogik wird dieser Position den ihr gebührenden Raum geben müssen. MAROTZKIS Zugriff auf das hermeneutisch-pragmatische Erbe Wilhelm FLITNERS bietet im ersten Teil seiner Darlegungen eine einführende Rekonstruktion seiner pädagogischen Fragestellung, in deren Mittelpunkt FLITNERS vier Auffassungen vom Menschen stehen (die biologische, die geschichtlich-gesellschaftliche, eine dritte, die Erziehung als „geistige Erweckung" betrachtet, sowie die personale Sicht: Flitner 1983). Die drei ersten Betrachtungsweisen, so MAROTZKI, charakterisieren den Sachverhalt der Erziehung und antworten auf die Frage, wie Menschen Mitglied einer Gemeinschaft werden. Die vierte Betrachtungsweise nimmt den Menschen als sittliches, zur Freiheit bestimmtes Wesen in den Blick und arbeitet den Sachverhalt der Bildung heraus, die „zwar einerseits als Werk der Erziehung ... bezeichnet werden kann, ... andererseits aber immer ein Prozeß der *Selbst*bildung ist" (Marotzki, i. d. B., S. 247f.). Im zweiten Teil seiner Argumentation zeigt MAROTZKI dann, daß und auf welche Weise eine solche geisteswissenschaftlich begründete Theoriegestalt gerade aufgrund ihres bildungstheoretischen Gehalts, insbesondere wegen ihrer Theorie der Bildsamkeit, an systematisch bedeutsamen Gelenkstellen Übergänge zu moderner empirischer Forschung, speziell zur biographischen Methode, enthält. Ausgehend von DILTHEY zeigt er, daß „die Sinnhaftigkeit des Lebens eine Form der Erfahrungsverarbeitung über Zusammenhangbildung", dieser „Prozeß der permanenten Zusammenhangbildung" ein Prozeß der „Biographisierung" und dieser wiederum Bildungsarbeit sei (ebd., S. 250f.). Am konkreten Beispiel der Pädagogischen Beratung illustriert MAROTZKI abschließend, „daß unter bil-

dungstheoretischer Perspektive FLITNERS Denken Gewinne für biographieanalytische Zugänge zu bieten vermag" (ebd., S. 252).

Hermann RÖHRS entwirft in seinem Beitrag das Modell einer Allgemeinen Erziehungswissenschaft, die als Gravitationszentrum des Fachs fungiert. Die Charakteristika dieses – erklärtermaßen „zeitbedingten" (H. Röhrs, i.d.B., S. 261) –
Modells sind folgende: Allgemeine Erziehungswissenschaft sensu RÖHRS hat,
programmatisch, „einerseits von der Differenzierung der Erziehungswirklichkeit her die notwendige Spezialisierung der Erziehungswissenschaft einsichtig
zu machen und andererseits durch die Analyse der Struktur der Erziehungswissenschaft und ihrer Disziplinen angesichts ihres besonderen Forschungsauftrags in der Erziehungswirklichkeit ihre innere Zusammengehörigkeit im
Dienste des zu erziehenden Menschen zu deuten" (ebd., S. 262). Zwei weitere
Aufgaben sind darin eingelagert: Allgemeine Erziehungswissenschaft hat als
„reflexive Instanz" der Erziehungswissenschaft und ihrer Teildisziplinen deren
„wissenschaftlichen Charakter kritisch zu erörtern (ebd., S. 261) und umgekehrt gerade in der methodologischen Kritik ein „Wächteramt" wahrzunehmen und „die Erziehungswissenschaft und ihre Disziplinen insgesamt *als Teile
einer in sich geschlossenen Wissenschaft und der ihr zugeordneten Erziehungswirklichkeit* zu deuten" (ebd.), das heißt der „Frage nach dem Gemeinsamen
im Speziellen" nachzugehen, „das die Disziplinen zu Gliedern eines übergeordneten Gefüges macht" (ebd., S. 263). Seinen pädagogischen Grundgedankengang fundiert RÖHRS, auch hierin Wilhelm FLITNER ähnlich, anthropologisch, nämlich mit dem „Aufweis der Erziehungsbefähigung sowie der ureigenen Erziehungsverwiesenheit des Menschen" (ebd., S. 274), Sachverhalten also,
von denen her erst das Allgemeine als das „pädagogisch Substantielle in jedem
erzieherischen Vorgang" sich erschließen lasse. Die Umsicht, mit der RÖHRS die
Aufgaben der Allgemeinen Erziehungswissenschaft als der *zentrierenden Mitte*
des Fachs klärt, zeigen sich auch in zwei weiteren Kennzeichen dieses Modells:
zum einen in dem Plädoyer für einen Verbund von historisch-hermeneutischen
und empirischen Forschungsmethoden (vgl. ebd., S. 272f. und 276f.) und zum
anderen in der Prägnanz, mit der sich Röhrs einerseits für die interdisziplinäre
Kooperation der Erziehungswissenschaft mit ihren Nachbardisziplinen stark
macht, mit der er andererseits aber auch „das voll entfaltete disziplinäre
Selbstbewußtsein" (ebd., S. 266) als notwendiger Voraussetzung für eine solche
Zusammenarbeit in Erinnerung ruft.

Das Modell Allgemeiner Pädagogik, das Rudolf LASSAHN entwirft, ist wie die
Modelle von Wilhelm FLITNER und Hermann RÖHRS aus der Theorietradition
der geisteswissenschaftlichen Pädagogik heraus entworfen worden. Zunächst
weist LASSAHN, ähnlich wie RÖHRS, auf die Besonderheit der geschichtlich-gesellschaftlichen Lage hin, unter der heute jede Allgemeine Pädagogik zu konzipieren sei: Auf der einen Seite habe, wissenschaftshistorisch gesehen, die unab-
lässige Ausdifferenzierung der modernen Wissenschaften in immer weitere

Teildisziplinen einen Verlust der Allgemeingültigkeit von Wissenschaft und einen Methodenpluralismus zur Folge gehabt. Auf der anderen Seite sei als eine Begleiterscheinung gesellschaftlicher Wandlungsprozesse eine „Pädagogisierung des gesamten Lebens" zu konstatieren (R. Lassahn, i. d. B., S. 286), das heißt eine Ausdehnung pädagogischen Handelns und Forschens weit über das traditionelle Berufsfeld Schule hinaus auf das ganze gesellschaftliche und kulturelle Leben und auf das gesamte Leben der Menschen von der Geburt bis zum Tode. Eine zeitgemäße Allgemeine Pädagogik habe beiden Entwicklungstendenzen Rechnung zu tragen. Kennzeichnend für LASSAHNs Modell ist ein „Ansatz ...,der im ‚ganzen Leben' liegt" (ebd., S. 287) und einen „allgemeinen Strukturzusammenhang" zu entwerfen erlaubt, in dem sich die tatsächlichen Differenzierungen der Pädagogik wiederfinden, das heißt ein „Wirkgefüge" von Strukturen, „die einander bedingen und in einem Wechselverhältnis stehen" (ebd., S. 288). Sie „lassen sich nicht logisch systematisch verbinden"; deshalb spricht LASSAHN von einem Bedingungsgefüge. Die einzelnen Strukturen nennt er Dimensionen, „weil sie sich über ein weites Feld und über mehrere wissenschaftliche Disziplinen erstrecken, umfangreiches, grundsätzlich unabgeschlossenes Einzelwissen enthalten, das keineswegs widerspruchsfrei ist. Die Dimensionen sind prinzipiell ohne feste Grenzen und unabgeschlossen" (ebd.). Insbesondere schließt jede Dimension ihre eigene historische Entwicklung ein, „und zwar nicht nur als eine Zutat, auf die auch verzichtet werden kann, sondern als Voraussetzung, durch die erst die gesamt Fülle und Vielseitigkeit der Dimension sichtbar wird (ebd.). LASSAHN gründet seine Allgemeine Pädagogik auf den Strukturzusammenhang von fünf Dimensionen: der Dimension des Lernens, der sozialen und politischen Dimension, der anthropologischen Dimension, der Dimension der Selbstorganisation („ursprüngliche Spontaneität und Aktivität") sowie der Dimension der Bildung. Abschließend weist er mit Nachdruck auf den offenen Charakter seiner Allgemeinen Pädagogik hin: „Die Konstruktion einer Allgemeinen Pädagogik widerspräche der Bildung selbst. ... Im ständigen Wechsel des geschichtlichen Prozesses gibt es nicht den einen Sinn, sondern nur wechselnde Sinnperspektiven, die sich keineswegs immer decken. Mehr an Einheit des Sinnes ... kann nicht gefunden werden ohne Preisgabe der Freiheit" (ebd., S. 306).

Ebenfalls in dem weiten Rahmen des geisteswissenschaftlichen Paradigmas entwirft Werner LOCH eine Allgemeine Pädagogik in phänomenologischer Hinsicht. Im ersten Teil seines Beitrags skizziert er die Aufgaben der Allgemeinen Pädagogik im Kontext der heutigen Erziehungswissenschaft. Ihre erste und konstitutive Aufgabe erkennt LOCH darin, im unablässigen Wechselspiel von pädagogischer Forschung und Theoriebildung ein System von Kategorien, das heißt von grundlegenden Aussagen, zu konzipieren, „die erforderlich sind, um Notwendigkeit, Möglichkeit und Wirklichkeit des für das Lebewesen Mensch charakteristischen Phänomens der Erziehung in allen seinen wesentlichen

Aspekten zu beschreiben und in seiner Bedeutung für das menschliche Leben zu verstehen" (W. Loch i. d. B., S. 308). Die zweite Hauptaufgabe sei, nach außen gerichtet, die Darstellung der eigenen disziplinären Identität gegenüber den Nachbarwissenschaften der Pädagogik, die dritte Hauptaufgabe, nach innen gerichtet, die Integration der Speziellen Pädagogiken. Diese thematisiert LOCH im Verweis auf die Ausdifferenzierung immer neuer Bindestrich-Pädagogiken, jene diskutiert und illustriert er mit Hinweis auf die historisch sich wandelnden Beziehungen der Pädagogik zu ihren Nachbarwissenschaften generell und auf die Spannungsverhältnisse im Fadenkreuz von Anthropologie und Ethik sowie Ökonomie und Ökologie speziell. Nachdem er im zweiten Abschnitt seines Beitrags die Funktion der Phänomenologie im Konzert der Forschungsfragen und Forschungsmethoden thematisiert hat, wendet er sich im dritten Teil phänomenologischen Grundproblemen der Allgemeinen Pädagogik zu und hebt deren drei besonders hervor. In epistemologischer Hinsicht gilt es, die Rolle der Erzieher in der Konstellation der bedeutungsvollen Anderen zu klären und die wesentlichen Kriterien erzieherischen Handelns phänomenologisch herauszuarbeiten; hierzu dient LOCH das „Kreuz der Erziehung" (ebd., S. 323). In ontologischer Hinsicht weiß LOCH der „Unklarheit des Zusammenhangs zwischen Notwendigkeit, Möglichkeit und Wirklichkeit der Erziehung" abzuhelfen (ebd.); hierzu dienen ihm illustrativ der „Kreis" und die „Spirale der Erziehung" (ebd., S. 326f.). In ontogenetischer Hinsicht schließlich zeigt LOCH erneut in einer eindrucksvollen phänomenologischen Beschreibung, wie die einzelnen Entwicklungsstufen der Lernfähigkeit des Heranwachsenden mit Aufgaben der Erziehung, das heißt mit Lernhilfen korrespondieren. Konstitutiv für LOCHS anthropologisches Konzept ist dabei die Annahme, „daß das menschliche Individuum, damit es erzogen werden kann, zumindest im Kindes- und Jugendalter normalerweise eine Reihe von Fähigkeiten entwickelt, die es für die Bewältigung der Lernaufgaben seines ‚curriculum vitae' kompetent machen" (ebd., S. 328).

Literatur

Benner, D.: Allgemeine Pädagogik. Weinheim, München 1987.

Blankertz, H.: Theorien und Modelle der Didaktik. München 1969.

Breinbauer, I. H.: Transzendental-kritisch orientierte Pädagogik. In: Petersen, J./Reinert, G.-B. (Hg.): Pädagogische Konzeptionen. Eine Orientierungshilfe für Studium und Beruf. Donauwörth 1992, S. 222–236.

Brezinka, W.: Erziehungsziele, Erziehungsmittel, Erziehungserfolg. Beiträge zu einem System der Erziehungswissenschaft. München, Basel 1995 (3., erw. u. neubearb. Aufl.).

Brezinka, W.: Metatheorie der Erziehung. Eine Einführung in die Grundlagen der Erziehungswissenschaft, der Philosophie der Erziehung und der Praktischen Pädagogik. München, Basel 1978 (4. Aufl.).

Brezinka, W.: Von der Pädagogik zur Erziehungswissenschaft. Eine Einführung in die Metatheorie der Erziehung. Weinheim, Basel 1971.

Dietrich, Th.: Zeit- und Grundfragen der Pädagogik. Bad Heilbrunn 1988, 1992 (7. Aufl.).

Flitner, W.: Allgemeine Pädagogik. In: Gesammelte Schriften, Band 2. Paderborn 1983, S. 123–283.

Gamm, H.-J.: Allgemeine Pädagogik. Die Grundlagen von Erziehung und Bildung in der bürgerlichen Gesellschaft. Hamburg 1979.

Gudjons, H.: Pädagogisches Grundwissen. Bad Heilbrunn 1995 (4., überarb. u. erw. Aufl.).

Kaiser, A./Kaiser, R.: Studienbuch Pädagogik. Grundwissen und Prüfungswissen. Frankfurt/M. 1996 (8., aktualis. u. erw. Aufl.).

Klingberg, L.: Einführung in die Allgemeine Didaktik. Berlin (VEB) 1972.

Krüger, H.-H., Helsper, W.: Einführung in die Grundbegriffe und Grundfragen der Erziehungswissenschaft. München 1996 (2. Aufl.).

Krüger, H.-H./Rauschenbach, Th. (Hg.): Erziehungswissenschaft. Die Disziplin am Beginn einer neuen Epoche. Weinheim und München 1994.

Kron, F. W.: Grundwissen Pädagogik. München 1988.

Litt, Th.: Offener Brief (an Paul Oestreich). In: Die Neue Erziehung 6 (1924), S. 371.

Nipkow, K. E.: Allgemeindidaktische Theorien der Gegenwart – Gegenstandsfeld und Theoriebegriff. In: Zeitschrift für Pädagogik 14 (1968) 4, S. 335–365.

Petersen, J., Reinert, G.-B. (Hg.): Pädagogische Konzeptionen. Eine Orientierungshilfe für Studium und Beruf. Donauwörth 1992.

Peukert, H., Scheuerl, H. (Hg.): Wilhelm Flitner und die Frage nach einer allgemeinen Erziehungswissenschaft im 20. Jahrhundert. Weinheim und Basel 1991.

Priesemann, G.: Pädagogik als Entwicklungswissenschaft. In: Christiana Albertina (1989) 28, S. 21–31.

Röhrs, H.: Allgemeine Erziehungswissenschaft. Eine Einführung in die erziehungswissenschaftlichen Aufgaben und Methoden (Gesammelte Schriften, Bd.1). Weinheim 1993 (3., erg. u. überarb. Aufl.).

Ruprecht, H. u. a.: Modelle grundlegender didaktischer Theorien. Hannover 1972.

Tenorth, H.-E.: Geschichte der Erziehung. Einführung in die Grundzüge ihrer neuzeitlichen Entwicklung. Weinheim, München 1992 (2. Aufl.).

Tenorth, H.-E.: Materialistisch orientierte Pädagogik. In: Petersen, J./Reinert, G.-B. (Hg.): Pädagogische Konzeptionen. Eine Orientierungshilfe für Studium und Beruf. Donauwörth 1992, S. 190–203.

Treml, A. K.: Einführung in die Allgemeine Pädagogik. Stuttgart 1987.

Dieter Lenzen

Allgemeine Pädagogik –
Teil- oder Leitdisziplin der Erziehungswissenschaft?

1. Was ist eigentlich Allgemeine Pädagogik?

Eigenartig: Prüfungsordnungen, Studienordnungen, Vorlesungs- und Personal-
verzeichnisse – sie alle enthalten mehr oder minder breite Angebote und Verpflichtungen unter dem Titel „Allgemeine Pädagogik". Rätselhaft: Die „Enzyklopädie Erziehungswissenschaft"[1], die „Pädagogischen Grundbegriffe"[2], zahlreiche mehr oder weniger prominente Hand- und Lehrbücher schweigen sich
darüber aus, was Allgemeine Pädagogik eigentlich ist. Entsprechende Stich-
wörter finden sich in der Regel nicht. „Blättert" man in der neuesten Ausgabe
der CD-ROM des Fachinformationssystems Bildung[3] unter diesem Stichwort,
so bietet einem der Computer über 6000 Einträge seit 1980. Über sechstausend
Mal soll also in diesem Zeitraum ein erziehungswissenschaftlicher Text sich mit
Allgemeiner Pädagogik beschäftigt haben. Öffnet man allerdings die einzelnen
Einträge, dann ist man verblüfft über die hohe Spezialisierung der Gegenstände, die sich unter diesem Stichwort tummeln: „Leben, lernen und arbeiten
in der Gemeinschaft" – „Vertrauen überwindet Angst" – „Kann lernen wirklich
Freude machen?" – „Medienalltag und Handeln", „Die gute Fee ...". Begriffs-
erläuterungen? – Keine.

Die Studierenden können froh sein, wenn sie einen Hinweis über ein Sachregi-
ster in einer Einführung in die Erziehungswissenschaft finden oder über ein
Verweisungsstichwort in einem erziehungswissenschaftlichen Wörterbuch.
Worauf werden sie dann verwiesen? – Auf „eine" „Allgemeine Pädagogik",
z. B. die von einem Autor namens Johann Friedrich HERBART oder Dietrich
BENNER. Wer sich eine davon ausleiht und zu lesen versucht, versteht zunächst
einmal nichts. Dann erfährt er/sie, daß „Allgemeine Pädagogik" eigentlich
„Systematische Pädagogik" sei und daß der Autor einer „Allgemeinen Pädagogik" ein System der Pädagogik anbiete. Kein Grund zur Entspannung. Mitnich-
ten bedeutet „System", daß die Sache nun übersichtlich wird, sondern man
wird das mulmige Gefühl nicht los, der Autor einer allgemeinen oder systematischen Pädagogik wolle die Leserin und künftige Pädagogin (denn mehr als

---

1 Lenzen, D. (Hg.): Enzyklopädie Erziehungswissenschaft: Handbuch und Lexikon in 11 Bänden
  und einem Registerband. Stuttgart, Dresden 1995.
2 Lenzen, D. (Hg.): Pädagogische Grundbegriffe. 2 Bde. Reinbek 1996/1995.
3 Literaturdokumentation Bildung. Bibliographische Daten zur Erziehungswissenschaft und zu
  pädagogischen Praxisfeldern. 3. Ausgabe. Eschborn 1996.

50% der Pädagogik-Studierenden sind bekanntlich weiblichen Geschlechts, im Grundschulbereich sogar über 80%!) systematisch in eine bestimmte Richtung drängen – normative Verführung durch Autoren (die in der „Allgemeinen Pädagogik" verblüffenderweise fast ausschließlich männlichen Geschlechts sind)? Wenn sie indessen an das Gute in den allgemeinpädagogischen Männern glaubt und zufällig einem Autor begegnet, der das Allgemeine an der „Allgemeinen Pädagogik" eher in seinem Kontrast zum Speziellen sieht, erfährt sie, daß die Zahl der Qualifikationsarbeiten im Bereich der Allgemeinen Pädagogik sich zwischen 1945 und 1990 halbiert habe und daß sie heute nur noch 23% ausmache[4]. Erleichterung macht sich breit und das Gefühl, sich damit weiter nicht beschäftigen zu müssen. Schließlich will sie Sozialpädagogin werden, Erwachsenenbildnerin oder Grundschullehrerin. Das ist schon etwas Spezielles, und wenn die Bedeutung ohnehin abnimmt ...

Leider ist diese Diagnose falsch. Es ist zwar richtig, daß die Zahl von Qualifikationsarbeiten mit einem allgemeinpädagogischen Thema zurückgegangen ist. Aber: Die offensichtlich hohe Repräsentanz allgemeiner Fragestellungen in über 6000 neueren erziehungswissenschaftlichen Veröffentlichungen zeigt, daß sich allgemeinpädagogische Probleme nicht erledigt haben, sondern daß sie nun auch dort verhandelt werden, wo sie sich tatsächlich auswirken. Eine geschichtliche Frage wurde früher eher auf die gesamte Pädagogik bezogen, wenn z. B. Geschichte der Pädagogik als Teil der Allgemeinen Pädagogik betrieben wurde. Inzwischen wird mit der Spezialisierung des Faches auch eine allgemeine Frage, die nach der Geschichte, auf Teile des Faches bezogen, z. B. als Geschichte der Kindheit oder als Geschichte des Deutschunterrichts. Das „Allgemeine" an einer solchen Betrachtung sind in diesem Falle die „historiographischen" Methoden, d. h. die Methoden der Geschichtsschreibung, die im Rahmen der Allgemeinen Pädagogik abgeklärt werden müssen, bevor sie auf Spezialfragen (Kindheit, Deutschunterricht ...) bezogen werden. Von diesen allgemeinen Bezügen gibt es viele. Ich werde zwei Hauptgruppen vorstellen, die sich im Verlauf der Geschichte der Pädagogik herausgebildet haben (2. und 3.), werde dann zeigen, daß sich einer dieser Zugänge im Laufe der Zeit als zu eng und nicht mehr zeitgemäß herausgestellt hat, um dann einen Vorschlag für die Erweiterung und Integration der allgemeinpädagogischen Fragestellung zu unterbreiten (4.).

2. Allgemeine Pädagogik als erziehungswissenschaftliche Teildisziplin

Zahlreiche wissenschaftliche Fächer verfügen über eine Teildisziplin, die sich als allgemein bezeichnet, z. B. die Allgemeine Literaturwissenschaft, die Allge-

---

4 Vgl. Krüger, H.-H.: Erziehungswissenschaft und ihre Teildisziplinen. In: Krüger, H.-H., Helsper, W. (Hg.): Einführung in Grundbegriffe und Grundfragen der Erziehungswissenschaft. Opladen 1995, S. 314f.

meine Sprachwissenschaft oder die Allgemeine Psychologie. Unabhängig von den einzelnen Nationalliteraturen werden in der Allgemeinen Literaturwissenschaft Gemeinsamkeiten literarischer Epochen, Stile oder Gattungen thematisiert und auf generalisierbare Erkenntnisse hin untersucht. Ähnliches gilt für die Allgemeine Sprachwissenschaft, die Gesetzmäßigkeiten unterschiedlicher Sprachen daraufhin untersucht, ob Gemeinsamkeiten zwischen den Sprachen beispielsweise Rückschlüsse auf gemeinsame historische Wurzeln von Sprachen und Völkern erlauben oder ob solche Strukturverwandtschaften für maschinelle Übersetzungen nutzbar gemacht werden können. Die Allgemeine Psychologie schließlich thematisiert psychologische Fragen, die für mehrere Teildisziplinen der Psychologie bedeutsam sind. So gelten Erkenntnisse über die menschliche Hirnstruktur für jeden Bereich der Psychologie, von der klinischen bis zur Sozialpsychologie. Die Geschichte der Psychologie ist die Geschichte des gesamten Faches. Für die Erziehungswissenschaft gilt nichts anderes.

Wenn sich deshalb Allgemeine Pädagogik als eine der erziehungswissenschaftlichen Teildisziplinen mit Gemeinsamkeiten im Hinblick auf die anderen Teildisziplinen befaßt, dann sind es im wesentlichen vier Bereiche:

● Geschichte
● Richtungen
● Grundlagen
● Forschungsmethoden

Geschichtliche Fragestellungen bedeuten in der Allgemeinen Pädagogik, daß man sich mit der Geschichte des Faches und des Gegenstandes befaßt. Die Geschichte der Pädagogik wird dabei entweder im weiteren Sinne als Geschichte pädagogischen Denkens, z. B. seit der Antike, verstanden. Im Alten Griechenland finden wir zwar kein etabliertes Fach Pädagogik, wohl aber pädagogisches Denken, z. B. in der Philosophie als „Paideia"[5]. Im engeren Sinne bedeutet Geschichte der Pädagogik die historische Aufarbeitung der institutionalisierten Pädagogik oder, wie sie erst in der zweiten Hälfte des 20. Jahrhunderts benannt wird, der Erziehungswissenschaft[6]. Gemeint ist dann das Universitätsfach, welches seit der Einrichtung des ersten pädagogischen Lehrstuhls an der Universität Halle im Jahre 1779 existiert, der mit Ernst Christian TRAPP besetzt wurde.

---

5 Als Geschichte des pädagogischen Denkens ist noch immer unübertroffen: Ballauff, Th.: Pädagogik. Eine Geschichte der Bildung und Erziehung. Bd. 1. Freiburg, München 1969; Bd. 2 und 3 (gemeinsam mit K. Schaller) 1970, 1973. Für einen Überblick eignet sich immer noch: Reble, A.: Geschichte der Pädagogik. 15. neubearb. Aufl. Stuttgart 1989 und Blättner, F.: Geschichte der Pädagogik. 15. Aufl. Heidelberg 1980.

6 Die Geschichte des Faches ist enthalten in: Tenorth, H.-E.: Geschichte der Erziehung. Einführung in die Grundzüge ihrer neuzeitlichen Entwicklung. Weinheim, München 1988.

Die Geschichte des pädagogischen Gegenstandes ist demgegenüber weitaus umfang- und facettenreicher als die des Faches. So werden die Geschichte des pädagogischen Denkens ideengeschichtlich[7], die Geschichte der Erziehung und Bildung sozial- bzw. mentalitätsgeschichtlich[8] untersucht. Das Spektrum reicht demnach von einer Geschichte pädagogischer Ideen und Konzeptionen bis zur Geschichte der sozialen Wirklichkeit, in der Erziehung und Bildung stattfanden, sowie bis zur Geschichte der Einstellungen und Dispositionen, die gegenüber einem erzieherisch relevanten Element, etwa gegenüber der Kindheit, bestanden. Verschiedene Vertreter historischer Forschung in der Erziehungswissenschaft betrachten ihr Gebiet inzwischen als eigene Teildisziplin „Historische Pädagogik". Auch wenn dieses institutionell etwa durch die Benennung von Professuren umgesetzt wird, ändert das nichts daran, daß die historische Fragestellung eine fachübergreifende, also allgemeine ist.

Im Verlauf der Geschichte des pädagogischen Denkens, aber auch der Pädagogik als Fach haben sich zahlreiche Denkrichtungen, institutionell auch wissenschaftliche Schulen herausgebildet, von denen heute, am Ende des 20. Jahrhunderts, etliche gleichberechtigt nebeneinander bestehen. Solche Richtungen herauszuarbeiten, sie theoretisch miteinander zu vergleichen, ihre Folgen für die pädagogische Wirklichkeit zu untersuchen, ist eine zweite Aufgabe der Teildisziplin „Allgemeine Pädagogik". Ob etwas eine wissenschaftliche „Schule" oder Richtung wird, hängt von vielen Faktoren ab, u. a. davon, welche Durchsetzungsfähigkeit ihre Vertreter institutionell besitzen. Wichtig ist aber auch die Frage, ob eine solche Position zu den Bedürfnissen und Denkstilen einer Zeit „paßt", also dem sog. „Zeitgeist" entspricht. Heute besteht aufgrund der Pluralisierung der Lebensverhältnisse eher die Tendenz, nicht eine oder zwei pädagogische Denkrichtungen für die „richtigen" zu halten, sondern eine Theorienpluralität zuzulassen. In einer freien Gesellschaft mit hochindividualisierten Lebensverhältnissen gelten pädagogische Zielvorstellungen nicht für alle Menschen im gleichen Maße. So kann für konfessionell gebundene Menschen eine ethisch akzentuierte Pädagogik angemessen sein, für eher links orientierte Bürger eine kritische Erziehungswissenschaft und für Menschen, die auf Effektivität setzen, ein erfahrungswissenschaftliches Konzept. Es macht also für Studierende wenig Sinn, hier vergleichend nach der Wahrheit zu suchen. Es gibt sie nicht. Die Aufgabe der künftigen Pädagogin besteht also eher darin, eine ihrem Denken angemessene Konzeption aufzusuchen und ihr Stu-

---

7 Auch hier ist zu empfehlen: Ballauff (siehe Fußnote 5). Einen eher einführenden Charakter hat Winkel, R. (Hg.): Pädagogische Epochen. Von der Antike bis zur Gegenwart. Düsseldorf 1987.

8 Sozialgeschichten der Erziehung als Ganzes existieren nicht, wohl aber aus einzelnen Teilgebieten, z. B. Herrmann, U. (Hg.): Schule und Gesellschaft im 19. Jahrhundert. Sozialgeschichte der Schule im Übergang zur Industriegesellschaft. Weinheim, Basel 1977. Mentalitätsgeschichtlich akzentuiert ist: Ariès, Ph.: Geschichte der Kindheit. München 1975 u. ö.

dium und vielleicht sogar ihre spätere Berufspraxis auf dem Hintergrund einer solchen gewählten Konzeption zu betrachten. Um eine solche Leistung zu erbringen, ist es erforderlich, eine Übersicht über verschiedene Richtungen zu erhalten[9]. Die in den deutschen Hochschulen heute vertretenen oder zumindest gelehrten Richtungen sind[10]:

- Geisteswissenschaftliche Pädagogik. Sie ist die „Mutter" zahlreicher erziehungswissenschaftlicher Richtungen dieses Jahrhunderts. Sie knüpft an die Ende des 19. Jahrhunderts konzipierte Philosophie Wilhelm DILTHEYS an und widmet sich der Frage, wie man die Erziehungswirklichkeit mit hermeneutischen Methoden erforschen kann.

- Erfahrungswissenschaftliche oder kritisch-rationale Erziehungswissenschaft. Sie geht aus vom positivistischen Denken gleichfalls des 19. Jahrhunderts und widmet sich der Frage, wie man die erzieherische Wirklichkeit mit empirischen Methoden erforschen kann.

- Kritische Erziehungswissenschaft. Sie ist ein Kind der Studentenbewegung und der Versuch, Fragen der Normen pädagogischen Handelns mit Fragen der Erziehungswirklichkeit zu verbinden: Was soll man nicht tun (Kritik), und was ist überhaupt machbar?

- Systemtheoretische Erziehungswissenschaft. Sie betrachtet sowohl den Lernenden als auch das Geschehen in den Erziehungs- und Bildungsinstitutionen als „System", das nach bestimmten Gesetzmäßigkeiten funktioniert, auf die hin erzieherische Wirklichkeit beobachtet wird. In der Verbindung mit dem radikalen Konstruktivismus handelt es sich um eine zukunftsweisende Konzeption.

- Historisch-materialistische Erziehungswissenschaft. Sie geht im Rückgriff auf Grundannahmen des Marxismus davon aus, daß die materiellen Bedingungen der Gesellschaft die Erziehungswirklichkeit determinieren und daß man deshalb die sozialen Bedingungen ändern müsse, wenn man erzieherisch tätig wird. Umgekehrt sei aber die Erziehung auch ein Vehikel für die soziale Veränderung. Ein bißchen zirkulär, wenn der dialektische Grundgedanke vulgarisiert wird. Diese Konzeption befindet sich nach den Zusammenbrüchen sozialistischer Erziehungsstaaten z. Z. im Kuraufenthalt. Wenn die historischen Ereignisse des Jahres 1989 und der Blutzoll mancher sozialistischer Experimente in Vergessenheit geraten sind, ist mit einem Remake zu rechnen.

---

9 Eine leicht verständliche Übersicht enthält: Gudjons, H.: Pädagogisches Grundwissen, 4. überarb. und erw. Aufl. Bad Heilbrunn 1995, S. 30–56. Vgl. auch: Petersen, J./ Reinert, G.-B. (Hrsg.): Pädagogische Konzeptionen. Eine Orientierungshilfe für Studium und Beruf. Donauwörth 1992.
10 Ausführliche Darstellungen der im folgenden genannten Richtungen finden sich in: Lenzen, D. (Hg.): Pädagogische Grundbegriffe. 2 Bde. Reinbek 1996/1997.

- Phänomenologische Pädagogik. Sie wird eher von einer kleinen Gruppe von Erziehungswissenschaftler(inne)n gepflegt und findet schon aufgrund der komplexen philosophischen Grundlagen HUSSERLS und MERLEAU-PONTYS wenig Anhang unter pädagogischen Praktikern. Aber: Sie besteht darauf, die Wirklichkeit nicht zu vermessen, sondern aus einem Verständnis der Phänomene heraus zu erfassen.
- Transzendental-kritische, praxeologische oder prinzipienorientierte Erziehungswissenschaft. Sie versucht Prinzipien pädagogischen Handelns u. a. im Rückgriff auf KANT zu formulieren, wobei bestimmte Kriterien erfüllt sein müssen, um eine Handlung als „pädagogische" und nicht bloß als erzieherische zu qualifizieren. Sehr anspruchsvoll, aber nicht direkt umsetzbar in berufliche Wirklichkeit.

- Psychoanalytische Pädagogik
- Kybernetische Pädagogik
- Interaktionistische Pädagogik
- Kritisch-kommunikative Erziehungswissenschaft
- Strukturalistische Erziehungswissenschaft
- Humanistische Pädagogik
- ca. ein Dutzend weitere

Es ist unmöglich, im Rahmen eines Lehrerstudiums oder eines pädagogischen Nebenfachstudiums all diese Richtungen zu studieren und zu verstehen. Von einer Hauptfachstudentin erwarten wir aber, daß sie fünf wichtige Konzeptionen kennt, beschreiben und voneinander abgrenzen kann. Das Wichtigste dabei ist jedoch etwas anderes: Zu verstehen, daß Erziehungs- und Bildungsprozesse in erheblichem Maße mit Fragen nach den „richtigen" Weisen pädagogischen Handelns durchsetzt sind. Es reicht also nicht zu wissen, was passiert, wenn man an oder besser mit einem Kind diese oder jene pädagogische Handlung vollzieht (im Sinne: Funktioniert die Realisierung meiner Absicht?), sondern es ist erforderlich, die Absicht selbst zu reflektieren: Vor welchem Hintergrund ist sie entstanden? Folge ich unbedacht irgendwelchen fremden Ansprüchen? Setze ich einfach nur meine eigenen Erziehungserfahrungen um, die ich als Kind gemacht habe? Kann ich meine Absichten und Erwartungen eigentlich legitimieren? Vor welchem Hintergrund sind meine Absichten zulässig? Wie gelangt das Kind zu seinem Recht auf Selbstbestimmung? Wo sind die Grenzen dieser Selbstbestimmung? Gibt es die Möglichkeit pädagogischer Gerechtigkeit? ... In diesem Sektor der Allgemeinen Pädagogik als Teildisziplin kommt es also darauf an, nicht nur etwas zu wissen, sondern im Hinblick auf das eigene pädagogische Tun selbständig und informiert, also wissenschaftlich reflektieren zu können.

Man kann natürlich sagen, daß die Beschäftigung mit Geschichte und mit den Richtungen bereits eine Befassung mit „Grundlagen" sei. Wenn diese dennoch als eine zusätzliche Kategorie innerhalb der Allgemeinen Pädagogik als Teildisziplin benannt werden, dann ist damit offenkundig noch etwas anderes gemeint. Es gibt nämlich Grundlagen der Erziehungswissenschaft, die außerhalb des Faches selbst liegen und die man beherrschen muß. Dazu gehört Wissen, das zwar in anderen Wissenschaften produziert, jedoch für die Erziehungswissenschaft allererst adaptiert und transformiert werden muß. Viele Studienordnungen sehen heute vor, daß das Pädagogikstudium von zwei Fächern begleitet ist, der Psychologie und der Soziologie. Für viele Lehramtsstudiengänge gilt, daß im Rahmen des „erziehungswissenschaftlichen" Studiums Lehrveranstaltungen in Philosophie, Soziologie, Psychologie, Politologie oder weiteren Fächern besucht werden sollen. Diese Studien sind in den seltensten Fällen auf das Studienfach Erziehungswissenschaft bezogen, und den Studierenden werden nicht selten willkürlich ausgewählte Lehrveranstaltungen aus dem jeweiligen Hauptfach Psychologie usw. angeboten, die oftmals wissenschaftliche Ladenhüter darstellen. Sinnvoll sind solche Grundlagen nur, wenn sie unter dem Blickwinkel pädagogischer Ansprüche erarbeitet werden. Es ist unmittelbar einsehbar, daß der Aufbau der Cortex (Großhirnrinde) für eine Grundschullehrerin nur im Hinblick auf Informationen sinnvoll sein kann, die das Sprachzentrum betreffen, während eine Sonderpädagogin mit einem Schwerpunkt im Bereich der Geistigbehindertenpädagogik ganz andere kognitionsphysiologische Grundlageninformationen benötigt. Anthropologische Grundlagen sind vielleicht weniger wichtig, wenn sie sich mit der Evolution des aufrechten Ganges beschäftigen als mit der Frage, aufgrund welcher anthropologischer Annahmen in der Pädagogik der Gedanke aufkam, der Mensch sei ein sittlich vervollkommnungsbedürftiges und -fähiges Wesen. Leider gibt es noch wenige Forschungs- und Lehrangebote, die eine solche Integration von Grundlagenwissen aus anderen Wissenschaften in die Allgemeine Pädagogik leisten. Bei der Auswahl von erziehungswissenschaftlichen Lehrveranstaltungen und auch in der Konfrontation mit akademischen Lehrern anderer Fächer, die Veranstaltungen für angehende Pädagogen anbieten, kann das nur heißen: Darauf bestehen, daß Soziologie, Psychologie, Anthropologie pädagogisch betrieben werden!

Das beschriebene Defizit an allgemeinpädagogisch durchgearbeitetem Wissen besteht leider auch im vierten Feld der Allgemeinen Pädagogik, im Bereich der Forschungsmethoden. Dieses gilt allerdings nicht für alle Forschungsmethoden im gleichen Maße, sondern ist vielmehr davon abhängig, aus welcher Wissenschaft die jeweilige Methode jeweils übernommen wurde. Was ist eine Forschungsmethode? – Nicht zu verwechseln mit den Methoden für die erzieherische Arbeit, regeln Forschungsmethoden alle Verfahrensschritte, die mit der Produktion erziehungswissenschaftlichen Wissens zusammenhängen. Dieses beginnt mit der Identifizierung einer Forschungsfrage durch die Suche nach einer Forschungslücke. So kann man z. B. wissen wollen, wie eine sozial stark integrierte (also gut zusammenhaltende) Jugendgruppe auf Neuankömmlinge reagiert, wenn man beispielsweise Verfahren entwickeln will, mit denen die Integration von Behinderten, Ausländern o. ä. in einer solchen Gruppe verbessert wird. Wenn dieses eine wissenschaftlich zu untersuchende Frage sein soll, ist sodann zu überlegen, wie man Informationen über einen solchen Vorgang erhält. So kann zunächst einmal die Lektüre einschlägiger Untersuchungen über soziale Integration angemessen sein, um den Forschungsstand zu diesem Thema genau zu kennen. Stellt sich dann heraus, daß der Forschungsstand wichtige Fragen unbeantwortet läßt, geht man an die Entwicklung eines Untersuchungsdesigns. Dazu gehört in der Regel, eine Hypothese zu formulieren, die eine Annahme darüber enthält, wie eine Jugendgruppe auf die beschriebene Situation reagiert. Z. B. könnte man die Hypothese formulieren: Wenn ein Neuankömmling sich im Outfit sehr stark von einer sozial integrierten Gruppe unterscheidet, wird er schwerer integriert als wenn er die gleichen Bekleidungsregeln befolgt wie die Gruppenmitglieder. Es kann nun sein, daß diese Hypothese zutrifft. Aber auch das Gegenteil ist denkbar: Die Gruppe könnte es als Angriff auf ihre Identität interpretieren, wenn ein fremder „ihre" Merkmale kopiert. Um herauszufinden, was tatsächlich der Fall ist, könnte man ein Experiment ansetzen: Man schickt fremde Personen in eine Jugendgruppe, solche mit abweichenden und solche mit angepaßten Bekleidungsmerkmalen, und beobachtet den weiteren Verlauf der Ereignisse. Man könnte aber auch Jugendliche befragen, die vergeblich versucht haben, in eine sozial integrierte Gruppe zu gelangen und deswegen vielleicht psychisch auffällig geworden sind. Auch könnte man Mitglieder von Jugendgruppen daraufhin befragen, wie sie auf Neuankömmlinge reagieren. Oder man fragt Jugendgruppenleiter nach ihren Erfahrungen oder wendet ein mehrstufiges Verfahren an. – Was auch immer: Man gelangt an eine größere Menge von Rohdaten, die nun aufbereitet werden müssen. Interviews müssen z. B. transkribiert, inhaltsanalytisch codiert und quantitativ verrechnet werden. Am Ende erhält man Häufigkeiten, kategorisiert nach bestimmten Eigenschaften, z. B.: Deutsche Mädchen zwischen 12 und 14 sind eher bereit, türkische Jungen zwischen 16 und 18 aufzunehmen als deutsche Jungen zwischen 13 und 15. Wenn allerdings die Mehrzahl der Mitglieder einer Gruppe Jungen sind, passen sich die Mädchen der Mehrheitsmeinung an oder sie tun es nicht usw. Am Ende einer langen Untersuchung stehen überprüfte Hypothesen dieser Art. Sind die Sätze nun wahr, die solche Ergebnisse beschreiben? Vielleicht hätte man ja etwas ganz anderes herausgefunden, wenn man nicht „empirisch", d. h. nach Erfahrungen suchend, vorgegangen wäre, sondern hermeneutisch. Dann hätte man gar nicht gerechnet, keine künstlichen Situationen experimentell erzeugt und keine Fragebogen verteilt. Dann hätte man z. B. die im Feld immer schon vorhandenen Lebensäußerungen daraufhin interpretiert, ob sie Informationen über das Verhalten von Jugendlichen gegenüber Neuankömmlingen in einer Jugendgruppe enthalten. So hätte man vielleicht einen Film analysiert, den eine Jugendgruppe anläßlich ihrer letzten Urlaubsfahrt gedreht hat, um zu sehen, ob sich dort interpretationsfähige Lebensäußerungen (d. h. sprachliche, mimische, gestische usw. Symbolisierungen) finden, die Rückschlüsse auf das Integrationsverhalten einer solchen Gruppe gestatten. Dann hätte man vielleicht festgestellt, daß der neuaufgenommene türkische Jugendliche deutlich weniger im Bild war als die anderen Gruppenmitglieder, oder man hätte festgestellt, daß die expliziten Namensanreden den Namen des Neuankömmlings sehr wenig enthalten usw. Gleich wären auch gegen ein solches Vorgehen Einwände denkbar: Alle Resultate, so könnte man sagen, gälten nur für diese eine Jugendgruppe, nicht aber für alle anderen[11].

Kurzum: Die Reichweite, der Wahrheitsgehalt, auch die forschungsethische Zulässigkeit bestimmter Untersuchungen (man denke an den „künstlichen" Fremdling), die Möglichkeit von Wahrheit überhaupt, die Implikationen für pädagogisches Handeln bedürfen der Reflexion. Sie ist ein Bestandteil der Allgemeinen Pädagogik, wenn von erziehungswissenschaftlichen Forschungsmethoden die Rede ist oder von der Wissenschaftstheorie der Erziehungswissenschaft.

Geschichte, Richtungen, Grundlagen, Methoden, alle diese Aspekte liegen gewissermaßen oberhalb der eigentlichen Erziehungswissenschaft mit ihren Teildisziplinen. Wir können deshalb jetzt formulieren: *Allgemeine Pädagogik als erziehungswissenschaftliche Teildisziplin produziert und kommuniziert erziehungswissenschaftliches Metawissen.* Dieses Wissen ist historisches Wissen, theoretisches Wissen, interdisziplinäres Wissen und wissenschaftstheoretisches Wissen. Wenn wir in diesem Sinne von Allgemeiner Pädagogik sprechen, ist es zur Vermeidung von Verwechslungen besser, von „Allgemeiner Erziehungswissenschaft" zu reden.

Wenn wir die Allgemeine Pädagogik in diesem Verständnis noch im Verhältnis zur Gesellschaft, den anderen Wissenschaften, den anderen Teildisziplinen der Erziehungswissenschaft und dem Erziehungs- und Bildungswesen sehen wollen, dann bietet es sich an, in Systemen zu denken, wie dieses von der Systemtheorie getan wird[12]. Schematisiert sähe der Ort der Allgemeinen Pädagogik dann so aus (s. Abb. 1, S. 41):

Diese Skizze geht davon aus, daß sowohl das System der Wissenschaften als u. a. auch das Erziehungssystem (welches das gesamte Erziehungs- und Bildungswesen umfaßt) Teilsysteme des gesellschaftlichen Gesamtsystems sind. Die Erziehungswissenschaft ist wiederum ein Sub-(= Unter-)System des Wissenschaftssystems. Die Allgemeine Pädagogik ist als Teildisziplin gemeinsam

---

11 Über die erziehungswissenschaftlichen Forschungsmethoden informieren die Beiträge von H.-E. Tenorth und Ch. Lüders (Hermeneutische Methoden) sowie von U. Kuckartz (Empirische Methoden). In: Lenzen, D. (Hg.): Erziehungswissenschaft. Ein Grundkurs. 3. durchges. Aufl. Reinbek 1997, S. 519–542 bzw. 543–567.

12 Vgl. zur Systemtheorie: Luhmann, N.: Soziale Systeme. Frankfurt/M. 1987 u. ö.

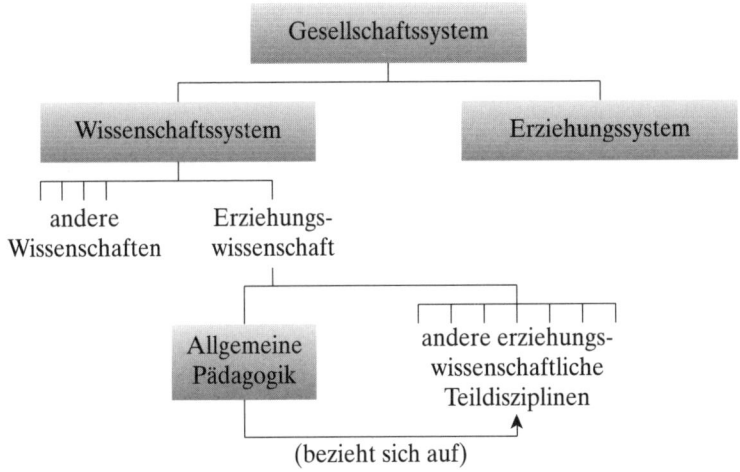

Abb. 1: Der systemische Ort der Allgemeinen Pädagogik als Teildisziplin

mit den anderen Teildisziplinen ein Subsystem des erziehungswissenschaftlichen Systems. In ihrer allgemeinen Fragestellung bezieht sie sich auf die anderen erziehungswissenschaftlichen Teildisziplinen. Ein unmittelbarer Wirkungszusammenhang zur sog. erzieherischen Wirklichkeit, dem Erziehungssystem, besteht nicht.

3. Allgemeine Pädagogik als erziehungswissenschaftliche Leitdisziplin

Während sich die Allgemeine Pädagogik als Teildisziplin gewissermaßen von den Teildisziplinen der angewandten oder speziellen Erziehungswissenschaft abgrenzt, indem sie sich auf sie bezieht, grenzt die Allgemeine Pädagogik als Leitdisziplin sich gegenüber den Teildisziplinen dadurch ab, daß sie beansprucht, ihnen *theoretische Vorgaben* für das Verständnis des Pädagogischen zu machen, das in allen Teilbereichen pädagogischer Tätigkeit Geltung haben soll. Eine Allgemeine Pädagogik in diesem Sinne hat einen weitreichenden Anspruch: Sie will nicht weniger als für alle pädagogischen Handlungen Kriterien formulieren.

In der Geschichte der Erziehungswissenschaft haben sich für diese Absicht verschiedene Zugehensweisen herausgebildet. Die wichtigsten sind:

- Normative Pädagogik
- Pädagogische Ethik
- Bildungstheorie

Normative Pädagogik ist das älteste, immer noch verbreitete und zugleich unsinnigste Muster, pädagogische Intentionen in erzieherische Wirklichkeit umzusetzen. Normative Pädagogik entspricht einer alltäglichen Vorstellung von Erziehung sowie davon, wie man außerpädagogische Normen in pädagogische Handlungsorientierungen umsetzt. Dabei geht man davon aus, daß der Mensch, wie es aus der christlichen Überlieferung sich immer noch als Vorstellung hält, zu irgendeinem Ziele geführt werden soll, sagen wir einmal zur Nächstenliebe oder zum Sozialismus. Anhänger dieses Verfahrens, d. h. fast jeder alltäglich Handelnde, glaubt, man könne aus dieser außerpädagogischen Norm eine pädagogische Norm ableiten. So leitete der „Lehrplan für deutsche Sprache und Literatur in der Klasse 10 der Allgemeinbildenden Polytechnischen Oberschule der DDR" von 1970 aus der außerpädagogischen Norm des Sozialismus ein *Erziehungsziel* ab: „Befähigung zur erfolgreichen Mitgestaltung der sozialistischen Gesellschaft, insbesondere der sozialistischen Demokratie." Daraus wurden auf einer weiteren Ebene *Unterrichtsziele* abgeleitet: „Befähigung zu zusammenhängender schriftlicher Darstellung der gedanklichen Auseinandersetzung mit Sachverhalten ..." Daraus folgen nach Auffassung der Lehrplanautoren auf einer noch konkreteren Ebene *Unterrichtsthemen*, z. B. „Übungen im Erfassen des Themas sowie Übungen zur Auswahl und Anordnung des Stoffes", und schließlich Unterrichtsinhalte wie „Aufbau einer in sich geschlossenen Argumentation; Anfertigen einer Gliederung"[13]. Jeder, der in Deutschland, also auch in der damaligen Bundesrepublik in der 10. Klasse Deutschunterricht genossen hat, merkt sogleich, daß die Unterrichtsziele, -themen und -inhalte auch in jedem Lehrplan der BRD, Österreichs und der Schweiz stehen könnten, und mit wenigen Abweichungen ist das auch der Fall. Da fragt es sich, wie denn nun sichergestellt werden sollte, daß mit diesen Konkretisierungen die Zehntkläßler der DDR ausgerechnet zum Sozialismus, die der BRD zur parlamentarischen Demokratie und die der Schweiz zur eidgenössischen Basisdemokratie erzogen werden. Die Antwort heißt schlicht: gar nicht. Ob jemand Sozialist, Katholik, Eidgenosse oder sonst etwas wird, entscheidet sich eben nicht im Deutschunterricht bei dem Erwerb von Kompetenzen bei der Aufsatzgliederung, sondern aus dem gesamten Lebenszusammenhang heraus, wovon der Deutschunterricht freilich ein nur unbedeutender Teil ist. Der Denkfehler liegt in der nicht ausrottbaren Vorstellung, der auch fast jeder Lehrer noch anhängt, man könne aus übergeordneten Absichten richtige pädagogische Handlungsweisen ableiten. Um so größer die Enttäuschung, wenn der links engagierte Gesamtschullehrer in seinem Politikunterricht unbeabsichtigt die Herausbildung von Neonazis bewirkt oder wenn ein fein ausge-

---

13 Ministerrat der Deutschen Demokratischen Republik. Ministerium für Volksbildung: Lehrplan für Deutsche Sprache und Literatur, Klasse 10. Berlin 1970, S. 5–19.

klügelter Erziehungsstaat lautlos in sich zusammensinkt. Normative Pädagogik ist also nicht deswegen zu kritisieren, weil sie außerpädagogische Normen umzusetzen versucht, sondern deshalb, weil sie nicht erkennt, daß eine solche Umsetzung auf dem Wege über Deduktionen (Ableitungen) nicht möglich ist[14]. Diese Einsicht haben sich Ansätze zunutze gemacht, die sich als Pädagogische Ethik begreifen. Auch sie gehen davon aus, daß es außerpädagogische Normen gibt, die legitimerweise zur normativen Grundlage von Bildung und Erziehung gemacht werden können. Solche Konzeptionen[15] verfallen nun aber nicht einem naiven Deduktionismus, sondern sie sehen den Ort der Normen an einer anderen Stelle. Sie fragen sinngemäß: Welche pädagogischen Bedingungen müssen erfüllt sein, damit ein pädagogischer Prozeß zu einem gewünschten (ethischen) Ziel führt? Die Erforschung dieser Bedingungen ist dann aber nicht Aufgabe der pädagogischen Ethik, sondern der Teildisziplinen, je nach dem, für welchen Sektor des Erziehungs- und Bildungsprozesses ethische Erwartungen formuliert werden. Eine Pädagogische Ethik befaßt sich dann vielmehr mit den ethischen Vorstellungen selbst, die eine Normative Pädagogik unhinterfragt als gegeben voraussetzt. Eine pädagogische Ethik muß eine Option herausbilden zwischen verschiedenen Moralvorstellungen, unter denen Erziehungsprozesse ablaufen sollen: Soll der Mensch vervollkommnet werden? Ist Moralität vernünftig? Soll Moral sich auf das Maß des Nützlichen beschränken? Kann es in einer Gesellschaft verschiedene Moralen geben? Welche Legitimationsbedingungen müssen (pädagogische) Moralvorstellungen erfüllen?

Die Voraussetzung, unter der solche Überlegungen angestellt werden, ist natürlich die, daß die Bedingungen überhaupt beschreib- und beeinflußbar sind, unter denen bestimmte moralische Vorstellungen erzieherisch durchgesetzt werden können. Mit anderen Worten: Der erzieherische Prozeß wird sehr leicht als ein Zweck-Mittel-Zusammenhang gedacht: Es gibt ethisch mehr oder minder legitimierte Moralvorstellungen (Zwecke), zu denen sich pädagogische Akte wie Mittel verhalten. Erziehung wäre demnach eine Frage der richtigen Erziehungstechnik, die von den erziehungswissenschaftlichen Teildisziplinen aufzuklären wäre. Die Diskussion der ethischen Zwecke ist dieser Vorstellung folgend die Aufgabe der Allgemeinen Pädagogik, die auch hier den Charakter einer (normativen) Leitdisziplin annimmt. Für die pädagogische Umsetzung der so allgemeinpädagogisch formulierten Zwecke bedarf es der anderen er-

---

14 Zum ungelösten Normproblem in der Pädagogik vgl. Ruhloff, J.: Das ungelöste Normproblem der Pädagogik. Heidelberg 1980.

15 Vgl. z. B. Oelkers, J.: Pädagogische Ethik. Eine Einführung in Probleme, Paradoxien und Perspektiven. Weinheim, München 1992; Löwisch, D.-J.: Einführung in pädagogische Ethik. Darmstadt 1995. Brumlik, M.: Advokatorische Ethik. Zur Legitimation pädagogischer Eingriffe. Bielefeld 1992.

ziehungswissenschaftlichen Teildisziplinen als technischer Hilfswissenschaften, die den Ingenieurwissenschaften nahestehen.

Gegen ein solches Denken ist nicht der Einwand zu erheben, daß die außerpädagogischen Normen nicht zur Durchsetzung gelangen, weil Deduktionen die empirischen Bedingungen vernachlässigen. Ganz im Gegenteil: Das Zweck-Mittel-Denken versucht ja gerade, die Erforschung der „funktionierenden" (Erziehungs-)Mittel zum Zentrum zu machen, damit Erziehung auch wirklich im Sinne der Absichten statthat. Der Einwand gegen ein solches Denken ist vielmehr ein dreifacher: Erstens ist es mit sozialwissenschaftlichen Methoden nicht möglich, die Bedingungen der Wirkung erzieherischer Akte lückenlos zu erfassen, weil die Bedingungen, unter denen Erziehung wirkt, viel zu komplex sind. Zweitens ist noch radikaler eingewandt worden, daß Erziehung überhaupt nicht möglich ist, weil bestimmte Effekte in der Herausbildung einer Persönlichkeit oder im Lernprozeß gar nicht zwingend auf die Wirksamkeit pädagogischer Handlungen zurückgeführt werden können, sondern das Resultat zahlloser, insbesondere außerpädagogischer Bedingungen (Familie, Medien, Sozialkontakte) und hirnphysiologischer Prozesse sind, die bei jedem Menschen anders ablaufen. Schließlich, so ist vorgetragen worden, sei, selbst wenn alle Bedingungen der Erreichung pädagogischer Zwecke bekannt wären, eine Erziehung auch gar nicht wünschenswert, die die Kenntnis solcher Mechanismen instrumentalisiere und den Pädagogen zum Macher, den Lernenden dagegen zum unmündigen Objekt deklariere.

Anspruchsvoller ist demgegenüber ein Denken, das sich bildungstheoretisch versteht. Es ist Bestandteil einer Allgemeinen Pädagogik, die sich gelegentlich auch als „Systematische Pädagogik" bezeichnet hat. Die Vertreter dieses Denkens sind in der Regel Verfasser Allgemeiner oder Systematischer Pädagogiken[16]. Die bildungstheoretisch am weitesten entfaltete Form ist die Allgemeine Pädagogik von Dietrich BENNER. Bildungstheorie steht dabei für den Gedanken, daß der sich entwickelnde Mensch, das Kind, der Lernende nicht Objekt pädagogischer Handlungen ist, sondern daß er sich selbst bildet. Bildung wird also als eine Tätigkeit des sich Bildenden und nicht als Tätigkeit von Personen oder Institutionen gedacht, die Bildung an einem zu Bildenden vollziehen. Diese Grundüberzeugung ist auch heute immer noch empirisch triftig. Wir wissen nämlich auch kognitionspsychologisch, daß Bildungsvorgänge angemessen

---

16 Vgl. z. B. Wilhelm Flitners „Systematische Pädagogik" aus dem Jahre 1933, die er 1950 als „Allgemeine Pädagogik" revidiert hat und die zahlreiche Neuauflagen erlebte: Flitner, W.: Allgemeine Pädagogik. 13. Aufl. Stuttgart 1970; Langeveld, M.: Einführung in die theoretische Pädagogik. Stuttgart 1951; Petzelt, A.: Grundzüge systematischer Pädagogik. Freiburg 1949; Gamm, H.-J.: Allgemeine Pädagogik. Reinbek 1979; Benner, D.: Allgemeine Pädagogik, Weinheim, München 1987.

als Prozesse der Selbsttätigkeit beschrieben werden können[17]. Die Aktivität des pädagogisch Handelnden besteht deshalb nicht im „Bilden", sondern in der „Aufforderung zur Selbsttätigkeit". Die „Bildsamkeit"[18] des Menschen wird in dieser Konzeption vorausgesetzt. Gemeinsam mit dem Gedanken, daß gesellschaftliche in pädagogische Bestimmungen umzusetzen sind, sowie mit der Auffassung einer menschlichen Gesamtpraxis, in der es keine Bedeutsamkeitshierarchien gibt, bezeichnet BENNER die Aufforderung zur Selbsttätigkeit und die Bildsamkeit als „Prinzipien". Erzieherische Handlungen können nun daraufhin untersucht werden, ob sie „pädagogisch" im emphatischen Sinne sind oder nicht. Erfüllen solche Handlungen eines der genannten vier Prinzipien nicht, dann sind sie pädagogisch nicht legitim. So sind Erziehungsvorgänge nicht legitim, die als Zweck-Mittel-Prozesse konzipiert sind, weil sie gegen das Prinzip verstoßen, wonach der Mensch zur Selbsttätigkeit aufzufordern, nicht aber in eine bestimmte normative Richtung zu drängen ist. Für normative Pädagogik gilt eine solche Kritik in gleicher Weise.

Die hier stark vereinfacht dargestellte Konzeption[19] ruht auf wichtigen Pfeilern des europäischen Bildungsdenkens und nimmt den Menschen in seinen eigenen Ansprüchen auf Selbstentfaltung ernst. Sie versucht, die empirischen Bedingungen von Selbstbildungsprozessen einzufangen, aber auch die gesellschaftlichen Ansprüche an das Individuum zu berücksichtigen. Ob die Gesellschaft indessen legitime Ansprüche an den einzelnen hat, ist eine Frage, die heute nicht mehr ohne weiteres mit „ja" beantwortet werden kann. Denn die Individualisierung der Lebensverhältnisse und wachsende Autonomiemöglichkeiten sind für Kritiker dieser Konzeption Anlaß zu fragen, ob es überhaupt noch einen Bedarf für gesellschaftliche Normierungen gegenüber dem einzelnen gibt, wenn man einmal von minimalen moralischen Standards absieht. Ein weiterer kritischer Gedanke hängt nun mit einer anderen Voraussetzung zusammen, die für eine bildungstheoretisch akzentuierte Version Allgemeiner oder Systematischer Pädagogik gilt: Keineswegs ist es jedoch so, daß der Selbstbildungsprozeß des Menschen als ein planloser gedacht wird. Vielmehr ist dieser Gedanke mit der Überzeugung verbunden, daß der Mensch als – auch moralisches – Mängelwesen perfektioniert, besser: höhergebildet werden könne.

---

17 Zu den unterschiedlichen Bildungstheorien vgl. Pleines, J.-E.: Bildungstheorien. Probleme und Positionen. In: ders.: Studien zur Bildungstheorie. Darmstadt 1989, S. 63–78. Zur kognitionswissenschaftlichen Deutung des Bildungsbegriffs vgl. Lenzen, D.: Lösen die Begriffe Selbstorganisation, Autopoiesis und Emergenz den Bildungsbegriff ab? In: Zeitschrift für Pädagogik. 43 (1997)6, S. 949–968.

18 Schwenk, B.: Bildsamkeit als pädagogischer Terminus. In: Holtenkemper, F.-J. (Hg.): Pädagogische Blätter. Ratingen 1967, S. 180–207.

19 Ausführlichere Informationen enthält der Beitrag von Dietrich Benner in diesem Band.

Das gilt nun nicht nur für den einzelnen, sondern für die Gattung Mensch als Ganze, von der man in diesen Konzeptionen annimmt, daß sie einer ihr innewohnenden Tendenz zur Humanität sukzessive immer näher gebracht werden könne und müsse. Solche Vorstellungen stammen aus der christlichen Tradition. In ihr ist die Aufgabe des Menschen begründet, sich dem Ebenbild Gottes anzunähern, sich von der Sünde zu befreien und gut zu werden. Der christliche Gedanke der Gnade enthält das grundsätzliche Versprechen Gottes, daß ein solcher Weg möglich sei. Die „perfectibilité"-Vorstellung des europäischen Bildungsdenkens ist gewissermaßen eine säkularisierte Fassung dieser christlichen Tradition. Die Möglichkeit der Höherbildung setzt aber selbst wiederum voraus, daß dem Grundsatz nach erfaßbar sein muß, was denn ein humaner Mensch sei, denn anders kann ein historischer Höherbildungsvorgang als solcher gar nicht erkannt werden. Unversehens schleichen sich also normative Vorstellungen wieder in den erzieherischen Prozeß ein. Zwar kann man diesen Konzepten nicht vorwerfen, den Menschen in eine bestimmte Richtung zu drängen, die der pädagogisch Handelnde vorgibt, sondern die Richtung ist durch das Menschsein selbst vorgegeben. „Werde, der du bist" ist die Kurzformel, auf die GOETHE diesen Gedanken gebracht hat. Was ist aber nun, wenn es für die Humanität im Menschen als Anlage überhaupt keine Evidenzen gibt? Kann man nach nun doch hinreichend langer Beobachtungsspanne von mehreren tausend Jahren wirklich sagen, die Gattung Mensch habe sich in Richtung Humanität entwickelt? Was ist mit Auschwitz, dem Archipel Gulag, dem Vietnamkrieg, den Bürgerkriegen auch heute mitten in Europa von Bosnien bis Irland? Zweifel sind angebracht. Vielleicht ist ja die Betrachtungsweise des erzieherischen Vorgangs grundsätzlich falsch angesetzt, wenn sie auf die Durchsetzung von Absichten hinauswill, und seien es nur die Absichten, die Gott oder die Natur angeblich in das Konzept Mensch eingesetzt haben. Vielleicht gibt es Erziehung und Bildung als absichtsvollen Prozeß mit beobachtbaren Resultaten gar nicht? Eine Evidenz existiert dafür jedenfalls nicht.

Fassen wir das Selbstverständnis der zweiten Version Allgemeiner Pädagogik zusammen, dann läßt sich formulieren:

Allgemeine (oder auch Systematische) Pädagogik als Leitdisziplin produziert und kommuniziert pädagogische Handlungsorientierungen und -prinzipien.

Gleichgültig, ob sich ein solches Verständnis von Allgemeiner Pädagogik normativ, ethisch oder bildungstheoretisch begreift, die Aussichten für einen Fortbestand dieser Art Allgemeiner Pädagogik sind eher gering. Dafür gibt es im wesentlichen einen Grund, der für alle Varianten gilt: Da es für die „Wirkung" normativ akzentuierten, auch im emphatischen Sinne pädagogischen Handelns keine Evidenzen gibt, tendieren Theorien innerhalb einer als Leitdisziplin verstandenen Allgemeinen Pädagogik dazu, zu Glasperlenspielen zu werden. Man kann auch sagen, daß sie die Referenz (den Bezug) zur Erziehungswirklichkeit verlieren und sich nur noch aufeinander beziehen[20]. Für die künftige Pädagogin bedeutet dieses nicht, daß sie diesen Aspekt Allgemeiner Pädagogik vernachlässigen kann, denn unsere Alltagswelt ist immer noch von der Illusion gekennzeichnet, erzieherische Orientierungen könnten umstandslos umgesetzt werden. Enttäuschungsprophylaxe ist angezeigt und ein gehöriges Maß an Selbstdistanz, damit man sich nicht in unerfüllbaren Hoffnungen und Selbsttäuschungen verrennt.

Wenn wir den Ort einer Allgemeinen Pädagogik als Leitdisziplin im Kontext anderer relevanter Systeme suchen, dann finden wir sie von ihrem Anspruch her an prominenter Stelle. Sie möchte über den Umweg angewandter oder spezieller Pädagogik Einfluß nehmen auf die Individuen im Erziehungssystem:

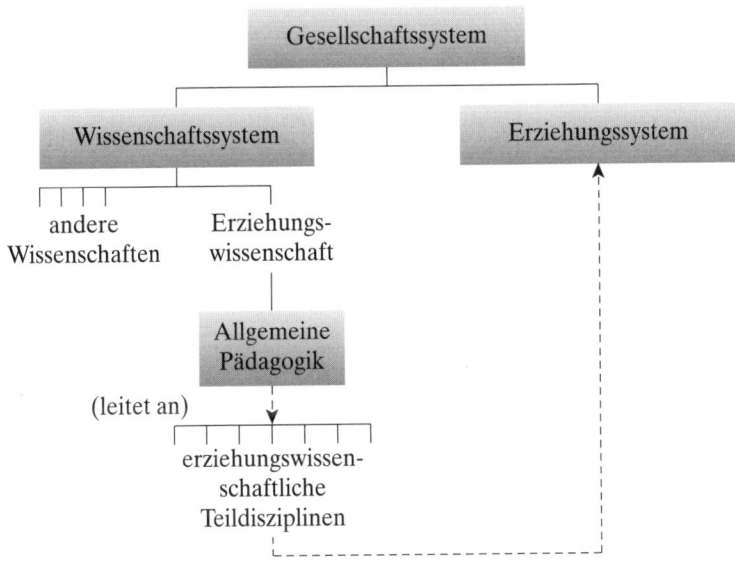

Abb. 2: Der systemische Ort der Allgemeinen Pädagogik als Leitdisziplin

---

20 Diese Befürchtung habe ich erläutert in: Lenzen, D.. Mythos, Metapher und Simulation. Zu den Aussichten Systematischer Pädagogik in der Postmoderne. In: Zeitschrift für Pädagogik 33 (1987), H. 1, S. 41–60.

4. Allgemeine Pädagogik als integrierter Bestandteil einer Lebens(lauf)wissenschaft

Angesichts der etwas düsteren Prognosen für eine Allgemeine Pädagogik als Leitdisziplin mag sich die Frage stellen, was denn aus dieser Art Allgemeiner Pädagogik wird. Zunächst einmal gilt grundsätzlich: Ein so etablierter Bereich ist langlebig. Relevanzverluste werden entweder gar nicht bemerkt, verdrängt oder durch Selbstbezüglichkeit überspielt. Außerdem gilt: Beträchtliche Teile des politischen Systems, besonders in seinen konservativen Vertretern, erwarten von der Erziehungswissenschaft immer noch die Benennung und Optimierung von Durchsetzungsstrategien für gesellschaftliche Normen, die sie gern selbst definieren möchten. Insofern ist es gut möglich, daß Selbsttäuschung auch weiterhin ein wichtiges Merkmal für die professionellen Auffassungen von Pädagoginnen sein wird. Es gibt einfach zu viele Menschen, die vom Erziehungssystem leben, als daß sie sich das Eingeständnis gestatten könnten, im Grunde erzieherisch wenig zu bewirken. Ganz im Gegenteil: Die Ausweitung pädagogischer Fragestellungen, Betreuungs- und Bildungsangebote in praktisch alle Lebensalter und in alle Dimensionen der Biographie von der pränatalen Didaktik bis zur Altenpflege beurkundet geradezu den hohen Bedarf (wenngleich nicht unbedingt die hohe Effektivität) pädagogischer Angebote. Längst ist es allerdings in der gesellschaftlichen Wirklichkeit nicht mehr so, daß alle Pädagoginnen pädagogische Ansprüche im emphatischen Sinne durchzusetzen versuchen. Die Vorstellung, Freizeitpädagogik, betriebliche Weiterbildung oder Seniorenanimation verfolgten das Ziel einer Höherbildung der Menschheit, ist für viele eher lächerlich, die dort tätig sind. Ähnliches gilt für gewerblich technischen Berufsschulunterricht, für Infinitesimalrechnung in der gymnasialen Oberstufe oder den Bau einer Papierlaterne im Kindergarten. Mit anderen Worten: Große Teile pädagogischer Tätigkeit beziehen sich gar nicht mehr auf das „Kind als Medium der Erziehung"[21], sondern auf den gesamten Lebenslauf. Das Leben als Ganzes ist inzwischen Gegenstand der pädagogischen Tätigkeit geworden. Im gesamten Lebenslauf nehmen Pädagogen Funktionen wahr, innerhalb derer sie auf unterschiedliche Weise für Menschen sorgen, sei es im Bezug auf ihr körperliches Wohlbefinden und die Entwicklung des Körpers, sei es im Bezug auf das Lernen und die Aus- und Weiterbildung, sei es im Bezug auf die Betreuung von Minoritäten, die aufgrund ihrer Herkunft, aufgrund besonderer Lebensumstände oder aufgrund körperlicher oder geistiger Defizite der Hilfe bedürfen. Die pädagogischen Tätigkeiten sind in

---

21 Vgl. den gleichnamigen Aufsatz von Luhmann, N.: Das Kind als Medium der Erziehung. In: Ders.: Soziologische Aufklärung, Bd. 6. Opladen 1995, S. 204–228.

einer umfassenderen Art in Tätigkeiten aufgegangen, die ich als kurative bezeichne[22]. Die Pädagogin ist zum Kurator geworden.

Die jüngere Entwicklung ist aber noch durch ein weiteres Merkmal gekennzeichnet: Im Gegensatz zu den Zeiten, in denen nahezu alles pädagogisch machbar erschien: Chancengleichheit aufgrund eines dynamischen Begabungsbegriffs, Förderung auch der Menschen, die extrem beeinträchtigt schienen, und moralische Vervollkommnung im Sinne der Herausbildung einer umfassenden Mündigkeit, im Gegensatz zu diesen optimistischen Annahmen sind die Resultate der in der Erziehungswissenschaft noch kaum beachteten Biowissenschaften (Humangenetik, Biogenetik, Kognitionswissenschaften) eher ernüchternd, allerdings auch weiterführend. Vieles spricht dafür, daß der menschliche Organismus (einschließlich seines kognitiven Systems) ein sog. autopoietisches System ist, das im gesamten Verlauf seiner biologischen Existenz individuellen, nur für den jeweils einzelnen geltenden Regeln folgt. Nach diesen, sich ständig erweiternden und modifizierenden Regeln begegnet der Organismus seiner Umwelt, die für ihn tendenziell destabilisierend ist, modifiziert seine (kognitiven) Strukturen und restabilisiert sich. Dieser Vorgang wird „Autopoiesis" genannt (von griech. „sich selbst gestalten"), „Selbstorganisation" oder „Emergenz" (von mlat. „das Hervorkommen"). Der Organismus einschließlich seiner Kognition ist ein geschlossenes, aber dynamisches System, das niemand in einer berechenbaren Weise steuern oder beeinflussen kann[23]. Das heißt nicht, daß die Umwelt[24], zu der auch Pädagogen gehören, keinen Einfluß auf die Selbstorganisation hätte. Nur: Was das individuelle autopoietische System mit den nur für es geltenden Regeln aus der Wahrnehmung seiner Umwelt „macht", ist nicht prognostizierbar, weil niemand seine Regeln kennt, die einem Menschen selbst übrigens auch nicht bewußt verfügbar sind. Wenn diese kognitionswissenschaftliche Grundeinsicht zutreffend ist, ist jeder Versuch einer normativ gesteuerten Einflußnahme auf die sog. Erziehung (also auf die Selbstorganisation) eines Menschen völlig sinnlos. Zwar bleiben die „erzieherischen" Einwirkungen nicht folgenlos, in den seltensten Fällen haben sie aber die Folgen, die der Erziehende beabsichtigt. Wenn es solche Fälle gibt, handelt es sich entweder um Zu-Fälle oder um optimistische Deutungen der Erziehenden hinsichtlich der Effektivität ihrer Tätigkeit.

Vor diesem Hintergrund versteht es sich, daß eine Allgemeine Pädagogik als Leitdisziplin obsolet ist. Es gibt nichts mehr anzuleiten, sondern es gilt, dem sich selbst organisierenden Organismus die Wahrnehmungsmechanismen

---

22 Vgl. Lenzen, D.: Lebenslauf oder Humanontogenese? Vom Erziehungssystem zum kurativen System – Von der Erziehungswissenschaft zur Humanvitologie. In: Lenzen, D./Luhmann, N. (Hg.): Bildung und Weiterbildung im Erziehungssystem. Lebenslauf und Humanontogenese als Medium und Form. Frankfurt/M. 1997, S. 228 – 247.

23 Vgl. Luhmann, N.: Die Autopoiesis des Bewußtseins. In: Ders.: Soziologische Aufklärung, Bd. 6. Opladen 1995, S. 55–112.

24 Dieser Umweltbegriff hat nichts mit „Ökologie" zu tun.

menschlicher Organismen so zunutze zu machen, daß dessen Konfrontation mit der Umwelt zu einer möglichst ausgeprägten Ausdifferenzierung der kognitiven Strukturen führt: Denn nichts anderes ist dieser Konzeption zufolge „Bildung" und „Lernen": *Ausdifferenzierung.* Die pädagogische Tätigkeit bestünde demnach darin, eine Umwelt vorzuhalten, deren Wahrnehmung für den Organismus zu einer optimalen Differenzierungsmöglichkeit Anlaß gibt. Dabei wird unterstellt – natürlich ist auch diese Auskunft nicht normfrei – daß Differenzierung besser ist als Entdifferenzierung oder Differenzierungsverzicht. Dafür muß man allerdings keine Ethik bemühen, denn eine Ausdifferenzierung ist die natürliche Tendenz eines jeden Organismus. Lediglich die Zahl der Bifurkationen (Verzweigungen) in einer Zeiteinheit schwankt. Wenn man deshalb davon ausgeht, daß ein hochdifferenzierter Organismus bessere (Über-)Lebenschancen besitzt als ein niedrig differenzierter oder wenn man Überleben für einen moralischen Minimalkonsens hält, dann wäre eine solche „Umweltmaßnahme" angemessen.

Wir sehen aber bereits, ungeachtet einer erforderlichen Auseinandersetzung im Detail, daß eine solche allgemeine Reflexion nicht mehr außerhalb des eigentlichen Gegenstandes stattfindet, sondern nur als Bestandteil einer Wissenschaft gedacht werden kann, die zwei Dinge aufklären möchte: Auf welche Weise organisiert sich ein Organismus in der Konfrontation mit seiner Umwelt, und welchen Lebenslauf bildet er heraus?

Im Rahmen einer Lebens(lauf)wissenschaft, man könnte auch sagen einer „Humanvitologie"[25], findet dann nicht mehr die Fixierung von pädagogischen Normen statt und auch nicht die empirische Untersuchung von Bedingungen, die zur Durchsetzung bestimmter Normen geeignet sind, sondern erstens die Produktion und Kommunikation von Wissen über Selbstorganisationsprozesse autopoietischer Systeme und zweitens die Reflexion der Voraussetzungen und Folgen oder besser Implikationen, die die „pädagogische" Bereitstellung von Umweltstrukturen für den Organismus hat. So ist es z. B. wichtig zu bedenken, daß auch pädagogisches Handeln Risiken erzeugen kann, nicht anders als ingenieurwissenschaftliches, und zwar Risiken sowohl für ein Individuum als auch für beispielsweise ganze Alterskohorten (Großgruppen mit gleichen Geburtsjahrgängen), wenn beispielsweise ein Schulversuch für die Orientierungsstufe einer ganzen Region inszeniert wird. Umgekehrt findet pädagogisches Handeln immer im Horizont mentaler Traditionen statt, die sich oftmals unbemerkt einschleichen. Solche festgefahrenen mentalen Dispositionen, die historisch einmal stimmig gewesen sein mögen, wirken u. U. lange fort. Sie werden in fik-

---

25 Dieser Gedankengang wird ausführlicher verfolgt in: Lenzen, D.: Lebenslauf oder Humanontogenese? Vom Erziehungssystem zum curativen System – Von der Erziehungswissenschaft zur Humanvitologie (siehe Fußnote 22).

tionalen Texten festgehalten (z. B. die Bildungsvorstellungen des „Wilhelm Meister"), in Sprichwörtern („Was Hänschen nicht lernt, lernt Hans nimmermehr."), aber auch in quasi wissenschaftlichen Auffassungen (z. B., wenn von der „Kindgemäßheit" bestimmter Maßnahmen die Rede ist, was ein Wissen über die entwicklungsspezifische Angemessenheit bestimmter Maßnahmen voraussetzen würde).

Man mag sich nun fragen, ob die skizzierte Entwicklung nicht zu einer programmatischen Auflösung der gesamten Erziehungswissenschaft führen würde. Darauf läßt sich eine doppelte Antwort geben: Faktisch hat eine Erweiterung der Zuständigkeit von Erziehungswissenschaft in alle Bereiche des Lebenslaufs längst stattgefunden. Absolventen erziehungswissenschaftlicher Studiengänge übernehmen neben Pflegekräften, Marketingfachleuten und Kinderärzten längst Funktionen, die im ursprünglichen Sinne mit Erziehung nichts mehr zu tun haben. Die Erziehungswissenschaft bereitet diese Menschen darauf nur unzulänglich vor, weil sie sich weder in ihrer Lehre noch in der Forschung auf die Erweiterung erzieherischer Funktionen zu kurativen eingestellt hat. Die Allgemeine Pädagogik als Leitdisziplin verstärkt immer noch den falschen Schein einer pädagogischen Aufgabe, die in der tradierten Form längst nicht mehr besteht. So gesehen kann es sein, daß das erziehungswissenschaftliche System kollabiert, wenn es auf die neuen Umweltanforderungen nicht durch eine Ausdifferenzierung und die Erweiterung der selbstdefinierten Systemgrenzen reagiert.

Wenn sie es umgekehrt aber tut, wenn die Erziehungswissenschaft den Prozeß der Humanontogenese (der individuellen Entstehung des Menschen) in seiner Gänze zu seinem Gegenstand und seinem Kommunikationsmedium machen würde, dann hätte sie die Chance, zum Kern einer umgreifenden Disziplin zu werden, die ich probeweise als „Lebens(lauf)wissenschaft" bezeichne. Unter ihrem Dach könnten sich dann die Teile anderer Wissenschaften sammeln, die ihrerseits Bezüge zur Humanontogenese aufweisen, Elemente der Wirtschaftswissenschaft (soweit sie die ökonomische Reproduktion des Individuums betreffen), Elemente der Rechtswissenschaft (soweit sie die rechtliche Steuerung von Lebensläufen betreffen), der Gesundheitswissenschaft (soweit sie Gesundheitsvorsorge und Selbstdiagnose betreffen), der Soziologie (soweit sie z. B. die Biographieforschung betreffen), der Psychologie (soweit sie die kognitive Entwicklung betreffen) und natürlich auch der Erziehungswissenschaft im überbrachten Sinne. Diese Lebens(lauf)wissenschaft hätte nicht den Anspruch, lebenssteuernd zu wirken, sondern die Bedingungen von Humanontogenese und Lebenslauf durch Forschung aufzuklären und lehrend für die professionelle Wahrnehmung integrierter und nicht bloß pädagogisch akzentuierter kurativer Funktionen vorzubereiten.

Dementsprechend wäre nicht mehr das Erziehungssystem dasjenige, auf welches sich die neue Integrationswissenschaft bezöge, sondern eine ganze Gruppe

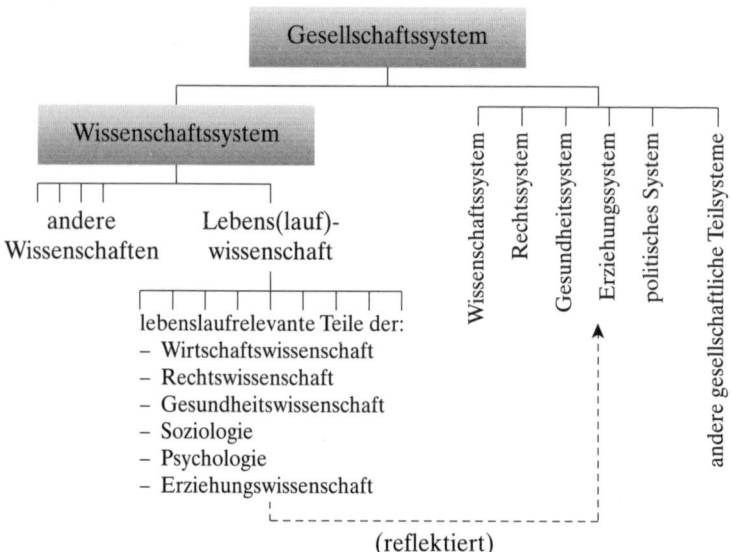

Abb. 3: Integration der Allgemeinen Pädagogik in einer Lebens(lauf)wissenschaft

von gesellschaftlichen Teilsystemen, in denen der Integrationsvorgang längst viel weiter vorangeschritten ist als im korrespondierenden Wissenschaftssystem: das Gesundheitssystem, das Rechtssystem, das Wirtschaftssystem, das Erziehungssystem, das politische System. Vielleicht werden diese viel eher als das Wissenschaftssystem auf die neuen Herausforderungen reagieren, die hochkomplexe Lebenslauferwartungen dem Individuum heute bescheren. Tendenzen der Entmedikalisierung des Gesundheitssektors sprechen dafür ebenso wie Forderungen nach einer Deregulierung, die ja auf die Verlagerung von Rechtsentscheidungen aus dem Rechtssystem in die Lebenswelt hinauslaufen und einen neuen Typus von Rechtsberatung erfordern, der den wachsenden Funktionen des Steuerberatungssektors korrespondiert. Dazu gehört auch der Bedeutungszuwachs von Bürgerbewegungen, die eine Verlagerung von politischen Funktionen aus dem professionellen politischen System heraus implizieren.

Für eine Allgemeine im Sinne einer Systematischen Pädagogik wird bei solchen Entwicklungen kein Platz mehr sein. Man kann das auch anders sagen: Viele Menschen haben es einfach satt, sich von übergeordneten Instanzen Normen ihres Verhaltens diktieren zu lassen, die ihre Selbstorganisation erschweren. Diese Einschätzung gilt nicht für eine Allgemeine Pädagogik als metawissenschaftliche Teildisziplin einer wo auch letztlich immer verankerten

Erziehungswissenschaft: An historischen, theoretischen, interdisziplinären und methodologischen Studien führt kein Weg vorbei, auch und besonders im Hinblick auf den wachsenden wissenschaftlichen Integrationsbedarf, den eine metawissenschaftliche Allgemeine Erziehungswissenschaft professionell decken helfen kann.

Literatur

Ariès, Ph.: Geschichte der Kindheit. München 1975 u. ö.

Ballauff, Th.: Pädagogik. Eine Geschichte der Bildung und Erziehung. Bd. 1. Freiburg, München 1969; Bd. 2 und 3 (gemeinsam mit K. Schaller) 1970, 1973.

Benner, D.: Allgemeine Pädagogik. Weinheim, München 1987.

Blättner, F.: Geschichte der Pädagogik. 15. Aufl. Heidelberg 1980.

Brumlik, M.: Advokatorische Ethik. Zur Legitimation pädagogischer Eingriffe. Bielefeld 1992.

Flitner, W.: Allgemeine Pädagogik. 13. Aufl. Stuttgart 1970.

Gamm, H.-J.: Allgemeine Pädagogik. Reinbek 1979.

Gudjons, H.: Pädagogisches Grundwissen, 4. überarb. und erw. Aufl. Bad Heilbrunn 1995, S. 30–56.

Herrmann, U. (Hrsg.): Schule und Gesellschaft im 19. Jahrhundert. Sozialgeschichte der Schule im Übergang zur Industriegesellschaft. Weinheim, Basel 1977.

Krüger, H.-H.: Erziehungswissenschaft und ihre Teildisziplinen. In: Krüger, H.-H., Helsper, W. (Hrsg.): Einführung in Grundbegriffe und Grundfragen der Erziehungswissenschaft. Opladen 1995, S. 303–318.

Kuckartz, U.: Methoden erziehungswissenschaftlicher Forschung II: Empirische Methoden. In: Lenzen, D. (Hrsg.): Erziehungswissenschaft. Ein Grundkurs. 3. durchges. Aufl. Reinbek 1997, S. 543–567.

Langeveld, M.: Einführung in die theoretische Pädagogik. Stuttgart 1951.

Lenzen, D.: Mythos, Metapher und Simulation. Zu den Aussichten Systematischer Pädagogik in der Postmoderne. In: Zeitschrift für Pädagogik 33 (1987), H. 1, S. 41–60.

Lenzen, D. (Hrsg.): Enzyklopädie Erziehungswissenschaft: Handbuch und Lexikon in 11 Bänden und einem Registerband. Stuttgart, Dresden 1995.

Lenzen, D. (Hrsg.): Pädagogische Grundbegriffe. 2 Bde. Reinbek 1996/1997.

Lenzen, D.: Lebenslauf oder Humanontogenese? Vom Erziehungssystem zum kurativen System – Von der Erziehungswissenschaft zur Humanvitologie. In: Lenzen, D./Luhmann, N. (Hrsg.): Bildung und Weiterbildung im Erziehungssystem. Lebenslauf und Humanontogenese als Medium und Form. Frankfurt/ M. 1997, S. 228 – 247.

Lenzen, D.: Lösen die Begriffe Selbstorganisation, Autopoiesis und Emergenz den Bildungsbegriff ab? In: ZfPäd. 43 (1997) H. 6, S. 949 – 968.

Literaturdokumentation Bildung. Bibliographische Daten zur Erziehungswissenschaft und zu pädagogischen Praxisfeldern. 3. Ausgabe. Eschborn 1996.

Löwisch, D.-J.: Einführung in pädagogische Ethik. Darmstadt 1995.

Luhmann, N.: Soziale Systeme. Frankfurt/M. 1987 u. ö.

Luhmann, N.: Das Kind als Medium der Erziehung. In: Ders.: Soziologische Aufklärung, Bd. 6. Opladen 1995, S. 204–228.

Luhmann, N.: Die Autopoiesis des Bewußtseins. In: Ders.: Soziologische Aufklärung, Bd. 6, Opladen 1995, S. 55–112.

Ministerrat der Deutschen Demokratischen Republik. Ministerium für Volksbildung: Lehrplan für Deutsche Sprache und Literatur, Klasse 10. Berlin 1970.

Oelkers, J.: Pädagogische Ethik. Eine Einführung in Probleme, Paradoxien und Perspektiven, Weinheim, München 1992.

Petersen, J., Reinert, G.-B. (Hrsg.): Pädagogische Konzeptionen. Eine Orientierungshilfe für Studium und Beruf. Donauwörth 1992.

Petzelt, A.: Grundzüge systematischer Pädagogik. Freiburg 1949.

Pleines, J.-E.: Bildungstheorien. Probleme und Positionen. In: Ders.: Studien zur Bildungstheorie. Darmstadt 1989, S. 63–78.

Reble, A.: Geschichte der Pädagogik. 15. neubearb. Aufl. Stuttgart 1989.

Ruhloff, J.: Das ungelöste Normproblem der Pädagogik. Heidelberg 1980.

Schwenk, B.: Bildsamkeit als pädagogischer Terminus. In: Holtenkemper, F.-J. (Hrsg.): Pädagogische Blätter. Ratingen 1967, S. 180–207.

Tenorth, H.-E.: Geschichte der Erziehung. Einführung in die Grundzüge ihrer neuzeitlichen Entwicklung. Weinheim, München 1988.

Tenorth, H.-E., Lüders, Ch.: Methoden erziehungswissenschaftlicher Forschung I: Hermeneutische Methoden. In: Lenzen, D. (Hrsg.): Erziehungswissenschaft. Ein Grundkurs. 3. durchges. Aufl. Reinbek 1997, S. 519–542.

Winkel, R. (Hrsg.): Pädagogische Epochen. Von der Antike bis zur Gegenwart. Düsseldorf 1987.

Michael Winkler

Maria und die *positive Haltung* –
auch ein Zugang zur Allgemeinen Pädagogik

1. Eher beobachtend oder: Was der Papst über die Erziehung Jesu berichtet

Zuweilen fällt es schwer, keine Satire zu schreiben: Am 6. Dezember 1996 veröffentlicht der Berliner „Tagesspiegel", ein quality paper der bundesdeutschen Presselandschaft, in seiner Ausgabe 15827 unter der Überschrift: *„Papst: Jesus wurde von Maria nie bestraft"* als Kurzmeldung: *„Rom (AFP). Jesus ist nach Angaben von Papst Johannes Paul II. als Kind von seiner Mutter Maria nie bestraft worden. Das sei nicht nötig gewesen. Jesus habe zwar erzogen werden müssen, sei aber stets folgsam und ‚von keiner Form der Sünde betroffen' gewesen. Maria habe deshalb immer eine ‚positive Haltung' zu ihrem Sohne einnehmen können und nicht zu einer Form der ‚Korrektur' greifen müssen."*

Der Text erscheint in zweispaltiger Aufmachung auf einer linken Seite, hervorgehoben durch einen „Kasten" – wie der bei Tageszeitungen übliche satztechnische Ausdruck lautet; dieser enthält noch weitere Kurzmeldungen mit Informationen, welche eher der Sparte „Kuriositäten" zuzuordnen sind und Bedürfnisse nach Ablenkung und gehobener Unterhaltung befriedigen. Es handelt sich um Meldungen, die einen nach konzentrierter Lektüre abschweifenden Blick noch einmal fangen, nach Meinung skeptischer Beobachter des Zeitungsgeschehens sogar mit hoher Priorität wahrgenommen werden. So steht unmittelbar über der zitierten Meldung ein Bericht darüber, wie die Panama-Stummelfußfrösche mit den Hüften hören. Unterhalb des Kastens beginnt eine neue Rubrik, die unter der in einen grauen Balken gesetzten Überschrift „Leute" Personality-Stories enthält.

Der zitierte Text handelt von Pädagogik – und zwar im Detail wie auch als Ganzer[1]. Er spricht nicht nur explizit Erziehung an, sondern gewinnt kasuistisch am Verhältnis von MARIA zu ihrem Sohn geradezu eine modellhafte Vorstellung von dieser; schnöde kann man daher vom „Maria-Modell der Erziehung" oder auch von einer „Maria-Theorie der Pädagogik" sprechen. Eingeführt wird in diese einerseits in Anknüpfung an das Alltagsverständnis, das Erziehung zunächst pauschal mit Kindern verbindet; assoziativ schließt er an die in der Reformpädagogik genutzte Metaphorik des „heiligen Kindes" an (vgl.

---

1 Dies darf auch so interpretiert werden, weil der Text aufgrund seiner Kürze dem übergreifenden, Sinneinheiten herstellenden Lesen entgegenkommt (vgl. kurz dazu Küpper 1996).

Oelkers 1991b; Weisser 1995). Sie eröffnet dem Leser einen positiven Erwartungshorizont. Diskrepant dazu stellt der Text andererseits den Bezug zu jenem ebenfalls alltäglichen Verständnis her, das Erziehung mit Strafe verbindet. Damit erzeugt er eine Spannung zwischen unterschiedlichen Positionen, die ihm beide als legitim und sachlich geboten gelten, so daß eine kognitive Dissonanz zum Weiterlesen einlädt: Strafe, so teilt der Papst mit, sei im konkreten Fall der Erziehung Jesu nicht nötig gewesen. Aber die Vermutung liegt nahe, daß sie im Umgang mit anderen Kindern durchaus denkbar sei; der Text bestärkt dies, weil der Strafgedanke im abschließenden Befund aufgenommen wird, Maria habe zu keiner ‚Form der Korrektur‘ greifen müssen.

Obwohl weiterhin als Rahmung präsent, rücken Strafe und Korrektur jedoch in den Hintergrund des eigentlichen Modellentwurfs. Das sie mit Erziehung konnotierende Alltagsverständnis wird nicht diskriminiert, wenngleich eine Differenz der Erziehung hervortritt. Diese stellt eine Notwendigkeit dar, deren Grund freilich im Dunkeln bleibt: „Zwar" mußte Jesus erzogen werden, doch bleibt offen, warum dies Fall war. Spontan drängt sich ein anthropologischer Zusammenhang auf. Aber Annahmen über das Mängelwesen Mensch müßten einsehen, daß theologische Argumente diese im Kontext von Aufklärungsphilosophie und Geschichtsdenken entstandenen Überlegungen verbieten, weil Jesus weder als Mängelwesen zu betrachten noch seine Erziehung mit dem Fortschritt der Humanisierung zu rechtfertigen wäre. Sachlich aber zeigt sich Erziehung auch im „Modell Maria" als ein Geschehen, das Asymmetrien, mithin unterschiedliche Chancen auszeichnen, auf den anderen Einfluß zu nehmen; auch Maria „mußte" erziehen, sogar um den Preis der heiklen Konsequenz, daß das Humanum Erziehung göttlichem Willen zumindest durch die Menschwerdung Jesu systematisch übergeordnet wird.

Allerdings entgeht der Text diesem Dilemma mit seiner eigenen Pointe: Denn die modellhaft skizzierte Erziehung kann um so weniger als Intervention beschrieben werden, je geringer die Fehlerhaftigkeit des Kindes ist. Dabei stellt der Text einen Zusammenhang von Folgsamkeit und fehlender Sündhaftigkeit her; er verknüpft Gehorsam mit Freiheit, wobei die Kausalitäten allerdings ungeklärt bleiben: War Jesus folgsam, weil frei von Sünde, oder war er frei von Sünde, weil folgsam? Ideologiekritisch ließe sich anmerken, daß der Text den Zusammenhang von Widersetzigkeit und Sünde als Auslöser von Strafe behauptet. Sollen aber Kinder stets folgsam sein? Können sie dies überhaupt? Oder anders: Ebnet die Differenz von Erziehung und Strafe sich ein, wenn wir nicht mit Jesus zu tun haben? Immerhin könnte dies durchaus geraten erscheinen, weil anderenfalls die biblische Geschichte *neu geschrieben werden müßte*. Durchaus lassen sich die Angaben des Papstes somit als schlichte Legitimation von Erziehung, Strafe und Korrektur lesen; Eltern können sich damit trösten, daß ihr Nachwuchs meist nicht in holder Unschuld verharrt, deshalb auch gezaust werden darf. Der Papst spricht seinen Segen dazu, weil sie gemeinhin nicht mit JESUS zu tun haben. Andererseits: Können sie sich dessen sicher sein? Ist nicht jedes Kind auch heilig? Angesichts dieser Unsicherheit kann und muß für das theoretische Modell von Erziehung zu Kategorien gegriffen werden, die nicht mit Interaktionen, schon gar nicht mit technischem, instrumentverbundenem Handeln operieren: Zumindest der skizzierte Idealfall verbietet jegliche Vorstellung, die auf Mittel und Ziele Bezug nimmt. An ihre Stelle rückt hingegen das Motiv der „positiven Haltung". Dieses hat zwar theologische Wurzeln in seinen etymologischen Verwandtschaften zu „Retter" und „Erlöser", ist zugleich hochgradig affin schon zu den traditionellen Zusammenhängen pädagogischer Semantik: hüten, weiden, bewachen, aber auch das Antreiben des Viehs gehören in seinen weiteren Bedeutungshof (vgl. Etymologisches Wörterbuch des Deutschen 1989, S. 637 f.). Mehr noch: Spricht sich hier eine dezent zurückgenommene Reformpädagogik aus, die doch auch eine neue Haltung gegenüber dem Kind zur Prämisse eines Nichthandelns gemacht hat, das seinerseits durch die unterstellte freie Folgsamkeit des Kindes begründet wird? Spätestens in der Verbindung von „Haltung" mit dem Wort „positiv" schließt der Text jedenfalls an jene moderne, aus dem therapeutischen Sprachgebrauch vertraute Redeweise an, die die Formel „think positiv" als Leitlinie der Lebensführung am Ausgang des 20. Jahrhunderts popularisiert. Der Papst vertraut dem Zeitgeist, weil er so ein Publikum findet.

Inhaltlich läßt er also mit seinen Angaben in der Schwebe, was Erziehung letztlich auszeichnet: Wünschenswert und vorbildlich wäre zwar das ideale Modell einer Erziehung, das kein Handeln, sondern Haltung gegenüber dem freien, von Sünde unbelasteten Subjekt verlangt, das sich als solches gerade durch seinen Gehorsam beweist. Andererseits legt eine nüchterne Betrachtung der Wirklichkeit von Erziehung nahe, daß diese fast unvermeidlich mit häßlichen Begleiterscheinungen operiert – denn Sünder sind wir allemal. Aber: Wenn wir mit Kindern konfrontiert sind, die nicht wie JESUS sind – man möchte fast ergänzen: „Gott sei Dank" –, dann gewinnen die päpstlichen Angaben einen irritierenden Zug: Das Ideal, das Theoriemodell MARIA wird zwar vorgehalten, sowohl um menschliche Fehlerhaftigkeit sichtbar zu machen, wie auch ein zwar vergebliches, gleichwohl unvermeidliches Streben nahezulegen. Die Botschaft lautet also: Verhaltet euch folgsam, dann werdet ihr wie JESUS; frei von Sünde, zugleich Adressat einer Erziehung, die in positiver Haltung realisiert wird. Aber – so zeigt sich die Botschaft als Dilemma – welche Effekte kann eine solche Erziehung erzeugen? Genauer noch: Brauchen wir dann überhaupt noch Erziehung?

Solche Fragen lassen sich durch den propositionalen Gehalt allein nicht mehr beantworten, zumal sich dem nüchternen Sozialwissenschaftler der Einwand aufdrängt, daß der Papst genauso wenig wie andere um die Begleiterscheinungen der Erziehung JESU wissen kann; ohnedies wäre schnöde festzuhalten, daß der Papst in pädagogischen Dingen, in Eltern-Kind-Verhältnissen aus begreiflichen

Gründen keine erfahrungsgesättigte Kompetenz beanspruchen kann. Deshalb liegt nahe, daß er hier in einem – wie das in jüdischer Tradition heißt – Midrasch weniger mit der Auslegung der Schrift, sondern mit Gegenwart sich befaßt, seinen Angaben also eine pragmatisch relevante Substruktur zugrunde liegt.

Tatsächlich lassen sich sogar zwei solcher Substrukturen entdecken: Die erste gründet im Verhältnis zwischen dem Papst als Figur des Erzählers und Theoretikers einerseits sowie andererseits dem Leser, der eine Lehrmeinung mit Lebens- und Handlungsrelevanz erwartet. Aber der Papst verkündet kein Dogma. Schon der in der journalistischen Aufbereitung verwendete Ausdruck „nach Angaben" enttäuscht solche Hoffnung, mehr noch aber wird sie durch die Spannung aufgehoben, welche zwischen dem modellhaft dargestellten Idealzustand und dem Wissen entsteht, daß dieser ohnedies nicht zu erreichen sei. Zumindest der theologische Laie wird hierin zunächst einen irritierenden Einbruch calvinistisch-reformierter Tendenz in das katholische Weltbild sehen. Viel wichtiger ist aber die pragmatische Konsequenz: Im Kontext der Hierarchie zwischen dem als unfehlbar geltenden Papst und dem unvermeidlich sündhaften Leser erzeugt diese Spannung einen sublimen moralischen Imperativ. Immerhin impliziert der Text zwar, daß wir und die Kinder nicht folgsam und daher sündhaft sind, gleichwohl spricht er dies nicht aus – und darf dies auch nicht aussprechen, weil wir in der Hoffnung leben, jener göttlichen Gnade teilhaftig zu werden, die JESUS durch den Kreuzigungstod wieder erwirkt hat. Der Text verkündet also keine Lehrmeinung, sondern wirkt aufgrund der vom Text selbst noch in Erinnerung gebrachten, durch die Rezeptionsleistung etablierten Hierarchie appellativ.

Es geht nicht um informierende Beschreibung, sondern um Moral, die allerdings erst durch die Reflexionsleistung der Subjekte verwirklicht wird. Der Text hat keine normative Gestalt; er erinnert nicht daran, daß auch für JESUS der Dekalog gelte, man ihm deshalb folgen müßte. Eine solche Normativität wäre ohnedies fehlplaziert, weil sie nur bei Kindern fruchten könnte, die erfahrungsgemäß aber eine Minderheit der Zeitungsleser bilden. Doch wirkt er auf die Erwachsenen als reale Adressaten des Textes. Diese aber spricht er in ihrer Eigenreflexivität an, damit sie sich in diskursiver Verständigung selbst mit dem vorgestellten Modell auseinandersetzen, sich an ihm orientieren und bilden. Kurz: *die Mitteilung selbst verwirklicht performativ eine pädagogische Absicht.* Sie erzieht die Erzieher, indem sie mit Referenz auf das hochaffektiv belastete Verhältnis von MARIA und JESUS beispielhaft eine Erziehung vorstellt, die mit positiver Haltung dem unschuldigen Kind begegnet; sie gibt einen Impuls zur Selbstveränderung der Subjekte. Damit enthüllt sich das Reden über Pädagogik als pädagogisches Geschehen, das doch selbst nicht mehr in den traditionellen Vorstellungen eines Erzieher-Zögling-Verhältnisses ausgedrückt werden kann, sondern als Leistung des den Text rezipierenden Subjekts verwirklicht wird.

Die zweite Substruktur wird erst mit Blick auf den Kontext der Zeitungsmeldung sichtbar. Dies fällt zunächst gar nicht leicht, weil nämlich die Aufmerksamkeit auf diese durch ein eher konventionelles Hintergrundwissen ausgelöst wird; noch ist den meisten der theologische Zusammenhang vertraut und daher einer Aufmerksamkeit wert, die vermutlich nur Lesern im atheistischen Osten Deutschlands fehlt. Dennoch nährt der Kontext der Meldung einen Kontingenzverdacht: Wäre sie auch erschienen, wenn der Platz gefehlt hätte? Müssen wir sie am Ende doch als Lückenfüller interpretieren? Das sind keine trivialen Fragen, weil sie möglicherweise auf Grundfragen des Glaubens, aber auch unserer geistigen und seelischen Verfaßtheit verweisen. Noch genießen zwar die Ausführungen des Papstes eine gewisse Privilegierung. Doch deren Bestand ist nur eine Frage der Zeit; sein Credibilitätsbonus in Sachen Pädagogik wird wohl bald nur noch für den Verband katholischer Erzieher in Bayern gelten. Denn schon die Formel „nach Angaben" verrät deutliche Distanzierung gegenüber der sonst üblichen von den „gut unterrichteten Quellen". Sie läßt ahnen, daß demnächst diese Mitteilung aus der Pressestelle des Vatikans mit der des Öffentlichkeitsreferenten im Familienministerium wird konkurrieren müssen, durch Kompilation von Agenturmeldungen vielleicht ergänzt um einen – dann im Umbruch streichfähigen – Absatz, der auf eine gleichlautende Mitteilung des Papstes verweist.

Die Stellung des Textes in der Zeitung, die in ihm genutzten journalistischen Formeln destruieren den mystischen Gehalt von Geburt und Tod JESU, am Ende auch die vielleicht kindlichen Vorstellungen des Weihnachtsgeschehens: Der Stall in Betlehem, durch die batteriebetriebene Laterne längst in das 20. Jahrhundert versetzt, Ochs und Esel aus Kunststoff, reichlich Island-Moos, all das verschwindet. Josef verweigert sich; auch in den Angaben des Papstes fehlt er wie alle *abwesenden* Väter; MARIA korrigiert nicht, schaukelt aber die Wiege in positiver Haltung (was technisch einige Schwierigkeiten bereiten muß) – oder war sie gebückt vom indischen Tragetuch? Entzauberung nennt man dies, seit Max WEBER mit soziologischem Sachverstand. Im gegebenen Fall erweist sich diese als hochgradige Trivialisierung des Verhältnisses von MARIA und JESUS, das zu den theologisch schwierigsten gehört, einem Bereich auch zuzurechnen wäre, dem essentiell die Qualität eines Arkanums zukommt. Nun wird es zur Sprache gebracht, wodurch immerhin die im Mysterium ausgeschlossene Möglichkeit denkbar wird, daß auch MARIA mit ihrem Sohne Schwierigkeiten gehabt hätte. Die kulturgeschichtlich gestützte Verläßlichkeit des Glaubens steht also in Gefahr, zumindest institutioneller Pluralisierung preisgegeben zu werden. Nietzsches Verdacht, Gott sei tot, gewinnt für seinen Stellvertreter auf Erden eine gewisse Relevanz. Was tritt aber dann in diesen Leerraum ein? Was behütet uns vor der transzendentalen Obdachlosigkeit? Eine Vermutung liegt nahe: Der Text erscheint am 6. Dezember. Dieser Tag darf als bedeutungsschwanger hinsichtlich seiner christlichen Bedeutung wie

aber auch im Blick auf seinen pädagogischen Gehalt gelten – immerhin bilan-
zieren der Heilige NIKOLAUS als Inbegriff der positiven Haltung und sein finste-
rer Knecht Ruprecht, mithin die „Korrektur", das Verhalten der Kinder und
bahnen die Wege zum Weihnachtsfest. Wenn also schon das Element kirchlich
gebundenen Glaubens an Bedeutung verliert, bleibt doch der andere, mit diesem Datum verbundene Affekt bestehen: Inhaltlich und funktional wird hier
ein pädagogischer Text vorgelegt; gegen die Behauptung, daß die Theologen
„die Pädagogik als öffentliches Organ der Gesellschaftskritik beerben"
(Gruschka 1996, S. 10), bestätigt sich der kulturkritische Befund, Religion
werde durch Pädagogik ersetzt (Bruckner 1996, S. 99). Empirisch darf er ergänzt werden durch den Hinweis auf jene aufgeregten Diskurse über Pädagogik, die die Öffentlichkeit zunehmend bewegen: Die Angaben des Papstes
mögen dabei kalmierend intendiert sein, bringen aber nicht nur ein weiteres
Element in den Diskurs, sondern wirken zugleich in einer strukturell vermittelten Funktionalität. Unvermeidlich lautet daher die These: Der zitierte Text
steht für die Universalisierung pädagogischer Kommunikation in einem doppelten Sinne, nämlich durch das Reden über Erziehung und als kommunikativ
vermittelte Erziehung selbst. Kurz: Der Text steht paradigmatisch für das
Pädagogische als Allgemeinheit von Pädagogik.

2. Eher skeptisch oder: Bilder einer Disziplin

Es liegt nahe, den eben vorgetragenen Überlegungen zum Vorwurf zu machen,
sie würden mit ihrem ironischen Unterton religiöse Gefühle verletzen. Das ist
aber nicht beabsichtigt. Im Gegenteil: Sie rekurrieren vielmehr auf jenes laien-
hafte Religionsverständnis, das vielleicht noch Spuren von Frömmigkeit zeigt,
inzwischen regelmäßig mit dem Hinweis säkular gerechtfertigt wird, daß sich
in ihm die Grundlagen abendländischer Kultur finden; vermutlich zu Recht
beklagen Theologen, daß eben diese Begründung Religion verfehlt, weil diese
weder in ihrer existentiell fundamentalen Qualität noch in ihren systematischen Herausforderungen begriffen wird, sondern zu einem Sinndeutungs-
angebot neben anderen verkommt. Dabei entstehen die Überlegungen nicht
nur aus einer Irritation darüber, was mit religiösen Zusammenhängen geschieht, sondern können auch noch – didaktisch – deutlich machen, in welchem Maße pädagogische Reflexionen eingebunden sind in den Kontext theologischer Reflexion. Freilich wäre dann immer noch einzuwenden, daß die
Interpretationen überzeichnet und überzogen sind; Plausibilitätsverluste erleiden sie, weil der untersuchte Text und die zu ihm entwickelten Behauptungen schon rein quantitativ in einem gravierenden Mißverhältnis stehen; dem
soll in methodenkritischer Selbstbeschränkung nicht widersprochen werden –
much ado about nothing mahnt auch vor hermeneutischer Geschwätzigkeit.
Aber selbst dann bleibt die entscheidende Frage: Warum werden all diese

Überlegungen im Kontext der Allgemeinen Pädagogik angestellt? Was haben sie mit dieser zu tun?

Warum sollten sie indes nicht mit Allgemeiner Pädagogik zu tun haben? Denn darin liegt vielleicht schon die erste Schwierigkeit: Auch wenn Allgemeine Pädagogik als eine akademische Disziplin ihr Gewicht in Examenszusammenhängen zur Geltung bringt, auch wenn nicht wenige sich als Vertreter der Allgemeinen Pädagogik verstehen, auch wenn in hinreichendem Maße Bücher erscheinen, welche „Allgemeine Pädagogik" im Titel tragen oder im Vorwort ankündigen, die Sache selbst ist zunächst eher unklar. Über den Status der Allgemeinen Pädagogik, ihre Aufgabe und Funktion, selbst noch über ihre Möglichkeit und ihren Inhalt herrscht notorisch Ungewißheit. Ob es ein Allgemeines in der Pädagogik gibt, wird eher bezweifelt, allzumal einige Vertreter erziehungswissenschaftlicher Teildisziplinen für sich reklamieren, selbst schon ein solches Allgemeines entwickelt zu haben, mithin auf eine Instanz verzichten zu können, die ihre ganze Aufmerksamkeit dem Prinzipiellen und Wesentlichen widmet.

Als akademische Disziplin steht Allgemeine Pädagogik gegenwärtig deshalb unter Rechtfertigungszwang – zumindest wenn man sie aus einer Außenperspektive oder gar als Syndrom betrachtet. Ihr scheint die Daseinsberechtigung abhanden gekommen zu sein, weil das Werk der „Spezialisten für das Allgemeine" (Tenorth 1984, S. 63) thematisch und gegenständlich konturenlos, methodisch aber unbestimmt ist (Heid 1991, S. 683). Sie dient gerade noch als ein Raum, in dem das bislang nicht Ressortierte verhandelt wird, ehe es sich dann in Sonderdiskurse davonschleicht. Positiv gewendet würde dies zwar bedeuten, daß Allgemeine Pädagogik die Experimente des pädagogischen Verstandes mit sich selbst betreibt, um Fragen und Themen im Blick auf ihre pädagogische Sachhaltigkeit zu prüfen, ehe diese dann in den Reigen der Disziplinen als zulässig aufgenommen werden; sie wirkte so als Zerberus des Pädagogischen am Eingang in die akademischen Höllen – aber reicht dies für eine Disziplin? Sie bliebe doch so auf eine skeptisch-kritische Aufgabenstellung beschränkt, dürfte selbst den Anspruch einer positiven Vergewisserung über Erziehung, Unterricht und Bildung, über die pädagogischen Grundphänomene schlechthin kaum erheben.

Vor allem aber bekennt sich Allgemeine Pädagogik zu solcher Bescheidenheit eher selten. Meist verspricht sie mehr, nämlich wenigstens einen pädagogischen Grundgedankengang (vgl. Flitner 1933/1950/1983; Herrmann 1991), wenn sie nicht sogar den alten Anspruch erhebt, als Allgemeine Pädagogik den Kernbereich der pädagogischen Reflexion zu bilden und daher als Königsdisziplin im Zusammenhang der Erziehungswissenschaft zu stehen. Ihr Geschäft besteht dann im Bescheid über das Wesen der Pädagogik, vielleicht auch vorsichtiger: über die Grundstruktur pädagogischen Handelns und Denkens (Benner 1987; vgl. auch in diesem Band). Allgemeine Pädagogik stellt nach dieser – einer

Standarddefinition gleichkommenden – Auffassung den gedanklichen und begrifflichen Kern dar, der die Erziehungswissenschaft und ihre Disziplinen begründen und ordnen läßt, dann die Ausbildung für pädagogische Berufe gliedert und leitet, weil er festhält, was Bildung, Erziehung und Unterricht schlechthin und prinzipiell auszeichnet – sei es als Datenkranz anthropologischer Verfaßtheit oder in transzendentaler Bestimmung. Kurz: Diese Allgemeine Pädagogik will damit vertraut machen, was Erziehung, Bildung, Unterricht, die Phänomene des Pädagogischen substantiell sind und wie man sich von diesen einen Begriff zu machen habe.

Eine solche Ambition ist durchaus ehrenhaft, weil sie unbestritten in der durch HEGEL bestimmten Denktradition steht, nach der wissenschaftliche Vergewisserung sich einen hinreichend begründeten Begriff von Problemen und Sachverhalten zu machen habe. Das Dilemma der Allgemeinen Pädagogik besteht jedoch darin, daß eben jene, als allgemeingültig behaupteten und mit erhobenem didaktischen Zeigefinger vorgetragenen Vorstellungen von einem Wesen der Pädagogik schlechthin und prinzipiell im allgemeinen unausgesprochen bleiben. Sie deuten sich nur noch in Versuchen an, die das Allgemeine auflösen in „Dimensionen" (vgl. z. B. Lassahn 1977), am Ende Beiträge zu unterschiedlichsten Aspekten der Pädagogik versammeln (vgl. Giel 1976). Gegenüber dem Versprechen einer Systematik irritieren die Vorstellungen im Kontext der Allgemeinen Pädagogik gerade durch einen Mangel an solcher, den sie dann noch als besonderes Kennzeichen kultivieren. Ohnedies sind solche Allgemeinheitsansprüche umstritten, weil doch schon im 19. Jahrhundert SCHLEIERMACHER und DILTHEY an die Historizität sowohl der menschlichen Lebensverhältnisse wie auch des Nachdenkens über sie erinnerten. Heute zweifeln schließlich einige sogar am Allerallgemeinsten des Allgemeinen von Pädagogik, nämlich an dieser selbst. Immerhin tendieren sogar akademische Vertreter der Allgemeinen Pädagogik zum Programm einer Antipädagogik (vgl. Giesecke 1977, 1985), während andere Erziehung und Unterricht als schlichte Konstruktionen begreifen (Treml 1987); für den Begriff der Bildung steht zumindest der Vorbehalt im Raum, dieser habe keine reale Referenz und diene nur sozialer Distinktion (vgl. Bollenbeck 1994). Schließlich flüchten manche in die Idee, man könne Allgemeine Pädagogik nach ihrer postmodernen Auflösung in einer Form von Methexis retten (Lenzen 1996). Den Gestus der Wissenden zu pflegen, scheint also schwierig geworden in einer Zeit der Pluralisierung philosophischer und weltanschaulicher Grundannahmen, der Destruktion wissenschaftlicher Geltungsansprüche und einer Erfahrung schlichter Kontingenz, die vielleicht mit wildgewordener Liberalität zu tun hat; Solidarität statt Wahrheit meldet RORTY immerhin an (Rorty 1988) – so aber läßt sich über Allgemeinheit kaum befinden, sie muß ausgehandelt werden von kleinen überschaubaren Gruppen, bezogen auf die Alltagsprobleme, die sie zu bewältigen haben.

Allerdings dürfen die großen Aspirationen der Allgemeinen Pädagogik als hausgemacht gelten: Sie hatte lange Zeit einen dominanten Status, weil ihr niemand widersprechen konnte. Denn ursprünglich existiert eine Allgemeine Pädagogik als besonderer Teil pädagogischen Denkens gar nicht, zumal dieses sich als Pampaedia den menschlichen Lebensverhältnissen schlechthin zuwandte, sowohl den ganzen Weltkreis wie auch den individuellen Lebenslauf meinte: alle alles umfassend zu lehren, das Programm des COMENIUS, steht hierfür. Die Pädagogik der Aufklärung wiederum rechtfertigte sich nicht nur bei LESSING als „Erziehung des Menschengeschlechts", wenngleich an ihrem Ausgang zumindest das *Problem* eines Allgemeinen virulent wird; Fragen nach Grundlegung und Prinzipien für ein besonderes Handlungsfeld der Pädagogik und den Stand der Erzieher werden aufgeworfen, der Anspruch auf wissenschaftliche Theoriebildung erhoben. Der Begriff der Pädagogik selbst kommt offensichtlich in dem Augenblick ins Gespräch (Roessler 1961, 1988), als das Bedürfnis entsteht, ein Allgemeines vorzustellen: Ernst Christian TRAPPS „Versuch einer Pädagogik" will dieses Bedürfnis befriedigen, doch erst HERBART legt jene Form Allgemeiner Pädagogik vor, die dann als ihr Paradigma gilt – freilich stets irritiert durch jene theoretischen Vergewisserungen, welche SCHLEIERMACHER folgen und die vorfindliche Pädagogik als ein soziales und historisches Phänomen verstehen.

Formal und inhaltlich bleibt HERBARTS Ansatz in Geltung, wenngleich er durch seine wirkmächtige Deutung für die Ausbildung von Lehrern seine szientifische Funktion verliert; er wird nur noch als kategoriales Wissen und Berufsethik wahrgenommen (Tenorth 1984), dem Züge des Dogmatismus eignen. Gegenüber dem von ihnen selbst nur polemisch charakterisierten Herbartianismus streben dann zwar die Vertreter der Reformpädagogik und der Kulturpädagogik eine Erneuerung des allgemeinpädagogischen Denkens an, das sich einem als philosophisch begriffenen Typus prinzipieller Erörterung des Pädagogischen im Gesamt eines kulturellen Zusammenhangs verpflichtet fühlt. Das geschieht in einem zunächst offenen Gespräch, aus dem jedoch im Verlauf der akademischen Etablierung von Pädagogik alternative wissenschaftliche Konzeptionen ausgegrenzt werden. Während die empirische Erziehungswissenschaft, der Neukantianismus, aber auch sozialwissenschaftliche Zugangsweisen, endlich der Ansatz einer strikt theoretischen Orientierung der akademischen Pädagogik auf der Strecke bleiben, setzen sich die Anhänger der später so genannten „Geisteswissenschaftlichen Pädagogik" durch: Sie tragen zunächst dazu bei, daß der Pädagogik schlechthin ein neuer Schub sozialer und politischer Aufmerksamkeit widerfährt. Paradoxerweise aber werten Reformpädagogik und geisteswissenschaftliche Pädagogik die Allgemeine Pädagogik so auf und diskreditieren sie zugleich, indem sie einen von nun an entscheidenden Fokus der Thematisierung von Pädagogik prägen: Galt bislang, seit HERBART insbesondere, das Verhältnis von Theorie und Praxis zwar als problematisch, so stellen sie dieses nun ins Zentrum der Reflexion. Konkretisiert wird dies in der Umstellung pädagogischer Semantik von Erziehung auf die Vorstellung von pädagogischer Reform: Das Allgemeine der Pädagogik wird von nun an allein in einem Handeln identifiziert, das gesellschaftliche und kulturelle Veränderung bewirkt. Mit dieser grundbegrifflichen Änderung verliert Allgemeine Pädagogik freilich ihren gegenständlichen Bezug: Zum einen hatte sich kein Handlungsfeld für sie etabliert, in welchem sie, vergleichbar der Allgemeinen Medizin, ihren emphatischen Praxisanspruch realisieren könnte; noch heute geht niemand in die Praxis des Allgemeinpädagogen, sondern sucht von vornherein die Spezialisten auf. Zum anderen verschwindet im Primat von Reform der Bezug auf die „Erziehungswirklichkeit", obwohl etwa Herman NOHL diesen reklamiert; tatsächlich aber bleibt diese auch bei ihm nur als Inbegriff einer pädagogischen Bewegung sichtbar, besteht letztendlich nur in Negativität, der gegenüber Reform dann eine positive Utopie entwirft.

Allgemeine Pädagogik verliert damit ihre gegenständliche und sachliche Identität, derer sie sich theoretisch vergewissern könnte. Aus historischen Gründen, nämlich zunächst aufgrund des Erfolgs von Reformpädagogik, dann aufgrund jener Gemengelage von Kontinuität und Differenz pädagogischer Themen, welche den Nationalsozialismus auszeichnete, schließlich nach ihrer Restitution und Restauration, bleibt dies zunächst folgenlos. Erst in den achtziger Jahren des 20. Jahrhunderts wird die Lage für die Allgemeine Pädagogik prekär: Pädagogische Sinnkonzepte verglühen mit den bildungsreformerischen Ambitionen, Allgemeine Pädagogik wird zunehmend zu der Instanz, die Krisensymptome diagnostiziert (vgl. Lenzen 1996). Zugleich zeichnet sich zu diesem Zeitpunkt schon eine dramatische Erfolgsgeschichte der erziehungswissenschaftlichen Teildisziplinen und der mit diesen verbundenen Professionen ab: Ungebremst wird das Schulsystem ausgebaut, zunehmend werden die Leistungen der Sozialpädagogik und der Erwachsenenbildung gesellschaftlich soweit normalisiert, daß sie sich als unvermeidliche Teile in individuelle Biographien einfügen. Kindergärten, Jugendarbeit und Beratung werden mit hoher Selbstverständlichkeit in Anspruch genommen, die Erwachsenenbildung entwickelt mit der Vorstellung vom „lebenslangen Lernen" selbst die Formel, die beschreibt, wie alle Individuen von ihr inkludiert werden.

Dieser Erfolg zieht durchaus widersprüchliche Folgen nach sich: *Einerseits* verabschieden sich nämlich die ausdifferenzierten Disziplinen zunehmend aus dem pädagogischen Zusammenhang. Sie bestimmen selbst ihre Bezugssysteme und Bezugsdisziplinen – für die Sozialpädagogik etwa die Sozialpolitik, für die Erwachsenenbildung häufig die Wissenschaft von der Politik – und erzeugen vor diesem Hintergrund ihre Generalisierungssemantiken aus sich selbst, indem sie eigenes Grundwissen und eigene Grundorientierungen entwickeln. Nicht einmal die Nomenklatur erinnert noch an das Erziehungsproblem: Sozialpädagogen sehen sich als Betreuer oder betonen ihre psychologischen und therapeutischen Kompetenzen, stellen Konzepte des social engineering und des Sozialmanagements in der Vordergrund, Mitarbeiterinnen der Erwachsenenbildung reagieren allergisch auf das Wort „Pädagogik", weil sie dieses ihrer Klientel nicht zumuten wollen; sie ziehen Begriffe wie „Moderation" und „Information" vor. *Andererseits* bleibt aber doch das Problem des Allgemeinen virulent. Denn unter- und hintergründig werden in den einzelnen Disziplinen, mehr noch in den professionellen Zusammenhängen Fragen aufgeworfen, die den Problemen und Sachverhalten von Erziehung, Bildung und Unterricht schlechthin jenseits der gewählten Bezugsdisziplinen gelten (vgl. z. B. Müller 1996). Diese werden nicht nur drängend, wenn Begründungs- und Abgrenzungsprobleme gegenüber alternativen Disziplinkonzepten wie etwa der Sozialarbeitswissenschaft gelöst werden müssen; vielmehr führt die Frage nach der Qualität des eigenen Tuns dazu, nach einer genuinen Perspektive pädagogischer Professionalität zu suchen (vgl. z. B. Müller 1993). *Schließlich aber* sehen sich erziehungswissenschaftliche Einzeldisziplinen und pädagogische Professionen mit den Wirkungen ihres Erfolgs konfrontiert; den pädagogischen Professionen und Disziplinen droht gleichsam, daß sie sich zu Tode gewinnen: Ausdifferenziert in unterschiedlichste pädagogische Teilbereiche greift professionell betriebene, durch akademische Ausbildungsgänge bestimmte Pädagogik nun in alle Lebensbereiche ein; sie inkludiert nicht nur alle Individuen in allen Lebensphasen, sondern bildet sowohl institutionell wie auch semantisch eine Voraussetzung moderner Gesellschaften. Damit konstituiert sich als Effekt der erfolgreichen Teildisziplinen eine empirische Allgemeinheit von Pädagogik in modernen Gesellschaften; sie wird allgegenwärtig, zunächst in einer Vielzahl von Institutionen und professionellen Ansätzen, dann in institutionalisierten Verpflichtungen, endlich unterliegt sie zunehmend einer Tendenz zur Entgrenzung: Gesellschaftlich erfolgreich verwandelt sie sich in ein Moment alltäglicher Kommunikation, das den Mitgliedern moderner Gesellschaften als ein charakteristisches Muster der Selbstdeutung dient, somit gleichsam in sie hinein verlagert wird. Weil pädagogische Professionen alle Individuen in das pädagogische System und seine Deutungsmuster einschließen, werden die Subjekte pädagogisch erfolgreich sozialisiert; sie lernen vorzugsweise die Sprache der Pädagogik. Paradoxerweise führt sie dazu, daß pädagogische Institutionen selbst noch infrage gestellt werden. Zumindest der Schein will nämlich, daß Pädagogik immer schon da ist, als gesellschaftliche Veranstaltung damit überflüssig wird. Möglicherweise erklärt dies die Leichtigkeit, mit der heute Kürzungen im Bildungsbereich selbst dort durchgesetzt werden können, wo es um die elementaren Angebote für Kinder und Jugendliche geht. Auch das gibt am Ende der Frage nach dem Allgemeinen der Pädagogik erneut Gewicht: Teildisziplinen und Professionen bedürfen geradezu zwangsläufig der Kriterien, die professionelle Abgrenzung von den Laienpädagogen erlauben, die sie doch selbst hervorgebracht haben. Was die Gemeinsamkeit von Schulpädagogik, Erwachsenenbildung, Sozialpädagogik und Sonderpädagogik ausmacht, muß daher neu diskutiert werden, wobei das Ergebnis inhaltlich vielleicht traditionellen Formeln nahekommt, wie sie als *pädagogischer Grundgedankengang* formuliert werden sollten, ohne freilich aus dem Blick verlieren zu dürfen, daß sie die Tatsache einer Ausdifferenzierung von pädagogischen Handlungsfeldern und Erziehungswissenschaften voraussetzen: Allgemeine Pädagogik hat mit der Allgemeinheit von Pädagogik als einem pädagogisch selbsterzeugten Effekt zu tun.

3. Eher programmatisch oder: Wie Allgemeine Pädagogik als Erziehungswissenschaft aussehen könnte

Wie sieht unter diesen Voraussetzungen die Möglichkeit einer Allgemeinen Pädagogik aus? Zunächst scheint vor allem Nüchternheit angeraten gegenüber den Ambitionen, pädagogische Praxis bestimmen zu wollen. Dies gilt sowohl hinsichtlich normativer Vorstellungen, gleich ob sie programmatisch, als Entwürfe einer pädagogisch vermittelten Veränderung von Gesellschaft, oder pragmatisch, als Empfehlungen für eine richtige Erziehung, angelegt sind. Dies gilt aber auch hinsichtlich der Vorstellungen, die kulturkritisch ambitioniert mit pädagogischen Figuren Sinnhorizonte entwerfen wollen – und sei es nur, indem sie über den Verlust von Göttern klagen (vgl. Postman 1995). Dabei bleibt auch Allgemeinpädagogen unbenommen, sich Gedanken über einen sinnvollen Umgang mit der jungen Generation zu machen; zuweilen müssen sie selbst Kinder erziehen, gelegentlich können sie auch mit besseren Argumenten diesem Geschäft Konturen verleihen. Immerhin stellen Gesellschaften und ihre Mitglieder in pädagogischen Reflexionen Versuche an, sich angesichts erfahrener und beobachteter Generativität, zuweilen auch angesichts des Fehlens einer solchen Generativität ihrer eigenen Situation zu vergewissern, um in dieser einen Orientierungs- und Handlungssinn zu stiften. Dennoch rechnen Empfehlungen für eine bessere Erziehung in den Bereich der Ratgeber, während sinnstiftende Aktivitäten getrost der Philosophie und der Soziologie, dann auch den einschlägigen Intelligenzblättern überlassen bleiben können. Beides fällt nicht ins Aufgabenfeld der Allgemeinen Pädagogik als einer akademischen Disziplin, würde diese doch so nur zu jenen Diskursen beitragen, welche mit ihrer Ungewißheit die Unmöglichkeit einer Allgemeinen Pädagogik wahrscheinlich machen.

Insofern liegt für Allgemeine Pädagogik eine „Diätetik der Sinnerwartung" nahe (Marquard 1986), wie sie auch jene skeptische Pädagogik empfiehlt, die aus transzendentalkritischer Reflexion heraus geltend macht, „daß es eine allgemeine Pädagogik nur noch als Kritik pädagogischer Praxis und Erkenntnis geben kann, und zwar als iterierende Kritik, aber nicht mehr als positiven Entwurf" (Tenorth 1988, S. 31). Alle systematischen Ambitionen müßten dann ironisch gebrochen werden (Mollenhauer 1996), so daß normative Konsequenzen sich ausschließen. Eine Alternative findet sich im Zugang der pädagogischen Wissenschaftsforschung, die empirisch versucht, Entwicklungen sowohl der akademischen Disziplin Pädagogik sowie der professionell und der alltäglich genutzten pädagogischen Wissensformen zu beschreiben.

Allgemeine Pädagogik als skeptische Pädagogik oder als empirische Wissenschaftsforschung findet aber ihre Grenze darin, daß sie die Möglichkeit einer gegenstandstheoretischen Auffassung von Problem und Sachverhalt der Erziehung suspendiert; solche Versuche lassen sich nur noch kommentieren. Gleichwohl bleibt damit die Vorstellung einer Allgemeinen Pädagogik bestehen, freilich weder als normgebende oder sinnstiftende Instanz, sondern allein als Erziehungswissenschaft, die allein einer der Erkenntnis schlechthin verpflichteten Neugier folgt, nüchtern und „illusionsfrei" Tatsachenforschung betreibt (Petersen 1924, S. VII). Noch bis in ihre methodische Überführung in sozialwissenschaftliche Zugangsweisen teilt sie dabei die unheimliche Widerständigkeit der Geisteswissenschaften (Mittelstraß 1996) – man kann sie zwar problematisieren, aber nicht wegdiskutieren. Im Gegenteil: noch in der Kritik an ihnen bestätigt sich ihr Beharrungsvermögen, das allerdings weniger durch inhaltliche Verbindlichkeit, sondern reflexiv gebunden ist: Allgemeine Pädagogik als Wissenschaft bleibt damit unter dem Niveau der Geltungsansprüche bisheriger Allgemeiner Pädagogik, weil sie sich sozialer Wirklichkeit vergewissert und diese nur konstatieren kann; sie übersteigt zugleich dieses Niveau, weil sie nicht auf Festsetzung beharrt, sondern Vergewisserung über Wirklichkeit selbst noch prozessualisiert – was mit dem Irrtumsverdacht als Grundprinzip von Wissenschaft zusammenhängt. Kurz: Die Möglichkeit einer Allgemeinen Pädagogik findet sich so in der Gestalt einer Forschungsdisziplin, die den Grundlagen der Pädagogik gilt, diese aber in dem Kontext ihrer sozialen und disziplinären Bedingungen erörtert.

Von welchen Grundvoraussetzungen und -bedingungen kann aber eine so gefaßte Allgemeine Pädagogik ausgehen?

● Allgemeine Pädagogik als Wissenschaft bezieht sich auf eine vorfindliche pädagogische Wirklichkeit. Sie rechnet mit dem Faktum, daß es Institutionen, soziale Zusammenhänge und Aktivitäten gibt, die gesellschaftlich als pädagogische (oder mit dazu konnotierten Begriffen) bezeichnet und verstanden werden. Sie muß diese pädagogische Wirklichkeit weder begründen noch rechtfertigen, sondern kann sie beobachten, analysieren und begrifflich bestimmen, um sie zu begreifen. Dabei empfiehlt sich allerdings ein liberaler Forschungsbegriff, der alle Erkenntnisbemühungen umfaßt, die einem primär meist alltagssprachlich gefaßten sozialen Tatbestand gelten, der in seiner Gegenständlichkeit intersubjektiv plausibel erfaßt und theoretisch dargestellt wird, so daß begründete (und falsifizierbare) Vermutungen über ihre Nichtzufälligkeit angestellt und idealerweise Prognosen möglich werden.

Allgemeine Pädagogik sieht sich allerdings konfrontiert damit, daß die Entwicklung der Erziehungswissenschaft und der pädagogischen Professionen eine veränderte Konstellation pädagogischer Allgemeinheit erzeugt hat. Gegenüber ihrer latent schulpädagogischen Orientierung muß sie daher mit einem quantitativ weiterreichenden und qualitativ veränderten Konzept des Allgemeinen arbeiten, das selbst noch als ein Effekt pädagogischer Reflexion gedeutet werden kann, der die sozialstrukturelle Basis von Pädagogik verändert hat.

- Dabei spielt begriffliche Tradition eine Rolle. Um die soziale Wirklichkeit der Pädagogik identifizieren zu können, muß nämlich eine Vorstellung von ihr schon zur Verfügung stehen – man kann diesen Zusammenhang von reflexiver Tradition und empirischer Wirklichkeitserkenntnis als eine erste hermeneutische Dimension in der Allgemeinen Pädagogik bezeichnen: Diese gründet einerseits in einer Vorgeschichte pädagogischen Denkens, die andererseits in selbst noch geschichtlich gesättigter pädagogischer Reflexion eingeholt wird, weil die so verfügbaren Ideen und Kategorien ihr Bewußtsein als Pädagogik überhaupt erst konstituieren. Pädagogische Phänomene lassen sich nicht unabhängig von Begriffen entdecken, wie sie spätestens seit dem 18. Jahrhundert ins pädagogische Gespräch eingeführt und in Gestalt auch von „Allgemeinen Pädagogiken" verbindlich gemacht wurden. Damit stützt sich Allgemeine Pädagogik auf eine Tradition pädagogischer Reflexion, die als solche nicht zur Disposition gestellt werden kann; sie bildet eine theoretische und empirische Voraussetzung der Forschung. Aber das bedeutet nicht, daß solche Traditionen noch als kanonisiertes Wissen zur Verfügung stehen. An Klassiker, pädagogische Grundbegrifflichkeiten und Reflexionsfiguren läßt sich zwar noch anknüpfen, doch sind sie konsensuell kaum mehr verbürgt, vermitteln keinen dogmatisch verbindlichen Gehalt; Prozesse der Pluralisierung, dann aber auch Skepsis und forschende Analyse haben diesen längst gebrochen.

Darin zeichnet sich sogleich auch eine zweite Hermeneutik ab, die sich zwischen kollektivem Erziehungsbewußtsein und disziplinär verfügbar gemachten Erziehungsvorstellungen aufspannt. Es wäre nämlich naiv, wollte man heute über Erziehung und Unterricht reden, ohne auf die im gesellschaftlichen Bewußtsein von Erziehung verfügbaren Vorstellungen, ohne auch auf die Selbst- und Sinndeutungen zurückzugehen, die zumindest im Horizont generativer Verhältnisse gesehen werden können. Insofern finden sich pädagogische Figuren in den unterschiedlichsten Kontexten, die sich disziplinär nicht eindeutig identifizieren lassen: Religion und Philosophie bilden Quellen, aber auch Literatur, schließlich läßt sich eine Erforschung kollektiver Mentalitäten kaum umgehen. Dies gilt historisch, weil alles Erziehungsdenken eine Vorgeschichte hat, dies gilt aber auch im Blick auf die Gegenwart, in der die Zeitdiagnosen etwa der Soziologie, ästhetische Produktionen, dann vor allem medial kommunizierte Vorstellungen hohe Relevanz haben.

- Über die gegenständliche Qualität dieser Wirklichkeit ist damit allerdings noch nicht entschieden. Nur soviel steht zunächst fest: Es gibt eine Objektivität von Erziehung, die sich nur mühsam und annäherungsweise erschließen läßt. Viel spricht dabei sogar für die Annahme, Problem und Sachverhalt von Erziehung zumindest in einer Mediengesellschaft sachlich auf der Ebene von kommunikativen Prozessen zu identifizieren, welche als kulturelle Hintergrundbedingungen die gesellschaftliche Reaktion auf die Entwicklungstatsache strukturieren und organisieren lassen: Allgemeine Pädagogik als Erziehungswissenschaft muß sich also mit pädagogischen Diskursen befassen, mit sozialen, kommunikativ realisierten Formationen, wie sie Michel FOUCAULT zugänglich gemacht hat, so daß sie ihr Forschungsobjekt eher auf der Ebene von Mentalitäten und habituellen Merkmalen entdeckt. Möglicherweise besteht diese Objektivität der sozialen Wirklichkeit von Erziehung sogar nur darin, daß sich Sprechsituationen beobachten lassen, in welchen Ausdrücke aus dem semantischen Feld der Pädagogik eine Rolle spielen. Aber auch in solchen werden Unterscheidungen sowohl der Prämissen des Geschehens wie auch von Interaktionsformen geltend gemacht – der zitierte Zeitungstext macht dies noch deutlich, indem er beispielsweise nahelegt, daß pädagogische Theorie in ihrer gegenständlichen Vorstellung zumindest das Problem einer Differenz von Erziehung und Strafe begründet zu erörtern hat, sich aber auch der Frage stellen muß, ob Erziehung als ein Handeln zu bestimmen ist; zumindest unter der Voraussetzung, daß das Kind selbst „frei" ist, muß der Handlungsbegriff der Erziehung suspendiert werden, der mit Zielvorstellungen operiert. Wolfgang BREZINKA beispielsweise müßte seine Vorstellung von Erziehung zumindest für den Fall JESUS aufgeben.

Freilich läßt sich die Behauptung einer Objektivität von Pädagogik zunächst nur als Strategie verfolgen: *Pädagogische Erkenntnis* der Phänomene Erziehung, Unterricht und Bildung verlangt, daß Allgemeine Pädagogik ihre Forschung insgesamt, die Rezeption von Erkenntnissen aus anderen Disziplinen aber insbesondere darauf fokussiert, was diese für das Verständnis von Erziehung bedeuten; sie müssen pädagogisch interpretiert werden, ohne der Ambition zu verfallen, im Kontext Allgemeiner Pädagogik die Diskussionen anderer Disziplinen führen zu wollen. Polemisch zugespitzt: Erziehungswissenschaftler sind Erziehungswissenschaftler und brauchen nicht hoffen, als die besseren Philosophen, Soziologen oder Politologen, zuletzt gar Wirtschaftswissenschaftler glänzen zu können. Und umgekehrt muß durchaus offenbleiben, ob manche der in diesen Disziplinen geführten Debatten auch tatsächlich Relevanz für die Forschung der Allgemeinen Pädagogik haben: Ob Postmoderne sich in der Banalität des elterlichen Erziehungsgeschäfts auswirkt, muß durchaus bewiesen werden.

- Indirekt deutet sich mit den eben angestellten Überlegungen an, daß die Objektivität von Erziehung als Gegenstand einer Theorie zumindest in zwei Dimensionen beschrieben werden muß: Erziehung besteht formal gesehen als Zusammenhang von sozialen Praktiken und kollektiv verfügbaren Deutungsmustern, in welchen diese sozialen Praktiken reflexiv thematisiert und mit Sinn versehen werden. Forschung muß daher *einerseits* realisiert werden als Untersuchung jener sozialen und kulturellen Prozesse, in welchen sich der als Erziehung zu begreifende Zusammenhang konstituiert und formiert. Dies gilt historisch, insofern sich nämlich die soziale Praxis der Erziehung geschichtlich zunehmend ausdifferenziert und institutionalisiert, dies gilt zugleich im Blick auf eine Analyse und Diagnose der Gegenwart, muß doch hier gefragt werden, ob sozialstrukturelle, dann kulturelle Bedingungen und Voraussetzungen in der Verfaßtheit moderner Gesellschaften das Geschehen der Erziehung konturieren. Haben beispielsweise soziale Veränderungen, wie sie als „Abschied von der Klassengesellschaft" und Dominanz von Lebensstilen beschrieben werden, Folgen für Erziehung? Welche Konsequenzen wären aus der These von einer fortschreitenden Individualisierung für das Verständnis von Erziehung zu ziehen? *Andererseits* muß Forschung die Vorstellungen noch untersuchen, welche gesellschaftlich für Erziehung entwickelt werden. Auch hier sind historische ebenso wie Gegenwartsanalysen vorzunehmen, sind vor allem aber Inhalts- und Funktionsanalysen durchzuführen: Was besagen pädagogische Deutungsangebote, sind sie überhaupt inhaltsvoll, dann konsistent, verraten sie mehr Glaubensbekenntnisse oder verbirgt sich Einsicht in ihnen? *Endlich* steht die Rückwirkung von diskursiv entwickelten Auffassungen von Erziehung auf die Praktiken zur Debatte, welche gesellschaftlich als Erziehung und Unterricht betrieben werden. Was bedeutet es etwa – um noch einmal auf das „Maria-Modell" zu rekurrieren – für Erziehung, wenn eine Gesellschaft das Kind als Heiligtum betrachtet, während umgekehrt die pädagogische Semantik so mächtig wird, daß selbst religiöse Grundorientierungen säkularisiert werden?

- Schließlich aber stellt sich das Problem, wovon Allgemeine Pädagogik ihren Ausgang nehmen kann, wenn sie weder dem ontologischen Substantialismus noch einem absoluten Relativismus verfallen darf. Wo findet sie einen Grund, der sie nicht doch zum Fundamentalismus zwingt? Ein Datum kann sie in dem finden, was man das *Problem der Erziehung* nennen kann: Dieses hat zunächst mit der unvermeidlichen Temporalität des generativen Verhältnisses zu tun – die eine Generation tritt später in die Welt als ihre Erzeugergeneration. In diesem generativen Verhältnis müssen ein Geburts- und ein Todesproblem bewältigt werden. Einerseits bedarf es einer kulturellen Leistung, mit der die menschliche Gattung sich in ihrer sozialen, kulturellen und auch psychischen Verfaßtheit über den physischen Tod ihrer Mitglieder hinaus reproduziert; andererseits müssen neue Mitglieder der Gattung in eine stets schon sozial bedeutsam gemachte Welt geführt werden. Schließlich bedarf es einer sozialen Reaktion auf die Tatsache, daß sich Individuen im Kontext sich wandelnder gesellschaftlicher Verhältnisse selbst entwickeln, mithin in diesem Kontext biographische und soziale Geschichte zu vermitteln sind.

Auf diese – hier nur grob skizzierte – Problemstruktur reagieren Gesellschaften mit pädagogischen Praktiken und Reflexionen. Erziehung und das Nachdenken über diese bilden die je historischen Antworten, mit welchen die Probleme zumindest benannt und gelöst werden sollen. Allgemeine Pädagogik betreibt insofern grundlegend eine Theorie des pädagogischen Problems und seiner Strukturen, dann der historischen und aktuellen *Figurationen* und *Formationen* (vgl. Elias 1986, 1977), in welchen die Gesellschaften dieses Problem gleichsam ausbuchstabieren, um seiner in kollektiver Repräsentation und in Mentalitäten als Pädagogik gewärtig zu sein. Allgemeine Pädagogik muß daher – so das Resümee dieser programmatischen Überlegungen – als historische Sozialwissenschaft eine Theorie der Erziehung in modernen Gesellschaften entwerfen, die nicht unterkomplex sein darf; sie hat notwendig mit aufwendigen Theoriekonstruktionen zu tun. Nicht nur muß sie ihre gegenständlichen Auffassungen vielfältig brechen, sondern sich selbst noch angesichts der gesellschaftlichen Ungewißheit über Erziehung dort reflexiv einholen, wo droht, daß sie falscher Sicherheit erliegt.

4. Eher analytisch oder: Das Allgemeine des Pädagogischen[2]

Große Programme verlangen Enttäuschungsfestigkeit, erzeugen sie doch notorisch das Gefühl von Banalität angesichts der Versuche, sie zu verwirklichen. Daß Allgemeine Pädagogik einen Gegenstand der Erkenntnis wie auch ein Thema hat, eine solche Zusicherung ruft denn auch Ernüchterung hervor, wenn der eingangs zitierte Text, das „Maria-Modell" der Erziehung als Experiment und Beleg herangezogen wird. Kann eine journalistische Nebenbemerkung sowohl die Existenzberechtigung der Allgemeinen Pädagogik als Erziehungswissenschaft wie auch die These beweisen, daß diese sich mit der Allgemeinheit des Pädagogischen beschäftigt?

Paradoxerweise belegt der Text jedoch gerade in seiner Trivialität die Behauptung: Sein Erscheinungsort im tagesaktuellen Massenmedium weist nämlich

---

2 In den gesellschaftstheoretischen Annahmen stütze ich mich im folgenden vor allem auf Arbeiten von Zygmunt Bauman (bes. Bauman 1995) und Anthony Giddens (bes. Giddens 1996); hilfreich waren auch die Beiträge in Görg 1994. In pädagogischer Hinsicht habe ich mich vor allem von Oelkers (1991a) anregen lassen.

gleichzeitig eine für sein Thema zumindest unterstellte Relevanz in öffentlichen Debatten aus; er kann mit Aufmerksamkeit rechnen, bleibt gleichwohl nur eine Randbemerkung, nicht frei von Beliebigkeit und Zufälligkeit – er gibt sicher allen Anlaß, den von HERBART und JEAN PAUL erhobenen Vorbehalt zu wiederholen, öffentliche Auseinandersetzungen seien in pädagogischen Dingen zwar notorisch, aber inhaltlich kaum tragfähig, weil sie nur politische Debatten ersetzen. Allerdings zeichnen den vorliegenden Text kaum assertorische Züge aus. Vielmehr trägt er unaufgeregt und unprätentiös nur ein weiteres Element zu dem bei, was sich als pädagogischer Diskurs in der Gegenwart beobachten läßt, mehr noch: Er führt diesen nur weiter – auch MARIA blieb eben von den Problemen der Erziehung nicht verschont, weil ihr – geradezu vorzeitig modern – die Selbstverständlichkeit fehlte, in der sich theologisches und pädagogisches Mysterium zuweilen treffen; im gegebenen Fall sind sie durch Elemente der Reflexivität und Explizitheit ersetzt.

Damit schließt der Text an eine Fundamentalerfahrung in der Gegenwart an: Nach Zeiten eher frustrierter Distanz gegenüber einer als mißglückt geltenden Bildungsreform wird Pädagogik wieder ein Thema für *Leute*. Sie beklagen die Defizite der Erziehung, wollen diese aber sogleich wieder als Instanz zur Bearbeitung der pädagogischen Mängel in Anspruch nehmen. Öffentlich erhebt sich der Ruf nach Erziehung noch in den beunruhigenden Formeln einer Ermunterung zu dieser, zum Alltag gehören aufgeregte, dramatisch inszenierte Debatten, die zumindest im Dunstkreis pädagogischer Problemstellungen anzusiedeln sind. Sie reichen von der steigenden Gewalttätigkeit und Kriminalität der Kinder bis hin zur Unhöflichkeit des Nachwuchses in öffentlichen Verkehrsmitteln, von Schulstreß und Schulfrust bis zu hypermotorischen und solchen Kindern, die durch übermäßigen Fernsehkonsum bewegungsarm geworden sind; lernunlustig, überdreht und angelascht, vernachlässigt und verwöhnt, undiszipliniert und neurotisch – die Berichte über das „Tollhaus Schule" geben Gesprächsstoff, zumal jeder von einschlägigen Erfahrungen zu berichten weiß. Dabei findet dieser Diskurs jenseits von Gemeinsamkeiten und Gewißheitsvorstellungen statt. Ihn zeichnet aus, daß er geführt wird – hochgradig plural, zerrissen, Unsicherheit verratend und vor allem ihn stets fortführend. Verbindend wirkt zunächst nur, daß man Probleme als pädagogische identifiziert, ansonsten gibt es keine Einigkeit darüber, was denn Pädagogik sei, wie denn Erziehung zu fassen ist. Zwischen Antipädagogik, dem Erziehungsrambo Peter STRUCK (vgl. Winkler 1996) und dem Papst sind alle Positionen denkbar, die noch in sich selbst unschlüssig bleiben; als Element der (immerhin von Herbart so genannten) „Kunst der Erziehung" wird dann schon einmal geraten, dem Beziehungsbegriff den Vorzug zu geben (Struck 1996, S. 275). Lebens- und alltagsweltlich gibt es nur noch hochgradige Unsicherheit, Differenzen, am Ende Plausibilitäten, welche sogleich durch jene szientifisch aufgeladene Rationalität destruiert werden, die der Professionalisierung von Erziehung entspricht.

Dieser pädagogische Diskurs findet vor allem in Medien statt. Schon die Publikumsmedien haben ihre Aufmerksamkeit wieder auf generative Beziehungen und deren Ausgestaltung gerichtet: Der Spiegel veröffentlicht ein Special über „Kinder, Kinder. Erziehung in der Krise", Focus reagiert mit einer Titelgeschichte über die Förderung kindlicher Entwicklung, die unter dem Titel „Forschung und Technik" rubriziert wird, „moderne Frauenzeitschriften" präsentieren Dossiers über Kinder und verfolgen das Thema Erziehung kontinuierlich unter dem Aspekt einer Redefinition der Mutterrolle in der Erwerbsbiographie; mit erheblichem Werbeaufwand werden Zeitschriften zum Thema „Familie und Erziehung" auf dem Markt plaziert. Noch deutlicher aber läßt sich dieses neue Interesse an der Pädagogik auf einem in pädagogischen Dingen längst wieder florierenden Buchmarkt beobachten: Antworten auf konkrete Probleme, die sie häufig genug erst selbst aufwirft, verspricht – erstens – eine kaum mehr zu übersehende Ratgeberliteratur (vgl. hierzu grundlegend Oelkers 1995). Heilwig VON DER MEHDENS Traktate, Thomas GORDONS „Familienkonferenz", aber auch Jirina PROKOPS Empfehlungen für die Festhaltetherapie gegenüber dem „kleinen Tyrannen" erreichen atemberaubende Auflagenzahlen. Sie stehen neben geistesverwandten Werken, die mit modernem Management, Personalführung und Programmen zu tun haben, mit welchen sich die Subjekte selbst verändern können, dabei säkular gewordene Religiosität mit modernem Erscheinungsbild auftreten lassen. Es geht um Sinnkonzepte, welche im therapeutischen Idiom eine – triviale – Lebensphilosophie der Selbstveränderung zum Thema machen. Zweitens finden sich Zeitschriften und Bücher, die die pädagogischen Erfahrungen austauschen; oft gesellschaftstheoretisch und wissenschaftskritisch aufgeklärt, distanzieren sie sich ironisch von den Erziehungsratgebern, um ein augenzwinkerndes Einverständnis Beteiligter und Betroffener zu erzeugen. Axel HACKES „Kleiner Erziehungsratgeber" konstruiert etwa die kommunikative Gemeinschaft derjenigen, die um die triviale Praxis der Alltagspädagogik wissen (Hacke 1993), sie aber doch weltweise lesen, also philosophisch belehrt deuten (Thomae 1992). Eine dritte Dimension pädagogischer Erörterung in öffentlichen Diskursen zeigt sich im Gewand der pädagogisch ambitionierten Zeitdiagnose; sie schwankt, häufig latent moralisch ausgerichtet, zwischen Kulturpessimismus und neuerdings Optimismus. Als – willkürlich ausgewählte jüngere – Beispiele können (mit allen theologischen Konnotationen) Neil POSTMANS „Verlust der Götter" (Postman 1996), Micha BRUMLIKS „Gerechtigkeit zwischen den Generationen" (Brumlik 1995), Hermann GIESECKES Überlegungen zum Ende der Erziehung (Giesecke 1996), aber auch Reinhart LEMPPS „Autistische Gesellschaft" (Lempp 1996) gelten; tatsächlich lassen sich sogar vordergründig unverdächtige, nämlich soziologische Publikationen dieser Ebene des neuen pädagogischen Diskurses zurech-nen: So hat Ulrich BECK diesen massiv beeinflußt, signalisiert sogar mit dem Titel des Eröffnungsbandes für die von ihm herausgegebene „Edition Zweite

Moderne" die Nähe zu diesem populärpädagogischen Diskurs: Um die „Kinder der Freiheit" geht es hier (Beck 1997). Vielleicht auch um die, die frei von Sünde sind? Durch Medienkommunikation verallgemeinert, dringt „Pädagogik" so in alltägliche Wissensbestände und Handlungsdeutungen ein. Sie wirkt orientierend, erzeugt einen Resonanzraum, in dem ein gesellschaftlich verbreitetes Klima der Edukabilität entsteht, das als genereller Inklusionsmechanismus wirksam wird; die Individuen beginnen, einander in der Sprache der Pädagogik zu begreifen und zu verstehen, sehen pädagogische Themen als die Lebensthemen an, über welche sie zugleich Gemeinsamkeit finden und das eigene Verhalten bestimmen können. Diese Inklusion vollzieht sich nicht allein durch die pädagogischen Themen, sondern als Effekt einer kommunikativen Performanz; indem man pädagogisch kommuniziert, wird man pädagogisch sozialisiert. Medien machen nämlich nicht nur Wissen und Vorstellungen verfügbar, sondern stellen dieses in didaktischen Arrangements zur Verfügung. Sie konstruieren dabei in großer Breite hochmoralische Settings, die aber in minimalisierte, familiäre Rezeptionskontexte eingebaut werden; universelle Ansprüche müssen von den Subjekten intim dekodiert werden. Eine Mischung von Rhetorik und Argument, von sanfter Anerkennung der Position des anderen bis zum Anstoß der eigenen Selbstveränderung beherrscht daher die gesamte Öffentlichkeit. Sie reicht von den politischen Debatten, den ökologischen insbesondere, bis in die Bereiche der individuellen Lebensführung. Kaum eine Fernsehsendung, die nicht einem solchen Konzept gehorcht, kognitive und moralische Veränderungsprozesse initiieren will. Das beginnt bei Talkrunden, die sich mit einem Gestus gutgemeinter Aufklärung entlang der Grenzen zwischen zulässigem und sanktioniertem Verhalten bewegen, um dieses sichtbar und kommunizierbar zu machen – so konfrontiert dann ein Magazin eines Fernsehsenders in Kohlbergscher Dilemmataqualität mit der Frage, ob Freundschaften Priorität haben sollen gegenüber möglichen Beziehungspartnern, die mit den bisherigen Freunden nicht harmonieren; im pädagogisch klassischen Zusammenhang der Kontroverse, hier einmal „Einspruch" genannt, wird beigebracht, es gelte – so der Titel einer Sendung – „Sex muß man lernen". Selbst Sportreportagen vermitteln Sitte und Anstand, indem die Kommentatoren die Verteilung roter Karten beurteilen, als ginge es um den kategorischen Imperativ. Kaum ein Kriminalfilm, der nicht auch nahelegt, auf psychische Befindlichkeiten zu horchen, glückende oder schieflaufende Entwicklungsprozesse zu beobachten und zu verfolgen, um so die Wertmaßstäbe der Seher zu verändern (vgl. Kade 1996). „Harry", hofft dann Derrick mit tränendem Auge, „vielleicht ändern sich die Menschen doch noch."

Diese mediale Verwendung des Pädagogischen indiziert eine Veränderung in der gesellschaftlichen Kommunikation selbst; das Pädagogische in den Massenmedien verrät, daß gesellschaftliche Kommunikation selbst pädagogisch gela-

den ist (vgl. hierzu die Beiträge in: Oelkers/Tenorth 1991). In den modernen Gesellschaften der Gegenwart verändern sich die Vorstellungen und Sinnkonzepte, mit welchen sich diese Gesellschaften und ihre Mitglieder über sich selbst verständigen. Ethische Verbindlichkeiten, Tugend- und Pflichtenkonzepte einerseits, politische, auch ökonomische Vorstellungen andererseits treten in den Hintergrund, während Motive der Erziehung, der Bildung, auch des Unterrichtens Allgegenwärtigkeit gewinnen. Die Semantik der Pädagogik breitet sich geradezu explosionsartig aus, weil sowohl bei der Definition gesellschaftlicher Probleme wie auch im Blick auf die für sie erforderlichen Bewältigungsstrategien Vorstellungen und Muster der Erziehung die Politik, die Medien, die Organe der sozialen Kontrolle, die Betriebe und ihre Organisation, am Ende buchstäblich alle Lebensbereiche so durchdringen (vgl. Kade/Lüders/ Hornstein 1991), daß „lokale Vermittlungen" zur Gestalt der Pädagogik werden (Kade/Lüders 1997). Medienkommunikation, die Sprache der Politik und die der Verwaltung, aber auch die Strafjustiz werden mit Motiven und Metaphern der Pädagogik, der Erziehung und des Unterrichtens getränkt. Gesellschaftlich setzt sich eine kommunikative Allgemeinheit des Pädagogischen durch – und zwar sowohl auf der Ebene der an die individuellen Subjekte herangetragenen Zuschreibungen und Erwartungen, wie aber auch in der als erfolgreich geltenden Selbstdarstellung. Dies beginnt bei der „lean production", für die selbst hartgesottene Wirtschaftswissenschaftler die Erziehung der Mitarbeiter – möglichst zur Corporate Identity – fordern, geht über die Konsumentenerziehung bis hin zu den Werbespots der Adam Opel AG und jener dann wiederum erschütternden Darstellung eines Erziehungsprozesses, die der Shell-Konzern nach seinem Debakel mit der Versenkung der „Brent Spar- Ölplattform" als ganzseitige Anzeige bundesweit hat schalten lassen. Dort heißt es so schön: „Auch wenn das Lernen schmerzt – nur wer lernt, hat Zukunft."
Wie läßt sich eine solche Entwicklung begreifen, welche im Widerspruch zu der als fundamental behaupteten Tendenz moderner Gesellschaften steht, sich selbst in immer schärfer umrissenen und gesonderten Bereichen sozialer Handlungen auszudifferenzieren? Wirkt hier eine wildgewordene Pädagogik, die sich selbst entfesselt und entgrenzt?

● Zunächst: Die Universalisierung von Pädagogik zeigt als eine Dauererscheinung an, was man als Entdeckungssituation der Pädagogik bezeichnen kann: Regelmäßig trat in der Neuzeit das Problem der Erziehung als solches deutlicher hervor, entstand auch ein gesteigertes pädagogisches Bewußtsein in Situationen des gesellschaftlichen Umbruchs. Das gilt besonders für COMENIUS, dann auch für die bürgerliche Pädagogik des 18. Jahrhunderts, wie sie in den Kontroversen zwischen den frühmaterialistischen, milieutheoretisch argumentierenden Entwürfen eines Erziehungssystems bei D'HOLBACH und HELVETIUS, bei CARTAUD DE VILLATE und MORELLY einerseits, andererseits bei dem zwar auf die antike Polis-Tradition zurückgreifenden, in Kategorien der Individualität denkenden ROUSSEAU entstand: Die gesellschaftliche Umbruchsituation setzte die Mechanismen der Tradition außer Kraft, zerstörte die institutionellen und normativen Selbstverständlichkeiten, auf welchen Sozialisation aufruht. Schon in der Moderne des beginnenden 20. Jahrhunderts wird dies notorisch, pädagogisch aber noch aufgefangen durch die reformpädagogische Betonung des individuellen Kindes als Ausgangspunkt des Erziehungsgeschehens. Am Ausgang dieses Jahrhunderts gewinnen jedoch der soziale und kulturelle Wandel sowie die mit ihm verbundene Situation des Bruchs den Charakter eines konstitutiven Strukturmerkmals. Postmoderne Gesellschaften formieren sich unter der Bedingung eines dauernden Verfalls der Vergangenheit, einer geradezu militanten Enthistorisierung; sie konstituiert die Sorge um Entsorgung angesichts des epidemisch gewordenen Abfalls, der zum Ausgangsproblem und Grundthema moderner Lebensführung schon für Kinder wird, die mit dem Veralten ihrer Spielumwelten rechnen müssen. Sie stellen ihre Mitglieder ununterbrochen vor die Aufgabe einer Neuschöpfung, die sich noch auf sie selbst bezieht; die Individuen müssen ihren Platz selbst wählen, sich selbst identifizieren und beständig neu stilisieren, ihre Gemeinschaften künstlich inszenieren (Puch 1988). Und dabei sehen sie sich stets mit dem Dilemma konfrontiert, auf eine hochgradig kommerzielle vereinheitlichte Warenwelt zurückgreifen zu müssen, die sich als verfallsgefährdet, als *fashion* gibt.

Sozialisation kann somit nur unter der gleichzeitigen Anerkennung einer Desozialisation, einer Preisgabe von moralischen Bindungen als Element der sozialen Alltagskultur stattfinden; damit aber muß Pädagogik eintreten, nicht bloß als Organisation von Rahmenbedingungen, welche eine solche paradoxe Sozialisation ermöglichen, sondern zugleich auch als dauernder Versuch, die Edukabilität der Subjekte sicherzustellen: Weil gegenwärtig auf Kontinuität beruhende, in Tradition gründende Gewißheiten unwahrscheinlich und sozial dysfunktional werden, wird das Problem empirisch faßbar, wie die jeweils nachwachsende Generation überhaupt in diese soziale und kulturelle Welt hineinfinden kann. Konnte sich Erziehung bislang erfolgreich darauf ausreden, sie sei von gesellschaftlich verfügbaren Normen geleitet und finde ihre Aufgabe in der Tradition von Gütern, so muß sie nun feststellen, daß gerade diese Voraussetzungen verschwunden sind; materielle und ideelle Bestände der Vergangenheit werden in einer Wegwerfgesellschaft buchstäblich alltäglich als Müll entwertet, so daß das Vergessen von sozialen und kulturellen Ansprüchen zur Tugend wird. Weder das Verständnis der Leistung von Pädagogik noch ihre Begründung können sich mithin auf die kulturelle Tradition berufen. Sie müssen vielmehr ihre eigene Identität unter der Maßgabe einer sozialen und kulturellen Offenheit finden, ohne jedoch auf substantiell geschützte Normativität rechnen zu dürfen.

- Dann: Moderne Gesellschaften unterliegen einer zunehmenden Ausdifferenzierung ihrer Funktionsbereiche und Leistungen. Soziale Arbeitsteilung führt aber dazu, daß die Selbstverständlichkeit eines Aufwachsens in sozialen Zusammenhängen schwindet und durch geplante soziale Organisation kompensiert werden muß. Dabei unterliegen funktional bestimmte und sozial institutionalisierte Leistungen einer inneren Perfektionstendenz; sie müssen nicht nur in ihren Abläufen technisch optimiert und somit von Störfaktoren befreit werden, ihnen fehlt jene „Fehlerfreundlichkeit", die jedes Lernen und Üben voraussetzen. Das macht die logische Differenz von Arbeit und Erziehung zu einem empirischen Sachverhalt, weil Ausbildung für die Wahrnehmung der einzelnen Leistungsrollen stets *vor* deren Ausfüllung stehen muß, ohne dem Widerspruch zwischen zunehmender Spezialisierung und der Herstellung von Grund- und Schlüsselqualifikationen zu entkommen. Unvermeidlich mehren sich deshalb pädagogische Situationen und Prozesse weit über das hinaus, was bislang in staatlicher Verantwortung geleistet wird – Pädagogik wird zu einem gesellschaftlichen Ereignis.
- In jüngerer Zeit greifen diese bislang vor allem gesellschaftsstrukturell entscheidenden Entwicklungen noch weiter aus. Sie erfassen das Gesamt der kulturellen Zusammenhänge, das sich in pluralisierte, nebeneinander bestehende und gleichgültige „Erlebnissphären" auflöst (vgl. Schulze 1992), die ihre soziale Verbindlichkeit verlieren. In modernen Gesellschaften erodieren deshalb die alltagskommunikativ und informell gestützten (vgl. Beck 1986) sozialmoralischen Milieus und Institutionen, die bislang die Erziehungsleistung erbracht haben. Sie weichen sozialen und kulturellen Zusammenhängen, für die sich die Individuen frei entscheiden. Auch das läßt Pädagogik in einer radikalen Weise nötig werden: Konnte man sich bislang noch auf soziale Funktionen verlassen, darauf auch, daß die Individuen schon immer gebunden sind und aus diesen Bindungen heraus agieren, so sind sie nun gleichsam apriorisch freigesetzt (vgl. Winkler 1993). Zugespitzt: Jenseits von, zuweilen ebenfalls schon ungewissen, familiären Erfahrungshintergründen kennen sie biographisch keine Verpflichtungen, denen sie unhinterfragt ausgesetzt wären, die als verläßlich erlebt werden und zugleich selbst den Anspruch der Verbindlichkeit auferlegen; Beziehungen gründen tendenziell auf einer freien Entscheidung und lassen sich subjektiv widerrufen. Damit entsteht empirisch eine Situation, die in der theoretischen Pädagogik seit FICHTE zwar systematisch vorausgesetzt wird, bislang jedoch als hochgradig spekulativ gegolten hat: Die Problemstruktur der Erziehung wird freigelegt, weil die Autonomie der individuellen Subjekte nun soziale Realität geworden ist, während zugleich das Soziale und Kulturelle selbst zum Gegenstand reflektierten pädagogischen Handelns wird (vgl. Baumann 1995, Beck u. a. 1996, Giddens 1996): Weil ihre Selbstverständlichkeit fehlt, muß die pädagogische Situation durch die Bereitstellung dieser gegenständ-

lich-inhaltlichen Faktoren organisiert werden. Insofern tritt auch in dieser Hinsicht die grundlegende Eigenstruktur von Erziehung hervor.

- Moderne Gesellschaften unterliegen offensichtlich auch einer Tendenz zum Abstraktwerden. Sie sind „Gesellschaften des Verschwindens" (Breuer 1992). Diese Tendenz setzt schon am Ende des Mittelalters ein, indem sich die raum-zeitlichen Erfahrungswelten in universelle Bestimmungen auflösen und die für sie stehenden Zeichen zu wuchern beginnen (vgl. Burckhardt 1994). Im Zusammenhang des neuzeitlichen Zivilisationsprozesses verlieren die sozialen und moralischen Institutionen jedoch ihre Evidenz und werden als innere Kontrollmechanismen durch die individuellen Subjekte und in diesen selbst aufgebaut (vgl. Elias 1977). Die damit verbundene zunehmende Intimisierung der Beziehungen (Sennett 1986) läßt aber Gesellschaft zumindest als einen räumlich situierten, sinnlich und pragmatisch zu erfahrenden Raum verlorengehen. Sie läßt sich nicht mehr *be-greifen*, sondern muß als ein inneres Motiv der Sozialität durch die Individuen selbst hervorgebracht und immer wieder in Geltung gesetzt werden; moderne Gesellschaften sind deshalb darauf angewiesen, daß sie didaktisch präsentiert werden – was freilich wiederum die Bedeutung der Medien als Instanz der Präsentation stärkt.

- Das verweist schließlich auf den ebenfalls säkularen Prozeß der Individualisierung (vgl. Elias 1991). Ebenfalls schon am Ende des Mittelalters in Gang gesetzt, tritt er heute in eine dramatische Phase. Individuelle Biographien konstituieren sich dabei in einer Spannung zwischen kontingenten Begegnungspunkten von gesellschaftlichen Zuweisungen (Müller 1992, 1995) und einer freien Auswahl aus einer Vielzahl gesellschaftlicher Angebote (Schulze 1992). Sowohl hinsichtlich der – um es paradox zu formulieren – zufällig-verbindlichen Zumutungen wie auch im Blick auf die gewollt-unverbindlichen Angebote stehen die Individuen unter einem strukturellen wie auch einem prozessualen Entscheidungszwang. Sie müssen ihre biographischen Entwicklungen ohne Rückgriffsmöglichkeit auf Konventionen unter der Bedingung eines hohen Risikos des Scheiterns selbst gestalten, wobei sie gleichzeitig gezwungen sind, eben diese Risikobedingungen selbst zu minimieren. Wie stark auch immer Klassenstrukturen mit ihren durch den Gegensatz von Kapital und Arbeit bestimmten Zuweisungen erneut an Macht und Bedeutung gewinnen, sie sind doch längst durch Lebensstile und individuelle biographische Entscheidungen gebrochen.

Diese Entwicklungen moderner Gesellschaften erzwingen zunächst die Etablierung eines Systems pädagogischer Infrastrukturen. Unterhalb und vor den Wandlungs- und Differenzierungsprozessen, zugleich auch diese flankierend entsteht ein Erziehungs- und Bildungssystem, das alle Individuen einschließt. Pädagogische Krisendiagnosen drücken daher häufig genug nur dieses Bedürfnis aus, systemisch und institutionell eine Gestalt des pädagogischen Eigensinns angesichts einer historischen und sozialen Situation zu schaffen, in der dieser unabweisbar wird. Moderne Gesellschaften konstituieren einen gegenüber den sich ständig modifizierenden, sozialen und kulturellen Zusammenhängen distinkten Bereich, in dem jenseits kultureller und sozialer Verbindlichkeiten auf die individuellen und kollektiven Entwicklungsprozesse in einer Weise reagiert werden muß, die den einzelnen Identität im historischen Veränderungsprozeß verschafft – und zwar so, daß sie gleichwohl flexibel mit den Wandlungen umgehen können. Sie benötigen eine stabile, sie in ihrer Individualität charakterisierende Disposition zur Dispositionsentwicklung und -veränderung; diese kann nicht gesellschaftlichen Determinationen gehorchen, sondern muß in einer selbstreflexiven Aneignung der pädagogischen Anforderung entstehen. Eben das macht aber – um die traditionelle Formel aufzunehmen – die Autonomie einer Pädagogik nötig, die sich ihrer eigenen sachlichen Bestimmungen vergewissert, freilich strukturell voraussetzungslos geworden ist, ihre lebensweltliche Erdung verloren hat.

Solche pädagogischen Infrastrukturen werden zunächst in Gestalt von Institutionen geschaffen. Aber sie wuchern immer weiter in das gesellschaftliche System hinein. Das zunächst entstandene Schulsystem entwickelt sich daher zu einem umfassenden pädagogischen System, das sich nicht mehr auf Kindheit und Jugend beschränkt, sondern mit einer Vielzahl von Teilpädagogiken den ganzen Lebenszyklus erfaßt. Mit formalisierter Erziehung und Unterrichtung muß in allen Bereichen des Lebens gerechnet werden: Sie reicht von der Atemschule zur Ernährungs- und Gesundheitserziehung, von dem für die Karriere schulenden Erfolgsberater (FAZ 1993) bis hin zur Verkehrserziehung der Automobilclubs und der Zahnpflegeschule der Zahnärztevereinigung; für jeden Bereich der beruflichen Tätigkeit, aber auch für jede Freizeitaktivität kann man auf Instruktionen hoffen. Bald begnügen sie sich nicht mehr mit Vermittlung von Wissen, sondern versprechen Persönlichkeitsveränderung in angenehmer Atmosphäre. Überall treten Lern- und Bildungsangebote hervor, die eine pragmatische Substruktur aufweisen: Ihnen geht es um ein Management der Person, um die Erzeugung einer normativen Verpflichtung, in der die *Schulung* gesellschaftlich verbindlich wird.

Aber dies ist kein Zufall. Denn die Individuen sind zunehmend auf sich verwiesen, entlassen aus traditionsgestützten, formellen und informellen sozialen Zusammenhängen, dazu gezwungen, in der Spannung zwischen gesteigerten Wahlmöglichkeiten und Risiken ihre eigenen Entwicklungsprozesse zu bestimmen, zu steuern und zu organisieren, dabei die biographisch unabweislichen Bindungen selbst zu konstituieren (vgl. Beck 1986); das bedeutet nicht, daß diese selbst schwächer werden, aber sie hängen in höherem Maße von Entscheidungen ab, die wiederum auf Reflexion verweisen – nämlich am Ende auf die durch das Individuum zu leistende Reflexion der Ideen von Bindungen und ihrer Realisierung (vgl. Hondrich 1997). Individualisierung verlangt nicht nur von den einzelnen mehr und in höherem Maße selbständige Orientierungsleistungen; vielmehr treten sie in die Situationen als Individuen ein, die ihre biographischen Entwicklungen selbst zu gestalten und zu verantworten haben. Sie können die unterschiedlichsten Muster der Lebensgestaltung hier auf sich beziehen und zum Anlaß eines eigenen Bildungsprozesses machen, der noch in die körperliche Verfaßtheit hineinreicht (Bette 1989): Pädagogische Selbstreflexion, reflexive Pädagogik dient so als ein „dynamisierendes Moment einer Steigerungsbiographie" (Kade/Seitter 1996: 41 ff.). Auch hier zeigt sich zunächst eine Unvermeidlichkeit von pädagogischen Situationen und Prozessen, vor allem aber deren Verstetigung: Weil biographische Entscheidungen regelmäßig neu und individuell getroffen werden müssen, gewinnen Aneignungs- und Vermittlungssituationen eine neue Qualität. Sie lassen sich nicht umgehen, sondern werden selbstverständlicher Teil von zugleich selbstgesteuerten Lebensprozessen, die auf ein pädagogisches Setting angewiesen sind.

Neuzeitliche Gesellschaften schaffen also eine empirische Allgemeinheit von Pädagogik. Aber diese institutionelle Allgemeinheit bleibt prekär. Denn *zum einen* unterliegt die pädagogische Infrastruktur selbst von vornherein einer Labilisierungstendenz, weil sie prinzipiell im Widerspruch zu den gesellschaftlichen Grundmechanismen der Wandlungs- und Ausdifferenzierungsdynamik steht. Es ist durchaus ein Paradox moderner Gesellschaften, daß sie um ihrer eigenen Existenz willen auf Elemente angewiesen sind, die geradezu ständischbasale Züge zeigen; in Gestalt des Bildungssystems schaffen sie ein zwar für sie unabdingbares, gleichwohl strukturell unmögliches, weil weder den Wandlungsnoch den Differenzierungsprozessen unterworfenes System. Dies ist auf Dauer in institutioneller Gestalt zumindest dann nicht aufrechtzuerhalten, wenn Prinzipien der Liberalisierung und Deregulation den Staat als Träger eines solchen abstrakten Gesamtinteresses in den Hintergrund drängen; wer mehr Markt in der Bildung fordert, tut dies aus dieser Perspektive. *Zum zweiten* schließt eine institutionalisierte pädagogische Infrastruktur die Individuen total ein; auch dafür hat es historische Vorbilder gegeben. Zugespitzt aber bedeutet dies, daß die Individuen entweder die pädagogischen Institutionen niemals mehr verlassen oder aber wenigstens durch diese vollständig sozialisiert werden; beidemal besteht das Dilemma darin, daß sie auf eine Verfaßtheit festgelegt werden, eben nicht mehr die hinreichende Veränderungsdynamik entwickeln, die eine hochgradig individualisierte Wandlungsgesellschaft ihren Mitgliedern abverlangt. *Schließlich* dehnt sich das System so weit aus, daß seine Merkmale universalisiert werden, in die Alltagswelten eindringen und dort zunehmend ubiquitär erscheinen; es implodiert geradezu in das gesellschaftliche System hinein, wobei alle institutionellen Beschränkungen fallen. Der eine Durchsetzungsmechanismus dafür liegt zunächst in der Tatsache einer erfolgreichen Sozialisation im pädagogischen System; es macht alle zu Pädagogen, die mit erhobenem Zeigefinger die Welt didaktisch und moralisch interpretieren. Ein zweiter Durchsetzungsmechanismus findet sich hingegen in dem innerhalb des pädagogischen Zusammenhangs noch selbst hervorgerufenen Element einer Kritik von Institutionen. Dieses ersetzt zunächst den traditionellen pädagogischen Impetus eines Überflüssigmachens der Erziehung: Weil sie der Vorbereitung für die Ausführung von Leistungsrollen und die Übernahme von Komplementärrollen dient, beschreibt Pädagogik ihr Geschäft der Erziehung als den Versuch, sich selbst aufheben zu machen; prinzipiell autonome Subjekte bedürfen nach erfolgreicher Erziehung dieser nicht mehr, weil sie real autonom geworden sind. Die Kritik der Institutionen behauptet dabei, daß pädagogische Einrichtungen diesen Anspruch überhaupt nicht verwirklichen können, weil sie Institutionen sind; Pädagogik müsse daher Institutionen zur Lebenswelt hin auflösen. Tatsächlich brechen sie damit aber die Grenzen zur Welt auf, so daß die pädagogische Semantik in diese hineinfließt und dort *verstreut* wird (Lüders 1994).

Darin aber liegt zugleich schon der Mechanismus, mit dem die modernen Gesellschaften sich aus den Dilemmata eines Infrastruktur gewordenen pädagogischen Systems befreien. Sie befreien dieses von institutioneller Festlegung, stellen Pädagogik inhaltlich als Metapher, funktional als einen Code zur prozeduralen Bewältigung von gesellschaftlich erzeugter Kontingenz zur Verfügung, der von den Individuen in ihrer Teilnahme an der Medienkommunikation so angeeignet wird, daß sie lernen, sich selbst pädagogisch zu reflektieren und zu erziehen. Pädagogik gewinnt so die nur noch an Kommunikation faßbare Gestalt *institutionalisierter Reflexivität* (vgl. Giddens 1993, S. 39 f., 1996): Mit ihr werden gesellschaftlich erzeugte, diffuse, sektoral noch nicht oder angesichts wachsender Pluralisierungstendenzen nicht mehr zuzuordnende, mit Ordnungs- und Normalitätsmustern weder kategorial noch pragmatisch zu fassende Problemstellungen und Alltagserfahrungen als pädagogische Themen interpretiert. Das mildert zwar ihr Bedrohungspotential kaum, beläßt sie aber doch im Horizont einer Lösungsmöglichkeit; man muß nur die rechte Pädagogik finden. Die pädagogische Kommunikation läßt sich nicht mehr begrenzen, sondern bleibt in einer Indifferenz, die vielfältige diskursive Anschlußmöglichkeiten eröffnet. Es entsteht gleichsam ein pädagogischer Flow-Effekt, der ein hinreichendes Spannungsniveau für alle Beteiligten garantiert, zugleich produktiven Streß verspricht.

Neben diesem Inhaltsaspekt konstituiert aber die mediale Verarbeitung eine Beziehungs- oder auch Funktionsdimension: Pädagogik wird nämlich zu einem Code, dessen sich die individuellen Subjekte bedienen; über ihn konstituiert sich ihre gesellschaftliche Integration: Der Begriff der „Pädagogik" verweist auf einen Modus moderner Verfaßtheit, also auf das – wie es genauer heißen müßte – *Pädagogische* als ein dispositionelles und operatives Zentralmoment im individuellen Bewußtsein. Dieses braucht und kann nicht mehr ausgesprochen (zu) werden, weil es als eine vorbewußte Bedingung der Modernität von allen geteilt wird und jene Semantik bestimmt, mit der sie sich ihrer selbst gewahr und gewiß werden. Anders formuliert: Moderne Gesellschaften und ihre Individuen organisieren sich in dem sozialen Code des Pädagogischen; in ihre Struktur und in ihre Kommunikation sind Erziehung und Unterricht als elementare Parameter eingebaut. Und das bedeutet: Alle sind – auf die eine oder andere Weise – Pädagogen, Erzieher und Lehrer, welche nicht nur die Welt als didaktisches Umfeld sehen und gestalten, sondern von dieser noch erwarten, daß sie pädagogisch mit ihnen verfährt. Pädagogik wird abstrakt universalisiert, sinkt tief in die Mentalitäten ab, um als ein generelles Merkmal aller Individuen im Habitus des Modernen verankert zu werden (vgl. Winkler 1992).

Die Durchsetzung der Mediengesellschaft im Kontext einer modernisierten Moderne wird zum Träger dieser Veränderungen: Medien, die modernen, elektronischen Massenmedien allzumal stellen nämlich *institutionalisierte* Pädagogik in Frage; genauer: sie provozieren eine Reflexion über solche institutionalisierte Pädagogik, indem sie diese theoretisch wie praktisch zur Disposition stellen. Denn nicht nur entziehen sie – auch durch das journalistische Mittel einer generalisierten Skandalisierung – den pädagogischen Institutionen die Legitimation. Vielmehr leisten sie einerseits die Vermittlungsprozesse selbst schon, während andererseits zugleich die traditionsorientierten Muster der Erziehung und des Unterrichts eher dysfunktional werden. Damit tritt eine Formalisierung des Bildungsgeschehens bis zu dem Punkt einer *Erziehung sans phrase* ein, die nur noch im Medium der Kommunikation geleistet wird. Sie erlaubt damit zugleich, die Fundamentalerfahrung zu thematisieren, die in der empirischen Allgemeinheit des pädagogischen Systems möglich ist, nämlich die Erfahrung des Erzogenwerdens. Die Aneignung dieser Erfahrung realisiert sich dann erneut als der abstrakte Code des Pädagogischen, der so in die Verfaßtheit der Menschen eingebaut wird. Der nun erworbene pädagogische Code bewirkt endlich eine Verschiebung in der motivationalen Dimension von Erziehung: Das Erziehungssystem muß seine Klientel nicht mehr ansprechen, vielmehr erwartet es selbst, daß der pädagogische Code die bisherigen „Konsumenten" von Erziehung dazu bringt, nicht nur nachfragend aktiv zu werden, sondern auch noch das Erziehungssetting selbst zu gestalten – in Erwachsenenbildung und Sozialpädagogik wird dies längst als Dienstleistungsorientierung thematisiert.

Dieses zivilisatorisch tief absinkende Pädagogische in den Subjekten dient als eine unhintergehbare Bedingung der sozialen und kulturellen Wandlungsprozesse moderner Gesellschaften. Daß diese überhaupt ausgehalten und sogar mitgetragen werden können, ruht auf dem verinnerlichten, als Code für die subjektive Eigenkommunikation maßgebenden Muster auf, das eigene Leben beständig als ein Veränderungsprojekt unter sich wandelnden Bedingungen zu gestalten. In dieser Form gesteuerter Reflexivität dringt das Pädagogische in die Tiefen subjektiver Verfaßtheit ein, bedingt und bestimmt die Handlungen der Individuen. Er wird zu einem konstitutiven Element ihres Selbst, das dem beständigen Appell an Selbsttranszendenz gehorcht, der in einer Konsumgesellschaft von einem Gegenstand zum anderen treibt.

Was also lehren endlich die *Angaben des Papstes?* In eine – zugegeben provokante – Kurzformel gebracht: Pädagogik ist im allgemeinen out, weil sie in ist – und eben deshalb wieder allgemein. Allgemeine Pädagogik als eigene Text- und Denkform läßt sich insofern nur noch als Paradox ihrer selbst denken, nämlich im Befund der Auflösung aller Allgemeinheit; sie steht heute nicht mehr für Sicherheit und Verbindlichkeit. Ganz im Gegenteil: Wenn es sich bei dem Begriff der Allgemeinen Pädagogik überhaupt um einen solchen handelt, so kann er doch nur noch als Metapher für das Ende der pädagogischen Gewißheiten gelesen werden. Paradoxerweise ist allgemeine Pädagogik damit schlicht gemein geworden (Liessmann 1992), nämlich unkontrollierbar, fast sogar unthematisierbar, weil nur noch als reflexiv genutzter Verarbeitungsmodus wirksam. Aber dies bildet nicht nur ein Thema für Allgemeine Pädagogik als akademische Disziplin, sondern einen aufregenden Gegenstand, an dem sie sich forschend, als Erziehungswissenschaft abarbeiten könnte: Sie hat mit dem *Pädagogischen* zu tun, als empirische Form einer Allgemeinheit von Pädagogik, die sinnlich freilich nicht mehr zu fassen ist, sondern sich verbirgt auch darin, daß eine Tageszeitung, ein Medium, die Angaben des Papstes über Jesu Erziehung durch Maria wiedergibt – am Ende, um uns über Erziehung zu belehren.

Literatur

Bauman, Z.: Ansichten der Postmoderne, Hamburg 1995 (a).

Bauman, Z.: Moderne und Ambivalenz. Das Ende der Eindeutigkeit. Frankfurt am Main 1995 (b).

Beck, U. (Hrsg.): Kinder der Freiheit. Frankfurt am Main 1997.

Beck, U., Giddens, A., Lash, S.: Reflexive Modernisierung. Eine Kontroverse. Frankfurt am Main 1996.

Beck, U.: Risikogesellschaft. Auf dem Weg in eine andere Moderne. Frankfurt am Main 1986.

Benner, D.: Allgemeine Pädagogik. Eine systematisch-problemgeschichtliche Einführung in die Grundstruktur pädagogischen Denkens und Handelns, Weinheim und München 1987.

Bette, Karl-H.: Körperspuren. Zur Semantik und Paradoxie moderner Körperlichkeit. Berlin, New York 1989.

Bollenbeck, G.: Bildung und Kultur. Glanz und Elend eines deutschen Deutungsmusters. Frankfurt am Main 1994.

Breuer, S.: Die Gesellschaft des Verschwindens. Von der Selbstzerstörung der technischen Zivilisation. Hamburg 1992.

Bruckner, P.: Ich leide, also bin ich. Die Krankheit der Moderne. Eine Streitschrift. Weinheim und Berlin 1996.

Brumlik, M.: Gerechtigkeit zwischen den Generationen. Berlin 1995.

Burckhardt, M.: Metamorphosen von Raum und Zeit. Eine Geschichte der Wahrnehmung. Frankfurt, New York 1994.

Elias, N.: „Figuration". In: Schäfer, B. (Hrsg.): Grundbegriffe der Soziologie. Leverkusen 1986, S. 88–91.

Elias, N.: Die Gesellschaft der Individuen. Frankfurt am Main 1991.

Elias, N.: Über den Prozeß der Zivilisation. Soziogenetische und psychogenetische Untersuchungen. Frankfurt am Main ^{3}1977.

Etymologisches Wörterbuch des Deutschen. Band 2. Berlin 1989.

Flitner, W.: Systematische Pädagogik, Allgemeine Pädagogik. In: Flitner, W.: Gesammelte Schriften. Hrsg. v. K. Erlinghagen, A. Flitner, U. Herrmann. Bd. 2. Pädagogik. Paderborn, München, Wien, Zürich 1983.

Giddens, A.: Konsequenzen der Moderne. Frankfurt am Main 1996.

Giddens, A.: Wandel der Intimität. Sexualität, Liebe und Erotik in modernen Gesellschaften. Frankfurt am Main 1993.

Giel, K. (Hrsg.): Allgemeine Pädagogik, Freiburg im Breisgau u. a. 1976.

Giesecke, H.: Das Ende der Erziehung. Neue Chancen für Familie und Schule, Stuttgart 1985.

Giesecke, H.: Ist die bürgerliche Erziehung am Ende? München 1977.

Görg, C. (Hrsg.): Gesellschaft im Übergang. Perspektiven kritischer Soziologie. Darmstadt 1994.

Gruschka, A.: Einleitung zu: Gruschka, A. (Hrsg.): Wozu Pädagogik? Die Zukunft bürgerlicher Mündigkeit und öffentlicher Erziehung. Darmstadt 1996.

Hacke, A.: Der kleine Erziehungsratgeber. München ^{6}1993.

Heid, H.: [Rezension zu] Dietrich Benner: Allgemeine Pädagogik, in: Zeitschrift für Pädagogik, 37. Jg., 1991, S. 683–689.

Herrmann, U.: „Es gibt einen pädagogischen Grundgedankengang." Das Systematische und die Systematik in Wilhelm Flitners Entwurf und Begründung der Erziehungswissenschaft, in: Peukert, H./ Scheuerl, H. (Hrsg.): Wilhelm Flitner und die Frage nach einer allgemeinen Erziehungswissenschaft im 20. Jahrhundert, Zeitschrift für Pädagogik, 26. Beiheft. Weinheim und Basel 1991, S. 31–46.

Hondrich, K. O.: Wie werden wir die sozialen Zwänge los? Zur Dialektik von Individualisierung. In: Merkur. Deutsche Zeitschrift für europäisches Denken. 51(1997), S. 283–292.

Kade, J., Lüders, C., Hornstein, W.: Die Gegenwart des Pädagogischen – Fallstudien zur Allgemeinheit der Bildungsgesellschaft. In: Pädagogisches Wissen. Zeitschrift für Pädagogik. 27. Beiheft. Weinheim und Basel 1991, S. 39–65.

Kade, J., Lüders, C.: Lokale Vermittlung. Pädagogische Professionalität unter den Bedingungen massenmedialer Vermittlung. In: A. Combe, W. Helsper (Hrsg.): Pädagogische Professionalität. Frankfurt am Main 1997.

Kade, J., Seitter, W.: Lebenslanges Lernen. Mögliche Bildungswelten. Opladen 1996.

Kade, J.: „Tatort" und „Polizeiruf 110". Zur biographischen Kommunikation des Fernsehens in beiden deutschen Staaten. In: BIOS. Zeitschrift für Biographieforschung und Oral History, 8 (1996), H. 1, S. 114–126.

Küpper, N.: Lesen heißt arbeiten. Das Leserverhalten wissenschaftlich betrachtet. In: Forschung & Lehre. Mitteilungen des Deutschen Hochschulverbandes, 3 (1996), Heft 10, S. 524–527.

Lassahn, R.: Grundriß einer Allgemeinen Pädagogik. Heidelberg 1977.

Lempp, R.: Die autistische Gesellschaft. Geht die Verantwortlichkeit für andere verloren? München 1996.

Lenzen, D.: Handlung und Reflexion. Vom pädagogischen Theoriedefizit zur Reflexiven Erziehungswissenschaft. Weinheim 1996.

Liessmann, K. P.: „Denn jeder sucht ein All zu sein, und jeder ist im Grunde nichts." Die schöne Seele oder: Vom Allgemeinen zum Gemeinen. Variationen über ein Thema. In: Vierteljahrsschrift für wissenschaftliche Pädagogik, 68 (1992), S. 404–418.

Lüders, C.: Verstreute Pädagogik – Ein Versuch. In: Horn, K.-P., Wigger, L. (Hrsg.): Systematiken und Klassifikationen in der Erziehungswissenschaft. Weinheim 1994, S. 103–127.

Marquard, O.: Zur Diätetik der Sinnerwartung. Philosophische Bemerkungen. In: O. Marquard: Apologie des Zufälligen. Philosophische Studien. Stuttgart 1986, S. 33–53.

Mittelstraß, J.: Die unheimlichen Geisteswissenschaften. In: Information Philosophie, 24 (1996), Heft 2, S. 5–19.

Mollenhauer, K.: Über Mutmaßungen zum „Niedergang" der Allgemeinen Pädagogik – eine Glosse. In: Zeitschrift für Pädagogik, 42 (1996), S. 277–285.

Müller, B.: Sozialpädagogisches Können. Ein Lehrbuch zur multiperspektivischen Fallarbeit. Freiburg im Breisgau 1993.

Müller, H.-P.: Differenz und Distinktion. Über Kultur und Lebensstile. In: Merkur. Deutsche Zeitschrift für europäisches Denken. 49 (1995), S. 927–934.

Müller, H.-P.: Sozialstruktur und Lebensstile. Frankfurt am Main 1992.

Müller, S.: Plädoyer für die Entkoppelung von Jugendhilfe und Politik. In: Neue Praxis, 26 (1996), S. 535–539.

Oelkers, J., Tenorth, H. E. (Hrsg.): Pädagogisches Wissen. Zeitschrift für Pädagogik. 27. Beiheft. Weinheim und Basel 1991.

Oelkers, J.: Das Bild des Kindes als ästhetisches Objekt. Überlegungen zum Verhältnis von moderner Kunst und Reformpädagogik. In: J. Oelkers: Erziehung als Paradoxie der Moderne. Aufsätze zur Kulturpädagogik. Weinheim 1991, S.161-178 (b).

Oelkers, J.: Pädagogik der Gegenwart. Vorlesung Sommer-Semester 1991, MS Bern 1991(a).

Oelkers, J.: Pädagogische Ratgeber. Erziehungswissen in populären Medien. Frankfurt am Main 1995.

Petersen, P.: Allgemeine Erziehungswissenschaft. Berlin und Leipzig 1924.

Postman, P.: Keine Götter mehr. Das Ende der Erziehung. Berlin 1995.

Puch, J.: Inszenierte Gemeinschaften. Gesellschaftlicher Wandel und lebensweltliche Handlungsstrategien in der sozialen Arbeit. Frankfurt am Main 1988.

Roessler, W.: „Pädagogik", in: Brunner, O., Conze, W., Koselleck, R. (Hrsg.), Geschichtliche Grundbegriffe. Historisches Lexikon zur politisch-sozialen Sprache in Deutschland. Bd. IV, Stuttgart 1978, S. 623–647.

Roessler, W.: Die Entstehung des modernen Erziehungswesens in Deutschland, Stuttgart 1961.

Rorty, R.: Solidarität oder Objektivität? Drei philosophische Essays. Stuttgart 1988.

Schulze, G.: Die Erlebnisgesellschaft. Kultursoziologie der Gegenwart. Frankfurt am Main und New York 1992.

85

Sennett, R.: Verfall und Ende des öffentlichen Lebens. Die Tyrannei der Intimität. Frankfurt am Main 1986.

Struck, P.: Die Kunst der Erziehung. Ein Plädoyer für ein zeitgemäßes Zusammenleben mit Kindern und Jugendlichen. Darmstadt 1996.

Tenorth, H. E.: Berufsethik, Kategorialanalyse, Methodenreflexion, in: Zeitschrift für Pädagogik, 30. Jg., 1984, S. 49–68.

Tenorth, H. E.: Skepsis und Kritik. Über die Leistungen kritischer Philosophie im System des Erziehungswissens. In: Löwisch, D. J. u. a. (Hrsg.): Pädagogische Skepsis. Wolfgang Fischer zum 61. Geburtstag. Sankt Augustin 1988, S. 23–34.

Thomä, D.: Eltern. Kleine Philosophie einer riskanten Lebensform, München 1992.

Treml, A. K.: Einführung in die Allgemeine Pädagogik, Stuttgart u. a. 1987.

Weisser, J.: Das heilige Kind. Über einige Beziehungen zwischen Religionskritik, materialistischer Wissenschaft und Reformpädagogik im 19. und zu Beginn des 20. Jahrhunderts. Würzburg 1995.

Winkler, M.: Das Allgemeine und das Besondere. Über sozialwissenschaftliche Zeitdiagnose und pädagogische Theorie aus Anlaß von Gerhard Schulzes „Erlebnisgesellschaft". In: Sozialwissenschaftliche Literatur Rundschau 17 (1993), Heft 27.

Winkler, M.: Stinken Heimkinder? Anmerkungen zu Peter Strucks „Die Kunst der Erziehung". In: Der pädagogische Blick. Zeitschrift für Wissenschaft und Praxis in pädagogischen Berufen, 5 (1997), Heft 1, S. 20–32.

Winkler, M.: Universalisierung und Delegitimation: Notizen zum pädagogischen Diskurs der Gegenwart. In: Hoffmann, D., Langewand, A., Niemeyer, C. (Hrsg.): Begründungsformen der Pädagogik in der „Moderne". Weinheim 1992, S. 135–153.

Winkler, M.: Wo bleibt das Allgemeine? Historisch-systematische Betrachtungen zum Aufstieg der allgemeinen Pädagogik und dem Fall der Allgemeinen Pädagogik. In: H.-H. Krüger, T. Rauschenbach (Hrsg.): Erziehungswissenschaft. Die Disziplin am Beginn einer neuen Epoche. Weinheim und München 1994, S. 93–114.

Heinz-Elmar Tenorth

Theorie, nicht Moral ist das Defizit – Eine Randbemerkung zu den Debatten über das Allgemeine von Pädagogik und Erziehungswissenschaft

> Die Philosophen,
> welche nicht gegeneinander sind,
> verbindet gewöhnlich nur Sympathie,
> nicht Symphilosophie.[1]

1. Thema und Absicht

Die neu entfachte und offenbar sowohl intensiver als auch stetiger werdende Debatte[2] über das „Allgemeine" von Pädagogik und Erziehungswissenschaft verdient alle Aufmerksamkeit, schon weil sie immer noch wie das Fanal einer Verlegenheit wirkt. Niemand scheint zu wissen, was wirklich der Streitgegenstand ist, nicht selten diskutiert man noch im Verweis auf Mißverständnisse, reklamiert gar – kontrovers – Argumente aus dem wissenschaftlichen Handwerkskasten. Aber auf dem Niveau eines Vorwurfs oder der Apologie, daß die Beteiligten zu wenig, das Falsche oder das Wenige falsch gelesen oder verstanden hatten, wird man dem Thema ja schwerlich gerecht.

Was ist das Problem? Anscheinend wird die Zunft der Pädagogen und Erziehungswissenschaftler noch immer systematisch von dem Anspruch umgetrieben, von der Dietrich BENNERS „Allgemeine Pädagogik" ausgeht: „Eine Allgemeine Pädagogik"[3], so BENNER, kann heute nicht mehr „einen Überblick" bie-

---

1 Friedrich Schlegel, Fragmente (112).
2 Aktuelle Auslöser waren wohl die Beiträge von H.-H. Krüger: Allgemeine Pädagogik auf dem Rückzug? Notizen zur disziplinären Neuvermessung der Erziehungswissenschaft. In: H.-H. Krüger/Th. Rauschenbach: Erziehungswissenschaft. Weinheim/ München 1994, S.115 sowie von M. Winkler: Wo bleibt das Allgemeine? Vom Aufstieg der allgemeinen Pädagogik zum Fall der Allgemeinen Pädagogik. Ebd., S. 93; forciert wurde die Debatte durch eine Glosse von K. Mollenhauer: Über Mutmaßungen zum „Niedergang" der Allgemeinen Pädagogik – eine Glosse. In: Zeitschrift für Pädagogik 42 (1996), S. 277–288. Darauf hat M. Winkler: Die Glosse als systematische Darstellungsform – eine Replik. In: Ebd., S. 905–914 repliziert, begleitet von einer ersten Übersicht zur Debatte von L. Wigger: Die aktuelle Kontroverse um die Allgemeine Pädagogik. Eine Auseinandersetzung mit ihren Kritikern. In: Ebd., S. 915–934.
3 Das scheint im übrigen auch der einzige Referenztext zu sein, auf den sich die Kontrahenten im Konsens als Muster systematisch beziehen können – aber warum wird seine Lösung des Problems dann nicht einfach akzeptiert oder intensiv diskutiert?

ten, „sie muß jedoch, wenn sie ihren Namen verdienen soll, einen pädagogischen Grundgedankengang vorstellen, der allgemein in einem doppelten Sinne ist. Er muß Geltung beanspruchen können für alle Handlungsfelder pädagogischer Praxis; und er muß Anerkennung finden können in allen Bereichen erziehungswissenschaftlicher Theorieentwicklung und Forschung"[4]. In diesem Satz zur Eröffnung seiner Arbeit beruft sich BENNER auf Wilhelm FLITNER, der ebenfalls die Suche nach einem pädagogischen „Grundgedanken" in das Zentrum der Arbeit an seiner eigenen „Allgemeinen Pädagogik" gestellt hatte; man darf aber nicht übersehen, daß BENNER schon in der Titelwahl seiner eigenen Allgemeinen Pädagogik, im Blick auf die „Grundstruktur", und in der Systematik seiner eigenen Grundlegung, nämlich als praxeologische Disziplin, sich von FLITNER denkbar weit entfernt hat. Wo FLITNER den pädagogischen Grundgedanken letztlich ethisch artikuliert sah[5], wird BENNER sowohl analytisch wie im Duktus der praktischen Philosophie argumentieren (und vielleicht macht ja das seinen Vorschlag so sperrig, daß er heute jenseits der Namens-Referenz so wenig systematisch diskutiert wird). Noch in den vermeintlichen Zonen des Konsenses betritt man also ein Gelände, das nicht nur komplex, sondern kontrovers strukturiert ist[6].

Meine Überlegungen gehen nicht von diesen manifesten Differenzen, sondern von der Beobachtung aus, daß die Diskussion nach meinem Eindruck in der Gefahr ist, den Ertrag der grundlagentheoretischen Anstrengungen, denen sich die Erziehungswissenschaft seit der realistischen Wende unterzogen hat, nicht intensiv genug aufzunehmen. Deshalb könnten aber Themen bearbeitet werden, die keine Probleme mehr sind, aber Probleme gemieden werden, für die wir bisher wirklich keine Lösungen haben oder erwarten können. Mit meinen Bemerkungen zur aktuellen Debatte möchte ich daher einige Unterscheidungen in Erinnerung rufen, auf Klärungsangebote, ja Lösungen verweisen, die aus der Grundlagendiskussion der Erziehungswissenschaft schon bereitliegen, sowie auf Risiken, die in der aktuellen Debatte z. T. mutwillig gesucht werden.

4 D. Benner: Allgemeine Pädagogik. Eine systematisch-problemgeschichtliche Einführung in die Grundstruktur pädagogischen Denkens und Handelns. Weinheim/ München 1987 (u. ö.), S. 9.
5 Benner zitiert W. Flitner: Allgemeine Pädagogik. Stuttgart 1950, S. 9; einschlägig wäre auch W. Flitner: Rückschau auf die Pädagogik in futuristischer Absicht. In: Zeitschrift für Pädagogik 22 (1976), S. 1–8 (auch: Ges. Schr. Bd. 3, S. 487–498).
6 Benners zweite Anmerkung gilt einer älteren kontroversen Diskussion der Allgemeinen Pädagogik (in der Zeitschrift für Pädagogik, Heft 1/1984) sowie früheren Debatten über Möglichkeit und Notwendigkeit einer systematischen Pädagogik (in der Vierteljahrsschrift für wissenschaftliche Pädagogik 1984).

2. Unterscheidungen

Die Erinnerung an einige Unterscheidungen, mit der ich meine Überlegungen eröffne, beansprucht selbst eine Funktion der Allgemeinen Erziehungswissenschaft, nämlich die, das Gedächtnis der Disziplin zu sein. Allgemeine Erziehungswissenschaft bewahrt (im übrigen modal und thematisch anders als die allgemeine Pädagogik), was wir wissen können, aber auch, worüber Streit war und sein muß. Weil das methodisch reflektiert geschieht, als strikt theoretisch verstandene Wissenschaftsgeschichte der Disziplin[7], deshalb ist in der Erinnerung an das Bekannte und an das Arsenal der Lösungen und Leistungen auch die Sicht auf das Vergessene, zu Recht Überwundene ebenso enthalten wie der Sinn für die Neuentdeckung des Alten. Es ist mithin die Praxis der Wissenschaft in ihrer Geschichte, die ich als Referenz für ihre systematischen Überlegungen, auch über das Allgemeine, einführen möchte.

Zu dem, was aus den grundlagentheoretischen Debatten der Erziehungswissenschaft dann erinnert werden soll, gehört die Unterscheidung von „Pädagogik" und „Erziehungswissenschaft". Wolfgang BREZINKA, der diese Unterscheidung in seiner eigenen Metatheorie eingeführt[8], sie aber keineswegs erfunden hat[9], konnte mit seinem Vorschlag bekanntlich nicht viel Anerkennung finden. Im historischen Umfeld fälschlich mit dem Makel des Positivisten behaftet, traditional von Autonomiesorgen aus eher abgewehrt als genutzt, zugleich politisch als konservativ recodiert, wurde BREZINKAS Vorschlag mehr verkannt als produktiv verwendet. Inzwischen wird die vermeintlich notwendige Rückkehr „von der Pädagogik zur Erziehungswissenschaft"[10] fast schon wie selbstverständlich als scheinbare Beglaubigung der Kritik an BREZINKA gehandelt.[11]

In systematischer Hinsicht sind das voreilige Siegesmeldungen, die wissenschaftstheoretisch nur alte Frontlinien fruchtlos neu beleben. Nach dem ersten

---

7 Benner beansprucht im Untertitel ebenfalls eine solche Methodik, wenn er für sich ein „systematisch-problemgeschichtliches" Vorgehen reklamiert; für die Einheit von Erinnern und Vergessen als spezifische Leistung der Wissenschaftsgeschichte vgl. auch N. Luhmann: Zeit und Handlung – Eine vergessene Theorie. In: Zeitschrift für Soziologie 8 (1979); S. 63–81, sogar mit der starken These, daß die Geschichte einer Disziplin „zur operativen Ressource, vielleicht zur einzigen dann noch Struktur gebenden Ressource" geworden ist (S. 47).

8 Zusammenfassend jetzt: W. Brezinka: Metatheorie der Erziehung. München/ Basel 1978 (4. Aufl. von W. B.: Von der Pädagogik zur Erziehungswissenschaft).

9 Brezinka beruft sich auf R. Lochner oder S. Bernfeld; man muß erinnern, daß diese Unterscheidung schon im ausgehenden 18. Jahrhundert im deutschen Sprachgebiet nicht nur vorkam, sondern auch, z. B. in der Debatte der pädagogischen Kantianer, bewußt gehandhabt wurde.

10 Als Buchtitel jetzt bei G. Pollak/ H. Heid (Hrsg.): Von der Erziehungswissenschaft zur Pädagogik? Weinheim 1994. Das Fragezeichen im Titel deutet schon an, daß hier der Sinn von Brezinkas Unterscheidung eher produktiv bewahrt wird.

11 Solche scheinbaren Siege feiern aber nur einige Erziehungsphilosophen, die den Prozeß der Verwissenschaftlichung der Erziehungswissenschaft nicht mit vollzogen und gelegentlich auch mißverstanden haben.

Streit über BREZINKA konnte man vielmehr sehen, daß es in mehrfacher Hinsicht gute und für Praxis und Theorie der Pädagogik wie der Erziehungswissenschaft auch produktive Gründe gibt, an den von BREZINKA vorgeschlagenen Unterscheidungen festzuhalten und weiter zu arbeiten. Wissenschaftslogisch hat bisher niemand zeigen können, daß die von BREZINKA unterschiedenen „Aussagearten" in ihrer Differenz bei einer ernsthaften Argumentation ignoriert werden könnten; bei einer funktionalen Betrachtung des Wissens, das für und in Erziehungsprozessen genutzt wird, ist – ferner – die Unterscheidbarkeit und Heterogenität von Wissensformen ebenso notwendig[12] wie sich, historisch, die Pluralität von Referenzsystemen nicht übersehen läßt, auf die sich Pädagogik und Erziehungswissenschaft beziehen[13]. In systematischer Hinsicht war es deshalb nur konsequent, daß „Pädagogiken" – im Plural – nicht nur von Erziehungswissenschaft unterschieden, sondern ihr auch distinkt relationiert wurden: als Objekt der Forschung, als Thema der Reflexion, als Referenz der Kritik und Analyse[14]. Es sind schließlich nur die Konsequenzen solcher Primärunterscheidungen, daß die Studien über die Gegenwart und Geschichte des Faches hier, der Erziehungsarbeit dort ebenfalls präziser unterschieden werden konnten, etwa in der Relation von Profession und Disziplin[15].

Erst vor dem Hintergrund dieser Unterscheidungen war deshalb die Beobachtung nicht nur empirisch, sondern auch systematisch brisant, daß sich die Bedeutsamkeit der Allgemeinen Pädagogik in spezifischen Bereichen nicht mehr identifizieren ließ, in denen sie vorher anscheinend unbefragt galt. In der Sozialpädagogik etwa haben T. RAUSCHENBACH, M. WINKLER und H.-H. KRÜGER solche Beobachtungen beglaubigt gesehen[16]. Es ließen sich unschwer vergleichbare Befunde aus den Selbstverständigungsdiskursen der Erwachsenenbildung, Weiterbildung oder Freizeitpädagogik hinzufügen. Immer ist dabei

---

12 Eine Übersicht zu dieser Debatte geben die Beiträge in J. Oelkers/ H.-E. Tenorth (Hrsg.). Pädagogisches Wissen. Weinheim/ Basel 1991 (27. Beiheft der Zeitschrift für Pädagogik).

13 Jede Debatte über die Relation von „Theorie und Praxis der Erziehung" geht davon aus, auch bei den Autoren, die Brezinkas Unterscheidung nicht nachvollziehen wollen (sie belasten sich dafür mit Einheitserwartungen).

14 Die Arbeiten von Harm Paschen haben das besonders deutlich herausgearbeitet, vgl. H. Paschen: Logik der Erziehungswissenschaft. Düsseldorf 1979 sowie ders: Pädagogiken. Zur Systematik pädagogischer Differenzen. Weinheim 1997. Auch eine Denkfigur, wie sie D. Lenzen entfaltet, steht deshalb noch in dieser Tradition der Unterscheidungen (vgl. D. Lenzen: Handlung und Reflexion. Vom pädagogischen Theoriedefizit zur Reflexiven Erziehungswissenschaft. Weinheim/ Basel 1996).

15 Diese Unterscheidungen finden sich im übrigen interdisziplinär, vor allem in der wissenschaftssoziologischen und -historischen Forschung, vgl. z. B. R. Stichweh, H.-E. Tenorth; H. Gängler.

16 Krüger/ Rauschenbach 1994, Th. Rauschenbach auch in der Beobachtung, daß die lehrer- und schulzentrierte Allgemeine Pädagogik hier keine Relevanz habe (Th. Rauschenbach: Sind nur Lehrer Pädagogen? Disziplinäre Selbstvergewisserung im Horizont des Wandels von Sozial- und Erziehungsberufen. In: Zeitschrift für Pädagogik 38 (1992), S. 385–418; vgl. auch Heft 2/1996 von „Der pädagogische Blick".

problematisch, welche Orientierung der überlieferte „pädagogische Grundgedankengang" für den Alltag von Handeln und Reflexion noch erbringen kann. Auch bei der Analyse der Folgeprobleme dieses Befundes kann wiederum die Rücksicht auf einige Unterscheidungen der allgemeinen erziehungswissenschaftlichen Grundlagenkontroversen hilfreich sein, z.B. die Unterscheidung von Profession und Disziplin, parallel zu der von Pädagogik und Erziehungswissenschaft. K. MOLLENHAUER hat für die Sozialpädagogik schon präzise herausgearbeitet, daß eine Reflexion, die wesentlich von Problemen der Profession aus denkt, die Ebene der Grundlagentheorie und des Themas erziehungswissenschaftlicher Arbeit noch gar nicht erreicht[17]. Weder die Handlungsprobleme der Profession noch die Grundlagenprobleme von Subdisziplinen der Erziehungswissenschaft lassen sich präzise klären, wenn solche Unterscheidungen bewußt ignoriert oder vernachlässigt werden. Auch ungelöste Schwierigkeiten und Kontroversen lassen sich erst zurechnen, wenn ihre Struktur und ihre Referenzen eindeutig identifiziert sind. Forschungsprobleme der Erziehungswissenschaft oder Analyseprobleme in der Sozialen Arbeit sind deshalb so wenig allein von einem „Grundgedanken" aus zu klären wie Handlungsprobleme der Sozialpädagogik, zu schweigen von dem Versuch, in einem Streich auch noch das „Allgemeine" von Theorie und Handeln zu bestimmen. Denn die Aufgaben des Akteurs sind andere als die des Forschers; man mag sie relationieren, darf sie aber nicht leichtfertig für identisch halten oder vorschnell substituieren, weil die Diskussionen dann allenfalls bunt und kontrovers, aber nicht klärend werden.

3. Lösungsansätze

Das Allgemeine von Pädagogik und Erziehungswissenschaft ist also ein je eigenes Thema. Aber auch hier kann man zwischen Schwierigkeiten, die noch als Problem existieren, weil uns der Algorithmus der Lösung fehlt, und Aufgaben, die wir schon bearbeiten können, weil die Schwierigkeiten identifiziert und als pädagogische bearbeitbar sind, präzise unterscheiden[18]. Selbst das Hauptproblem ist erkannt, an dem die Formulierung des Allgemeinen und die Ausarbeitung des Systems kranken: Es ist die Pluralität und Vielfalt der Optionen, denen sich Forscher und Akteure gegenübersehen. Aber es ist nicht die gleiche Pluralität und Vielfalt, die zum Problem werden, so daß auch Einheitsprämissen als Ausgangspunkt ehcr problemerschwerend als lösend sind.

---

17 Vgl. Mollenhauer 1996.
18 Für die begrifflichen Optionen, die ich hier nutze, vgl. H. E. Tenorth: Die Konstruktion pädagogischer Probleme – oder: Das Alltägliche an der Tätigkeit der Erziehungswissenschaft. In: K.-P Horn/L. Wigger (Hrsg.): Systematiken und Klassifikationen in der Erziehungswissenschaft. Weinheim 1994, S. 35–46.

Es gibt dennoch Lösungen bzw. Lösungsangebote, die man nicht übersehen sollte: Manche Probleme haben nur subjektiven Status, nicht objektive Geltung. So wenig, wie man die Logik der Forschung neu erfinden muß oder die Methodik empirischer Forschung in der Erziehungswissenschaft, so wenig muß man das Handwerk der Erziehung ab ovo neu konstruieren, wenn man Pluralitätsprobleme entdeckt. Beide „Logiken" – um sie jetzt uneigentlich gleichzusetzen – sind vielmehr bekannt, ja sie sind sogar schon von den Problemen der Vielfalt aus formuliert und entwickelt, angesichts der Pluralität der Theorien oder der Vielfalt der pädagogisch-praktischen Optionen. Über den Umgang mit Ungewißheit ist der Praktiker – der Forschung oder der Erziehung – deshalb wohl informiert, das macht nämlich seinen Alltag aus[19].

Aber trotz der strukturellen Vergleichbarkeit des Ausgangsproblems kann man nicht behaupten, daß auch die Lösungen strukturell identisch wären. Es gehört vielmehr zu den inzwischen überwundenen Irrtümern, z. B. der Schulmänner des 19. Jahrhunderts oder der philosophischen Pädagogiken des 20., daß die Kenntnis der Logik – des Lernens, des Argumentierens, des Forschens – auch Aufschluß gäbe über die „Logik" der Pädagogik, d. h. über die Praxis der Erziehung. Seit der Reformpädagogik ist es ein Gemeinplatz, daß Kindheit und Jugend ihre eigene Legitimität, die Dignität der Praxis, haben, mit der empirischen pädagogischen Forschung wissen wir, daß die Logik der Praxis von der Theorie sich unterscheidet.

Das Problem der Allgemeinheit stellt sich deshalb zweimal, nicht doppelt, in der Praxis und in der Theorie; und es bedeutet eine mutwillige Komplikation der Problemlage und zugleich den Rekurs auf veraltete und ersichtlich belastete Lösungen, wenn man mit Einheitsprämissen an die Bearbeitung des Problems geht[20]. Erfolgversprechender ist die Beachtung der Unterscheidung von Pädagogik und Erziehungswissenschaft. Die Ausgangsthese ist dann, daß die Vielfalt der Pädagogiken, auch der Allgemeinen, unvermeidlich, Erziehungswissenschaft aber durchaus im Singular vorstellbar ist[21].

Für die Vielfalt der als „allgemein" auftretenden Optionen in der Erziehung – also in „Pädagogiken" – sorgt in Gesellschaften unseres Musters die Vielfalt der Lebensformen, die sich inzwischen ausgebildet hat sowie – in bezug auf Lebensformen und Gestaltungsoptionen – die Enthaltsamkeit des Staates in der materialen Konstruktion des gesellschaftlichen Lebens. Die Vielfalt der „Lebensformen" wird auch nicht heute, gar „postmodern" erst entdeckt; sie

---

19 A. Combe/ W. Helsper (Hrsg.): Pädagogische Professionalität. Untersuchungen zum Typus pädagogischen Handelns. Frankfurt a. M. 1996.

20 Benner beginnt deshalb auch mit Differenzannahmen.

21 Analoge Überlegungen finde ich außer bei Harm Paschen auch – in jüngerer Zeit mehr und mehr postmodern begründet – bei J. Ruhloff: EINE Allgemeine Pädagogik? In: W. Fischer/ J. Ruhloff (Hrsg.): Skepsis und Widerstreit. St. Augustin 1993, S. 57–64.

war, auch als Problem der Allgemeinen Pädagogik, schon in der geisteswissenschaftlichen Tradition gesehen und anerkannt worden. Für FLITNER etwa, der im Begriff der „Erziehungswissenschaft" die empirische Bedingung der Möglichkeit legitimer Erziehung gesehen hatte, war die Vielfalt gleichwertiger Lebensformen eine Errungenschaft der abendländischen Zivilisation[22]. FLITNER hatte freilich noch angenommen, daß es lebensformenübergreifend so etwas wie einen gesamtgesellschaftlichen, z. B. durch den Kultur-Staat verbürgten Konsens über „gute Erziehung" gäbe oder geben müsse, der überhaupt erst das Erziehungsgeschäft sinnvoll sein lassen könnte[23]. Die Pluralität der Moderne war in diesen Überlegungen also gezügelt, der Staat – oder die nach den destruktiven Erfahrungen mit dem „Unstaat" von 1933/45 notwendig werdenden funktional äquivalenten Instanzen der Garantie des Konsenses – wurde als Regulativ konzipiert, zwischen dem Chaos der Vielfalt und der sinnvollen Pluralität zu unterscheiden. Das „bloß Gesellschaftliche", so FLITNER, war hier immer verpönt, „Gemeinschaft" als die moralisch differente, der Gesellschaftlichkeit wie der Staatlichkeit gleichermaßen vorausgehende Gesellungsform immer naheliegend und positiv gezeichnet[24]. In offenen Gesellschaften der Gegenwart ist diese Zähmung von Pluralität indessen eine zwar denkbare und vertretene, aber weder systematisch hinreichend ausweisbare noch politisch institutionalisierte Lösung[25]. Man wird vielmehr mit der Vielfalt leben müssen, ohne den Trost und die Gewißheit materialer Rationalität oder den Ausweis des Primats einer Lebensform.

Die Antwort der Pädagogik kann daher, praktisch, nur der „Dogmatismus" sein, gesamtstaatlich – in der legitimen Indoktrination, die sich alle Staaten für das Minimum des Gemeinsamen in der öffentlichen Erziehung erlauben – wie in der Interaktion. In der Bearbeitung der pädagogischen Aufgabe ist ein solcher Dogmatismus auch systematisch unvermeidbar[26], als Anerkennung der Tatsache nämlich, daß eine pädagogische Praxis nicht zugleich – d. h. zeitlich und sachlich uno actu – als sowohl unbefragt und dennoch problematisch aus-

22 W. Flitner: Die Geschichte der abendländischen Lebensformen, München 1967.
23 Die erste Auflage der „abendländischen Lebensformen", 1961 erschienen, trug noch den Titel „Europäische Gesittung".
24 In vielem lesen sich deshalb die einschlägigen Analysen Flitners wie die Vorwegnahme kommunitaristischer Debatten der Gegenwart; sie haben anscheinend – wie z. B. A. Etzionis Lebenslauf zeigt – auch die gleiche jugendbewegte Quelle und Tradition. T. Rülckers Kritik an Flitners Verständnis von Staat, Gesellschaft und Moderne verkennt diese Problematik in modernitätsaffirmativer Reduktion, vgl. T. Rülcker: Die politischen Optionen in der Pädagogik Wilhelm Flitners. In: Zeitschrift für Pädagogik 43 (1997), H. 3, S. 421–445.
25 Die Kommunitarismus-Debatte verweist darauf.
26 Für die Dogmatik als Typik der pädagogischen Denkform vgl. H.-E. Tenorth: Dogmatik als Wissenschaft – Überlegungen zum Status und zur Funktionsweise pädagogischer Argumente. In: D. Becker u. a. (Hrsg.): Theorie als Passion. Frankfurt a. M. 1987, S. 694–719.

gegeben werden kann. Diese Verbindung von Anerkennung und Kritik gelingt sehr wohl aber temporal, z. B. im Fortschreiten von Initiation zur Reflexion, wenn die Selbstverständlichkeiten verflüssigt – mithin: pluralisiert – werden, die den Ausgangspunkt und das Thema – paradox, aber nicht widersprüchlich – allgemeiner Bildung darstellen[27].

Es ist dieses Funktionsproblem der Erziehung in einer offenen Gesellschaft, aus dem die Problematisierung des Allgemeinen der Pädagogik erwächst. Normdissens und die Vielfalt des Lebens lösen die Einheit eines Sinnes auf, den Erziehung traditional überlieferte. Dabei verändert Erziehung selbst ihren Status. Blickt man auf die pädagogische Handlungsform, dann kann man gleichzeitig das Allgemeine erkennen, das jenseits der alten Visionen des Allgemeinen – als des Gemeinsamen einer Lebensform – jetzt allein gelten kann: Es ist die Grundstruktur des Pädagogischen selbst. Sie wird indes nicht primär als moralisch definierte Aufgabe, sondern als handelnd erfahrene Schwierigkeit virulent, als Handlungsproblem des Pädagogen, und erst sekundär, aber nur formal, auch ethisch, als Freiheitserwartung des Klienten. Angesichts ihrer Position im Generationengefüge stellt sich für Pädagogiken dann die Frage, ob für alle Praxen, Institutionen und Berufe der Menschenbeeinflussung die Arbeit an ihrem Problem in gleicher Weise lösbar ist, wie sie sich im traditionellen Kernbereich der Pädagogik, in der Schule darstellt.

Erkennbar ist ja das Gemeinsame der Handlungsfigur der Pädagogik in dieser Situation zwischen Erwachsenen und Kindern, Eltern und Kindern, Lehrern und Schülern, pädagogischer Lehrprofession und Klientel dem schulischen Modell abgelesen. Thesen, wie die vom Pädagogischen Bezug, haben hier ihre Anschaulichkeit und Geltung, Praktiken ihre Referenz und Tradition. Die Abwehr der Schule als Modell und der Verweis auf die Tatsache, daß nicht nur Lehrer Pädagogen sind, speist sich aus solchen Monopolisierungsansprüchen. Aber die Herkunft zeigt nicht die Systematik der pädagogischen Handlungsfigur. Die Frage nach dem Sinn pädagogischer Arbeit ist deshalb auch nicht im Verweis auf die Tradition, auf Werte, auf Gesinnung (oder auf Technologie oder Ersatztechnologie) aufweisbar. Nicht der ethische „Grundgedanke", sondern – wie BENNERS Begriff nahelegt – die „Grundstruktur" der Erziehung, und damit ein Begriff, der sie zu analysieren erlaubt, stellt das dringendste Desiderat dar. Erst ein solcher Begriff könnte nämlich die Leistung stiften, die man erwartet – die Relation zwischen Forschung und Handeln, aber auch zwischen Begriff und Begriff, Akteur-Theorie und Beobachter-Theorie.

4. Risiken

Gibt es in der Erziehungswissenschaft Klarheit über einen Grundbegriff (oder ein Gefüge von Begriffen, eine Theorie), von dem man Auskunft über diese

---

27 Ausführlicher dazu H.-E. Tenorth: Alle alles zu lehren. Darmstadt 1994.

Grundstruktur erwarten darf? Hier liegt das wirkliche Desiderat einer allgemeinen Erziehungswissenschaft, das mit der Vorliebe für die Ethisierung des Grundproblems, die Flucht in das Bekenntnis oder die Gesinnung, den Appell an das Gute oder die advokatorische Moral nur verdeckt wird. In ihren theoretischen Grundüberzeugungen eher Magd einer gedankenbeherrschenden Disziplin als mit den einheimischen Begriffen auch theoriekritisch und forschend gut vertraut, ist die Analyse der „Grundstruktur" daher das zentrale Problem, das die Debatten über die Allgemeine Erziehungswissenschaft bewußt machen; denn hier reicht nicht mehr die Demonstration der Implikationen der Pädagogiken, weil sie über den Status der Weltanschauung, generell: der Dogmatik, nicht hinauskommen.

Bei behutsamer und theorie-konservierender Lesart der erziehungswissenschaftlichen Tradition ist die Ausbeute wahrscheinlich nicht so desolat, wie sie in den Moden und Konjunkturen des Faches und angesichts der notorisch defizitären Importbilanz gezeichnet wird. Nicht nur, daß sich der Begriff der „Grundstruktur" der Erziehung findet, auch Prinzipien und Grundbegriffe werden genannt, die – von HERBARTS Begriff der „Bildsamkeit" aus – die praktisch erfahrene, paradoxe Problematik der Erziehung in systematische Fragen einer Theorie überführen.

Allgemeine Erziehungswissenschaft, nicht: allgemeine Pädagogik, bezeichnet dann den Versuch, diese Grundbegriffe systematisch auszuweisen und in ihrer Leistung in Theoriebildung und Forschung zu entfalten. Von dieser Art von Literatur gibt es nicht viel in unserem Fach, kaum entfaltete Lehrgebäude, am wenigsten Lösungen, die auch die disziplinäre Besonderung, nicht nur das philosophisch allgemeine Referenzproblem artikulieren, aber dennoch: In der Tradition der Pädagogik, vor allem in der Erziehungsphilosophie der Tradition von HERBART oder des Neukantianismus, finden sich solche Lehrstücke, in denen – systematisch, meist aber ohne die anschließende Forschung eigenständig zu entwickeln – Grundbegriffe ausgearbeitet wurden. In der bildungstheoretischen Reflexion, vor allem der Geisteswissenschaften, des 20. Jahrhunderts bleibt davon häufig nur der Bildungsbegriff, für den es Mühe macht, den allgemeinen kultur- und sozialphilosophischen Anspruch und die problemspezifische Auslegung in der Erziehungstheorie zu unterscheiden.

Dennoch hält diese Tradition auch bedeutsame oder erstaunliche Erkenntnisansprüche bereit: Prinzipien – z.B. der Bildsamkeit oder der Anregung zur Selbständigkeit, wie bei Dietrich BENNER, starke Generalthesen über die für Mündigkeit funktionalen und zugleich unausweichlichen Implikationen der Grundstruktur der Erziehung, wie bei Herwig BLANKERTZ[28], Relationierungen

---

28 H. Blankertz: Kritische Erziehungswissenschaft. In: K. Schaller (Hrsg.): Erziehungswissenschaft der Gegenwart. Bochum 1979 (und ich würde meine strukturtheoretische Lesart dieser These immer noch gegen die politisierend-kritische Interpretation von A. Gruschka verteidigen).

zu den Sozialwissenschaften und zum Begriff des sozialen Handelns oder der Sozialisation, wie bei Wolfgang Brezinka oder Helmut Fend, Bezüge zur Theorie des Lernens, z. B. bei Theodor Schulze oder Hermann Giesecke. Das Angebot an expliziten oder impliziten Allgemeinbegriffen der Erziehungswissenschaft ist also durchaus vorhanden[29].

Gibt es Chancen der Reduktion von Grundbegriffen und -theorien angesichts dieser Vielfalt? Wohl kaum, denn die Theoriearbeit limitiert sich nur in Grenzen selbst, hängt sonst aber von der Erfindungskraft der Theoretiker ab; und man weiß, daß sich auch schlechte Theorien bei genügend Erfindungskraft für sehr lange Zeit verteidigen lassen. Von hier aus wird nicht Verzweiflung, sondern Realismus genährt und die Anstrengung gefordert, an den eigenen Grundbegriffen so intensiv – forschend und begriffskritisch – zu arbeiten, wie das andere Disziplinen mit den Begriffen tun, die dann in der Erziehungswissenschaft Karriere machen: Lernen oder Sozialisation, soziales Handeln oder – früher einmal – Kapitalismus.

Eine Allgemeine Erziehungswissenschaft kann erst dann lernfähig, kritisch mit sich selbst und anderen, produktiv angesichts neuer Probleme und – wenn es gut geht – auch hilfreich für den Praktiker sein, der sie rezipiert, wenn sie nicht nur auf Begriffsbastelei ruht, sondern sich in Forschung abstützen kann. Daran fehlt es aber den Begriffen, vor allem dem Begriff der Bildung, auf denen die meisten allgemeinen Erziehungswissenschaften aufruhen. Das gilt vor allem deswegen, weil innerhalb des Milieus der Erziehungswissenschaft die Arbeit an den grundlegenden Begriffen immer noch der zweifachen Erwartung folgt, zugleich die Theoriearbeit und das Handeln erklärend und orientierend zu regieren. Von diesem zweifachen Anspruch blieb dann meist nur die moderne Form der Dogmatik – die „Kritik". Für den Leistungserweis einer allgemeinen Erziehungswissenschaft ist das aber zu wenig; sie wird dann schon durch den Hinweis auf die Vielfalt der Forschung erschüttert, die – irgendwie, plausibel z. B. für den belesenen Theoretiker[30] – Aufschluß verspricht über die soziale Tatsache der Erziehung.

Angesichts der unvermeidbaren Vielfalt ist deshalb auch die Frage von Theoretikern, die in einem sozialen Sinne zur Erziehungswissenschaft gezählt werden, durchaus verständlich, was denn, theoretisch, ein erziehungswissenschaftlicher Grundbegriff in einem Feld leistet, das sie selbst sehr viel besser mit Grundbegriffen der politischen oder soziologischen Theorie verstehen[31]. Erstaunlich oder problematisch wäre diese Konfrontation nur dann, wenn es allein die Erziehungswissenschaft wäre, die der sozialen Tatsache Erziehung

---

29 In der Tradition von Wolfgang Ritzel würde man sicherlich Allbegriff und Inbegriff unterscheiden und dann doch wieder Einheitsphantasien nähren.
30 Wie Klaus Mollenhauer gegenüber Michael Winkler.
31 Wie das zur Zeit sehr intensiv in der Sozialpädagogik geschieht.

einen spezifischen theoretischen Sinn – als Bildung oder Erziehung etc. – abgewinnen könnte. Aber das ist eine Lesart der sozialwissenschaftlichen Theoriearbeit, die nur der hegen kann, für den sich Disziplinen dadurch konstituieren, daß sie sich säuberlich Reviere der Wirklichkeit zurechtschneiden und sie dann exklusiv beanspruchen. Spätestens zu Zeiten konstruktivistischer Konstruktion von Wissenschaft sind wir aber von solchen vormodernen Reviermodellen denkbar weit entfernt. Disziplinen, gar wissenschaftliche Fächer, entstehen nicht in dieser Weise, sondern konzentriert um Probleme, aufgebaut aus Themen, geleitet von der theoretischen Form der Thematisierung von Problemen und Themen, nicht isoliert gegenüber anderen, sondern wohl relationiert, theoretisch wie methodisch. Deshalb sollte man in Ruhe beobachten, wieweit die Kollegen kommen, die sich z. B. den Problemen sozialer Arbeit soziologisch, politologisch oder psychoanalytisch nähern, ob sie erziehungswissenschaftliche Fragen und Theorieangebote vermeiden oder substituieren können. Wahrscheinlich können Erziehungswissenschaftler über sich und ihre Theorien dann am meisten lernen, wenn sie erkennen können, wie andere die vermeintlich „genuin pädagogischen Probleme" lösen, ohne lange zu fragen, wo denn „das Pädagogische an der Sozialpädagogik" bleibt. Nicht im Pochen auf die Tradition, allein im Aufweis der größeren Leistungsfähigkeit wird man solche Positionen entkräften können. Die Probe auf die Geltung der allgemeinen Erziehungswissenschaft ist deshalb auch, wie souverän sie mit der unendlichen Fülle der Forschung über Erziehung reflexiv umgehen kann, kritisch die Leistung ihres Grundbegriffs demonstrierend, konstruktiv neue und produktive Fragen anregend.

Allgemeine Erziehungswissenschaft existiert deshalb in einer spezifischen Weise: wie die Interpunktion im Prozeß, nur funktional innerhalb, nicht als Disziplin außerhalb des Systems des Erziehungswissens identifizierbar[32]. Ihrer Methodik nach repräsentiert sie den Anspruch, für den in den angelsächsischen Ländern die Philosophy of Education steht, d. h. die in intentione obliqua organisierte Reflexion auf die theoretischen und methodischen Grundlagen des Faches. Als Lehrbuchwissen kodifiziert, erweist sie sich wie die Erinnerung an Fragen, die man stellen kann oder vielleicht sogar muß, wenn die Problemlösung „erziehungswissenschaftlich" sein soll. Allgemeine Erziehungswissenschaft existiert jedenfalls nicht als fertiges Gefüge von Antworten, das man lernen kann wie einen Katalog oder handhaben kann wie ein Schema, das Lösungen erzeugt, wenn man nur ein Problem hineingibt[33].

32 H.-E. Tenorth: Skepsis und Kritik. Über die Leistungen kritischer Philosophie im System des Erziehungswissens. In: D. J. Löwisch/J. Ruhloff/ P. Vogel (Hrsg.): Pädagogische Skepsis. Wolfgang Fischer zum einundsechzigsten Geburtstag. St. Augustin 1988, S. 23–34.
33 Jürgen Diederich hat das sehr schön für die allgemeine Didaktik gezeigt.

5. System

Und – so werden Beobachter aus Berlin oder Dortmund fragen[34] – wo bleibt das System? Dort, wo man es sucht, dort wird man es finden, wenn man sich nur genügend anstrengt – implizit, das wird der Regelfall sein, oder explizit, bei einiger Anstrengung –, und das ist sicherlich die rare Ausnahme. Das System, so wäre meine These, wird erzeugt, tradiert und bestätigt, indem man über Erziehung forscht, so wie man die Einheit und Systematik einer pädagogischen Praxis dadurch darstellt, daß man handelt. Systembildung ist, mit anderen Worten, unvermeidbar, wie wir bei jedem Gang und Blick in die allgemeine Systemtheorie – sei sie von LUHMANN oder wem immer – merken werden; das System aber ist immer auch verbesserungsfähig.

Das könnte wie eine Trivialisierung des Systemproblems aussehen, obwohl es doch nur das Dilemma bezeichnet, von dem die Debatte ausgeht: Die „Geltung" des Allgemeinen, von der schon BENNERS Formulierung der Aufgabe allgemeiner Pädagogik sprach[35], also die – theoretische oder praktische – „Anerkennung", die eine Theorie oder eine Handlungsoption finden oder nutzen, stellt die wahre Schwierigkeit dar, praktisch wie theoretisch. Es reicht den Beteiligten nicht aus, daß es Geltung gibt; denn Faktizität allein beglaubigt nicht. Geltung wird, gut neukantianisch in den Ansprüchen, nach Prinzipien erwartet, und zwar für das Handeln ebenso wie für die Theorie. Wie löst man aber solche Ansprüche ein, wenn sowohl die Vielfalt der konkurrierenden Theorien über Erziehung wie die Pluralität der Möglichkeiten pädagogischer Gestaltung der Wirklichkeit sich nicht mehr zur je spezifischen Einheit bündeln oder gar auf ein universales Prinzip reduzieren lassen? Wie kann man mit der Vielfalt „geltungstheoretisch" leben?

Anscheinend nur dann, wenn man diese Ausgangstatsache nicht ignoriert oder rückgängig zu machen sucht, sondern selbst noch zum Thema macht. Das geht auf vielfache Weise: ironisch und romantisch[36], stoisch und, wenn auch mit einigen Risiken[37], skeptisch[38], oder rhetorisch und ästhetisch[39], aber letztlich auch,

---

34 Diese Fragen stellen ja z. B. D. Benner oder Peter Vogel (P. Vogel: System – Die Antwort der Bildungsphilosophie? In: J. Oelkers/ H. E. Tenorth: Pädagogisches Wissen. Weinheim/Basel 1993, S. 333–346).

35 Benner 1987, S. 9 ff.

36 Harm Paschen hat dann früh an Friedrich Schlegel erinnert: „Es ist gleich tödlich für den Geist, ein System zu haben und keins zu haben. Er wird sich wohl entschließen müssen, beides zu verbinden" (Fragmente 53).

37 Es muß ausreichen, auch für die Risiken nur Schlegel zu bemühen: „Als vorübergehender Zustand ist der Skeptizismus logische Insurrektion; als System ist er Anarchie. Skeptische Methode wäre also ungefähr wie insurgente Regierung" (Fragmente 97).

38 Das ist bekanntlich die Lösung, die Wolfgang Fischer und seine Schule gefunden haben, vgl. W. Fischer (Hrsg.): Colloquium Paedagogicum. Studien zur Geschichte und Gegenwart transzendental-kritischer und skeptischer Pädagogik. St. Augustin 1994 sowie ders./J. Ruhloff: Skepsis und Widerstreit. Neue Beiträge zur skeptisch-transzendentalkritischen Pädagogik. St. Augustin 1993.

39 Die postmodernen Lösungen nähren sich hier.

wie wohl der Normalfall aussieht, praktisch, d. h. in der Kontinuität der Arbeit an Erziehung und Forschung, ohne die Erwartung des abgeschlossenen oder immer neu explizierten Systems.

Die naheliegende Lösung für Erziehung und Erziehungswissenschaft ist dann zwar formal gleich, aber doch inhaltlich verschieden. Diese Lösung heißt „Temporalisierung von Komplexität", Verzeitlichung einer Schwierigkeit, die sich systematisch, punktuell oder zeitlos, nicht bearbeiten oder gar lösen läßt. Die Systemerwartung löst sich, mit anderen Worten, ab von älteren Einheitsvorstellungen, und zwar von älteren Vorstellungen unterschiedlichster Art: Zunächst wird man sich verabschieden von solchen, in denen sich eher law-and-order-Implikationen artikulieren: „Ein Regiment Soldaten en parade ist nach der Denkart mancher Philosophen ein System"[40]. Das hier präferierte Systemdenken bedeutet aber auch den Abschied von solchen Vorstellungen des Allgemeinen, in denen Theorie und Praxis, Vergangenheit und Zukunft, Faktizität und Norm dem imperialistischen Zugriff einer einzigen großen Philosophie unterworfen werden. Die Anhänger HEGELs sind nicht frei von solchen Versuchen, auch HEYDORN inspiriert immer wieder Ansprüche dieser Art. Wer in dieser Weise Gewißheit sucht, wird sich von skeptisch-ironischer Einrede wahrscheinlich nicht abhalten lassen; er muß freilich mit den Erfahrungen erst noch zu leben lernen, die Vorstellungen dieser Art im 20. Jahrhundert erzeugt haben. Status und Nutzen des Allgemeinen in Pädagogik und Erziehungswissenschaft erweisen sich deshalb im Alltag, d. h. in der Praxis von Erziehung und Forschung. „Systemkonzepte" sind die immer begleitende, in der konkreten Operation gar nicht vermeidbare, vielmehr aktuell sowohl reproduzierte wie bekräftigte, universelle Implikation – in einem strikt kantischen Sinne[41]. Thematisieren muß man diese Implikation so, wie man alle Selbstverständlichkeiten thematisiert, nämlich nur dann, wenn sie nicht mehr selbstverständlich oder nicht mehr hinreichend leistungsfähig sind. In der Regel und ansonsten gilt SCHLEIERMACHERs Lösung[42]; erst in der Krise muß man das Vorausgesetzte explizieren, auf seine Geltung und Leistungsfähigkeit prüfen, vielleicht nach besseren Lösungen suchen, andere erproben. Gewißheit hat man dabei nicht, nur andere Systeme.

Die Brisanz von Erziehung und Erziehungstheorie in der Moderne scheint zu sein, daß ihnen also immer die Selbstverständlichkeit fehlt oder, und das halte ich für wahrscheinlicher, daß vor allem die Praxis der Erziehung mit der Selbst-

---

40 Das ist erneut, aber zum letzten Mal, Friedrich Schlegel (Fragmente 46).
41 Nämlich funktional und praxeologisch, als „Bedingung der Möglichkeit von ..." Erkenntnis oder Handeln, wie man für die Theorie oder – ethnologisch – für das gesellschaftliche Handeln zeigen könnte (man vgl. Karl Popper oder Marshall Sahlins).
42 „Was man im allgemeinen unter Erziehung versteht, ist als bekannt vorauszusetzen." So der Anfangssatz der Vorlesungen aus dem Jahre 1826 (denen bekanntlich eine lange Erläuterung des „Bekannten" folgt; Ed. Weniger/ Schulze I, S. 7).

verständlichkeit nicht leben kann oder will, die ihr in der Moderne angesonnen wird. Diese Selbstverständlichkeit heißt Ungewißheit, Unbestimmtheit, Paradoxie und notorischer Mißerfolg. Da mag es – wegen des situativ notwendigen Dogmatismus – naheliegen, sich bei einer externen Instanz, z. B. einer Reflexionsform, Halt zu suchen, die solche Alltäglichkeit bearbeitbar zu machen scheint, weil sie Gewißheit verspricht und Geltung, wo sonst nur Vielfalt regiert, wenn nicht Chaos droht.

Diese Lösung mag plausibel erscheinen, auch realistisch, auf Dauer erfolgreich ist sie nach aller Erfahrung nicht. Aber die Alternative – Anerkennung der Ungewißheit, Akzeptanz des Vorläufigen, Einlassen auf das Gegebene[43] – oder paradoxe Lösungen – gar in der radikalen Form einer nihilistischen Ethik – scheinen noch schwerer zu ertragen. Die Suche nach dem Allgemeinen hat deshalb Konjunktur. Theoriedebatten über das Allgemeine sind dann noch die erträglichste Form, mit dem anscheinend anstößigen und unerträglichen Alltag der Erziehung umzugehen. Dann muß man Probleme wenigstens nicht negieren, sondern kann sie produzierend bearbeiten.

---

43 In der Debatte über den Staat – der Erziehung in der Aufgabenstruktur ja so analog wie die Therapie (Freud) – findet sich das Problem aktuell ebenfalls, und auch er findet nur selten einen Verteidiger, aber dann mit klugen Sätzen wie diesen: „Daß er Probleme nicht löst, ist kein Einwand gegen den Staat. Der Staat ist dazu da, die Probleme, die man nicht lösen kann, wenigstens zu beherrschen" (J. Ross: Staatsfeindschaft. Anmerkungen zum neuen Vulgärliberalismus. In: Merkur 51 (1997) 2, S. 93–104).

Heinz-Hermann Krüger

Wozu noch Allgemeine Pädagogik? Notizen zur Entwicklung und Neuvermessung der Erziehungswissenschaft[1]

Die Erziehungswissenschaft hat sich in den vergangenen 25 Jahren bedingt durch die Einführung des Diplomstudienganges sowie in Reaktion auf die Pädagogisierung aller gesellschaftlichen Lebensbereiche in eine Vielzahl von Subdisziplinen und Schwerpunktrichtungen ausgefächert. Angesichts dieses Ausdifferenzierungs- und Spezialisierungsprozesses stellt sich die Frage, welche Bedeutung und Aufgaben die Allgemeine Erziehungswissenschaft im Bezugsfeld der verschiedenen erziehungswissenschaftlichen Teildisziplinen und ihrer jeweils spezifischen Ausbildungskonzepte noch hat. Ist eine Allgemeine Pädagogik[2] im Sinne eines integrierenden disziplinären Kerns der Erziehungswissenschaft überhaupt noch notwendig, wenn, wie es scheint, sich der Diskurs über das Allgemeine inzwischen auch in die expandierenden erziehungswissenschaftlichen Teildisziplinen verlagert hat?

In diesem Beitrag wird in einem ersten Schritt unter Bezug auf die Ergebnisse der empirischen Wissenschaftsforschung die Entwicklung des Wechselverhältnisses von Allgemeiner Erziehungswissenschaft und den spezialisierten Subdisziplinen nachgezeichnet. Außerdem wird analysiert, ob und wie die „Allgemeine Pädagogik", die nicht selten mit dem Begriff der „Systematischen Pädagogik" synonym gesetzt wird (vgl. Flitner 1950, S. 10; Kluge 1983, S. 1), in ihren theoretischen Entwürfen auf den Expansions-, Differenzierungs- und Spezialisierungsprozeß des Faches reagiert hat. In einem zweiten Schritt werden dann einige Überlegungen zur Neubestimmung des Selbstverständnisses der Allgemeinen Erziehungswissenschaft, zur Neuformatierung des Gegenstandsbereiches, des pädagogischen Kategoriensystems, des Theorie- und Forschungsdesigns sowie der Ausbildungsaufgaben einer Allgemeinen Pädagogik skizziert, die sich aus dem Ausdifferenzierungsprozeß der Disziplin Erziehungswissenschaft sowie aus den zu diagnostizierenden Tendenzen einer reflexiven Modernisierung von Erziehungsverhältnissen ergeben.

---

1 Bei diesem Beitrag handelt es sich um eine leicht veränderte und aktualisierte Fassung eines Artikels, der bereits an anderer Stelle (vgl. Krüger 1994) publiziert worden ist.

2 Im folgenden werden die Begriffe Pädagogik und Erziehungswissenschaft bzw. Allgemeine Pädagogik und Allgemeine Erziehungswissenschaft entsprechend dem gängigen Gebrauch synonym verwendet (vgl. Lenzen 1989, S. 1105; Gudjons 1993, S. 79), auch wenn gleichzeitig davon ausgegangen wird, daß der Begriff der Erziehungswissenschaft an sich der modernere und angemessenere ist, da er den Wissenschaftscharakter der Disziplin betont.

1. Der Bedeutungsverlust der Allgemeinen Pädagogik – empirische und systematische Hinweise

1.1

Schon ein kursorischer Blick auf die Stellenausschreibungen in den einschlägigen Zeitschriften aus den vergangenen Jahren zeigt, daß über den Gegenstand und die Notwendigkeit von Allgemeiner Pädagogik in der Zunft anscheinend keine große Einigkeit mehr besteht. Unter dem globalen Signum der „Allgemeinen Pädagogik" werden Stellen mit Spezifizierungen wie z. B. Medienpädagogik, Neue Informationstechnologien, Bildungsplanung, Schulpädagogik oder Geschlechterverhältnisse ausgeschrieben. Bereits eine eher zufällige Lektüre der Stellenanzeigen scheint somit darauf hinzudeuten, daß das Verständnis von Allgemeiner Pädagogik diffundiert ist.

Quantifizierend-systematische Analysen von Stellenausschreibungen im Fach Erziehungswissenschaft in den vergangenen zwei Jahren weisen zudem darauf hin, daß die Allgemeine Erziehungswissenschaft im Spektrum der erziehungswissenschaftlichen Fachsystematik an Gewicht eingebüßt hat. So zeigen RAUSCHENBACH und CHRIST (1994, S. 79) in einer Sekundäranalyse auf, daß im Jahre 1987 von gut 1000 hauptberuflichen Professuren in Erziehungswissenschaft noch rund 30 % im Bereich der Allgemeinen Pädagogik (einschließlich Historische und Vergleichende Pädagogik) angesiedelt waren. Von den im Zeitraum zwischen Oktober 1990 und September 1992 neu ausgeschriebenen erziehungswissenschaftlichen Hochschullehrer/Innenstellen können hingegen nach ihren eigenen Berechnungen nur noch 13,5 % in den alten Bundesländern und 21,4 Prozent der Stellen in den neuen Bundesländern dem Bereich der Allgemeinen Pädagogik (inclusive Vergleichende und Historische Pädagogik) zugeordnet werden. Selbst wenn man mit berücksichtigt, daß der zeitlich begrenzte Erhebungszeitraum von zwei Jahren in den alten Bundesländern eine Reihe von mit dem Alter der emeritierten Professoren zusammenhängenden Zufällen produziert haben kann und daß in den neuen Bundesländern der Neuaufbau der pädagogischen Fachbereiche noch nicht völlig abgeschlossen ist, so können diese Berechnungen doch mit Vorsicht als Indikatoren dafür interpretiert werden, daß die Allgemeine Pädagogik in der Gesamtstellenstruktur der Disziplin sich zumindest in quantitativer Hinsicht auf dem Rückzug befindet.

Einen weiteren empirischen Hinweis auf den Bedeutungsrückgang der Allgemeinen Erziehungswissenschaft liefert auch die Freiburger Studie zur Disziplinformierung der Erziehungswissenschaft, die die im Fach zwischen 1945 und 1990 abgeschlossenen Promotionen und Habilitationen inhaltsanalytisch mit dem Ziel erschlossen hat, den thematischen und methodischen Wandel in der Erziehungswissenschaft unter der Perspektive von Differenzierungs- und Spezialisierungsprozessen der Disziplin zu rekonstruieren. So macht MACKE auf der Basis seiner Berechnungen deutlich, daß die Gesamtdisziplin im untersuchten Zeitraum zwar stark expandiert ist, sich bei diesem Prozeß jedoch die Gewichte zwischen der Allgemeinen Pädagogik und den Teildisziplinen verschoben haben. Der Anteil von Qualifikationsarbeiten im Bereich der Allgemeinen Pädagogik hat sich im Verlaufe des Untersuchungszeitraums halbiert, von einem 50% Anteil im ersten Untersuchungszeitraum (1945–1971) auf 23% im jüngsten Untersuchungszeitraum (1983-1990). Gleichzeitig haben die Qualifikationsarbeiten in den spezialisierten Teildisziplinen von 50% im Zeitraum von 1945 bis 1971, auf 75% im Zeitraum von 1984 bis 1990 zugenommen (vgl. Macke 1992, S. 117). Der Formierungsprozeß der Erziehungswissenschaft stellt sich somit zugleich als Spezialisierungsprozeß dar, der zu einer kontinuierlichen Verlagerung der Gewichte von der Allgemeinen Erziehungswissenschaft hin zu den spezialisierten Teildisziplinen geführt hat (vgl. auch Macke 1994, S. 65).

Unter dem Blickwinkel des Wechselverhältnisses zwischen der Allgemeinen Erziehungswissenschaft und den spezialisierten Teildisziplinen ist noch ein zweiter Befund der Freiburger Studie interessant, der sich mit der Analyse der Methodenverwendung in den verschiedenen erziehungswissenschaftlichen Subdisziplinen beschäftigt. Dabei wurden als Methodentypen drei spezifische monomethodische Zugriffsweisen („empirisch", „historisch" und „theoretisch") und zwei unspezifische, verschiedene methodische Vorgehensweisen bündelnde Zugänge („praxisbezogen mit bzw. ohne expliziten Theoriebezug") unterschieden (vgl. Macke 1990, S. 91). Die Auswertung zeigt, daß sich das Methodenspektrum der Allgemeinen Erziehungswissenschaft zu 50% auf den Methodentyp „historisch", zu 29% auf den Typ „theoretisch" stützt, während empirische (10%) und praxisbezogene Arbeiten (8%) stark unterrepräsentiert sind. Genau umgekehrt sind die methodischen Akzente in den Teildisziplinen etwa der Sozialpädagogik, der Erwachsenenbildung oder der Schulpädagogik, wo die praxisorientierten bzw. empirischen Arbeiten dominieren, während die theoretischen und historischen Arbeiten stark unterrepräsentiert sind (vgl. Macke 1992, S. 123). Angesichts dieser Ergebnisse drängt sich die Vermutung auf, daß die Allgemeine Pädagogik sich vorrangig gleichsam selbstreferentiell mit ihrer eigenen Geschichte sowie ihren Theorieansätzen und Grundbegriffen beschäftigt, während die vor allem aufgrund der Einführung des Diplompädagogikstudienganges seit den 70er Jahren expandierenden Teildisziplinen der Sozialpädagogik und der Erwachsenenbildung vorrangig die Problemlagen in ihren jeweiligen pädagogischen Bezugsfeldern praxisbezogen oder empirisch untersuchen.

1.2

Vor dem Hintergrund der in der empirischen Wissenschaftsforschung sich abzeichnenden Tendenzen stellt sich die Frage, ob und wie die Allgemeine Pädagogik in ihrem systematischen Diskurs auf diesen Ausdifferenzierungs-

und Spezialisierungsprozeß der Disziplin reagiert hat. Dabei fällt zunächst einmal auf, daß zeitlich parallel mit der Expansion und Ausfächerung der Erziehungswissenschaft in verschiedene Teildisziplinen seit den späten 60er Jahren ein Rückgang allgemeinpädagogischer Systementwürfe einhergeht. KLUGE sieht in der Ausweitung zahlreicher erziehungswissenschaftlicher Forschungsbereiche und Arbeitsfelder in den vergangenen Jahrzehnten die zentrale Ursache für die Stagnation der Diskussionen im Bereich der Allgemeinen Pädagogik, da angesichts der Ausfaserung des pädagogischen Forschungs- und Gegenstandsbereiches der einzelne Erziehungswissenschaftler überfordert sei, noch ein abgerundetes System zu entwerfen (vgl. Kluge 1983, S. 2).

Ein Blick in die Geschichte der Systematischen Pädagogik in Westdeutschland seit der Nachkriegszeit zeigt in der Tat, daß vor allem in den 50er und frühen 60er Jahren einige allgemeinpädagogische Systementwürfe vorgelegt worden sind, die aus verschiedenen philosophischen Schulrichtungen stammten. Erinnert sei etwa an Wilhelm FLITNERS „Systematische Pädagogik" von 1933, die in überarbeiteter Form als „Allgemeine Pädagogik" seit 1950 mehrfach neu aufgelegt wurde und die – ebenso wie LANGEVELDS „Einführung in die theoretische Pädagogik" aus dem Jahre 1951 – im Traditionskontext der Geisteswissenschaftlichen Pädagogik zu verorten ist. Ausgehend von dem Verständnis von Pädagogik als einer pragmatischen Geisteswissenschaft entwickelt FLITNER ein System von pädagogischen Grundbegriffen, mit dessen Hilfe die Erziehungswirklichkeit im Bezugshorizont von Sitten und Lebensformen als wirksamen Erziehungskräften erschlossen werden kann (vgl. Flitner 1950). Zu erwähnen sind ferner Alfred PETZELTS „Grundzüge Systematischer Pädagogik" (1949), die der Tradition des Neukantianismus verpflichtet ist, sowie Theodor BALLAUFFS „Systematische Pädagogik" aus den frühen 60er Jahren, die – anknüpfend an die Existentialontologie HEIDEGGERS – ein neues pädagogisches Denkmodell zu entwickeln sucht, das die Anthropozentrik der traditionellen Bildungstheorien überwinden will und Prinzipien wie Sachlichkeit und Mitmenschlichkeit zu zentralen pädagogischen Schlüsselbegriffen macht (vgl. Ballauff 1962).

Während die Systematischen Pädagogiken somit in den 50er und frühen 60er Jahren eine Blütezeit erlebten, setzte zeitgleich mit der Expansion der Erziehungswissenschaft seit den 70er Jahren eine Stagnation in der allgemeinpädagogischen Diskussion ein. Neben GAMMS „Allgemeiner Pädagogik" aus dem Jahre 1979, die sich auf eine materialistische Deutung der bürgerlichen Gesellschaft konzentriert, ist in den vergangenen zwei Jahrzehnten nur noch ein pädagogischer Systementwurf vorgelegt worden, nämlich BENNERS „Allgemeine Pädagogik" aus dem Jahre 1987. An dieser aktuellsten Variante einer Allgemeinen Pädagogik läßt sich somit exemplarisch prüfen, inwiefern die Ausdifferenzierungsprozesse der Erziehungswissenschaft und – damit einhergehend auch der pädagogischen Praxis- und Berufsfelder – im allgemeinpädagogischen Diskurs bei der Konzipierung des theoretischen Bezugsrahmens, der Grundbegriffe und der Definition des Gegenstandsbereiches Berücksichtigung gefunden haben.

BENNER wählt bei seiner problemgeschichtlich entwickelten und praxisphilosophisch fundierten Begründung einer Allgemeinen Pädagogik einen praxeologischen Ausgangspunkt. Das menschliche Zusammenleben ist für ihn durch sechs Grundphänomene, durch sechs Einzelpraxen bestimmt, zu denen neben Ökonomie, Ethik, Politik, Kunst und Religion auch die Erziehung zählt (vgl. Benner 1987, S. 21). Den weiteren systematischen Aufbau seiner „Allgemeinen Pädagogik" stützt BENNER (vgl. ebd., S. 47) dann auf vier Prinzipien: „Bildsamkeit" und „Aufforderung zur Selbsttätigkeit" versteht er als konstitutive, „historisch-apriorische" Prinzipien pädagogischen Denkens und Handelns. Diese Prinzipien wurden zwar von der bürgerlichen Philosophie und Pädagogik des 18. Jahrhunderts schriftlich fixiert, ihre Geltung müsse jedoch immer schon mit der Existenz der Menschen als gegeben unterstellt werden.

Die beiden anderen regulativen Prinzipien beziehen sich als „historisch-aposteriorische" Prinzipien hingegen auf Aufgaben, die sich erst mit der Herausbildung der modernen Gesellschaft entwickelt haben: die „Überführung gesellschaftlicher Determination in pädagogische Determination" und die „Ausrichtung der menschlichen Gesamtpraxis an der Aufgabe einer nicht-hierarchischen und nicht-teleologischen Ordnung der menschlichen Gesamtpraxis" (Benner 1987, S. 48). Aus diesem Zusammenhang konstitutiver und regulativer Prinzipien pädagogischen Denkens und Handelns entwickelt BENNER (vgl. ebd., S. 197 ff.) die systematische Gliederung der Erziehungswissenschaft in eine Theorie der Erziehung, der Bildung und der pädagogischen Institutionen, für die die verschiedenen Prinzipien mit unterschiedlichem Akzent als richtungsweisende Bezugspunkte fungieren. Abschließend unterscheidet er drei grundlegende pädagogische Handlungsdimensionen, die aus der Finalität pädagogischen Handelns hergeleitet werden: Pädagogische Praxis als sich selbst negierendes Gewaltverhältnis, als bildende Erweiterung von Erfahrung und Umgang durch erziehenden Unterricht und schließlich als Reintegration der pädagogischen Praxis in die menschliche Gesamtpraxis (vgl. Benner 1987, S. 184; Benner 1994, S. 313).

Auch wenn BENNERS „Allgemeine Pädagogik" mit dem Anspruch auftritt, das Spektrum von Erziehung insgesamt als eine Form menschlicher Gesamtpraxis zu behandeln, so zeigen die Grundbegriffe dieses Theoriekonzeptes „Bildsamkeit", „Heranwachsende", „erziehender Unterricht", auch die pädagogische Institutionentheorie wird fast ausschließlich am Beispiel der Schule festgemacht -, daß es sich hier eher um eine schulzentrierte Variante einer Allgemeinen Pädagogik handelt, die noch ganz in der Tradition der Systematischen Pädagogik HERBARTS steht. Außerdem stellt sich die Frage, ob der Bezug auf eine Handlungstheorie als einziger Referenztheorie einer Allgemeinen

Pädagogik nicht den analytischen Blick auf die gesellschaftlichen Bedingungen pädagogischen Handelns versperrt (vgl. Gängler 1988, S. 63). BENNER verfolgt mit seinem Entwurf einer Allgemeinen Pädagogik die Intention, „problemgeschichtliche und systematische Perspektiven für eine Einheit der Pädagogik angesichts der Vielheit pädagogischer Berufe und erziehungswissenschaftlicher Teildisziplinen formuliert zu haben" (Benner 1987, S. 290). De facto gelingt es in diesem Theorieentwurf die Einheit der Pädagogik jedoch nur deshalb herzustellen, weil genau jener Ausdifferenzierungsprozeß der Erziehungswissenschaft in verschiedene Teildisziplinen und Praxisfelder aus dem systematischen Focus weitgehend ausgeblendet bleibt.

Diese Engführung des allgemeinpädagogischen Diskurses auf eine primär schulzentrierte Perspektive läßt sich nicht nur an den großen Systementwürfen, wie BENNERS Allgemeiner Pädagogik, aufzeigen. Auch in jenen stärker wissenschaftstheoretisch orientierten Arbeiten, die in der Nachfolge der geisteswissenschaftlichen Pädagogik im Kontext der empirischen bzw. kritischen Erziehungswissenschaft seit den frühen 70er Jahren entstanden sind, dokumentiert sich diese Tendenz. So wird in der empirischen Erziehungswissenschaft, sei es in der kritisch-rationalen Version von BREZINKA (1978) oder in der empirisch-rationalen Variante von KLAUER (1973), der Erziehungsbegriff weitgehend auf Lernen und zudem noch auf schulisches Lernen eingeschränkt (vgl. auch die Kritik von Kluge 1983, S. 120). Ebenso sind zwei der zentralen Theoriekonzepte einer kritischen Erziehungswissenschaft, nämlich SCHÄFER/SCHALLERS (1971) kritisch-kommunikative und KLAFKIS (1976) kritisch-konstruktive Erziehungswissenschaft, im schultheoretischen und didaktischen Diskussionskontext entstanden (vgl. ähnlich Krüger/Lersch 1982) und dementsprechend bei der Konzeptualisierung des pädagogischen Gegenstandsbereiches weitgehend auf den Bereich der Schule fixiert[3].

Die exemplarische Analyse[4] von einigen zentralen systematischen oder eher wissenschaftstheoretisch ausgerichteten Studien zur Allgemeinen Pädagogik aus den vergangenen zwei Jahrzehnten zeigt, daß die Allgemeine Pädagogik in

---

3 Eine Ausnahme stellt in dieser Hinsicht lediglich Mollenhauers Studie „Theorien zum Erziehungsprozeß" aus dem Jahre 1972 dar, in der unter Bezug auf kommunikationstheoretische, interaktionistische und materialistische Erklärungsmodelle versucht wird, die normativen Voraussetzungen und gesellschaftlichen Bedingungen von pädagogischen Kommunikations- und Interaktionsprozessen in schulischen und sozialpädagogischen Praxisfeldern analytisch zu fassen.

4 Bei der Analyse der grundlegenden Arbeiten zur Allgemeinen Pädagogik wurden nur jene systematischen oder wissenschaftstheoretischen Studien mit berücksichtigt, die in den einschlägigen Überblicken (vgl. etwa Kluge 1983; Benner 1989) gleichsam als Klassiker und Standardwerke für die jeweiligen Richtungen behandelt werden. Aus Umfangsgründen und aus systematischen Gründen nicht thematisiert wurden jene mehr bilanzierenden Einführungen in die Pädagogik (vgl. etwa Dietrich 1988; Giesecke 1991; Gudjons 1995; Lassahn 1983; Treml 1987; Wulf 1983), die in den vergangenen Jahrzehnten erschienen sind.

ihrer Gegenstandsbestimmung, ihrer disziplinären Matrix und in ihren Diskursen bislang kaum auf die Ausdifferenzierungsprozesse der Erziehungswissenschaft, der Ausbildungsgänge und der pädagogischen Handlungsfelder reagiert hat. Vielmehr könnte man sogar zugespitzt formulieren, daß sie mit ihrem schulzentrierten Blick hinter ein Gegenstandsverständnis zurückgefallen ist, wie es in der Tradition der geisteswissenschaftlichen Pädagogik, in FLITNERS „Allgemeiner Pädagogik" (1950) oder in NOHLS „Die pädagogische Bewegung in Deutschland und ihre Theorie" (1935), schon expliziert worden ist. So wies Herman NOHL in seiner Studie von 1935 bereits darauf hin, daß die Pädagogik im ersten Drittel des 20. Jahrhunderts eine enorme Expansion erfahren hat: „War die Pädagogik bisher fast ausschließlich Schulpädagogik gewesen, ja enger noch Schulmethodik, so erfuhr sie mit ihrem neuen Selbstbewußtsein eine ganz neue Verbreitung ihres Arbeitsgebietes. Vom Kindergarten, ja von der Säuglingsfürsorge und Mütterberatung angefangen bis zur Jugendpflege, Volkshochschule und Elternschule, durch die ganze Welt der Schulsysteme in allen ihren Verzweigungen bis zur Universität und bis zur Heilpädagogik, Fürsorge und Gefangenenerziehung..." (Nohl 1935, S. 11 f.).
Im Gegensatz dazu ist die gegenwärtige Allgemeine Pädagogik in ihren dominanten Strömungen primär schulorientierte Bildungs- und Erziehungstheorie, und sie hat sich bislang kaum jenen Fragen und Aufgaben geöffnet, wie sie sich etwa im Kontext von Sozialpädagogik oder Erwachsenenbildung stellen. Es scheint sogar so, daß der Diskurs über das Allgemeine, über Grundlegungsfragen erziehungswissenschaftlicher Theoriebildung zumindest partiell inzwischen in die expandierenden Teildisziplinen abgewandert ist (vgl. etwa Kade 1989; Winkler 1988; Brumlik/Brunkhorst 1993). Insofern befindet die Allgemeine Pädagogik sich nicht nur in quantitativer, sondern auch in qualitativer Hinsicht auf dem Rückzug (vgl. dazu auch Macke 1994).

2. Zur Neukonturierung der Allgemeinen Erziehungswissenschaft – Theorie-, Forschungs- und Ausbildungsaufgaben

2.1

Will Allgemeine Pädagogik jedoch mehr sein als Spezialist für die pädagogische Vergangenheit oder für das abstrakte Allgemeine, mehr sein als Bewahrer einer pädagogischen Ideengeschichte, will sie also Anschluß finden an alle Bereiche erziehungswissenschaftlicher Theorieentwicklung und Forschung, so hat sie zunächst einmal ihren Gegenstandsbereich neu bzw. umfassender zu definieren. Denn gilt es gegenwärtig einen pädagogischen Grundgedanken zu entwickeln, der für die Konzeptualisierung des pädagogischen Gegenstandsfeldes richtungweisend sein und für alle erziehungswissenschaftlichen Teildisziplinen Geltung beanspruchen kann, so ist dies der Befund der Ausdifferenzierung der pädagogischen Praxisfelder und der Entgrenzung des Pädagogischen. Angesichts der Scholarisierung der Gesellschaft, der Universalisierung von Bildung und der Erweiterung der Aufgaben der Sozialen Arbeit sind die AdressatInnen pädagogischen Handelns nicht mehr allein Heranwachsende, sondern Menschen aller Altersgruppen (vgl. Tenorth 1988, S. 316; Thiersch 1990, S. 723). Der „homo paedagogicus" ist zum Normalbürger geworden, lernbereit die Chancen der Weiterbildung oder hilfesuchend die Leistungsangebote der sozialen Dienste nutzend (vgl. Tenorth 1992, S. 136; Rauschenbach 1992 b, S. 51).

Vor dem Hintergrund dieser Entwicklung können auch die aktuellen Prozesse pädagogischen Handelns wohl kaum noch mit Begriffen wie etwa „erziehender Unterricht" allein adäquat gefaßt werden. Notwendig sind vielmehr kategoriale Erweiterungen und neue empirische Vermessungen des pädagogischen Handelns. Da alle Lebensalter heute lernwillig und von Lernprozessen abhängig sind, hat der Erziehungsbegriff an Bedeutung eingebüßt. Der Begriff des Lernens (vgl. Giesecke 1989, S. 13) wird zu einer zentralen Prozeßkategorie, Bildung als Aneignung von Wissen über die Welt (vgl. Kade 1993) wird zu einer richtungweisenden Zielkategorie für pädagogische Handlungsprozesse innerhalb und außerhalb von Bildungsinstitutionen. Parallel dazu erfordert die Ausdifferenzierung der Aufgaben der Sozialen Arbeit eine kategoriale Erweiterung der Dimensionen pädagogischen Handelns (vgl. Thiersch 1990, S. 723).

Angesichts der Expansion und Ausfächerung der Arbeitsfelder der Pädagogik ist es auch notwendig, den analytischen Blick von der Schule als vermeintlich zentraler pädagogischer Institution zu lösen und andere organisierte bzw. informelle pädagogische Kontexte von der Jugendwohngemeinschaft über Fußballfanprojekte bis hin zur Reisegruppe in der Gegenstandsbestimmung mit zu berücksichtigen (vgl. Lüders/Kade/Hornstein 1995, S. 212). Und erforderlich ist es schließlich auch, pädagogische Handlungsprozesse und Institutionen nicht allein in universellen gesellschaftlichen Praxen zu verorten, sondern in eine historisch sensible Gesellschafts- und Modernisierungstheorie einzubinden.

2.2

Eine zweite zentrale Aufgabe, die sich für die Allgemeine Erziehungswissenschaft stellt, ist es, Theoriediskurse in den Nachbardisziplinen und den erziehungswissenschaftlichen Teildisziplinen zu bündeln und systematisch aufeinander zu beziehen. Die denkbare Alternative, eine neue einheitliche allgemeinpädagogische Großtheorie in Gestalt etwa einer Bildungswissenschaft oder einer Kulturwissenschaft zu entwickeln (vgl. auch Kade 1994, S. 159), scheint mir vor dem Hintergrund der Ausdifferenzierungsprozesse der Disziplin wenig realistisch. Außerdem haben solche Großtheorien den Nachteil, daß sie zwar oft systematisch stringent begründet, in der Regel aber für empirische Untersuchungen kaum anschlußfähig sind. Deshalb ist es notwendig, nach „Brücken-konzepten" Ausschau zu halten, die pädagogische Gegenwartsdiagnosen er-möglichen und Ansatzpunkte für die Verknüpfung von theoretischen Diskus-sionen und die Ingangsetzung von empirischen Studien in der Allgemeinen Er-ziehungswissenschaft und den Teildisziplinen bieten.

Solch ein „Brückendiskurs" war in den letzten Jahren sicherlich das von BECK (1986, 1993), BERGER (1986) und OFFE (1986) entwickelte Theoriekonzept einer reflexiven Modernisierung, in dem Modernisierung für den Anspruch auf Em-pirisierung der Moderne steht. Dieser Theorietyp geht davon aus, daß gegen-wärtig ein Bruch in der Moderne stattgefunden hat und sich die Problemlagen einer Modernisierung im Selbstbezug in den Diversifikationen von Lebensfor-men, in Veralltäglichungsprozessen von Wissenschaft sowie in der Dialektik ge-stiegener individueller Entscheidungs- und Handlungsspielräume, aber auch in neuen Belastungspotentialen für die Subjekte dokumentieren. Das Theorem von der reflexiven Modernisierung ist zunächst von den Vertretern der Teildisziplinen, der Erwachsenenbildung (vgl. Kade 1989) und der Sozial-pädagogik (vgl. Karsten/Otto 1990) und dann auch punktuell in der Allgemei-nen Erziehungswissenschaft (vgl. Krüger 1990, 1995; Lenzen 1991, 1994) mit dem Ziel aufgegriffen worden, die ambivalenten Folgeeffekte einer reflexiven Modernisierung von Erziehungsverhältnissen zu analysieren.

Eine Schwäche dieses Theorieansatzes besteht sicherlich darin, daß er in seiner eher makrosozialen Orientierung noch ganz der traditionellen Ausrichtung der soziologischen Klassiker folgt und – um die Genese der an pädagogischen Handlungsprozessen beteiligten Individuen erklären zu können – einer sub-jekttheoretischen Ergänzung bedarf, für die z.B. HEITMEYER und OLK iden-titätstheoretische Konzepte als diskussionswürdige Ansätze vorschlagen (vgl. Heitmeyer/Olk 1990, S. 21). Außerdem darf die Öffnung der pädagogischen Theoriediskussion hin zur Gesellschafts- und Sozialisationstheorie nicht wie in den 70er Jahren dazu führen, daß die disziplinäre Identität und das genuine Ka-tegoriengefüge der Erziehungswissenschaft zugunsten sozialwissenschaftlicher Begriffe und Konzepte vollkommen aufgelöst wird (Herrmann 1989). Sinnvoll ist hingegen Austausch und Kommunikation, bei der unter Rekurs auf sozial-wissenschaftliche Erklärungsansätze und auf einheimische pädagogische Theo-reme und Begriffe die veränderten institutionellen und gesellschaftlichen Be-dingungen von Erziehung, Lernen und Bildung im Zeitalter der reflexiven Mo-dernisierung herausgearbeitet werden können.

2.3

Eine dritte Aufgabe der Allgemeinen Erziehungswissenschaft sehe ich darin, Forschungsthemen, die sich für die erziehungswissenschaftliche Grundlagen-forschung und Anwendungsforschung aus derartigen Gegenwartsdiagnosen ergeben, zu bündeln und in Kooperation mit den VertreterInnen der Teildisziplinen empirisch zu bearbeiten. Als zentrale Forschungsdesiderata seien exemplarisch genannt:

- die Folgen einer Entstrukturierung, Individualisierung und Restandardisierung des Lebenslaufes, die alle Lebensalter von der Kindheit bis zum Alter mit neuen Ungewißheitsrisiken belasten, und deren Auswirkungen auf die pädagogischen Generationenbeziehungen (vgl. Krüger 1993, S. 23);
- die Veränderungstendenzen der Familie und der Geschlechterverhältnisse, die gleichzeitig einen fundamentalen Umbau der gesellschaftlichen Sozialformen, des Verhältnisses von privater und öffentlicher Erziehung (Kindertagesstätten, Ganztagsschulen etc.) und eine Neuformatierung der Geschlechterbeziehungen notwendig machen (vgl. Rauschenbach 1992 b, S. 55);
- die Auswirkungen eines zweiten Modernisierungsschubes im Bildungssystem, der zwar einerseits zu einer Verallgemeinerung der Bildungsbeteiligung und zu einer Verbesserung der Bildungschancen für junge Frauen sowie zu einer Informalisierung der Schulkultur, andererseits aber auch zu einer Entwertung des gesellschaftlichen Gratifikationspotentials der Bildungsabschlüsse und zu einem instrumentell-strategischen Umgang der Schüler mit den Lehrinhalten geführt hat (vgl. Krüger 1990, S. 14);
- die Konsequenzen einer Universalisierung der Erwachsenenbildung, die sich in Tendenzen hin zu einer Entgrenzung der Erwachsenenbildungsinstitutionen, einer Individualisierung des Umgangs mit Bildungsangeboten und einer Pädagogisierung der Lebensführung dokumentieren (vgl. Kade 1989; Kade/Seitter 1996);
- die Erosion gewachsener, traditioneller Lebenszusammenhänge, die es notwendig macht, Gemeinschaft, Solidarität und Hilfestellung subsidiär zu „inszenieren" (vgl. Rauschenbach 1992 b, S. 45);
- die durch die mikroelektronische Revolution sowie durch den dramatischen Strukturwandel der neu formierten deutsch-deutschen Gesellschaft u. a. verursachte Massenarbeitslosigkeit mit ihren Auswirkungen auf Arbeitsorientierungen und Lebensentwürfe (vgl. Kohli/Joas 1993);
- schließlich die Erosionsprozesse traditioneller pädagogischer Berufsrollen und die vielfältigen Mischungsverhältnisse zwischen Laien, Ehrenamtlichen und Hauptamtlichen in pädagogischen Berufen, die die erziehungswissenschaftliche Professionalisierungsforschung vor neue empirische Herausforderungen stellen (vgl. Hornstein/Lüders 1989).

Die genannten Punkte sind sicherlich nicht vollständig, ließen sich zweifelsohne vermehren. Gleichwohl zeigen sie einige zentrale Forschungsthemen auf, die in Kooperation zwischen der Allgemeinen Erziehungswissenschaft und den Teildisziplinen, der Bildungsforschung, der Erwachsenenbildung, der Sozialpädagogik zu untersuchen wären.

2.4

Als vierte Aufgabe der Allgemeinen Erziehungswissenschaft nenne ich die Fortschreibung der Wissenschaftsforschung, wie sie auch im Rahmen der Erziehungswissenschaft im vergangenen Jahrzehnt in historischer, systematischer und empirischer Hinsicht erfolgreich in Gang gesetzt worden ist (vgl. dazu insbesondere die Studien aus dem Umfeld der Kommission Wissenschaftsforschung der DGfE). Dazu gehört als originäre Forschungsaufgabe der Allgemeinen Pädagogik die kontinuierliche Selbstbeobachtung der Entwicklung der Disziplin ebenso wie die Analyse der Formen, Orte und Verwendungszusammenhänge pädagogischen Wissens, die empirisch und konzeptionell in der Erziehungswissenschaft noch in den Anfängen steckt (vgl. Tenorth 1990, S. 16; Oelkers/Tenorth 1992). Vor dem Hintergrund der deutsch-deutschen Vereinigung stellt zudem die internalistisch-rekonstruktive und wissenssoziologische bzw. gesellschaftsgeschichtliche Aufarbeitung der DDR-Pädagogik für ost- und westdeutsche Erziehungswissenschaftler ein neues wichtiges Forschungsgebiet dar (vgl. Cloer/Wernstedt 1994; Krüger/Marotzki 1994).

Notwendig ist es auch, die in den letzten beiden Jahren vorgelegten Bilanzierungsversuche der Paradigmen-Diskussion (vgl. Hoffmann 1991) in der Erziehungswissenschaft darauf hin zu prüfen, welche Anregungen sie für die metatheoretische und methodologische Grundierung der hier favorisierten sozialwissenschaftlich und empirisch orientierten Variante von Erziehungswissenschaft geben können. Meiner Ansicht nach liegen die Defizite der kritischen Erziehungswissenschaft nicht in einem zuviel, sondern in einem Mangel an sozialwissenschaftlicher Reflexion und umfassender empirischer Forschung (vgl. auch Brunkhorst 1990, S. 141). Umgekehrt hat die von Tenorth (1991) zu Recht kritisch resümierte bescheidene Erfolgsbilanz des empirisch-analytischen Paradigmas in den Erziehungswissenschaften nicht in den verwendeten quantitativen Forschungsmethoden ihre Ursache. Diese Art von empirischer pädagogischer Forschung war bislang vielmehr Praxis ohne Programm. Es fehlten umfassende Theoriebezüge, aus denen sich erst spannende Forschungsfragen generieren lassen. Mit dem Diskurs um eine reflexive Modernisierung liegt nun ein Theorieangebot für die sozial- und erziehungswissenschaftliche Forschung vor, das in der Lage zu sein scheint, eine Brücke zwischen aufgeklärter Theorie und solider empirischer Forschung zu schlagen. Auch Dieter Lenzen plädiert neuerdings dafür, empirisch-analytische erziehungswissenschaftliche Forschung unter dem Signum der Produktion von Risikowissen zu betreiben (vgl. Lenzen 1991, S. 117). Und wie fruchtbar eine Anbindung qualitativ gewonnener erziehungswissenschaftlicher Forschungsansätze, die sich z. B. auf die methodischen Ansätze von Oevermann oder Schütze stützen, an modernisierungstheoretische Diskurse sein kann, haben in den letzten Jahren eine Reihe von Arbeiten aus dem Kontext der Erwachsenenbildungsforschung, der Biographieforschung oder der Jugendforschung (vgl. Kade 1989; Krüger/Marotzki 1995; Fuchs-Heinritz/Krüger 1991) deutlich gemacht.

2.5

Bleibt als fünfte Aufgabe der Allgemeinen Erziehungswissenschaft abschließend noch zu erwähnen, daß sie sich nicht nur dem Forschungs-, sondern auch dem Ausbildungsproblem stellen muß. Dazu hat sie im Kontext der Wissenschaftsforschung in den letzten Jahren erste interessante historische Bilanzen (Lüders 1987), im Rahmen der erziehungswissenschaftlichen Professionalisierungsdebatte erste anspruchsvolle theoretische Systematisierungsversuche vorgelegt (vgl. Dewe/Ferchhoff/Ratke 1992; Koring 1992; Prange 1991). In Anlehnung an KORING gehe ich davon aus, daß in erziehungswissenschaftlichen Hauptfachstudiengängen vier grundlegende Wissensbereiche repräsentiert sein sollten: das Wissen der Disziplin Erziehungswissenschaft, adressaten- und situationsbezogenes Wissen, pädagogisches Professionswissen und wissenschaftliches Fachwissen, bei dem es um die Inhalte geht, die später bei der pädagogischen Tätigkeit vermittelt werden sollen (vgl. Koring 1992, S. 111 ff.)[5]. In Kooperation mit den Nachbardisziplinen (Psychologie, Soziologie, Politikwissenschaft, Philosophie) und den Teildisziplinen ist die Allgemeine Erziehungswissenschaft vorrangig für die Vermittlung des erziehungswissenschaftlichen Disziplinwissens, der Grundbegriffe, Geschichte, Richtungen und Forschungsmethoden sowie des adressaten-[und situationsbezogenen Wissens, des Wissens über die Klientel und die gesellschaftlichen Rahmenbedingungen von pädagogischen Situationen zuständig. Umgekehrt sollten die Teildisziplinen, wie etwa die Erwachsenenbildung oder die Sozialpädagogik, den Akzent auf ihre jeweiligen Grundlagen und das professionsbezogene Wissen (methodisches und didaktisches Wissen, Kenntnisse der administrativen und rechtlichen Grundlagen und institutionellen Strukturen) setzen.

3. Fazit und Ausblick

Sollte durch meine Überlegungen zur gegenwärtigen Verfaßtheit und zu den Aufgaben der Allgemeinen Erziehungswissenschaft der Eindruck entstanden sein, daß ich den Ausdifferenzierungsprozeß der Disziplin Erziehungswissenschaft in den letzten zwanzig Jahren gleichsam zurücknehmen und alle Aufgaben der Theorieentwicklung, Forschung und Ausbildung für die Allgemeine Pädagogik allein reservieren möchte, so würde ich gründlich mißverstanden. Ziel meiner Reflexionen war es lediglich, darauf hinzuweisen, daß sich die All-

---

5 Diese vier Wissenskomponenten sind auch in jeder Lehramtsausbildung enthalten, wobei hier der Fachstudienanteile gegenüber den pädagogischen Studienanteilen in der Regel leider deutlich dominieren.

gemeine Pädagogik aus dem Ghetto von Schultheorie, Unterrichtswissenschaft und ihrer alleinigen Fixierung auf die Lehrerbildung lösen und sich in ihrer disziplinären Matrix und der Bestimmung ihrer Forschungs- und Ausbildungsaufgaben für jene Teildisziplinen öffnen muß, die aufgrund der Expansion erziehungswissenschaftlicher Hauptfachstudiengänge und der Ausweitung des außerschulischen Arbeitsmarktes für Pädagogen (Rauschenbach 1992 a) ein zunehmendes Gewicht bekommen haben. Hans THIERSCH hat mit Recht darauf hingewiesen, daß das 19. Jahrhundert das Jahrhundert der Schule war, in der sich die Schulpflicht, das flächendeckende Schulangebot und die Lehrerausbildung sukzessive etabliert haben, während in den ersten Jahrzehnten dieses Jahrhunderts sich neben der Schule – bildhaft gesprochen – der neue Horizont außerschulischer Pädagogik aus dem Wasser hebt (vgl. Thiersch 1992, S. 14). Der Diskurs in der Allgemeinen Pädagogik in den 20er und 30er Jahren dieses Jahrhunderts hat insofern auf diesen ersten Modernisierungsschub im Bildungs-, Erziehungs- und Sozialwesen angemessen reagiert, als in den allgemeinpädagogischen Systementwürfen der Geisteswissenschaftlichen Pädagogik bei FLITNER (1933) und NOHL (1935) mit dem allerdings etwas „dunklen" Grundbegriff der Erziehungsgemeinschaften die außerschulischen Arbeitsfelder wie Kindergarten, Jugendgruppe oder Erwachsenenbildung mit in die kategoriale Analyse einbezogen wurden.
In den allgemeinpädagogischen Systementwürfen der 60er bis 80er Jahre wurden diese theoretischen Überlegungen nicht weiterentwickelt, sondern es setzte zumeist erneut eine Blickverengung auf schulpädagogische Fragestellungen ein. Die Zukunft der Allgemeinen Pädagogik wird jedoch davon abhängen, inwieweit es ihr gelingt, sich vor den ihr zugewachsenen neuen Aufgaben neu zu konturieren. Eine solche Antwort der Allgemeinen Pädagogik auf den zweiten Modernisierungsschub im Bildungs-, Erziehungs- und Sozialwesen im letzten Drittel des 20. Jahrhunderts steht jedoch noch weitgehend aus.

Literatur

Ballauff, Th.: Systematische Pädagogik, Heidelberg 1962.
Beck, U.: Risikogesellschaft. Auf dem Weg in eine andere Moderne, Frankfurt a. M. 1986.
Beck, U.: Die Erfindung des Politischen, Frankfurt a. M. 1993.
Benner, D.: Systematische Pädagogik, in: Lenzen, D. (Hrsg.), Pädagogische Grundbegriffe, Band 2, Reinbeck 1989, S. 1231–1246.
Benner, D.: Allgemeine Pädagogik, Weinheim und München 1987.
Benner, D.: Systematische Pädagogik und historische Rekonstruktion, in: Benner, D.: Studien zur Theorie der Erziehungswissenschaft, Band 1, Weinheim und München 1994, S. 295–318.
Berger, J. (Hrsg.): Die Moderne – Kontinuitäten und Zäsuren (Soziale Welt, Sonderband 4), Göttingen 1986.
Brezinka, W.: Metatheorie der Erziehung, München 1978.

Brumlik, M./Brunkhorst, H. (Hrsg.): Gemeinschaft und Gerechtigkeit, Frankfurt a. M. 1993.

Brunkhorst, H.: Die hermeneutische Regression des emanzipatorischen Erkenntnisinteresses der Erziehungswissenschaften, in: Krüger, H.-H. (Hrsg.), Abschied von der Aufklärung? Perspektiven der Erziehungswissenschaft, Opladen 1990, S. 141–156.

Cloer, E./Wernstedt, R. (Hrsg.): Pädagogik in der DDR, Weinheim 1994.

Dewe, B./Ferchhoff, W./Radke, F. O. (Hrsg.): Erziehen als Profession, Opladen 1992.

Dietrich, Th.: Zeit- und Grundfragen der Pädagogik, Bad Heilbrunn 1988.

Flitner, W.: Systematische Pädagogik (1933), in: Flitner, W., Pädagogik, Ges. Schriften Band 2, Paderborn u.a. 1983, S. 9–122.

Flitner, W.: Allgemeine Pädagogik (1950), in: Flitner, W., Pädagogik Ges. Schriften, Band 2, Paderborn u. a.1983, S. 123–279.

Fuchs-Heinritz, W./Krüger, H.-H.: Feste Fahrpläne durch die Jugendphase? Opladen 1991.

Gängler, H.: Rezension zu Dietrich Benner „Allgemeine Pädagogik", in: Sozialwissenschaftliche Literatur Rundschau, 11. Jg., 1988, Heft 16, S. 61–63.

Giesecke, H.: Einführung in die Pädagogik, Weinheim und München [2]1991.

Giesecke, H.: Pädagogik als Beruf, Weinheim und München [2]1989.

Gudjons, H: Gliederung und „Systematik" der Erziehungswissenschaft, in: Bastian, J./ Gudjons, H., Das Pädagogikstudium, Weinheim und Basel 1993, S. 71–86.

Gudjons, H.: Pädagogisches Grundwissen, Bad Heilbrunn [4]1995.

Heitmeyer, W./Olk, Th. (Hrsg.): Individualisierung von Jugend, Weinheim und München 1990.

Herbart, J. F.: Allgemeine Pädagogik aus dem Zweck der Erziehung abgeleitet (1806), in: Herbart, J. F., Systematische Pädagogik, Stuttgart 1986, S. 71-191.

Hornstein, W./Lüders, Ch.: Professionalisierungstheorie und pädagogische Theorie, in: Zeitschrift für Pädagogik, 35. Jg., 1989, Heft 6, S. 749–769.

Herrmann, U.: Die Kommission Wissenschaftsforschung der DGfE, in: König, E./Zedler, P. (Hrsg.), Rezeption und Verwendung erziehungswissenschaftlichen Wissens in pädagogischen Handlungs- und Entscheidungsfeldern, Weinheim 1989, S. 1–20.

Hoffmann, D. (Hrsg.): Bilanz der Paradigmendiskussion in der Erziehungswissenschaft, Weinheim 1991.

Kade, J.: Erwachsenenbildung und Identität, Weinheim 1989.

Kade, J.: Aneignungsverhältnisse diesseits und jenseits der Erwachsenenbildung, in: Zeitschrift für Pädagogik, 39. Jg., 1993, Heft 3, S. 391–408.

Kade, J.: Offene Übergänge. Zur Etablierung der Erwachsenenbildung als erziehungswissenschaftliche Teildisziplin, in: Krüger/Rauschenbach (1994), S. 147–163.

Kade, J:: Universalisierung und Individualisierung der Erwachsenenbildung, in: Zeitschrift für Pädagogik, 35. Jg., 1989, S. 789–808.

Kade, J./Seitter, W.: Lebenslanges Lernen. Mögliche Bildungswelten, Opladen 1996.

Karsten, M. E./Otto, H. U.: Die „postmoderne Familie" – Nur ein Zitat der Idee der bürgerlichen Familie? in: Krüger, H.-H. (Hrsg.), Abschied von der Aufklärung? Perspektiven der Erziehungswissenschaft, Opladen 1990, S. 159–174.

Klafki, W.: Aspekte kritisch-konstruktiver Erziehungswissenschaft, Weinheim und Basel 1976.

Klauer, K. J.: Revision des Erziehungsbegriffs, Düsseldorf 1973.

Kluge, N.: Einführung in die systematische Pädagogik, Darmstadt 1983.

Kohli, M./Joas, H. (Hrsg.): Der Zusammenbruch der DDR, Soziologische Analysen, Frankfurt a. M. 1993.

Koring, B.: Grundprobleme pädagogischer Berufstätigkeit, Bad Heilbrunn 1992.

Krüger, H.-H.: Allgemeine Pädagogik auf dem Rückzug? in: Krüger/Rauschenbach (1994), S. 115–130.

Krüger, H.-H.: Erziehungswissenschaft im Spannungsfeld von Kontinuitäten und Zäsuren der Moderne, in: Krüger, H.-H., Abschied von der Aufklärung? Perspektiven der Erziehungswissenschaft, Opladen 1990, S. 7–22.

Krüger, H.-H.: Erziehungswissenschaft in den Antinomien der Moderne, in: Krüger, H.-H./Helsper, W. (Hrsg.), Einführung in Grundbegriffe und Grundfragen der Erziehungswissenschaft, Opladen 1995, S. 319–328.

Krüger, H.-H.: Geschichte und Perspektiven der Jugendforschung, in: Krüger, H.-H. (Hrsg.), Handbuch der Jugendforschung, Opladen 2 1993, S. 17–29.

Krüger, H.-H./Lersch, R.: Lernen und Erfahrung, Bad Heilbrunn 1982, 2. Auflage Opladen 1993.

Krüger, H.-H./Marotzki, W. (Hrsg.): Pädagogik und Erziehungsalltag in der DDR, Opladen 1994.

Krüger, H.-H./Rauschenbach, Th. (Hrsg.): Erziehungswissenschaft. Die Disziplin am Beginn einer neuen Epoche, Weinheim und München 1994.

Krüger, H.-H./Marotzki, W. (Hrsg.): Erziehungswissenschaftliche Biographieforschung. Opladen 1995.

Langeveld, M. J.: Einführung in die theoretische Pädagogik, Stuttgart 1951.

Lassahn, R.: Grundriß einer Allgemeinen Pädagogik, Heidelberg 2 1983.

Lenzen, D.: Allgemeine Erziehungswissenschaft für Anfänger, in: Müller, D. K. (Hrsg.), Pädagogik, Erziehungswissenschaft, Bildung, Köln 1994, S. 3–22.

Lenzen, D.: Pädagogik – Erziehungswissenschaft, in: Lenzen, D. (Hrsg.), Pädagogische Grundbegriffe, Band 2, Reinbeck 1989, S. 1105–1117.

Lenzen, D.: Pädagogisches Risikowissen, Mythologie der Erziehung und pädagogische Methexis, in: Oelkers, J./Tenorth, H. E. (Hrsg.), Pädagogisches Wissen, 27. Beiheft der Zeitschrift für Pädagogik, Weinheim und Basel 1991, S. 109–125.

Lüders, Ch.: Der wissenschaftlich ausgebildete Praktiker, Weinheim 1987.

Lüders, Ch./Kade, J./Hornstein, W.: Entgrenzung des Pädagogischen, in: Krüger, H.-H./Helsper, W. (Hrsg.), Einführung in Grundbegriffe und Grundfragen der Erziehungswissenschaft, Opladen 1995, S. 207–216.

Macke, G.: Disziplinformierung als Differenzierung und Spezialisierung, in: Zeitschrift für Pädagogik, 36. Jg., 1990, Heft 1, S. 51–72.

Macke, G.: Disziplinärer Wandel. Erziehungswissenschaft auf dem Wege zur Verselbständigung ihrer Teildisziplinen, in: Krüger/Rauschenbach (1994), S. 48–68.

Macke, G.: Thematische und methodische Entwicklungen im Fach Erziehungswissenschaft, Freiburg i. Br. 1989.

Macke, G.: Ausbildung von Teildisziplinen – Differenzierung zwischen den Teildisziplinen, in: Erziehungswissenschaft, 3. Jg., 1992, Heft 5, S. 111–134.

Mollenhauer, K.: Theorien zum Erziehungsprozeß, München 1972.

Nohl, H.: Die pädagogische Bewegung in Deutschland und ihre Theorie (1935), Frankfurt a. M. 1988.

Oelkers, J./Tenorth, H. E. (Hrsg.): Pädagogisches Wissen, 27. Beiheft der Zeitschrift für Pädagogik, Weinheim und Basel 1991.

Offe, C.: Die Utopie der Null-Option, in: Berger, J. (Hrsg.), Die Moderne – Kontinuitäten und Zäsuren (Soziale Welt Sonderband 4), Göttingen 1986, S. 97–118.

Petzelt, A.: Grundzüge Systematischer Pädagogik, Freiburg 1949.

Prange, K.: Pädagogik im Leviathan. Ein Versuch über die Lehrbarkeit von Erziehung, Bad Heilbrunn 1991.

Rauschenbach, Th.: Sind nur Lehrer Pädagogen? in: Zeitschrift für Pädagogik, 38. Jg., 1992a, Heft 3, S. 385–417.

Rauschenbach, Th.: Soziale Arbeit und soziales Risiko, in: Ders./Gängler, H. (Hrsg.), Soziale Arbeit und Erziehung in der Risikogesellschaft, Neuwied und Berlin 1992 b, S. 25–59.

Rauschenbach, Th./Christ, B.: Abbau, Wandel oder Expansion. Zur disziplinären Entwicklung der Erziehungswissenschaft im Spiegel ihrer Stellenbesetzungen, in: Krüger/Rauschenbach (1994), S. 69–92.

Schäfer, K. H./Schaller, K.: Kritische Erziehungswissenschaft und kommunikative Didaktik, Heidelberg 1971.

Tenorth, H. E.: Geschichte der Erziehung, Weinheim und München 1988.

Tenorth, H. E.: Vermessung der Erziehungswissenschaft, in: Zeitschrift für Pädagogik, 36. Jg., 1990, Heft 1, S. 15–27.

Tenorth, H. E.: Empirisch-analytisches Paradigma: Programm ohne Praxis – Praxis ohne Programm, in: Hoffmann, D. (Hrsg.), Bilanz der Paradigmendiskussion in der Erziehungswissenschaft, Weinheim 1991, S. 1–16.

Tenorth, H. E.: Laute Klage – Stiller Sieg. Über die Unaufhaltsamkeit der Pädagogik in der Moderne, in: Benner, D./Lenzen, D./Otto, H. U. (Hrsg.), Erziehungswissenschaft zwischen Modernisierung und Modernitätskrise, 29. Beiheft der Zeitschrift für Pädagogik, Weinheim und Basel 1992, S. 129–140.

Thiersch, H.: Aschenputtel und ihre Schwestern – Ausbildungsprobleme und Berufsbedarf im Diplomstudium Erziehungswissenschaft/Sozialpädagogik, in: Zeitschrift für Pädagogik, 36. Jg., 1990, Heft 5, S. 711–727.

Thiersch, H.: Das sozialpädagogische Jahrhundert, in: Rauschenbach, Th./Gängler, H. (Hrsg.), Soziale Arbeit und Erziehung in der Risikogesellschaft, Neuwied und Berlin, S. 9–23.

Treml, A.: Einführung in die Allgemeine Pädagogik, Stuttgart u. a. 1987.

Winkler, M.: Eine Theorie der Sozialpädagogik, Stuttgart 1988.

Wulf, Ch.: Theorien und Konzepte der Erziehungswissenschaft, München [3]1983.

Dietrich Benner

Systematische Pädagogik und historische Rekonstruktion*

Zur Bedeutung der Strukturprinzipien pädagogischen Denkens und Handelns für die Verständigung über pädagogische Fragen und die Geschichtsschreibung der Pädagogik

Aufgabe systematischer Pädagogik ist es, einen pädagogischen Grundgedanken zu entwickeln, der die Struktur pädagogischen Denkens und Handelns, die handlungstheoretischen Fragestellungen der Erziehungswissenschaft und den Vermittlungszusammenhang von pädagogischer Praxis, pädagogischer Handlungstheorie und erziehungswissenschaftlicher Forschung klärt (vgl. Flitner 1970, S. 9 f.). Eine allgemein anerkannte systematische Pädagogik, die diesen Aufgaben genügt, gibt es für unsere Zeit nicht. In der gegenwärtigen Diskussion stehen vielmehr verschiedene Ansätze Allgemeiner Pädagogik einerseits (vgl. Ballauff 1984; Fischer 1984; Heitger 1984; Huschke-Rhein 1984; Schütz 1984) und Versuche andererseits, die das Ende systematischer Pädagogik feststellen und in ihr nunmehr eine überflüssige Disziplin zu erkennen vermögen, weitgehend unvermittelt nebeneinander (vgl. Lenzen 1987; Benner/Göstemeyer 1987).

Dies verweist darauf, daß die geisteswissenschaftliche Hoffnung, der pädagogische Grundgedanke lasse sich unmittelbar „aus der systematischen Analyse (der) Geschichte" gewinnen (Nohl 1948, S. 119), heute nicht mehr ausreicht, um die Verständigungsfunktion systematischer Pädagogik zu begründen. Gleichwohl muß gegen alle Versuche, systematische Pädagogik in Wissenschaftstheorie und Wissenschaftsgeschichte aufzulösen, an der unter anderem auch von der Geisteswissenschaftlichen Pädagogik vertretenen These vom Zusammenhang systematischer und historischer Pädagogik festgehalten werden. Auch nach dem Fraglichwerden der geschichtsmetaphysischen Annahme einer vorgegebenen Koinzidenz von Geschichte und Vernunft und einer in ihr begründeten Selbstoffenbarung der Idee der Erziehung ist systematische Pädagogik ohne eine historische Rekonstruktion des pädagogischen Grundgedankens nicht möglich. In diese müssen jedoch prinzipiengeleitete Problemstellungen eingehen, die nicht rekonstruktiv, sondern handlungstheoretisch zu begründen sind und die die historische Rekonstruktion davor bewahren können, in ideen-

* Wiederabdruck des Beitrages aus P. Zedler/E. König (Hrsg): Rekonstruktion pädagogischer Wissenschaftsgeschichte. Weinheim (Deutscher Studien Verlag) 1989; mit freundlicher Genehmigung des Autors, der Herausgeber und des Verlages.

und sozialgeschichtlichen Analysen ihren Gegenstand, die historisch-gesellschaftliche Entwicklung pädagogischen Denkens und Handelns, aus dem Blick zu verlieren.

Im Rückgriff auf einen gerade abgeschlossenen und im Rahmen einer Tagung der Kommission für Wissenschaftsforschung zur Diskussion gestellten Versuch, Anspruch und Leistungsfähigkeit systematischer Pädagogik problemgeschichtlich nachzuweisen und systematisch zu begründen (vgl. Benner 1987), wird im folgenden die Notwendigkeit systematischer Pädagogik zunächst an den Defiziten einer Verkürzung systematischer Pädagogik auf Wissenschaftstheorie (1.) und im Hinblick auf die fortschreitende Ausdifferenzierung der Pädagogik in wissenschaftliche Einzeldisziplinen und pädagogische Berufe (2.) erläutert und an den geschichtlichen Wandel systematischer Pädagogik erinnert (3.); dann werden in Auseinandersetzung mit der theoriegeschichtlichen Tradition der Pädagogik, die diesen Wandel auf einen ersten Begriff brachte, Prinzipien pädagogischen Denkens und Handelns (4.) sowie eine Gliederung der Pädagogik nach handlungstheoretischen Fragestellungen (5.) vorgestellt, welche die neuzeitliche Dimensionierung pädagogischer Interaktion begründen (6.); Überlegungen zur Bedeutung systematischer Pädagogik für die Geschichtsschreibung der Pädagogik und die Einheit der Pädagogik in Theorie, Empirie und Praxis beschließen den Gedankengang.

1. Zur Notwendigkeit systematischer Pädagogik angesichts der objekttheoretischen Defizite einer Verkürzung systematischer Pädagogik auf Wissenschaftstheorie

Unter Problemstellungen, die im folgenden skizziert werden, lassen sich die Ansätze systematischer Pädagogik grob in drei Gruppen einteilen und danach ordnen, ob sie sich vorrangig als Wissenschaftstheorie oder als handlungstheoretische Prinzipien- und Kategorialanalyse oder als Vermittlung zwischen Wissenschafts- und Handlungstheorie begreifen.

Seit dem Positivismusstreit der 60er Jahre, der in der Pädagogik ohne tiefergehende Auseinandersetzung mit ihrer eigenen Tradition und mit der Kritischen Theorie geführt wurde, ist es üblich geworden, unter systematischer Pädagogik die Wissenschaftstheorie der Erziehungswissenschaft zu verstehen und die systematischen Pädagogiken paradigmatisch nach wissenschaftstheoretischen Grundrichtungen in kritisch-analytische, historisch-hermeneutische und andere mehr zu ordnen (vgl. hierzu Enzyklopädie Erziehungswissenschaft. Bd. I, 1983, S. 25–279). Solche Ordnungsversuche führten zu einer Abgrenzung konkurrierender Positionen und zu Versuchen, eine Logik sozialwissenschaftlicher Forschung zu ermitteln, welche klärt, ob und wie Forschungskonzepte unterschiedlicher Provenienz kooperieren können.

Als „Ertrag" der zurückliegenden metatheoretischen Diskussion läßt sich mindestens dreierlei festhalten: (1) Im Streit um den richtigen oder besseren Ansatz hat nicht ein Paradigma die anderen abgelöst, sondern ist die alte Einsicht bestätigt worden, daß Forschungsmethoden konstitutiv für den Gegenstand wissenschaftlicher Erkenntnis sind und daß die Vorstellung von einem einheitswissenschaftlichen Paradigma verabschiedet werden muß. (2) Die mit dieser Einsicht vereinbarten Integrationskonzepte empirischer-analytischer und historisch-hermeneutischer Forschung haben zwar zu Logiken sozialwissenschaftlicher Forschung, nicht aber zu einer systematischen Pädagogik geführt. Vielmehr zeigte sich, daß in die unterschiedlichen Paradigmata unterschiedliche objektbezogene Annahmen eingehen, die metatheoretisch nicht begründet werden können. Dies verweist darauf, daß die klassischen Fragestellungen der Erkenntnistheorie und der Handlungstheorie sich nicht in wissenschaftstheoretische und metatheoretische Fragen auflösen lassen. (3) Aus alledem folgt, daß systematische Pädagogik auf der Grundlage einer nur metatheoretisch argumentierenden Wissenschaftstheorie gar nicht möglich ist, sondern einer prinzipiellen Bestimmung ihres Gegenstandes bedarf (vgl. Benner 1983). Damit gewinnen die einer zweiten Gruppe zuzuordnenden Ansätze neuerlich an Bedeutung, die durch die Metatheorien der Erziehung abgelöst werden sollten und in deren Zentrum nicht wissenschaftstheoretische und forschungslogische, sondern kategoriale Bestimmungen des Gegenstandes theoretischer und praktischer Pädagogik stehen. Die ältesten Versuche einer objekttheoretischen Bestimmung des Pädagogischen begriffen die pädagogische Praxis als einen Teil der auf die Erhaltung des Staats und der Gesellschaft gerichteten politischen Praxis und verstanden die wissenschaftliche Beschäftigung mit pädagogischen Fragen als angewandten Teil der Philosophie, insbesondere der Erkenntnistheorie und der praktischen und politischen Philosophie. Die systematischen Pädagogiken der Neuzeit betonen dagegen die Eigenart und relative Autonomie pädagogischen Denkens und Handelns und legen diese auf das Verhältnis von Pädagogik, Erkenntnistheorie, Ethik und Politik aus. Neben HERBARTS „Allgemeiner Pädagogik" (1806) sind hier insbesondere KANTS Vorlesungen über Pädagogik (1803), SCHLEIERMACHERS Vorlesungen über Erziehung (1813, 1820; 1826) sowie DILTHEYS Abhandlung „über die Möglichkeit einer allgemeingültigen Pädagogik" (1888) zu nennen. Die bedeutendsten Allgemeinen Pädagogiken unseres Jahrhunderts stehen in dieser Tradition. Sie lassen sich nicht vorrangig wissenschafts- und metatheoretischen, sondern philosophischen und pädagogischen Schulrichtungen zuordnen, so W. FLITNERS „Allgemeine Pädagogik" (1933; 1950) und M. J. LANGEVELDS „Einführung in die theoretische Pädagogik" (1945, 1951) der Geisteswissenschaftlichen Pädagogik, A. PETZELTS „Grundzüge systematischer Pädagogik" (1949) dem Neukantianismus, Th. BALLAUFFS „Systematische Pädagogik" (1962) der Existentialontologie HEIDEGGERS, E. FINKS „Grundfragen der systematischen Pädagogik" (1978) einer existentialontologischen Deutung der philosophischen Tradition und H.-J. GAMMS „Allgemeine Pädagogik" (1979) einer materialistischen Deutung der Geschichte der bürgerlichen Gesellschaft.

Schließlich ist noch eine dritte Gruppe von Arbeiten zu nennen, welche sich um eine Vermittlung zwischen metatheoretischen Systematisierungsversuchen und Allgemeiner Pädagogik bemühen. Stellvertretend für viele Abhandlungen in dieser Richtung sei verwiesen auf J. DERBOLAVS Analysen zu „Problem und Aufgabe einer pädagogischen Anthropologie im Rahmen der Erziehungswissenschaft" (1959) und seinen „Grundriß einer Gesamtpädagogik" (1987), auf H. ROTHS „Pädagogische Anthropologie" (1966-1971), einen unter pädagogischer Fragestellung stehenden Integrationsversuch der Resultate empirischer Humanwissenschaften, sowie H. BOKELMANNS propädeutische Studie „Pädagogik: Erziehung, Erziehungswissenschaft" (1970), ferner auf K. MOLLENHAUERS „Theorien zum Erziehungsprozeß" (1972), D. BENNERS „Systematik traditioneller und moderner Theorien" (1973), W. SCHMIED-KOWARZIKS „Dialektische Pädagogik" (1974) und W. KLAFKIS „Aspekte kritisch-konstruktiver Erziehungswissenschaft" (1976).

Als eine gemeinsame, diese Arbeiten verbindende Problemperspektive kann festgehalten werden, daß wir zwischen pädagogischer Praxis, pädagogischer Handlungstheorie und pädagogischer Forschung unterscheiden müssen. Denn die pädagogische Praxis ist zwar Gegenstand sowohl pädagogischer Handlungstheorie als auch pädagogischer Forschung, sie ist dies jedoch in durchaus unterschiedlicher Art und Weise. Während Theorien pädagogischen Handelns, sofern es sich nicht bloß um implizite, sondern mit wissenschaftlichem Anspruch auftretende Aussagesysteme handelt, auf eine systematische Anleitung und Aufgabenorientierung pädagogischer Praxis zielen, welche die Entscheidungen in der Praxis nicht normiert und vorwegnimmt, sondern an einem kategorial begründeten Begriff pädagogischer Praxis ausrichtet (vgl. Benner/Schmied-Kowarzik 1967, S. 125 ff.; 1969, S. 260 ff.), geht es der pädagogischen Forschung darum, die Praxis über ihre Bedingungen und Folgen aufzuklären und pädagogische Handlungstheorie mit ihrem über Praxis vermittelten Praktischwerden zu konfrontieren (vgl. Benner 1978, S. 319 ff.).

Insofern sich hierbei aufgrund der theoretisch unüberbrückbaren pädagogischen Differenz zwischen Handlungstheorie und Praxis einerseits sowie pädagogischer Forschung und Handlungstheorie andererseits Empirie, Theorie und Praxis „nicht in ein Kontinuum eintragen" (Adorno 1957, S. 207) lassen, ist es sinnvoll, pädagogische Wissensformen voneinander abzugrenzen und zwischen dem Handlungswissen und den Erfahrungen der Praktiker, dem handlungstheoretischen Wissen der Pädagogik und dem wissenschaftlichen Wissen pädagogischer Forschung zu unterscheiden (vgl. Tenorth 1984). Nicht minder dringlich ist es freilich, den Zusammenhang dieser Wissensformen zu klären (vgl. Vogel 1986; Benner 1986b). Wird nämlich zwischen Praxiswissen und pädagogischer Handlungstheorie auf der einen und Forschungswissen auf der

anderen Seite so unterschieden, daß erstere als vorwissenschaftliche Kategorialanalyse und letzteres als Wissenschaft im eigentlichen Sinne verstanden werden, dann entsteht die Aporie, daß die Pädagogik sich um eine ihrem Gegenstand angemessene Systematik nur als handlungsbezogene Kategorialanalyse
bemühen kann, als Wissenschaft dagegen keinerlei Perspektiven einer systematischen Pädagogik verpflichtet, sondern entweder nach einem oder mehreren der konkurrierenden metatheoretischen Forschungsparadigmata oder als
historische Erforschung eines selber nicht theoriefähigen Gegenstandsbereichs
zu betreiben ist.

2. Zur Notwendigkeit systematischer Pädagogik angesichts der Ausdifferenzierung der Pädagogik in wissenschaftliche Einzeldisziplinen und pädagogische Berufe

Die Notwendigkeit und Unverzichtbarkeit systematischer Pädagogik läßt sich
heute nicht nur angesichts der gegenstandstheoretischen Defizite der wissenschaftstheoretischen Diskussion, sondern auch vor dem Hintergrund der Ausdifferenzierung der Pädagogik in wissenschaftliche Teildisziplinen und pädagogische Berufe aufzeigen, deren Zusammenhang nicht metatheoretisch begründet werden kann, sondern einer objekttheoretisch begründeten Vergewisserung und Verständigung bedarf. Die Erziehungswissenschaft differenziert sich
immer mehr in eine Vielzahl von Einzeldisziplinen, die nur mehr durch das
lockere Band eines gemeinsamen Namens zusammengehalten werden, der
neuerdings immer häufiger im Plural verwendet wird, weil sich mit ihm keine
unmittelbar einsichtige gemeinsame Fragestellung mehr verbindet. Zu den
„Erziehungswissenschaften" rechnen wir heute nicht nur verschiedene Be-
reichs- und Regionalpädagogiken, sondern ebenso unterschiedliche, lediglich
mit dem Attribut „pädagogisch" oder irgendeinem Grundbegriff der Pädagogik versehene Disziplinen anderer Wissenschaften. Analog verhält es sich mit
der pädagogischen Praxis. Diese hat sich in eine Vielzahl zum Teil professionell
ausgeübter beaufsichtigender, lehrender und das Verhalten kontrollierender
Einzeltätigkeiten ausdifferenziert, die in keinem unmittelbar einsichtigen und
sie verbindenden pädagogischen Zusammenhang mehr stehen, für die es weder
eine einheitliche Aufgabenstellung noch eine auf sie vorbereitende und sie
überprüfende systematisch gegliederte Wissenschaft gibt.

Vor diesem Hintergrund muß die grundsätzliche Frage gestellt werden, ob für
die sich in erziehungswissenschaftliche Einzeldisziplinen auflösende Pädagogik
und die sich in Einzeltätigkeiten zergliedernde pädagogische Praxis überhaupt
noch eine über metatheoretische Reflexion hinausgehende systematische
Pädagogik denkbar und ein sie verbindender pädagogischer Grundgedanke
formulierbar ist. Aussichtslos muß es jedenfalls auf den ersten Blick erscheinen,
allgemeine Aussagen über eine besondere Wissenschaft und deren Gegenstand

machen zu wollen, wenn diese ihre Identität und Besonderheit eingebüßt haben. Eine systematische Pädagogik scheint es nur geben zu können, wenn und solange die Pädagogik eine Wissenschaft ist, die einen besonderen Gegenstand hat; eine besondere Wissenschaft aber kann sie nur sein, wenn ihre Besonderheit sie nicht nur gegenüber anderen Wissenschaften und Gegenstandsbereichen abgrenzt, sondern in allen ihren Fragestellungen auch bestimmt. Für die systematische Pädagogik bedeutet dies, daß sie womöglich nur unter Bedingungen möglich ist, unter denen sie gar nicht erforderlich ist, unter Bedingungen nämlich, in denen die Einheit pädagogischen Denkens dessen Besonderheit gegenüber anderen Wissenschaften und Handlungsbereichen auszeichnet und für alle theoretischen und praktischen Fragen der Pädagogik bestimmend ist; und umgekehrt bedeutet dies, daß systematische Pädagogik womöglich gerade dort nicht mehr möglich ist, wo sie vielleicht erforderlich wäre, um der Vielzahl der mit dem Namen „Erziehungswissenschaft" und dem Attribut „pädagogisch" versehenen Disziplinen und Tätigkeiten zu einer ihnen fehlenden systematischen Einheit zu verhelfen.

Verstehen wir unter systematischer Pädagogik eine besondere erziehungswissenschaftliche Disziplin, die für Fragen allgemeinerer Art zuständig ist, die auf der Ebene der anderen Disziplinen der Erziehungswissenschaft und der pädagogischen Einzeltätigkeiten nicht erörtert oder berücksichtigt werden können, so erweist sie sich in der Tat als ebenso überflüssig wie sinnlos. Aus der Sicht der anderen Disziplinen und der verschiedenen pädagogischen Tätigkeiten kann systematischer Pädagogik dann jedenfalls keinerlei Bedeutung zukommen, wenn sie nur Aussagen allgemeinerer Art zu formulieren vermag, welche die pädagogischen Einzeltätigkeiten und die Disziplinen der Erziehungswissenschaft gar nicht berühren. Verstehen wir dagegen systematische Pädagogik so, daß ihre Aussagen für die gesamte Erziehungswissenschaft und für alle pädagogischen Tätigkeiten gelten oder doch Geltung beanspruchen können, so entsteht die umgekehrte Situation, daß systematische Pädagogik denen, die sie betreiben, sinnvoll und notwendig erscheinen mag, aber angesichts der Ausdifferenzierung der Erziehungswissenschaft in Einzeldisziplinen und der fortschreitenden Arbeitsteilung in der pädagogischen Praxis keinen Adressaten mehr hat, der ihre Aussagen zur Kenntnis nehmen möchte und beachten könnte. In dem einen Fall muß systematische Pädagogik ihre eigene Überflüssigkeit eingestehen, in dem anderen Fall tritt sie als unerwünschter Lehrmeister der Pädagogik auf, der ungebeten über den allgemeinen Charakter der Erziehungswissenschaft und die Bedingungen, Aufgaben und Möglichkeiten pädagogischen Handelns Aussagen macht, auf die niemand hört.

Der Pädagogik als Wissenschaft und Praxis ist freilich mit keiner dieser beiden Rollen systematischer Pädagogik gedient. Sie kann sich in der Vielzahl erziehungswissenschaftlicher Disziplinen und pädagogischer Einzeltätigkeiten weder auf das Fehlen eines gemeinsamen pädagogischen Grundgedankens berufen, um damit systematische Fragestellungen abzuwehren, noch darauf hoffen, ihre Identität in einer systematischen Pädagogik zu finden, die ohne Bezug zur Pädagogik als Allgemeine Pädagogik auftritt. Und hieraus folgt, daß der systematisch zu klärende pädagogische Grundgedanke anders begründet werden muß. Wenn überhaupt läßt sich ein pädagogischer Grundgedanke heute nur aufgrund einer dem pädagogischen Denken und Handeln selbst eigenen existentiellen, gesellschaftlichen und geschichtlichen Notwendigkeit formulieren, die den sich mit pädagogischen Fragen befassenden Einzeltätigkeiten, der sich in Disziplinen ausdifferenzierenden Erziehungswissenschaft und der nach dem pädagogischen Grundgedanken fragenden systematischen Pädagogik in einer Weise zugrunde liegt, daß wir den pädagogischen Grundgedanken weder geschichts- und sozialwissenschaftlich einfach rekonstruieren, noch hermeneutisch als eine überzeitliche Wesensbestimmung unseres Daseins erschließen, noch in transzendentaler Reflexion auf die Voraussetzungen vernünftiger Rede über pädagogische Fragen einfach setzen, sondern uns seiner nur handlungstheoretisch und problemgeschichtlich zugleich vergewissern können.

Sollte es gelingen, den pädagogischen Grundgedanken handlungstheoretisch in einer dem pädagogischen Denken und Handeln selbst eigenen, problemgeschichtlich aufweisbaren Grundstruktur menschlichen Denkens und Handelns aufzuzeigen, so erklärte sich vielleicht zugleich, weshalb wir, von den verschiedenen Disziplinen der Erziehungswissenschaft und den Einzeltätigkeiten pädagogischer Praxis ausgehend, nicht ohne weiteres zu einem sie verbindenden Grundgedanken vordringen können, sondern von einer im menschlichen Handeln selbst fundierten Notwendigkeit pädagogischen Denkens und Handelns ausgehen müssen, um nach Sinn und Bedeutung der erziehungswissenschaftlichen Disziplinen und der pädagogischen Einzeltätigkeiten fragen zu können. Zugleich brauchte dann systematische Pädagogik nicht mehr in der Rolle einer letztlich überflüssigen Einzeldisziplin der Erziehungswissenschaft auftreten oder die Rolle eines unerwünschten Querulanten spielen, den niemand um seine Meinung fragt. Vielmehr könnte sie den Versuch wagen, ausgehend von der prinzipiellen Notwendigkeit pädagogischen Denkens und Handelns den pädagogischen Grundgedanken problemgeschichtlich zu entwickeln und Erziehungswissenschaft und pädagogische Praxis nicht mit einer von außen vorgegebenen oder normativ vorentworfenen, sondern ihnen selbst zugrundeliegenden Notwendigkeit pädagogischen Denkens und Handelns zu konfrontieren.

3. Zum geschichtlichen Wandel und zur Problemstellung einer zeitgemäßen systematischen Pädagogik

Systematische Pädagogik ist nicht mit einer paedagogia perennis identisch, die für ihre Aussagen eine übergeschichtliche Geltung beansprucht; sie kommt je-

doch auch nicht ohne Vorstellungen von einer die Zeiten und Epochen über-
dauernden Grundfragestellung aus. Kontinuität und Diskontinuität dieser
Fragestellung lassen sich problemgeschichtlich bestimmen.

Die in unserer Tradition ältesten Fassungen systematischer Pädagogik entstam-
men der Polisphilosophie der griechischen Antike, insbesondere der Philosophie von PLATON und ARISTOTELES. Diese begriffen die pädagogische Praxis als
jenen Teil der politischen Praxis, der sich auf die Sorge der Erwachsenen um die
nachwachsende Generation bezieht. Die Ziele pädagogischen Handelns folgen
hier aus dem vorgegebenen Ordnungszusammenhang des gesellschaftlichen
Lebens, dem die einzelnen als Angehörige eines untersten, arbeitenden Standes oder eines Standes freier Bürger angehören. Als Mittel pädagogischen
Handelns werden neben der Gewöhnung der einzelnen an die für ihren Stand
jeweils geltende Sitte die erziehende und bildende Unterweisung angesehen,
welche allerdings nur den freien Bürgern zukommt. Sie erweitert die Erfahrung
der Heranwachsenden zu wissenschaftlicher Einsicht und fördert hierdurch die
praktische Klugheit und das tugendhafte Handeln der nachfolgenden Generation von Bürgern.

Der vorherrschende Zug der ältesten Formen systematischer Pädagogik liegt in
ihrer teleologischen und genetischen, in einem vorgegebenen Ordnungszusammenhang alles Seienden und in der Ordnung der für die Erhaltung der Polis
notwendigen Tätigkeiten begründeten Fragestellung. Alles im Lernprozeß zeitlich und genetisch Frühere wird begriffen als fundiert in einem der Sache nach
Früheren, das erst als genetisch Späteres angeeignet werden kann. So müssen
die Heranwachsenden zunächst von den Erwachsenen regiert werden, um später selbst gut regieren zu können. Das Regiertwerden geht in genetischer Sicht
dem Regieren voraus, begründet dieses jedoch nicht, sondern ist seinerseits in
der politischen Ordnung der Polis begründet. So gehen einzelne Welterfahrun-
gen dem Wissen um die allgemeine Ordnung des Seienden und die Gewöhnung
an die Sitte der praktischen Klugheit im Handeln zeitlich voraus und sind als
das genetische Frühere doch immer schon in der fundamentalen, kosmologischen Ordnung des Seienden und der politischen Ordnung des Staates begründet. Dieses Begründungsmodell systematischer Pädagogik blieb in unserer Tradition bis in die philosophisch-teleologischen Ordnungslehren des Mittelalters
gültig. Es verlor seine fundierende Bedeutung erst mit der Entwicklung der
neuzeitlichen bürgerlichen Gesellschaft, welche keinerlei vorgegebene Ge-
samtteleologie der für den Erhalt der Gesellschaft erforderlichen Tätigkeiten
mehr kennt und unter Wissenschaft nicht mehr die Erkenntnis einer ontologischen und kosmologischen Ordnung alles Seienden, sondern die Erklärung
aller Weltgegebenheiten nach Maßgabe einer Gesetzgebung durch den
menschlichen Verstand versteht.

Die systematischen Pädagogiken der Neuzeit unterscheiden sich von den älteren dadurch, daß sie das pädagogische Handeln angesichts des Telosschwundes

der traditionellen Ordnungssysteme nicht mehr als einen angewandten Teil einer ontologischen und politischen Gesamttheorie begreifen, sondern für die pädagogische Praxis einen im Vergleich mit der politischen Praxis gleichbedeutsamen und gleichgewichtigen Rang beanspruchen. Im Unterschied zur bürgerlichen Politik der Antike zielt die bürgerliche Politik der Neuzeit auf die Überführung der traditionellen, hierarchisch und teleologisch geordneten Ständegesellschaften in eine Gesellschaft freier, gleicher und brüderlicher Menschen. Mit der Neuzeit differenziert sich das ältere, politisch verstandene Generationsverhältnis in ein rechtliches und ein pädagogisches (vgl. Benner/ Brüggen 1988). Das rechtliche bindet weiterhin die Inanspruchnahme der bürgerlichen Freiheiten an die Erlangung einer gesetzlich geregelten Volljährigkeit; das pädagogische ist nun jedoch weder ein angewandter noch ein integrierter Teil des rechtlichpolitischen, sondern ein solches mit Prinzipien und Grundsätzen, die eine mit der gesellschaftlichen Gesamtpraxis koordinierte und zugleich relativ autonome pädagogische Handlungstheorie sowie eine neue Dimensionierung der pädagogischen Praxis begründen.

4. Prinzipien pädagogischen Denkens und Handelns

Die Prinzipien pädagogischen Denkens und Handelns, die im folgenden vorgestellt werden, wurden von der bürgerlichen Philosophie und Pädagogik des 18. und 19. Jahrhunderts und im Anschluß an sie entwickelt. Ihre theoriegeschichtliche Hervorbringung und die Transformationen, die sie erfuhren, können hier nicht dargestellt werden (vgl. hierzu Benner 1987). Zum Status der Prinzipien sei lediglich vermerkt, daß sie eine historische und prinzipielle Bedeutung zugleich beanspruchen. Um historische Prinzipien handelt es sich insofern, als ihre Fixierung erstmals in der zweiten Hälfte des 18. und im ersten Drittel des 19. Jahrhunderts gelang und die Verständigung über sie keineswegs abgeschlossen, sondern für künftige Erfahrungen offen ist. Um Prinzipien in einem nicht relativistischen Sinne handelt es sich, insofern die beiden ersten eine über den Zeitpunkt ihrer Formulierung zurückreichende, für die Menschwerdung des Menschen konstitutive und die beiden anderen eine über diesen Zeitpunkt hinausweisende, regulative Gültigkeit beanspruchen.

Seit der Differenzierung der Mündigkeit in eine rechtliche und eine pädagogische kann die Bestimmung der einzelnen nicht mehr aus den für den Erhalt und die Sicherung einer Gesellschaft erforderlichen Tätigkeiten und Leistungen abgeleitet werden und schließen sich Vorstellungen, die von einer prästabilierten Kongruenz zwischen individuellen Anlagen und gesellschaftlich vorgegebenen Abnehmererwartungen ausgehen, von der Erörterung pädagogischer Fragen aus.

Statt den einzelnen eine ihnen geburtsständisch zukommende oder an ihren Begabungen unmittelbar ablesbare Bestimmung zuzuweisen, gilt es, jeden Her-

anwachsenden als einen in seiner späteren Bestimmung gerade nicht festgelegten Menschen wahrzunehmen und anzuerkennen, der an der Erlangung seiner
Bestimmtheit mitwirkt. Den Begriff einer nicht mehr teleologisch normierten
Bestimmung des Menschen entwarf ROUSSEAU in seinem „Emile", als er fest-
stellte, das Ziel der Erziehung sei nicht durch die Gewohnheiten der Gesellschaft oder eines Standes festgelegt, sondern die unbestimmte, offene und sich
entwickelnde menschliche „Natur selbst" (ROUSSEAU 1762; S. 110). HERBART
faßte diese nichtteleologische Zielbestimmung pädagogischer Praxis im Prinzip
der Bildsamkeit, welche „ein Übergehen von der Unbestimmtheit zur Festig-
keit anzeigt" (Herbart 1841, S. 165) und besagt, daß die Heranwachsenden in
der pädagogischen Interaktion als an der Aneignung ihrer Bestimmung mit-
wirkende Subjekte anzuerkennen sind.

Im Unterschied zum Anlagenbegriff, der seit PLATONS Seelenlehre eine Präfor-
miertheit der Lernmöglichkeiten der einzelnen unterstellt, und im Unterschied
zum Begabungsbegriff, der feststellt, was den einzelnen im Lernprozeß leichter
oder schwerer fällt, formuliert der Begriff der Bildsamkeit ein Prinzip pädagogischer Interaktion, welches die Gegebenheit von Anlagen und Begabungen
zwar nicht leugnet, wohl aber begründet, warum nach dem Fraglichwerden
eines teleologischen Verständnisses der Aufgaben pädagogischer Interaktion
ein bildungstheoretisch begründeter Begriff der Bestimmung der einzelnen
nicht mehr von deren Anlagen und Begabungen ausgehen kann. Das Prinzip
der Bildsamkeit verweist auf eine stets im Werden begriffene Identität des
Menschen, die nicht auf Einseitigkeit und Bestimmtheit, sondern auf Vielseitigkeit und Offenheit angelegt ist und zur Voraussetzung hat, daß wir uns gegenseitig als an unserer Bestimmung arbeitende Subjekte anerkennen.
Die Frage, wie sich auf die „Natur" des Menschen so einwirken lasse, daß die
künftige Bestimmung der Heranwachsenden weder teleologisch vorbestimmt,
noch willkürlich durch ihre Erzieher bewirkt wird, beantwortete die bürgerliche Pädagogik der Neuzeit, indem sie als ein zweites Prinzip pädagogischen
Denkens und Handelns dasjenige der Aufforderung zur Selbsttätigkeit auf-
stellte, welches die der veränderten Aufgabenstellung pädagogischer Praxis
affine Kausalität pädagogischen Wirkens auf einen Begriff bringt.
Die methodische Struktur eines erzieherischen Umgangs, der die Bestimmung
der Heranwachsenden bewußt offenhält und auf diese so einwirkt, daß sie
durch eigene Selbsttätigkeit ihre Bestimmung erlangen können, begründete
ROUSSEAU mit seinen Konzepten „negativer Erziehung". Sie deutet alle legitimen pädagogischen Einwirkungen als Einwirkungen, welche die Heranwachsenden zur Selbsttätigkeit auffordern, statt sie zu einem fremd bestimmten Verhalten anzuhalten. Zur Eigenart der für pädagogische Interaktion konstitutiven Selbsttätigkeit gehört es, daß wir sie verfehlen, sobald wir unter ihr nur eine
bestimmte Selbsttätigkeit verstehen und diese auf Formen eines herstellenden
Tuns oder einer politischen Selbstbestimmung einengen. Denn der Begriff der

Selbsttätigkeit ist für sich genommen notwendig ebenso allgemein wie der der Bildsamkeit. Das zweite Prinzip pädagogischer Interaktion besagt nämlich, daß alle Rezeptivität im Lernen über eine Spontaneität des Lernenden vermittelt ist und daß Aufforderungen zur Selbsttätigkeit darum solche sein müssen, die sich gleichermaßen an die Rezeptivität wie die Spontaneität des Lernenden richten (vgl. Brüggen 1986).

Die beiden Prinzipien der zwar nicht unendlichen, sondern endlichen, gleichwohl universellen und vielseitigen Bildsamkeit und der Fremdaufforderung zur Selbsttätigkeit sind Prinzipien der individuellen Seite pädagogischer Praxis. Damit sie in der pädagogischen Interaktion anerkannt werden können, ist die Beachtung zweier weiterer Prinzipien erforderlich, welche sich auf die veränderte Stellung der neuzeitlichen pädagogischen Praxis im Rahmen der menschlichen Gesamtpraxis beziehen. Es sind dies die Prinzipien der Transformation der gesellschaftlichen Determination pädagogischer Prozesse in eine praktische Determination und die Idee einer nicht-hierarchischen Verhältnisbestimmung der ausdifferenzierten Grundformen menschlicher Praxis.

Schon die konstitutiven Prinzipien pädagogischer Interaktion enthalten Bezüge zur gesellschaftlichen Seite der pädagogischen Praxis. Richtig verstanden besagen sie, daß es um der Freiheits- und Menschenrechte willen, die die neuzeitliche bürgerliche Gesellschaft erstmals in der Geschichte der Menschheit dem Anspruch und der Idee nach allen Menschen zugesteht, keine prästabilierte Bestimmung der einzelnen nach Maßgabe gesellschaftlicher Interessen mehr geben kann und darf. Dies schließt nicht aus, daß die Gesellschaft Kritik an der pädagogischen Praxis und ihren Leistungen üben kann und muß; dies schließt jedoch ein, daß die Bewertung solcher Kritik stets zugleich über eine dem Prinzip der Aufforderung zur Selbsttätigkeit verpflichtete pädagogische Gesellschaftskritik erfolgen muß. Auf die Lernprozesse Heranwachsender wirken ja niemals nur über erziehliche Aufforderungen zur Selbsttätigkeit vermittelte, sondern immer auch von den außerpädagogischen Bereichen der Gesellschaft ausgehende Einflüsse ein. Diese gilt es nicht nur unter ökonomischen und politischen, sondern auch unter pädagogischen Fragestellungen zu beurteilen und daraufhin zu prüfen, inwieweit sie zur Selbsttätigkeit auffordernde pädagogische Wirkungen erleichtern oder erschweren. Die Idee einer solchen Kritik und Prüfung bringt die regulative Idee der Transformation der gesellschaftlichen Determination pädagogischer Prozesse in eine praktische Determination auf den Begriff. Nur in einer Gesellschaft, die ihre Einwirkungen auf pädagogische Prozesse unter dieser Idee überprüft, kann die individuelle pädagogische Interaktion das für ihre Wirkungen konstitutive Prinzip der Aufforderung zur Selbsttätigkeit beachten.

Ein vergleichbarer Zusammenhang gilt für das konstitutive Prinzip universeller Bildsamkeit aller einzelnen und die regulative Idee einer nicht-hierarchischen Verhältnisbestimmung der ausdifferenzierten Grundformen menschlicher Praxis. Die traditionelle teleologische Normierung der Bildsamkeit der einzelnen nach Maßgabe gesellschaftlicher Erwartungen kann nämlich nur überwunden werden, wenn die von der pädagogischen Praxis zu fördernde individuelle und vielseitige Bildsamkeit auch gesellschaftlich anerkannt wird und wenn alle für die Erhaltung und Weiterentwicklung der Gesellschaft erforderlichen Tätigkeiten daraufhin überprüft werden, inwieweit ihre Betätigungsfelder solche eines vielseitigen Interesses sind oder nicht sind. Eine solche Überprüfung aber kann nur gelingen, wenn in ihr kein Bereich menschlicher Praxis einen Primat gegenüber dem anderen beansprucht, sondern pädagogische, ethische, ökonomische und politische Fragen gleichberechtigt berücksichtigt werden.

Die vier Prinzipien der individuellen und vielseitigen Bildsamkeit, der Fremdaufforderung zur Selbsttätigkeit, die Idee der Transformation gesellschaftlicher Einflüsse auf pädagogische Prozesse in praktische Einflüsse und die Idee einer nicht-hierarchischen Verhältnisbestimmung der menschlichen Gesamtpraxis wurden von der neuzeitlichen Pädagogik im Zusammenhang mit drei handlungstheoretischen Fragestellungen entwickelt, die im nächsten Abschnitt skizziert werden. Auf den systematischen Zusammenhang der vier Prinzipien und der drei handlungstheoretischen Fragestellungen weist das folgende Schema hin (vgl. Benner 1983 und 1987):

Die Prinzipien pädagogischen Denkens und Handelns

	Konstitutive Prinzipien der individuellen Seite	Regulative Prinzipien der gesellschaft. Seite
Theorie der Erziehung (2):(3)	(2) Aufforderung zur Selbsttätigkeit	(3) Überführung gesellschaftlicher Determination in pädagogische Determination
Theorie der Bildung (1):(4)	(1) Bildsamkeit als Bestimmtsein des Menschen zur Selbstbestimmung	(4) Nicht-hierarchischer Ordnungszusammenhang der menschlichen Gesamtpraxis

Theorie pädagogischer Institutionen und ihrer Reform
(1) / (2) : (3) / (4)

5. Systematische Gliederung der Pädagogik nach handlungstheoretischen Fragestellungen

Den vier Prinzipien pädagogischen Denkens und Handelns lassen sich drei systematische Fragestellungen pädagogischer Handlungstheorie so zuordnen, daß zwei von ihnen jeweils auf ein Prinzip der individuellen und der gesellschaftlichen Seite pädagogischer Interaktion bezogen sind und die dritte Fragestellung dem Vermittlungszusammenhang der individuellen und der gesellschaftlichen Seite pädagogischer Interaktion zugeordnet wird.

Das Prinzip der Aufforderung zur Selbsttätigkeit und die Idee der Transformation der gesellschaftlichen Determination pädagogischer Praxis in pädagogisch legitime Einwirkungen der Gesellschaft formulieren Grundaussagen zum Problem pädagogischen Wirkens, dessen systematische Erörterung seit ROUSSEAUS teleologisch unbestimmtem Naturbegriff, SCHLEIERMACHERS nicht-hierarchischer Verhältnisbestimmung von Pädagogik und Politik, HUMBOLDTS Bildungsfragment und HERBARTS gleichgewichtiger Bestimmung der Interessen aufgegebener Vielseitigkeit den Gegenstand der Theorie der Bildung auszeichnet. Eine Ortsbestimmung der pädagogischen Praxis, welche diese weder auf den pädagogischen Bezug individueller pädagogischer Interaktion noch auf die gesellschaftliche Seite pädagogischen Handelns verkürzt, kennzeichnet schließlich seit der Verbesonderung der pädagogischen Praxis zu einem eigenen, nicht mehr in die für die Selbsterhaltung der Gesellschaft notwendigen Tätigkeiten integrierten Handlungsfeld den Gegenstand der Theorie pädagogischer Institutionen.

Da die drei handlungstheoretischen Fragestellungen der Pädagogik hier nicht im einzelnen ausgeführt werden können, soll im folgenden lediglich auf mögliche Problemverkürzungen pädagogischer Handlungstheorie aufmerksam gemacht werden, die dann zustande kommen, wenn die Theorie der Erziehung und die Theorie der Bildung die ihnen zugeordneten Prinzipien nicht beachten und die Theorie pädagogischer Institutionen entweder der individuellen oder der gesellschaftlichen Seite pädagogischer Interaktion einen Primat zuerkennt. Im Bereich der Theorie der Erziehung stellen intentionale und funktionale Theorien, im Bereich der Theorie der Bildung formale und materiale Theorien, im Bereich der Theorie pädagogischer Institutionen auf Entinstitutionalisierung ausgerichtete sowie entlastungstheoretisch argumentierende Konzepte Problemverkürzungen dar, welche das Spannungsverhältnis zwischen der individuellen und der gesellschaftlichen Seite pädagogischer Interaktion sowie den konstitutiven und den regulativen Prinzipien nicht aushalten. Der Grundfehler dieser sich ansonsten deutlich voneinander unterscheidenden reduktionistischen Theorien ist es, daß sie letztlich nur ein affirmatives Verständnis der Möglichkeiten pädagogischen Wirkens und der Aufgaben pädagogischer Praxis kennen. Intentionale Erziehungstheorien verstoßen gegen das erziehungstheoretische

Prinzip der Aufforderung zur Selbsttätigkeit und abstrahieren von den intentional gar nicht beherrschbaren gesellschaftlichen Einwirkungen auf die pädagogische Praxis; funktionale Erziehungstheorien abstrahieren von den durch Aufforderung zur Selbsttätigkeit möglichen pädagogischen Wirkungen und verstoßen gegen die erziehungstheoretische Idee der Transformation gesellschaftlicher Einwirkungen in pädagogisch-legitime Einwirkungen. Formale Bildungstheorien reduzieren das bildungstheoretische Prinzip der Bildsamkeit auf einen bloßen Begriff menschlicher Grundkräfte und abstrahieren von der gesellschaftlich vermittelten Aufgabenstellung pädagogischen Handelns; materiale Bildungstheorien verstoßen gegen die bildungstheoretische Idee einer nicht-hierarchischen Verhältnisbestimmung von Pädagogik, Ökonomie, Ethik, Politik, Kunst und Religion und erkennen die Subjektivität des an seiner Bildung arbeitenden Menschen nur als Identität im Sinne gesellschaftlich normierter Endverhaltensweisen an.

Institutionstheoretische Konzepte schließlich, die für eine bloße Abschaffung pädagogischer Institutionen und eine Rückkehr in vorbürgerliche Verhältnisse eintreten und hierin den einzig möglichen Ausweg aus den Irrtümern intentionaler und funktionaler Erziehung sowie formaler und materialer Bildung erblicken, abstrahieren davon, daß die pädagogische Praxis die relative Autonomie handlungstheoretischer Fragestellungen ihrer Verbesonderung zu einer gesellschaftlich und institutionell ausgegrenzten Praxisform verdankt; umgekehrt binden systemtheoretisch argumentierende Institutionalisierungskonzepte die Funktionalität pädagogischer Praxis daran zurück, daß diese in gesellschaftlich ausgegrenzten Institutionen Wirkungen erzielt und Aufgaben erfüllt, welche die Gesamtgesellschaft von der Beachtung gesellschaftlicher Interdependenzen, die für pädagogische Fragen und Prozesse relevant sind, entlastet. Dagegen betonen nicht-affirmative, den Prinzipien pädagogischen Denkens und Handelns verpflichtete Erziehungs-, Bildungs- und Institutionentheorien, daß die individuellen und gesellschaftlichen Möglichkeiten pädagogischer Interaktion untrennbar daran zurückgebunden sind, daß die pädagogische Praxis als eine intergenerationelle Praxis verstanden wird, die ihren Beitrag zur Identitätsbildung der einzelnen nur erbringen kann, wenn die Sorge um günstige Voraussetzungen für pädagogische, über Selbsttätigkeit und Aufforderung zu ihr vermittelte Prozesse als eine alle Praxisformen ausdifferenzierter Humanität verbindende Sorge begriffen wird.

6. Systematische Gliederung der Pädagogik nach Dimensionen pädagogischen Handelns

Eine Dimensionierung der pädagogischen Praxis, die dem neuzeitlichen Verständnis der über Selbsttätigkeit vermittelten Kausalität pädagogischen Wirkens sowie der nichtteleologischen Aufgabenbestimmung der pädagogischen

Praxis Rechnung trägt, hat erstmals HERBART in seiner Allgemeinen Pädagogik (1806) vorgestellt, als er die Grundformen pädagogischen Handelns in „Kinderregierung", „Erziehung durch Unterricht" und Erziehung als „Zucht" einteilte (vgl. Herbart 1986; Benner 1986 a). Die in dieser Einteilung begründete Revolutionierung pädagogischer Denkungsart läßt sich verdeutlichen, wenn man sie mit der älteren, aristotelischen Einteilung der pädagogischen Praxis in Gewöhnung und Unterweisung vergleicht (vgl. Benner 1987). Nach ARISTOTELES geht, wie im Abschnitt 3 angedeutet, die Gewöhnung an die Sitte aller unterrichtlichen Unterweisung voraus. Erst wer sich in die bestehende Sitte eingewöhnt hat, kann hernach durch Unterweisungen von der schon erworbenen lebenspraktischen Erfahrung zum Wissen aufsteigen und sich einen Begriff von der ontologischen Ordnung alles Seienden, welche der Erfahrung immer schon vorausliegt, und der zweckmäßigen Ordnung der Einzeltätigkeiten in der Polis aneignen und anschließend ins Handeln zurückkehren, um dort in den öffentlichen Angelegenheiten besonnen tätig zu werden. Dieser Zweiteilung der pädagogischen Praxis in Gewöhnung und Unterweisung in den theoretischen und – viel später – in den praktischen Wissenschaften steht als neuzeitliche Differenzierung eine Dreiteilung der pädagogischen Praxis gegenüber, derzufolge die Gewöhnung in Kinderregierung und die Unterweisung in Erziehung durch Unterricht zu transformieren ist und die in der älteren Dimensionierung gar nicht mehr zur Pädagogik gehörende Rückkehr ins Handeln den Status einer dritten Dimension pädagogischen Handelns gewinnt, in welcher sich die pädagogische Praxis ins intergenerationelle Handeln aufhebt.

Von der älteren pädagogischen Praxis als einer regierenden und gewöhnenden Tätigkeit unterscheidet sich die wohlverstandene „Kinderregierung" der Neuzeit dadurch, daß sie keinerlei teleologischer Rechtfertigung bedarf, sondern, im Unterschied zur alten Gewöhnung, als einzigen Zweck denjenigen verfolgt, „keine Zwecke im Gemüte des Kindes zu erreichen" (Herbart 1986, S. 80). Hierzu bemerkte schon ROUSSEAU im Emile, die einzige Gewohnheit, die Emile annehmen sollte, sei die, keine Gewohnheiten zu haben. Hinter dieser Auffassung steht die neuzeitliche Einsicht, daß der Gehorsam einem fremden Willen gegenüber nicht den Anfang einer Erziehung zur Freiheit ausmachen könne, daß vielmehr Gehorsam als Folgsamkeit der eigenen Einsicht gegenüber das Ende der pädagogischen Praxis markiere. Statt Heranwachsende an eine positive Ordnung zu gewöhnen, fällt aus erziehungs- und bildungstheoretischen Gründen der neuzeitlichen Kinderregierung die nur negative Aufgabe zu, Kinder lediglich an uneinsichtigem Handeln zu hindern und Sorge dafür zu tragen, daß sie weder den Einrichtungen der Gesellschaft Schaden zufügen noch selber durch uneinsichtiges Handeln Schaden erleiden.

Ebenso wie wir zwischen der älteren Gewöhnung als einer durchaus zweckgerichteten, politisch-regierenden Praxis und der neuzeitlichen Konzeption einer zweckfreien Kinderregierung unterscheiden müssen, müssen wir auch die Unterweisung im traditionellen Sinne von der neuzeitlichen Erziehung durch Unterricht abgrenzen. Zwar verbindet beide miteinander, daß alles Lehren und Lernen vom schon erworbenen Wissenszusammenhang als dem im Lernprozeß genetisch Früheren ausgehen muß, um erfolgreich zu sein. Im Unterschied zur antiken Wissenschaft führt Unterricht im neuzeitlichen Sinne jedoch nicht mehr zu einem Wissen um die jeglicher Erfahrung vorausliegenden Gründe alles Seienden, sondern zu vom menschlichen Verstand konstruierten Gesetzen, mit welchen neuzeitliche Wissenschaft keineswegs die Ordnung der Natur auf einen substantiellen Begriff bringt, sondern die Mannigfaltigkeit der Erscheinungen in der Absicht ordnet, die Welt erklärbar und beherrschbar zu machen. Zu dieser Differenz von antiker und neuzeitlicher Wissenschaft kommt eine zweite hinzu. Im Unterschied zu Gesellschaften mit mündlich überlieferten Traditionen kann die geschichtliche Vermitteltheit der Gegenwart in der bürgerlichen Gesellschaft der Neuzeit nicht mehr im unmittelbaren Zusammenleben der Menschen erinnert werden, sondern bedürfen die einzelnen, um sich und die Gesellschaft in ihrer Geschichtlichkeit begreifen zu können, einer über Unterricht vermittelten Aufklärung, welche Erfahrung und Umgang nicht nur szientifisch, sondern auch historisch-gesellschaftlich erweitert. Da dem neuzeitlichen Weltverständnis und den theoretischen und hermeneutischen Wissenschaften keine teleologische Ordnung der Welt zugrunde liegt, müssen sich die Heranwachsenden im erziehenden Unterricht rezeptiv und spontan die über menschliche Gesetzgebung und geschichtliche Praxis vermittelten Erkenntnisse der Wissenschaften aneignen und nach einem Zusammenhang von verwissenschaftlichter Zivilisation und Weltgeschichte fragen lernen, für den es keinerlei prästabilierte und präformierte zweckmäßig-teleologische Gesamtordnung gibt.

Zu den Differenzen zwischen traditioneller Gewöhnung und Unterweisung auf der einen und pädagogischer Praxis als einem sich selbst negierenden Gewaltverhältnis und Erziehung durch Unterricht auf der anderen Seite tritt als weitere Differenz diejenige zwischen einer bloßen Rückkehr ins Handeln, die gar nicht als besonderer Teil pädagogischer Praxis angesehen wurde, und der dritten Dimension neuzeitlicher pädagogischer Praxis hinzu. Im Unterschied zur aristotelischen Rückkehr ins Handeln, welche den Eintritt der Heranwachsenden in die Arbeitswelt ausdrücklich ausschloß und sich nur auf die in „Muße" auszuübenden theoretischen und politischen Tätigkeiten der freien Bürger bezog, stellt sich in der dritten Dimension pädagogischen Handelns die Aufgabe, die pädagogische Praxis in die menschliche Gesamtpraxis aufzuheben und die Heranwachsenden im Medium bürgerlicher Öffentlichkeit schrittweise an der Beratung über alle menschlichen Angelegenheiten zu beteiligen.

Kinderregierung als sich selbst negierendes Gewaltverhältnis Erwachsener über Heranwachsende, Erziehung durch Unterricht als teleologiefreie Erweiterung von Erfahrung und Umgang und Erziehung als Aufhebung der pädagogischen Praxis in intergenerationelle Praxis sind in der Neuzeit durch keinerlei metaphysisch-ontologische Gesamtordnung mehr verbunden, sondern offen für eine geschichtliche Praxis des Menschen, in deren Zentrum zunehmend die Frage steht, wie die Freiheit der einzelnen mit der gegenseitigen Anerkennung der Menschen als Selbstzweck und einer die Natur als deren eigene und unsere Lebensgrundlage erhaltenden ökonomischen Praxis abgestimmt werden kann (vgl. Peukert 1988).

Auf diese Frage eine positive Antwort zu geben, steht der systematischen Pädagogik nicht zu. Die nachwachsende Generation an der Erörterung dieser Frage zu beteiligen, ist dagegen Aufgabe einer zeitgemäßen pädagogischen Praxis, in welcher die arbeitsteilig ausgeübten pädagogischen Berufe durch die skizzierten drei handlungstheoretischen Fragestellungen und die drei Dimensionen pädagogischen Handelns untereinander verbunden sind.

7. Zur Bedeutung systematischer Pädagogik für die Geschichte der Pädagogik und die Einheit der Pädagogik in Theorie, Empirie und Praxis

Die in den vorausgegangenen Abschnitten skizzierten allgemein-pädagogischen und systematischen Perspektiven beanspruchen eine dreifache Bedeutung. Sie erheben Anspruch, für die Verständigung im Handeln und die Beratung in pädagogischen Entscheidungssituationen hilfreich zu sein, sie beanspruchen ferner, Perspektiven für eine historische Erforschung der Entstehungsgeschichte neuzeitlicher Pädagogik und die empirische Erforschung gegenwärtiger Handlungsfelder zu formulieren, und sie versuchen schließlich, einen Beitrag zur Verständigung über die Einheit der Pädagogik in Theorie, Empirie und Praxis zu leisten.

Die aufs Handeln bezogene Verständigungsfunktion systematischer Pädagogik ist eine zweifache. Sie bezieht sich zum einen auf die erziehungstheoretische Kritik intentionaler und funktionaler Konzepte pädagogischen Wirkens, die bildungstheoretische Kritik formaler und materialer Bestimmungen der Aufgaben pädagogischer Interaktion sowie die institutstheoretische Kritik ganzheitlicher und systemtheoretischer Vorstellungen zur Institutionalisierung der pädagogischen Praxis. Sie macht zugleich auf Problemverkürzungen aufmerksam, die dort vorliegen, wo die pädagogische Praxis sich nur in der Kausalität ihres Wirkens oder nur in ihrer Aufgabenstellung oder nur hinsichtlich ihrer institutionellen Ortsbestimmung fraglich wird oder legitimiert. Die praxisbezogene Verständigungsfunktion systematischer Pädagogik bezieht sich zum anderen auf die Aufgaben einer erziehungs-, bildungs- und institutionstheoretischen Analyse, Begründung und Verhältnisbestimmung der drei Dimensionen pädagogischen Handelns, die es stets von neuem über ihre spezifischen Möglichkeiten und Grenzen aufzuklären gilt.

Die auf empirische Forschung in gegenwärtigen Handlungsfeldern und auf die Entstehungsgeschichte der Pädagogik bezogene Verständigungsfunktion systematischer Pädagogik ist ebenfalls eine zweifache. Sie bezieht sich darauf, daß empirische Forschung, welchen Paradigmen auch immer sie folgen oder welches neue Paradigma auch immer sie hervorbringen mag, für ihre nach wissenschaftstheoretisch zu analysierenden und zu kontrollierenden Regeln gewonnenen Ergebnisse keinerlei unmittelbare Handlungsrelevanz beanspruchen darf, sondern ihre Resultate in einer Weise präsentieren muß, daß sie erziehungs-, bildungs- und institutionstheoretisch analysierbar, interpretierbar, kritisierbar und korrigierbar werden. Dies gilt analog auch für die historische Forschung. Die Fortschritte, die in den letzten Jahrzehnten erreicht worden sind, als es gelang, eine vornehmlich ideengeschichtliche Historiographie um sozialgeschichtliche Zugriffsweisen und Perspektiven zu erweitern, sichern der Ideen- und Sozialgeschichte erst dann den Status einer erziehungswissenschaftlichen Disziplin, wenn es gelingt, die individuelle und gesellschaftliche pädagogische Praxis mit den Mitteln der historischen Forschung unter den handlungstheoretischen Fragestellungen der Theorie der Erziehung, der Theorie der Bildung und der Theorie pädagogischer Institutionen über die in ihr wirksame Geschichte aufzuklären.

Aus alledem folgt, daß systematische Pädagogik ihre dritte Verständigungsfunktion im Hinblick auf ein Theorie, Empire und Praxis verbindendes gemeinsames Problembewußtsein nicht stellvertretend im Rahmen einer Allgemeinen Pädagogik erfüllen kann. Keine ihrer drei Funktionen kann nämlich ohne die jeweils andere realisiert werden. Die der Erziehungs-, Bildungs- und Institutionentheorie sowie der systematischen Dimensionierung des pädagogischen Handelns zukommende praxisanleitende und -orientierende Relevanz ist ohne eine historische Aufklärung über die Wirkungsgeschichte, in der Handlungstheorie und Erziehungswirklichkeit stehen, nicht zu gewinnen; sie bedarf zugleich einer empirischen Kontrolle, welche die Theorie mit ihrem über Praxis vermittelten Praktischwerden und die Praxis über ihre Folgen in den individuellen Lernprozessen Heranwachsender aufklärt und auf diese Weise die Interdependenzen zwischen pädagogischer, ökonomischer und politischer Praxis erneut der theoretischen Reflexion zuführt.

Die anzustrebende Einheit der Pädagogik in Theorie, Empirie und Praxis kann nur auf dem Wege einer nicht-normativen, handlungsanleitenden Theorie pädagogischen Handelns, welche Theorie und Praxis in kein Anwendungsverhältnis zwingt, einer historischen Erziehungswissenschaft, welche über die Geschichte aufklärt, ohne aus der Geschichte die Antwort auf pädagogische Fragen abzuleiten, und einer empirischen Erziehungswissenschaft gefunden werden, welche sich dazu bekennt, die erfolgsgarantierenden Gesetze pädagogischen Handelns nicht aufstellen, wohl aber durch Aufklärung über die Bedingungen von Erfolg und Mißerfolg die Chancen zur Verminderung von Mißerfolg steigern zu können (vgl. Diederich 1982). Diese Einheit aber zeichnet sich nicht durch ein Kontinuum von pädagogischer Handlungstheorie, historischer und empirischer Erziehungswissenschaft aus, sondern dadurch, daß in ihr Theorie und Empirie offen sind für künftige Erfahrung und insoweit der Praxis einen Primat zuerkennen, Praxis umgekehrt aber offen ist für wissenschaftliche Aufklärung und sich hierin einer historisch-reflektierten und empirisch kontrollierten pädagogischen Handlungstheorie verpflichtet weiß.

Literatur

Adorno, Th. W.: Soziologie und empirische Forschung (1957). In: Horkheimer, M./ Adorno, Th. W.: Sociologica II. Frankfurt 1962. S. 205–222.

Ballauff, Th.: Ist systematische Pädagogik heute noch möglich und notwendig? In: Vierteljahrsschrift für Wissenschaftliche Pädagogik. 60 (1984), S. 425–441.

–, Systematische Pädagogik. Heidelberg 1962.

Benner, D.: Allgemeine Pädagogik. Weinheim/München 1987.

–, Grundstrukturen pädagogischen Denkens und Handelns. In: Enzyklopädie Erziehungswissenschaft. Bd. I, hg. von D. Lenzen und K. Mollenhauer. Stuttgart 1983. S. 283–300.

–, Hauptströmungen der Erziehungswissenschaft. Eine Systematik traditioneller und moderner Theorien. München 1973, [2] 1978.

–, Die Pädagogik Herbarts. Weinheim/München 1986 a.

–, Pädagogisches Wissen und pädagogisches Ethos. Überlegungen zur unvollendbaren Pädagogik der Moderne. In: Vierteljahrsschrift für Wissenschaftliche Pädagogik. 62 (1986 b), S. 507–518.

Benner, D./Brüggen, F.: Mündigkeit. In: Handbuch des Humanismus, hrsg. von H. Holz/ H. Rademacher. München 1989.

Benner, D./Göstemeyer, K.-F.: Postmoderne Pädagogik. Analyse oder Affirmation eines gesellschaftlichen Wandelns? In: Zeitschrift für Pädagogik. 33 (1987), S. 61–82.

Benner, D./Schmied-Kowarzik, W.: Prolegomena zur Grundlegung der Pädagogik. Bd. I: Herbarts praktische Philosophie und Pädagogik. Ratingen 1967; Bd. II: Die Pädagogik der frühen Fichtianer und Hönigwalds. Wuppertal usw. 1969.

Bokelmann, H.: Pädagogik. Erziehung, Erziehungswissenschaft. In: Handbuch pädagogischer Grundbegriffe, hrsg. von J. Speck und G. Wehle. Bd. II. München 1970. S. 178–267.

Brüggen, F.: Freiheit und Intersubjektivität. Ethische Pädagogik bei Kant und Schleiermacher. Habilitationsschrift 1986 (Fachbereich Erziehungswissenschaft der Universität Münster).

Derbolav, J.: Grundriß einer Gesamtpädagogik, hg. von B. H. Reifenrath. Frankfurt 1987.

–, Problem und Aufgabe einer Pädagogischen Anthropologie im Rahmen der Erziehungswissenschaft. In: Psychologie und Pädagogik, hrsg. von J. Derbolav und H. Roth. Heidelberg 1959.

Diederich, J.: Bemessene Zeit als Bedingung pädagogischen Handelns. In: Zwischen Technologie und Schulreform, hrsg. von N. Luhmann/K. E. Schorr. Frankfurt 1982. S. 51–86.

Dilthey, W.: Über die Möglichkeit einer allgemeingültigen pädagogischen Wissenschaft (1888). Kleine pädagogische Texte 3. Weinheim 1961.

Enzyklopädie Erziehungswissenschaft, hrsg. von D. Lenzen. Bd. 1, hrsg. von D. Lenzen und K. Mollenhauer. Stuttgart 1983.

Fink, E.: Grundfragen der systematischen Pädagogik. Freiburg 1978.

Fischer, W.: Erziehungswissenschaft und Systematische Pädagogik – Bemerkungen zu ihrem Verhältnis untereinander. In: Vierteljahrsschrift für Wissenschaftliche Pädagogik. 60 (1984), S. 411–424.

Flitner, W.: Allgemeine Pädagogik (1933). Stuttgart 1950, [13]1970.

Gamm, H.-J.: Allgemeine Pädagogik. Die Grundlagen von Erziehung und Bildung in der bürgerlichen Gesellschaft. Reinbek 1979.

Heitger, M.: Über die Notwendigkeit und Möglichkeit einer systematischen Pädagogik. In: Vierteljahrsschrift für Wissenschaftliche Pädagogik. 60 (1984), S. 396–410.

Herbart, J. F.: Allgemeine Pädagogik (1806). In: J. F. Herbart. Pädagogische Schriften, hrsg. von W. Asmus. Bd. 2. Stuttgart 1984.

–, Systematische Pädagogik, eingeleitet, ausgewählt und interpretiert von D. Benner. Stuttgart 1986.

–, Umriß pädagogischer Vorlesungen ([2] 1841). In: J. F. Herbart. Pädagogische Schriften, hrsg. von W. Asmus. Bd. 3. Stuttgart 1984.

Humboldt, W. von: Theorie der Bildung des Menschen (1974). In: W. von Humboldt. Werke in fünf Bänden, hrsg. von A. Flitner/K. Giel. Bd. 1. Darmstadt 1960. S. 234–240.

Huschke-Rhein, R.: Über die Zukunft der Allgemeinen Pädagogik. Systematische und systemökologische Überlegungen. In: Zeitschrift für Pädagogik. 30 (1984), S. 31–48.

Kant, I.: Über Pädagogik, hrsg. von D. F. TH. Rink. Königsberg 1803.

Klafki, W.: Aspekte kritisch-konstruktiver Erziehungswissenschaft. Weinheim/Basel 1976.

Langeveld, M. J.: Einführung in die theoretische Pädagogik (1945). Stuttgart 1951.

Lenzen, D.: Mythos, Metapher und Simulation. Zu den Aussichten Systematischer Pädagogik in der Postmoderne. In: Zeitschrift für Pädagogik. 33 (1987), S. 41–60.

Mollenhauer, K.: Theorien zum Erziehungsprozeß. Zur Einführung in erziehungswissenschaftliche Fragestellungen. München 1972.

Peukert, H.: Bildung und Vernunft. Neuzeitliche Vernunftkritik und die Frage nach dem Ansatz einer systematischen Erziehungswissenschaft. Frankfurt 1988.

Petzelt, A.: Grundzüge Systematischer Pädagogik. Freiburg 1949.

Rousseau, J. J.: Emile oder über die Erziehung. (1762), hrsg. von M. Rang, Stuttgart 1963.

Roth, H.: Pädagogische Anthropologie. Bd. I: Bildsamkeit und Bestimmung. Hannover 1966; Bd. II: Entwicklung und Erziehung. Hannover 1971.

Schleiermacher, F.: Die Vorlesungen aus dem Jahre 1826. In: F. Schleiermacher. Pädagogische Schriften I, hrsg. von E. Weniger unter Mitwirkung von TH. Schulze. Berlin/Wien 1983.

Schmied-Kowarzik, W.: Dialektische Pädagogik. Vom Bezug der Erziehungswissenschaft zur Praxis. München 1974.

Schütz, E.: Einige Überlegungen zur Fragwürdigkeit systematischer Pädagogik. In: Zeitschrift für Pädagogik. 30 (1984), S. 17–29.

Tenorth, H.-E.: Berufsethik, Kategorialanalyse, Methodenreflexion. Zum historischen Wandel des „Allgemeinen" in der wissenschaftlichen Pädagogik. In: Zeitschrift für Pädagogik. 30 (1984), S. 49–86.

Vogel, P.: Zum Zusammenhang pädagogischer Wissensformen. In: Vierteljahrsschrift für Wissenschaftliche Pädagogik. 62 (1986), S. 472–486.

Winfried Böhm

Über das Gemeine der Allgemeinen Pädagogik

Eine personalistische Grundlegung

Als vor geraumer Zeit eine meiner damaligen wissenschaftlichen Mitarbeiterinnen einen Aufsatz unter der Themenfrage „Was ist das Sonderbare der Sonderpädagogik?" veröffentlichte[1], erntete die Verfasserin Schimpfe aus der Zunft, und noch nach etlichen Jahren wurde es mir von sonderpädagogischen Kollegen zum Vorwurf gemacht, daß ich seinerzeit die Publikation eines solchen despektierlichen Beitrags, noch dazu in der Festschrift für einen renommierten Gelehrten, zugelassen hätte. Der Lernbehindertenpädagoge Andreas Möckel drohte mir damals einen bösen Gegenartikel an und stellte diesen unter der Überschrift „Was ist das Gemeine der Allgemeinen Pädagogik?" in Aussicht. Leider hat dieser geschätzte Kollege diese Replik auf meine frühere Assistentin niemals zuwege gebracht, und so nehme ich die ehrenvolle Einladung, an diesem Sammelband mitzuarbeiten, zum willkommenen Anlaß, mir heute selbst diese provokative Frage vorzulegen und einige fragmentarische Bemerkungen darüber niederzuschreiben, worin denn *das Gemeine* der Allgemeinen Pädagogik gesehen werden könnte und tunlichst gesehen werden sollte.

Die ebenso einfache wie offensichtlich ärgerliche These jenes von der Zunft inkriminierten Aufsatzes lautete, auf den kleinsten gemeinsamen Nenner zusammengekürzt, daß sich das Spezifische (in der Terminologie der Verfasserin: das Sonderbare) der Sonderpädagogik – sofern es sich dabei um Sonder*pädagogik* und nicht um irgendeine andere Art von *Sonder*veranstaltung handeln soll – nicht allein aus den Sonderbarkeiten ihrer Klienten herleiten lasse und sich auch nicht in gesonderten Maßnahmen zur Beseitigung jener Sonderbarkeiten erschöpfen könne, vielmehr „aus dem Wesen des Pädagogischen heraus begründet werden muß". Verstünde sich die Sonderpädagogik – so die Verfasserin weiter – in ihrer Besonderheit von der Sonderbarkeit der Klientel her und nicht als eine auf spezifische Fälle gerichtete Ausprägung von Pädagogik allgemein, dann läge die Gefahr nahe, „daß sie zu einer rein pragmatischen ‚Sondersozialisation' bzw. ‚Sondertherapie' wird, die zwar in ihren Verfahren und Methoden beständig fortschreitet und sich weiterentwickelt, sich aber gleichzeitig von ihrer pädagogischen Verankerung losreißt und sich damit Kriterien ausliefert, die nicht mehr aus dem Bildungsbegriff hervorgehen, sondern Aus-

---

1 Christina Legowski: Was ist das „Sonderbare" der Sonderpädagogik? In: Die Pädagogik und ihre Bereiche. Albert Reble zum 70. Geburtstag. Hrsg. von Wilhelm Brinkmann und Karl Renner, Paderborn 1982, S. 411–420.

fluß gesellschaftlicher oder biopsychologischer Zweckmäßigkeitsüberlegungen sind"[2].

Ehe wir das kühne Unterfangen wagen, in dieser unerhört verkürzten Form einige prospektive Gedanken zu der Frage nach dem Gemeinen der Allgemeinen Pädagogik zu formulieren, gilt es zuvörderst zu klären, was hier mit dem „Gemeinen" gemeint werden soll. Es liegt auf der Hand, daß damit nicht jener angebliche Restbestand von pädagogischen Gemeinplätzen angezielt wird, der sich auf der Halde einer Allgemeinen Pädagogik angesammelt hat, als die man dann ihrerseits jene geistigen Ablagerungen bezeichnet, die sich noch nicht auf die einzelnen erziehungswissenschaftlichen Spezialdisziplinen (die oft ironisierend als „Bindestrich-Pädagogiken" benannt werden) haben verteilen lassen oder für eine solche Zuweisung wegen ihres allgemeinen Charakters überhaupt nicht taugen, so daß sie in dem langsam einschrumpfenden Wissensarsenal der *nolens volens* noch immer aufrecht erhaltenen „Allgemeinen Pädagogik" zwischengelagert werden, bis man demnächst ihre endgültige Entsorgung in Angriff nehmen kann. Auch wird mit dem Gemeinen der Allgemeinen Pädagogik hier nicht jene vermeintliche „Komik der reinen Theorie"[3] ins Auge gefaßt, über die schon PLATON im „Theaitetos" die thrakische Magd lachen ließ[4] oder für die DIOGENES von Sinope – der Philosoph in der Tonne, der am hellichten Tage mit einer Laterne in der Hand auf Menschensuche geht[5] – mit seiner Beleuchtung der scheinbar offensichtlichen und selbstverständlichen Dinge zum Symbol geworden ist[6]. Hier soll auch nicht jenes törichte Argument abermals aufgenommen werden, mit dem man immer wieder auf den Widerspruch zwischen der Lehre und dem Leben eines Denkers hinweist – die Kette der überflüssigen Beispiele von SENECA über ROUSSEAU und MARX bis zu HORKHEIMER ist schier endlos – und diese Inkongruenz genüßlich gegen die Lehre ins Feld führt, so als ob die (äußerlich wahrnehmbare, wenngleich vorgespielte) Übereinstimmung von Lehre und Leben je ein Beweisstück für die Gültigkeit einer Lehre sein könnte.

Das Gemeine der Allgemeinen Pädagogik, um das es hier zu tun ist, kann auch nicht auf dem derzeit in voller Blüte stehenden Felde der wissenschafts- und metatheoretischen Diskussionen in unserem Fache gefunden werden; denn ebenso wenig wie sich die klassischen Fragen der Erkenntnis- und Handlungstheorie umstandslos in wissenschafts- und metatheoretische Fragen auflösen lassen, erwächst der von uns angezielte pädagogische Grundgedanke aus ir-

---

2 Ebd., S. 412.
3 Vgl. dazu Hans Blumenberg: Der Sturz des Philosophen. Zur Komik der reinen Theorie anhand einer Rezeptionsgeschichte der Thales-Anekdote, in: Das Komische, hrsg. von Wolfgang Preisendanz und Rainer Warning, München 1976, S. 11-64.
4 Platon: Theaitetos 174 a.
5 Siehe dazu Jenny Gehrs: Komische Philosophie – philosophische Komik, Heidelberg 1996.
6 Vgl. dazu ausführlich Peter Sloterdijk: Kritik der zynischen Vernunft, Frankfurt am Main 1983.

gendwelchen wissenschaftstheoretischen Quisquilien, sondern dazu bedarf es einer kategorialen, und zwar objekttheoretischen Bestimmung des Gegenstandes theoretischer Pädagogik und praktischer Erziehung. Auch kann der geeignete Weg dazu nicht darin bestehen, die pädagogischen Wissensformen auseinanderzudividieren – so sehr ihre saubere Unterscheidung notwendig und wünschenswert erscheinen mag –, sondern es kommt im Gegenteil gerade darauf an, ihren notwendigen inneren Zusammenhang durch Aktuierung der Frage nach ihrem Anfang aufzuweisen[7].

Wenn hier vom Gemeinen der Allgemeinen Pädagogik die Rede ist, so wird damit nicht mehr und nicht weniger gemeint als jener prinzipielle pädagogische Grundgedanke – *Prinzip* dabei verstanden in dem geläufigen Doppelsinn von *Anfang* und *durchtragendem Grund* –, der allem pädagogischen Denken und allem erzieherischen Handeln einwohnen muß, sofern sich dieses und jenes als *pädagogisch* begründet und ausgewiesen verstehen will. Wenn wir also das von der Allgemeinen Pädagogik zu bestimmende Gemeine in den Blick nehmen, dann geht es darum, nach jener anthropologischen Grund- und jener pädagogisch-erzieherischen Zielvorstellung zu fragen, die allem pädagogischen Denken und Handeln gemein ist und gemein sein muß.

An dieser Stelle unseres Gedankenganges wird freilich sogleich ein Dilemma sichtbar, vor dem jeder Versuch der Formulierung eines solchen pädagogischen Grundgedankens heute steht. Dietrich BENNER hat diesen Engpaß trefflich so beschrieben, daß angesichts des faktischen Zerstiebens der einen Pädagogik in zahlreiche erziehungswissenschaftliche Einzeldisziplinen und im Hinblick auf das Zerbröckeln der erzieherischen Praxis in viele unterschiedliche Einzeltätigkeiten einerseits ein solcher pädagogischer Grundgedanke nur möglich erscheint, wenn er gar nicht notwendig ist, und andererseits nur notwendig wird, wenn er gar nicht (mehr) möglich ist. Nicht notwendig erscheint die ausdrückliche Festschreibung dieses tragenden pädagogischen Grundgedankens, solange die Einheit der Pädagogik nicht in Frage gezogen wird und über ihren (sie von den anderen Wissens- und Handlungsfeldern unterscheidenden) besonderen Gegenstand Einigkeit herrscht. Notwendig, aber nicht (mehr) möglich erscheint die Bestimmung des pädagogisch Gemeinen, wenn einer Vielzahl pädagogischer Spezialdisziplinen und erzieherischer Einzeltätigkeiten das gemeinsame Band verlorengegangen ist: „Aus der Sicht der anderen Disziplinen und der verschiedenen pädagogischen Tätigkeiten kann systematischer Pädagogik[8] dann jedenfalls keinerlei Bedeutung zukommen, wenn sie nur Aus-

---

7 Vgl. dazu den luziden Aufsatz von Andreas Lischewski: Die Frage nach der Frage oder: Vom „Anfang der Pädagogik", in: Erziehungswissenschaft oder Pädagogik? Hrsg. von Winfried Böhm und Angelika Wenger-Hadwig, Würzburg 1998, S. 11–31.

8 Dietrich Benner spricht hier zwar von systematischer Pädagogik, meint aber in diesem Kontext das, was wir hier als das Gemeine der Allgemeinen Pädagogik im Auge haben.

sagen allgemeiner Art zu formulieren vermag, welche die pädagogischen Einzeltätigkeiten und die Disziplinen der Erziehungswissenschaft gar nicht berühren. Verstehen wir dagegen systematische Pädagogik so, daß ihre Aussagen für die gesamte Erziehungswissenschaft und für alle pädagogischen Tätigkeiten gelten oder doch Geltung beanspruchen können, so entsteht die umgekehrte Situation, daß systematische Pädagogik denen, die sie betreiben, sinnvoll und notwendig erscheinen mag, aber angesichts der Ausdifferenzierung der Erziehungswissenschaft in Einzeldisziplinen und der fortschreitenden Arbeitsteilung in der pädagogischen Praxis keinen Adressaten mehr hat, der ihre Aussagen zur Kenntnis nehmen möchte und beachten könnte"[9].

So einleuchtend die Beschreibung dieses Dilemmas auch klingen mag, so können wir uns doch mit dieser Gegebenheit nicht einfach abfinden, und zwar aus einem naheliegenden Grunde, den man als den fundamental *dialektischen Charakter alles Pädagogischen* bezeichnen könnte und den man – einfacher ausgedrückt – in der *Polarität zwischen Sein und Sollen* vorfindet, von der alles pädagogische Denken und alles erzieherische Handeln seinen Ausgang nimmt und in die es unentrinnbar ausgespannt ist.

Ich will nur auf zwei signifikante Beispiele pädagogischer Selbstklärung verweisen, die an dieser Stelle erhellend wirken können. SCHLEIERMACHERS Grundlegung der Pädagogik als Wissenschaft – und über die exemplarisch bleibende Bedeutung dieser Leistung besteht wohl kaum ein ernster Zweifel – verortet diese in einer merkwürdigen Zwischenposition zwischen der spekulativen Betrachtung der Idee des höchsten Gutes einerseits und der empirischen Erfassung der konkreten geschichtlich-gesellschaftlichen Wirklichkeit andererseits. „Als eine technische Disziplin tritt die Pädagogik zwischen die spekulativ gewonnene Idee des höchsten Gutes und die empirisch zu ermittelnde, bereits erreichte Einigung von Vernunft und Natur, und sie hat die spezifische Aufgabe zu erfüllen, ausgehend vom faktisch Gegebenen die weitere Realisierung des höchsten Gutes zu projektieren und voranzutreiben"[10]. SCHLEIERMACHER stützt seine Pädagogik bekanntlich durch eine weltumgreifende Geschichtsmetaphysik und durch eine platonisierende Auslegung der Idee des höchsten Gutes ab[11], die uns heute als zu spekulativ erscheinen mag. Gleichwohl behält die Einsicht ihre Gültigkeit, daß pädagogisches Denken und erzieherisches Handeln dort ziel- und sinnlos werden, wo sie nicht von einer Idee des höchsten Gutes begründet und geleitet werden. Zieht man näher in Betracht, von welchem an-

9 Dietrich Benner: Studien zur Theorie der Erziehungswissenschaft. Band I, Weinheim 1994, S. 302.
10 Birgitta Fuchs: Schleiermachers dialektische Begründung der Pädagogik als Wissenschaft, in: Erziehungswissenschaft oder Pädagogik? Hrsg. von Winfried Böhm und Angelika Wenger-Hadwig, Würzburg 1998, S. 131–144.
11 Siehe dazu nach wie vor Albert Reble: Schleiermachers Kulturphilosophie, Erfurt 1935.

thropologischen Verständnis SCHLEIERMACHER ausgeht und welche Auffassung vom Menschen seiner Geschichtsphilosophie zum Grunde liegt, dann hat man sich zu vergegenwärtigen, daß für ihn der einzelne seinen sittlichen Wert nicht aus der „puren Tatsache seiner bloßen Individualität, das heißt seiner faktischen natürlichen Besonderheit" gewinnt[12], sondern allein dadurch, daß er aufgrund seiner Fähigkeiten und seiner Verpflichtung zur Selbstbildung sein Leben in Freiheit selbsttätig entwirft und gestaltet, mithin den entscheidenden (bildnerischen) Schritt vom Individuum zur Person tut[13].

Theodor LITT hat in einem 1921 in den Kant-Studien veröffentlichten Aufsatz über „Das Wesen des pädagogischen Denkens" dieses ebenso scharf gegenüber der Kunst wie der Technik abgegrenzt und dabei als entscheidendes Argument ins Feld geführt, daß bei der Erziehung, im Unterschied zu Kunst und Technik, der zu bearbeitende „Stoff" nicht wie die Naturgegenstände und nicht wie die Hervorbringungen der Kultur quasi als Material der beliebigen Formung und Gestaltung nach von außen gesetzten Zwecken überantwortet werden kann, sondern der Zögling selbst nicht nur die Fähigkeit, sondern das Recht und die Pflicht hat, sich den Sinn und die Zwecke seines Lebens selbst zu setzen und auf diese Weise Autor seiner eigenen Lebensgeschichte zu werden. Pädagogisches Denken und erzieherisches Handeln können also die ursprüngliche und in der Person des Zöglings wurzelnde Einheit von Sein und Sollen nicht zerfetzen, wenn sie sich nicht in jenen ausweglosen Sackgassen verrennen wollen, an denen die Geschichte der Pädagogik so reich ist: „Ob man von der reinen Betrachtung der Erziehungswirklichkeit oder von der Aufstellung rein idealer Ziele ausging, immer wieder wollte es nicht gelingen, Idee und Wirklichkeit, Sein und Sollen ohne Vergewaltigung der einen oder anderen Seite zusammenzubringen; immer wieder sah man sich genötigt, da ideell zu werten, wo man lediglich die Wirklichkeit zu betrachten meinte, da Anleihen bei der Wirklichkeit zu machen, wo man rein ideell zu konstruieren gedachte. Was Wunder, daß man sich vergeblich mühte, das nachträglich zu vereinen, was man anfangs, dem wahren Verhältnis entgegen, auseinandergerissen hatte. Dies aussichtslose Ringen wird erst dann ein Ende nehmen, wenn die pädagogische Theorie sich entschließt, den Sachverhalt, den sie sich selbst zumeist verhehlt, nur um sich einem durchaus einseitigen Ideal von Wissenschaftlichkeit angleichen zu können, nicht nur offen einzugestehen, sondern auch mit Bewußtsein recht eigentlich zur Grundlage ihrer Methodik zu machen."[14]

---

12 Siehe dazu den erhellenden Problemaufriß bei Birgitta Fuchs: Von der individuellen Eigentümlichkeit zur Person. Überlegungen im Anschluß an Schleiermacher, in: Vierteljahrsschrift für wissenschaftliche Pädagogik, 73 (1997), S. 226–237.
13 Vgl. dazu Rudolph Berlinger: Das Individuum in Gestalt der Person, in: Perspektiven der Philosophie. Neues Jahrbuch, Band 8 (1982), S.101–114.
14 Theodor Litt: Das Wesen des pädagogischen Denkens, in: Führen oder Wachsenlassen, 15.Aufl., Stuttgart 1976, S. 109.

Wir sind nun an jener Fermate unserer Vorüberlegungen angelangt, wo es geraten erscheint, die These dieses Beitrags mit aller gehörigen Klarheit auszusprechen. Sie lautet: In Hinsicht auf die dialektische Struktur pädagogischen Denkens und erzieherischen Handelns bietet sich die Besinnung auf ein Verständnis des Menschen als *Person* als der geeignetste und plausibelste archimedische Punkt für die Sinn- und Zielorientierung des Pädagogischen an, zumal in einer Zeit, in der – angesichts des Unbehagens an der Moderne und eingedenk der postmodernen Beliebigkeiten[15] – andere und in der Vergangenheit leuchtkräftige Richtpunkte verblaßt sind[16] und weder die naiv-romantisierende Verharmlosung von Bildung und Erziehung auf bloße Entwicklung bzw. Entwicklungshilfe noch ihre zweckrationale Verkürzung auf pure Sozialisation, d.h. die Vergesellschaftung des Menschen für uns in Frage kommt[17], da der Mensch nicht nur Naturwesen und nicht nur Gesellschaftswesen, auch nicht nur deren Verquickung, sondern zu allererst Geistwesen und Person ist[18].

Es ist das unbestreitbare Verdienst des modernen Personalismus, mit aller Deutlichkeit auf den fundamentalen Unterschied zwischen dem menschlichen *Individuum* unter der Rücksicht seiner faktischen (natürlichen und soziokulturellen) Bedingungen und der menschlichen *Person* als dem Prinzip ihrer selbst, mithin auf die Person als den eigentlichen Grund von Bildung und Erziehung und als den Integrationspunkt aller ihrer tatsächlichen Bedingungen hingewiesen zu haben. Als Emmanuel MOUNIER, einer der Begründer dieser eminent antiideologischen Bewegung[19], 1936 eine erste grobe Charakterisierung versuchte, konnte er schreiben: „Unter Personalismus verstehen wir jede Lehre und jede Kultur, die den Vorrang der Person des Menschen vor den materiellen Bedürfnissen und gesellschaftlichen Einrichtungen vertritt, die ihre Entwicklung bestimmen. Wir fassen unter der Idee des Personalismus jene zusammenlaufenden Bestrebungen zusammen, die heute ihren Weg jenseits des Faschismus, des Kommunismus und der verfallenden bürgerlichen Welt suchen"[20]. Wenn MOUNIER damals den personalistischen Standpunkt in der kritischen Auseinandersetzung mit den zu seiner Zeit mächtig auftrumpfenden Ideologien von Faschismus, Kommunismus und Liberalismus gefunden hat, so gilt –

---

15 Siehe dazu grundlegend Charles Taylor: The Malaise of Modernity, Concord (Ontario) 1991, dt. Das Unbehagen an der Moderne, Frankfurt am Main 1995.
16 Siehe dazu beispielsweise die profunde Analyse von Alfred Schäfer: Das Bildungsproblem nach der humanistischen Illusion, Weinheim 1996.
17 Vgl. dazu und zum folgenden in aller Ausführlichkeit Winfried Böhm: Beiträge zur Bildung der Person, Bad Heilbrunn 1997, sowie Theorie und Praxis (1985), 2. erweiterte Aufl., Würzburg 1995.
18 Vgl. zu diesem Zusammenhang Winfried Weier: Das Phänomen Geist. Auseinandersetzung mit Psychoanalyse, Logistik, Verhaltensforschung, Darmstadt 1995.
19 Siehe dazu vor allem Jean Lacroix: Le personnalisme comme antiidéologie, Paris 1972.
20 Emmanuel Mounier: Das personalistische Manifest, dt. Zürich o.J. (1936), S. 7.

wie vor allem Paul RICOEUR wieder und wieder betont und in seinem letzten Buch auf magistrale Weise dokumentiert hat[21] – dieses Programm auch heute noch: Der Personalismus will in der Zurückweisung aller den Menschen objektivistischen Zwängen unterwerfenden Tendenzen den unverlierbaren Eigenwert der menschlichen Person hervorheben und diese als fundierende Idee pädagogischen, aber auch politischen, sozialen, wirtschaftlichen und ethischen Denkens und Handelns anbieten.

Wenn wir vom Menschen als Person sprechen, so muß zunächst festgestellt werden, daß das Personsein eine Wesensbestimmung des Menschen ausmacht. Das Personsein ist kein nur zufälliges Merkmal des einen oder des anderen Menschen, es ist nicht nur eine Eigenheit, die dem einen zukommen, dem anderen aber fehlen mag. Der Mensch ist vielmehr immer schon Person, er kann sein Personsein nicht lernen oder gar in seinem Leben erst irgendwann erwerben, noch kann es ihm beigebracht oder eingesetzt werden. Über alles kann der Mensch kraft seines Personseins entscheiden; er kann sogar so leben, als ob er gar keine Person wäre. Er kann sich dann tierischer benehmen als jedes Vieh und weit hinter seine Menschlichkeit zurückfallen, er kann aber auch so tun, als ob er Gott wäre und sich zum falschen Herrn der Welt aufspielen, als welcher er dann skrupellos und in maßloser Willkür mit anderen Menschen und mit der Erde verfährt. In beiden Fällen kann er sein Personsein leugnen; aber er kann es niemals loswerden, weil schon die Entscheidungsfähigkeit gegen sein Personsein dieses wieder voraussetzt. Damit aber ist das Personsein eine notwendige Wesensbestimmung des Menschen, über die er nicht nach eigenem Gutdünken verfügen kann: Der Mensch *ist* Person.

Diese notwendige Wesensbestimmung des Menschen als Person ist aber nicht nur ein bloß allgemeiner Begriff, unter den der einzelne Mensch als dessen beliebiger Gattungsfall subsumiert werden könnte. Vielmehr gilt, daß jedem Menschen ausnahmslos und d. h. *jedem einzelnen* Menschen diese Wesensbestimmung des Personseins zukommt, mithin jeder einzelne Mensch seinen (endlichen) Grund in sich trägt. Er ist nicht Teil eines Ganzen oder Fall eines Allgemeinen, so daß mit einer Wesensbestimmung des Menschen die einzelne konkrete Person aufgehoben und am Ende auf HEGELS „Golgatha der Individuen"[22] aufgeopfert werden müßte. Vielmehr erscheint es als angemessener, davon zu sprechen, daß der einzelne Mensch „der Idee gegenüber eine einma-

21 Paul Ricoeur: Soi-même comme un autre, Paris 1990, dt. Das Selbst als ein Anderer, München 1996.
22 Am Ende seiner „Phänomenologie des Geistes" spricht Hegel von der Schädelstätte des absoluten Geistes, auf der die einzelnen Geister aufgeopfert und hingerichtet werden müssen, weil sie im Hinblick auf die Selbstverwirklichung des absoluten Geistes allenfalls in den Rang eines Mittels gehören.

lige und unersetztliche, qualitative Verwirklichungsform" darstellt[23]. Daher kann mit Wiebke SCHRADER treffend auch von der „Wiederholung des einen Bestimmungsgrundes Mensch in einem jeden Menschen" gesprochen werden[24]. Damit ist das Personsein sowohl allgemein, weil es nämlich jedem *Menschen* zukommt, zugleich aber streng individuell, weil es *jedem* Menschen eignet. Weil aber jeder einzelne eine einzigartige personale Verwirklichungsform der Idee Mensch ist, kann das Personsein niemals nur ein abstrakter Begriff, eine lediglich regulative Idee sein. Denn eine solche wäre bloß denkbar, während das Personsein des Menschen seine Wesenswirklichkeit selbst ausmacht. Das, was wir mit Person meinen, ist also keineswegs identisch mit der nackten Tatsache unseres Ich-Bewußtseins, denn ich bin nicht, weil ich denke, sondern ich denke, weil ich (Person) bin. Die Person ist überhaupt nicht ein punktuell in Erscheinung tretendes Ich, sie erstreckt sich vielmehr auf das gesamte Leben. Die Identität eines Menschen ist daher wohl die eines natürlichen Dinges, eines Organismus – RICOEUR spricht von ihr als der *idem*-Identität; aber diese leiblich-charakterliche Identität ist nur die natürliche Basisvorgabe für eine lebenslange Identitätsstiftung, für die RICOEUR den Begriff der *ipse*-Identität gebraucht. Aber: „Person ist nicht das Resultat dieser Stiftung, nicht das Ende dieses Weges, sondern der Weg selbst, das Ganze einer Biographie, deren basale Identität ihrerseits biologisch gesichert ist. Personen sind nicht Rollen, aber sie sind, was sie sind, nur, indem sie eine Rolle spielen, das heißt sich auf irgendeine Weise stilisieren"[25]. Die Person ist nicht nur selbständige Identität, sondern näherhin selbst-be-ständige Einheit. SCHLEIERMACHER hat diesen Personverhalt sehr plausibel dargestellt: „Im Innern ist alles eins, ein jedes Handeln ist Ergänzung nur zum andern, in jedem ist das andere auch enthalten. Drum hebt auch weit über das Endliche, das in bestimmter Folge und festen Schranken sich übersehen läßt, die Selbstanschauung mich hinaus. Es gibt kein Handeln in mir, das ich vereinzelt recht betrachten, und keins, von dem ich sagen könnte, es sei ein Ganzes. Ein jedes Tun stellt mir mein ganzes Wesen dar, nichts ist geteilt, und jede Tätigkeit begleitet die andere; es findet die Betrachtung keine Schranken, muß immer unvollendet bleiben, wenn sie lebendig bleiben will"[26].

Unter pädagogischer Rücksicht heißt das, daß das Kind nicht erst durch den Erzieher zu einer Person gemacht werden kann; das Kind ist von Anbeginn an als Person zu achten, ihm kommt die gleiche Würde zu, wie jedem anderen

23 Paul-Ludwig Landsberg: Einführung in die philosophische Anthropologie, 2. Aufl., Frankfurt am Main 1960, S. 70.

24 Wiebke Schrader: Die Dringlichkeit der Frage nach dem Individuum, in: Perspektiven der Philosophie. Neues Jahrbuch. Band 8 (1982), S. 29–100.

25 Robert Spaemann: Personen. Versuche über den Unterschied zwischen „etwas" und „jemand", Stuttgart 1996, S. 94.

26 Friedrich Daniel Ernst Schleiermacher: Monologen, in: Schleiermachers Werke, hrsg. von Otto Braun und D. Joh. Bauer. 4. Band, Leipzig 1911, S. 412.

Menschen auch[27]. Weder ist also die Person von außen gleichsam einsetzbar, noch kann seine personale Würde erst als Ergebnis einer durch Diskurs gewonnenen Konvention begriffen werden. Auch ist die personale Würde nicht abhängig von irgendeiner Funktion, die der einzelne erfüllt. Sie gründet vielmehr im Charakter des Menschen als Person, und „die Unabhängigkeit der Person hängt daran, daß es keinem Menschen zukommt, darüber zu befinden, ob ein anderer Mensch die fundamentalen Merkmale von Personalität besitzt oder nicht. Menschenrechte hängen daran, daß niemand befugt ist, den Kreis derer zu definieren, denen sie zukommen oder nicht zukommen. Das bedeutet, daß sie, obwohl in der Personalität des Menschen begründet, doch jedem Wesen zuerkannt werden müssen, das von Menschen abstammt, und dies vom ersten Augenblick seiner rein naturalen Existenz an, ohne daß irgendwelche zusätzlichen inhaltlichen Kriterien eingeführt werden dürften"[28].

Nun ist aber das Personsein des Menschen noch nicht ausreichend beschrieben, wenn wir davon sprechen, daß jeder einzelne Mensch seiner Wesensnatur nach wahrhaftig Person sei. Denn die drei (bisher angeführten) Bestimmungen von Person – nicht nur zufälliges Gattungsmerkmal, sondern *notwendige Wesensbestimmung* des Menschen, nicht nur allgemeiner Begriff, sondern *einmalig-konkrete Verwirklichungsform* der Idee des Menschen, nicht nur bloßes Gedankenkonstrukt, sondern eine *Realität sui generis* zu sein -, die wir als die „Substantialität" der Person zusammenfassen können, müssen durch das ergänzt werden, was die menschliche Person im eigentlichen Sinne von allen anderen „Substanzen", z.B. Pflanzen oder Tieren, unterscheidet und was wir als die „Subjektivität" der menschlichen Person bezeichnen. Wenn wir von dieser Subjektivität des Menschen sprechen, dann meinen wir nicht jene faule Subjektivität, die sich auf ein bloßes Gefühl, die bloße Meinung oder gar abwertend das Nicht-Objektive und daher Minderwertige verdünnt. Anders als in den Naturwissenschaften bezeichnete das „Subjektive" ursprünglich das in sich selbst stehende Sein, auf welches hin das „Objektive" relativ bezogen war. Das Subjekt steht zunächst in sich selbst, während das Objekt nur ein solches ist, insofern es in bezug auf ein Subjekt, also von diesem abhängig gedacht wird. Erst die Naturwissenschaften haben dieses Verhältnis umgepolt, indem sie uns glauben machten, die Objekte seien gleichsam selbständig und müßten dementsprechend subjektunabhängig betrachtet werden. Wenn wir also von der Person als Subjekt reden, dann bedeutet das keinesfalls eine Ab-, sondern gerade

---

27 Vgl. dazu den konzisen Beitrag von Giuseppe Flores d'Arcais: Auch das Kind ist Person, in: Alternativen frühkindlicher Erziehung, hrsg. von Birgitta Fuchs und Waltraud Harth-Peter, Würzburg 1992, S. 157–161.
28 Robert Spaemann: Das Natürliche und das Vernünftige. Essays zur Anthropologie, München 1987, S. 37. Vgl. dazu auch Friedo Ricken: Ist die Person oder der Mensch Zweck an sich selbst?, in: Information Philosophie, Juni 1997, S. 5–17.

eine Aufwertung des Menschen, denn allein der Mensch als Person ist *Subjekt*[29].

Diese Subjektivität aber können wir als dialogisch-reflexive Verfaßtheit des Menschen begreifen oder, wie Rudolph BERLINGER trefflich zu sagen pflegt, als die „triadische Architektur der Person" qua *reflexives Denken*, Fähigkeit zur *sprachlichen Kundgabe* und Möglichkeit *freitätigen Handelns*[30].

Im Gegensatz zu jedem natürlichen Wachstum und zu einer mißverständlichen Auffassung der Selbstverwirklichung als eines biologisch-psychologischen Ausfaltungsprozesses, wie sie vor allem die sog. Humanistische Psychologie propagiert hat, muß die Person als eine *denkende Selbstverwirklichung* begriffen werden, die gerade nicht ihre Bedürfnisse auslebt, sondern diese kritisch zu beurteilen und zu sondieren weiß[31]. Während beim Tier der Trieb selbst schon die eigentliche Verhaltenssteuerungsinstanz ist, hat der Mensch die Möglichkeit, von seinen Trieben und Neigungen einen denkend-reflexiven Abstand zu gewinnen, der ihm allererst eine angemessene Umsicht erlaubt. Denkender Abstand ermöglicht somit auch Humor, und deshalb ist allein der Mensch als Person ein lachendes Wesen, d. h. ein Wesen, das von sich selbst Abstand zu gewinnen und sich kritisch zu betrachten vermag.

Dieses Abstandgewinnen wäre aber unmöglich, besäße der Mensch nicht die *Sprache*. Vieles, was sich am Menschen seiner biologischen Ausstattung nach feststellen läßt, kann als eine Fortsetzung und Weiterentwicklung seiner Tierheit angesehen werden. Selbst der vitale Ausdruck, der Schrei des Hungers oder der Schrei der Lust, kann natürliche Auslöser haben. Allein die Sprache und das in Sprache sich vollziehende Abstandnehmen und Entscheiden ermöglicht es dem Menschen, sich aus seiner Animalität zu erheben, indem er nämlich nicht nur seine natürlichen Zustände auszudrücken, sondern diese reflexiv in verobjektivierten Satzstrukturen darzustellen vermag. Der Mensch ist das Wesen, welches über sich selbst sprechen, welches sich selbst interpretieren und somit welthafte Verhalte fassen kann. In der Sprache interpretiert sich der Mensch selbst und die ihn umgebende Welt; in der Sprache vollzieht der Mensch deshalb *Weltstiftung* und weist sich selbst seine Stellung im Ganzen zu. Die menschliche Sprache ist nicht nur eine Fortsetzung des tierischen Dranges nach Lebensbewältigung, wie der sprachphilosophische Pragmatismus glauben

---

29 Vgl. zu dem hier in Anschlag gebrachten Substanzbegriff ausführlich Luigi Stefanini: Theorie der Person, in: Rassegna di Pedagogia/Pädagogische Umschau, 39 (1981), S. 65–82.

30 Siehe dazu grundlegend Rudolph Berlinger: Die Weltnatur des Menschen. Morphopoietische Metaphysik, Amsterdam 1988, und vom gleichen Autor Philosophisches Denken, Amsterdam 1992, bes. S. 175–242.

31 Siehe dazu Herbert Zdarzil: Das Menschenbild der Pädagogik, in: Pädagogik und Anthropologie, hrsg. von Helmut Konrad, Kippenheim 1982, S. 152–165.

machen will; sie ist vielmehr zentrales Moment der menschlichen Sinnstiftung, die über jedes unmittelbare Bedürfnis weit hinausreicht[32].

Weil der Mensch in der sprachlichen Reflexivität von seinen unmittelbaren Neigungen und Trieben Abstand gewinnen kann, deshalb ist er in der Sprache immer schon jeder natürlichen Determiniertheit entzogen, findet er sich vielmehr im Abstand von sich selbst in einem Zustand, in welchem er aus *freier Entscheidung handeln* kann. In der Sphäre der Person gibt es keine äußerliche Kausalität, kein bloßes Reagieren auf äußere Impulse, sondern nur spontanes Setzen eigener Ursächlichkeit[33]. Personales Handeln ist daher *zielstrebig, intentional* und *wertgerichtet.*

Wann immer Emmanuel MOUNIER das Wesen der menschlichen Person zu erklären versucht hat, hat er auf den Begriff der Berufung zurückgegriffen und damit jene spezifische Berufung gemeint, das, was der Mensch seiner Wesensnatur nach *ist*, auch freitätig zu *werden* – nämlich *denkende, sprechende und frei verantwortlich handelnde Person.* Dabei meint diese Berufung zu immer mehr Vernunft, sprachlicher Kommunikation und Freiheit nicht etwas inhaltlich Festgelegtes oder Vorgeschriebenes bzw. etwas ein für allemal Ausgemachtes. Sie erschließt sich vielmehr immer nur Schritt für Schritt, indem der Mensch mit seinen vielfältigen Möglichkeiten spielt, indem er seinen Wahlen und Entscheidungen eine bestimmte Richtung gibt, indem er sich selbst treu bleibt und seine personale Identität über allen Wechsel der Verhältnisse und Zeitläufe hinweg offenbart.

Damit ist gemeint, daß nur der Mensch, insofern er Person *ist*, auch Person *werden* kann, indem er nämlich das, was er seiner Wesensnatur nach ist, auch im tatsächlichen Hier und Jetzt und d. h. unter den einschränkenden Bedingungen von faktischem Raum und gegebener Zeit zu aktuieren bereit ist. Wenn wir also vom Menschen als Person sprechen, dann richtet sich das auf jene dynamische Spannung, die zwischen dem Ich besteht, das ich bin, und der Verwirklichung meiner Berufung, die ich werden soll. „Person werden wir noch, obwohl wir es immer schon sind. „Person" bezieht sich auf das die Gegenwart des Ich übersteigende Geheimnis der auf dem Weg zu ihrer besonderen Bestimmung noch unabgeschlossenen Totalität seiner einmaligen Lebensgeschichte"[34].

Der Mensch wird Person, indem er seine Einmaligkeit, die er immer schon ist, auch faktisch so ausgestaltet, daß er sich am Ende als *Autor seiner eigenen*

---

32 Das hat besonders schön Jean-Jacques Rousseau in seinem Essay über den Ursprung der Sprachen (1759) darzustellen gewußt.

33 Siehe dazu Edith Stein: Die ontische Struktur der Person und ihre erkenntnistheoretische Problematik, in: Edith Steins Werke, hrsg. von L. Gelber und R. Leuven, Bd. VI: Welt und Person, Louvain 1962, S. 137–197.

34 Wolfhart Pannenberg: Person und Subjekt, in: Identität, hrsg. von Odo Marquard und Karlheinz Stierle, München 1979, S. 407–422; Zitat auf S. 412.

Lebensgeschichte betätigt und bestätigt. Menschliche Selbsterkenntnis, in welcher sich der Mensch seiner demiurgischen und selbstgestalterischen Kräfte bewußt wird, einerseits und die verantwortete Selbstgestaltung des Menschen vermittels der Gestaltung der Welt andererseits bilden die Grundpolarität des personalen Werdens.

Nicht Kultur, sondern Welt ist der Ort, an welchem die Person ihrer Berufung nachzukommen hat. Während sich der Mensch als naturales Wesen *entwickelt*, während er als gesellschaftlicher Rollenspieler *sozialisiert* wird, vollzieht sich *Bildung immer im Horizont von Welt*. Bildung meint nämlich weder die organologische Ausfaltung von Anlagen noch ein von außen in den Menschen gestopftes Wissen – das eine hieße Entwicklung, das andere Lernen bzw. Unterricht; Bildung meint weder das naturwüchsige Sichausleben eines selbstgenügsamen Individuums noch die eindämmende Vergesellschaftung des Heranwachsenden – das eine hieße (blinde) Selbstverwirklichung, das andere Sozialisation oder Ausbildung. Bildung meint überhaupt nicht einen solchen eindimensionalen Vorgang, sondern den eminent spannungsreichen dialektischen Prozeß der Auseinandersetzung von Mensch und Welt in der Weise, daß das menschliche Individuum von seiner natürlichen Selbstbezogenheit abläßt, sich von der Befangenheit in seine sinnliche Erfahrungswelt befreit, sich auf die Welt einläßt und in der Hingabe an seine ihm eigentümliche Berufung zum Weltdienst sich selbst als in Raum und Zeit zusammenhängende Person findet und sich quasi auf einer höheren Stufe auf sich zurücknimmt. Welt wird durch Bildung zum Ursprung unserer Berufung, und wiederum ist es SCHLEIERMACHER, der diesen Gedanken auf beinahe geniale Weise gefaßt hat: „Und war mein Tun darauf gerichtet, die Menschheit in mir zu bestimmen, in irgendeiner endlichen Gestalt und festen Zügen sie darzustellen und *so selbstwerdend Welt zugleich zu bilden*, indem ich der Gemeinschaft freier Geister ein eigenes und freies Handeln darbot: es bleibt dasselbe dem darauf gewandten Blick, ob nun unmittelbar etwas daraus entstand, das gleich mir selbst als Welt begegnet, ob mein Handeln gleich dem Handeln eines andern sich verband, ob nicht. Mein Tun war doch nicht leer, bin ich nur in mir selbst bestimmter und eigener geworden, so hab' *ich durch mein Werden auch Welt gebildet*"[35].

In seiner Analyse der „Hauptströmungen der Erziehungswissenschaft" hat Dietrich BENNER aufgewiesen, wie sich die pädagogische Wissenschaft ihrem Selbstverständnis nach immer schon als eine „auf Prinzipien gegründete praktische Wissenschaft" verstanden hat, das aber heißt: als eine „Wissenschaft von

---

35 Friedrich Daniel Ernst Schleiermacher: Werke, hrsg. von Otto Braun und D. Joh. Bauer. 4. Band, Leipzig 1911, S. 411 (Hervorhebung von mir; W. B.).

36 Dietrich Benner: Hauptströmungen der Erziehungswissenschaft, 3. Aufl., Weinheim 1991, S. 118f.

Praxis für Praxis"[36]. Daß in diesem traditionellen Selbstverständnis die (schein-bare) Alternative von erkenntnis-wissenschaftlicher, d. h. poietisch-technologi-scher, und normativer, d. h. theoretisch-deduktiver Wissenschaftsauffassung be-reits überwunden ist, bezeichnet Benner als die „übergeschichtliche Bedeutung der Tradition".

Als Wissenschaft für Praxis besteht die Aufgabe der Pädagogik darin, die Pra-xis kritisch *vorzu*denken, weshalb sich unter dieser Hinsicht Pädagogik in eine Theorie der Bildung und in eine Theorie der Erziehung entfaltet. Als Wissen-schaft von der Praxis bemüht sich die Pädagogik darum, die faktisch gesche-hene (und geschehende) Bildung und Erziehung des Menschen kritisch *nach*-zudenken, wobei BENNER eine ausgedehntere und sinnvollere Forschungspraxis fordert, deren Gegenstand in besonderem Maße die theoretisch angeleitete und orientierte Praxis sein soll, wodurch der Theorie ihr eigenes Praktisch-ge-worden-Sein rückerfahrbar gemacht werden kann. Die Kriterien für das kriti-sche Vor- wie für das kritische Nachdenken kann die Pädagogik aber nicht aus der Praxis ziehen, wenn sie nicht einem naturalistischen Fehlschluß zum Opfer fallen will. In dieser Rücksicht muß sich die Pädagogik notwendig auf Prinzi-pien gründen, grenzt sie an Erziehungsphilosophie und wird sie zur praktischen Theorie und damit *Allgemeine Pädagogik*.

Bei allen Unterschieden in Einzelfragen ist die Nähe zwischen der praxeologi-schen Auffassung Benners und einer an der Person orientierten pädagogischen Wissenschaft unverkennbar. In beiden Fällen geht es darum, die Pädagogik als eine praktische Wissenschaft zu begründen, ohne daß diese den Anspruch er-höbe, die konkrete und einmalige Erziehungssituation unmittelbar „normie-ren" oder gar technisch anleiten zu wollen. Beide Positionen kommen darin überein, die Pädagogik als „praktische Theorie" sowohl von der „theoretischen Theorie" einer normativen Pädagogik als auch von der „poietischen Theorie" einer sich selbst als Erziehungswissenschaft beschönigenden Erziehungstech-nologie abzuheben und abzugrenzen.

Wenn wir an dieser Stelle auf die knappste Formel bringen, inwieweit eine an der Person orientierte und damit personalistische Pädagogik eine „auf Prinzi-pien gegründete, vor- und nachdenkende praktische Theorie" genannt werden kann, so läßt sich folgendes resümieren: Es dürfte außer jedem Zweifel stehen, daß das wesentliche *Prinzip* – und damit in der Ausgangsterminologie unserer Überlegungen: *das Gemeine* – der (Allgemeinen) Pädagogik die *Person* sein muß, wenn es denn Bildung und Erziehung – in allen ihren speziellen Sonder-disziplinen und in allen besonderen Einzeltätigkeiten – mit frei entscheidenden und selbstverantwortlichen mündigen bzw. mit zu Vernunft, Freiheit und sprachlicher Kundgabe berufenen Subjekten zu tun haben. Daher hat die per-sonalistische Pädagogik, die hier nur mit wenigen groben Strichen charakteri-siert werden kann, immer und immer wieder darauf hingewiesen, daß die Per-son das *primum* und damit das *Gemeine* eines jeden pädagogischen Diskurses sein muß[37]. Indem die Pädagogik nach der Person unter der Rücksicht ihrer Bildung und Erziehung fragt und insofern der wissenschaftliche Pädagoge als Mensch und Person anthropologisch-ethische und wissenschaftstheoretische Positionen auf ihren Wahrheitsgehalt und ihre Beziehung zur menschlichen Person kritisch prüft, kommt es nicht zu einer um ihre philosophische Begründung beraubten und um den teleologischen (von griech. *telos* – das Ziel –, d. h. also die Ziele betreffenden) Diskurs betrogenen „Erziehungswissenschaft", sondern notwendig zu einem konstruktiven Dialog zwischen Philosophie und Pädagogik, und die Pädagogik entgeht auf diese Weise der immer wiederkehrenden doppelten Gefahr, entweder zum Büttel und Handlanger einer vorgegebenen Weltanschauung oder einer dogmatisch ausgebreiteten Ideologie degradiert zu werden oder der reinen Beliebigkeit des natürlichen Wachsenlassens zu verfallen. Die sich als Praxis (im aristotelischen Sinne) vollziehende Bildung der Person, die sich an dieser Praxis orientierende Erziehung und die Pädagogik als praktische Wissenschaft haben die Person aber nicht als in sich geschlossenes logisches Konstrukt zum Prinzip, sondern als eine dynamische Wirklichkeit, die in der Spannung von Selbsterkenntnis und Selbstgestaltung ihren eigenen Lebenssinn und Lebensweg frei entwerfen und immer wieder neu realisieren muß und daher niemals endgültig „definiert" werden kann.

Allein deshalb, weil die Person ihr *Prinzip* ist, weiß die personalistische Pädagogik auch darum, daß die personale Praxis niemals poietisch-wissenschaftlich normiert und von außen bewirkt werden kann – eine Einsicht, zu der PESTALOZZI am Ende seines Lebens im „Schwanengesang" gelangt ist. Weder der einzelnen sich bildenden Person noch dem konkreten Erzieher können in der praktischen Erziehungssituation zu treffende Entscheidungen von einer vorgefertigten Theorie abgenommen werden. Die Pädagogik kann hier nur eine Sinnorientierung liefern, die sich an der Person ausrichtet; ob diese praktische Theorie in der Praxis angenommen wird – das ist und bleibt außerhalb ihrer Verfügungsgewalt. Birgitta FUCHS hat in dem oben bereits zitierten Aufsatz zum Personverständnis SCHLEIERMACHERS am Ende mit aller Deutlichkeit unterstrichen, daß eine sich prinzipiell an der durch Vernunft, Freiheit und Sprache ausgezeichneten Person orientierende Pädagogik „nicht nur auf den mündigen Zögling zielt, sondern in ganz besonderer Weise den mündigen Erzieher einfordert, der sowohl in der Lage ist, die individuelle Eigentümlichkeit seines Zöglings mit hermeneutischem Geschick zu erfassen, diese empirische Gegebenheit mit der kategorischen Forderung der Idee des höchsten Gutes zu verknüpfen und aufgrund dieser „dialektischen" Leistung eigenverantwortlich und eigenschöpferisch zu handeln". Den Personbegriff SCHLEIERMACHERS und

---

37 Siehe dazu vor allem Giuseppe Flores d'Arcais: Die Erziehung der Person. Grundlegung einer personalistischen Erziehungstheorie, dt. Stuttgart 1991.

damit zugleich ein Fundament der geisteswissenschaftlichen Pädagogik[38] erläuternd, heißt es bei Birgitta Fuchs abschließend – und dieser Gedanke kann auch den Schluß unserer Überlegungen anzeigen: „Es ist also bei Schleiermacher in mindestens dreifacher Hinsicht von Person die Rede, wenn er sich den Problemen der Erziehung zuwendet: zum einen von der freitätigen, Empirie und Spekulation, Sein und Denken in eines fassenden, selbstverantwortlich handelnden Person des Erziehers, zum anderen von der durch freies, vernünftiges, weltschöpferisches Handeln ihre individuelle Eigentümlichkeit kreativ ausgestaltenden Person des Zöglings und schließlich vom Akt der Erziehung als eines prinzipiell *dialogischen*, das heißt durch *Beispiele* und *Argumente* überzeugenden interpersonalen Vollzuges"[39].

An diesem hohen Anspruch, den eine personalistische Pädagogik an die geistige Mündigkeit und an die im weitesten Sinne schöpferischen Fähigkeiten der Erzieher zu stellen hat, mag es liegen, daß sie sich beim breiten erzieherischen Publikum noch nicht jener Beliebtheit erfreut, die ihr von der Sache her gebührt. Ein anderer Grund für die ihr noch immer entgegengebrachte Reserve kann darin gesehen werden, daß sie sich mit vollem Bedacht davor zurückhält, die praktischen Erzieher gängelnd an der Hand zu nehmen und ihnen rezeptologische Anweisungen für das erzieherische Handeln zu erteilen. Ihre unleugbare Stärke liegt gleichwohl darin, mit der menschlichen Person einen unverrückbaren archimedischen Punkt für die Orientierung von Pädagogik und Erziehung angeben und damit das Gemeine der Allgemeinen Pädagogik näher bezeichnen zu können. Damit leistet sie – und hierin sehe ich ihre zukunftsweisende Perspektive[40] –, was Theodor Litt in seinem berühmten Offenen Brief an den schwärmerischen Reformpädagogen Paul Oestreich als die präzise Aufgabe des pädagogischen Theoretikers formuliert hat: „Also Klärung, Besinnung, Rechenschaftsablage ist der Sinn dessen, was ich hier zum pädagogischen Leben beizusteuern habe, praktische Wirkung nur insoweit, wie sie sich eben aus der geläuterten Einsicht ergibt"[41].

38 Zur geisteswissenschaftlichen Pädagogik siehe jetzt den grundlegenden Band Freiheit, Geschichte, Vernunft. Grundlinien geisteswissenschaftlicher Pädagogik, hrsg. von Wilhelm Brinkmann und Waltraud Harth-Peter, Würzburg 1997.

39 Birgitta Fuchs: Von der individuellen Eigentümlichkeit zur Person. Überlegungen im Anschluß an Schleiermacher, in: Vierteljahrsschrift für wissenschaftliche Pädagogik, 73 (1997), S. 226–237.

40 Es ist meine feste Überzeugung, daß die personalistische Pädagogik die Pädagogik der Zukunft sein wird, sofern die Erziehung zu einer menschenwürdigen Gesellschaft beitragen will und beitragen soll.

41 Theodor Litt: *Offener Brief* (an Paul Oestreich), in: Die Neue Erziehung, 6 (1924), S. 371.

Folgende Literatur kann zur Vertiefung der hier vorgetragenen Gedanken dienen:

1. Winfried Böhm: Männliche Pädagogik – weibliche Erziehung? Innsbruck-Wien 1989.
2. Winfried Böhm: Theorie und Praxis. Eine Einführung in das pädagogische Grundproblem, 2. Aufl., Würzburg 1995.
3. Winfried Böhm: Beiträge zu einer Pädagogik der Person, Bad Heilbrunn 1997.
4. Giuseppe Catalfamo: Ideologie und Erziehung, dt. Würzburg 1984.
5. Giuseppe Flores d'Arcais: Die Erziehung der Person. Grundlegung einer personalistischen Erziehungstheorie, dt. Stuttgart 1991.
6. Waltraud Harth-Peter: Religion und Bildung im Lichte des modernen Personalismus, in: Kanzel und Katheder. Zum Verhältnis von Religion und Pädagogik seit der Aufklärung, hrsg. von Marian Heitger und Angelika Wenger, Paderborn 1994, S. 513–552.
7. Andreas Lischewski: Person und Bildung, Amsterdam 1997.
8. Heinrich Schmidinger: Der Mensch ist Person, Innsbruck-Wien 1994.

Hans-Jochen Gamm

Zur Reichweite des Erziehungsbegriffs in der deutschen Zeitgeschichte. Materialien im Umkreis Allgemeiner Pädagogik

I.

Norbert ELIAS schrieb das Vorwort zu seiner großen Studie „Über den Prozeß der Zivilisation" im britischen Exil. Als jüdischer Intellektueller hatte er Deutschland – ähnlich wie sein akademischer Lehrer Karl MANNHEIM – bereits kurz nach der Machtübertragung an die Faschisten verlassen, weil er erkannte, daß sich für ihn im universitären Lehrbereich hinfort keine Wirkungsmöglichkeit böte. Die in Großbritannien veröffentlichte Arbeit war damit für den deutschen Sprachraum gesperrt, denn eine solche wissenssoziologische Untersuchung hatte keinerlei Aussicht, von der nazistischen „Reichsschrifttumskammer" zugelassen zu werden, wenn es nicht die jüdische Verfasserschaft bereits prinzipiell unmöglich gemacht hätte. Die politisch und zeitgeschichtlich beunruhigte deutsche Studentenbewegung aber begann Mitte der sechziger Jahre nach kritischen Texten zu fahnden, die dazu verhelfen konnten, überkommene politische, soziale und ökonomische Verhältnisse zu sichten und anhand neuer Kriterien zu überprüfen. Zwei Werke erlaubten es vor allem, beide seit Jahrzehnten im Abgrund des Vergessens versunken. Es ging zum einen um Siegfried BERNFELDS „Sisyphos oder Die Grenzen der Erziehung" (1925) und zum anderen um das Buch von Norbert ELIAS (1936). Die Schrift widmete er seinen Eltern, die von den Faschisten drangsaliert und umgebracht wurden. Die beiden genannten Werke verhalfen der Studentenbewegung als einer auf Selbstbestimmung bedachten akademischen Generation dazu, neue Fragen an die Geschichte zu formulieren. Daß Bücher ihre Schicksale haben, wurde aus der sprichwörtlichen Ebene zum exemplarischen Fall.

Der Prozeß der Zivilisation von Norbert ELIAS regt an, pädagogisches Nachdenken über Grundbegriffe der eigenen Disziplin zu vertiefen, das der Allgemeinen Pädagogik zugute kommen kann. Mit den von ihm eingeführten Fragen nach Psychogenese und Soziogenese bestehender Verhältnisse bietet er Hilfsmittel, die einnehmende kompakte Wirklichkeit nicht primär als unveränderliche Größe zu erkennen, sondern deren Prozessualität jeweils mitzusehen und den Blick für die Veränderbarkeit der Verhältnisse zu gewinnen. Darin wirkt ein elementarer Impuls für pädagogisches Handeln, nachwachsende Generationen zu ermutigen, ihre Welt aufzubauen, die zur eigenen nur vorankommt, sofern sie sich als veränderte von der ihrer Vorgängerschaft abhebt.

Eine der Kerneinsichten von Norbert ELIAS ist dadurch aktualisiert. Seine Kritik an der Soziologie des 20. Jahrhunderts, vor allem am Ansatz von Talcott PARSONS (Elias, I, XIV), bemängelt, daß anstelle eines Prinzips von Prozessualität gesellschaftliche Zustände gleichsam als Zeitblöcke aufgefaßt würden. ELIAS lehrt eine auch pädagogisch wichtige Wahrnehmung, die er bei der Genese von Subjekt und Gesellschaft als miteinander verschränkte Vorgänge verständlich macht. Diese Methode fordert zur pädagogischen Revision heraus. Die Frage lautet, wie Erziehung über die individuell geplanten erzieherischen Eingriffe zur Veränderung des Verhaltens durch übergeordnete gesellschaftliche Prozesse mitbestimmt ist. Indessen bleibt es vorab schwierig, eine befriedigende Definition des Erziehungsvorgangs zustande zu bringen. SCHLEIERMACHER hatte damit bereits seine Probleme. Er beginnt die Vorlesungen von 1826 mit dem Satz: „Was man im allgemeinen unter Erziehung versteht, ist als bekannt vorauszusetzen" (Schleiermacher 1964, S. 36). So konnte er in weitere Darlegungen über häusliche und öffentliche Erziehung eintreten, ohne daß die Vielfalt subjektiver Meinungen ihn behinderte.

Aus dem Entwurf von Norbert ELIAS lassen sich für die Pädagogik wichtige Einsichten hinsichtlich der Reichweite des Erziehungsbegriffs ableiten: die sozialen Formationen sind mit den jeweiligen subjektiven Interaktionsformen in Zusammenhang zu bringen. Für unsere Gesellschaft folgt daraus, das deutsche Kaiserreich vom Anfang des Jahrhunderts mit dem Ausgang desselben als Kontinuum zu denken. Menschen, die damals lebten, sind noch unter uns und ihre empirische Wirksamkeit erlosch keineswegs. Nun fällt diese Zeitspanne gegenüber den Epochenmustern von Norbert ELIAS zwar relativ gering aus, weil er mit dem Blick auf Feudalismus, Verhöflichung des Menschen, Staatsgenese, Zentralgewalt und die bürgerlichen Produktionsformen ein halbes Jahrtausend umspannt und die englischen, französischen und deutschen Verhältnisse vergleichend bemüht. Unsere Umstände können dagegen hausbacken anmuten. Gerechtfertigt bleibt der Versuch jedoch durch Spezifika deutscher Zeitgeschichte: Monarchie, Republik, totalitärer Staat, Reeducation mit didaktisch vermittelter, erprobungsbedürftiger Demokratie folgten aufeinander. Das anschließende, wiederum totalitäre Regime auf der östlichen Seite schuf ein weiteres Problem und ebenso der Zusammenschluß zweier Teilstaaten mit völlig unterschiedlichen Lebensformen und Daseinsentwürfen zu einer neuen Einheit am 3. Oktober 1990. Wie sind diese Abschnitte miteinander verknüpft. Lösten die ideologischen Muster sich auf? Keine andere National- und Zivilisationsgeschichte bietet ähnliche Brüche. Die Frage nach der Reichweite des Erziehungsbegriffs läßt sich nicht nur stellen, sie ist geboten.

Deutsche Pädagogik bleibt den großen westlichen Nachbarn England, Frankreich und USA gegenüber aus Dankbarkeit für deren Hilfe bei der Umerziehung der Deutschen zwischen 1946 und 1949 moralisch und wissenschaftlich rapportpflichtig; das fördert zugleich das Reflexionsvermögen unserer Disziplin. Der Bundespräsident hat den 27. Januar nunmehr als Erinnerungstag an die Opfer des Holocaust bestimmt. Es ist der Tag, an dem die Panzerspitzen der Roten Armee Auschwitz erreichten und die verbliebenen Insassen befreiten, welche von den SS-Bewachern zu Todesmärschen nach Westen nicht mehr hatten mobil gemacht werden können und deren Ermordung mißlang. Freilich veranlaßte jener 27. Januar auch neues Unrecht, indem in die befreiten Lager nunmehr Nazis oder des Faschismus Verdächtige wie etwa in Buchenwald unter dem Rachemotiv eingesperrt wurden, so daß den Opfern der Konzentrationslager die Opfer des Stalinismus hinzuzurechnen sind. Danach erst wurden jene Stätten in gleichsam museale Sphären entrückt, als Erinnerungsstätten eingerichtet und gepflegt.

Die durchaus pädagogisch zu bewertende Entscheidung für den 27. Januar enthält eine erzieherische Komponente. Anstelle der Aufrechnung gegnerischen Unrechts und schließlich einer Neigung zur Kompensation angesichts der Vertreibung von zwölf Millionen Menschen aus den Ostprovinzen des Deutschen Reiches, müssen wir uns immer erst zur schmerzlichen Wahrheit voranarbeiten, daß einzig wir den mörderischen Krieg auslösten, in dessen Folge dann viel Böses auch von gegnerischer Seite über uns kam. Nacherziehung haben wir für uns und an uns zu leisten. Ständig wirken auch bei Erwachsenen infantile Momente, intergenerative Schuld abzuweisen, den anderen ihren vermeintlich gehörigen Anteil zuzumessen. Auch die Bildung des Menschen als erweiterte Einsicht schließt die Regression auf frühere Bewußtseinsstufen nicht aus. Bildung bleibt eine spezifische Leistung des menschlichen Geistes. Nach Max SCHELER ist der Geist aber bis zum Verlassen seines körperlichen Substrats mit dem Organgefüge verkoppelt und besitzt als frei fluktuierendes Wesen nicht die Kraft, das Erkannte in Wirklichkeit zu überführen. Dazu bedarf es der Energie, die in den Grundschichten der menschlichen Triebausstattung, in seiner umfassenden Vitalität, lokalisiert ist (Scheler 1941, S. 53). Das Willenspotential verfügbar zu halten, bleibt der Selbsterziehung bedürftig. Die Tendenz zur Regression ist mit der Energie des Willens zu bekämpfen.

Die hier verhandelte intrapsychische Arbeit an der deutschen Zeitgeschichte muß vor ihrer Erweiterung ins Grundsätzliche und dem Rückgang auf den Entwurf von Norbert ELIAS noch einmal die Antihitlerkoalition erinnern. Durch die Reeducation der Westmächte erfolgte eine angeleitete Rückkehr zu demokratischen Verkehrsformen, freilich auch eine spätere Identifizierung mit dem politischen Standort der Westmächte, durch den Kalten Krieg und die Aufnahme in die NATO positiv sanktioniert. Von seiten der atlantischen Generalstäbe blieb es ein Zweckkalkül, die erprobte Kampfkraft der Deutschen, ihr sprichwörtliches Soldatentum, für mögliche globale Auseinandersetzungen zu nutzen. Von ADENAUER wurden solche Intentionen gegenüber den Hohen Kommissaren unterstützt.

Den Deutschen erschwerte diese Konstellation, ihr Verhältnis zum Ostblock aus der emotionalen auf eine rationale Ebene zu heben. Die bereits erwähnten stalinistischen Opfer, die jahrelange propagandistische Arbeit der Landsmannschaften hinsichtlich möglicher Revision der Ostgrenzen, förderte den heimlichen Überlegenheitsanspruch der Westdeutschen. Die Bevölkerung der DDR wurde zu „Brüdern und Schwestern" stilisiert; das war die schlichte Harmlosigkeit. Schwierig bleibt es, die Errungenschaften der DDR ohne Anführungsstriche objektiv zu würdigen und sich einzugestehen, daß Ostdeutschland vierzig Jahre lang die Schulden an die Sowjetunion für Gesamtdeutschland hat bezahlen müssen. Unter dieser Perspektive ist die Arbeitsleistung der DDR-Bevölkerung noch keineswegs eingeschätzt. Auch fällt es schwer, den sozialistischen Demokratietyp nicht gänzlich zu verwerfen. Das Übergewicht der Stasi-Meldungen gegenüber objektiven Erfolgen auch jener Planwirtschaft bewirkt eine verworrene Gemengelage. Sie reicht vom Urteil: Faschismus gleich Sozialismus bis zum Lob der wohltuenden Zwischenmenschlichkeit in der DDR im Vergleich mit den kalten Prozeduren der freien Marktwirtschaft. Aus dieser Unklarheit verbleibt der PDS vermutlich noch auf längere Zeit ein beharrlicher Wählerstamm. – Da aber unter HITLER wie unter STALIN keinerlei Opposition geduldet wurde, haftet beiden zeitgleichen Systemen das Merkmal des Totalitarismus an. Die Menschen der alten Bundesländer werden sich für die Wahrnehmung der wirklichen Umstände in der ehemaligen DDR noch über manche Jahre sensibilisieren, also erzieherische Arbeit an der eigenen Person leisten müssen, wie auch den Bewohnern der neuen Bundesländer ein erhebliches Pensum an Orientierung über den klischierten ehemaligen Klassenfeind abverlangt ist. Die pädagogische Klammer gibt sich unschwer zu erkennen.

II.

Die Reichweite des Erziehungsbegriffs zu überprüfen, ist darum geboten, weil es noch niemals in der Geschichte den Versuch der Umerziehung eines ganzen Volkes im Zeitraum von nur wenigen Jahren gab. Was dagegen an Beeinflussung innerhalb des sogenannten real existierenden Sozialismus erfolgte, ging zum einen aus langwierigen Bürgerkriegen samt ausländischen Interventionen hervor, schloß nach dem Sieg der leninistischen und stalinistischen Orthodoxie bzw. der MAO TSE TUNGS eine durchkalkulierte Schulungsarbeit bei gleichzeitiger Umstellung des ökonomischen Systems ein, schuf veränderte Curricula und organisierte das öffentliche Bildungswesen neu. Bekanntlich sollte unter der Ideologie des historischen Fortschritts ausgeräumt werden, was etwa noch an reaktionären Kräften des alten Bürgertums sich erneut erheben könne. Es handelte sich also um gesellschaftliche Revolutionen größten Ausmaßes.
Die Reeducation der drei Westmächte stieß in eine Trümmerlandschaft mit weithin verstörter Bevölkerung vor, die indessen mit den Durchhalteparolen

des Propagandaministeriums in die Katastrophe hineingetrieben war und das mörderische rassistische Denken weiterschleppte. Gegenüber solcher Destruktion der Vernunft, des Ausschlusses von Kommunikation mit anders orientierten Menschen, haben die geistigen Väter des Umerziehungsplanes richtig gesehen, daß ein ABC demokratischen Verhaltens von Grund auf eingeprägt werden müsse. Neue zivile Umgangsformen sollten erlernt werden, das militärische Gehabe verschwinden, an politische Diskussionen seien die Deutschen heranzuführen. Sie hätten zu lernen, andere Auffassungen nicht nur zu tolerieren, sondern als Merkmal humaner Verhältnisse zu würdigen. Am Beispiel des Faschismus müsse studiert werden, wie unwidersprochen bleibende weltanschauliche Vorgaben sich zu verderblichen Praktiken anlassen könnten, sobald demokratische Kontrollen entfielen. Obwohl die drei Westalliierten ihre Vorstellungen kaum untereinander abgestimmt hatten, und das pädagogische Großprojekt notwendig unter weiteren Unzulänglichkeiten litt, verdient es als Geste der Sieger anerkannt zu werden. Es war der erste Hinweis, daß die Deutschen als lernfähig erachtet und ihnen Aussichten eröffnet wurden, in die Gemeinschaft zivilisierter Nationen zurückzukehren. Das erbärmliche Gegenbild ergab sich aus der Praxis der Spruchkammern, wo ein ehemaliger Nazi dem anderen geschwind zu attestieren versuchte, er sei „innerlich" Antifaschist gewesen. Das Zerrbild des mündigen Menschen ist damit bestürzend ausgedrückt.
Die Reeducation hat sich indessen kaum mehrheitlich im Bewußtsein der Deutschen verwurzelt und die skeptische Beurteilung in den einschlägigen Untersuchungen überwiegt. Gleichwohl ist der aus philanthropischen und praktisch-politischen Interessen angelegte pädagogische Großversuch wichtig, um die Reichweite des Erziehungsbegriffs zu bestimmen. Ohnehin gilt, daß es keine validen erziehungswissenschaftlichen Methoden gibt, um die Wirkung eingeleiteter Erziehungsvorgaben nachträglich korrekt zu bestimmen. Immer tritt zur Intentionalität der Erziehung ein unübersehbares Bündel von Nebenwirkungen und wohl auch die Widerständigkeit der Subjekte. Die Sieger sind dem Volk der Dichter und Denker 1945 jedenfalls nicht als Richter und Henker gegenüber getreten, wie Karl KRAUS einmal formulierte. Sie waren politische Bildungshelfer aus Bereichen zwar nicht unerschütterter, jedoch bewährter Demokratien.
Was aber erzieherisch vermutlich unerreichbar blieb, war das Eingeständnis historischer Verfehlungen, die in der Kulturgeschichte ihresgleichen nicht hatten. Aus diesen Umständen ist die wortkarge Generation der Überlebenden des Faschismus hervorgegangen, wortkarg insofern, als der Nachkommenschaft gegenüber jedenfalls nicht erklärt wurde, wie das damals lebende Subjekt bereits durch sein Dasein zur Stabilität des Faschismus beitrug, Tat wie Unterlassung gleichermaßen im Schuldhorizont stehen. Als erwünschte Kompensation kam hinzu, daß die fünfziger Jahre durch eine gigantische materielle Aufbauleistung charakterisiert waren, eben jenes bereits legendäre „Wirtschaftswun-

der". So wurde die Hauptenergie durch die Erweiterung des Lebensstandards absorbiert, die für den geforderten einmaligen psychischen Erinnerungsprozeß und eine durchgehaltene Trauerarbeit erforderlich gewesen wäre. Auf den intergenerativen Zwischenfeldern ist daraus eine spezifische moralische Mangelsituation entstanden. Die Nachwachsenden konnten sich mit den Eltern über deren Geschichte nicht auseinandersetzen, weil diese weithin der Rückfrage auswichen und den üblichen Escapismus nutzten, ihre Kinder mit Geschenken zu bestechen und ruhig zu stellen. Dabei bleibt es anthropologisch gesehen unerläßlich, daß sich die Jugendlichen an ihren Erzeugern abarbeiten, weil sie mit ihnen schicksalhaft verknüpft sind und deren Geschichte auch ihre eigene ist. Erste Lebenserfahrungen im Umgang mit Menschen können immer nur an den Eltern gewonnen werden, der biblische Begriff des „Nächsten" ist sinnfällig. So vergingen etwa 25 Jahre – das traditionelle Generationsmaß – bis die bei Kriegsende Geborenen und ohne das elementare historische Geleit Gebliebenen ihre Fragen öffentlich stellten und Antworten forderten, die ihnen im Privatbereich der Familie weithin vorenthalten wurden. Das ist präzise der intellektuelle Ausgangspunkt der Achtundsechziger.

Aus ihren Anstößen wurden die Fragen der deutschen Nationalerziehung ständig weitergespannt. Der „Untertan" und der „autoritäre Charakter" gerieten als Denkmuster in bislang solchergestalt niemals geführte pädagogische Diskurse. Rückschauend darf bemerkt werden, daß dabei das erzieherische Normalverhältnis, Weitergabe von Sinn, Erweckung von Verständnis, Einbezug in intergenerative Haftungszusammenhänge von den Nachwachsenden exemplarisch umgekehrt wurde. Sie stürzten ihre Vorgänger mit der Sinnfrage nicht nur in subjektive Verlegenheit, sondern konfrontierten die Umstände der kapitalistischen Produktion mit deren faschistischen Konsequenzen. Dazu hatte sich diese Generation die Instrumente der Kritischen Theorie angeeignet, mit denen sich der Verfall der bürgerlichen Mündigkeit und ihre Affinität zu totalitären Verkehrsformen nachweisen ließ. Noch mehr Verwirrung löste bei der Eltern- und Großelterngeneration indessen aus, daß dazu mit Karl MARX ein Name genannt wurde, der bereits in der nationalistischen Presse als Verführer galt und in der Diktion der Faschisten, verbunden mit dem Judentum, als „Weltfeind" erschien. Dabei soll eine persönliche Anmerkung eingefügt werden. Als wir bei der militärischen Niederlage der deutschen Wehrmacht als damals Zwanzigjährige in sowjetische Gefangenschaft gerieten, sagte uns ein Offizier der Roten Armee, daß wir als Deutsche stolz sein könnten, MARX hervorgebracht zu haben. Die Konfrontation mit einer Werteskala, die der lebenslang gelernten elementar widerstritt, wird sich mit nur wenigen erzieherischen Beispielen vergleichen lassen, zumal unsere damalige Situation nicht nur jeden Widerspruch verbot, sondern auch eine erste dumpfe Ahnung einschloß, daß man uns möglicherweise um entscheidende Anteile der deutschen Sozialgeschichte betrogen hatte. Daß aber Karl MARX unablöslich zu unserer Tradition rechnet, er für uns als ein Moment des Stolzes nicht weniger als GOETHE gelten könnte, läßt sich für die Deutschen bis heute nur schwer nachvollziehen, denn der Marxismus wirkte für die westdeutschen bürgerlichen Schichten als Bedrohung; auch für die Bewohner der ehemaligen DDR dürfte er als verordneter Marxismus-Leninismus in der Erinnerung kaum überall Freunde gefunden haben. Die Ungeklärtheit deutscher Sozialgeschichte erschwert die pädagogische Orientierung.

Nun kann aber der große Forschungsentwurf von Norbert ELIAS, den er als *Prozeß* der Zivilisation faßt, möglicherweise ein wichtiges bildungstheoretisches Moment einschließen. In der bereits genannten Kritik an Talcott PARSONS monierte er vor allem dessen Zustandssoziologie, die immer nur die Reduktion von Komplexität suche, um das geronnene Faktum in ein Koordinatensystem einzuordnen, wie auch die weitergeführten Arbeiten von Niklas LUHMANN belegen. Es wird darum gehen, den Erziehungsbegriff aus seiner individuellen Perspektive zu lösen und ihn zwischen Ontogenese und deren soziogenetischen Bestimmungen handhabbar zu machen. Dazu ist es dienlich, die Erziehung aus dem Zwei-Generationen-Muster gedanklich zu befreien und in eine Dreispurigkeit hinüberzuleiten. Die aus ökonomischen und sozialen Gründen geschrumpfte Großfamilie des agrarischen Zeitalters setzt sich gegenwärtig in einer veränderten Distributions- und Konsumtionseinheit fort. Das ergibt sich zum einen aus der bemerkenswert verlängerten Lebenszeit, die sowohl das ständig wachsende Potential alter Menschen bewirkt als auch die Resultate einiger bedrückender Hochrechnungen einschließt, nach denen zu fragen ist, wie in wenigen Jahrzehnten bei ebenso prognostizierbarem Rückgang der Geburtenrate das Renten- und Pflegeaufkommen vonstatten gehen solle. Zum anderen aktualisiert sich die Familie im pekuniären Bereich, indem kleinere oder größere Vermögen in Erbgängen verflüssigt werden, der Immobilienmarkt blüht. So entstehen zögernde Rückfragen, pietätvolle Zuwendungen, bedächtige Traditionsangebote.

Der Erziehungsbegriff sollte diese mehrdimensionalen Vorgänge einfassen, sich ihnen zumindest öffnen. Für die deutsche Situation liegen inzwischen Erfahrungen vor, daß die politische und zeitgeschichtliche Sperre in Hinsicht auf den Faschismus zwischen Eltern und Kindern, die – wie erwähnt – ein nicht unerheblicher Motor für die Studentenbewegung war, durch einen erweiterten Brückenschlag zur Großelterngeneration gelockert wurde. Die Älteren und ihrem Ende Entgegensehenden sind oftmals eher bereit – begünstigt durch den nun schon erheblichen Zeitabstand – über innere Zusammenhänge des Faschismus und ihr eigenes Verhalten Auskunft zu geben. Sie vermitteln als Zeitzeugen ein Wissen, das vollständig zu sammeln und zu systematisieren uns leider die wissenschaftlichen Kräfte fehlen, obwohl aus erziehungswissenschaftlicher Sicht dringendes Interesse daran bestunde, die Großaufnahme einer Generation zu erhalten, deren Lebensgeschichte sich durch den Faschismus ausprägte. Was sozialwissenschaftlich an Typologien erarbeitet wird, ist zwar erwünschter Notbehelf, der sich ähnlich wie die Skala der Spruchkammern in fünf Kategorien (Hauptschuldige, Belastete, Minderbelastete, Mitläufer, Entlastete) darbietet. Aber es erschließt nicht das weithin verschleierte Ergebnis von Erziehung, warum unter annähernd vergleichbaren Bedingungen unterschiedliche Resultate aus der jeweiligen Praxis hervorgehen. Denn seit im 18. Jahrhundert die allgemeine Volksschule proklamiert und im 19. Jahrhundert allenthalben im deutschen Sprachraum wirksam wurde, sind sämtliche nachfolgende Generationen mit dessen Curriculum vertraut gemacht, ihnen sind die Grundwerte abendländisch-christlicher Traditionen vermittelt worden. Wer weiterführende Schulen besuchte, dem wurde dieser Kanon in vertiefter und erweiterter Gestalt erschlossen, der Blick auf andere Kulturen eröffnet. Damit konnte sich der selbstgestaltete Bildungsprozeß zu einer lebenslangen Auseinandersetzung mit Geschichte, Politik und Ökonomie anlassen. Das Allgemeine im öffentlichen Angebot ging in das Besondere des jeweiligen Individuums ein. Bei der Frage nach der Differenz der Erziehungsresultate spielen zweifellos die Wirkungen der primären Sozialisation mit. Auch sie sind auf der Folie soziologischer Schichtenmodelle diskutiert worden, die ebenso wenig präzisen Aufschluß über die Vorgänge und Resultate der Individuation vermitteln. Wo nun aber primäre und sekundäre Sozialisation, in einem weiteren Abstraktionsvorgang aufeinander bezogen, ihre kombinatorische Verstärkung oder wechselseitige Behinderung erweisen soll, zeigen sich die bisherigen Mittel der Pädagogik im Sinne positiver Merkmalsbestimmung oder gar zweifelsfreier empirischer Daten ungeeignet – und das zu ihrem Glück. Nun erst wird nämlich deutlich, daß die britische Differenz zwischen sciences und arts mit der Zuordnung der Pädagogik in die zweite Gruppe ihren eigentümlichen anthropologischen Ernst besitzt. Er bedeutet zuerst für das hier bemühte Beispiel, daß jene vom Faschismus noch übrig gebliebene alte Generation heute eine Möglichkeit findet, in der Darstellung ihrer eigenen Lebensgeschichte vor nachwachsenden Hörern in Gestalt von Mitgliedern der eigenen Familie einen späten – vielleicht zu späten – Beweis praktizierter Mündigkeit vorzunehmen. Diese Kundgabe ist zwar nur eine sekundäre Mündigkeit, denn dort, wo sie hätte bewiesen werden sollen, wurde sie versäumt. Aber vor dem eigenen Ende eine Positionsmeldung in die Hinterlassenschaft einzubringen, warum es so ungemein schwierig war und unzumutbar erschien, in Widerständigkeit überzugehen, als zumindest gerüchteweise das Verbrecherische des Regimes mehr oder minder alle erreichte, das läßt sich zu den identitätsstiftenden Leistungen rechnen. Zudem hätte es auch noch eine Art säkularer Absolution zur Folge, denn die Nachwachsenden dürften ihren Vorfahren über solchen Bekennermut den Respekt nicht versagen, wiewohl jener absurde Gehorsam angesichts einer offenbar paranoischen Staatsführung für die junge Generation immer weniger begreiflich wird. Manche der bekennenden Greise sind dankbar, wenn sie sich mit der in Deutschland vertrauten Chiffre des Schicksals etwas entlasten können und auf das Interieur des Faschismus und seines ausgeklügelten Terrors verweisen, um anzudeuten, daß es nach der Machtübertragung an HITLER und seine Schergen von Tag zu Tag weniger möglich war, dem Unheil in die Speichen zu fallen. Die Frage, wie bewiesenes sittliches Verhalten als Resultat von Erziehung gelten könne, bleibt weiterhin offen. Die Mischungsverhältnisse familiärer und öffentlicher Einwirkung, vor allem des organisierten Bildungswesens, lassen sich nachträglich nicht kalkulieren, erlauben immer nur Vermutungen und diese sind wissenschaftlich wenig relevant. Der Ernstfall praktizierter Sittlichkeit hat sich im Zweiten Weltkrieg für militärische Einheiten gelegentlich gestellt und ist in wenigen Fällen dokumentiert und historisch gesichert worden: Wenn reguläre soldatische Tätigkeit in Verteidigung und Angriff besteht, so ist der Befehl, Zivilisten zu ermorden, mit keinem militärischen Rechtskodex vereinbar. Das galt sogar für Verbände, die dem Reichsführer SS, Heinrich HIMMLER, unterstanden. Wenn er Morde gleichwohl systematisch durchführen ließ, so geschahen sie als „Nacht- und Nebel-" Aktionen, figurierten als Geheime Reichssache und nur der neue nationalsozialistische Mensch, der bereits alle Schulungen durchlaufen hatte, verfügte über das „starke Herz", jede befohlene Schändlichkeit auszuüben, sofern sie von oben angeordnet wurde, denn seine Ehre hieß Treue, wie das Koppelschloß der SS kundtat.

Nun ist dokumentiert, daß bei einer dieser Truppen die Anführer vor dem Vollzug der Mordaktion ihren Mannschaften erklärten, wer die Erschießung von Zivilisten nicht vollziehen könne, solle aus dem Kommando heraustreten. Nur wenige haben von dieser Möglichkeit Gebrauch gemacht; der weit überwiegende Teil jener deutschen Männer betätigte sich als Mörder (vgl. Browning 1993). Niemand vermag zu sagen, wie die Erziehung der Teilgruppe mit ihrer sittlichen Entscheidung zusammenhängt, zumal gewiß aktuelle Faktoren hinzukamen, denn keiner wußte damals, was die Verweigerer erwartete. Nachträglich erst hat die Forschung keinen Fall belegen können, daß ein die Mordtat verweigernder Soldat selbst erschossen worden wäre. Den oft zur Entlastung angeführten Sachverhalt des Befehlsnotstandes hat es in dieser Richtung jedenfalls nicht gegeben. – Voraussagbarkeit erzieherischer Wirkungen besteht als seriöse Größe nicht. Das prognostische Element ist in der Pädagogik wenig tauglich.

Mit dem zuvor erörterten Drei-Generationen-Modell läßt sich nun aber die Frequenz des Erziehungsbegriffs im Sinne der Prozessualität von Norbert ELIAS erweitern und aus den eben geschilderten zeitgeschichtlich bedingten deutschen Verhältnissen herausführen, so aufschlußreich sie immerhin für einzelne historische Situationen sind, ohne dabei exemplarischen Charakter beanspruchen zu können. Das Allgemeine liegt im Prozeß, und mit dem Einbezug einer weiteren Generation in die Erziehung wird Geschichte leibhaftig. Zunächst ist den Enkeln fern und wunderlich, wie Großeltern leben, mit welchen altertümlichen oder zumindest unmodernen bzw. unpraktischen Gegenständen sie umgehen, wie sie in Kleidung und Erscheinung anders sind. Doch kann es eindrucksvoll sein, in ein alterndes Gesicht zu schauen, Falten und weiße Haare zu betrachten und vielleicht auch die Gebrechlichkeit der Gestalt wahrzunehmen; alles Vorspiel eigener Zukunft, nur daß die Jugend solchen Verfall als fremden sieht, den eigenen in wohltätiger Täuschung damit nicht in Zusammenhang bringt. Wer nämlich hellsichtig wüßte, was ihn an Schmerz und Leid unumgänglich erwartet, entwickelte wohl nur schwer den Mut, solche Kämpfe zuversichtlich auszufechten. HERBART kennzeichnet den „Knaben" als einen, „der für sich selbst im Mittagslichte der Sorglosigkeit und wachsender Körperkräfte wandelt" (Herbart 1965, S. 37). – Und schließlich gehört der Tod der Großeltern mit dem vorbereitenden Leiden, zumeist in Kliniken und in Ritualen der Bestattung, zu den Unbegreiflichkeiten. In solchen Ereignissen werden sie aber zum Abschnitt der eigenen Geschichte, namentlich, wenn sie ihrerseits die Traditionsaufgabe wahrnehmen und sich als Hinterlassenschaft in das psychische Wachstum der Enkel einbringen. Mit Pubertät und Adoleszenz der Nachwachsenden, der anhebenden Identität, wird die Auseinandersetzung mit der Vorgängerschaft möglich. Inzwischen aber ist deutlich, daß Erziehung den arts und nicht den sciences zugehört, denn was die drei Generationen untereinander auszutragen haben, ist ein Kunstwerk, das aus der Artikulation sämtlicher Beteiligten hervorgeht.

Die Vermittlung von Tradition im Schema der drei Generationen macht Geschichte als Grundlage von Überlieferung erfahrbar. Großeltern erleben es als Glück, wenn ihnen Enkel geschenkt werden, und es gibt in der Literatur kaum Zeugnisse, daß vor allem die berühmt-berüchtigten Vater-Sohn-Konflikte, also die Differenzen der unmittelbar in die Erziehung Verflochtenen, im erweiterten Schema auftauchen. Das Phänomen des Abstandes zwischen Großeltern und Enkeln bewirkt differenzierte Anteilnahme. Schöpferische innere Distanz, eine Vorgabe rationaler Erziehung, leidet häufig unter vielfältigen emotionalen Verstrickungen zwischen Eltern und Kindern. Das wechselseitige Handlungsschema wird eher durch reaktives Verhalten gekennzeichnet. In ihren Großeltern begegnen den Enkel Toleranzformen, die der Aktualitätsdruck zwischen ihnen und den Eltern zumeist verhindert; ungestört läßt sich berichten, ohne daß die Erzählung jeweils unterbrochen würde, wo nach Auffassung der Erziehungsberechtigten bereits Korrekturen oder gar Schelte angebracht sind. So wächst der Mut, bisher Verschwiegenes zu eröffnen, das Gefühl verstärkt sich, verstanden zu sein, eine Atmosphäre des Vertrauens kommt auf.

Unter solchen atmosphärischen Faktoren wiederum entfaltet Erziehung ihre subtilen Wirkungsmöglichkeiten. Befreit vom Druck präziser Eingriffe angesichts bedrohlicher Entwicklungen der Kinder und Jugendlichen, nicht zur aktuellen „Gegenwirkung" im Sinne SCHLEIERMACHERS herausgefordert, sondern auf der Ebene von „Unterstützung" verbleibend (Schleiermacher 1964,

S. 88 ff.), kann Umgang zustande kommen. Nur hier findet Erziehung im emphatischen Sinne statt, weil sie Teilhabe am Leben des anderen eröffnet, Ausgewogenheit und Herzlichkeit einschließt. Das kommunikative Vermögen baut sich auf, indem es hervorgerufen wird und genußvolle Erweiterung sensibler Kompetenzen einschließt. Dazu gehört vor allem die Entwicklung der Geduld beim Zuhören, die konstruktive Erweiterung eigener Redebeiträge und Selbstdarstellungen, ohne sich vorab durch den Argwohn selbst zu blockieren, man möchte Langeweile verbreiten, kein anhaltendes Interesse finden. Solche das Selbstbewußtsein gefährdende Übersensibilität ist in intellektuell bestimmten Zirkeln nicht selten und behindert den Austausch, weil manche aus den besagten Hemmungen überhaupt zögern, sich in Gespräche einzubringen. Die entscheidende Ermutigung, durch dergleichen Skrupel sich nicht anfechten zu lassen, wird in der frühen Erziehung empfangen. Wer sich grundlegend durch nächste Verwandte angenommen wußte und in seiner Persönlichkeit gestärkt erfuhr, empfängt jedenfalls Kräfte zur Hilfe gegen die Gewaltförmigkeit entfremdeter Gesellschaft. Erziehung erfolgte demnach gedeihlich vor allem im Rahmen der ästhetischen Einsichten von Friedrich SCHILLER, nämlich dort, wo sie der unmittelbaren Lebensnot entzogen, sich den Elementen des Spiels zugehörig weiß. Darin können die Generationen, von äußeren Zwängen frei, sich selbst zum Zweck werden und das Diktat der Mittel, der objektiven Notwendigkeiten, zeitweise aussetzen.

Erziehung bietet die eigentliche Dynamik des Lebens, aber sie eröffnet sich nur in Gestalt des Spiels, freilich nicht eines solchen, das lediglich Einübung künftiger Tätigkeiten oder gar Verwertungen ist, sondern dort, wo das Spiel der Generationen stattfindet, befreit von jeglicher Vorsorge, hingegeben dem erfüllten Augenblick. Dabei würde die Wesenhaftigkeit des Menschen unter seinen zeitgeschichtlichen Verkleidungen kenntlich, und der Prozeß einer Zivilisation machte es möglich, das Humanitätsgebot einzulösen. Psychogenetische und soziogenetische Verläufe führen dort zusammen, wo intergenerative Begegnungen stattfinden, die sich auch als Erziehung bestimmen lassen. Die um Jahrzehnte versetzten Lebensläufe werden in der Begegnung ethisch deckungsgleich, stiften beim Zusammenkommen gemeinsame Eindrücke, haften im Bewußtsein und können sich in unterschiedlichen Situationen reaktivieren. Wenn die Generationen durch den Tod endgültig auseinandergetreten sind, bleibt die Strecke gemeinsamer Geschichte als Erinnerungsspur, sittlicher Impuls, vielleicht auch als tröstliches Angebot und Besinnung. Trotz der Kürze solcher Begegnungen sind aus dem Munde vieler Menschen nach Jahren Zeugnisse vernehmlich, in denen sie das Zeitübergreifende und Nachhaltige solcher Eindrücke bestätigen und sich damit selbst in die Geschichte einbringen. Wenn nach der Auffassung SCHILLERS der Mensch nur dort Mensch ist, wo er spielt, so ist die spielende Einfädelung des Lebens durch Zeugung der erste Vorgang, und wo die Erziehung des Nachwuchses sich gelegentlich dem Spiel annähert, kehrt der Mensch in die Zweckfreiheit zurück, gestaltet in der ästhetischen Vorausschau bereits seine Geschichte, indem er, mit SCHLEIERMACHER zu sprechen, „die Einheit des fließenden, vergänglichen Bewußtseins" in sich selbst empfindet (Schleiermacher 1964, S. 10). Und SCHLEIERMACHER weiß zudem, daß bei vollkommener Sittlichkeit der Gemeinschaften nur noch Umgang zwischen den Generationen erforderlich sei, übliche repressive Erziehung entfiele.

III.

Helmut HEID hat unter Auswertung der bisherigen Literatur in einer sozialwissenschaftlichen Analyse aufgezeigt, was der Erziehungsbegriff im einzelnen faßt, wo seine Grenzen liegen, wie Absicht und Wirkung zueinander stehen und wie schließlich der Entwurf eines handlungstheoretischen Erziehungsbegriffs anzulegen sei. Unter materialistischer Erkenntnisabsicht muß diese Skizze in die politisch und ökonomisch bestimmenden Verhältnisse verlängert werden, um die erzieherische Begrifflichkeit und deren Prozessualität kritisch zu rezipieren. Dazu ist erforderlich, unseren Rechtsstaat – der sich als objektivierte Form der Mündigkeit ansprechbar hält – und seine demokratische Grundlage als bürgerliche Herrschaftsgesellschaft zu begreifen, von der aus die Produktions- wie Reproduktionsvorgänge ihre Aufträge, Gestalt und Richtung erhalten. Die Rezeption schließt durchaus die Würdigung der freiheitlichen Verfassung und ihrer hohen Güter ein. Individuelle Entfaltung und Persönlichkeitsrechte, demokratische Vorgaben schlechthin, erfuhren niemals zuvor solche Akzente wie im Grundgesetz. Die Widerstandskämpfer gegen den Faschismus haben ihr Leben dafür gewagt, daß die Barbarei überwunden, bürgerliche Verkehrsformen wieder Gültigkeit erhielten. Kritik kann darum leicht abgewiesen, der Ignoranz oder Undankbarkeit zugerechnet werden. So sei angemerkt, daß gerade demokratische Strukturen nachhaltiger Kritik bedürftig sind, denn nach ELIAS ist die Zivilisation kein gesicherter Zustand, sondern als Entwicklung zu begreifen. Was in der deutschen Geschichte einmal schaurige Wirklichkeit war, kann jederzeit wiederkehren. Lediglich politisch erschlossene und tapfere Menschen vermögen dagegen aufzutreten. Pädagogische Kritik schließt immer die Kritik der politischen Ökonomie ein.
Die Herstellung der zum Konsum bestimmten Ware gelingt nur, wenn der als Hersteller Vorgesehene in diesen Prozeß ohne Umstände einzupassen ist. Friktionen bedeuten allemal Profitgefährdung. Die bürgerliche Gesellschaft ist in dieser Hinsicht durchaus kalt, wie Andreas GRUSCHKA gezeigt hat. Mithin dient der Lehrgang in der bürgerlichen Schule objektiv dazu, die Subjekte in ihren eigenen Verwertungsprozeß einzuweisen und einzuüben und die bestehenden ökonomischen Verhältnisse als vernünftig erscheinen zu lassen. Während das kommunistische Imperium bestand, war dies besonders eingängig, weil auf die dortigen minderen Lebensbedingungen hingewiesen werden konnte, denn sie

beschnitten die Freizügigkeit der bürgerlichen Schichten empfindlich. Nach dem Ausfall dieses Modells wird der Sieg der freien Marktwirtschaft gegenüber der Planwirtschaft betont. Doch sollen diese Erwägungen davon ablenken, den Grundwiderspruch zwischen Arbeitskraft und Kapital zu begreifen, und dieser ist Gegenstand der Kritik.

Der Erziehungsbegriff erweitert sich von den mehr versorgenden Funktionen in der frühen und mittleren Kindheit, wenn die gesellschaftliche Verfassung als ganze zum integrierenden Bestandteil sowohl von Forschung und Theoriearbeit als auch praktisch pädagogischen Handelns wird. Das Erziehungsverständnis ruht auf der Einsicht, daß die erziehenden Subjekte, wie die Adressaten von deren Zuwendung, gleichermaßen durch politisch-ökonomische Vorgaben spezifisch eingebunden sind. Dasein und Verhalten der in kapitalistischen Gesellschaften lebenden Personen wird vom Verwertungsgesetz primär bestimmt. Die weiteren Intentionen bleiben jeweils nachgeordnet, ein persönlicher Ausstieg aus diesen Verhältnissen ist nicht möglich. Immer sind es nur Scheinrückzüge, wenn gewisse alternative Gruppen behaupten, sie hätten sich außerhalb der Ellenbogengesellschaft eingerichtet und entwickelten Lebensformen, die nicht durch Kälte und Rücksichtslosigkeit des kapitalistischen Produktionsprozesses gekennzeichnet seien. Auch solche Exklaven bleiben in die Administration verstrickt, bedienen sich, falls notwendig, der vielgeschmähten Sicherheiten des Systems, sind hygienisch einbezogen und niemand von ihnen wird auf Feuerwehr und Notarzt verzichten, sobald es geboten ist.

Im Begriff der Erziehung liegt, daß er zu Einsichten verhelfen und zu vernunftbestimmtem Handeln anleiten soll. Dabei ist nicht eine abstrakte Welt gemeint, sondern die gegenwärtige höchst widersprüchliche, die allenthalben denjenigen irritiert, der sich in ihr bewegt und notwendig bewegen muß. Die materialistische Erweiterung des Erziehungsbegriffs richtet sich folglich darauf, Kindern und Jugendlichen den Grundwiderspruch des Kapitalismus verständlich zu machen, der unermeßlichen Reichtum und sinnlose Vergeudung auf der einen und bittere Armut auf der anderen Seite in immer neuen Variationen hervorbringt und inzwischen globale Gefährdungen verursacht.

Dieses Szenarium ist seit den Analysen des CLUB OF ROME Anfang der siebziger Jahre bekannt und muß deshalb nicht näher gekennzeichnet werden. Die technologisch bestimmte Menschheit lebt trotz dieser Kenntnis unerschüttert weiter und besteht den kollektiven Verdrängungsprozeß über die wirkliche Befindlichkeit, die allenthalben erfahren und zunehmend persönlich wahrgenommen werden kann. Erziehung hat dagegen bisher kaum etwas vermocht.

Dennoch läßt sich nur im Begriff der öffentlichen Erziehung eine Umkehr aus der von Menschen verursachten und ständig erweiterten Misere denken. Unter dem Horizont der Wirklichkeit empfängt daher der Erziehungsbegriff seine Konturen durch verfremdete Wirklichkeit, die gleichwohl zur eigenen umgestaltet werden muß, weil beliebige andere Realität nicht verfügbar ist. Unter dieser Abklärung gewinnt der schulische Unterricht – als Erziehung gefaßt – seine durch nichts zu ersetzende Bedeutung. Erziehung besteht nämlich darin, daß ein historischer und aktueller Kanon der Weltinterpretation und damit verknüpfter Wissenschaftspropädeutik unter der Signatur des Lehrplanes angeboten und um dessen Aneignung geworben wird. Das ist der *erziehende Unterricht*, den HERBART in seiner Allgemeinen Pädagogik von 1806 bestimmt (Herbart 1965, S. 22). Dafür stehen Personen zur Verfügung, die durch ein akademisches Studium die Qualifikation als professionelle Vermittler erreicht haben und durch unterschiedliche öffentliche Prüfungen autorisiert wurden. Mithin ist zu schließen, daß durch das Lehrpersonal im öffentlichen Schulwesen mehrfach ausgelesene und überprüfte Experten bereitstehen, sich dieser von der Gesellschaft als unerläßlich erkannten und im Gesamtinteresse liegenden Aufgabe anzunehmen. Derartig qualifizierte Lehrerinnen und Lehrer im hochentwickelten Bildungswesen der Industrienationen stellen demnach jene Gruppe, denen die Sicherung historischer Kontinuität aufgetragen ist. Vorausgesetzt bleibt, daß die pädagogischen Kader durch ihre subjektiven Bildungsprozesse jenen zuvor skizzierten Widerspruch der kapitalistischen Produktionsweise in sich selbst verarbeiten und mit je spezifischen Mitteln in die Unterrichtsvorgänge einbringen. Erziehung durch Unterricht hängt also in hohem Maße von der Bildung der Lehrerschaft ab, insbesondere davon, ob die materialistische Analyse genutzt und deren Resultate in die jeweiligen Fächerprofile einbezogen wurden. Mit ihnen bleibt gewährleistet, daß die bestehende Wirklichkeit noch unter Kritik gerückt werden kann und die vorfindliche Gesellschaft nicht unter Alternativlosigkeit verharrt. Daß affirmative Tendenzen sich verstärken ist offensichtlich, seit mit dem Zusammenbruch des Ostblocks auch der dort vertretene sozialistische Anspruch sich aufgelöst hat und in der politischen Publizistik häufiger ausgedrückt wird, eine andere ökonomische Ordnung als die durch den Kapitalismus hervorgebrachte und weltweit induzierte, ließe sich nicht denken. Für unkritische Geschichtsauffassung und von dialektischer Einsicht unberührte Beobachtungsformen ist solche Begrenzung naheliegend; wo jedoch die Bestimmungsmomente der politischen Ökonomie verwendet werden, ist sie hinfällig. Mit anderen Worten: die geschichtsmaterialistische Betrachtungsweise bietet die Grundlage eines Erziehungsbegriffs, der die Möglichkeiten des geschichtlichen Wandels nicht bereits durch reduzierte Erziehung ausschließt.

Erziehung verbleibt damit in einem ständigen korrespondierenden Verhältnis zur Wirklichkeit, faßt diese aber analytisch, statt sie als nur fatale Größe tolerieren zu müssen. Das bedeutet Arbeit an der Entzifferung von Wirklichkeit gemeinsam mit den Nachwachsenden, deren Zukunft lesbar gemacht werden soll, weil es ihre eigene Zukunft ist. Bei solchem Engagement mag die junge Generation vielleicht erkennen, daß ihre Lehrerschaft nicht vornehmlich aus wohlversorgten und unerschütterbaren Berufsbeamten besteht, sondern mit der

Weitergabe von Erkenntnismitteln für die Humanität arbeitet. An dieser Stelle ließe sich vielleicht ansatzweise vom Bündnis der Generationen sprechen. Indessen soll nicht geleugnet werden, daß die Sicht im Unterholz der Verhältnisse weithin beschränkt ist und daß der Ausblick auf großflächige Entwicklungen kaum zustande kommt. Die bisherigen Krisentheorien helfen bei zunehmender Unübersichtlichkeit wenig. Die Intention aller Erziehung kann sich folglich nur darauf richten, heranwachsende Subjekte nach Maßgabe ihrer intellektuellen Kräfte und ihres persönlichen Reifeprozesses zur Mündigkeit aufzurufen. Inhaltlich heißt das, die einzelnen zu befähigen, den methodisch gelenkten Zugriff auf ihre innere und äußere Natur mittels perfekt gesteuerter Weckung von zumeist verfehlten Bedürfnissen zu erkennen und je spezifische Formen des Widerstandes dagegen aufzubauen. Voraussetzung dafür ist die Erweiterung des Bewußtseins über die einnehmende Alltäglichkeit hinaus.

Literatur

Auernheimer, G.: Erzieher – Erziehung – Erziehungsmittel – Erziehungstheorie. In: Chr. Wulf (Hrsg.): Wörterbuch der Erziehung. München 1974. S. 187–192.

Browning, C. R.: Ganz normale Männer. Das Reserve-Polizeibataillon 101 und die „Endlösung" in Polen. Reinbek 1993.

Bundeszentrale f. pol. Bildung (Hrsg.): Verantwortung in einer unübersichtlichen Welt. Bonn 1995.

Elias, N.: Über den Prozeß der Zivilisation. Soziogenetische und psychogenetische Untersuchungen. 2 Bde. Frankfurt [2]1977.

Giordano, R.: Die zweite Schuld oder Von der Last, Deutscher zu sein. Hamburg 1987.

Gruschka, A.: Bürgerliche Kälte und Pädagogik. Moral in Gesellschaft und Erziehung. Wetzlar 1994.

Heid, H.: Erziehung. In: Lenzen, D. (Hrsg.): Erziehungswissenschaft. Ein Grundkurs. Reinbek 1994. S. 44–68 (Lit.).

Herbart, J. F.: Pädagogische Schriften. Bd. 2. Allgemeine Pädagogik. Hrsg. v. W. Asmus, Düsseldorf/München 1965.

Horkheimer, M. (Hrsg.): Studien über Autorität und Familie. Lüneburg [2]1987.

Negt, O.: Achtundsechzig. Politische Intellektuelle und die Macht. Göttingen 1995.

Scheler, M.: Die Stellung des Menschen im Kosmos. München 1947.

Schleiermacher: Ausgewählte pädagogische Schriften. Hrsg. von E. Lichtenstein, Paderborn [2]1964.

Rolf Huschke-Rhein

Allgemeine Pädagogik als Systemische Erziehungswissenschaft

Zur Rekonstruktion tradierter und neuer Aufgaben einer Allgemeinen Pädagogik

1. Das Problem- und Aufgabenfeld der Allgemeinen Pädagogik angesichts der Ausdifferenzierung der Pädagogik als Wissenschaft

1.1 Die ‚Ausdifferenzierung‘ der Wissenschaften

Nach wie vor besteht in den erziehungswissenschaftlichen Disziplinen und Fächern eine ausgeprägte Tendenz zur fachlichen Spezialisierung. Diese liegt auf der Linie der Ausdifferenzierung der neuzeitlichen (Kultur-)Systeme (Luhmann 1984; vgl. Huschke-Rhein 1992, Kap. 1). Die Ausdifferenzierungen erhöhen die Kompetenzen der Teilsysteme sowie die Komplexität des Gesamtsystems, und sie erhöhen zugleich die Autonomie der Teilsysteme gegenüber dem Gesamtsystem. Im historischen Rückblick können wir beobachten, daß sich die Pädagogik als Wissenschaft am Ende des achtzehnten Jahrhunderts zaghaft als Teilsystem aus dem Gesamtsystem und damit aus theologischer und philosophischer Vormundschaft zu lösen beginnt, beispielsweise als die ersten Lehrstühle für Pädagogik errichtet wurden; dennoch scheint dieser Prozeß der Ausdifferenzierung einer wissenschaftlichen Pädagogik auch heute noch nicht abgeschlossen zu sein.

Die Ausdifferenzierung der Wissenschaften in relativ autonome Teilsysteme läßt sich aber auch innerhalb der Disziplinen und hier also: innerhalb der Pädagogik selber beobachten. In diesem Punkte entspricht die Entwicklung der Erziehungswissenschaft strukturell genau dem Bild der Entwicklung in den anderen Wissenschaften: Die Wissenschaften organisieren sich selber neu durch die Spezialisierung in Subsysteme und einzelne Teildisziplinen, die wiederum als solche dann eine höhere Autonomie beanspruchen gegenüber dem Gesamtsystem und damit verbunden auch wohl eine höhere berufliche Kompetenz versprechen. Da die Pädagogik nach wie vor eine solche Wissenschaft ist und bleiben wird, deren Praxis auf soziokulturelle Lebenswelten bezogen ist, verspricht eine derartige Ausdifferenzierung vor allem größere Praxiskompetenz – und größere Marktchancen für die Pädagogen und Pädagoginnen, die sie sonst nicht hätten.

Fachliche Spezialisierung auf berufliche Kompetenzen hin gibt es in der Moderne nicht ohne Wissenschaft. Ausdifferenzierung und fachliche Spezialisierung gehen in der Moderne immer einher mit Verwissenschaftlichung, dies wieder mit Spezialisierung, und diese erhöht wiederum die beruflichen Kompetenzen – ein Rückkopplungssystem, das sich auf diese Weise selbst organisiert und stabilisiert.

Aber wie lange noch? Die Entwicklung könnte auch wieder umschlagen: Zu viel Spezialisierung könnte Überkomplexität erzeugen und ist irgendwann nicht mehr anschlußfähig an den Gesamtmarkt, indem sie mit dem Risiko fehlender Flexibilität verbunden ist, wenn ein Tätigkeitsbereich plötzlich nicht mehr nachgefragt wird. Und zu viel Spezialisierung könnte das Gesamtsystem nicht nur überkomplex, sondern auch nicht mehr steuerbar und unproduktiv machen. Es könnte in eine chaotische Phase trudeln und müßte sich neu organisieren. Stehen wir vor solchen Umbrüchen?

Auf Spezialisierung stand also bisher (noch) eine Prämie. Aber sie hat auch ihren Preis. Zu viel Spezialisierung ruft nach neuer Orientierung und neuer Übersicht über das Gesamtsystem, sonst versinkt sie – nach den Gesetzen der Systemtheorie nonlinearer Systeme, die auch ‚Chaosforschung‘ heißt – irgendwann in chaotischer Turbulenz. Ist das die Chance für eine Allgemeine Pädagogik? Kann die Allgemeine Pädagogik hierauf überhaupt noch reagieren? Könnte die Allgemeine Pädagogik mit ihrer Sorge fürs ‚Allgemeine‘ ein Gegengewicht bilden?

1.2 Kurzer Rückblick auf die Entwicklungsgeschichte der Allgemeinen Pädagogik: Wilhelm Dilthey

In mancher Hinsicht sind wir heute noch nicht über die Situation hinausgekommen, in der Wilhelm DILTHEY (1833–1911) eine Begründung der wissenschaftlichen Pädagogik vorgelegt hat, und zwar deshalb, weil DILTHEY, obschon etwa einhundert Jahre früher, die Probleme des heraufziehenden *postmodernen* Zeitalters wie niemand sonst erkannt und reflektiert hat – dennoch aber paradoxerweise an einer wissenschaftlich verbindlichen und in gewissem Sinne ‚allgemeingültigen‘ Begründung von Wissenschaft festgehalten hat (Huschke-Rhein 1979). Nach dem Zusammenbruch der großen Systeme des philosophischen Idealismus des neunzehnten Jahrhunderts sah DILTHEY den „Relativismus" aller weltanschaulichen Positionen heraufziehen, und er hat dennoch eine wissenschaftstheoretische Begründung der Geisteswissenschaften, zu denen er auch die Pädagogik rechnete, vorgelegt. Das Interessante – und nach meiner Auffassung auch heute noch Aktuelle – daran ist seine doppelte Begründung der Pädagogik: erstens auf die psychische Autonomie als „Selbstzweck", und zweitens auf die soziale „Funktion" der Erziehung in der Gesellschaft. Die Begründung der Pädagogik auf das seelisch-geistige System und dessen ‚autonome‘ immanente Funktionen und Zwecke ist nicht sehr weit entfernt von der Selbstorganisationstheorie. DILTHEY vermied eine philosophische oder spekulative Begründung der Pädagogik und wandte sich, um das Moment der Allgemeingültigkeit festzuhalten, an die damals junge Wissenschaft der Psychologie, die er selbst auch mitbegründen half. DILTHEY suchte eine feste und allgemeine Grundlage für die Kultur- und Gesellschaftswissenschaften in einer allgemeingültigen Beschreibung der psychischen Funktionen, die allen Menschen gemeinsam sind und die er als „Teleologie des Seelenlebens" bezeichnete, also den immanenten Zwecksetzungen des psychischen Systems. Das psychische System war für ihn ein „Selbstzweck", vor allem „im Kinde", durch den das „Recht des Staates" auf Erziehung und sogar der Eltern „begrenzt" ist. Andererseits ist die Gesellschaft für die „äußere Organisation" der Systeme und Erziehungssysteme verantwortlich (VI S. 72; IX S. 194). Erziehung ist zunächst eine „Funktion der Gesellschaft" (IX S. 192).

Gleichzeitig bestimmte DILTHEY die Aufgaben einer zeitgemäßen Erziehungswissenschaft von einer zeitgeschichtlichen Situation her, die durch den Historismus geprägt wurde, so daß die konkreten geschichtlichen Aufgaben und Probleme auch als konkrete Aufgaben und Probleme der Erziehung und der Erziehungswissenschaft angesehen werden konnten. Die konkreten Aufgaben können dabei aus der Perspektive der Pädagogik selber und nicht etwa von der Psychologie gestellt werden: Spiel, Sinneswahrnehmungen, Gedächtnis, Anschauung und Phantasie, formale Intelligenz, Didaktik, schließlich die „Bildung des Gemüts" sind die pädagogischen Themen (vgl. IX S. 205 ff.).

Die Kriterien für eine wissenschaftliche Pädagogik, die DILTHEY entwarf, erscheinen mir weiterhin aktuell. Sie begründen eine Pädagogik,

- die sowohl die Fragen ihrer wissenschaftlichen Begründung beantworten als auch die Aufgaben ihrer alltäglichen Praxis bearbeiten kann;
- die im Bewußtsein ihrer zeitgeschichtlichen Abhängigkeit und Relativität nicht resigniert, auch nicht regressiv nach zeitlosen Lösungen sucht, sondern Lösungen ‚mittlerer Reichweite' anvisiert;
- die sowohl fachlich kompetent als auch zum interdisziplinären Dialog fähig ist;
- die (mindestens) auf zwei evolutionäre Grundsysteme bezogen ist (psychisches und soziales System) und auf die entsprechenden Bezugswissenschaften, so daß sie auch interdisziplinär kommunikationsfähig bleibt; und
- die methodisch die Vorzüge von hermeneutischen (geisteswissenschaftlichen) Methoden und empirischen Methoden nutzt, ohne sich einseitig oder doktrinär auf eine einzige Richtung zu fixieren.

Als Vertreter des Historismus hat DILTHEY zwar die Möglichkeit allgemeingültiger Geisteswissenschaften nach naturwissenschaftlichem Vorbild verneint; gleichzeitig hat er jedoch lebenslang an dem *Ideal* der Allgemeinheit wissenschaftlicher Aussagen als einem der Wissenschaft immanenten Ideal festgehalten (vgl. Huschke-Rhein 1979). Allerdings brauchte sich DILTHEY noch nicht um das Problem zu kümmern, wie die Pädagogik sich wissenschaftstheoretisch zu einer in zahlreiche Spezialgebiete ausdifferenzierten Disziplin verhalten sole bzw. wie dieses Problem konstruktiv lösbar wäre. Und schließlich spielte bei ihm die neue Aufgabenstellung der Pädagogik, die erst im 21. Jahrhundert zu einer zentralen Aufgabe werden wird, noch keine Rolle: die konsultative Aufgabe (s. u.).

1.3 Die neue Aufgabe: Entwicklung einer Meta-Perspektive

Angesichts der skizzierten Situation möchte die pädagogische Systemtheorie ein Angebot machen, das einige der genannten Probleme aus Wissenschaft und Praxis bzw. Ausbildung vereinfachen oder gar lösen könnte. Ich formuliere hierzu zunächst eine *These: Die Pädagogik und die Allgemeine Pädagogik haben eine gemeinsame Aufgabe: die Meta-Perspektive und die Systemisierung der Teilsysteme.* Was bedeutet das?

Traditionellerweise ist die Allgemeine Pädagogik diejenige Teildisziplin der Pädagogik, die sich um den Überblick über das Gesamtsystem bemüht. Sie ist – nach systemisch-konstruktivistischer Terminologie – in der berufsmäßigen Position eines *Beobachters*, der die Meta-Position, die *Meta-Perspektive* über die unterschiedlich spezialisierten anderen Positionen einhält. Dieser Beobachter darf also das Spiel der Ausdifferenzierung nicht einfach mitspielen. Oder: Er darf es nur bis zu einem bestimmten Punkt mitspielen. Er bedient sich derselben Wissenschaftssprache und Fachausdrücke wie seine Mitspieler – aber nur so lange, wie er noch etwas vom Gesamtsystem wahrnehmen kann. Früher brauchte und gebrauchte er vielleicht eine philosophische oder eine theologische Sicht und Sprache, um die Übersicht zu behalten. Welche Sicht und Sprache könnten heute dafür taugen? Mein Vorschlag geht dahin, daß es unser Beobachter heute einmal mit einer systemischen Sicht und Sprache versuchen sollte. Ich habe die Vermutung, daß eine solche systemische Sicht und Sprache – ‚systemisch‘ steht hier erst einmal als Sammelbegriff für ‚systemtheoretisch‘, ‚konstruktivistisch‘ oder ‚ökosystemisch‘ – hilfreich sein kann bei der Konstruktion einer Meta-Perspektive auf den Bereich, den die Allgemeine Pädagogik zu bearbeiten hat, und daß sie außerdem hilfreich sein kann bei Formulierung einiger neuer Aufgaben und Perspektiven, die sich derzeit sowohl im Bereich der Wissenschaftsbegründung als auch und vor allem im Bereich der Praxisaufgaben der Pädagogik stellen.

Würde die Erziehungswissenschaft den Weg der anderen Wissenschaften in die konsequente Spezialisierung in Subsysteme einfach mitgehen, so leuchtet schon intuitiv ein, daß sie ihren ‚Gegenstand‘, wie man traditionell sagt, also das Kind oder heute besser: die Menschen, mit denen sie zu tun hat, selber in solche speziellen Subsysteme zergliedern müßte. Medizin, Biologie, Psychologie, Soziologie, Politologie usw. müßten zugleich Subsysteme in der Pädagogik sein, also: pädagogische Medizin oder besser Gesundheitspädagogik, pädagogische Biologie, pädagogische Psychologie, pädagogische Soziologie, pädagogische Politologie usw. – das kennen wir ja aus zahlreichen Diskussionen –, oder besser noch umgekehrt: medizinische Pädagogik, biologische Pädagogik usw. Wir sehen schon an dieser Stelle, daß der Systemansatz zwar die Wissenschaftsentwicklung und die Ausdifferenzierung der Praxisbereiche recht gut beschreiben kann, daß er aber – zumindest in dieser Form – nicht oder noch nicht unsere leitende Hauptfrage nach einer zusammenfassenden oder allgemeinen Sicht über das Gesamtgebiet beantwortet. Denn, wie neuerdings zu Recht in der Erziehungswissenschaft formuliert wird, hat die Pädagogik als ihren Bereich das „bio-psycho-soziale System" (Büeler 1994) als Gesamtbereich zu bearbeiten. Hier hilft also nur ein Perspektivenwechsel. Und diese Methode gehört auch zu den genuinen Methoden des Systemdenkens.

Es mag schon bis hierher einleuchten, daß die Erziehungswissenschaft ihre Aufgabe verfehlen würde, wenn sie einfach dem Trend der übrigen Wissenschaften folgte. Wissenschaftstheoretisch läßt sich zeigen, daß eine Wissenschaft – nach traditioneller Methodologie – um so exakter sein kann, je kleiner ihr Teilbereich ist, je weniger Kontexte sie hat, je geringer – deshalb – ihre Komplexität ist; um so kontrollierter kann der analytische und empirische Zugriff auf diesen (verkleinerten) Bereich sein; um so größer sind auch die voraussagbaren Möglichkeiten der Systemsteuerung dieses Bereichs (vgl. Huschke-Rhein, Bd. 2). Wie schon gesagt – ich wiederhole es ausdrücklich: Auf Spezialisierung steht also eine Prämie. Aber sie hat auch ihren Preis.

Es leuchtet intuitiv ein, daß dieses schöne Wissenschaftsmodell für die Erziehung leider nicht in Frage kommt: Ihr Bereich (Gegenstand) ist komplexer, er gehört nicht nur einer einzigen Wissenschaft an. Ihr Forschungsbereich und ihr Praxisbereich (ihr ‚Gegenstand‘, wie man wissenschaftstheoretisch sagt) gehört (mindestens) diesen drei Systemen und damit drei Wissenschaften an: biologisches, psychisches, soziales System, also nach der LUHMANNschen (1984) Typisierung: lebenden Systemen, Bewußtseinssystem, Kommunikationssystemen (vgl. Büeler 1994). Würde ein Erzieher ein Kind nur unter sozialer Perspektive ansehen, vergäße er die Gesundheit und die Psyche des Kindes; würde er es nur aus der Perspektive seiner Psyche ansehen, vergäße er die Gesundheit und die Gesellschaft, in der es aufwächst; würde er es nur aus biologischer Perspektive ansehen, vergäße er die beiden anderen Seiten. Die Wirklichkeit, in der ein Kind aufwächst und in der die Menschen leben, mit denen sich Pädagogik befaßt, ist eben viel komplexer, als daß sie ohne Kontexte verkleinert werden könnte: Sie gehört nicht nur einem einzigen System an. Und dieser Tatsache muß die Wissenschaft von der Erziehung gerecht werden.

Das läßt sich auch an den Themen der Pädagogik und an den Grundbegriffen der Pädagogik zeigen. Betrachten wir einige pädagogische Grundthemen (einige haben sich schon zu Subsystemen entwickelt), wie: Schule, Kind, Spiel, Familie, Strafe, Freizeit, Arbeit, Kindergarten, Volkshochschule, Altenheim usw. Bei jedem dieser Begriffe läßt sich zeigen, daß sein Wissenschaftsgehalt und damit sein Praxisgehalt gering wäre, würden wir ihn bloß als ‚System für sich' analysieren, ohne seine jeweiligen Kontexte zu beachten. Was wäre die Schule, nur für sich betrachtet ohne ihre gesellschaftliche Umwelt; was wäre das Kinderspiel, ohne seine sozialen Kontexte; was wäre die Freizeit, nur für sich betrachtet usw.? Zwar müssen wir erst über Sachkenntnis in dem jeweiligen Einzelbereich oder Primärsystem verfügen. Aber für eine gehaltvolle und wissenschaftlich anspruchsvolle pädagogische Theorie müßten die Kontexte der primären Systeme bzw. der Themen mit einbezogen werden, so daß die Vernetzung des Systems bzw. seine Komplexität deutlich wird.

Eine Möglichkeit nun, dieser Aufgabe gerecht zu werden, bietet das Systemdenken. Es bietet insbesondere der Allgemeinen Pädagogik die Chance, einen Bereich orientierender Übersicht zu bearbeiten, und dabei kann die Perspektive auf das Gesamtsystem Erziehung entworfen werden. Dies hat gegenüber der traditionellen ‚Systematik‘ der Erziehung und gegenüber einer bloß empirisch-analytischen Erziehungswissenschaft nach naturwissenschaftlichem Vorbild zwei Vorteile: Es geht nicht mehr um eine allgemeingültige und zeitlose Wissenschaftsbegründung der Pädagogik, und es geht nicht mehr um eine lückenlose ‚systematische‘ Darstellung des Gesamtgebiets der Erziehung und der Erziehungswissenschaft, was keiner heute mehr leisten könnte und was, außer lexikalischen Interessenten, auch niemanden mehr interessieren würde. Aber: Der Systemansatz kann eine Zusammenschau auf ‚mittlerem Niveau‘ bieten; und er kann Zugänge zu den Praxisfeldern der Pädagogik erschließen, ohne alle diese Felder im einzelnen behandeln zu müssen (s. u.).

2. Neue Aufgaben für die (Allgemeine) Pädagogik: Propädeutik und Konsultation

2.1 Die Verlagerung des Schwerpunktes: Von der allgemeingültigen Theorie zur postmodernen Praxis

Das folgende Schema mag für die weiteren Überlegungen nützlich sein:

|---|

Wissenschaft   (Theorien)   *Allgemeine Pädagogik*   (Propädeutik)   Praxis

Betrachten wir die traditionellen Aufgaben einer Allgemeinen Pädagogik (vgl. Huschke-Rhein 1984):

- Einführung und Übersicht über das Gesamtgebiet der Pädagogik,
- wissenschaftstheoretische Grundlegung der Pädagogik (Pädagogik als Wissenschaft),
- Einführung in Grundbegriffe (Erziehung, Bildung, Sozialisation usw.),
- Einführung in die hauptsächlichen Ansätze und Theorien der Erziehungswissenschaft (Geisteswissenschaftliche Pädagogik, Kritische Theorie, Pädagogische Anthropologie u. a.),

so ergibt sich, daß die Bemühungen um die linke Seite des obigen Schemas dabei im Mittelpunkt standen, die Bemühungen nämlich um die Vermittlung wissenschaftlicher Grundbegriffe und Theorien. Eine Einführung in die Praxis, in berufliche Kontexte, berufsvorbereitende Überlegungen und Hinweise, also die ‚Propädeutik‘ (im Griechischen wörtlich: ‚Lehre von der Voraus-Erziehung‘), war dabei nicht vorgesehen, das war Sache der Fächer, z. B. der Schulpädagogik und deren praktikumbegleitenden Studien. Dieses Bild ließe sich an fast allen Einführungen in die Pädagogik oder in die Allgemeine Pädagogik oder in die Systematische Pädagogik aufzeigen (vgl. Huschke-Rhein 1984).

Wir sollten das zunächst im historischen Kontext sehen und würdigen: Auf dem Wege zur Anerkennung als Wissenschaft war es nicht im Interesse des Faches, die Einführung als Allgemeine Pädagogik oder als Systematische Pädagogik schon mit berufsbezogenen Themen anzufüllen.

Inzwischen hat sich die Situation verändert. Ich sehe die Begründung der Pädagogik als Wissenschaft nicht als überholt an, aber sie hat erstens nicht mehr das frühere Gewicht, das hauptsächlich apologetisch bestimmt war (und für diesen Zweck auch mit philosophischen, theologischen, soziologischen und psychologischen Leihtheorien hoch aufgeladen wurde). Und sie wird zweitens in Zukunft eine andere Bedeutung erhalten im Zusammenhang neuer Erwartungen an die berufliche Praxis. Darauf werde ich gleich näher eingehen. Außerdem haben wir drittens für die Begründung eine günstigere Situation, seit es die Systemtheorie gibt. Denn diese ist nicht mehr als Leihgabe eines bestimmten Faches zu verstehen, sondern ist von Anfang an ein interdisziplinäres Projekt gewesen und ist es noch (vgl. Huschke-Rhein 1996). Dabei kommt es zu der neuartigen Konstellation, daß die Systemtheorie als die erste Theorie gelten kann, die den Graben zwischen geisteswissenschaftlichen und naturwissenschaftlichen Wissenschaftstheorien überwunden und damit in gewissem Sinn den über zwei Jahrhunderte währenden Begründungskrieg beendet hat. Ob die Erziehungswissenschaft nun eine ‚Geisteswissenschaft‘ oder eine ‚empirisch-analytische‘ Wissenschaft nach dem Vorbild der Naturwissenschaften sei, ist (zumindest aus der Sicht der Systemtheorie) eine müßige und überholte Frage, seit auch traditionelle empirische Wissenschaften die Grundlagen ihres Wissenschaftsverständnisses und entsprechend ihr Praxisverständnis neu konzipieren mußten, z. B. Medizin, Biologie, große Bereiche der Physik, der Chemie und der Biochemie, der Neurologie, der Astrophysik. Hierfür hat nicht zuletzt die Theorie der nichtlinearen Systeme, darunter Synergetik und Chaostheorie, gesorgt. Das, was Wilhelm DILTHEY apologetisch ‚Geisteswissenschaften‘ genannt hat, damit diese nicht begründungstheoretisch von den Naturwissenschaften vereinnahmt werden, läßt sich heute am ehesten unter die ‚Wissenschaft von den lebenden Systemen‘ fassen, und dies ist eben ein beide traditionelle Seiten übergreifendes Projekt. Dennoch ist es natürlich heute wichtig, die Möglichkeiten einer systemischen oder systemtheoretischen Begründung der Pädagogik aufzuzeigen, eine Arbeit, die trotz mancher Vorarbeiten noch lange nicht abgeschlossen ist.

Die wichtigste *Zukunftsaufgabe* der Pädagogik liegt also, nach der hier vertretenen These, nicht in der wissenschaftlichen Begründungsaufgabe als solcher. Diese mag zwar im universitären Bereich nach wie vor ihre eigene Geltung und Wichtigkeit besitzen. Die Zukunftsaufgaben der Pädagogik liegen vielmehr auf einer Verbindung der wissenschaftlichen Grundlagen (linke Seite) mit den beruflichen Aufgaben (rechte Seite unseres Schemas). Denn im Zuge gesellschaftlicher Umstrukturierungen in der Postmoderne wird es neue und wichtige Aufgaben für die Pädagogik geben, die sich in Umrissen schon abzeichnen. Ich fasse diese Aufgaben unter dem Stichwort ‚*konsultative*' Aufgaben zusammen, also etwa ‚Beratungsaufgaben', aber es ist damit noch mehr gemeint (s. u.). Sie umfassen:

● ein neues Berufsverständnis,
● andere Methoden der Steuerung und Lenkung pädagogischer Systeme,
● neue Tätigkeitsfelder, die von den traditionellen Feldern bis zu Beratung, Supervision, Selbstsupervision und therapeutischen Aufträgen reichen, wobei eben in einem konsultativen Verständnis der Unterschied zwischen Beratung und Therapie aufgehoben oder minimiert wird.

Die Propädeutik dieses Komplexes gehört nach meinem Vorschlag dringend in das Angebot einer zukünftigen Allgemeinen Pädagogik. Das ist für mich mehr als ein pragmatischer Vorschlag. Denn dieser konsultative Aufgabenkomplex steht von Anfang an in engster Beziehung zum Systemansatz selber. Ich werde zeigen, inwiefern die Grundlagen des systemischen Ansatzes direkt oder indirekt praxeologisch sind bzw. praktische Konsequenzen für die Pädagogik haben. Für mich selbst war es eine überraschende Erfahrung, daß der Systemansatz gerade von Praktikern der Pädagogik nachgefragt wurde und noch wird. Die Absicht, die beiden Seiten des Schemas unter demselben wissenschaftlichen Konzept miteinander zu verbinden, kommt also nicht nur aus der Theorie, sondern – vielleicht primär – aus der Erfahrung mit pädagogischer Praxis. Das mag weiter unten noch deutlicher werden, wenn ich einige Bemerkungen zum systemischen Praxisbegriff mache.

2.2 Fortschreibung der Allgemeinen Pädagogik aus systemischer Perspektive und unter veränderten zeitgeschichtlichen Bedingungen: Veränderungen im Bildungsbegriff

Ich gehe davon aus, daß die Allgemeine Pädagogik zuständig bleibt für den Entwurf einer Metaperspektive, in der sowohl die Aufgaben der wissenschaftlichen Begründung als auch die aktuellen Aufgaben der pädagogischen Praxis koordiniert werden. Eine solche Perspektive soll hier von der Systemtheorie her entworfen werden.

Die Systemtheorie ist sowohl eine Theorie der Gesellschaft und der Evolution der abendländischen Kultur, als auch eine allgemeine Wissenschaftstheorie mit hohem interdisziplinärem Potential, sogar mit evolutivem Aspekt, also nicht einfach nur zeitgeschichtlich historisch. LUHMANN attestiert seiner Systemtheorie immerhin eine gewisse „Universalität" (1984, S. 9). Unter veränderter zeitgeschichtlicher Perspektive bleiben zwar die beiden Hauptaufgaben (Diltheys) bestehen, aber sie werden modifiziert. Es bleibt erstens die wissenschaftstheoretische Aufgabe, die eine Begründungsfunktion besitzt, die allerdings im Zeitalter der Postmoderne anders als im Zeitalter DILTHEYS nicht mehr von dem Trauma der Allgemeingültigkeitsforderung nach dem Vorbild der (damaligen) Naturwissenschaften bestimmt ist, weil die wissenschaftstheoretische Situation seit Relativitätstheorie, Quantentheorie und Chaosforschung eine völlig andere geworden ist; und es bleiben zweitens die mehr zeitgebundenen Aufgaben, die aber im Zeitalter des postmodernen Relativismus viel dramatischer und wesentlich komplexer als zu Zeiten DILTHEYS aussehen. Dennoch erreicht, wie ich zeigen möchte, der Systemansatz eine gewisse wissenschaftliche Allgemeinheit, an der ich auch unter den erschwerten postmodernen Zeitläufen festhalten möchte. Als Vorteil erscheint mir, daß die Perspektive auf die neuen Praxisaufgaben der Pädagogik nicht bloß additiv mit dem Systemansatz verbunden bleibt, sondern substantiell (s. u.).

Die Phase des Lernens in Lernsystemen wird in der postmodernen Gesellschaft lebenslang dauern, also nicht mit den Abschlüssen des Abiturs oder eines Studiums oder einer Berufsausbildung enden. Solche lebenslange Flexibilität ist gefordert zum einen durch die neuen Strukturen und Zwänge des Arbeitsmarktes und zum anderen durch die ständig anwachsenden Wissensbestände, die eben nicht haltmachen, wenn jemand einen beruflichen Abschluß auf irgendeinem Gebiet erreicht hat. Die lebenslang gleiche Berufstätigkeit, etwa im Betrieb des Vaters, gehört der Vergangenheit an.

In erziehungswissenschaftlicher Terminologie läßt sich sagen: Der Bildungsbegriff und der Erziehungsbegriff ändern sich, weil Bildungsprozesse nicht mehr linear verlaufen können und nicht irgendwann zum Abschluß kommen; vielmehr wird der Bildungsprozeß in postmoderner Landschaft Elemente aus der Krisen- und der Chaosforschung in sich aufnehmen: Bildung als nicht-linearer, lebenslanger Prozeß über Phasen der Turbulenz, der Brüche und der Neukonstruktion.

Damit ändert sich auch der Erziehungsbegriff. Auch er verliert seine strikte Zuordnung zu einer bestimmten Entwicklungsphase, die spätestens mit Erreichen der ‚Mündigkeit' der Jugendlichen endet, also etwa mit der Wahlmündigkeit. Wenn Erziehung – das nehme ich auch vorweg – die Fremdsteuerung eines Menschen mit dem Ziel seiner Selbststeuerung meint, dann wird Erziehung einerseits den Kindern früher als in der Vergangenheit Lern- und Lebensumwelten anbieten, die die Eigentätigkeit und die Selbstorganisation fördern und darum zur Selbststeuerung führen; andererseits werden auch im dritten, vierten und vielleicht im fünften Lebensjahrzehnt noch immer Lernangebote oder auch Lernverpflichtungen nötig, die den Erwachsenen praktisch wieder in die schulische Situation (zurück-)versetzen, in der er eine Situation der Fremdsteuerung erleben muß – um hernach wieder einen höheren Grad von Selbststeuerung zu erreichen. Wenn der amerikanische Kulturkritiker und Medienpädagoge Neil POSTMAN pointiert vom ‚Verschwinden der Kindheit' spricht, so können wir umgekehrt von einem ‚Verschwinden des Erwachsenenalters' sprechen: Lernen, Bildung und Erziehung hören in der postmodernen, enttraditionalisierten Gesellschaft nicht mehr auf. Damit ändern sich noch zwei weitere Dimensionen der Erziehungswissenschaft:

1. die allgemeine Aufgabenbestimmung der Pädagogik: Pädagogik wird zu einer konsultativen Erziehungswissenschaft;
2. das berufliche Selbstverständnis der Pädagogen und Pädagoginnen (vgl. u.).

Es ergeben sich damit weitere neue Aufgaben bzw. Merkmale einer zukünftigen Erziehungswissenschaft bzw. Pädagogik, von denen ich einige im folgenden ansprechen werde. Vor allem die mit der konsultativen Weiterung der Pädagogik verbundenen Themen und Aufgaben folgen direkt oder indirekt aus der systemischen Perspektive auf die (Allgemeine) Pädagogik. In gewissem Sinne ändert die Pädagogik dabei ihren Begriff. Wenn sie ‚lebensbegleitend' wird, dann wird sie in vielen Formen das Lernen und die Bildungsprozesse lebenslang begleiten und ist nicht mehr zu begrenzen auf die Phase, von der ihr Begriff bei genauer Übersetzung redet: „Kinder-Führung" (ganz wörtlich: „Knaben-Führung"!), also nicht auf Kindheit und auch nicht auf Jugend. Sie wird zu einer Lebensbegleitungswissenschaft.

3. Die Rekonstruktion einer systemorientierten Allgemeinen Pädagogik

Ich möchte zunächst einen sehr kurzen Überblick über die wissenschaftstheoretische Ausgangsposition geben (vgl. ausführlich hierzu Huschke-Rhein 1992 a) und deren Bedeutung für die in manchem veränderten oder erweiterten pädagogischen Grundbegriffe aufzeigen, um dann zu einer Neufassung des Theorie-Praxis-Themas zu kommen. Mit dieser Stationsfolge halte ich an der traditionellen Reihenfolge der allgemeinpädagogischen Themen fest: Wissenschaft; Grundbegriffe; Theorie-Praxis-Thema. Dann folgen – exemplarisch – drei Themen, in denen die heute erforderliche Weiterung der Allgemeinen Pädagogik dokumentiert wird, wie sie sich aus der systemischen Perspektive zwangsläufig ergibt: Pädagogik als konsultative Wissenschaft; das veränderte berufliche Selbstverständnis; die Supervisionsaufgabe. Das erstere Thema ist nochmals stark mit wissenschaftstheoretischen Überlegungen verbunden, die beiden letzteren widmen sich den Aufgaben einer beruflichen Propädeutik, die beide im bisherigen Studium vernachlässigt sind. Die Themenfolge läuft also auch in lockerer Weise entlang der Achse in unserem Schema: von der Seite der Wissenschaft hinüber zur Praxis. Damit denke ich, daß ich dem generellen Duktus der Aufgabenstellung in der Allgemeinen Pädagogik gefolgt bin.

3.1 Zum Wissenschaftsverständnis einer Systemischen Erziehungswissenschaft

Das Wissenschaftsverständnis einer Systemischen Erziehungswissenschaft basiert nicht auf einem geschlossenen und homogenen Theoriesystem, das nach der systematischen Art der klassischen philosophischen Systeme aufgebaut wäre. Einen solchen Eindruck könnte höchstens noch der LUHMANNsche (1984) Entwurf vermitteln, der jedoch im Gesamtraum des Systemansatzes eher eine Außenseiterrolle spielt, insbesondere bei den praxisrelevanten Systemansätzen. Der Systemansatz ist vielmehr als ein Komplex von wahrnehmungsorientierenden und handlungsleitenden Epistemen zu verstehen. Er bietet, kurz gesagt, eine Methode der Weltorientierung. Der Fokus liegt dabei in einem *konstruktiven* Moment: Unsere Weltwahrnehmungen sind eine Form der Weltkonstruktion, und unsere Handlungen sind ebenfalls eine Form der Welt- und der Selbstkonstruktion. Daher wird es diesem Ansatz möglich, seine Erkenntnistheorie als Praxeologie zu formulieren. Über den Begriff der Konstruktion kann der Systemansatz Anschluß an den Bildungs- und den Erziehungsbegriff finden: Jeder Erziehungs-, Entwicklungs- und Bildungsprozeß kann angesehen werden als ein Form der Konstruktion von psychischen und sozialen Systemen. Genauer kann der Erziehungsprozeß und der Bildungsprozeß insgesamt als eine Form der Ko-Konstruktion oder der Ko-Evolution biologischer (körperlicher), psychischer und sozialer Systeme angesehen werden.

Das zugrundeliegende Konstruktionsinteresse kann sich auf zwei zunächst getrennt erscheinende Bereiche beziehen: (1) zum einen eher *rekonstruktiv* und *heuristisch* auf das Auffinden von Systembeziehungen und -zusammenhängen, auf die Form der Beziehungen zwischen Elementen des Systems oder zwischen dem System und seinem Kontext; (2) zum anderen kann es eher *konstruktiv im engeren Sinne* sein, indem es sich auf den mehr kreativen Prozeß der Neukonstruktion und der Evolution von (Erziehungs- und) Lebenswelten und Erkenntniswelten bezieht. Im ersten Fall kann methodisch auch ein analytisches Interesse vorliegen, das durchaus mit der Anwendung empirisch-analytischer Forschungsmethoden verbunden ist (vgl. Schiepek/ Tschacher 1997); im zweiten Fall liegen methodisch die qualitativen, hermeneutischen oder auch spekulative Methoden näher. Es bleibt aber zu beachten, daß wissenschaftstheoretisch jede Rekonstruktion, auch jede Analyse grundsätzlich ein konstruktives, spekulatives Moment enthält: Es gibt keine 1:1-Abbildung der Realität, keine Erkenntnis der Wirklichkeit als solcher, auch wenn sich die empirischen Wissenschaften nach wie vor gerne über diese Einsicht zu ihrem Vorteil hinwegtäuschen möchten. Es gibt immer erkenntnisleitende ‚Episteme'. In diesem

Punkte hat die neuere Wissenschaftstheorie, besonders Systemtheorie und Konstruktivismus, die Diskussion am nachhaltigsten beeinflußt.

‚Episteme' – griechisch: ‚Verstehenssätze' – sind solche Meinungen, Glaubenssätze, Überzeugungen und Einstellungen, die unseren Erkenntnissen und unseren Handlungen, oft unbemerkt, zugrundeliegen. MATURANA hat von der „Zirkularität" zwischen „Erkennen" und „Tun" gesprochen, und er hat dies dahin pointiert: „Jedes Tun ist Erkennen, und jedes Erkennen ist Tun" (Maturana/ Varela 1987, S. 31). Diese Zirkularität zwischen Theorie und Praxis, zwischen Erkenntnistheorie, d. h. wörtlich: Epistemologie, und Handlungstheorie, d. h. Praxeologie, ist auch für die Handlungswissenschaft der Pädagogik der Ausgangspunkt.

Angesichts der verschiedenartigen, aus unterschiedlichen interdisziplinären Bereichen entstammenden Theorieansätze halte ich es nicht für sinnvoll, von ‚der Systemtheorie' (im Singular) zu sprechen. Ein geschlossenes Theoriesystem widerspräche der eigentlichen Intention systemischen Denkens, nämlich der heuristischen Modellierung offener und vernetzter Systeme, die sowohl in der Theorie als auch in der Praxis einen kreativ-konstruktiven Gestaltungsanteil des ‚Anwenders' erfordern. Darum empfiehlt sich gerade in der Erziehungswissenschaft der Begriff ‚Systemansatz' anstelle von ‚Systemtheorie' und der Term ‚systemisch' anstelle von ‚systemtheoretisch'.

Zum wichtigsten Grundbegriff des Systemdenkens ist für die Pädagogik der Begriff *Autopoiesis'* geworden, was im Griechischen ‚Selbstmachung' bedeutet und meist mit ‚Selbstorganisation' übersetzt wird. ‚Autopoiesis' wurde zunächst von MATURANA (1987) zur Kennzeichnung der spezifischen Form autonomer Selbstorganisation von ‚Leben' im Evolutionsprozeß verwendet (gegen die darwinistischen Anpassungstheorien der Evolution gerichtet). Autopoietische Systeme besitzen eine dynamische Organisation, die in der Lage ist, ihre Bestandteile und deren wechselseitige (systemische) Beziehungen jeweils neu als System hervorzubringen (vgl. dazu ausf. Huschke-Rhein 1992 a, Kap.4). Dabei operieren diese Lebewesen insofern ‚autonom', als sie durch ihre Struktur selbst bestimmen (Maturana: ‚Strukturdeterminismus'), welche Umweltkontakte für sie zulässig (bekömmlich) sind und welche nicht. Ihr System ist, wie es heißt, ‚operational geschlossen', aber ‚energetisch offen', d. h. sie ist der Umwelt gegenüber für die Aufnahme von Information, Energie und Materie offen, aber die Maßstäbe für die Verarbeitung setzt sie selbst.

Die Legitimität der Übertragung dieses Modells auf psychische, kognitive und soziale Systeme, die schon MATURANA selbst vorgenommen hatte, wurde von der Systemischen Psychotherapie und von der neueren Hirnforschung (vgl. Roth 1995) unterstrichen. Allerdings wäre genau die Unterstellung, es handele sich ‚bloß' um ein ‚biologisches' Modell, falsch, weil eine solche disziplinäre Beschränkung für die wissenschaftstheoretische Position des Konstruktivismus, von der her MATURANA es entworfen hat, keinen Anhaltspunkt hätte. Ohnehin will der Konstruktivismus nicht empirische Entitäten oder Realitäten ‚abbilden‘, sondern (Meta-) Modelle ‚konstruieren‘. Das Autopoiesistheorem – als Modell für die interne Steuerungsfähigkeit lebender Systeme – ist für die Pädagogik attraktiv geworden als Modell für ein besseres Verständnis von Lern- und Entwicklungsprozessen, von pädagogischen Steuerungsprozessen, von sozialen Organisationsprozessen oder für ein neues Selbstverständnis der ErzieherInnen.

3.2 Einige Lösungsangebote

Ich möchte nun einige Lösungsmöglichkeiten, die der Systemansatz einer Allgemeinen Erziehungswissenschaft und ihren Grundbegriffen bietet, summarisch und vorweg anführen. Auf einige Punkte werde ich hernach noch genauer eingehen.

Allgemeine Lösungsangebote für gegenwärtige Theorie- und Praxisprobleme der Erziehungswissenschaft kann die systemische Pädagogik in folgenden Punkten formulieren:

1. Der Systemansatz überwindet die Theorie-Praxis-Trennung. „Erkennen ist Tun“ lautet der oben schon zitierte Grundsatz MATURANAS. Gleichzeitig wird die traditionelle (naturwissenschaftliche) Trennung von Wissenschaft und (nachträglicher) Anwendung aufgegeben.
2. Der Systemansatz ist interdisziplinär. Er umfaßt Ansätze aus (bisher voneinander getrennten) Wissenschaften, wie Mathematik, Physik, Biologie, Psychologie, Soziologie, Philosophie, Theologie u. a.
3. Der Systemansatz kommt der Mehrseitigkeit der Phänomene, speziell der Erziehungsphänomene, entgegen. Er wird sowohl der Komplexität seiner Phänomene als auch der Komplexität der modernen Welt besser gerecht.
4. Der Systemansatz kann sowohl die soziokulturellen Rahmenbedingungen von Erziehungsprozessen, ihre Kontexte, als auch die Dynamik der Individuen, ihre Selbstorganisationsfähigkeit, erfassen und ist darin traditionellen Ansätzen der Erziehungswissenschaft überlegen.
5. Der Systemansatz offeriert ein neues Konzept für die (pädagogischen) Steuerungs- und Lenkungsaufgaben (von der Beratung einzelner bis zur Systemsteuerung). Er gibt damit eine Antwort auf die angesichts des Traditions- und Autoritätsverfalls prekäre Steuerungsfrage in der Pädagogik.
6. Der Systemansatz bietet eine veränderte Auffassung professioneller erzieherischer Tätigkeiten an (z. B. der ‚Rolle‘ und der ‚Verantwortung des Erziehers‘).
7. Der Systemansatz entwirft die Perspektive einer ‚konsultativen‘ Pädagogik: einer Pädagogik als Beratungswissenschaft.

3.3 Pädagogische Grundbegriffe

Vom Systemansatz her ergeben sich neu akzentuierte pädagogische Grundbegriffe. Im Vorgriff auf einiges Spätere möchte ich auch hier summarisch zunächst einige perspektivische Veränderungen benennen. Die Grundfigur eines intern und extern vernetzten Systems kann sich als heuristisch fruchtbar zur Beschreibung von Erziehungsprozessen erweisen: Mit ihr können

1. der bio-psycho-soziale Status und/oder der bio-psycho-soziale (Entwicklungs-) Prozeß eines personalen Systems,
2. das pädagogische Grundverhältnis zwischen einer Person (als dem selbstreferentiellen System) und ihren Bezugspersonen (und Bezugssystemen; Kontextsystemen) sowie
3. auch das Verhältnis zwischen einem Erziehungssystem und dessen Kontextsystemen, z. B. einer Familie und den anderen Erziehungssystemen (Kindergarten, Schule usw.) oder sozialen Systemen, z. B. Verwandtschaft, Sozialen Diensten, Sportvereinen, Krankenhäusern, Kirchen usw. beschrieben werden.

Die systemische Grundfigur ist darum geeignet zur semantischen Klärung der Begriffe *Erziehung* und *Bildung*: Aus der Entwicklungslogik von Erziehungssystemen ergibt sich, daß ein personales (selbstreferentielles) System zuerst (im Kindesalter) überwiegend kontextabhängig ist (Erziehungsbegriff), später jedoch umgekehrt seine Selbststeuerungsfähigkeit gegenüber seiner Kontextabhängigkeit überwiegen soll (Bildungsbegriff).
Erziehung heißt, daß ein bio-psychisches System von den Regeln der sozialen Kontextsysteme, besonders der pädagogischen Kontextsysteme bestimmt, eben ‚gesteuert‘ wird bzw. werden soll, aber mit dem Ziel der Selbststeuerung. *Bildung* heißt dann, daß die externen Bestimmtheiten, als ‚Steuerung‘ durch die sozialen Kontextsysteme, allmählich abnehmen, und daß der einzelne sich selbst zu steuern lernt oder gelernt hat.
Gemäß der systemischen Auffassung liegt ein wesentlicher Gesichtspunkt der Bestimmung des ‚Pädagogischen‘ in der Organisation der Hilfe zur Selbststeuerungsfähigkeit eines Menschen, d. h. darin, einem grundsätzlich zur Selbststeuerung fähigen, ‚autopoietischen‘ System zur Ausbildung – als ‚Bildung‘ – eben dieser Fähigkeit zu verhelfen, die erfahrungsgemäß ja auch auf der Stufe der Fremdsteuerung durch andere, also auf einer Stufe überwiegender Kontextabhängigkeit stehen bleiben kann.
Wichtige Grundbegriffe der Pädagogik erhalten unter dieser systemischen Perspektive eine veränderte oder neue Semantik:

- *Selbst*: Systemisch ist die ‚Person‘ (‚Individuum‘, ‚Subjekt‘) immer das selbstorganisationsfähige Primärsystem, befindet sich aber a priori ‚in Kontexten‘.
- *Erziehung* bezeichnet einen Prozeß externer Steuerung auf Zeit, in dem normkonformes und erwartbares Verhalten erzeugt wird. Ziel der Erzie-

hung ist jedoch die Stärkung der Selbstorganisation und damit die Aufhebung der externen Steuerung.

- *Bildung* bezeichnet die Form und das Ergebnis von Selbstorganisationsprozessen selbstreferentieller Systeme.
- *Lernen/Didaktik/Lehre*: Lernen dient der Konstruktion einer viablen Umweltbeziehung der höheren autopoietischen Systeme. Eine systemische Didaktik berücksichtigt dabei nach Möglichkeit die Selbststeuerungsfähigkeiten des Lernenden, zumal eine sog. ‚direkte Instruktion‘ nicht möglich ist. Systemisches Lernen geschieht ‚ganzheitlich‘.
- *Entwicklung* ist nicht nur als linearer Prozeßfortschritt mit dem Resultat erwünschten und erwartbaren Verhaltens (1. Zustand) zu sehen, sondern auch als Prozeß periodischer Schwankungen (2. Zustand) und als Ergebnis nichtlinearer, im (terminologischen) Sinne ‚chaotischer‘ Systemprozesse (3. Zustand).
- *Berufsverständnis* der PädagogInnen: Wird das pädagogische Handeln als Komponente eines (pädagogischen) Systems gesehen, relativiert sich die traditionelle Sicht der erzieherischen (Allein-) Verantwortung (s. u.).

4. Zum Praxisbegriff und zum Theorie-Praxis-Verhältnis einer Systemischen Erziehungswissenschaft

Daß zwischen Theorie und Praxis ein anderes Verhältnis herrschen wird, als es bisher in der Erziehungswissenschaft der Fall war, nämlich ein entspanntes, offenes, ja spielerisches Verhältnis, mag im vorigen schon angedeutet sein. Theorien sind Konstruktionen, und die Praxis ist ebenfalls eine Konstruktion – warum sollten sie sich dann nicht vertragen oder gar um den Vorrang streiten? Der Systemansatz entwirft einen Praxisbegriff, dessen Hauptmerkmal sein ‚konstruktiver‘ Charakter ist. Der Systemansatz operiert nicht mit geschlossenen Theoriesystemen, die in die Praxis zu ‚übertragen‘ wären. Vielmehr sind Theorien ebenso wie Praxisoperationen Konstrukte im Referenzsystem; sie sind gewissermaßen gleichberechtigte, unauflöslich aneinander gekettete Partner im System. Der Systemansatz ist a priori praxeologisch, weil ihm gemäß Theorien auch Handlungen sind (‚Tätigkeiten‘, ‚Konstrukte‘, ‚Operationen‘) und weil praktische Operationen immer auch theoriegeleitete Konstrukte darstellen. Jedes kulturelle System ist ein Erfahrungsbereich, in dem unsere Episteme und unsere alltäglichen Handlungsvollzüge zirkulär rückgekoppelt sind. Ein pädagogisches Praxisfeld läßt sich darum nach systemischer Auffassung nicht ‚objektivieren‘, sondern nur (re-) konstruktiv beschreiben. Der praxeologische Zugriff enthält immer einen kreativ-konstruktiven Gestaltungsanteil des Praktikers, der schon bei der Systemanalyse des Praxisfeldes, die eben nach systemischer Auffassung eine System(re)konstruktion ist, ins Spiel kommt. Schon die Kontextbestimmung eines Systems, also seine Abgrenzung von oder seine Vernetzung mit Umgebungssystemen, enthält einen konstruktiven Eigenanteil, den wir mit einer herkömmlichen Bezeichnung als ‚subjektiven Faktor‘ bezeichnen können. Folgende *Leitsätze* lassen sich für ein systemisches Praxisverständnis formulieren:

1. Es gilt das Konstruktaxiom (s. o.).
2. Die Steuerung von Praxisprozessen erfolgt indirekt, und zwar unter Berücksichtigung des Autopoiesistheorems, d. h. der Selbststeuerungsmöglichkeiten des Praxisfeldes und der in ihm tätigen Personen (Prinzip der ‚geringfügigen Steuerimpulse‘, vgl. Huschke-Rhein 1993 a, S. 67).
3. Die Formulierung der Handlungsziele muß der Systemlogik (den systemischen Grundbegriffen) gerecht werden (Komplexität, Vernetztheit, Autopoiesis, nichtlineare und offene Systeme, Rückkopplung, Kontext, Attraktor). Ein systemisches Vorgehen arbeitet nicht mit strikt vordefinierten Zielen, sondern mit dem aus der Chaosforschung stammenden Begriff des ‚Attraktors‘. Die Systemkomplexität erfordert dabei eine Strategie, die „polytelisch" (Schiepek 1986, S. 47), ‚mehrzielig‘ genannt werden kann. Sie kann unter zeitweiliger Unbestimmtheit und unter zeitweiligen Zielkonflikten erfolgen.

Das vielzitierte ‚Theorie-Praxis-Problem‘ der Pädagogik, das in allen Einführungen in die Pädagogik zentral war und oft noch ist, ist nach Auffassung des Systemansatzes also ein Scheinproblem. Damit möchte ich nicht die Bemühungen um die Lösung dieser Frage in der Vergangenheit abwerten. Aber man muß deutlich sehen, daß die Dringlichkeit dieser Frage hauptsächlich durch die wissenschaftstheoretische Situation des ausgehenden neunzehnten und des zwanzigsten Jahrhunderts bedingt war, genauer durch die Dominanz der am Ideal der Naturwissenschaften ausgerichteten Wissenschaften. Nur darum hat sich DILTHEY und nach ihm die ganze Richtung der geisteswissenschaftlichen Pädagogik, besonders die von Herman NOHL begründete Richtung, immer wieder mit der Frage einer ‚allgemeingültigen‘ Begründung der Pädagogik auseinandersetzen müssen (vgl. Nohl 1935/1970, S. 105 ff.; Dilthey VI, S. 56–82), bis hin zu dem Versuch BREZINKAS (1971), Erziehungswissenschaft als ‚exakte‘ empirisch-analytische Wissenschaft zu begründen. Inzwischen hat sich die Lage jedoch völlig verändert, jedenfalls in der Allgemeinen Wissenschaftstheorie. Wer heute neuere Werke aus der Grundlagenforschung der Physik (Coveney/ Highfield 1992), der Biologie (Kauffman 1995), der Chemie (Prigogine/Stengers 1981) oder der Neurologie (Spitzer 1996) liest, kann dort einen ganz anderen und neuen Umgang mit empirischer Wissenschaft beobachten: Es gibt einen eher interdisziplinären Umgang mit Fakten und einen eher hermeneutischen Interpretationsspielraum im Umgang mit solchen Fakten, einen eher hypothetischen Umgang mit Theorien, oft mit ausdrücklichem Bezug auf Systemansätze oder Chaosforschung, eben mit Bezug auf die

Systemtheorien der nichtlinearen Systeme. Da geht es überhaupt nicht mehr um die ‚Allgemeingültigkeit' von Ergebnissen, sondern eher um vorsichtige und vorläufige Hypothesen zum Forschungsthema. Diese Hypothesen werden mit Argumenten der Plausibilität gestützt, nicht mit H-O-Ableitungen oder anderen Methoden der objektivistischen Deduktion von Behauptungen (vgl. Huschke-Rhein 1993 b). Diese Zurückhaltung ist zum Teil sicherlich ein Niederschlag postmoderner Mentalität, andererseits zeigt sich aber überall auch ein größeres Bewußtsein für die Reichweite wissenschaftlicher Aussagen, die eben nicht mehr auf generelle Allgemeingültigkeit ausgerichtet ist, weil es diese eben schlicht nicht mehr gibt, seit selbst die Physik die Relativität mancher ihrer vordem für ‚allgemeingültig' gehaltenen Aussagen zugeben mußte. Generell möchte ich wiederholen, was ich schon in meinem früheren Band zur pädagogischen Forschungsmethodik gesagt hatte, daß nämlich die sogenannten ‚allgemeingültigen' Aussagen der Naturwissenschaft ihre Gültigkeit nur durch einen Begriff von Natur erkauft haben, der diese durch eine Reduktion der Komplexität dieses Bereiches bis zur Unkenntlichkeit restringiert hat. Solche Reduktion von Komplexität eines Phänomens kann sich die Erziehungswissenschaft von Anfang an gar nicht leisten – sie braucht sich also nicht mehr weiter um ein solches Wissenschaftsideal zu kümmern. Statt dessen leistet der Systemansatz in mancher Hinsicht mehr. Vor allem übernimmt er sich nicht durch ein Arrangement von Wissenschaft, das mehr verspricht als es halten kann. Man könnte ihm höchstens seine (postmoderne) Bescheidenheit zum Vorwurf machen.

Als Problem ernst nehmen sollten wir jedoch das Theorie-Praxis-Problem der Pädagogik als *Ausbildungsproblem.* Dieses hat zwei Gesichter: eines innerhalb der Einführung in die Pädagogik, das betrifft also die Allgemeine Pädagogik; ein anderes Gesicht hat aber die *Organisation von pädagogischer Praxis im Studium.* Dies ist sicherlich ein eher pragmatisches Problem. Aus der Sicht des Systemansatzes läßt sich an dieser Stelle höchstens bemerken, daß eine Ausbildung im Sinne der üblichen Zwei-Phasen-Ausbildung – also erst das (ziemlich) theoretische Studium, dann die pädagogische Praxisausbildung – völlig verfehlt ist. Denn aus meiner eigenen Erfahrung möchte ich formulieren: *Erziehungstheorien sind um so interessanter, je mehr Praxiserfahrung vorliegt.*

Aber *der Systemansatz selber enthält schon ein anderes Modell von Praxis.* Danach ist Praxis nicht – nach dem Modell der Naturwissenschaften – Anwendung oder Übertragung von wissenschaftlichen Theorien in eine Praxis, sondern eine Neukonstruktion mit kreativem, womöglich auch persönlichem oder sachlichem Engagement. Es ist wichtig, den Auszubildenden diese Sicht pädagogischer Praxis rechtzeitig zu vermitteln. Natürlich gibt es auch so etwas wie ‚Handwerkszeug', Techniken und Regeln, die in einem Praxisbereich gelernt werden müssen. Aber es wäre ein fataler Irrtum, der sich später bald als sehr frustrierend bemerkbar machen wird, zu denken, das pädagogische Handeln in der Praxis könnte später mit solcher Technik oder durch die Anwendung gelernter Regeln erfolgreich sein. Zwar sollten nach dem Systemansatz die Praktiker eine gewisse Distanz als professionelle Beobachter des Praxisfeldes und ihres eigenen Tuns wahren. Aber Pädagogik bleibt auch heute noch und in Zukunft eine Kunst, die als solche nicht erlernbar ist. Denn Pädagogik hat es teils mit erwartbarem Verhalten zu tun, also mit linearen Systemen, und hier kann sie auf Technik und Regeln setzen; und sie hat teils mit nicht erwartbarem, nicht berechenbarem Handeln zu tun, also mit nonlinearen Systemen, und hier muß sie auf Intuition und Kunst setzen.

Es erscheint mir jedoch wichtig, den Studierenden/Auszubildenden rechtzeitig solche (oder andere) Sätze über die pädagogische Praxis zu sagen, um sie angemessen auf das vorzubereiten, was sie dort erwartet.

5. Pädagogik als konsultative Erziehungswissenschaft

Daß Konsultation eine professionelle Aufgabe der Pädagogik und ein obligates Thema der Erziehungswissenschaft wird, hat zunächst Gründe, die mit der gesellschaftlichen Entwicklung als ganzer zusammenhängen. Diese Gründe sind, stichwortartig genannt, die folgenden:

- lebenslanges Lernen, lebenslanger Bildungsprozeß, lebenslanger Entwicklungsprozeß;
- Zunahme der Beratungsaufgaben in modernen Gesellschaften, entsprechend dem Rückgang der kirchlichen Beratungsfunktionen und der abnehmenden Steuerung des Alltagshandelns durch die gesellschaftlichen Traditionen allgemein;
- Expansion des pädagogischen Aufgabenfeldes: Ausdifferenzierung und Durchorganisierung der Erziehungs- und Bildungssysteme in modernen Gesellschaften über das klassische Aufgabenfeld der Schule hinaus, von der vorschulischen Erziehung in Kindergärten und Kinderkrippen über die Institutionen der Weiter- bzw. Erwachsenenbildung bis zur Alternspädagogik (Gerontagogik) und Sterbebegleitung;
- zunehmende Expertisierung des pädagogischen Wissens und des pädagogischen Handelns in der Moderne.

Zum einen hat sich – zeitgeschichtlich und ganz äußerlich – der Beratungsbedarf in der Gesellschaft erhöht und wird sich noch weiter erhöhen, wie auch die Statistiken zeigen. Zum anderen wird die Beratung zu einem speziellen Schwerpunkt pädagogischer Tätigkeiten werden. Dies entspricht einem oder gar *dem* Axiom des Systemansatzes: dem Autopoiesis- oder Selbstorganisationstheorem. Schematisch läßt sich das so vorstellen, daß die Pädagogik zwischen Fremdorganisation und Selbstorganisation arbeitet, wobei wir uns eine Zeitachse vorstellen können, die von links nach rechts läuft. Diese Skala beginnt (links) mit den Tätigkeiten der Fremdsteuerung, wenn das Kind noch maximal hilfsbedürftig ist. Hat die Pädagogik ihr Ziel erreicht, ist sie nicht mehr nötig, nämlich im (rechten) Bereich der Selbstorganisation. Ist sie unbedingt nötig, weil die Educanden noch äußere Hilfe und Führung nötig haben, kann man von ‚Konsultation im weiteren Sinne‘ sprechen. Darum sollten wir bestimmte traditionelle pädagogische Basisarbeiten nicht gering schätzen: Unterstützung, Pflege, Förderung, Hilfe und auch, wie sich SCHLEIERMACHER 1826 ausdrückte: „Gegenwirkung" gegen krankmachende oder bedrohliche Entwicklungen der Kinder – dies alles kann wieder nach dem Grad der schon vorhandenen oder entwickelten Selbstorganisationsfähigkeiten auf der zweipoligen Skala aufgeordnet werden.

Wenn wir eine solche (vorgestellte) Skala betrachten, sehen wir, daß die Tätigkeiten der Hilfe und der Unterstützung von Anfang an zu den pädagogischen Basisarbeiten zu zählen sind. Die traditionelle Beratung – Beratung im engeren Sinne – ist nur die gleichsam elaborierte, ‚erwachsene‘ Form der Hilfe und Unterstützung, bei der schon vom Sprachgebrauch her vorausgesetzt ist, daß der Ratsuchende selber die Initiative ergreift und auch sprachlich auf einer vergleichbaren Ebene wie der Ratgeber kommunizieren kann. Das ist bei kleinen Kindern natürlich nicht der Fall. Auf der anderen Seite bedeutet Ratsuche immer auch ein Gefälle: Rat wird gesucht bei einem Experten oder einem, der über mehr Erfahrung, auch Lebenserfahrung verfügt. Hier können wir von ‚Konsultation im engeren Sinne‘ sprechen.

Worauf es in diesem Zusammenhang ankommt: Alle konsultativen und kurativen pädagogischen Tätigkeiten gehören von Anfang an zu ihrem Geschäft und Auftrag. Darum ist es mir wichtig zu betonen, daß Hilfe, Unterstützung, Förderung, Beratung und auch Therapie von Anfang an zur ‚normalen Pädagogik‘ hinzugehören. Dies folgt sowohl aus den vorangegangenen Überlegungen zur zeitgemäßen Aufgabenerweiterung der Pädagogik als auch aus dem Systembegriff selber. Wenn wir es mit lebenslanger Begleitung und lebenslangen Entwicklungsaufgaben zu tun haben, dann ändert sich der Bildungsbegriff, und ebenfalls ändern sich die pädagogischen Aufgaben. Der Bildungsbegriff schließt dann auch die persönliche Weiterentwicklung ein, die auch über Krisen, Brüche, Durchsteuern chaotischer Phasen zu einem höheren Niveau der Selbstorganisation und zu neuen Selbstkompetenzen führt, und damit werden die Resultate der Chaosforschung, die ja ein Zweig der Systemtheorie ist, mit aufgenommen. Solche Phasen gehören dann – eben unter Einschluß chaotischer Phasen – zu einem ‚normalen‘ Verlauf des Erziehungsprozesses hinzu. Oder wollen wir etwa die allbekannten Phasen pubertärer Entwicklung als ‚krankhaft‘ ansehen und aus einer ‚normalen‘ Entwicklung oder gar der ‚normalen‘ Pädagogik ausschließen? Nicht-erwartbare, non-lineare Phasen gehören nach systemischer Auffassung substanziell zu einer ‚normalen‘ Entwicklung jedes Kindes und jedes Menschen hinzu.

Konsultation ist also das normale Geschäft der Pädagogik. Welche Inhalte auch sonst noch als wesentlich in der Erziehung genannt werden mögen – Führung, Lernen, Sozialisation, Bildung, moralische Erziehung, Stärkung des Selbst usw. –, alle diese pädagogischen Tätigkeiten und Aufgaben sind aus der Sicht des Systemansatzes als konsultativ, als beratend zu verstehen. Denn der Ausgangspunkt des Systemansatzes, das Selbstorganisationstheorem (‚Autopoiesis-Theorem‘), bedeutet, daß *jede Hilfe zur Selbstorganisation als pädagogische Tätigkeit* bestimmt werden kann, genauer formuliert: Jede Hilfe, die mit dem Ziel gegeben wird, die *Fähigkeit* der Selbstorganisation zu optimieren, kann als eine pädagogische Tätigkeit klassifiziert werden, also Sozialarbeit ebenso wie Therapie, die Arbeit bei den Anonymen Alkoholikern ebenso wie der Sportunterricht. Denn ‚Selbstorganisation‘ bezieht sich, wie oben definiert, auf die Entwicklung der Kompetenz der Systemsteuerung der drei anthropologischen Grundsysteme: des biologisch-körperlichen Systems, des psychischen Systems und des sozialen Systems, und deren systemische Vernetzung.

Das Selbstorganisationstheorem besagt aber auch, daß kein Erzieher *direkt* in das Gehirn, in die Seele oder allgemein in die Persönlichkeit eines anderen eingreifen kann, sondern nur indirekt: Jede Erziehungsmaßnahme erhält damit den Charakter eines *Angebots*, das angenommen oder abgelehnt oder verändert werden kann. In der Terminologie des Systemansatzes heißt dies: Es gilt der Instruktionsvorbehalt, was heißt, daß eine pädagogische Instruktion nicht direkt von einem anderen Gehirn aufgenommen und angeschlossen werden kann, sondern nur nach Maßgabe ihrer Anschlußfähigkeit und entsprechend dem Zustand des anschließenden Systems. Der Instruktionsvorbehalt bedeutet natürlich nicht – was gelegentlich so mißverstanden wird –, daß die Pädagogik ab jetzt den Kindern nicht mehr sagen dürfe, was sie tun *sollen*. Aber es bedeutet ein neues und anderes Bewußtsein, mit dem die pädagogischen Sollsätze und Erziehungsziele begleitet werden. Dieses Bewußtsein ist nicht folgenlos; im Gegenteil ergeben sich gravierende Folgen sowohl für die alltägliche Erziehungspraxis wie für die Pädagogik als Erziehungswissenschaft. Es ändern sich der Erziehungsstil, die Rolle der Erziehenden, die pädagogischen Techniken und Steuerungskonzepte, das berufliche und vor allem das persönliche Selbstverständnis der Erziehenden, die Erwartungen an die zu Erziehenden, ja letztlich der Erziehungs- und Bildungsbegriff selber. Hinter einer konsultativen Auffassung der Pädagogik steht nicht etwa Resignation, sondern im Gegenteil der Respekt und die Achtsamkeit gegenüber der Selbstorganisationsfähigkeit des anderen.

Zusammenfassend ließe sich sagen: *Erziehung, Beratung und Therapie sind nach systemischer Auffassung auf einem gemeinsamen Kontinuum vorzustellen, das in der Stärkung der Selbstorganisationskräfte besteht. Damit gewinnen Beratung und Therapie ein Stück erzieherischer Normalität zurück, und die Erziehung wird vom Makel der bloß externen Fremdsteuerung befreit.*

6. Änderungen im pädagogischen Rollen- und Berufsverständnis

Die Allgemeine Pädagogik hätte also, auch wenn sie als Einführung in die aktuellen Fragen einer gegenwärtigen und zukunftsbezogenen Pädagogik verstanden wird, in die Probleme und Aufgaben eines gewandelten Selbstverständnisses der ErzieherInnen einzuführen.

Dies hat zunächst mit veränderten Kontexten zu tun, in denen sich heute Erziehung abspielt. Erzieher und Erzieherinnen wären schlecht beraten, wenn sie ihre Berufsauffassung ohne Rücksicht auf solche Kontexte bilden würden. Es gehört zu einer Einführung für die Studierenden, die künftig in diesem Berufsfeld tätig sein werden, daß Fragen nach dem Rollenverständnis, nach einem professionellen Berufsverständnis und schließlich nach dem beruflichen Selbstverständnis rechtzeitig angesprochen werden. Das ist für Pädagogikstudierende deshalb besonders wichtig, weil diese dazu neigen, sich in besonderer Weise für andere zu engagieren und verantwortlich zu fühlen. Das können wir nicht nur alltäglich im Freundes- und Bekanntenkreis beobachten; wir wissen dies auch aus zahlreichen Therapien beim sogenannten ‚burn-out-Syndrom‘, die niemals erforderlich wären, wenn die Leute sich nicht zuvor derart intensiv persönlich engagiert hätten.

Denn die Grundfigur des pädagogischen Tuns kann so beschrieben werden: A tut etwas für B, und zwar etwas, das erstens B in seiner Entwicklung dauerhaft weiterbringt; und das zweitens in einer organisierten Form erfolgt (als Vater, als Familie, als Schule usw., aber auch ein Kurs ist möglich, wenn die Bedingung 1 erfüllt wird). Damit übernimmt aber A eine gewisse Verantwortung für das Ergebnis seines Tuns; denn ein solches Ergebnis wird in der Regel von den pädagogischen Tätigkeiten, seien es personale oder institutionelle, in der Öffentlichkeit erwartet. Damit aber entsteht ein gewisser Erwartungsdruck, der sich im allgemeinen und herkömmlicherweise in einem besonderen Verantwortungsgefühl der Pädagoginnen und der Pädagogen dokumentiert.

Ein Verantwortungsgefühl ist jedoch eine *personale* Kategorie, sie kann nicht auf die pädagogischen Systeme übertragen werden; umgekehrt können aber Systeme ihre Ziele und Wertvorstellungen auf verantwortliche Personen übertragen. (Nur metaphorisch kann gelegentlich davon geredet werden, die Schule, die Familie oder die Kirche ‚solle ihrer Verantwortung gerecht werden‘.)

Das Verantwortungsgefühl ist also von Anfang an und völlig zu Recht mit allen pädagogischen Tätigkeiten verbunden. Das wird auch zunächst vom Systemansatz bestätigt. Dennoch macht gerade der Systemansatz gute Gründe geltend dafür, daß das Verantwortungsgefühl der Pädagogen heute bestimmten Einschränkungen unterliegt. Das hat zunächst nichts mit der modischen Tendenz zu tun, nicht mehr ‚Berufe‘ auszuüben, sondern „Jobs‘ zu machen. Vielmehr ergibt sich die Verantwortung ebenso wie die Einschränkung der Verantwortung aus den systemischen Grundannahmen selber. Im Ergebnis sollen die folgenden Überlegungen und Vorschläge zu einer Entlastung der Erzieherinnen und der Pädagogen von einer Überverantwortung führen, die ihnen oft schweren seelischen Schaden zufügt – und nicht selten auch denjenigen, die sie doch fördern möchten.

In den Seminaren, die im Studium zu den Themen ‚Supervision/Selbstsupervision‘, ‚Entlastungstechniken‘, ‚Kollegiale Fallsupervision‘ bzw. ‚Kooperative Beratung‘, ‚Konfliktberatung in der Schule‘ durchgeführt werden, ist es darum ratsam, zunächst die Erwartungen sowie das Rollenverständnis der zukünftigen PädagogInnen ins Zentrum zu rücken. Wer seine Erwartungen kennt, kann zumindest prüfen, ob sie überhaupt erfüllbar sind, und damit können die späteren Enttäuschungen in Grenzen gehalten werden. Dabei kommt von selbst das Thema ‚Verantwortung‘ zur Sprache. Oft zeigen sich hier schon, auch bei vorsichtiger biographischer Rückschau mit der Frage, warum jemand sich die pädagogische Tätigkeit als Berufsziel ausgewählt hat, daß er beispielsweise in seiner Familie oder an anderer Stelle schon früh besondere Verantwortung übernehmen mußte und im pädagogischen Beruf eine Möglichkeit sieht, diese biographische Linie fortzuführen. Es gibt jedoch noch andere Gründe, warum ein solches Vorgehen wichtig ist, und diese Gründe liegen nicht im Bereich der Persönlichkeit oder der eigenen Biographie und Familiengeschichte, sondern sind systembedingt. Hierbei wirkt sich nämlich die Tatsache aus, daß an die pädagogischen Einrichtungen und Systeme viel höhere Erwartungen herangetragen werden als früher. Das gilt besonders für die Schule.

Die systemischen Überlegungen hierzu gehen von zwei Haupttheoremen des Systemansatzes aus: Selbstorganisation und Systemkontext; dabei füge ich jeweils hinzu, welche Einschränkungen damit für das Verantwortungsgefühl verbunden sind:

1. Ausgangspunkt *Selbstorganisation*: Jede pädagogische Tätigkeit muß die Selbstorganisation der anderen in Rechnung stellen. ‚Selbstorganisation‘ bedeutet für das Rollenverständnis, daß die Pädagogen auch den anderen etwas überlassen sollten, was diese selber besorgen können. Die Verantwortungslast wird gleichsam aufgesplittet zwischen zwei Parteien.
2. Ausgangspunkt *Systemkontext*: Systemanalytisch können alle pädagogischen Systeme, in denen Pädagogen mitwirken, auch als Kontexte der selbstreferentiellen Systeme (der Individuen) beschrieben werden. Zuverlässig und berechenbar können Pädagogen nur Kontexte beeinflussen und verändern, nicht aber die autopoietischen, selbstreferentiellen Systeme selber. Für die Konstruktion der Erziehungssysteme als Kontexte (z. B. eine Familie; eine Schule; ein Kindergarten) sind die Pädagogen jedoch ebenfalls nur bedingt verantwortlich: Sie können sie zwar prinzipiell verändern, haben sie aber meistens nicht selbst erschaffen (konstruiert).

Daraus folgt zunächst: Systemlogisch stellt jede pädagogische Handlung, die den selbstreferentiellen, sich selbst organisierenden Systemen (Individuen; Kindern; Erwachsenen) gilt, den Versuch der Fremdsteuerung eines sich selbst steuernden Systems dar. Für das Ergebnis eines solchen paradoxalen Handelns sind die Erzieher und die Erzieherinnen darum nur bedingt verantwortlich. Wird das pädagogische Handeln als Komponente eines (pädagogischen) Systems gesehen, relativiert sich die traditionelle Sicht der erzieherischen (Allein-) Verantwortung. Auch die Professionalität muß dann nicht mehr darin bestehen – und damit der o. g. modernen Maxime folgen –, durch immer größere Spezialisierung des Berufswissens immer verläßlichere Effekte zu erzielen; vielmehr bleibt auch das professionelle pädagogische Handeln ein ‚Handeln unter Unsicherheit', weil es Systemen gegenüber erfolgt, die nicht nur als linear, sondern auch als prinzipiell ‚nichtlinear' zu beschreiben sind.

Das pädagogische Tun wird damit jedoch noch lange nicht beliebig und zufällig (‚kontingent'). Vielmehr sollten wir uns an dieser Stelle die *prinzipiellen Möglichkeiten der Systemsteuerung* bewußt machen. Systeme vom 1. Typus sind lineare Systeme, sie sind, wie von FOERSTER sagt, „triviale Maschinen", die einfach extern, und zwar mit kausalen Effekten, steuerbar sind. Das entsprechende Handeln ist darum eine ‚*Technik*', und hier gibt es nach wie vor in der Erziehung ein großes Feld, das nach dieser Form organisierbar ist. (Die klassischen ‚Wenn-dann-Sätze' haben hier ihren Platz: ‚Wenn ihr keine Hausaufgaben macht, gibt es diese Strafe', „Wenn du pünktlich nach Hause kommst, gibt es diese Belohnung" usw.) Diese kann, vor allem in niedrig komplexen Situationen, durchaus erfolgreich sein.

Dann gibt es jedoch die anderen Systeme des 3. Typus, die als nonlinear beschreibbar sind und darum nicht wie eine triviale Maschine steuerbar. Jeder Eingriff ist mit einem nicht berechenbaren Ausgang verbunden, der Erfolg des pädagogischen Handelns ist unsicher. (Ob ein Kind *dann* weniger aggressiv wird, *wenn* es keine Horror-Videos mehr sieht, ist unsicher; denn Aggressivität ist ein sehr komplexes Phänomen und ein kausales Steuern darum kaum möglich.) Wenn wir es in der Pädagogik mit Systemen des 3. Typus zu tun haben, wird Erziehung zur *Kunst*.

Wir können darum zwei Formen des pädagogischen Handelns unterscheiden: Technik und Kunst. Die Technik rechnet mit dem Erwartbaren und kalkuliert Erfolge ein auf der Basis verläßlicher Systemstabilitäten. Die Systeme sind dazu geschaffen worden, den Personen die Hauptaufgaben abzunehmen und ihre Probleme zu instrumentalisieren. Es wäre ein Romantizismus, die Chancen einer Technologie pädagogischen Handelns bloß zu verteufeln. Mit der Ersetzung lebensweltlicher oder personaler Beziehungen durch pädagogische Institutionen und Systeme in der Neuzeit, von der Kinderkrippe bis zur Gerontagogik, sind zwangsläufig Erwartungen und Ansprüche an die Qualität pädagogischer Betreuung oder Ausbildung stark gestiegen.

Aber institutionelle Systeme sind nicht alles in der Pädagogik. Die personale Beziehung – NOHL: der ‚pädagogische Bezug‘ – bleibt trotz aller Modernisierung und Systemdifferenzierung, die auch das gegenwärtige System der Pädagogik erfaßt hat, nicht substituierbar, nicht ersetzbar. Auch diese Auffassung ist kein Relikt pädagogischer Romantik, sondern schlichte erfahrbare Realität, die aus der pädagogischen Praxis stammt. Aber personale Systeme sind, wie autopoietische Systeme überhaupt, sich selbst steuernde, nonlineare Systeme und als solche nicht direkt von außen steuerbar. Sie bleiben ein nicht eliminierbarer Risikofaktor, solange autopoietische Systeme in pädagogischen Systemen vorkommen. Zwar sind auch soziale Systeme als selbstorganisierte Systeme beschreibbar (vgl. Luhmann 1984); aber wir sollten das technologische Moment in den neuzeitlich ausdifferenzierten Systemen nicht übersehen.

Aus diesen Überlegungen folgt die *These: Pädagogik ist die Kunst der Balance*, und zwar vor allem die Kunst, eine Entwicklung zwischen Stabilität und Chaos hindurchzusteuern, d. h. ihren Weg ständig zwischen der Stabilität erwartungskonformen Verhaltens und der Instabilität autopoietischer Turbulenzen auszubalancieren. Dies gilt für die personalen Bildungsprozesse ebenso wie für das professionelle Handeln im organisatorischen Rahmen pädagogischer Systeme. Gerade für professionelle Erzieherinnen und Pädagogen ist es von Nutzen, sich die Paradoxie allen Erziehungshandelns klar zu machen: Jede pädagogische Handlung stellt den Versuch einer Intervention in autopoietische Systeme dar, d. h. in sich selbst steuernde und selbstreferentiell geschlossene (Person-)Systeme. Darum enthalten alle pädagogischen Handlungen eine Paradoxie: den Versuch einer Fremdsteuerung von Systemen, die sich (tendenziell) selbst steuern müssen. Jede pädagogische Handlung ist darum (auch) eine Kunst. Sie ist jederzeit verbunden mit dem Risiko des Scheiterns auf Grund der niemals gesicherten Realisation geplanter Erziehungsziele.

Pädagogen und Pädagoginnen verlieren darum heute den Großteil ihrer früheren Macht: Aus der Allmacht (falls sie sie jemals hatten) fallen sie zwar nicht ganz in die Ohnmacht; aber der neue Erziehungsbegriff definiert ihre Rolle neu: Sie werden zu Helfern und Helferinnen, zu Mitspielern und Mitspielerinnen in Systemprozessen, wobei ihre höchste Kunst nicht mehr im einfachen Durchsetzen von Normen (Sollwerten) besteht, sondern darin, Systeme mit dosierten Steuerimpulsen unter maximaler Einbeziehung der Selbststeuerungsfähigkeiten aller Systemelemente zu steuern. Die traditionelle Form der pädagogischen Systemsteuerung war entweder Autorität (z. B. patriarchalische) oder Macht der (pädagogischen) Institutionen. Sie konnte also zentralistisch ablaufen.

Da sich im Verlaufe der soziokulturellen Evolution die Autonomie der Subsysteme entscheidend erhöht hat, kann eine heutige Systemsteuerung auch in pädagogischen Systemen nur mit Berücksichtigung der Eigenkompetenz von Subsystemen erfolgen. Das bedeutet beispielsweise für das Familiensystem, daß die Steuerung des Systems Familie nicht mehr wie früher zentral durch die Autorität des Vaters erfolgen kann, sondern nur durch Einbeziehung der Selbststeuerungsmöglichkeiten der anderen Subsysteme (bzw. Systemelemente), z. B. von Frauen und Kindern – was ja inzwischen nichts ganz Neues mehr ist.

7. Die selbstkonsultative Aufgabe: Supervision und Selbstsupervision – Die professionelle Begleitung und Beratung für die professionellen Pädagogen selber

Es wäre ein Widerspruch, wollten die Pädagogen alle anderen beraten, nicht aber sich selbst. Haben sie selbst es vielleicht am nötigsten, ohne es sich einzugestehen? Was ich oben über die enorm gestiegenen Belastungen gesagt habe, denen die pädagogischen Tätigkeiten heute ausgesetzt sind, hat die einfache Konsequenz, daß auch Pädagogen und Pädagoginnen Beratung brauchen, und zwar nicht nur dann, wenn sie sich in der Nähe des burn-out befinden, sondern eben vorher, präventiv.

Was in anderen modernen Berufssparten bereits selbstverständlich ist, fehlt derzeit im Bereich professioneller Pädagogik, vor allem im Bereich der Schule, fast noch völlig. Es gibt starke Argumente für die Forderung, ebenso wie es starke Gründe für die bisherige Abstinenz der Pädagogen in diesem Bereich gibt. *Supervision* ist keine Form der Therapie, sondern eine moderne Form der Konsultation für berufsbedingte Belastungen oder Probleme. Insofern gehört diese Aufgabe und dieses Thema in den Themenbereich der neuen konsultativen Erweiterung der Erziehungswissenschaft. Ich kann auch formulieren: Die Pädagogik hat eine präventive Fürsorgepflicht für diejenigen, die sich später auf dieses strapaziöse Berufsfeld begeben wollen. Darum müßte es sich hier um eine *Pflichtveranstaltung der Allgemeinen Pädagogik* handeln.

Es ist zunächst wichtig zu verstehen, daß es sich nicht um eine Form der Therapie für persönlichkeitsbedingte Probleme, sondern um eine Unterstützung bei systembedingten Problemen oder Konflikten in den pädagogischen Institutionen handelt. Kein System ist ohne den Begriff des Konflikts beschreibbar; der Konfliktbegriff gehört darum zu den systemischen Grundbegriffen (Huschke-Rhein 1992 a, S. 163). Die Tatsache, daß heute nur noch etwa die Hälfte der in den Schulen tätigen PädagogInnen die Altersgrenze erreichen, kann mit Sicherheit nicht primär auf Persönlichkeitsdefizite zurückgeführt werden. Es ist vielmehr, wenn wir eine systemanalytische Beurteilung der pädagogischen Anforderungen in den heutigen Schulen anwenden, zunächst das systembedingte Resultat einer gesellschaftlichen Gesamtentwicklung, an der auch die Schulen teilhaben. Vor etwa einhundert Jahren konnte eine Forderung nach Supervision noch überflüssig erscheinen, denn damals unterstützten die gesellschaftlichen Verhältnisse immerhin noch die schulischen Normen prinzipiell.

Beispiel: Wenn Lehrer in der Schule Fleiß, Pünktlichkeit und Ordnung forderten, so waren diese Werte zugleich diejenigen Werte, die in der industriellen Gesellschaft insgesamt, vor allem in den späteren Berufen, prämiert wurden. Das ist heute nicht mehr der Fall. Aber die Konsequenz dieser Beobachtung ist das Entscheidende: Hatte ein Pädagoge damals in seiner Klasse Probleme, so wurde dies nicht auf gesellschaftliche Systembedingungen zurückgeführt, sondern konnte ihm direkt persönlich als Versagen angelastet werden; immerhin wurde ihm ja noch die latente oder auch offene Unterstützung der gesellschaftlichen Rahmenbedingungen zuteil. Diese Unterstützung fehlt heute – nicht nur den Lehrern und Lehrerinnen in den Schulen, auch den Eltern und anderen Erziehern in den pädagogischen Institutionen. Sie müssen wesentlich höhere Verantwortungslasten auf ihren eigenen Schultern tragen. Darum ist es absolut notwendig, daß ihnen eine substitutive Form der Unterstützung zuteil wird, gleichsam ersatzweise für die entzogene stillschweigende Unterstützung durch die geltenden Traditionen der Gesellschaft in der Vergangenheit.

Supervision heißt übrigens nicht, daß jemand von außen gleichsam als Schulaufsicht o. ä. kommt und kontrollierend nachprüft, was die Leute leisten. Supervision läßt sich, indem wir systemische Begrifflichkeit verwenden, als *Meta-Perspektive eines externen Beobachters* bezeichnen, also eine Wirklichkeitsbetrachtung, die von einem oder mehreren externen Beobachtern eines Falles oder einer Situation angefertigt wird mit dem Ziel, dem Betroffenen *Anregungen oder Hilfen für eine neue Sichtweise seiner Situation* zu bieten, und zwar nicht als besserwisserische Hilfeleistung, sondern als *Anregung zu einer neuen Selbstorganisation* des Betroffenen, eben als *Hilfe zur Selbsthilfe*. Gruppen von Pädagogen können dieses Verfahren auch systematisch in eigener Regie lernen, um es dann ohne externen Supervisor selber zu praktizieren, oder sie lernen es am Anfang von einem Supervisor.

Eigentlich sollte auch hier, wie in der therapeutischen Ausbildung, eine Phase der Selbsterfahrung vorangehen. Wer andere berät, sollte zuvor selber einmal die Rolle des Ratsuchenden erfahren haben, und er sollte die Gefühle kennen, die ein Ratsuchender hat schon durch die bloße Rolle und Position, die er einnimmt. Diese Rolle kehrt aber das Gefälle um, das normalerweise in pädagogischen Prozessen besteht: Wer lehrt, gibt etwas, und die anderen – Schüler, Kinder – empfangen etwas. In der Selbsterfahrung der Beratung ebenso wie in der Selbstsupervision kehrt sich das Gefälle um: Die Pädagogen kommen in die ungewohnte Position der Empfangenden, sie fühlen sich womöglich unterlegen. Das schmeckt zuerst überhaupt nicht und verunsichert sie. Auch wenn wir Supervision nicht primär als Hilfe verstehen, sondern als Anregung und kollegiales Gespräch, bleibt doch zunächst ein Gefühl der Unsicherheit, die notwendig mit der Vertauschung der Perspektive verbunden ist. Aber genau diese Erfahrung kann für Pädagogen sehr hilfreich sein. Denn wenn sie immer nur geben, erwarten sie notwendig auch Dankbarkeit – die aber heute oft genug ausbleibt. Schon diese Erfahrung ist ein ständiger Stressor. Darum ist ein solcher Rollentausch wie die Supervisionserfahrung überhaupt schon als solche wohltuend. Sich-veraus-*gaben* ist ein schönes deutsches Wort für den burn-out-Vorgang, weil es das ‚Geben' schon sprachlich ins Zentrum des Vorgangs rückt. Empfehlenswert ist es, die Methoden der Selbstsupervision schon im Studium der Pädagogik anzubieten (was ich beispielsweise in Köln tue). In Rollenspielen können wichtige Grunderfahrungen und Methoden schon vorbereitend und teilweise spielerisch vermittelt werden. Dies wird dazu führen, pädagogische Supervision später als ‚normal' anzusehen – man hat schon einmal erfahren, daß es sich dabei nicht um Therapie handelt –; zum anderen wird damit vermieden, daß später eine zu große Schwellenangst besteht, vergleichbar der Initial-Angst, in einer bedrohlichen persönlichen Lebenssituation erstmals so etwas wie einen ‚Therapeuten aufzusuchen', genauer: aufsuchen zu *müssen*. ‚Hilfe geben und Hilfe annehmen' – beides sollte, wie sonst im Leben, auch bei den Pädagogen und Pädagoginnen Normalität sein.

Schließlich wird deutlich, daß Supervision nicht das Eingeständnis persönlichen oder beruflichen Scheiterns bedeutet. Im Gegenteil wird ein aufgeklärtes und systemisches Verständnis von Supervision als ein weiterer kompetenter Baustein bei der Konstruktion des selbstorganisierten Bildungsprozesses gewertet: Dieser Schritt ist freiwillig, selbstorganisiert und präventiv. Er kommt zugute der eigenen Persönlichkeit, der Supervisionsgruppe als ganzer und vor allem den ‚Kids' oder den anderen ‚pädagogischen Objekten', denen unsere Arbeit ja letztlich gilt.

Literatur

Brezinka, W.: Von der Pädagogik zur Erziehungswissenschaft. Weinheim 1971.

Büeler, X.: System Erziehung. Ein bio-psycho-soziales Modell. Bern 1994.

Coveney, P./Highfield, R.: Anti-Chaos. Der Pfeil der Zeit in der Selbstorganisation des Lebens. M. e. Vorwort v. I. Prigogine. Hamburg 1992.

Dilthey, W.: Grundlinien eines Systems der Pädagogik. In: GS Bd. IX, S. 167–231.

Dilthey, W.: Über die Möglichkeit einer allgemeingültigen pädagogischen Wissenschaft. In: GS Bd. VI, S. 56–82.

Huschke-Rhein, R.: Das Wissenschaftsverständnis in der geisteswissenschaftlichen Pädagogik. Stuttgart 1979.

Huschke-Rhein, R.: Über die Zukunft der Allgemeinen Pädagogik. Systemische und systemökologische Überlegungen. In: Zeitschrift für Pädagogik, 30, (1984), S. 31–48.

Huschke-Rhein, R.: Systemisch-ökologische Pädagogik, Band I–V, Köln:
Band I: Systemisch-ökologische Wissenschaftslehre als Bildungslehre im Atomzeitalter. 3. Aufl. 1993 a;
Band II: Qualitative Forschungsmethoden, Hermeneutik, Handlungsforschung. 3. Aufl. 1993 b;
Band III: Systemtheorien für die Pädagogik – Umrisse einer neuen Pädagogik. 2. Aufl. 1992 a;
Band IV (Hg.): Zur Praxisrelevanz der Systemtheorien, 2. Aufl. 1994;
Band V (Hg.): Systemisch-ökologische Praxis, 1992 b.

Huschke-Rhein, R.: Systemische Erziehungswissenschaft. In: Taschenbuch der Pädagogik (hg. v. H. Hierdeis u. Th. Hug), 4. Aufl. Hohengehren 1996, Bd. 2, S. 170–185.

Kauffman, St.: Der Öltropfen im Wasser – Chaos, Komplexität und Selbstorganisation in Natur und Gesellschaft. München u. a. 1995.

Luhmann, N.: Soziale Systeme. Grundriß einer allgemeinen Theorie. Frankfurt am Main 1984.

Maturana, H./Varela, F.: Der Baum der Erkenntnis. Bern 1987.

Nohl, H.: Die Möglichkeit einer allgemeingültigen Theorie (1935). In: Die pädagogische Bewegung in Deutschland und ihre Theorie. 7. Aufl. Frankfurt am Main 1970, S. 105–123.

Postman, N.: Das Verschwinden der Kindheit. Frankfurt am Main 1987.

Prigogine, I./ Stengers, I.: Dialog mit der Natur. München 1981.

Roth, G.: Das Gehirn und seine Wirklichkeit. Kognitive Neurobiologie und ihre philosophischen Konsequenzen. 2. Aufl. Frankfurt am Main 1995.

Schiepek, G. (Hg.): Systeme erkennen Systeme. Weinheim 1986.

Schiepek, G./Tschacher, W. (Hg.): Selbstorganisation in Psychologie und Psychiatrie. Braunschweig 1997.

Schleiermacher, F. E. D.: Theorie der Erziehung (1826). In: Ausgewählte Schriften. Hrsg. v. E. Lichtenstein. 3. Aufl. Paderborn 1983.

Spitzer, M.: Geist im Netz. Modelle für Lernen, Denken und Handeln. Heidelberg u. a. 1996.

Alfred K. Treml

Allgemeine Pädagogik

Ein systemtheoretischer Entwurf

I.

Rupert RIEDL, der bekannte Wiener Biologe und Evolutionsforscher, Schüler von Konrad LORENZ und einer der Begründer der Evolutionären Erkenntnistheorie, pflegte seine Vorträge vor einem pädagogischen Publikum mit dem Hinweis einzuleiten, daß auch er in seinen frühen Studienjahren in Wien gezwungen gewesen war, einige Seminare in Pädagogik zu belegen. Damals hätte es allerdings nur zwei Arten von Pädagogik gegeben, die Allgemeine Pädagogik und die Spezielle Pädagogik. Die Spezielle Pädagogik sei die Pädagogik in Österreich gewesen, und die Allgemeine Pädagogik alles Übrige.

Hat sich eigentlich seit diesen Tagen viel geändert? Für manchen Beobachter mag der Eindruck entstehen, daß auch heute noch die Allgemeine Pädagogik jene pädagogische Disziplin zu sein scheint, die sich mit dem beschäftigt, was ihr andere pädagogische Disziplinen, insbesondere die berufsfeldbezogenen Pädagogiken (wie z. B. Schulpädagogik, Sozialpädagogik, Erwachsenenpädagogik) noch übriggelassen haben. Ist die Allgemeine Pädagogik gar eine auslaufende „Rest-Pädagogik"?

Diese Sorge ist unbegründet, denn Allgemeine Pädagogik hat es per se nur insofern mit konkreten Erziehungsprozessen zu tun, als sie eine *allgemeine* Erkenntnis repräsentieren. Eine allgemeine Erkenntnis aber beobachtet immer wiederkehrende Beziehungen zwischen einzelnen Phänomenen und nicht diese selbst. Die einzelnen (Erziehungs-)Phänomene haben in dieser allgemeinen Erkenntnis also einen sekundären, gewissermaßen instrumentellen Stellenwert. Das Singuläre erscheint, um im gleichen Augenblick wieder auf ein Allgemeines hin transzendiert (überschritten) zu werden. Man kann der Allgemeinen Pädagogik also gar nichts Konkretes nehmen, denn entweder sind es die Besonderheiten selbst, um die es der Allgemeinen Pädagogik gar nicht ausschließlich gehen kann, oder es geht um allgemeine wiederkehrende Beziehungen, Muster, Relationen zwischen dem Besonderen – und damit um: Allgemeine Pädagogik.

Beziehungen, Relationen, Muster zwischen einzelnen Phänomenen aber kann man nur aus der Distanz erkennen. Folgende Beispiele sollen dies veranschaulichen: Wer sich in einem tiefen Wald verirrt hat, sollte nicht schneller gehen, sondern besser auf einen großen Baum steigen, um so einen möglichst weiten Überblick zu bekommen. Natürlich ist das zunächst die falsche Richtung, aber der Blick von einem erhöhten Ort kann die verlorene Orientierung wieder vermitteln. Oder ein anderes Beispiel: Wenn ich mich in einer dunklen Nacht in einem menschenleeren fremden Gelände verirrt habe, ist es allemal besser, zunächst einmal mit einem Blick zum Himmel den Nordstern zu suchen, als – stur den Blick auf den Boden – einfach weiter drauflos zu marschieren; und das nicht deshalb, weil der Nordstern das Ziel der Wanderung wäre, sondern weil ich mich an ihm orientieren kann. Ein drittes und letztes Beispiel: Für denjenigen, der seit Stunden verzweifelt etwas sucht, was er offenbar verlegt hat, ist es oft hilfreich, sich zunächst auf einen Stuhl zu setzen und darüber nachzudenken, wo und in welchem Handlungszusammenhang das Gesuchte zum letzten Mal gesehen wurde.

Was kann man aus diesen Beispielen lernen? Vielleicht dieses: Wer sich orientieren möchte, tut klug daran, vorübergehend in seinem Handeln innezuhalten und statt dessen einen „Umweg" in Erwägung zu ziehen; dieser braucht nicht unbedingt über einen hohen Baum, einen leeren Stuhl oder über den Nordstern zu gehen, er kann auch durch einen Blick in die Landkarte erfolgreich sein. Die Landkarte ist nicht das Land selbst, sie „zeigt" auf das Land, ohne es selbst zu sein. Sie ähnelt – wie ein Blick aus dem Fenster zeigt – praktisch überhaupt nicht dem beschriebenen Territorium. Landkarten haben in der Regel keine Abbildfunktion, sondern eine Orientierungsfunktion. Schon ähnlicher sind sich einander Karten über das gleiche Territorium, wenngleich es auch hier erhebliche Unterschiede gibt.

Nach meinem Verständnis hat Allgemeine Pädagogik diese Landkartenfunktion. Diese Metapher – die übrigens schon HERBART gebrauchte (vgl. Herbart 1851) – kann veranschaulichen, daß und warum Allgemeine Pädagogik notwendigerweise eine artifizielle Form des Distanznehmens zur alltäglichen Erziehungspraxis impliziert und daß die modische und so eingängige Aufforderung an die Allgemeine Pädagogik, sie solle doch nun endlich einmal (unmittelbar) praxisrelevant werden, haarscharf an der Sache vorbeigeht und diesbezügliche Erwartungen unvermeidlich enttäuscht werden müssen. Ebensogut könnte man erwarten, daß man Speisekarten verspeisen können müsse und Zeiger die Wege selbst gehen, auf die sie zeigen. Wer dies tatsächlich glaubt, wird unvermeidlich enttäuscht werden. Allgemeine Pädagogik ist eine besondere Art von Praxis, nämlich Theorie und kann nur dadurch, daß sie zu anderen Praxen, etwa der Erziehungspraxis, auf Distanz geht, ihre Funktion erfüllen. Es macht keinen Sinn, eine solche Theorie instrumentell auf ihre Praxis zu beziehen und ihre Leistungsfähigkeit allein daran zu messen, ob und wie nah sie den Erwartungen praktischer Brauchbarkeit in konkreten Handlungsvollzügen ist. Wer dies fordert, übersieht schlicht, daß sich Theorie und Praxis schon im 18. Jahrhundert voneinander getrennt haben und dieser Ausdifferenzierungsprozeß sich bis heute stabilisiert hat. Das zeigt, daß diese zeitliche Entwicklung auch einen sachlichen Selektionsvorteil haben muß, einen

Vorteil, den wir verschenken würden, wollten wir wieder Theorie in Form einer theoretischen Brauchbarkeit oder einer theoretischen Abbildung auf ihre Praxis beziehen.

Der Selektionsvorteil von Theoriebildung liegt offenbar in ihrer semantischen und kognitiven Orientierungsfunktion. Theorien „zeigen", wie man über etwas kommunizieren kann, sie „sind" aber nicht das, auf was sie zeigen selbst. Wenn eine Allgemeine Pädagogik als Theorie diese Orientierungsfunktion für pädagogische Kommunikation in Anspruch nimmt, dann kann und muß man ihre Leistungsfähigkeit an dieser Stelle erwarten und kontrollieren können. Wohlgemerkt geht es nicht in erster Linie um eine Orientierung im pädagogischen Handeln selbst, sondern um eine Orientierung in der Kommunikation über pädagogisches Handeln, also um kognitive Orientierung. Das schließt nicht aus, daß die Praxis auch für den Praktiker damit transparenter werden kann, falls er – was selten genug vorkommt – sich tatsächlich einmal die Lektüre eines allgemeinpädagogischen Textes zumutet; in erster Linie geht es aber um Zusammenhänge in der Kommunikation über pädagogisches Handeln, also um Theorie, sofern man darunter eine Ordnung des Denkens und Kommunizierens versteht, die einen gewissen systematischen (also nichtzufälligen) Verweisungszusammenhang eröffnet. Der Begriff des Systems („systema") impliziert schon etymologisch diese Bedeutung des Zusammenhanges eines „Gefüges". Ein solcher Zusammenhang aber stellt jedes seiner Elemente in einen Verweisungshorizont. Wohl kann man seine Aufmerksamkeit auf ein Element richten, man versteht es aber erst dann, wenn man es in seinen Zusammenhang stellen kann, in dem es eine Funktion erfüllt. Auch einen Text wird man erst verstehen können, wenn man seinen Kontext antizipieren oder bei Bedarf aktualisieren kann.

Das heißt für die Allgemeine Pädagogik, daß sie ihre Funktion nicht dadurch bedient, daß sie sich der „Praxis" anbiedert, sondern daß sie „Landkarten" offeriert, die es ermöglichen, Erziehung (und ihre vielen Elemente) in einen theoretischen Verweisungszusammenhang zu stellen, um so eine kognitive Orientierung für all diejenigen anzubieten, die über pädagogische Themen kommunizieren. Solche „Landkarten" können in ihrem Charakter als theoretische „Systeme" nicht mehr mit dem Anspruch auftreten, der bis hinein in die zweite Hälfte dieses Jahrhunderts noch erhoben wurde: „natürlich", „allgemeingültig", „übergeschichtlich", „notwendig", „wahr" u.a.m. zu sein (vgl. Vogel 1993). Nein, moderne „Landkarten" sind immer kontingente Interpretationen eines „Landes"; sie können auch anders ausfallen, und ein Blick in die einschlägigen Buchpublikationen beweist, daß dies auch für die Allgemeine Pädagogik gilt. Es ist nur wenig übertrieben, wenn man behauptet: Allgemeinpädagogische Systeme gibt es so viele, wie es Allgemeine Pädagogen gibt. Deshalb macht es auch keinen Sinn, nach ihrem „Wahrheitswert" oder nach ihrem „Wirklichkeitsgehalt" zu fragen. Niemand, auch die Allgemeinen

Pädagogen nicht, besitzen noch jene „Gottesperspektive", die allein den Vergleich zwischen Beschreibung und Wirklichkeit ermöglichte und die „richtige" von der „falschen" Theorie zu unterscheiden erlaubte.

Wissenschaftstheoretisch gesehen gibt es höchstens noch ein normatives Kriterium, das man bei der Bewertung einer (allgemeinpädagogischen) Theorie anlegen könnte: das sog. „Extremalprinzip". Man könnte es auch das „Prinzip der Nichtzufälligkeit" nennen, weil es fordert, daß der Zusammenhang der Elemente in einem System nicht beliebig korrelieren sollte. Deshalb konnte KANT den Systembegriff noch folgendermaßen definieren: „Ich verstehe aber unter einem System die Einheit der Mannigfaltigkeit unter einer Idee" (Kant KrV B 860). Das Systematische einer Erkenntnis liegt also darin, daß das Viele durch Weniges, im Idealfalle durch ein Prinzip, in einen Zusammenhang gestellt werden kann: „das *Systematische* der Erkenntnis sei, d. i. der Zusammenhang derselben aus einem Prinzip" (dito, B 673).

Rationalisten wie KANT waren noch der Meinung, das einheitsstiftende „Prinzip" apriorisch – also vor jeder Erfahrung -, verankern zu können, manche Empiristen glauben, es aposteriorisch – also in der Erfahrung – finden zu können. Ich gehe statt dessen davon aus, daß jeder Beobachtung von (Um-)Welt, also auch die Beobachtung von Zusammenhängen, eine Entscheidung zugrundeliegt, die man auf den Imperativ bringen kann: Mache eine Unterscheidung! Ohne Unterscheidung kann es keine Erkenntnis geben; alles wäre nur so wie es ist. Manche Unterscheidungen sind in unserer Stammesgeschichte tief verankert, also evolutionär erprobte Apriori, andere in unserer Kulturgeschichte tradiert, also gesellschaftlich erprobte Traditionen, viele Unterscheidungen aber sind uns freigestellt. Je nach dem, welche Unterscheidung(en) gewählt werden, erhalten wir demnach eine andere Theorie.

Eine systematische Theorie wird, im Unterschied zu einer unsystematischen Theorie, ihre wichtigsten Unterscheidungen, mit denen sie beobachtet, explizit einführen und transparent damit arbeiten. Das Gegenteil ist leider (auch in der allgemeinpädagogischen Literatur) weit verbreitet und könnte also „Methode des Was-fällt-mir-jetzt-dazu-noch-ein" bezeichnet werden. Der Argumentationsgang schwirrt wie ein Mückenschwarm bald da und bald dort hin. Da der Zusammenhang hier nur durch das frei assoziierende Subjekt (des Autors) hergestellt wird, erscheint er für den Leser zufällig. Ein systematisches Denken dagegen versucht, eine möglichst große Vielfalt mit möglichst wenig Unterscheidungen in einen auch für den Leser transparenten Zusammenhang zu bringen und so eine „Einheit bei der größtmöglichen Mannigfaltigkeit" (ebd. B 729) zu erhalten. Das dabei zum Ausdruck kommende „Extremalprinzip" besagt, daß eine Theorie dann „besser" (im Sinne von leistungsfähiger) ist als eine andere, wenn sie mit *weniger* Annahmen *mehr* zu erklären erlaubt. Sie sollte also einen möglichst weiten bzw. großen Verweisungshorizont eröffnen und gleichzeitig mit möglichst wenigen Begriffen und Unterscheidungen arbeiten.

Die Forderung nach einem großen Beobachtungshorizont impliziert einen Universalitätsanspruch: Über jeden Gegenstand ihres Bereichs sollen Aussagen gemacht werden können (vgl. Luhmann 1978, S. 17). Das wiederum bedeutet u.a. auch, daß die Theorie sich selbst impliziert, also in sich selbst wieder vorkommen kann. Diese Fähigkeit zur Selbstreferenz macht eine solche Theorie zu einer „Breitbandtheorie" oder „Supertheorie" – wie sie Niklas Luhmann einmal etwas mißverständlich – genannt hat (vgl. Luhmann 1978). Als solche muß sie notwendigerweise abstrakt sein, denn die größte Aussicht hat man vom höchsten Turm. Der Vorteil dabei, einen weiten Horizont in das Blickfeld zu bekommen, muß allerdings mit dem Nachteil erkauft werden, daß man viele konkrete Einzelheiten nicht mehr sehen kann. Nur durch ein „Weglassen" (von Details) kann man viel (Horizont) sehen.

Letzten Endes bewährt sich aber eine Theorie nicht an wissenschaftstheoretischen Kriterien, die ja immer kontrafaktischer Natur sind, sondern an der faktischen Resonanz, die sie in der *scientific community* erzeugt oder nicht erzeugt. Im Zeitalter *interdisziplinärer* Zusammenarbeit wird diese Resonanz vermutlich dann höher sein, wenn der Theorieentwurf eine interdisziplinäre Anschlußfähigkeit ermöglicht. Aber das ist eine bloße Vermutung, die sich auch als falsch erweisen könnte. Immerhin geht sie in den in Teil II vorgestellten Entwurf konstruktiv mit ein, insofern die „Landkarte" nicht ausschließlich auf einheimische" Begriffe zurückgreift, sondern eine interdisziplinäre Sprache benützt.

In der Allgemeinen Pädagogik lassen sich grob zwei Formen des Umgangs mit solchen theoretischen „Landkarten" unterscheiden. Man kann sich (und das ist die erste Möglichkeit) von schon vorliegenden „Landkarten" ausgehen, und man kann (und das ist die zweite Möglichkeit) eine solche „Landkarte" selber zeichnen. Der erste Zugang ist *ideengeschichtlicher,* der zweite *systematischer* Art. Der ideengeschichtliche Zugang wird in der Regel über (pädagogisch-philosophische) *Klassiker* gesucht und findet meist in Form einer hermeneutischen Exegese klassischer Texte statt (Luhmann spricht in diesem Zusammenhang einmal von einem „Immer-wieder-Abnagen alter Knochen"). Das hat viele Vorzüge, auf die ich hier aber nicht eingehen kann (vgl. Treml 1996). Ein Nachteil ist jedoch, daß man sich dabei – und das selbst dann, wenn man sie kritisiert – von Vorgaben abhängig macht, die in vergangenen Zeiten unter anderen Umständen für ein anderes Publikum in einer anderen Sprache gemacht worden sind – mit all den daraus resultierenden hermeneutischen Folgeproblemen. Es ist ja nicht auszuschließen, daß die alten „Landkarten" nicht mehr so richtig taugen, weil sich die Welt inzwischen zu stark verändert hat. Ein systematisches Vorgehen versucht dagegen, die „Landkarte" neu zu entwerfen und kann dabei – und das ist sicher ein Vorteil – nach transparenten und kontrollierten Konstruktionsprinzipien vorgehen.

Ich werde deshalb hier diesen an zweiter Stelle genannten Zugang zu einer allgemeinpädagogischen Theoriebildung wählen. Im folgenden – 2. Teil – wird nun eine solche allgemeinpädagogische „Landkarte" skizziert (und in Form mehrerer schematisierter Abbildungen präsentiert). In Anbetracht des zur Verfügung stehenden Raumes muß es sich um eine nur mit wenigen und groben Strichen gezeichnete „Landkarte" mit einem sehr großen „Maßstab" handeln. Es ist deshalb nicht ratsam, mit ihrer Hilfe Fußmärsche oder Wanderungen zu organisieren, sie wird bestenfalls für einen Flug in sehr großer Höhe hilfreich sein können.

II.

Meiner „Landkarte" einer Allgemeinen Pädagogik liegen zunächst einmal nur zwei basale Unterscheidungen zugrunde, die ein *Beobachter* machen muß, wenn er die Welt erkennen will: *Raum und Zeit*[1]. Der Beobachter ist dabei die notwendige Einheit, von der aus überhaupt erst eine Differenz (hier von Raum und Zeit) als Differenz erkennbar wird. Erziehung, was immer (!) und überall (!) im einzelnen dies auch sei, geschieht für einen Beobachter in einer Raumdimension und in einer Zeitdimension, und das heißt: Alles, was wir über Erziehung kommunizieren, können wir in einen räumlichen und in einen zeitlichen Verweisungshorizont stellen, interpretieren und verstehen.

Durch dieses Hineinstellen in einen räumlichen und in einen zeitlichen Zusammenhang bekommt für uns qua Beobachter etwas – in diesem Falle: Erziehung – *„Sinn"*. Alles, was wir als sinnvoll begreifen, impliziert, daß wir es in einen größeren Zusammenhang einordnen können. Sinn erscheint deshalb immer „in der Form eines Überschusses von Verweisungen auf weitere Möglichkeiten des Erlebens und Handelns" (Luhmann 1984, S. 93), auf die man bei Bedarf zurückgreifen kann. Damit wird eine unfaßbar hohe Komplexität apräsentiert und für sinnverarbeitende Systeme (wie Menschen) zur Verfü-

---

[1] In der Systemtheorie Luhmanns wird bekanntlich mit drei Sinndimensionen gearbeitet: Sach-, Zeit- und Sozialdimension (vgl. Luhmann 1984, S. 92 ff., insb. 112 ff.). Dieser Vorschlag zu einer Dreiteilung ist relativ willkürlich und wird von Luhmann nur pragmatisch begründet – in einer Vorlesung etwa mit folgenden Worten: „Ich mache diese Unterscheidung und dann sehen wir mal, was dabei herauskommt! Natürlich kann man auch einen anderen Vorschlag machen!". Daß ich auf diesen Vorschlag (nämlich, einen anderen Vorschlag zu machen) eingehe, hat mehrere Gründe: Die Unterscheidung von Raum und Zeit ist 1. anschlußfähiger an die alteuropäische (philosophische) Ideengeschichte, sie ist 2. – im Sinne des Extremalprinzips – (theorietechnisch) einfacher als die Luhmannsche Dreiteilung; 3. sie vermeidet den in die Luhmannsche Einteilung eingehenden Kategorienfehler: Nichts ist ohne Raum- und Zeitbezug denkbar, aber vieles ohne Sozialbezug; und 4. kann man deshalb den Sozialbezug ausreichend mit den beiden Unterscheidungen von Raum und Zeit (re)konstruieren, so daß nichts verloren geht. Alles was in der „Kommunikationstheorie", also der für die „Sozialdimension" zuständigen Theorie, gesagt werden kann, kann auch in der Systemtheorie und in der Evolutionstheorie gesagt werden. Im übrigen stimme ich mit Luhmann darin überein, daß diese und andere Gründe wenig relevant sind. Ich schlage einfach eine Unterscheidung vor und sehe, was dabei herauskommt.

gung gehalten. Beide Sinndimensionen erreichen diese Leistung dadurch, daß sie selbst wiederum mit einer Unterscheidung arbeiten: die *Raumdimension* mit der Unterscheidung von *„hier – dort"*, *die Zeitdimension* mit der Unterscheidung von *„vorher – nachher"*. Die kleinste Einheit, über die wir in der Raumdimension durch die Anwendung der Differenz „hier – dort" sinnvoll sprechen können, nenne ich *„Sache"*. Eine Sache ist so gesehen die Einheit der Differenz von „hier" und „dort" aus Sicht eines Beobachters, und wir können deshalb statt von der Raumdimension auch von der „Sachdimension" sprechen. Die kleinste Einheit, über die wir in der Zeitdimension durch die Anwendung der Differenz „vorher -nachher" sinnvoll sprechen können, nenne ich *„Ereignis"*. Ein Ereignis ist so gesehen die Einheit der Differenz von „vorher" und „nachher" aus Sicht eines Beobachters. Wir können deshalb statt von der Zeitdimension auch von der „Ereignisdimension" sprechen.

Ohne diese beiden Differenzen können wir nichts „verstehen", denn ohne eine räumliche und/oder zeitliche Begrenzung gibt es keine „Sachen" und keine „Ereignisse", die wir verstehen können.

Mit diesen beiden Sinndimensionen können wir etwas – also auch die Erziehung und die Kommunikation über Erziehung – dadurch verstehen, daß wir es zeitlich hintereinander und räumliche nebeneinander so ordnen, daß wir es als „Sache" oder „Ereignis" erkennen können. Wir nennen diese Ordnung des zeitlichen Hintereinanderseins von Ereignissen *„Prozeß"* und die eines räumlichen Nebeneinanderseins von Sachen *„Struktur"*. Die Fähigkeit der Prozeß- und Strukturerkenntnis ist bei höheren Lebewesen, also auch beim Menschen, so hoch entwickelt, daß sie den Radius sinnlicher Wahrnehmung deutlich überschreiten kann. Wir können uns etwas vor unser geistiges Auge holen, gewissermaßen vor unser geistiges Auge stellen, also „vor-stellen", das so weit entfernt ist, daß es durch unsere Sinne nicht wahrnehmbar ist. Ja, wir können uns sogar vollkommen fiktive Räume vorstellen, also Räume, die wir gleichzeitig als nicht-real erkennen. Diese Fähigkeit nennen wir die *„Raumrepräsentationskompetenz"*. Das Gleiche gilt für die zeitliche Unterscheidung von „vorher – nachher". Unser geistiges Vorstellungsvermögen kann uns Zeiträume „vor Augen" führen, die wir mit unseren Augen (und allen anderen Sinnesorganen) niemals sehen (oder wahrnehmen) werden, weil sie schon lange vergangen sind oder erst in ferner Zukunft sein werden. Das nennen wir die *„Zeitrepräsentationskompetenz"*. In der Raum- und Zeitrepräsentationskompetenz gründet nicht nur das, was wir als „menschliche Vernunft" zu bezeichnen pflegen, sondern auch (wie wir noch sehen werden) die Fähigkeit, Menschen erziehen zu können.

Die basale Unterscheidung von Raum und Zeit (die ja selbst wiederum eine Unterscheidung von Unterscheidungen ist) kann nun theoretisch weiter entwickelt und begrifflich und logisch präzisiert werden. Jene Theorie, die alles was sie beobachtet in erster Linie in der Raumdimension sieht, ist die *„Systemtheo-*

rie"; sie überführt die alltagssprachliche Unterscheidung von „hier – dort" in die theorietechnisch anspruchsvollere Unterscheidung von „*System – Umwelt*". Eine Sache ist da als System und deshalb nicht dort als Umwelt. Das ist eine Unterscheidung und eine gleichzeitige Bezeichnung einer der beiden Seiten des Unterschiedenen (System oder Umwelt). Jene Theorie, die alles was sie beobachtet, in erster Linie in der Zeitdimension sieht, ist die „*Evolutionstheorie*"; sie überführt die alltagssprachliche Unterscheidung von „vorher – nachher" in die theorietechnisch anspruchsvollere Unterscheidung von „*Variation – Selektion*". Vorher variieren die Ereignisse, aus denen nachher dasjenige selektiert wird, was „überlebt". Auch hier wird unterschieden und (gleichzeitig) bezeichnet (Variation oder Selektion).

Es ist hoffentlich klar geworden, daß es in diesem Zusammenhang und auf dieser allgemeinen Ebene nicht um eine spezielle Systemtheorie (z. B. eine soziologische Systemtheorie) oder um eine spezielle Evolutionstheorie (z. B. eine biologische Evolutionstheorie) geht, sondern um eine „*Allgemeine Systemtheorie*" bzw. um eine „*Allgemeine Evolutionstheorie*". Eine solche Allgemeine System- und Evolutionstheorie kann in allen wissenschaftlichen Disziplinen Verwendung finden, weil sie sich auf die theoretische Entwicklung der *Form* (oder Logik) möglicher Erkenntnis bezieht, mit der man jeden beliebigen Inhalt beobachten, d. h. erkennen kann. In unserem Zusammenhang interessiert natürlich die Anwendung in der Pädagogik und hierbei vor allem die Frage, wie leistungsfähig diese Theorieofferte bei dem Versuch ist, pädagogische Kommunikation zu ordnen.

Es liegt nahe, die systemtheoretische und die evolutionstheoretische Betrachtungsweise auf die beiden wichtigsten erziehungswissenschaftlichen Lehr- und Forschungsgebiete zu beziehen und diese gewissermaßen als die beiden Pfeiler einer Allgemeinen Pädagogik zu interpretieren: die *systematische Pädagogik* und die *historische Pädagogik*. Der Unterschied zwischen systematischem und historischem Denken wird hier also nicht in der Gegenüberstellung vom „ideographischen" (d. h. auf das Besondere bezogene) und „nomothetischen „ (d. h. auf das Allgemeine bezogene) Vorgehen gesehen, sondern in der je unterschiedlichen dominanten Inanspruchnahme einer Sinndimension. Systematische Erziehungswissenschaft beobachtet und beschreibt die *Struktur* pädagogischer Kommunikation, und das heißt: „pädagogische Systeme in ihrer Umwelt" – man kann auch sagen: in ihrem *sachlichen* Zusammenhang; historische Erziehungswissenschaft beobachtet und beschreibt deren *Prozeß,* und das heißt: in ihrem Verlauf – man kann auch sagen: in ihrem *zeitlichen* Zusammenhang (vgl. im Überblick Abb. 1).

ALLGEMEINE PÄDAGOGIK

Zeit	**Raum**
vorher – nachher	hier – dort
hintereinander	nebeneinander
Ereignis	Sache
Prozeß	Struktur
Evolutionstheorie	**Systemtheorie**
Variation – Selektion	System – Umwelt
Historische Pädagogik	**Systematische Pädagogik**

Abb. 1: Basale Struktur der Allgemeinen Pädagogik

Nie geht es also in der Allgemeinen Pädagogik unmittelbar um einzelne „Menschen", „Dinge" o. ä., sondern um Verhältnisse, Relationen, Zusammenhänge. Auch pädagogische „Sachen" und pädagogische „Ereignisse", sind Differenzen (von System und Umwelt bzw. von Variation und Selektion). Auch der für die Pädagogik so zentrale Begriff der Erziehung bringt kein einzelnes „Ding" zum Ausdruck, sondern eine Relation, ein Verhältnis. Traditionell wird dieses („pädagogische") Verhältnis als das zweier Menschen stilisiert, systemtheoretisch geht es aber hierbei um ein Verhältnis zwischen Systemen in ihren (je verschiedenen) Umwelten, denn Systeme „sind" die Differenz von System und Umwelt. Es wäre deshalb auch ein Mißverständnis zu glauben, einer systematischen Pädagogik ginge es um (pädagogische) „Sachen" qua „Systeme" – es geht um Systeme in ihrer Umweltbeziehung (genauer: um die Kommunikation über Systeme in ihrer Umweltbeziehung). Gleichfalls wäre es ein Mißverständnis zu glauben, einer historischen Pädagogik ginge es um (pädagogische) Ereignisse in der „Vergangenheit" – es geht um Prozesse im zeitlichen Verlauf (genauer: um die Kommunikation über Prozesse im zeitlichen Verlauf); „Vergangenheit" ist qua „vorher" nur eine Seite des Beobachtungscodes, die „Zukunft" qua „nachher" ist die andere (und die Gegenwart die Einheit dieser Differenz aus der Sicht des Beobachters). Das was heute gestern war, war vorgestern morgen, und das was heute morgen ist, wird übermorgen gestern sein. Betrachten wir nun die für die Pädagogik interessanten Zusammenhänge genauer und unterscheiden in sachlicher Hinsicht die drei wichtigsten Ebenen (evolutionär stabilisierter) Systembildungen und in zeitlicher Hinsicht ihre Entwicklung (Genese) (vgl. zum folgenden Treml 1987, vgl. Abb. 2). Die wichtigsten drei Systemebenen sind sicher diejenigen der *Menschheit* (Gattung), der *Kultur* (Gesellschaft) und des *Menschen* (Individuum). Diese Unterscheidung ist traditionell und auch in der pädagogischen Theorietradition nicht unbekannt, wenngleich sie auch oft in einer anderen Sprache einherkommt. PESTA-

LOZZI beispielsweise unterscheidet den „Menschen als Werk der Natur", den „Menschen als Werk der Gesellschaft" und den „Menschen als Werk seiner selbst" (Pestalozzi 1946, Bd VIII, S. 192 ff.). Gemeinsam ist allen drei Systemebenen, daß sie „lebende Systeme" sind, die ihre *Überlebensprobleme* (als die Erhaltung ihrer Einheit von Raum-Zeit-Differenzen aus Sicht eines Beobachters) durch *„Lernen"* bewältigen können. Auf jeder der drei Systemebenen entsteht die Systemeigenschaft dadurch, daß die Fähigkeit des Lernens nicht aus der Summe der Elemente erklärbar ist, sondern aus deren systemischen Verbindungsleistung. Lernen ist die Fähigkeit eines lebenden Systems, Informationen über seine Umwelt zu speichern und bei Bedarf durch eine abstrakte Transferleistung in eine neue, aber analoge konkrete Situation in Verhalten bzw. Handlungen zu übersetzen. Wenn man, des schönen Sprachspiels wegen, den unterschiedlichen (natürlichen) Ort der Speicherung von Informationen als Unterscheidungskriterium nimmt, dann kann man ein *„Lernen der Gene"* von einem *„Lernen der Gesellschaft"* und einem *„Lernen der Gehirne"* unterscheiden. Damit erhalten wir eine zweites Schema (Abb. 2).

(3) Ontogenese – Individuum – Lernen der Gehirne
(2) Soziogenese – Kultur   – Lernen der Gesellschaft
(1) Phylogenese – Gattung   – Lernen der Gene

Abb. 2: Systemebenen der Evolution

So schön die begriffliche Angleichung vielleicht auch sein mag, so mißverständlich ist sie auch. Beispielsweise ist natürlich mit „Lernen der Gehirne" nicht die biologische (physische) Systemebene (der Neuronen und Synapsen) gemeint, sondern die Systemebene des menschlichen Geistes (qua Fähigkeit, seine Raum- und Zeitrepräsentationskompetenz inhaltlich zu differenzieren). Gleichfalls ein Mißverständnis wäre es, wenn man so etwas wie eine gegenseitige Unabhängigkeit der verschiedenen Systemebenen unterstellte. Sie sind nicht voneinander unabhängig (so reproduziert sich z. B. die Gattung immer nur über die Gene der Individuen), aber sie sind – systemtheoretisch gesehen – gegenseitig füreinander Umwelt, d.h. auf der Ebene (1) können Gene nur mit Genen, auf der Ebene (2) soziale Systeme nur mit sozialen Systemen und auf der Ebene (3) Bewußtsein nur mit Bewußtsein (also mit sich selbst) kommunizieren.

Alle drei Systemebenen können in ihrem zeitlichen Prozeßverlauf betrachtet und dementsprechend unterschieden werden: *Phylogenese, Soziogenese* und *Ontogenese*. In zeitlicher Hinsicht ist im Vergleich der drei Systemebenen der sehr unterschiedliche Zeitbedarf für Lernprozesse, in sachlicher Hinsicht ihr unterschiedlicher „Betriebsmodus" auffällig. Ontogenesen (qua individuelle Evolution) sind bekanntlich viel kürzer als Soziogenesen (qua kulturelle Evolution) und diese wiederum viel kürzer als die Phylogenese (qua biologische Evolution unserer Gattung). Mit der evolutionären Selektion (und Stabilisierung) der Fähigkeit lebender Systeme, auch nichtgenetisch zu lernen, konnten wir Menschen auch aus der Erfahrung, und zwar aus eigener Erfahrung und aus der Erfahrung der Erfahrung anderer, lernen. Voraussetzung dafür ist, wie wir schon gesehen haben, die evolutionäre Entwicklung der Raum- und Zeitrepräsentationskompetenz, denn nur dadurch können Informationen über Umwelten, die das System sinnlich nicht (mehr) wahrnehmen kann, gespeichert und bei Bedarf durch eine Handlung abgerufen werden.

Mit dieser Kompetenz zur inhaltlichen Entwicklung der formalen Raum- und Zeitrepräsentationskompenz durch Lernen (aus Erfahrung) vergrößerte sich – und das in immer kürzeren Abständen – die Informationsmenge, so daß ein Selektionsdruck auf die Entwicklung neuer Informationsspeicher entstand. Die Merkfähigkeit des menschlichen Gehirns ist (wie jeder aus eigener Erfahrung weiß) – trotz der Entwicklung mnemotechnischer Hilfsmittel – stark begrenzt. Erst mit der Entwicklung der Schrift, des Buchdrucks und schließlich der elektronischen Informationsverarbeitungs- und Speichertechnik konnten Informationen praktisch unbegrenzt gesammelt, gespeichert und abrufbereit gemacht werden. Als Folge davon nahm die Geschwindigkeit der sozialen Evolution zu, was nur die Umschreibung für die Tatsache ist, daß in gleichen Zeiteinheiten mehr passiert, was für lernfähige Systeme auf der Ebene (2) die Form von Informationen annehmen kann. Das ist die eine Seite, gewissermaßen die der kulturellen Innovation. Auf der anderen Seite bleibt gleichzeitig in einer Hinsicht alles beim alten: Wir Menschen auf der Ebene (3) werden geboren, leben eine kurze Zeit lang, machen unsere Erfahrungen und müssen dann wieder sterben. Dabei können wir unseren Nachkommen unsere erworbene Erfahrungen (genetisch) nicht weitervererben.

Die damit entstehende Kluft zwischen Ebene (2) der Soziogenese und der Ebene (3) der Ontogenese muß aber überbrückt werden, denn das System „Individuum" lebt immer in seiner Umwelt „Gesellschaft". Jedes neugeborene Menschenkind „weiß" wohl alles, was in seiner Phylogenese (Ebene 1) an Wissen angesammelt wurde, und dieses Wissen ist in seinen Genen gespeichert; aber es weiß nichts, aber auch gar nichts, vom Wissen, das seine Soziogenese (Ebene 2) angesammelt hat. Das Individuum muß also in seiner Ontogenese zur Anschlußfähigkeit an die Soziogenese befähigt werden (und das aus naheliegenden Gründen vor allem am Beginn seiner Ontogenese). Diese Befähigung (der jüngeren Generation durch die ältere Generation) zur Anschlußfähigkeit an die Soziogenese aber nennen wir *Erziehung*. Erziehung, so könnte man nun sagen, ist die Reaktion auf die Tatsache, daß Menschen geboren werden – und in diesem Augenblick nichts, aber auch gar nichts, von der kulturellen Evolution wissen können – und wieder sterben müssen – ohne ihre Erfahrungen auf genetischem Wege weitervererben zu können.

Nur über Erziehung kann dieses Problem der Koppelung zweier Systemebenen mit unterschiedlichen Zeitressourcen und unterschiedlichen Lernformen gelöst werden, und insofern könnte man eine berühmt gewordene Formulierung von Bernfeld präzisieren. Diese lautet: „Die Erziehung ist … die Summe der Reaktionen einer Gesellschaft auf die Entwicklungstatsache" (Bernfeld 1967, S. 51). Wir können jetzt sagen: Die Erziehung ist die Summe der Reaktionen einer Gesellschaft auf die Tatsache, daß sich die Systemebenen der Evolution (sachlich und zeitlich) unterschiedlich entwickeln – oder anders gesagt: Erziehung kompensiert ein Defizit, nämlich die Unmöglichkeit, das durch Erfahrung erworbene (individuelle und kulturelle) Wissen den Genen unserer Nachkommen mitteilen zu können. Aus dieser evolutionstheoretischen Sichtweise kann man deshalb Erziehung mit Schleiermacher durchaus zunächst als „die Einwirkung des älteren Geschlechts auf das jüngere" (Schleiermacher 1965, S. 20) definieren.

Es sind also letztlich alle drei Systemebenen bei der Erziehung von Menschen beteiligt. Aber das wußte schon ARISTOTELES: „Wie man zu einem wertvollen Menschen wird, dafür gibt es drei Ansichten: durch Naturanlage, durch Gewöhnung oder durch Belehrung" (Aristoteles 1969, S. 296). Die Natur entwickelt unsere Anlagen als natürlich Ausstattung („Bildsamkeit") und vererbt diese der nächsten Generation weiter, die Kultur erzieht uns vor allem durch „Gewöhnung" an ihre tradierten Strukturen („ethos" = Gewöhnung) und (manche) Menschen schließlich (zusätzlich) durch Belehrung.

Dabei entstand in dem Augenblick als sich biologische und soziale Evolution als eigenständige Systemebenen voneinander differenzierten, zunächst eine latente, mitgängige Form von Erziehung, die wir – weil sie an die Funktion einer anderen Tätigkeit gekoppelt ist – auch *„funktionale Erziehung"* nennen, inzwischen aber als *„Sozialisation"* zu bezeichnen pflegen, während an der Schnittstelle von kultureller und individueller Evolution schließlich das entstand, was wir *„intentionale Erziehung"* nennen: das durch explizites Lehren ermöglichte Lernen (vgl. Abb. 3).

biologische Evolution	kulturelle Evolution	individuelle Evolution
Phylogenese	Soziogenese	Ontogenese
VERERBUNG (natürliche Ausstattung)	SOZIALISATION (funktionale Erziehung)	ERZIEHUNG (intentionale Erziehung)
„Prägung"	„Gewöhnung"	„Belehrung"

Abb. 3: Unterschiedliche Lernformen auf den unterschiedlichen evolutionären Systemebenen

Funktionale Erziehung durch „Gewöhnung" hat, weil ihre Lernprozesse das Nebenprodukt einer anderen (alltäglichen) Tätigkeiten sind, einen relativ hohen Zeitbedarf; man muß einmal auf die Tätigkeit selbst warten, und man muß häufig noch zusätzlich warten, bis diese – meist durch alltägliche Wiederholung – „erzieht". In dem Maße, wie der Mensch seine Umwelt immer schneller verändert, erzwingt er auch schnellere und zeitsparende Anpassungsprozesse an diese Umwelt. Spätestens mit der Entwicklung eines künstlichen Speichers und Kommunikationsmediums in Hochkulturen, nämlich der Schrift, mußten zusätzlich zu den funktionalen auch intentionale Erziehungsprozesse durch „Belehrung" organisiert werden, weil man bei diesen nicht auf eine günstige Gelegenheit warten muß, sondern sie absichtlich herbeiführt. Das (explizite) *Lehren* wurde erfunden. Es kann unterm Strich mehr Zeit sparen, als sein Aufwand kostet. Breitenwirksam wurde Erziehung in dieser Funktion aber erst in der Moderne eingesetzt. Erst mit der Einführung und Durchsetzung der allgemeinen Schulpflicht im 18. und 19. Jahrhundert zwingt man jedes Individuum durch das Nadelöhr einer intentionalen Erziehung, damit auf der Basis dieser (formalen) Gleichbehandlung jene (inhaltlichen) Unterschiede entwickelt werden können, die an eine (funktional-) differenzierte Gesellschaft anschlußfähig sind.

Mit dieser Entwicklung wird die Kluft zwischen der Ebene der Evolution der Gesellschaft und jener des Individuums tiefer, d.h. beide Systemebenen grenzen sich stärker voneinander ab. Daß „Individuum" und „Gesellschaft" von nun an füreinander Umwelt sind, wird spätestens in der gepflegten Semantik des 18. Jahrhunderts deutlich (vgl. Luhmann 1989, S. 149 ff.). Das Individuum wird jetzt nicht mehr im Schoße seiner Gesellschaft geboren und reproduziert in seiner Ontogenese nur den damit zugewiesenen gesellschaftlichen Ort, sondern es wird von nun an gewissermaßen außerhalb der Gesellschaft geboren und muß seinen Anschluß an die Gesellschaft selbst organisieren: „Das Individuum kann nicht mehr durch Inklusion, sondern nur noch durch Exklusion definiert werden" (Luhmann 1989, S. 258). Was in der Pädagogik häufig und emphatisch als „Freiheit" (des Menschen), als „Autonomie", „Person" o. ä. bezeichnet wird, ist in dieser Sicht eher eine „Freisetzung", ein „Hinauswerfen" des Individuums aus dem Schoß der Gesellschaft – mit der gleichzeitig damit verbundenen Aufforderung, seine (Wieder-)Integration durch individuelle Lernprozesse in einem Bildungssystem selbst zu organisieren. Das Kriterium, das dabei als Medium dient, ist die (schulische) Leistung des Individuums, das erst auf der Basis von Gleichheit jene Differenzen entwickeln kann, die an eine funktional differenzierte Gesellschaft anschlußfähig sind.

Betrachten wir diesen für unser modernes Verständnis von Erziehung so zentralen Sachverhalt nun, nachdem wir ihn historisch wenigstens andeutungsweise eingeordnet haben, als ein systematisches Problem der Allgemeinen Pädagogik (und damit in der Sachdimension). Weil in *sachlicher* Hinsicht jede, also auch die gesellschaftliche Umwelt komplexer und deshalb intransparent ist und weil in zeitlicher Hinsicht jede, also auch die gesellschaftliche Zukunft offen und deshalb opak ist, ist der Ankoppelungsversuch eines zunächst ausdifferenzierten Individuums (Ebene 3) an die gesellschaftliche Evolution (Ebene 2) ein prinzipiell immer riskanter Vorgang. Er kann auch scheitern. Warum?

Man kann systemtheoretisch zunächst die lapidare Antwort geben: Weil eben die Umwelt für ein System immer komplexer ist. Mit anderen Worten: Die Umwelt kann in einem System nicht widergespiegelt werden, nicht noch einmal vorkommen. Es gibt keine Punkt-zu-Punkt-Abbildung oder Wiederholung der äußeren Umweltkomplexität in einer internen Systemumwelt. Das heißt für ein lernendes System, daß es Informationen, die in der Umwelt vorkommen, nicht vollständig lernen kann. Komplexität in der Umwelt bedeutet deshalb für lernende Systeme: *Selektionszwang.* Es muß ausgewählt werden, welche Informationen gelernt werden sollen und welche nicht. Der Selektionszwang impliziert aber ein *Kontingenzproblem:* Jede Selektion könnte auch anders ausfallen. Statt diesem könnten wir auch jenes lernen, grundsätzlich können wir aber nie alles lernen.

Man kann dieses hier zunächst in der sachlichen Sinndimension veranschaulichte Grundproblem jeder Erziehung auch in der *zeitlichen* Sinndimension entfalten und sagen: Alles was es gibt, aber auch alles, was es geben wird, ist Selektion aus einer Bandbreite von Variationen. Evolutionstheoretisch gesehen ist Wirklichkeit immer Selektion vorausgegangener Möglichkeiten. Man kann deshalb immer alles was es gibt als (evolutionär) unwahrscheinlich verdächtigen und fragen: Wie ist es möglich? Wie ist (beispielsweise) Erziehung möglich (vgl. Luhmann/Schorr 1981)? Alle Strukturen entstehen aus einem Prozessieren von Selektionsentscheidungen. Für Erziehung – und zwar für intentionale wie für funktionale Erziehung gleichermaßen – bedeutet dies, daß sie mit *Einschränkungen* dieses Varianzspielraumes beginnt: Erziehung beginnt mit Enttäuschung. Nicht alles, was wir uns durch unsere Zeit- und Raumrepräsentationskompetenz vor unser geistiges Auge holen (vorstellen) und lernen können, kann gelehrt und gelernt werden. Lernprozesse brauchen Zeit und Raum, weil wir nur dadurch Differenzen im Nacheinander und Nebeneinander erfahren können. Deshalb organisieren wir, wenn wir erziehen, Strukturen als ein System geordneter (zeitlicher und sachlicher) Aus- und Einschließungen (vgl. Treml 1982). Betrachten wir beispielsweise einen normalen Schulunterricht, dann werden wir schnell entdecken, was dies bedeutet: zeitlich getaktete Unterrichtssequenzen, räumliche Segregation, sachliche Konzentration auf Themen in Fächern, sozial auf eine Alterskohorte beschränkt usw. Aber auch Sozialisationsprozesse setzen Strukturen voraus, die die Möglichkeit von Lernprozessen auf ganz bestimmte – immer wiederkehrende – Differenzerfahrungen begrenzen und dadurch funktional erziehen.

Aus dieser Sicht wird deutlich, was es heißt, wenn in der systemtheoretischen Pädagogik behauptet wird, daß „Strukturen erziehen" und nicht Menschen (vgl. Treml 1982): „Nicht der Lehrer erzieht, sondern das Interaktionssystem Unterricht. Das soziale System realisiert sich, anders gesagt, über Strukturen, die festlegen, wie das genutzt wird, was an Selbstselektion der Personen möglich ist" (Luhmann/Schorr 1981, S. 50). Ein Teil solcher Strukturen, und vielleicht sogar ein ganz wichtiger Teil, mögen Menschen sein, z. B. Eltern, Lehrer, Kindergärtnerinnen u. a. m. Aber sie sind nur ein Teil jener Umwelt, die ein lernendes System dadurch erzieht, daß sie die Möglichkeit für ein System sich selbst zu ändern (also zu lernen) beschränkt. Die Fokussierung der Aufmerksamkeit in der traditionellen Pädagogik auf die *Einschließungen* und hierbei wiederum vor allem auf die *sozialen* Einschließungen – auf den „Menschen" (im Rahmen einer „Mensch-zu-Mensch-Pädagogik) – hat u. a. zur Folge, daß der Erzieher mit normativen Erwartungen überlastet wird; eine solche Pädagogik kann deshalb nicht, oder nur mit einer Vielzahl zusätzlicher Hilfskonstruktionen, erklären, wenn – wie so häufig – das Intendierte nicht erreicht, etwas ganz anderes oder gar das Gegenteil gelernt wird.

Lernende Systeme qua Menschen lernen in ihrer Umwelt von dieser Umwelt, und in dieser kommen möglicherweise auch Menschen vor, die sich professionell damit beschäftigen, Strukturen zu planen und zu arrangieren, in denen zu bestimmten Lernprozessen angeregt werden soll. Der *Unterricht* beispielsweise ist ein solches geplantes Arrangement von Lerngelegenheiten, und auch hierbei hat der Lehrer keinen direkten Zugriff auf das Bewußtsein seiner Schüler. Ihm bleibt „nur" die Möglichkeit, sachliche und zeitliche Einschränkungen so zu planen und zu organisieren, daß sie von den Schülern als ein strukturierter Erfahrungsbereich wahrgenommen und erfahren werden, in dem und durch den etwas gelernt werden kann. Auch Unterricht kann nur die Umwelt für das lernende System des Schülers so strukturieren, daß in ihr Lernen angeregt werden. In erster Linie geschieht dies im Unterricht durch Kommunikation, denn nur über Kommunikation kann das soziale System des Unterrichts erhalten und gegenüber anderen sozialen Systemen abgegrenzt werden. Aber Kommunikation ist für das Bewußtsein Umwelt. Deshalb gibt es auch für didaktisch vorstrukturierte Kommunikation keinen direkten Weg ins Bewußtsein der Schüler.

Das Bewußtsein kann durch Kommunikation in seiner Umwelt gestört, irritiert oder angeregt werden und dann Selbständerung – sprich: Lernen – praktizieren. Lehren kann Lernen aber nicht auf direktem Wege auslösen, sondern nur über den Umweg der Selbständerung des Schülers. Weil die Möglichkeiten der Selbständerung für die Schüler immer größer sind als die unterrichtlich realisierten Differenzerfahrungen, sind es vermutlich weniger die Einschließungen als vielmehr die *Ausschließungen,* die erziehen (vgl. Treml 1982). Man kann den Unterricht in der Zeitdimension als Evolution beobachten und beschreiben, als ein Prozeß der systemischen Selbstselektion von Umweltvariationen. Eine solche evolutionstheoretische Didaktik ist aber derzeit noch ein Desiderat.

Wenn man die Ausschließungen (genauer: mit der Unterscheidung „Einschließung – Ausschließung) mit dem Begriff des Bewußtseins (genauer mit der Unterscheidung „absichtlich – unabsichtlich") korreliert, erhält man eine weitere, für die Allgemeine Pädagogik wichtige Unterscheidung. Es mag in diesem Zusammenhang hilfreich sein, sich noch einmal der beiden schon eingeführten Formen von Erziehung, nämlich der „funktionalen -" und der „intentionalen Erziehung", zu erinnern. Bei der funktionalen Erziehung (Sozialisation) ist die erziehende Struktur der Umwelt – wir wollen sie „Kontext" nennen – latent und qua Sozialisationsagentur ungeplant. Man kann nun aber auch diese Strukturen von Lernarrangements absichtlich benützen, um Lernprozesse anzuregen, ohne daß ein Erzieher dann in diesen Situationen selbst – einen pädagogischen „Text" – lehrt. Das geschieht beispielsweise dann, wenn man einem Kind zum Geburtstag ein gutes Buch schenkt oder in ein Konzert mitnimmt, wenn Schüler während ihrer Schulzeit in ein Berufspraktikum geschickt werden, eine Schülerin als Au-pair-Mädchen ein halbes Jahr nach England geht, ja selbst, wenn in Schulgebäuden die Treppengeländer unten mit einem Knauf enden (vgl. dazu Diederich 1982, insb. S. 61 f.) u. a. m. Diese Art von Erziehung könnte man „extentionale Erziehung" nennen. Ihr Kennzeichen ist, daß sie eine Mischung von funktionalen und intentionalen Elementen ist: Funktional sind die Lernprozesse, die von den Situationen selbst ausgehen, intentional ist jedoch die Entscheidung, ein lernendes System (hier einen Menschen) einer solchen – pädagogisch anregende – Umwelt („Kontext") auszusetzen. Von der „funktionalen Erziehung" über die „extentionale Erziehung" kommt man damit auf die „intentionale Erziehung", also auf jene Formen von Erziehung, die sowohl im Kontext, als auch im Text manifest, absichtlich und geplant sind (vgl. Abb. 4). Es ist schwer, wenn nicht gar unmöglich, vorstellbar, daß es intentionale Erziehung ohne extentionale Erziehung und ohne funktionale Erziehung gäbe (man braucht sich nur einen normalen Unterricht vorstellen!). Umgekehrt kann man aber davon ausgehen, daß es funktionale Erziehung ohne extentionale Erziehung und extentionale Erziehung ohne intentionale Erziehung gibt.

	Kontext	Text
intentionale Erziehung	absichtlich	absichtlich
extentionale Erziehung	absichtlich	funktional
funktionale Erziehung	funktional	funktional

Abb. 4: Funktionale, extentionale und intentionale Erziehung

Im Mittelpunkt des pädagogischen Interesses steht die intentionale Erziehung (etwa in Form der didaktischen Reflexion), und das ist auch nicht verwunderlich, denn hier gibt es keine entlastende und stabilisierende Latenz, weder im Kontext noch im Text. Die dadurch verdoppelte Ablehnungswahrscheinlichkeit der didaktisch komponierten Sinnofferte macht einen besonderen pädagogischen Aufwand notwendig (Stichwort „sekundäre Motivation"). Das Kontingenzproblem angesichts der Entscheidungen über Selektionen stellt sich immer wieder offen und muß deshalb kommunikativ begleitet und legitimiert werden. Jede Kultur und jede Zeit hat auf die Frage, was eigentlich gelehrt und gelernt werden soll, ihre eigenen Antworten gefunden. *Erziehungsziele* sind hier allerdings keine unmittelbaren Selektionsinstrumente, wie man vielleicht vermuten mag, denn aus ihnen lassen sich keine konkreten operationalisierten Lernziele deduktiv ableiten. Sie stellen vielmehr eine Art Selektionssemantik dar, die in erster Linie die Funktion besitzt, über die pädagogische Selektions- und Kontingenzproblematik zu kommunizieren. Wenn beispielsweise über manchen unserer Bildungsstätten noch die Sentenz zu lesen ist „Dem Wahren, dem Guten, dem Schönen", dann werden hier die angesprochenen Werte ausschließlich in ihrer Selektionsfunktion angesprochen und nicht als Selektionskriterium, mit dessen Hilfe konkrete pädagogische Handlungen abgeleitet werden könnten. Die Überführung solcher Werte in konkrete Handlungsselektionen bedarf einer zusätzlichen Systemleistung (die Kant als „praktische Urteilskraft" bezeichnet hat). Die angesprochenen Werte aber strukturieren und reproduzieren nur die begleitende Kommunikation (entlang einer theoretischen, praktischen und ästhetischen Unterscheidung), auch und gerade dann, wenn man sich nicht einig ist, was im Konkreten nun „wahr", „gut" und „schön" ist.

Mit dieser allgemeinen Selektionssemantik erinnert die pädagogische Sprache an ihr pädagogisches Kontingenzproblem. Alles was gelehrt und gelernt wird, kann auch anders sein. Jede Entscheidung *für* ein Bildungsgut schließt andere *aus*. Nie kann alles gelernt werden, was in der Umwelt vorkommen kann, und deshalb muß ausgewählt werden. In der pädagogischen Tradition hat man versucht, dieses curriculare Problem der Auswahl *begründungstheoretisch* zu diskutieren. Die Begründung von pädagogischen Normen ist aber selbst zunächst nur Kommunikation und deshalb auch negierbare Kommunikation. Kein Wunder, daß jede Begründung auf Kritik oder auf die Frage nach den Begründungen dieser Begründungen stößt, wodurch das Kontingenzproblem nur vergrößert und das Selektionsproblem letztlich offen gelassen wurde.

Eine systemtheoretische Pädagogik bezieht diese curriculare Frage auf ihr zugrunde liegendes Bezugsproblem und fragt statt nach Begründungen nach *Funktionen* und eröffnet damit den Blick auf funktionale Äquivalente. Das der curricularen Normenfrage zugrunde liegende Bezugsproblem aber ist es, abstrakt gesprochen, lernende Systeme in komplexen Umwelten an die kulturelle

Evolution anschlußfähig zu machen. Wenn diese kulturelle (oder soziale) Evolution jedoch, wie in unserem Falle, in einer funktional differenzierten Gesellschaft mündet, dann ist jede pädagogische Selektion, wie immer sie auch ausfallen wird, ein riskanter Versuch, durch *spezifische* Lehr- und Lernprozesse auf *unspezifische* Situationen vorzubereiten.

Viele, ja die meisten Situationen, auf die Pädagogik vorbereitet, werden nie eintreten. Erziehung scheint also, was ihre gesellschaftliche Verwertbarkeit betrifft, gleichzeitig redundant *und* stark kompensationsbedürftig zu sein. Man lernt, wenn man fürs Leben lernt, immer zuviel *und* zuwenig. Systemtheoretisch gesehen kann Pädagogik jedoch dieses Problem dadurch entschärfen, daß sie sich selbst von Situationen löst bzw. diese nur benützt, um an ihnen eine abstrakte, formale Lernfähigkeit zu lernen. Auf unspezifische Situationen kann man in spezifischen Situationen nur vorbereiten, indem man an ihnen unspezifische Fähigkeiten einübt.

Trotzdem ist das Risiko, umsonst zu lernen, groß. Schulische *Leistung* allein kann deshalb nicht das ausschlaggebende Kriterium für gesellschaftliche *Karrieren* sein, denn dieses Kriterium sagt nur über das (lernende) System etwas aus. Es bedarf noch eines weiteren Kriteriums, das etwas über die Verzahnung mit der Umwelt aussagt. Die Zurechnung gesellschaftlicher Karrieren auf (schulische) Leistung des Systems muß durch die Erwartung günstiger Umweltbedingungen ergänzt. Allein durch Leistung wird das gesellschaftlich ausdifferenzierte Individuum seine gesellschaftliche Inklusion nicht erreichen können; es gehört noch ein Quentchen „*Glück*" dazu, zufällig zur richtigen Zeit am richtigen Ort zu sein – und vielleicht sogar die richtigen Leute zu kennen, die die richtigen Leute kennen.

Differenzierung und *Inklusion* sind also zwei riskante Operationen in der modernen Gesellschaft, auch hier, wo es um die Inklusion von zunächst ausdifferenzierten Leistungen eines Systems in seine gesellschaftliche Umwelt geht. Trotzdem hat sich die Inkaufnahme dieses Risikos offensichtlich gelohnt, denn das Prinzip der Ausdifferenzierung hat sich durchgesetzt. Dieses Prinzip der (funktionalen) Differenzierung steigert die Unabhängigkeit eines Systems von seiner Umwelt durch strukturelle Beschränkungen auf die Erfüllung einer Funktion (für die es dann Alleinzuständigkeit reklamieren kann), handelt sich damit aber das Problem der Inklusion ein. Durch Wiederholung der System-Umwelt-Differenz (im System oder in der Umwelt) werden immer mehr gesellschaftliche Systeme ausdifferenziert und stehen dann vor dem Dauerproblem ihrer gesellschaftlichen Inklusion. Nicht immer können diese gegenläufigen Bewegungen so miteinander verbunden werden, daß sie die Systembildung auf Dauer stellen. Als Prinzip der Problemlösung in unserer modernen Gesellschaft hat es sich aber durchgesetzt, und ich vermute gerade deshalb, weil es das Risiko dieser Verzahnung von Systemebenen der (sozialen) Evolution – und keiner Planungsbehörde und keinem Politbüro – überläßt.

Die Vorteile überwiegen offenbar ihre Nachteile, sonst hätte sich dies nicht stabilisieren können. Letzten Endes ist Differenzierung nichts anderes als die Vervielfältigung des erfolgreichen Prinzips der Systemevolution durch Anwendung auf sich selbst. D. h. ein evoluierendes System setzt von einem bestimmten Zeitpunkt an, einen Teil von sich selbst einer eigenen, von anderen Systemen unabhängigen Evolution aus. Dadurch gibt es dort, wo es bisher eine Systemevolution gab von nun an zwei (oder mehr), so daß sachlich immer mehr und zeitlich immer schneller Differenzen gleichzeitig evoluieren. Differenzierung ist gleichzeitig Folge und Ursache einer immer schneller werdenden sozialen Evolution.

Das kann man am Ausdifferenzierungsprozeß des *Bildungssystems* veranschaulichen (wofür uns hier allerdings Zeit und Raum fehlt, so daß es bei ein paar flüchtigen Andeutungen bleiben muß). Mit dem Prozeß der gesellschaftlichen Evolution erzwungenen Differenzierung von Gesellschaft und Individuum in Europa (die in der 2. Hälfte des 18. Jahrhunderts in der einflußreichen Semantik transparent wird) differenzieren sich auch die pädagogische Behandlung der Folgeprobleme im Bildungssystem immer mehr aus. Die Differenzierung von Theorie und Praxis ist hier eine auffällige, weil hoch unwahrscheinliche Entwicklung. Schon ROUSSEAU bekannte: „Dem Beispiel so vieler folgend, lege ich nicht Hand ans Werk, sondern an die Feder. Und anstatt zu tun, was richtig ist, bemühe ich mich, es zu sagen" (Rousseau 1963, S. 134). Sowohl in dem Handlungszusammenhang, den wir mit „Praxis" bezeichnen, als auch in jenem, zu dem wir von nun an „Theorie" sagen, setzt sich dieser Differenzierungsprozeß bis heute ungebrochen fort, so daß die Vielzahl der ausdifferenzierten (pädagogischen) „Praxen" und (erziehungs)theoretischer Positionen und Institutionen inzwischen auch für Experten kaum noch überschaubar ist.

Bemerkenswert ist in diesem Zusammenhang, daß die Ausdifferenzierung des pädagogischen *Wissenschaftssystems* (also der Erziehungswissenschaft) in Richtung Expansion spezialisierter Teildisziplinen etwa seit 1968 eindeutig auf Kosten der Allgemeinen Pädagogik geht. Diese verliert, zumindest in quantitativer Hinsicht, in diesem Zeitraum mehr als die Hälfte ihres ursprünglichen Gewichts (vgl. Macke 1992, S. 120 f.). Gleichzeitig gewinnt die Allgemeine Pädagogik aber – wie andere ausdifferenzierte Systeme auch – qualitativ an Autonomie, weil sie sich entlang einer bestimmten Funktion ausdifferenziert, für deren Erfüllung sie von nun Alleinzuständigkeit reklamieren kann.

Eine systemtheoretische Allgemeine Pädagogik kann ihre Leistungsfähigkeit dadurch unter Beweis stellen, daß sie auch diesen Prozeß, in dem sie ein Teil ist, mitbeobachten kann. Sie wird hier zur „metatheoretischen" *Beobachtung einer Beobachtung*. Ich will deshalb noch eine letzte „Landkarte" vorstellen, eine Landkarte, die die drei wohl wichtigsten Profile (im Sinne von: Selbstverständnissen) allgemeinpädagogischer Theorie in einen Zusammenhang stellt (vgl.

Abb. 5) und in der die eigene Theorie selbst vorkommt. Als Bezugspunkt wählen wir das schon mehrfach angesprochene Verhältnis von *Theorie und Praxis* – oder anders gesagt die Ausgangsfrage: Was kann/sollte die Allgemeine Pädagogik für pädagogische Praxis leisten? Die eine, häufig von Studenten erhoffte Antwort kann lauten: Rezepte, Ratschläge, pädagogische Klugheitsregeln, wie man besser erziehen kann! Also letztlich erziehungs-technologische Regeln, mit deren Hilfe man ein bestimmtes Erziehungsziel praktisch erreichen bzw. „herstellen" kann. Theorie und Praxis werden hier in einem engen instrumentellen Zusammenhang gesehen. Man kann hier sogar von einem *technologischen Verständnis* sprechen, weil dabei ein Begriff der *Technologie* verwendet wird, der eine kausale Bewirkung von Wirkungen durch (lehr- und lernbare) Handlungen impliziert. Nicht immer und nicht überall sind diese Implikationen bewußt, häufig wird, ausgehend vom Primat der Praxis, der Theorie nur die diffuse Aufgabe zugeschrieben, sie möge bitte schön, wenn sie ihre Existenzberechtigung nicht verlieren will, etwas für die Praxis bringen (vgl. Horn 1993).

ALLGEMEINE PÄDAGOGIK

als praktische Wissenschaft („Handlungswissenschaft")		als theoretische Wissenschaft
Technologie	Kunstlehre	Wissenschaft
„Technik"	„Takt"	„Tektonik"
Herstellung	Sensibilisierung	Orientierung
(„poiesis")	*(„praxis")*	*(„theoria")*

Abb. 5: Die drei allgemeinen Verständnisse Allgemeiner Pädagogik

Diesem technologisch-instrumentellen Ansatz steht nun ein zweites (Selbst-)Verständnis von Allgemeiner Pädagogik gegenüber, das sich selbst als eine Art *„Kunstlehre"* versteht, als Vermittlung einer Sensibilität für pädagogische fruchtbare Situationen (vgl. Flitner 1993). „Kunst" bedeutet in diesem Sinne, daß es für die Erreichung des Zieles keine lehrbaren Regeln gibt (hier unterscheidet sich der Künstler ja vom Handwerker), sondern nur die Möglichkeit der *Sensibilisierung.* Zwischen theoretischer Sensibilisierung und praktischer Handlung steht keine Technik, sondern eine feines Gespür für Gelegenheit, das wir „Takt" nennen. Das Programm einer Allgemeinen Pädagogik, die einen solchermaßen praktisch wirksamen *pädagogischen Takt* vermittelt, wird projektiv als „pädagogische Topik" projektiert (vgl. Giel 1976).
Schließlich gibt es noch jenes Verständnis (dem ich diesen systemtheoretischen Entwurf zuordnen würde), das die Allgemeine Pädagogik als eine ganz *normale Wissenschaft* versteht (vgl. auch Luhmann/Schorr 1979). Als solche ist sie

in erster Linie eine zum pädagogischen Handlungszusammenhang auf Distanz gehende Reflexionswissenschaft; sie produziert – und das ist gewissermaßen das Allgemeine qua „tertium comperationis" – in Form von Schallwellen und bedrucktem Papier „Sprachspiele" bzw. Kommunikationsofferten auf eine im Wissenschaftssystem goutierte Art und Weise. Aber was ist das Besondere, ihre „differentia spezifica"? Die Antwort heißt: Allgemeine Pädagogen sind Spezialisten für das Allgemeine (in pädagogischen Kommunikationen), und insofern ist Allgemeine Pädagogik auch keine Handlungswissenschaft, denn handeln kann man immer nur in besonderen Situationen. Es geht ihr nicht um eine praktisch anwendbare „Technik", aber auch nicht (bzw. höchstens als nichtplanbare zufällige Nebenfolge) um Vermittlung eines praktisch hilfreichen „Taktes", sondern um die Konstruktion einer „Tektonik" zum Zwecke der kognitiven Orientierung angesichts einer hohen Komplexität pädagogischer Kommunikationsprozesse. „Tektonik" – qua „(Lehre von der) Zusammenfügung von Bauteilen zu einem Gefüge" – meint hier – um es mit KANT zu sagen – das Bemühen, „ein Ganzes nach den Zwecken der Vernunft architektonisch zu entwerfen" (Kant KrV B 863) und reagiert auf die systemtheoretische Herausforderung, in einer grundsätzlich opaken, intransparenten und komplexen (also „unordentlichen") Umwelt so etwas wie eine Ordnung des Denkens (für psychische Systeme) und eine Ordnung der Kommunikation (für soziale Systeme) zu offerieren.

Man kann diese drei dominanten Selbstverständnisse von Allgemeiner Pädagogik den drei klassischen – schon von ARISTOTELES unterschiedenen – Wissensformen zuordnen: *„poiesis", „praxis"* und *„theorie".* Allerdings mit einer Einschränkung, die ich schon erwähnt habe: Man heute heute *„theoria"* nicht mehr – auch nicht in der Allgemeinen Pädagogik" – (wie noch bei Aristoteles) auf „Notwendiges und Ewiges" beziehen. Die faktische Vielfalt der Meinungen über das, was das „pädagogisch Eigentliche" sein soll, kann heute nicht mehr in Richtung der (einzige) „wahren" Sichtweise überschritten werden. Unser moderner Vernunftbegriff kann sich nicht mehr an der Einheit einer Wahrheit festmachen, sondern nur noch in der Art und Weise, wie mit der Differenz vieler Wahrheiten umgegangen wird. Wir brauchen deshalb auch das pädagogische Proprium nicht kontrafaktisch begründen; wir finden es als kontroverse und vielfältige pädagogische Kommunikation (auch in der Allgemeinen Pädagogik) immer schon faktisch vor. Von einer Theorie der Allgemeinen Pädagogik darf man hier nicht mehr, aber auch nicht weniger erwarten, als ein wenig Ordnung im Kopfe angesichts der vielen Unordnung in der Welt. Ich wiederhole mich – aus didaktischen Gründen – absichtlich, wenn ich (noch einmal) sage: Welche Theorie (der Allgemeinen Pädagogik) hier „wahr" ist und welche „falsch" ist, ist systemtheoretisch eine sinnlose Frage, denn Werkzeuge – auch „Denkwerkzeuge" können nicht wahr oder falsch sein: „Die einzigen Wahrheiten, die etwas taugen, sind Werkzeuge, die man nach Gebrauch wieder wegwerfen kann" (in Anlehnung an William von Baskerville formuliert, Eco 1984, S. 626).

Dieses Verständnis von Allgemeiner Pädagogik ist nicht nur – wie es vielleicht auf den ersten Blick scheinen mag – ausschließlich *instrumenteller* Natur, sondern impliziert auch eine *ethische* Entscheidung: Der Verzicht auf eine letzte Begründung relativiert jedes Sprachspiel als ein vorläufiges, und stellt es unter den Vorbehalt, daß es auch unbrauchbar sein könnte. Theorien sind weder wahrheitsdefinit, noch apriori fruchtbar; sie sind bestenfalls „Landkarten", die ihre Brauchbarkeit immer nur aposteriori beweisen können. Man kann sie, wenn sie nichts mehr taugen, auch wieder wegwerfen. Ich gehe davon aus, daß es besser für uns alle ist, alles ohne jede Ausnahme unter den Vorbehalt zu stellen, evolutionär überholt zu werden.

III.

Ich will abschließend versuchen, diesen systemtheoretischen Entwurf einer Allgemeinen Pädagogik aus didaktischen Gründen von außen zu betrachten und zusammenfassend ein paar markante Konturen in Form von Thesen skizzieren. Der Einfachheit halber gebrauche ich dabei den Allgemeinbegriff der „Allgemeinen Pädagogik" als Eigenname dieses systemtheoretischen Entwurfes. Das heißt, daß ich mit diesem Begriff keine allgemeinen Aussagen über die Allgemeine Pädagogik im allgemeinen machen will, sondern über diesen speziellen „systemtheoretischen" Ansatz einer Allgemeinen Pädagogik. Überschneidungen mit anderen Ansätzen sind also zufällig.

1. Allgemeine Pädagogik ist eine erziehungswissenschaftliche Teildisziplin, die sich auf die Beobachtung des Allgemeinen in pädagogischen Kommunikationen spezialisiert hat, also auf die (unanschaulichen) Beziehungen, in denen das (anschauliche) je Besondere erscheinen kann (und das wir umgangssprachlich auch als das „Ganze" bezeichnen).

2. Um das Allgemeine beobachten zu können, bedarf es der theoretischen Distanz. Allgemeine Pädagogik ist deshalb keine praktische Handlungswissenschaft, sondern eine theoretische Reflexionswissenschaft. Sie hat nicht die Funktion, Praxis handelnd zu erreichen, sondern pädagogische Kommunikation begrifflich zu strukturieren.

3. Auch aus der theoretischen Distanz sieht man nur das, was man sieht. Es bedarf also zunächst kontrollierter Entscheidungen über Unterscheidungen, mit deren Hilfe man beobachten will (was ist und nicht nicht ist). Eine systemtheoretische Allgemeine Pädagogik schlägt vor, pädagogische Kommunikation mit Hilfe der Unterscheidung Raum (hier – dort) und Zeit (vorher – nachher) zu beobachten. In der Raumdimension werden dadurch Systeme (hier) in ihrer Umwelt (dort), in der Zeitdimension Variationen (früher) und Selektionen (nachher) beobachtbar.

4. Eine solche allgemeine Pädagogik hat damit zwei interdisziplinär anschlußfähige Bezugstheorien: in der Sachdimension die (Allgemeine) Systemtheorie und in der Zeitdimension die (Allgemeine) Evolutionstheorie. Es wird unterstellt, daß alles, was in pädagogischen Sprachspielen gesagt werden kann, systemtheoretisch und evolutionstheoretisch gesagt werden kann.

5. Allgemeine Pädagogik hat in ihren beiden traditionellen Teilgebieten der historischen Pädagogik und der systematischen Pädagogik beide Sinndimensionen aufgehoben. Historisches Denken beobachtet entlang der Unterscheidung „vorher – nachher" Prozesse, systematisches Denken entlang der Unterscheidung „hier – dort" Strukturen pädagogischer Kommunikation. Systematische Pädagogik wird damit systemtheoretisch und historische Pädagogik evolutionstheoretisch reformulierbar.

6. Aus dieser system- und evolutionstheoretischer Sicht wird die Funktion von Erziehung beobachtbar: Erziehung kompensiert ein Folgeproblem evolutionärer Systemdifferenzierung. Die evolutionäre Funktion von Erziehung ist die Ankoppelung zweier Systemebenen mit unterschiedlichem Zeitbedarf und unterschiedlichen Lernformen. Ontogenesen werden durch Erziehung anschlußfähig an Soziogenesen; nur so können sich Ontogenesen und Soziogenesen in ihrer Systemstruktur auf Dauer stellen.

7. Solange der unterschiedliche Zeitbedarf der beiden Systemebenen nicht kürzer als eine Generation ist, kann Erziehung ausschließlich als funktionale Erziehung (Sozialisation) organisiert werden. Sie kommt ohne absichtliches Lehren aus und beschränkt sich auf ein mitgängiges latentes Lernen. Wenn die Zeit knapp wird, wird – zunächst partiell – auf intentionale Erziehung umgestellt, und das heißt: Die Strukturen der Umwelt werden für das lernende System nach Maßgabe antizipierter Lernprozesse geplant.

8. Aber auch eine intentionale Erziehung, etwa in Form von Unterricht, kann nur die Umwelt der Umwelt des Systems „Schüler" verändern, nicht den Schüler unmittelbar selbst. Dieser kann nur durch ein didaktisch komponierte Einschränkung seiner Umwelt zum Lernen angeregt werden. Diese Fremdänderung der Umwelt kann die Selbständerung des Systems nicht determinieren, aber durch ein Irritieren initiieren. Nicht Lehrer, sondern Strukturen erziehen, in denen Lehrer möglicherweise eine wichtige Rolle spielen.

9. Erziehung beginnt aus systemtheoretischer Sicht durch Einschränkung von Möglichkeiten der Selbständerung eines lernenden Systems und insofern mit Enttäuschung. Diese Einschränkungen erscheinen bei der extentionalen und der intentionalen Erziehung als bewußte Selektion. Bewußte Selektion aber impliziert Kontingenz. Das damit angesprochene pädagogische Kontingenzproblem wird in der pädagogischen Tradition durch historisch und sy-

stematisch unterschiedliche Erziehungsziele kommunizierbar gemacht. Es kann nicht ein für allemal „gelöst" werden, weil Systeme in komplexen Umwelten diese nicht vollständig durchschauen können. Eine Erziehung für die Zukunft ist deshalb immer riskant, weil sie ganz spezifisch auf ganz unspezifische Situationen vorbereitet. Die Folge ist: Man lernt immer gleichzeitig zu wenig und zu viel.

10. Durch Einschränkung wird Selbständerung in Richtung Differenzierung angeregt. Deshalb mündet geglückte Erziehung immer auch in (kognitiver, emotiver und psychomotorischer) Differenzierung von Anlagen und Begabungen. Auf der Basis von formaler Gleichheit entwickelt das moderne Schulsystem jene inhaltliche Ungleichheit dieser Differenzierung, die an unsere funktional differenzierte Gesellschaft anschlußfähig ist.

11. Diese Systemleistung wird spätestens dort notwendig, wo aufgrund gesellschaftsstruktureller Veränderungen das Individuum bei seiner Geburt vom Gesellschaftssystem als Umwelt behandelt wird und die gesellschaftliche Integration (Inklusion) auf selbstorganisierte individuelle Leistung umstellt. Seit diesem Zeitpunkt kann das Individuum auch in der Erziehung sich nicht mehr über Einheit, sondern über Differenz, nicht mehr über Notwendigkeit, sondern über Kontingenz und nicht mehr über Integration, sondern über Exklusion definieren.

12. Allgemeine Pädagogik bastelt „Landkarten" (Theorien) über pädagogische „Landschaften" (pädagogische Kommunikationen); sie macht also Kommunikationsofferten über Kommunikationsofferten. Diese werden praktisch angenommen oder nicht, sie erzeugen Resonanz oder nicht. Hier unterscheidet sich Allgemeine Pädagogik als Theorie nicht von der (intentionalen) Erziehung als Praxis. Hier wie dort gilt: Wenn der Lehrer lehrt mit List, dann ändert sich der Schüler oder er bleibt wie er ist!

Literatur

Aristoteles: Nikomachische Ethik. Stuttgart 1969.

Bernfeld, Siegfried: Sisyphos oder die Grenzen der Erziehung. Frankfurt a. M. 1967.

Diederich, Jürgen: Bemessene Zeit als Bedingung pädagogischen Handelns. In: N. Luhmann/K.-E. Schorr (Hrsg.): Zwischen Technologie und Selbstreferenz. Fragen an die Pädagogik. Frankfurt a. M. 1982, S. 52 – 86.

Eco, Umberto: Der Name der Rose. Roman. München 1984.

Flitner, Elisabeth: Auf der Suche nach ihrer Praxis – Zum Gegensatz von „ermutigender Pädagogik" und „enttäuschender Erziehungswissenschaft". In: Oelkers/Tenorth 1993, S. 93 – 108.

Giel, Klaus (Hrsg.): Allgemeine Pädagogik. Freiburg i. Br. 1976.

Herbart, Johann Friedrich: Allgemeine Pädagogik aus dem Zweck der Erziehung abgeleitet. Sämtliche Werke Band 10, hg. v. G. Hartenstein. Leipzig 1951.

Horn, Klaus-Peter: „Schöngeistiges Zusatzwissen" oder „Empathie"? Stichworte zum studentischen Umgang mit pädagogischem und erziehungswissenschaftlichem Wissen. In: Oelkers/Tenorth 1993, S. 193 – 212.

Kant, Immanuel: Kritik der reinen Vernunft (KrV). Text der Ausgabe 1781 mit Befügung sämtlicher Abweichungen der Ausgabe 1787. Hg. von K. Kehrbach. Leipzig o. J. (1877).

Luhmann, Niklas: Soziologie der Moral. In: N. Luhmann u. St. H. Pfürtner (Hrsg.): Theorietechnik und Moral. Frankfurt a. M. 1978, S. 8 – 116.

Luhmann, Niklas: Soziale Systeme. Grundriß einer allgemeinen Theorie. Frankfurt a. M. 1984.

Luhmann, Niklas: Gesellschaftsstruktur und Semantik. Studien zur Wissenssoziologie der modernen Gesellschaft Band 3. Frankfurt a. M. 1989.

Luhmann, Niklas/Schorr, Karl-Eberhard: Reflexionsprobleme im Erziehungssystem. Stuttgart 1979.

Luhmann, Niklas/Schorr, Karl-Eberhard: Wie ist Erziehung möglich? Eine wissenschaftssoziologische Analyse der Erziehungswissenschaft. In: Zeitschrift für Sozialisationsforschung und Erziehungssoziologie (ZHSE) 1, 1981, Heft 1, S. 37 – 54.

Macke, Gerd: Ausbildung von Teildisziplinen – Differenzierung zwischen den Teildisziplinen. Erziehungswissenschaft auf dem Wege zu einer ausdifferenzierten Disziplin. In: Erziehungswissenschaft. Mitteilungsblatt der DGfE, 3, 1992, Heft 5, S. 111 – 134.

Oelkers, Jürgen/Tenorth, H.-Elmar (Hrsg.): Pädagogisches Wissen. Weinheim und Basel 1993.

Pestalozzis sämtliche Werke. Hrsg. von W. Leyffarth. Leipzig 1901.

Rousseau, Jean-Jacques: Emile oder Über die Erziehung. Stuttgart 1993.

Schleiermacher, Friedrich: Gedanken zu einer Theorie der Erziehung. Aus der Pädagogik-Vorlesung von 1826. Heidelberg 1965.

Treml, Alfred K.: Theorie struktureller Erziehung. Grundlagen einer pädagogischen Sozialisationstheorie. Weinheim und Basel 1982.

Treml, Alfred K.: Einführung in die Allgemeine Pädagogik. Stuttgart 1987.

Treml, Alfred K.: Klassiker. Die Evolution einflußreicher Semantik. Stuttgart 1996 (im Druck).

Treml, Alfred K. (ed.): Systems theory of education discours. Durban 1996 (im Erscheinen).

Vogel, Peter: System – Die Antwort der Bildungsphilosophie? In: Oelkers/Tenorth 1993, S. 347 – 360.

Siegfried Uhl

Allgemeine Pädagogik: Aufgaben, Inhalt, Problematik

Das Wort „Pädagogik" bedeutet „Theorie der Erziehung". Unter Erziehung werden Handlungen verstanden, „durch die Menschen versuchen, die Persönlichkeit anderer Menschen in irgendeiner Hinsicht zu fördern, ... [ihre] als wertvoll beurteilten Bestandteile zu erhalten oder die Entstehung von Dispositionen, die als schlecht bewertet werden, zu verhüten" (vgl. Brezinka 1990, S. 34–99; Zitat S. 95). Mit dem Sammelnamen „Pädagogik" werden alle Theorien zusammengefaßt, deren Sätze die Erziehung zum Gegenstand haben. Dazu gehören die wissenschaftlichen (d. h. deskriptiven, kausalanalytisch und technologisch orientierten) Erziehungstheorien und ebenso die außerwissenschaftlichen Theorien über die Erziehung. Im Unterschied zu den wissenschaftlichen Theorien enthalten die außerwissenschaftlichen Theorien neben deskriptiven (beschreibenden) Elementen auch präskriptive (normative und appellative, wertende und auffordernde) Elemente. Zu den Erziehungstheorien mit präskriptivem Gehalt gehören zum Beispiel die Erziehungslehren für Praktiker, außerdem die Theorien aus dem Gebiet der normativen Philosophie der Erziehung (zur Unterscheidung der drei pädagogischen Theorieklassen Erziehungswissenschaft, Philosophie der Erziehung und Praktische Pädagogik vgl. Brezinka 1978).

Die Bedeutung des Ausdrucks „Allgemeine Pädagogik" ist bei den Autoren, die sich mit ihr beschäftigen, umstritten. Einigkeit gibt es nur in einem Punkt: daß die Allgemeine Pädagogik zentrale Bedeutung hat, weil die dort gewonnenen Ergebnisse grundlegend sind für alle anderen Zweige der Pädagogik. Aber schon bei der Frage, welche Aufgabe sie haben und welche Gegenstände sie behandeln soll, gehen die Meinungen auseinander. Entsprechend wird in der Fachliteratur unter dem Namen „Allgemeine Pädagogik" eine große Zahl von Themen diskutiert, die nach Inhalt und Art der Behandlung weit auseinander liegen. Das gilt sogar für die Einführungsbücher, die für die Studienanfänger gedacht sind. Einige Autoren bieten eine pädagogische Ideengeschichte bzw. eine Geschichte der Erziehung von der Antike bis zur Gegenwart. Bei einigen anderen wird in erster Linie ein Überblick über die verschiedenen Richtungen in der zeitgenössischen Pädagogik und über deren wissenschaftstheoretische Standpunkte, Forschungsmethoden und Hauptarbeitsfelder gegeben (vgl. Petersen/Reinert 1992). Eine dritte Gruppe behandelt hauptsächlich Themen wie „Motivation", „Lernen", „Sozialisation" (zur Kritik der Begriffsverwirrung in der sozialisationstheoretischen Literatur vgl. Brezinka 1989, S. 192–270), „Identitätsfindung", „Zeitlichkeit" und Gemeinschaftsgebundenheit des Menschen und versucht, die darüber vorhandenen Ergebnisse der benachbarten humanwissenschaftlichen Disziplinen und der Philosophie für die Pädagogik zu erschließen. Es gibt daneben noch weitere Gruppen, unter anderem eine, bei der die Autoren die genannten Themen zu einem Gesamtsystem oder einem Grundriß der Allgemeinen Pädagogik zu verbinden versuchen (vgl. Giel 1976; Lassahn 1993; Treml 1987; historisch-systematischer Überblick bei Breinbauer 1996).

Die Veröffentlichungen zur Allgemeinen Pädagogik sind aber trotz der Vielfalt nicht völlig zufriedenstellend, denn in vielen Arbeiten sind die zwei entscheidenden Fragen ungeklärt oder nur ansatzweise beantwortet.

Die *eine* Frage ist, ob die behandelten Gegenstände tatsächlich zentrale Bedeutung haben und für alle anderen Zweige der Pädagogik grundlegend sind. Informationen über die Geschichte der Erziehung und der Erziehungstheorien, über die wissenschaftstheoretischen Auseinandersetzungen zwischen den Pädagogikern und den aktuellen Stand der psychologischen und philosophischen Forschung sind zwar interessant und verdienen Beachtung auch außerhalb der Disziplinen, in denen sie gewonnen worden sind. Aber hier geht es nicht um den generellen Wert von Informationen, sondern um ihre Relevanz. Vom Standpunkt der Erziehungstheoretiker kommt es darauf an, daß eine Information für die Theorienbildung auf ihren jeweiligen Spezialgebieten entweder unabdingbar ist oder doch zu Theorien von höherer Qualität als die vorhandenen führt. Das ist bei vielen Informationen, die heute in den Texten zur Allgemeinen Pädagogik geboten werden, eher unwahrscheinlich. Man kann eine gute Praktische Schulpädagogik, eine Theorie der Erziehung in der Familie oder eine Mittellehre für die Sehbehindertenerziehung formulieren, ohne tief in das historische, wissenschaftstheoretische und philosophische Detailwissen der Lehrbücher der Allgemeinen Pädagogik eindringen zu müssen. Es ist für Pädagogiker, die auf Spezialgebieten arbeiten, großenteils irrelevant. Entsprechend wenig wird die Allgemeine Pädagogik beachtet.

Die *andere* Frage ist, ob die Allgemeine Pädagogik überhaupt notwendig ist. Die meisten Autoren zählen Bereiche zu ihrem Aufgabengebiet, für die es eigene Spezialdisziplinen gibt. Beispielsweise werden die Philosophie der Erziehung und die „Anthropologie der Erziehung" häufig als Gebiete genannt, die zur Allgemeinen Pädagogik gehören (vgl. Lenzen 1994, S. 38). Aus fachsystematischer und auch aus praktischer Sicht gibt es aber keinen Grund, warum die gleichen Gegenstände außer in den darauf spezialisierten Zweigen des Fachs noch ein zweites Mal in der Allgemeinen Pädagogik behandelt werden müßten. Es ist allerdings auch möglich, daß gar nicht an eine zweifache Behandlung gedacht ist und die Erziehungsphilosophen und die Erziehungsanthropologen einfach als Allgemeine Pädagogiker klassifiziert werden. Aber auch dafür gibt es keinen stichhaltigen fachsystematischen Grund.

Bei kritischer Betrachtung kann der Eindruck entstehen, daß die Allgemeine Pädagogik überflüssig ist oder zumindest in ihrem augenblicklichen Zustand kein relevantes Material für die Theorienbildung in den übrigen Zweigen der Pädagogik zu bieten hat. Diese Auffassung wird ab und zu offen und noch öfter implizit geäußert. Sie ist mit Blick auf die unzusammenhängenden und wenig geordneten Wissenselemente, die unter dem Namen „Allgemeine Pädagogik" gelehrt werden, gut zu verstehen. Das heißt aber nicht, daß sie zutreffend ist. Denn die Allgemeine Pädagogik könnte durchaus relevant sein, wenn die Allgemeinen Pädagogiker die zentralen Aufgaben ihrer Forschungsrichtung intensiver und gezielter bearbeiten würden.

1. Die Aufgaben der Allgemeinen Pädagogik

Die Aufgaben der Allgemeinen Pädagogik werden klar, wenn man einen Blick auf das gesamte Fach und die Bedürfnisse der Theoretiker in den einzelnen Zweigen der Pädagogik wirft. Wie die übrigen wissenschaftlichen und wissenschaftsanalogen Fächer ist auch die Pädagogik in mehrere Teildisziplinen gegliedert, die im Lauf der Zeit entstanden sind und sich nur zum Teil nach systematischen Gesichtspunkten ordnen lassen. Beispiele für Teildisziplinen mit einem weiten Arbeitsfeld sind die Historiographie der Erziehung und der Erziehungstheorien, die Familienpädagogik, die Schulpädagogik (einschließlich der Didaktik), die Sozialpädagogik, die Heilpädagogik, die Berufspädagogik, die Erwachsenenpädagogik und die Vergleichende Pädagogik (vgl. Röhrs 1993, S. 303–460). Daneben gibt es eine große Zahl von Spezial-Pädagogiken mit engerem Aufgabengebiet. Spezial-Pädagogiken für bestimmte Erziehungsaufgaben sind zum Beispiel die Moralpädagogik, die Friedenspädagogik und die Freizeitpädagogik, Spezial-Pädagogiken für bestimmte Adressatengruppen die Verhaltensauffälligen-Pädagogik und die Ausländer-Pädagogik.

Im ganzen betrachtet ist die moderne Pädagogik ein genauso differenziertes und spezialisiertes Fach wie ihre sozialwissenschaftlichen Nachbardisziplinen. Auch die Mängel sind ähnlich, aber in der Pädagogik deutlicher als anderswo (vgl. Heid 1987; Uhl 1994). Mit der Spezialisierung geht häufig eine Verengung des Blickwinkels einher. Die Theoretiker konzentrieren sich auf das eigene Spezialgebiet und beachten die Ergebnisse aus den anderen Bereichen der Forschung nur am Rand. Das ist solange unproblematisch, wie die einzelnen Forschungsfelder inhaltlich weit auseinander liegen und sich wenig Überschneidungen bei den Untersuchungsgegenständen und den Forschungsergebnissen ergeben. Dieser Fall ist in der Pädagogik aber die Ausnahme. Die pädagogischen Teil- und Spezialdisziplinen haben viel gemeinsam, obwohl die Einteilung in eine große Zahl von Bereichen und das bei einigen Spezialisten vorhandene Bemühen um Abgrenzung leicht darüber hinwegtäuschen.

Wenn man zum Beispiel nach den Bedingungen für das Eintreten des Erziehungserfolgs sucht, findet man neben der Herkunft und den Vorerfahrungen der Edukanden, ihrer Persönlichkeitsverfassung und anderen, von den Erziehern schwer oder überhaupt nicht beeinflußbaren Faktoren stets auch zwei zentrale Faktoren, die unmittelbar von den Erziehern bzw. von den Institutionen abhängen, in denen sie tätig sind: erstens die Persönlichkeit und das Verhalten des Erziehers und zweitens die Qualität der Institution, in der erzogen wird. Gute Erzieher haben in allen Erziehungsfeldern, die man untersucht hat, im großen und ganzen ähnliche Merkmale. Ebenso haben erfolgreiche Erziehungseinrichtungen in verschiedenen Feldern ähnliche Charakteristika (hierzu Uhl 1994 a). Dabei spielt es nur eine begrenzte Rolle, ob es sich um Erzieher im Kindergarten, an den Schulen, in der Berufsausbildung, in Programmen der außerschulischen Jugendarbeit oder sogar um das Lehrpersonal an den Universitäten handelt. Entsprechend groß sind die Überschneidungen in den speziellen Erziehungstheorien für die betreffenden Aufgabenfelder. Die Lehre (bzw. die Theorie) vom guten Erzieher und die Lehre von der erfolgreichen Erziehungseinrichtung haben in der Kindergartenpädagogik, der Schulpädagogik, der Berufspädagogik, der Sozialpädagogik und der Hochschuldidaktik ähnliche Elemente. Sie werden zwar je nach Aufgabenfeld differenziert und modifiziert. Aber im Kern werden fast immer die gleichen allgemeinen Qualitäten der Erzieherpersönlichkeit und bestimmte allgemeine Charakteristika von Erziehungseinrichtungen als weit wichtiger betrachtet als irgendwelche aufgabenfeld- (oder bereichs-)spezifischen Merkmale der Lehrer und der Institutionen.

Es ist häufig der Fall, daß man beim Vergleich der pädagogischen Teil- und Spezialdisziplinen neben bereichsspezifischen Unterschieden einen Kernbestand an übereinstimmenden Forschungsergebnissen, Erkenntnissen und Theorie-Teilen findet. Zu den Gebieten, die meistens einen ähnlichen Inhalt haben, gehören die Lehre vom Zu-Erziehenden, vom Werden seiner Persönlichkeit und von den Gesetzmäßigkeiten, die dabei beobachtet worden sind; die Psychologie des Denkens, Lernens und Behaltens (soweit sie pädagogisch relevant ist); Theorien über den Willen, die Motivation und den Widerstand (die Reaktanz) beim Edukanden; ferner die Theorie der Erziehungsmittel (einschließlich des Unterrichts) und der Bedingungen für ihre Wirksamkeit; die Sozialpsychologie von Gruppen (von Edukanden, aber auch von Erziehern); normative Theorien über die obersten Erziehungsziele (z. B. Tüchtigkeit [vgl. Brezinka 1987], Moralität, Mündigkeit, Verantwortungsbewußtsein usw. [vgl. Uhl 1993]), über die moralische Zulässigkeit bestimmter Erziehungsmittel, über die Berufsmoral der Erzieher (vgl. Brezinka 1992, S. 200–231 und 1993, S. 169–218) usw.

Es liegt im Interesse der Theoretiker in den Spezialgebieten, schnell und mit geringem Aufwand Informationen über bereichsübergreifendes pädagogisches Wissen zu bekommen. Die Alternative ist, das gewünschte Grundlagen-Wissen durch Forschung im eigenen Spezialgebiet zu gewinnen. Viele Theoretiker sind diesen Weg aus Mangel an anderen Informationsquellen gegangen und am

Ende zu Ergebnissen gelangt, wie sie so oder ähnlich auch von den Kollegen in den Nachbargebieten formuliert worden sind. Das war zum Teil unumgänglich. Die Verallgemeinerbarkeit und der Geltungsbereich des Sachverhalte- und Gesetzeswissens lassen sich erst dann mit einiger Zuverlässigkeit abschätzen, wenn sich seine Gültigkeit in mehreren Teilbereichen erwiesen hat. Allerdings ist manchmal zuviel getan worden. Das hat nicht nur Zeit, Geld und Mühe gekostet. Es hat auch zu der teilweise berechtigten Kritik geführt, daß in der Pädagogik wie überhaupt in den sozialwissenschaftlichen Fächern „mindestens 95% der Forschung die Suche nach Dingen darstellt, die schon vor langer Zeit und seitdem viele Male gefunden wurden" (Andreski 1977, S. 11).

Es empfiehlt sich schon aus Gründen der Sparsamkeit im Einsatz der personellen und materiellen Mittel, daß sich die Spezialisten in Zukunft auf die erziehungstheoretisch relevanten Besonderheiten ihres Spezialgebiets konzentrieren. Für die Gewinnung und Aufbereitung des Kernbestands (oder des „Extrakts" [vgl. Heiligenmann 1986, S. 158–160]) an pädagogischem Wissen, der für alle Bereiche gleich (oder sehr ähnlich) ist, sind die Allgemeinen Pädagogiker zuständig. Ungeachtet ihres Eigenwerts als selbständige Teildisziplin hat die Allgemeine Pädagogik eine dienende Funktion: Für die anderen Zweige des Fachs ist sie eine Grundlagen- und Hilfsdisziplin, aus der sich die Spezialisten über das allgemeine, d. h. in allen Bereichen gültige Wissen über die Erziehung informieren können.

Das bereitgestellte Grundlagenwissen hilft nicht nur den hauptberuflichen Erziehungstheoretikern, sondern auch den Praktikern und Schülern und Studenten, die sich auf die Tätigkeit in einem Erziehungsberuf vorbereiten. Egal, ob es sich um künftige Lehrer, Schulpsychologen, Heimerzieher, Ausbilder aller Art, Sozialarbeiter, Freizeit-, Kunst- oder Sportpädagogen handelt: Sie sollten alle in der Ausbildung mit dem bereichsübergreifenden Kernbestand an pädagogischem Wissen vertraut werden, damit sie eine vernünftige Grundlage für die spätere Berufsausübung haben. Das ist auch der Grund, weshalb die meisten Studienordnungen neben studiengangspezifischen Lehrveranstaltungen auch Veranstaltungen in Allgemeiner Pädagogik vorschreiben.

Die zentrale Aufgabe der Allgemeinen Pädagogik läßt sich auf einer hohen Abstraktionsebene zufriedenstellend bestimmen: Ihre Aufgabe ist die Gewinnung und Aufbereitung des erziehungstheoretischen Grundlagenwissens. Die einfache Formulierung täuscht leicht über die Schwierigkeit der Teilaufgaben hinweg, die sich dahinter verbergen. Die beiden wichtigsten Teilaufgaben sind erstens die Auswahl der Wissensbestände, die als Inhalt der Allgemeinen Pädagogik in Betracht kommen, und zweitens deren Systematisierung.

Bei der *Auswahl* der Wissensbestände für die Allgemeine Pädagogik geht es im Kern darum, wichtige und unwichtige Wissenselemente zu unterscheiden. Das ist leicht gesagt, aber schwierig in der Durchführung. Allgemein gilt: Die Allgemeine Pädagogik soll nur solche Informationen enthalten, die für die Formulierung von Erziehungstheorien relevant sind oder sich zumindest mit einiger Wahrscheinlichkeit als relevant erweisen könnten. Sie ist freizuhalten von Informationen, die irrelevant sind und unter Umständen sogar von den erziehungstheoretisch relevanten Informationen ablenken. Bei der Beurteilung der Relevanz dient das Zweck-Mittel-Schema als Ordnungsrahmen (dazu gleich mehr). In erster Linie relevant sind Wissenselemente, die über Erziehungsziele, Erziehungsmittel und die Bedingungen für das Eintreten (bzw. das Ausbleiben) des Erziehungserfolgs informieren. Irrelevant (für die Theorienbildung in der Pädagogik) sind Wissenselemente, wenn sie keine Informationen über Erziehungsziele, Mittel und die Determinanten des Erziehungserfolgs enthalten.

„Systematisierung" bedeutet hier Sammlung, Ordnung und Einteilung von pädagogischem Wissen. Die Allgemeine Pädagogik ist in erster Linie ein theoretisches, analytisch-systematisches Gebiet. Die Allgemeinen Pädagogiker gewinnen ihre Ergebnisse nicht primär durch eigene empirische Forschung, sondern im Regelfall durch die theoriegeleitete Analyse des empirischen Materials und der empirisch gestützten Ergebnisse aus den anderen Bereichen der Pädagogik und aus den Nachbardisziplinen. Mit „theoriegeleitet" ist gemeint: Die vorhandenen Ergebnisse werden an Hand eines Ordnungsrahmens erfaßt und auf Übereinstimmungen untersucht.

Bei dem Ordnungsrahmen, der dafür geeignet ist, ist das zentrale Element das Zweck-Mittel-Schema (vgl. Brezinka 1995, S. 218–258). Jede Erziehungstheorie ist ein Gefüge von Aussagen, bei denen Angaben über wünschenswerte Persönlichkeitseigenschaften als Ziele der Erziehung und Empfehlungen hinsichtlich der Mittel zur Erreichung dieser Ziele im Mittelpunkt stehen. Neben dem Wissen über Erziehungsziele (z. B. über ihre Begründung, Charakterisierung in Dispositionsbegriffen und Erreichbarkeit) und neben dem Wissen über Erziehungsmittel (speziell über die Bedingungen für ihre Wirksamkeit) ist das Wissen über alle Faktoren zu erfassen, von denen das Eintreten des Erziehungserfolgs abhängt. Das sind im wesentlichen Faktoren im Edukanden, im Erzieher, in den Erziehungseinrichtungen und überhaupt in der Umwelt, in der erzogen wird.

Im Regelfall geht man in der Allgemeinen Pädagogik so vor, daß zuerst eine theoretisch gehaltvolle, aber noch überschaubare Frage gestellt wird. Einige Beispiele: Was ist über die Erreichbarkeit des Erziehungsziels „Friedensgesinnung" bekannt und von welchen Faktoren hängt die Entstehung der betreffenden psychischen Dispositionen ab? Welche Wirkung hat der Einsatz von Strafen als Erziehungsmittel und mit welchen unerwünschten Nebenwirkungen muß man rechnen? Gibt es generelle Merkmale in der Persönlichkeit und im Stil des Erziehers oder in der Umgebung des Edukanden, die sich positiv (oder negativ) auf den Erziehungserfolg auswirken?

Der nächste Schritt ist die Suche nach theoretischem und vor allem empirischem Material, mit dem sich die Ausgangsfrage beantworten oder wenigstens einer Antwort näherbringen läßt. Dabei stößt man fast immer auf Untersuchungen, die in vielen verschiedenen Bereichen durchgeführt worden sind. So ist zum Beispiel ein Zusammenhang zwischen einerseits dem Erziehungsstil und andererseits dem Erziehungserfolg und dem Wohlbefinden der Edukanden in mehreren Erziehungsfeldern festgestellt worden: im Kindergarten, in der Schule, in der Berufsausbildung, der außerschulischen Jugendarbeit usw. Die entscheidende Frage ist: Sind es immer die gleichen (oder sehr ähnliche) Merkmale des Erziehungsstils, die mit einem vergleichsweise großen Erziehungserfolg einhergehen? Wenn das für eine genügend große Zahl von Bereichen der Fall ist, dann darf das Ergebnis (bis auf weiteres) als bereichsübergreifend angesehen und in den Wissensbestand der Allgemeinen Pädagogik aufgenommen werden. Dort wird es oft ohne weitere Aufzählung der Bereiche, aus denen es gewonnen worden ist, in allgemeinen Sätzen wie dem folgenden formuliert: „Im großen und ganzen beeinflußt die durchgängige gefühlsmäßige Tönung des ... Erziehungsverhaltens (... besonders ... hinsichtlich der Dimension Liebe – Abweisung) die Entwicklung der Kinder mehr als irgendeine spezielle Technik der Kindererziehung" (Berelson/Steiner 1974, S. 51).

Von einem strengen wissenschaftstheoretischen Standpunkt ist dieses Verfahren freilich nicht unproblematisch. Allgemeine Sätze, die aus einer begrenzten Zahl von empirisch geprüften Einzelfällen erschlossen worden sind, haben einen ungewissen Geltungsbereich und treffen nicht unbedingt auf jeden neuen Fall zu. Sie gelten nur „bis auf weiteres". Das heißt: Bis sie sich bei der Überprüfung von weiteren Fällen als unzutreffend (oder nur zum Teil zutreffend) erweisen und entweder aufgegeben oder modifiziert, differenziert oder im Geltungsbereich präzisiert werden müssen. Die Sätze der Allgemeinen Pädagogik enthalten nur *relativ* bewährtes (vorläufiges und prinzipiell revidierbares) Wissen. Diese Einschränkung gilt aber nicht nur für die Allgemeine Pädagogik. Man muß sich auf vielen Gebieten mit relativ bewährtem Wissen zufriedengeben. Das ist vom pragmatischen Standpunkt auch akzeptabel, weil es dazu erstens keine Alternative gibt und zweitens das in einer genügenden Zahl von Fällen bewährte Wissen auch bei neuen Anwendungsfällen erfahrungsgemäß eine relativ gute Aussicht auf Bewährung hat.

2. Der Inhalt der Allgemeinen Pädagogik

Der Inhalt der Allgemeinen Pädagogik ist in formaler Hinsicht einfach zu bestimmen: Sie soll den Kernbestand des erziehungstheoretischen Wissens enthalten, das für alle (oder doch die meisten) Teilbereiche der Pädagogik relevant ist. Schwieriger ist die Frage zu beantworten, welche konkreten Wissenselemente und Theorie-Teile tatsächlich bereichsübergreifend und deshalb in den Wissenskanon der Allgemeinen Pädagogik aufzunehmen sind. Die Antwort setzt zweierlei voraus: Erstens müßte ein informationsreiches System der Pädagogik einschließlich ihrer Teilbereiche vorhanden sein. Zweitens müßten die Sätze, die in die Allgemeine Pädagogik aufgenommen werden sollen, in einer genügend großen Zahl von unterschiedlichen Bereichen überprüft worden sein und sich dort als theoretisch gehaltvoll und empirisch bewährt erwiesen haben. Beide Voraussetzungen sind im Augenblick nur zum Teil erfüllt. Obwohl in einigen Bereichen des Faches schon viel geleistet worden ist, ist ein zeitgemäßes System der Pädagogik erst in Grundzügen ausgearbeitet worden (vgl. Brezinka 1995). Auch von den Sätzen, die möglicherweise bereichsübergreifend gelten, ist erst ein Teil in einer gewissen Breite überprüft worden. Dabei hat man sich in der Regel auf Sätze konzentriert, deren Inhalt nicht allzu weit über das Erfahrungswissen früherer Erziehergenerationen hinausreicht. Auf der anderen Seite ist aber schon soviel analytisch-systematisches und empirisches Material vorhanden, daß sich der Inhalt der Allgemeinen Pädagogik in den Schwerpunkten schon heute abzeichnet. Eine Hilfe sind auch die älteren „Systeme der [Allgemeinen] Pädagogik" (vgl. z. B. Göttler 1964, erstmals 1915), die teilweise als Einführungsbücher für Studienanfänger (vgl. z. B. Esterhues 1962) oder als Kompendien des Prüfungsstoffs entstanden sind. Sie stimmen in der Mehrheit darin überein, welche Gebiete zum Kernbestand der Allgemeinen Pädagogik gehören, und können deshalb trotz gewisser begrifflicher und theoretischer Schwächen als Orientierungshilfe herangezogen werden.

Ein System der Pädagogik, das beim heutigen Stand des Wissens als einigermaßen vollständig betrachtet werden kann, muß Informationen zu den folgenden Gebieten enthalten (nach Brezinka 1978 a):

A. Grundbegriffe, Methoden und Theorie der Pädagogik

In diesem Bereich der Allgemeinen Pädagogik werden die terminologischen, methodologischen und wissenschaftstheoretischen Grundlagen der Pädagogik dargestellt, soweit sie für die Formulierung von Theorien in allen Zweigen der Pädagogik unentbehrlich oder zumindest nützlich sind. Folgende Teilbereiche sind zu berücksichtigen:

A. 1. *Grundbegriffe.* Dieser Teilbereich enthält die Begriffe, die für alle Arten von Erziehungstheorien relevant sind. Neben dem Zentralbegriff Erziehung gehören dazu in erster Linie die Begriffe Erzieher (einschließlich der Teilklasse Lehrer), Zu-Erziehender (Edukand, Adressat der Erziehung, Zögling, Schüler), Erziehungsziel (einschließlich Unterrichtsziel), Erziehungsmittel, Erziehungssituation, Erziehungserfolg usw. (vgl. Brezinka 1990). Die Allgemeine Pädagogik soll allerdings nicht die vollständigen Begriffsexplikationen aus der begriffsanalytischen Spezialliteratur enthalten, sondern nur das Ergebnis: im Idealfall ein Gefüge von zusammengehörigen Begriffspräzisierungen, die exakt, so einfach wie möglich und für die Theorienbildung fruchtbar sind.

A. 2. *Hauptprobleme der Pädagogik.* In diesem Teilbereich geht es um die Darlegung des systematischen Kerns von Erziehungstheorien: das Zweck-Mittel-

Schema. Im Mittelpunkt steht die Erläuterung der Beziehung zwischen den Erziehungszielen und den Bedingungen für ihre Erreichung, die von Erziehern durch den Einsatz von Erziehungsmitteln beeinflußt werden können. Auch die Problematik der unbeabsichtigten Wirkungen und speziell der negativen Nebenwirkungen der Erziehung ist in diesem Zusammenhang zu behandeln.

A. 3. *Theorie der Erziehungstheorien.* In diesem Teilbereich werden die Grundzüge der Metatheorie der Erziehung (vgl. Brezinka 1978) und die Merkmale und Unterschiede von wissenschaftlichen, philosophischen und praktischen Erziehungstheorien dargestellt. Wie bei den Grundbegriffen kommt es hier vor allem auf das Ergebnis an: in diesem Fall auf einen Grundbestand an wissenschaftstheoretischem Wissen, der den in den einzelnen Bereichen der Pädagogik tätigen Spezialisten die Klassifikation der vorhandenen Theorien und die präzisere Formulierung von eigenen Theorien erlaubt.

A. 4. *Methodenlehre.* In diesem Teilbereich sind die wissenschaftlichen und wissenschaftsanalogen Methoden zu behandeln, mit denen die Ergebnisse der Pädagogik gewonnen werden. Dazu gehören die sozialwissenschaftlichen Methoden zur Erhebung und Auswertung von Daten (Felduntersuchung, Experiment, Befragung, Inhaltsanalyse; Grundzüge der Statistik). Die Probleme bei der Deutung (Interpretation) von Daten sind darzulegen. In diesen Bereich fallen außerdem die wissenschaftsanalogen Methoden, die in der Erziehungsphilosophie zur Klärung normativer Fragen (z. B. bei der Analyse und Bewertung von Erziehungszielen) herangezogen werden (ein Beispiel bei Brezinka 1987).

B. Die Adressaten der Erziehung (die Edukanden)

Dieses Gebiet der Allgemeinen Pädagogik heißt in älteren Veröffentlichungen „Lehre vom Zögling". Damals wie heute ist der Gegenstand ähnlich. Die „Lehre vom Zögling" bzw. die „Theorie vom Edukanden" enthält diejenigen Wissenselemente und Theorie-Teile aus der Kinder- und Jugendpsychologie und aus Teilen der Pädagogischen Soziologie, deren Berücksichtigung eine Erhöhung der Qualität von Erziehungstheorien erwarten läßt. Man muß gut Bescheid wissen über bestimmte psychische Gegebenheiten und Vorgänge in den Adressaten der Erziehung, um sachgerechte kausalanalytisch und technologisch orientierte Erziehungstheorien formulieren zu können. Die folgenden Teilbereiche sind wichtig:

B. 1. *Struktur und Werden der Persönlichkeit, seine inneren (bio-psychischen) und äußeren (gesellschaftlich-kulturellen) Bedingungen.* In diesem Teilbereich werden die pädagogisch relevanten Ergebnisse der Psychologie über die Struktur der Persönlichkeit und ihre Elemente und über das Werden der Persönlichkeit im Kindes- und Jugendalter zusammengefaßt. Dazu gehören Ergebnisse über den Anteil von Erb- und Umweltfaktoren, von Reifen und Lernen am Werden der Persönlichkeit und über die Kennzeichen der Lebensalter („Entwicklungsstufen") vom Kleinkind bis zum Ende des Jugendalters. Zentral sind Informationen über das Werden der psychischen Funktionen (Wahrnehmung, Denken, Gedächtnis) und der psychischen Kräfte (Triebe, Interessen, Gefühle; Motivation [vgl. Rohracher 1971]) und über die Entstehung von psychischen Dispositionen (relativ dauerhaften Fähigkeiten, Kenntnissen, Einstellungen, Haltungen, Wertüberzeugungen).

B. 2. *Persönlichkeitsunterschiede.* Dieser Teilbereich enthält Ergebnisse der Differentiellen Psychologie: in erster Linie Informationen über verschiedene Persönlichkeitstypen im Kindes- und Jugendalter, über Unterschiede bei der Lernfähigkeit, der Intelligenz und beim Temperament und über psychische Beeinträchtigungen und Störungen.

B. 3. *Persönlichkeitsbeurteilung.* Ein Teilbereich, der die Lehre von den Ausdruckserscheinungen (psychischen Objektivationen und Indizien) und ihrer Deutung, außerdem die Grundzüge der Psychodiagnostik umfaßt.

B. 4. *Verhalten in Gruppen.* Dieser Teilbereich faßt die relevanten Ergebnisse der Pädagogischen Soziologie über das Verhalten von Kindern und Jugendlichen in formellen und informellen Gruppen zusammen (Gruppendynamik, Anpassungsdruck der Gruppe, spontane Hierarchisierung und Bildung von Untergruppen, informelle Führer, Mitläufer und Außenseiter; Verhalten in und außerhalb von Gruppen; Strategien zur Beeinflussung von Gruppen).

C. Erziehungsziele

Die Theorie der Erziehungsziele, deren Extrakt in die Allgemeine Pädagogik aufgenommen werden soll, hat drei Hauptelemente.

C. 1. *Informationen über die Abhängigkeit der Erziehungsziele von übergeordneten Normensystemen.* Erziehungsziele werden nicht speziell für den Nachwuchs und seine Erziehung erfunden. Sie sind Persönlichkeitsideale (oder Komponenten von Persönlichkeitsidealen), die ebenso für die erwachsenen Mitglieder eines Sozialgebildes (Gesellschaft, Gruppe, Weltanschauungsgemeinschaft) gelten und auf bestimmte religiöse, philosophische oder weltanschauliche Menschenbilder zurückgehen.

C. 2. *Klassifikation der Erziehungsziele.* In diesem Teilbereich werden die Kriterien bereitgestellt, mit denen Erziehungsziele voneinander unterschieden und in Klassen eingeteilt werden können. Kriterien sind zum Beispiel die Elemente (oder Komponenten) der Persönlichkeit, deren Verbesserung von den Erziehern oder ihren Auftraggebern bezweckt wird (Fähigkeiten [Können], Kenntnisse [Wissen], Tugenden [Bereitschaften zum moralisch guten Handeln]); der Abstraktionsgrad (allgemeine [abstrakte] und spezielle [konkrete] Erziehungsziele); der Geltungsbereich (allgemeingültige und singuläre [nur für einzelne Edukanden oder Edukandengruppen und deren Erzieher gültige] Erziehungsziele); die inhaltliche Bestimmtheit (formale und materiale Erziehungsziele) usw.

C. 3. *Definition und Begründung von Erziehungszielen.* In diesem für die Theorie der Erziehungsziele zentralen Bereich ist das Wissen enthalten, das durch die empirische und normative Prüfung von Erziehungszielen gewonnen worden ist.

C. 3. 1. *Die empirische Prüfung.* Bei der Prüfung aus empirischer Sicht werden Fragen untersucht, für deren Beantwortung empirisch gewonnenes Tatsachenwissen unentbehrlich oder zumindest nützlich ist: Kommen die Persönlichkeitsmerkmale, die als Erziehungsziele empfohlen werden und bei strenger Betrachtung zuerst reine Gedankengebilde mit ungewissem Bezug zur Wirklichkeit sind, ganz oder wenigstens teilweise auch in der Wirklichkeit vor? Welche Verhaltensweisen müssen die Edukanden zeigen, damit die erwünschten psychischen Dispositionen als relativ dauerhaft erworben betrachtet werden können? Wieviele Edukanden erreichen sie? Alle oder nur ein Teil? In welchem Grad? Welche Bedingungen erleichtern das Eintreten des Erziehungserfolgs und welche behindern es? Neben der Realisierbarkeit der Erziehungsziele ist auch zu prüfen, ob bestimmte Ziele nur auf Kosten von anderen, ebenfalls erwünschten Zielen verwirklicht werden können und ob die Verwirklichung bestimmter Ziele möglicherweise nicht-vorhergesehene und ungewollte Nebenwirkungen bei anderen wünschenswerten Persönlichkeitsmerkmalen mit sich bringt. Das Ergebnis der Prüfung eines Erziehungsziels ist ein empirisch gestütztes Urteil über seinen Wirklichkeitsgehalt (Beschreibbarkeit in Dispositionsbegriffen, Validiertheit der Konstrukte), seine Realisierbarkeit (bei verschiedenen Edukandengruppen und unter je verschiedenen Bedingungen) und die positiven und negativen Wirkungen seiner Verwirklichung.

C. 3. 2. *Die normative Prüfung.* Bei der Prüfung aus normativer (erziehungsphilosophischer) Sicht geht es darum, zu einem vernünftig begründeten Werturteil über die empfohlenen Erziehungsziele zu kommen. Geprüft werden in erster Linie die Verträglichkeit mit allgemeinen Wertungsgrundlagen wie dem Wohl des Kindes, dem Wohl der Mitmenschen und dem Gemeinwohl und die Übereinstimmung mit dem gesellschaftlichen Grundideal. Als Ergebnis der Prüfung wird eine normativ überzeugend begründete Empfehlung gegeben, welche Persönlichkeitseigenschaften (in einer gegebenen historischen und kulturellen Situation) wertvoll und erstrebenswert sind und von den Erziehern als Ziele der Erziehung verfolgt werden sollen.

D. Die Mittel zur Erreichung der Erziehungsziele

In der Theorie der Erziehungsmittel werden üblicherweise zwei Hauptklassen von Mitteln unterschieden: die Formen des erzieherischen Handelns und die Erziehungseinrichtungen (Erziehungsinstitutionen).

D. 1. *Formen des erzieherischen Handelns.* Die Elemente dieser Klasse haben als gemeinsames Merkmal, daß es sich um Handlungen (oder absichtliche Unterlassungen) der erziehenden Person handelt. Diese Handlungen können unmittelbar auf den Edukanden gerichtet sein (Maßnahmen der direkten Erziehung). Sie können aber auch auf die Umgebung des Edukanden gerichtet sein mit der Absicht, durch die Herstellung von dafür geeigneten Umweltbedingungen das spontane Lernen im Edukanden anzuregen und so ohne direkten erzieherischen Eingriff zum Erwerb der erwünschten Dispositionen beizutragen (Maßnahmen der indirekten Erziehung). Bei den Formen des erzieherischen Handelns werden in der Regel zwei Teilklassen unterschieden: die Führung und der Unterricht.

D. 1. 1. *Führung.* Zur Führung gehören die folgenden Formen des erzieherischen Handelns: Beaufsichtigen, Beschäftigen, Gewöhnen, Befehlen, Verbieten, Beraten, Ermahnen, Loben, Tadeln, Belohnen, Strafen, Gestaltung der Umgebung, Wechsel der Umgebung (Beschreibung und Klassifikation bei Geissler 1982).

D. 1. 2. *Unterricht.* Hier stehen die Verfahren (Methoden) der planmäßigen Unterweisung im Mittelpunkt. Sachlich verwandte Problemkreise sind ebenfalls zu behandeln: zum Beispiel die Mittel zur Differenzierung und Individualisierung des Unterrichts, die für das Lernen optimale Anordnung der Unterrichtsinhalte (Lehrplan und Lehrgang) und die Beurteilung von Schülerleistungen (Prüfungen, Zensuren, Zeugnis).

D. 2. *Erziehungseinrichtungen.* Vom erziehungstheoretischen Standpunkt ist die Theorie der Erziehungseinrichtungen ein Teil der Mittellehre. Einige Institutionen sind (wie die Schule) eigens als Mittel zu dem Zweck eingerichtet worden, Erziehungsaufgaben (primär den Unterricht) zu übernehmen. Andere Institutionen (wie die Familie und die Kirchengemeinde) sind zwar nicht als Erziehungseinrichtungen entstanden, haben aber neben anderen Aufgaben auch die Aufgabe zu erziehen.

D. 2. 1. *Die Familie.* Dieser Teilbereich der Allgemeinen Pädagogik enthält das Wissen über die Familie, soweit es erziehungsrelevant ist: in erster Linie das Wissen über die Familie als erster und meistens wichtigster Erfahrungsraum der Kinder, über Umgang und Beispiel und über die Elternpersönlichkeit, das Elternverhalten (einschließlich der Erziehungsfehler) und deren Wirkungen auf die Kinder.

D. 2. 2. *Die Schulen.* In formaler Hinsicht enthält dieser Teilbereich ähnliche Wissenselemente wie der Teilbereich „Familie" (die Schule als Erfahrungsraum [die Schulklasse als Sozialgebilde, das Schulleben und seine Ordnung]; Lehrerpersönlichkeit, Lehrerverhalten, Erziehungsfehler des Lehrers). Darüber hinaus werden die erziehungstheoretisch relevanten Informationen über die Zwecke und Funktionen, die Geschichte und die Organisation des Schulwesens zusammengestellt (Schultypen und Schulstufen, Eintrittsbedingungen, Übergangsmöglichkeiten, Abschlüsse und Berechtigungen, Reformpläne).

D. 2. 3. *Weitere Institutionen.* Es ist wahrscheinlich erforderlich, auch einige Informationen über weitere Institutionen in die Allgemeine Pädagogik aufzunehmen (z. B. über die außerfamiliären vorschulischen Erziehungseinrichtungen und die Einrichtungen der Berufserziehung, der Jugendhilfe und der Erwachsenenbildung). Darauf braucht hier nicht weiter eingegangen zu werden, weil die betreffenden Teilbereiche im großen und ganzen die gleiche formale Gliederung haben wie die Teilbereiche „Familie" und „Schulen".

In allen Bereichen der Mittellehre sind die gleichen Kernaufgaben zu erledigen. Neben der Sammlung und Systematisierung der empfohlenen oder schon verwendeten Erziehungsmittel ist in erster Linie zu klären, bei welchen Edukanden (oder Edukandengruppen) und unter welchen Bedingungen die empfohlenen Mittel Aussicht auf Erfolg haben. Außerdem ist bei jedem Mittel zu prüfen, ob es in bestimmten Fällen überflüssig oder sogar schädlich ist und ob man bei seiner Anwendung sogar bei Eintreten des Erziehungserfolgs mit ungewollten negativen Nebenwirkungen zu rechnen hat. Diese Fragen können (zumindest im Grundsatz) mit empirisch gewonnenem Wissen beantwortet werden. Die empirische Prüfung ist durch eine Prüfung aus normativer Sicht zu ergänzen. Dabei wird die moralische Vertretbarkeit der Mittel mit Blick auf allgemeine Wertgesichtspunkte untersucht. Gegebenenfalls sind entwürdigende, das Wohl des Kindes beeinträchtigende oder sonstwie moralisch schlechte Erziehungsmittel zu verwerfen.

E. Die Erzieher

Die Erzieher könnten an sich auch im Abschnitt D (Erziehungsmittel) behandelt werden, weil der Erzieher selbst eines der wichtigsten Mittel der Erziehung ist und seine Persönlichkeit und sein Verhalten häufig Hauptdeterminanten für das Eintreten des Erziehungserfolgs (bzw. für sein Ausbleiben) sind. Aber aus Gründen der Tradition und als systematische Entsprechung zum Abschnitt B (Adressaten der Erziehung) wird die Theorie vom Erzieher hier wie in älteren Allgemeinen Pädagogiken als separater Bereich geführt. In empirischer Hinsicht soll die Theorie vom Erzieher in Stichworten die folgenden Teilbereiche haben:

E. 1. *Motive für Erziehung* (vgl. Brezinka 1995, S. 121–160);

E. 2. *Persönlichkeitsmerkmale* der Erzieher, mit zwei Teilgruppen:

E. 2. 1. Persönlichkeitsmerkmale von kompetenten (erfolgreichen) Erziehern,

E. 2. 2. Persönlichkeitsmerkmale von inkompetenten (erfolglosen und möglicherweise sogar die Edukanden schädigenden) Erziehern;

E. 3. *Erziehungsverhalten und Erziehungsstil* der Erzieher, ebenfalls differenziert nach kompetenten und inkompetenten Erziehern;

E. 4. Das Kernstück der Theorie vom Erzieher ist in normativer Hinsicht ein *Normengefüge* für Erzieher (bei berufsmäßigen Erziehern als *Berufsmoral* bezeichnet). Die Theorie enthält

E. 4. 1. Informationen über die *Rechte der* von der Erziehung *betroffenen Personen* (Edukanden, Erzieher, ggf. Eltern und andere Angehörige der Edukanden, Auftraggeber der Erziehung); außerdem die Teilbereiche

E. 4. 2. *Tugendlehre* für Erzieher;

E. 4. 3. *Pflichtenlehre* für Erzieher;

E. 4.4. *moralische und rechtliche Grenzen* der Erziehung. Bestimmte Erziehungsziele und Mittel dürfen nicht verfolgt bzw. eingesetzt werden, weil sie als moralisch schlecht zu bewerten sind.

F. Umgebungsfaktoren

Es gehört zum pädagogischen Erfahrungswissen, daß das Eintreten des Erziehungserfolgs (bzw. sein Ausbleiben) in vielen Fällen von den Bedingungen in der Umgebung des Edukanden und nicht von den Handlungen (bzw. Unterlassungen) der Erzieher abhängt. Deswegen soll die Allgemeine Pädagogik Informationen über alle die Umgebungs-Faktoren enthalten, die für das Eintreten des Erziehungserfolgs relevant sind (Systematisierung bei Peschel 1991). Das können im Prinzip alle Umweltgegebenheiten sein, mit denen der Edukand in Berührung kommt: die unbelebte Natur, Pflanzen und Tiere; die Familienmitglieder, Nachbarn und Spielkameraden; die finanzielle Lage, die Wohnverhältnisse, die Herkunft; Sitte, Bräuche und Traditionen; Staat, Parteien, Kirche, die Wirtschaft, das Recht; Bücher, Zeitschriften, das Fernsehen, die elektronischen Medien und viele weitere Faktoren. Die relevanten Faktoren sollten nicht nur aufgezählt, sondern (soweit möglich) gewichtet und nach der im Regelfall zu erwartenden Effektstärke in typischen Erziehungssituationen in eine Rangreihe gebracht werden.

G. Grenzen der Erziehung

Dieser Bereich ist vom systematischen Standpunkt nicht unbedingt erforderlich, weil die in den anderen Bereichen enthaltenen Informationen über die Bedingungen für das Eintreten des Erziehungserfolgs zumindest implizit auch Auskunft geben über die Gründe für sein Ausbleiben. Aber wegen des noch häufig vorkommenden übertriebenen Optimismus in Erziehungsfragen und der verhältnismäßig spärlichen Literatur über die Grenzen der Erziehung (vgl. Brezinka 1995, S.259–293; Dollase 1984; zur älteren Diskussion Drewek 1995) ist es kein Nachteil, wenn die möglichen Ursachen für das Scheitern der erzieherischen Bemühungen in einem eigenen Abschnitt dargestellt werden. Die wichtigsten empirischen Grenzen sind:

G. 1. *Grenzen im Edukanden* (Grenzen der Bildsamkeit; außerdem seine Selbstbestimmungsfähigkeit und die Fähigkeit zum Widerstand gegen Beeinflussungsversuche);

G. 2. *Grenzen im Erzieher* (besonders Wissens- und Könnensgrenzen);

G. 3. *Grenzen in der Umgebung* (zusammenfassend gesagt: die Gesamtheit der Faktoren, die im Edukanden Lernvorgänge auslösen können, die mit den Zielen der Erziehung unverträglich sind).

Soweit der Überblick über die wichtigsten Bereiche der Allgemeinen Pädagogik. Er ist nicht vollständig. Neue Forschungsergebnisse werden es möglicherweise nötig machen, noch weitere Bereiche hinzuzunehmen. Aber im Kern wird der Kanon der Allgemeinen Pädagogik auch künftig ungefähr die gleichen Gebiete umfassen, die auch die Klassiker der Pädagogik unter diesem Namen behandelt haben.

3. Die Problematik der Allgemeinen Pädagogik

Im Abschnitt I ist bereits darauf hingewiesen worden, daß bei der Allgemeinen Pädagogik ähnlich wie bei anderen wissenschaftlichen bzw. wissenschaftsanalogen Theorien mit einer ganzen Reihe von Problemen zu rechnen ist. Drei Gruppen von Problemen sind zu unterscheiden:

Die erste Gruppe tritt bei den Forschungs*ergebnissen* der Allgemeinen Pädagogiker auf, also bei den allgemeinen Sätzen, die den inhaltlichen Kern der Allgemeinen Pädagogik enthalten. Die Probleme, die sich aus der Prüfung von allgemeinen Sätzen an zeit- und kulturgebundenen Einzelfällen ergeben, sind in der wissenschaftstheoretischen Literatur häufig behandelt worden und brauchen hier nur in Stichworten erwähnt zu werden (ungewisser Geltungsbereich und ungewisse Verallgemeinerbarkeit der Ergebnisse, Vorläufigkeit des Wissens usw.).

Die zweite Gruppe von Problemen betrifft die *Auswahl und Gewichtung* der Wissenselemente, die Teil der Allgemeinen Pädagogik sein sollen. Die Übersicht über den Inhalt der Allgemeinen Pädagogik (im Abschnitt II) hat schon erkennen lassen, daß Wissenselemente aus vielen verschiedenen und inhaltlich zum Teil weit auseinander liegenden Bereichen für die Formulierung von Erziehungstheorien von Bedeutung sein können. Eine riesige Zahl von Faktoren kann am Werden der Persönlichkeit beteiligt sein, und entsprechend kann fast jedes Wissenselement „irgendwie" erziehungstheoretisch relevant sein. Das bringt die Gefahr der Aufblähung der Allgemeinen Pädagogik zu einer Generaldisziplin mit sich, die im Grunde die ganze Welt zum Gegenstand hat. Ein Blick in die Literatur zeigt, daß diese Gefahr tatsächlich besteht. Um sie zu vermeiden, ist zweierlei erforderlich:

Erstens ist es unumgänglich, daß sich die Allgemeinen Pädagogiker auf die erziehungstheoretisch relevanten Wissenselemente konzentrieren und keine irrelevanten Informationen in ihre Theorien aufnehmen. Das Problem ist hier, trotz des begrenzten Wissens zu einigermaßen zuverlässigen Relevanzurteilen zu kommen. Zweitens ist das in Frage kommende Material nicht in seiner ganzen Breite und Differenziertheit darzustellen, sondern in einer komprimierten und vereinfachten, auf den Abnehmerkreis zugeschnittenen Form. Mit einem Modewort gesagt: Die Komplexität ist so zu reduzieren, daß der dadurch gewonnene Extrakt des vorhandenen Wissens für die Formulierung von Erziehungstheorien verwendbar ist. Das Problem ist hier, die Komplexität im richtigen Maß zu reduzieren und weder zu komplizierte (d. h. unnötig detailreiche und differenzierte) noch übermäßig simplifizierte Informationen zu bieten.

Die dritte Gruppe umfaßt die *forschungspraktischen Probleme*. Im Vergleich mit den beiden anderen Gruppen von Problemen werden sie in der wissenschaftstheoretischen Literatur selten und eher am Rand erwähnt. Deswegen sollen sie hier etwas ausführlicher als sonst üblich behandelt werden.

Das größte forschungspraktische Problem ist die Begrenztheit der Kapazität des einzelnen Forschers. Als Allgemeiner Pädagogiker muß man Generalist sein und viele Gebiete zwar nicht so sicher wie die Spezialisten, aber doch einigermaßen beherrschen. Es ist in der Pädagogik wie in anderen Disziplinen immer schwieriger geworden, das ganze Fach und die relevanten Bereiche der Nachbarfächer zu überblicken. Das Wissen, das für die Prüfung der Hypothesen der Allgemeinen Pädagogiker von Belang sein könnte, hat in den letzten Jahrzehnten beträchtlich zugenommen. Es ist in vielen Fällen über die erziehungswissenschaftliche, psychologische, soziologische und philosophische Speziallliteratur verstreut, teilweise nicht ohne weiteres als einschlägig zu erkennen und häufig in einer Flut von irrelevanten Detailinformationen verborgen. Bei nüchterner Betrachtung ist es eine Sisyphusarbeit (also eine mühsame, langwierige und nie völlig abgeschlossene Arbeit), aus der Menge der vorhandenen, teilweise widersprüchlichen Einzelinformationen einen „Extrakt" als Grundlagenwissen für die Allgemeine Pädagogik zu gewinnen. Das ist auch einer der Gründe, warum heute im Unterschied zu früheren, informationsärmeren Epochen kaum mehr Allgemeine Pädagogiken mit Überblickscharakter geschrieben werden.

Obwohl diese Aufgabe bei weitem die Arbeitskraft eines einzelnen Autors übersteigt, ist sie grundsätzlich nicht unlösbar. Sie erfordert allerdings das Zusammenwirken von Fachleuten, die sich auf wichtige Teilbereiche konzentrieren. Im Rahmen dieser (bisher nicht von vornherein geplanten) Arbeitsteilung sind in den letzten Jahren schon einige Bücher entstanden, die auch als Bausteine für die Allgemeine Pädagogik verwendet werden können. Dazu gehören zum Beispiel Arbeiten mit den wichtigsten Ergebnissen über das Werden der Persönlichkeit im Kindes- und Jugendalter (z. B. Grusec/Lytton 1988; ein Baustein für den Abschnitt B: „Die Adressaten der Erziehung"), Grundlagentexte der normativen Philosophie der Erziehungsziele (z. B. Brezinka 1987, 1992 und 1993 für den Abschnitt C: „Erziehungsziele") und Studien über die Erfolgsaussichten von bestimmten Erziehungsmitteln für bestimmte Erziehungsaufgaben (z. B. Uhl 1996 für den Abschnitt D: „Die Mittel zur Erreichung der Erziehungsziele"). Es ist zwar schwierig, aber im Prinzip möglich, die bisher mehr individuellen Aktivitäten zu koordinieren und eine ganze Gruppe von Forschern auf die wichtigsten Teilbereiche der Allgemeinen Pädagogik anzusetzen. Das verlangt freilich einen Grad an Zusammenarbeit, der für viele Pädagogiker ungewohnt ist. Es setzt voraus, daß die inhaltliche und methodologische Zersplittertheit überwunden wird und sich die Pädagogiker in empirischen Fragen auf ein gemeinsames Fundament nach dem Muster der übrigen Sozialwissenschaften und – in normativen Fragen – nach dem Muster der Normativen (Praktischen und speziell Moral-)Philosophie einigen. Bei realistischer Einschätzung der Lage im Fach ist zwar nicht anzunehmen, daß es bald dazu kommen wird. Aber früher oder später müssen der weitgehend unfruchtbare Richtungsstreit überwunden und die Energie der Erziehungstheoretiker auf die zentralen inhaltlichen Fragen gerichtet werden. Denn ohne die Kooperation einer ziemlich großen Zahl von Fachleuten auf einer gemeinsamen Grundlage ist nicht zu erwarten, daß die bis jetzt hauptsächlich als Programm vorliegende Allgemeine Pädagogik zu einem informationsreichen System des bereichsübergreifenden pädagogischen Wissens ausgearbeitet werden kann.

Das vielleicht größte Problem bei diesem Projekt ist, daß selbst bei Bündelung der Aktivitäten und bei großer Anstrengung keine Erfolgsgarantie besteht. Weiter oben ist davon ausgegangen worden, daß es erstens wirklich einen „Extrakt" an pädagogischem Kernwissen gibt und daß davon zweitens viel unbekannt und noch zu entdecken ist. Einiges spricht dafür. Es ist aber auch möglich, daß er kleiner als erwartet und zum größten Teil schon bekannt ist. Unter Umständen erweisen sich nur wenige Wissenselemente als bereichsübergreifend gültig, die nicht schon bei den Klassikern der Pädagogik im 18. und 19. Jahrhundert zu finden sind. Allerdings wäre der Aufwand selbst in diesem Fall zu rechtfertigen, weil dadurch das Erfahrungswissen früherer Generationen mit Hilfe der Ergebnisse der modernen erfahrungswissenschaftlichen Forschung bestätigt und gegebenenfalls differenziert und präzisiert wird.

Literatur

Andreski, S.: Die Hexenmeister der Sozialwissenschaften. Mißbrauch, Mode und Manipulation einer Wissenschaft. Aus dem Englischen von Chr. Dericum. München 1977 (Deutscher Taschenbuch-Verlag) (= dtv-Taschenbuch, Bd. 1284).

Berelson, B./Steiner, G. A.: Menschliches Verhalten. Grundlegende Ergebnisse empirischer Forschung. Deutschsprachige Bearbeitung von F. und F. Buggle. Bd. 1: Forschungsmethoden/ Individuelle Aspekte. Weinheim, Basel [3]1974 (Beltz).

Breinbauer, I. M.: Einführung in die Allgemeine Pädagogik. Wien 1996 (WUV-Universitätsverlag)(= WUV-Studienbücher Grund- und Integrativwissenschaften, Bd. 5).

Brezinka, W.: Metatheorie der Erziehung. Eine Einführung in die Grundlagen der Erziehungswissenschaft, der Philosophie der Erziehung und der Praktischen Pädagogik. München, Basel [4]1978 (Reinhardt).

ders.: Vorschlag für die Studien- und Prüfungsanforderungen in „Erziehungswissenschaft" und „pädagogischer Berufsethik" in der ersten Staatsprüfung für alle Lehrämter. Manuskript, Konstanz 1978 (hier zit. als 1978 a).

ders.: Tüchtigkeit. Analyse und Bewertung eines Erziehungszieles. München, Basel 1987 (Reinhardt).

ders.: Aufklärung über Erziehungstheorien. Beiträge zur Kritik der Pädagogik. München, Basel 1989 (Reinhardt) (= Gesammelte Schriften, Bd. 1).

ders.: Grundbegriffe der Erziehungswissenschaft. Analyse, Kritik, Vorschläge. 5., verbesserte Auflage. München, Basel 1990 (Reinhardt) (= Gesammelte Schriften, Bd. 4).

ders.: Glaube, Moral und Erziehung. München, Basel 1992 (Reinhardt) (= Gesammelte Schriften, Bd. 8).

ders.: Erziehung in einer wertunsicheren Gesellschaft. Beiträge zur Praktischen Pädagogik. 3., verbesserte und erweiterte Auflage. München, Basel 1993 (Reinhardt) (= Gesammelte Schriften, Bd. 3).

ders.: Erziehungsziele, Erziehungsmittel, Erziehungserfolg. Beiträge zu einem System der Erziehungswissenschaft. 3., neu bearbeitete und erweiterte Auflage. München, Basel 1995 (Reinhardt) (= Gesammelte Schriften, Bd. 5).

Dollase, R.: Grenzen der Erziehung. Anregung zum wirklich Machbaren in der Erziehung. Düsseldorf 1984 (Schwann).

Drewek, P.: „Grenzen der Erziehung". Zur wissenschafts- und disziplingeschichtlichen Bedeutung des Grenzendiskurses in der Weimarer Republik. In: Drewek, P./Horn, K.-P./Kersting, Chr./Tenorth, H.-E. (Hrsg.): Ambivalenzen der Pädagogik. Zur Bildungsgeschichte der Aufklärung und des 20. Jahrhunderts. Harald Scholtz zum 65. Geburtstag. Weinheim 1995 (Deutscher Studien-Verlag), S. 311-333.

Esterhues, J.: Allgemeine Pädagogik im Grundriß. Zur Einführung systematisch dargestellt. Paderborn [4]1962 (Schöningh).

Geissler, E. E.: Erziehungsmittel. 6., durchgesehene Auflage. Bad Heilbrunn, Obb. 1982 (Klinkhardt).

Giel, K. (Hrsg.): Allgemeine Pädagogik. Freiburg im Breisgau, Basel, Wien 1976 (Herder).

Göttler, J.: System der Pädagogik. Neu bearbeitet und erweitert von J. B. Westermayr. München [12]1964.

Grusec, J. E./Lytton, H.: Social Development. History, Theory and Research. New York, Berlin, Heidelberg, London, Paris, Tokio 1988 (Springer).

Heid, H.: Zur Situation der Erziehungswissenschaft in der Bundesrepublik Deutschland. In: Zeitschrift für internationale erziehungs- und sozialwissenschaftliche Forschung, 4. Bd. (1987), S. 225–251.

Heiligenmann, U.: Das Verhältnis der Pädagogik zu ihren Bereichen. Eine systematische Untersuchung am Beispiel der Museumspädagogik. Diss., Erlangen-Nürnberg 1986.

Lassahn, R.: Grundriß einer Allgemeinen Pädagogik. 3., ergänzte Auflage, Heidelberg, Wiesbaden 1993 (Quelle & Meyer) (= Uni-Taschenbücher, Bd. 710).

Lenzen, D.: Erziehungswissenschaft – Pädagogik. Geschichte – Konzepte – Fachrichtungen. In: ders. (Hg.): Erziehungswissenschaft. Ein Grundkurs. Reinbek bei Hamburg 1994 (Rowohlt) (= rowohlts enzyklopädie, Bd. 531), S. 11–41.

Peschel, E.: Macht und Grenzen der Erziehung oder „die heimlichen Miterzieher". Eine Bestandsaufnahme wesentlicher Erziehungsfaktoren. 2., überarbeitete Auflage. Frankfurt am Main 1991 (Rita G. Fischer).

Petersen, J./Reinert, G.-B. (Hrsg.): Pädagogische Konzeptionen. Eine Orientierungshilfe für Studium und Beruf. Donauwörth 1992.

Röhrs, H.: Allgemeine Erziehungswissenschaft. Eine Einführung in die erziehungswissenschaftlichen Aufgaben und Methoden. Xerographischer Nachdruck der 3., ergänzten und überarbeiteten Auflage 1973. Weinheim 1993 (Deutscher Studien-Verlag) (= Gesammelte Schriften, Bd. 1).

Rohracher, H.: Einführung in die Psychologie. 10., umgearbeitete und erweiterte Auflage. Wien, München, Berlin 1971 (Urban & Schwarzenberg).

Treml, A. K.: Einführung in die Allgemeine Pädagogik. Stuttgart, Berlin, Köln, Mainz 1987 (Kohlhammer) (= Urban-Taschenbücher, Bd. 389).

Uhl, S.: Sind die alten Tugenden passé? Erziehung zwischen Freiheit und Bindung. In: Katholische Elternschaft Deutschlands (Hg.): Erziehung und gesellschaftlicher Wandel. Woran sollen sich Elternhaus und Schule orientieren? Bonn 1993 (Selbstverlag) (= Schriftenreihe der KED, Bd. 23), S. 21–35.

ders.: „Bildung und Erziehung in Europa": Bericht vom 14. Kongreß der Deutschen Gesellschaft für Erziehungswissenschaft. In: Pädagogische Rundschau, 48. Bd. (1994), S. 599–602.

ders.: Grundvoraussetzungen für den Erziehungserfolg. In: Katholische Bildung, 95. Bd. (1994), S. 248–255 (hier zit. als 1994 a).

ders.: Die Mittel der Moralerziehung und ihre Wirksamkeit. Bad Heilbrunn 1996 (Klinkhardt).

Winfried Marotzki

Das hermeneutisch-pragmatische Erbe Wilhelm Flitners und Möglichkeiten der Weiterführung

In dieser Arbeit lege ich eine Relektüre des Werkes von Wilhelm FLITNER vor, die dessen bildungstheoretischen Gehalt zum systematischen Ausgangspunkt nimmt, um Weiterführungsmöglichkeiten zu erörtern. Nach einer kurzen Skizze der Aufgaben Allgemeiner Pädagogik werde ich im zweiten Schritt den Sachverhalt der Erziehung anhand der Leitfrage rekonstruieren, wie Menschen Mitglied einer Gemeinschaft werden. Im dritten Schritt werde ich als Kern erzieherischer Prozesse den Sachverhalt von Bildung beschreiben. Einige Möglichkeiten der Weiterführung des hermeneutisch-pragmatischen Erbes werde ich in empirischer Hinsicht anhand moderner erziehungswissenschaftlicher Biographieforschung im vierten Schritt diskutieren und abschließend am Beispiel der Pädagogischen Beratung verdeutlichen.

1. Aufgabe Allgemeiner Pädagogik

Eine zentrale Aufgabe Allgemeiner Pädagogik ist es für Wilhelm FLITNER, Sachverhalte zu erhellen, und zwar unter Heranziehung einer pädagogischen Fragestellung. Diese pädagogische Fragestellung habe ein Format, das sie in der Mitte zwischen positiver Tatsachenforschung und Philosophie ansiedele, ein hermeneutisch-pragmatisches Format. Diese Mittelstellung ergebe sich zum einen daraus, daß Pädagogik die Situation der Gegenwart aus der Geschichte heraus begreifen müsse. Das bedeutet Zeitdiagnose: die Situation des einzelnen Menschen innerhalb des „geistigen Kampfgewühls der Zeit" zu verstehen. Zeitdiagnose ist hier aber nicht im Sinne eines soziologischen Reflexionstypus zu verstehen, sondern meint bei FLITNER „immer eine geschichtliche Analyse des Tatbestands und eine philosophische Sinnvergegenwärtigung" (Flitner 1957/1966, S. 222). Die Frage, wie Menschen in bestimmten lebensweltlichen und historischen Situationen ihr Dasein sinnhaft organisieren, läßt sich für ihn aus der Pädagogik nicht ausklammern. Eine so verstandene hermeneutische Analyse ist demzufolge mehr als eine bloße historische Analyse.

Zum anderen ergebe sich die Mittelstellung der pädagogischen Fragestellung zwischen Tatsachenforschung und Philosophie daraus, daß die Pädagogik mit einer bestimmten Vorstellung, was der Mensch sei und was er werden könne bzw. solle, operiert.

„Die Betrachtung des Erzieherischen ist also bestimmt durch die Auffassung, die wir überhaupt vom Menschen, von der Welt und vom Transzendenten haben, und umgekehrt ist unsere Vertiefung in das konkrete Leben der Erziehungswelt ein Weg, unsere Auffassung vom Menschen zu kontrollieren und zu berichtigen." (Flitner 1950/1961, S. 170)

Ich übergehe an dieser Stelle eine Diskussion der Frage, ob ein angenommenes Menschenbild „durch Vertiefung in das konkrete Leben" kontrolliert und berichtigt werden kann. Wissenschaftstheoretisch wird es sicherlich schwierig sein, eine solche Annahme aufrechtzuerhalten. Vielleicht kann man den FLITNERschen Gedanken aber insoweit plausibilisieren, als eingeräumt werden muß, daß jede Analyse von Erziehungsphänomenen bestimmte Auffassungen des Menschen voraussetzt, die sich für diese Analyse als geeignet oder ungeeignet erweisen können. Insofern könnte dem hier zur Diskussion stehenden Gedanken ein heuristischer Wert attestiert werden.

Positive Wissenschaften, die objektive Daten und Informationen über den Menschen und sein Verhalten bereitstellen und ständig vermehren, sind für FLITNER in keiner Weise ein Vorbild für den Typ von Wissenschaft, dem Pädagogik zuzurechnen sei, dies vor allem deshalb nicht, weil sie ihrerseits eine Auffassung von dem Ziel des Erziehens stets mit sich führen. Die Unterschiede zwischen der Erziehung und bloßer Technik

„verbieten es auch, die positive Erforschung des Menschen als eine Feststellung rein objektiver Tatbestände zu verstehen, von der die Pädagogen nachträglich etwa bloß die Anwendung zu machen hätten. Schon in der einfachsten Tatsachenfeststellung über den Menschen wirkt eine Auffassung von dem Ziel des Erziehens mit." (Flitner 1950/1961, S. 131)

Die Allgemeine Pädagogik habe die Aufgabe, ein Gefüge von Kategorien zu entwickeln, „mit denen sich die erzieherische Situation begrifflich aussprechen und aus der menschlichen Gesamtlage heraus verständlich machen läßt" (Flitner 1950/1961, S. 135).

2. Erziehung

Den systematischen Stellenwert von Bildung und Erziehung erschließt man am besten, wenn man FLITNERS *vier Betrachtungsweisen des Menschen* folgt, die er unterschieden hat. Die *erste Betrachtungsweise* entfaltet die Perspektive des Menschen als Naturwesen (biologische Betrachtung). Sie konzentriert sich auf das, was wir heute den gesundheitlichen Aspekt in Bezug auf den Körper nennen würden. Der Mensch wird hier ausschließlich als Wesen gesehen, das nach biologischen Gesetzmäßigkeiten Wachstums- und Reifungsprozesse unterliegt, die durch Erwachsene geschützt und unterstützt werden müssen. Die *zweite Betrachtungsweise* entfaltet die Perspektive, innerhalb derer der Mensch sich als soziales Wesen darstellt (geschichtlich-gesellschaftliche Betrachtung). In dieser Perspektive wird das Problem der Überlieferung und Einordnung sichtbar. Jede Gemeinschaft muß die heranwachsende Generation eingliedern, und jede Gemeinschaft macht das auch. Damit ist noch keine Aussage darüber getroffen, wie erfolgreich das geschieht. Aber der grundlegenden Frage, wie der Mensch zum gültigen Mitglied einer Gemeinschaft wird, kann man nicht entgehen. In diesem Zusammenhang stellt sich für FLITNER dann das Erziehungsproblem:

> „Das Erzieherische läßt sich bestimmen als der Inbegriff des Geschehens und Tuns, das aus dem Regenerationsstreben der geschichtlichen Gebilde und dem geistigen Eingliederungsstreben des natürlich aufwachsenden Individuums hervorgeht." (Flitner 1950/1961, S. 147; vgl. auch Flitner 1933, S. 38)

FLITNER folgt der gängigen Auffassung, derzufolge Erziehung gesellschaftlich unter den Perspektiven der Regeneration und der Eingliederung gesehen werden kann. Gesellschaften *reproduzieren* sich unter Bewahrung ihrer Struktur durch Erziehung. Weil Menschen sterben und neue heranwachsen, ist es nötig, traditionale Formen weiterzugeben. Insofern dient Erziehung aus dieser Sicht dem Erhalt der Tradition, in die der einzelne als Mitglied eingeführt wird. Die beiden Aspekte der Regeneration und der Eingliederung werden traditionell aus dem Generationenverhältnis heraus gedacht. Das Verhältnis der Generationen zueinander ist in hochkomplexen Gesellschaften in der Regel ein problembelastetes und krisenhaftes. Selten gelingt eine Eingliederung wirklich problemlos, so daß Kontinuität gestiftet und der *Stab der Tradition* unproblematisch weitergereicht werden könnte. Je komplexer Gesellschaften werden, desto schwieriger wird auch dieser Prozeß, durch den Heranwachsende Mitglieder einer Gemeinschaft werden. Zwischen beiden, dem Einzugliedernden und demjenigen, der eingliedert, existiert für FLITNER ein Erziehungsverhältnis (vgl. Flitner 1950/1961, S. 151). Interessant ist, daß FLITNER das Verhältnis der Generationen als Sonderfall des allgemeinen Problems der Eingliederung in Gemeinschaften diskutiert. Darunter fällt auch das Problem der Integration verschiedener kultureller Milieus. Auch hier sieht er eine Erziehungssituation gegeben. Die „erzieherische Situation kann überall entstehen, wo kulturell verschiedenartige Gruppen nebeneinander leben und durch Schicksale dazu gedrängt werden, daß die eine Anschluß an die andere sucht oder kulturell in sie aufgehen möchte" (Flitner 1933, S. 39).

Aus heutiger Sicht wird man sicherlich zugestehen, daß das intergenerationelle Verhältnis als Erziehungsverhältnis gesehen werden kann. Aber es wird Skepsis angebracht sein, wenn Eingliederung und Integration generell unter dieser Perspektive angesprochen werden. FLITNER geht nämlich davon aus, daß es jeweils „geschichtlich gesehen, [eine] *höhere* Form" (Flitner 1933, S. 39) gebe, die jene zu übernehmen bereit sind, die eine *tiefere* Form von Kultur haben[1]. Zwar

---

1 Erzieherische Verhältnisse „haben die Tendenz, jene Unterschiede der geistigen Kraft und des Verstehens so auszugleichen, daß der als höher geltende Rang auch von dem Bedürftigen aus erreicht werden wird" (Flitner 1933, 40). Diese Sichtweise ist von Flitner unverändert in die Allgemeine Pädagogik (1950/1961) übernommen worden.

relativiert FLITNER diesen Punkt, indem er sagt, es komme nicht darauf an, ob eine Kultur wirklich höher sei, sondern darauf, ob sie als höher gelte; an dem Grundsachverhalt einer hierarchischen Sichtweise von Kulturen, und damit verknüpft, einer defizittheoretischen Sichtweise, ändert diese Relativierung nichts und dürfte kaum Eingang in den gegenwärtigen Diskurs um inter- (oder multi-)kulturelle Bildung finden können.

Ein großer Teil jener Prozesse, die FLITNER mit dieser zweiten Betrachtungsweise thematisiert, würden wir heute als Sozialisation oder, wohl genauer, als Enkulturation bezeichnen. Wer ein konventionelles Verhältnis zur Tradition hat, wer also durchaus erfolgreich sozialisiert und enkulturiert sein kann, hat deshalb noch keine innere Bindung an die Gemeinschaft. Hierzu bedarf es Wertorientierungen, Sinngehalte und vernünftiger Einsicht, denn „es wird derjenige erziehungsbedürftig, der in den Tätigkeiten bloß mechanisch oder bloß vital in toter Konvention mittut." (Flitner 1950/1961, S. 157). Aus dieser Sicht des Menschen wird der einzelne deshalb erziehungsbedürftig, weil er die Sinngehalte von Tradition für sich noch nicht erschlossen hat, keine innere Einstellung zu ihnen hat, sich also nicht wertend ihnen gegenüber verhalten kann.

Um diese Dimension geht es bei der *dritten Betrachtungsweise*, in der die Perspektive des Menschen als geistigem Wesen entfaltet wird[2]. Zwar redet FLITNER vom „Erwachen des Sinnes für den Geist in diesen Ordnungen und Überlieferungen" (Flitner 1933, S. 42), es geht ihm aber um eine Begegnung zwischen „lebendigen Trägern der Tradition und solchen, die minder lebendig oder noch unerschlossen in den gleichen Traditionen und Ordnungen stehen" (Flitner 1933, S. 42). Auch Begegnung klingt noch passiv; es ist vielmehr ein aktives Aneignungsverhältnis gemeint. Ein erzieherisches Verhältnis entstehe „zwischen Menschen hinsichtlich ihrer Zuwendung zum Ideellen" (Flitner 1950/1961, S. 157).

„Es wird also derjenige zur erzieherischen Autorität und Kraft, der vom Ideellen einer Sache erfüllt ist, der Wert und Bedeutung einer Sozialordnung oder einer Geistestätigkeit kennt." (Flitner 1950/1961, S. 157)

Nur durch personelle Begegnung könne eine innere Bindung an das Gemeinwesen hergestellt werden. Diese Bezugspersonen (Eltern, Lehrer sowie weitere signifikante Andere) repräsentieren die Tradition, verlebendigen sie sozusagen[3]. FLITNER spricht von „Überlieferung durch geistige Erweckung" (Flitner

---

2 Auch hier finden wir die Flitnersche Redeweise vom „höheren Ich", von der „Höherführung des Menschen". Wie schon weiter oben ausgeführt, sehe ich in dieser defizittheoretischen Sichtweise grundsätzlich Probleme, die ich hier aber nicht weiter erörtere.

3 „Der erzieherische Prozeß besteht darin, den Sinn zu wecken für den Geist, der jene Ordnungen oder Werke eigentlich erschaffen hat und beseelt und dieser Geist wird auf seinen ideellen Punkt zu beziehen sein. Die Erziehung hat deshalb die Funktion, die kulturelle Überlieferung nicht nur mechanisch-vital fortzusetzen, sondern sie geistig zu verlebendigen." (Flitner 1950/1961, 158)

1950/1961, S. 159) und verwendet in diesem Zusammenhang ein schönes Bild: „Der Meister entzündet die Fackel am Feuer des Ideellen und gibt die Flamme dem Schüler weiter." (Flitner 1950/1961, S. 159) Diese Verlebendigung, diese Vitalisierung der Tradition erfolgt primär in lebensweltlichen Bezügen, die deshalb einen hohen erzieherischen Wert hätten. FLITNER nennt sie Erziehungsgemeinschaften[4].

Lebensweltliche Verankerung in Erziehungsgemeinschaften

Erziehungsgemeinschaften sind soziale Gruppen, in denen der Heranwachsende mit lebendigen Traditionen bekanntgemacht wird und auf diese Weise sich mit ihnen identifizieren kann, so daß eine Werteübernahme erfolgt. Erziehungsgemeinschaften präsentieren immer auch bestimmte Lebensformen. Eine Vielfalt von Lebensformen zu erleben, sei für den Heranwachsenden wichtig, eine Nivellierung der Vielfalt schädlich. Wenn eine Lebensform in sich stimmig ist, repräsentiert sie eine bestimmte Art, das Leben zu leben. Diese bestimmte Art, das Leben zu leben, kann dann von den Heranwachsenden übernommen werden. Also kann gesagt werden, daß jede in sich stimmige Lebensform bestimmte Erziehungsziele in sich trägt, nämlich jene, die auf die bestimmte Art, das Leben zu leben, verweisen. „Eine bestimmte Art des erziehenden Einflusses ist in den Sitten und Lebensverhältnissen gegründet." (Flitner 1950/1961, S. 256)[5]

Wenn Lebensformen aber ihre Stimmigkeit verlieren, wenn sie krisenhaft werden, ist auch für FLITNER der erziehende Wert dieser Gemeinschaft in Frage gestellt. Gerade das Ethos, also die Selbstverständlichkeit der Ziele, gerät dann in die Krise. Das ist wahrscheinlich die Signatur moderner Gesellschaften, daß das gelebte Ethos, kraft dessen die Tradition als unreflektiertes Ritual wirkt, stärker befragt wird. Das gelebte Ethos wird heute zum Problem, weil es im Zuge von Pluralitäts- und Individualitätstendenzen die gemeinschaftsbildende Kraft zu verlieren scheint. Diese Grundsignatur der Moderne war für FLITNER ein entscheidendes Agens seines Denkens. Eine von allen öffentlich anerkannte Lebensform gibt es nicht mehr. Soll man sich mit der Pluralisierung abfinden oder soll man versuchen, doch ein einigendes Band wiederzufinden? FLITNER hat zwar immer Pluralität als wertvoll erachtet, war aber andererseits stets um ein solches einigendes Band bemüht. Individualisierung war für ihn oftmals negativ insofern konnotiert, als sie tendenziell die pädagogische Kraft von Erzie-

---

4 „Als Erziehungsgemeinschaft sei bezeichnet jede Begegnung und Beziehung von Personen, bei der eine erzieherische Situation entsteht und als verpflichtend durchlebt wird." (Flitner 1950/1961, 183)

5 „Erziehungsziele werden erst pädagogisch wirksam, wenn sie gesellschaftliche Lebensformen ergeben, in welchen die geistigen Traditionen zusammenlaufen und sich verlebendigen." (Flitner 1954, 74)

hungsgemeinschaften gefährden könne. Er sah eher zentrifugale Kräfte am Werke, die nur in neuen Vergemeinschaftungsformen aufgefangen werden könnten. Die Überwindung liegt – und das ist FLITNERS eigentliche Pointe – in dem Bemühen, „bildende Lebensformen unserer heutigen Gesellschaft abzugewinnen" (Flitner 1954, S. 77).

„Alles was (…) getan wird, um Ordnungen und Sitten zu stiften, alles was das eigentlich menschenwürdige, vertrauende und verantwortliche Miteinander- und Füreinandersein fördert, macht auch neue Lebensformen möglich. Alles was dazu beiträgt, die Menschen unserer Massengesellschaft zu verwurzeln, zu beheimaten und sozial aufgeschlossen zu machen, alles was ihre Werkfähigkeit erneuert, ihre Lebensangst überwindet, ihre Hartherzigkeit aufschmilzt, kann aus kleinen Anfängen einmal große Formen und Ordnungen hervorbringen, die durch sie selbst erzieherisch wirken." (Flitner 1954, S. 76)

Das Klassische an FLITNERS erziehungswissenschaftlicher Position sehe ich darin, daß er gleichsam aus der Not dieser kulturpessimistischen Betrachtungsweise eine Tugend gemacht hat, indem er daraus eine grundlegende Paradoxie entwickelt. Erziehung habe – so argumentiert er – notwendigerweise einen konservativen Charakter, denn sie vermittelt Formen, z. B. Lebensformen, die die nachfolgende Generation erwirbt, um sie selbst wieder abzustreifen. Daraus könne man aber nicht schlußfolgern, es sei überflüssig, sich diese Formen, die „im öffentlichen Leben schon fast erstorben" (Flitner 1950/1961, S. 228) sind, anzueignen. Vielmehr gelte:

„Diese kulturelle Rückständigkeit aller Erziehung hat im Haushalt der Tradition ihren Sinn, sie bewahrt auf, was die herrschende Generation verwirft, was aber vielleicht von den Enkeln wiederentdeckt und neu lebendig verstanden wird." (Flitner 1950/1961, S. 228 f.)

So weit das für Gesellschaften und Gemeinschaften zentrale Phänomen der Erziehung. Deutlich ist geworden, daß sich für die gegenwärtige Gesellschaftsentwicklung fast alle Probleme, die angesprochen worden sind, in verschärfter Form stellen. Der entscheidende Gehalt des FLITNERschen Denkens erschließt sich aber erst, wenn der Kern von Erziehungsprozessen genauer rekonstruiert wird, den FLITNER als Bildungsphänomen thematisiert.

3. Bildung

Wie der Mensch eine äußere Gestalt hat, so hat er auch eine innere. Diese nennt FLITNER Bildung, die „das Werk der Erziehung am einzelnen Menschen" (Flitner 1950/1961, S. 229) sei.

„Unter dem Bildungsprozeß sei das Ganze der Vorgänge im *Zögling* verstanden, durch den er jene innere *Gestalt* gewinnt, die als seine *Bildung* bezeichnet wird. Diese Gestalt kann auch verstanden werden als das Formgewinnen des einzelnen unter dem Einfluß der begegnenden Inhalte des gemeinschaftlichen Lebens in der Zeit der Jugend oder eines späteren inneren Werdens." (Flitner 1950/1961, S. 247)

Diese innere Form oder innere Gestalt bilde sich im Laufe der Lebenszeit heraus. Diese Dimension finden wir in der *vierten Betrachtungsweise*, innerhalb deren der Mensch als ein sittliches Wesen thematisiert wird. Die Aneignung von Traditionen setzt die Fähigkeit voraus, sich zu sich selbst wie auch zu anderen in Beziehung zu setzen. Der Mensch ist nach FLITNER das zur Freiheit bestimmte Wesen. Insofern ist es ein wichtiges Merkmal, daß Bildung zwar einerseits als Werk der Erziehung insofern bezeichnet werden kann, als sie in der Regel zusammen mit Erziehungsprozessen auftritt, andererseits aber immer ein Prozeß der *Selbst*bildung ist. Der einzelne wird als ein werdendes Selbst verstanden, das durch die oben beschriebene doppelte Inverhältnissetzung Verantwortung übernehmen könne. Zu dem geistigen Band geteilter Wertorientierungen kommt nun die Verantwortungsübernahme hinzu. Dadurch würden Menschen an eine Gemeinschaft gebunden. Bildung ist also für FLITNER an die Notwendigkeit der erfolgreichen Eingliederung in eine Gemeinschaft und Verantwortungsübernahme in derselben gebunden (vgl. Flitner 1933, S. 106).

„Jedoch ist zu unterscheiden zwischen der Verlebendigung der Tradition in der Bindung an die Sinnhaftigkeit und Wertgültigkeit der Sache und diese Erweckung der Verantwortung, die im anderen wie in sich selbst den in einem Geheimnis stehenden, ein Selbst in sich bergenden Menschen sieht. In dieser Hinsicht gibt es Verantwortung der freien Person für die unfreie – darauf gerichtet, die mögliche Freiheit des anderen zu aktivieren: also die eigentümlich pädagogische Verantwortung." (Flitner 1933, S. 45)

Bildung als Kern des erzieherischen Prozesses bildet sich heraus über sogenannte Bildungsgehalte. Darunter versteht FLITNER im wesentlichen den geistigen Gehalt von Zeugnissen der jeweiligen Tradition, die in Form von Sprache, Schrifttum, Kunst, Religion, Architektur überliefert wird. Der Mensch sei empfänglich für solche Bildungsgehalte. Diese Empfänglichkeit bezeichnet FLITNER als *Bildsamkeit*. Der Begriff bezeichne „die typische Bereitschaft der Menschen bildenden Einflüssen gegenüber, die ihnen typisch in einer geschichtlichen Welt begegnen" (Flitner 1950/1961, S. 203)[6]. Betrachtet man den Prozeß der Entwicklung der inneren Gestalt, also der Bildungsgestalten, dann wird man feststellen, daß solche Prozesse stets individuell sind. Der Lebensweg eines Menschen kann auch als Geschichte seiner Bildungsgestalten verstanden werden.

---

6 „Auch eine allgemeine Theorie der Bildsamkeit wird immer an dem geschichtlichen Menschen gewonnen, wie wir ihn heute finden, wie er durch eine bestimmte Geschichte geworden ist und sich in einem bestimmten Geist versteht." (Flitner 1950/1961, 205)

„Der Weg, der einem aufwachsenden Menschen zugewiesen und zugedacht ist und den er sich mit wachsender Selbständigkeit selber zuweist, ist immer ein Weg in bestimmten Bildungsgestalten." (Flitner 1950/1961, S. 218) Bildungsgestalten sind Schemata der Reaktionen der Person auf die Welt; sie lassen sich als Verlaufsformen fassen: „Es läßt sich also sprechen von der Gestalt der Erlebnisse in der geistigen Gesamtgestalt eines Menschen, ferner von der Form seiner Aktivität und der Form seiner theoretisch-symbolisierenden Akte." (Flitner 1933, S. 104) Bildungsgestalten empirisch zu beschreiben, bedeutet also immer, den Menschen in seiner Lebenswelt zu beschreiben. Pädagogik fragt nach FLITNER nach der Wirklichkeit des Menschen, und zwar im jeweils konkreten Fall. Insofern ist die Frage berechtigt, wie solche Bildungsgestalten empirisch aufgehellt werden können.

4. Empirische Erfassung von Bildungsgestalten

Es ist verschiedentlich immer wieder das Verhältnis geisteswissenschaftlicher Pädagogik zu empirischen Forschungsprogrammen diskutiert worden (vgl. Dahmer 1969; Wulf 1977, S. 31; König/Zedler 1983, S. 89). In diesem Zusammenhang ist darauf hingewiesen worden, daß die geisteswissenschaftliche Pädagogik in der Tradition Wilhelm DILTHEYS zwar gesagt habe, sie wolle den Ausgang von der Erziehungswirklichkeit nehmen, dieses aber de facto nie getan habe. Ich zitiere stellvertretend für diese Einschätzung Ilse DAHMER:

„Vom Text der Erziehungswirklichkeit, den es aus Lebenszusammenhängen zu erschließen und d. h. auch: überhaupt erst zu erstellen gilt, glitt die Interpretation ab in die Exegese längst kodifizierter historischer Erziehungsdarstellungen. Die interpretatorische Erforschung der aktuellen Erziehungswirklichkeit verengte sich, reduzierte sich zur Suche nach der Realität in historischen Texten." (Dahmer 1969, S. 23)

Die geäußerte Kritik bezieht sich sicherlich auch auf FLITNER, weil sein Gesamtwerk kaum empirische Untersuchungen aufweist, dafür aber große historisch orientierte Abhandlungen (Flitner 1960; 1983) und viele Arbeiten, die in aktuelle bildungspolitische Diskussionen eingreifen (Flitner 1987; 1997). Natürlich wissen wir heute, daß FLITNER gerade viele seiner historisch orientierten Arbeiten in Angriff nahm, weil ihm die politischen Umstände nach 1933 sein sonstiges Betätigungsfeld stark einschränkten. Trotzdem gilt die von DAHMER formulierte Kritik auch in systematischer Hinsicht für FLITNER. Wenn man aus der Sicht der in den letzten Jahren etablierten erziehungswissenschaftlichen Biographieforschung FLITNERS Werk rezipiert, wie ich es in der vorliegenden Arbeit nicht nur, aber auch getan habe, dann ergibt sich eine Fülle von Anknüpfungsmöglichkeiten. Erziehungswissenschaftliche Biographieforschung (Krüger/Marotzki [Hrsg.] 1996) verdankt sich den Theorietraditionen des sogenannten qualitativen Paradigmas, der traditionellen Hermeneutik und vor allem der Phänomenologie (vgl. Marotzki 1991; 1991a) und beschäftigt sich gerade mit der Analyse der eben beschriebenen Bildungsgestalten. Ich will einige Anknüpfungspunkte im folgenden genauer betrachten.

Ein Anknüpfungspunkt liegt in FLITNERS Theorie der Bildsamkeit. Sie habe *erstens* jenen Prozeß aufzuklären, „durch den sich die Person schrittweise der Umwelt öffnet" (Flitner 1950/1961, S. 209). FLITNER denkt dabei an die Art und Weise, wie sich für ein Kind neue soziale Gruppen erschließen: Zuerst ganz in der Familie, dann entstehen Kontakte zu Nachbarn, zu Peers, dann erweitert sich der soziale Horizont in Spielgruppen, Kindergarten und Schule. Die Kreise werden sozusagen größer, das Kind öffnet sich in diesem Sinne fortschreitend der sozialen Welt, es eignet sie sich sozusagen an. Dadurch lernt es, sich in dem sozialen Bedeutungsgewebe zu plazieren. Es gewinnt zu sich und zum sozialen Milieu eine Haltung und wird Schritt für Schritt in die Lage versetzt, Lebensentwürfe zu entwickeln und zu erproben. Die Genese solcher Lebensentwürfe, die in modernen Gesellschaften hochindividuell sind, gilt es zu verstehen; das schließt empirische Forschung ein.

Eine Theorie der Bildsamkeit untersuche *zweitens* die Art und Weise, wie der Mensch auf seine (soziale) Umwelt reagiert und den Prozeß dieser Auseinandersetzung verarbeitet. Es ist ein Prozeß, der sich durch eine Zunahme an Selektion auszeichnet. Ein Kind interessiert sich noch für alles, weil es noch keine Leitlinie ausgebildet habe, die Kriterien für das liefert, was für es wichtig ist und was nicht. In dem Maße, wie diese Leitlinie sich ausbildet, erhöht sich die Selektivität. Dadurch wird auch der Bereich, der für den Menschen eine bildbare Kraft bietet, eingeschränkt: Es ist nicht mehr alles im gleichen Maße für den einzelnen wichtig. Der erwachsene Mensch ist für FLITNER bildbar, „wenn ihm Personen und geistige Inhalte begegnen, die ihn angehen, die von seiner Leitlinie her Bedeutung für ihn haben" (Flitner 1950/1961, S. 210). Die Frage der Selektion verweist auf unterschiedlich ausgebildete Relevanzen, d. h. Prioritäten dessen, was für den Menschen wichtig ist und was nicht. Menschen entwickeln unterschiedliche Wertsysteme, aufgrund deren sie in die Lage versetzt werden, Entscheidungen zu treffen und Bewertungen vorzunehmen (Präferenzentscheidungen). Die Relevanzsysteme sind in hochkomplexen Gesellschaften sehr individuell ausgeformt. Sie bilden sich einerseits in der Auseinandersetzung mit der sozialen Umwelt heraus, strukturieren andererseits diese Interaktion selbst wieder. Pierre BOURDIEU (1979) hat diesen Sachverhalt mit dem Begriff des *Habitus* zu beschreiben versucht. Der Habitus ist eine solche Struktur, die sich in sozialen Interaktionen herausgebildet hat und selbst wiederum eine strukturierende Kraft entfaltet. Die Analyse solcher Strukturen schließt empirische Forschung ein.

Drittens gebe eine Theorie der Bildsamkeit Aufschluß über das Verhältnis des einzelnen zur Zeitlichkeit, also darüber, wie er sich in zeitlichen Gestalten entwirft und damit Zeitstrukturen konstituiert. Bei diesen Prozessen geht es im wesentlichen darum, zu studieren, wie der Mensch sich zu sich selbst in ein Verhältnis bringt, es geht um die „wache Arbeit der Person an sich selbst" (Flitner 1933, S. 82). In der modernen erziehungswissenschaftlichen Biographieforschung sprechen wir von dem *Prozeß des Biographisierens*, durch den dies geschieht. Der Sache nach beschreibt FLITNER unter diesem Aspekt genau die Struktur dieses Prozesses. Es geht nämlich um die Verarbeitung von Erinnerungsspuren, die ständig neu zu Sinnzusammenhängen gefügt werden müssen:

> „Erlebtes kann nachträglich berichtigt, verändert, umgewertet, weitererlebt werden. Die Entwicklung des Menschen ist demnach die Entwicklung des objektiven Charakters im Festhalten der Erlebnisspuren, des subjektiven in der fortwirkenden, die ganze Vergangenheit ständig neu verarbeitenden Erinnerung." (Flitner 1950/1961, S. 210)

In diesem Punkt hat die moderne erziehungswissenschaftliche Biographieforschung bezeichnenderweise an Wilhelm DILTHEY angeknüpft, denn er hat wie kein anderer herausgearbeitet, daß die Sinnhaftigkeit des Lebens eine Form der Erfahrungsverarbeitung über Zusammenhangsbildung ist, durch die Sinn konstituiert wird.

> „Der Lebensverlauf besteht aus Teilen, besteht aus Erlebnissen, die in einem inneren Zusammenhang miteinander stehen. Jedes einzelne Erlebnis ist auf ein Selbst bezogen, dessen Teil es ist; es ist durch die Struktur mit anderen Teilen zu einem Zusammenhang verbunden. In allem Geistigen finden wir Zusammenhang; so ist Zusammenhang eine Kategorie, die aus dem Leben entspringt." (Dilthey VII, S. 195)

Die Zusammenhangsbildung ist bei DILTHEY eine Leistung des Bewußtseins, das Beziehungen zwischen Teilen und einem Ganzen beständig herstellt und in neuen biographischen Situationen überprüft bzw. modifiziert. Dieser Prozeß der permanenten Zusammenhangsbildung ist der Prozeß der Biographisierung, den Werner LOCH als anthropologischen Zwang ansieht,

> „dem jeder bewußtseinsfähige Mensch unterworfen ist: sich des subjektiven Sinns seines Lebenslaufs immer wieder neu vergewissern zu müssen, weil Sinn durch das, was ihm im Verlauf seines Lebens begegnet, immer wieder neu in Frage gestellt wird" (Loch 1979, S. 141).

Die Biographie ist ein vom Subjekt hervorgebrachtes Konstrukt, das als eine Einheit die Fülle von Erfahrungen und Ereignisse des gelebten Lebens zu einem Zusammenhang organisiert. Die Herstellung eines solchen Zusammenhanges der Erlebnisse und Erfahrungen erfolgt über Akte der Bedeutungszuschreibung. Bedeutung wird von der Gegenwart aus vergangenen Ereignissen verliehen. Die Erinnerungen, die jemand von seinem Leben noch aktualisieren kann, sind jene, die ihm bedeutungsvoll in einem Gesamtzusammenhang erscheinen, über die und durch die er sein Leben strukturiert. Nur wo solche vom Subjekt gestifteten Strukturzusammenhänge vorhanden sind, ist auch Entwicklung im Sinne einer Ordnungsbildung möglich (vgl. Dilthey V, S. 218). Die dadurch entstehende innere Ordnung hat sowohl für DILTHEY als auch für FLITNER den Charakter einer Gestalt. Der Prozeß der Biographisierung ist also Bildungsarbeit. Die Untersuchung solcher Prozesse schließt empirische Forschung ein.

Es ist interessant, daß im Prinzip alle drei der von FLITNER angeführten Aufgaben einer Theorie der Bildsamkeit in der Programmatik moderner erziehungswissenschaftlicher Biographieforschung an systematisch bedeutsamer Stelle auftauchen und den Übergang zu empirischer Forschung darstellen. Denn genau darum geht es in dieser Forschungsrichtung, empirisch aufzuhellen, wie Bildungsprozesse bei Menschen unter gesellschaftlichen Bedingungen fortschreitender Sinnpluralisierung verlaufen.

Leitlinie

Den wichtigsten Anknüpfungspunkt zur Durchführung solcher biographieanalytischer Analysen sehe ich auf dem Boden des FLITNERschen Denkens in dem Begriff der schon erwähnten *Leitlinie*. Neben Anlage und Umwelt ist es für FLITNER nämlich insbesondere die „*Leitlinie* des Erlebens und Handelns, die sich in der werdenden Person herausbildet" (Flitner 1950/1961, S. 206). Diese Leitlinie ist der dritte entscheidende Faktor, der den Schlüssel zum Verstehen der menschlichen Existenz darstellt.

„Es ist darunter verstanden die Richtung, welche die Person bereits genommen hat aufgrund ihrer inneren Geschichte, der bereits erlittenen Schicksale und der schon in ihr verarbeiteten Wünsche, Vorsätze und Werte. Es wird durch diesen dritten Faktor anerkannt, daß die werdende Person bereits eine Spur freier Entscheidungen in ihre Reaktionen auf Umweltreize von Anfang an eingemischt hat, und daß der Weg, den sie damit beschritt, dann auch fortgesetzt wird." (Flitner 1950/1961, S. 206)

„Die Überwindung des naturwissenschaftlichen Denkens zeigt sich darin, daß wir den Blick für einen *dritten Faktor* freigemacht haben: für die *Leitlinie* des Erlebens und Handelns, die sich in der werdenden Person selbst herausbildet, und zwar aus ihren Schicksalen, ihrer inneren Geschichte. Diese bereits gestaltete Person wählt in dem Bau ihres Erlebens die Umweltreize aus und erlaubt ihnen tiefere oder oberflächliche Wirkung. Sie stellt sich auch selbständig zu ihren Anlagevoraussetzungen. Der Versuch, diese gestaltende Leitlinie selbst als Anlagewirkung zu deuten, übersieht die schicksalhafte geschichtliche Folge der bestimmenden Eindrücke, die zu einer bestimmten Gestalt dieser Leitlinie sehr früh führen, was die Dichtung, was jede Biographie zu zeigen bemüht ist. Jeder individuelle Fall von allgemein menschlicher Zielstrebigkeit muß also aus dem Zusammenwirken (der *Konvergenz*) von Erbbildung, Fremdbildung und Selbstbildung verstanden werden." (Flitner 1933, S. 79)

Mit einer solchen Auffassung ist der Weg frei, menschliches In-der-Welt-Sein primär als Bedeutungs- und Sinnorganisation zu verstehen. Ich interpretiere den FLITNERschen Begriff der Leitlinie als Sinnmuster, das im DILTHEYschen Sinne das Resultat von Zusammenhangsbildungen ist. Die erziehungswissenschaftliche Biographieforschung hat in den letzten Jahren eine Fülle von Analysen vorgelegt, von denen behauptet werden kann, sie versuchen einzelfallorientiert, das Geheimnis des individuellen In-der-Welt-Seins aufzuhellen, ohne freilich den Anspruch zu erheben, es erklären zu wollen. Es geht in diesen Analysen nicht um das *Warum*, sondern stets um das *Wie*, um die Aufhellung der konkreten sozialen Lebensvollzüge; mit FLITNER gesprochen: um die Deutung konkreter Bildsamkeit.

„Die Deutung konkreter Bildsamkeit bleibt ein Wagnis, das gewagt werden muß, eine Intuition, die sich aber durch Aufmerken und kategorial überschauendes Denken für die Praxis wesentlich aufhellen läßt." (Flitner 1950/ 1961, S. 211)

Abschließend will ich an einem Beispiel, nämlich an dem der Pädagogischen Beratung, zeigen, daß unter bildungstheoretischer Perspektive FLITNERS Denken Gewinne für biographieanalytische Zugänge zu bieten vermag.

5. Pädagogische Beratung

Die Wahl des Gebietes der Pädagogischen Beratung ist keineswegs zufällig, sondern ergibt sich daraus, daß FLITNER als zentrales Kriterium für einen gelungenen Bildungsprozeß immer wieder die Bewältigung von Lebensaufgaben anführt. Er bietet nämlich einen hohen Argumentationsaufwand auf, um das Problem zu bearbeiten, ob jede Veränderung der inneren Gestalt ein Bildungsprozeß zu nennen sei oder ob es pädagogisch erwünschte Qualitäten gebe, ob also „Wirkungen auf den Zögling wirklich bildend sind" (Flitner 1933, S. 98). Er diskutiert das unter dem Begriff der *Echtheit von Bildungsprozessen*. Zunächst kann bei Prozessen immer gefragt werden, ob sie zielgerichtet sind. Eine solche Zielgerichtetheit sieht FLITNER bei Bildungsprozessen darin, daß sie dem einzelnen eine bessere Lebensbemeisterung ermöglichen sollen.

„Der echte Bildungsprozeß soll die rechte, wirkliche, dauernde Bewältigung der Lebensaufgaben ermöglichen." (Flitner 1950/1961, S. 263; vgl. auch Flitner 1950/1961, S. 232)

Dieses wesentliche Merkmal gilt für FLITNER überall dort, wo sich pädagogische Prozesse ereignen, deren Kern – das habe ich ausgeführt – Bildungsprozesse darstellen. Wenn auch heute das pädagogische *Handwerk* auf andere Bedingungen und andere Probleme stößt als zu FLITNERS Zeiten, kann an diesen Bestimmungen dennoch mit Gewinn festgehalten werden. 1957 faßt er in der Schrift *Das Selbstverständnis der Erziehungswissenschaft in der Gegenwart* die Aufgaben der Erziehungswissenschaft als wissenschaftlicher Pädagogik bündig zusammen: Sie habe Zeitdiagnose (als lebensweltliche Sinnauslegung) zu betreiben, Orientierungswissen für Pädagogen bereitzustellen und Hilfe bei besonderen Schwierigkeiten des *Erziehungsgeschäfts* anzubieten:

„Die wissenschaftliche Pädagogik bleibt immer darauf angewiesen, daß sie den Sinngehalt einer historisch gegebenen Wirklichkeit gewahr wird, und daß sie verdeutlicht, wie pädagogisches Verhalten, Einrichtungen, Ordnungen, Lehren in diesen Sphären geistiger Seinserfahrung und Mitentscheidung sich bewegen und betroffen werden. (...) Ihre zweite Funktion ist, daß sie dem Pädagogen, der sich an ihr bildet, ein Standortbewußtsein im Kampfgewühl der Zeit gibt, welches ihm die Stille seiner Arbeit ermöglicht; und erst in dritter Reihe steht die unmittelbare technische Hilfe, die in den Schwierigkeiten des Erziehungsgeschäfts, besonders in den problematischen Fällen, geboten werden muß. Alle drei Funktionen gehören zusammen." (Flitner 1957/1966, S. 336)

Der Fall der pädagogischen Beratung gehört in den dritten Aufgabenbereich. Es ist jenes Feld, in dem sich Lern- und Bildungsprozesse ereignen, und zwar im klassischen Sinne, nämlich durch Begegnung (Klient und Pädagoge). Der Gegenstandsbereich der pädagogischen Beratung hat sich einerseits als disziplinärer Bereich (sozial)pädagogischen Handelns etabliert, gilt andererseits hinsichtlich der Grenzziehung zum therapeutischen Handeln seit Jahren als unscharf (Körner 1996). In der Praxis haben sich multidisziplinäre Teams durchgesetzt. Im weitesten Sinne kann man sagen, daß es im Beratungsprozeß um die Anbahnung von Lern- und Bildungsprozessen geht (Hörster/Müller 1996). Die Bearbeitung von Lernblockaden und Friktionen im menschlichen Bildungsprozeß gilt traditionell als pädagogische Kernaktivität. Was in der pädagogischen Beratung verstärkt thematisch wird, ist, daß Lern- und Bildungsprozesse in lebensgeschichtlichen Kontexten gesehen werden. Insofern kann zu Recht gesagt werden, daß Pädagogen und Sozialarbeiter heute als Spezialisten für menschliche Biographien in hochkomplexen Gesellschaften gelten können.

Pädagogische Beratung hat hermeneutische Arbeit zu leisten. Sie kann verstanden werden „als Auslegung des gelebten Lebens, als Selbstvergewisserung des konkreten Denkens, das sich über seine Situation und deren Normierung aufklärt" (Flitner 1957/1966, S. 336). Es geht in der Beratung natürlich auch darum – wie wir heute modern sagen – ein Ressourcenclearing zu bewerkstelligen. Ein solches Ressourcenclearing wird aber nicht um seiner selbst willen betrieben, sondern dient natürlich einem Zweck, der bildungstheoretisch als Arbeit an dem Verhältnis beschrieben werden kann, das der einzelne zu sich und zur Welt eingenommen hat (Selbst-Welt-Auslegung). In FLITNERs Worten geht es darum, die grundlegende Haltung gegenüber Lebensaufgaben zu bearbeiten. M. a. W., es geht darum,

„dem jungen Menschen zu helfen, daß er, in diese Mannigfaltigkeit der Wertsicht und Existenzdeutung hineinschauend, die Kraft gewinne, diese

Konflikte aufzuarbeiten. Da dies die Fähigkeit des einzelnen übersteigt, so kommt es darauf an, ihn für alles geistige und sittliche Streben aufzuschließen, das in seiner Generation an solcher Aufarbeitung produktiv beteiligt ist." (Flitner 1950/1961, S. 279)

Ziel sei, daß die einzelnen „zur Aufgeschlossenheit ihrer personalen Existenz gelangen – daß wir ihnen unsere Hilfe auf diesem Wege bieten" (Flitner 1950/1961, S. 165):

> „Das Ziel der pädagogischen Begegnung ist alsdann, den anderen zu ihm selbst zu führen: so daß er selbst über seinen objektiven Charakter wachen kann, selbst Verantwortung auf sich nimmt und sich ein inneres Leben erschließt, daß er die Quellen des Vertrauens, der Hoffnung und der Liebe in sich freilegt." (Flitner 1950/1961, S. 165; vgl. weiterhin: Flitner 1950/1961, S. 184)

Aus biographieanalytischer Sicht ist der Dreh- und Angelpunkt der bereits beschriebene Prozeß der Biographisierung. Biographisierung bezeichnet – wie oben ausgeführt – jenen Prozeß, innerhalb dessen der Klient in der Gesprächssituation eine Ordnung in das zu Erzählende hinsichtlich von Raum, Zeit, Verknüpfung der Aufeinanderfolge von Ereignissen, Motivlagen, Bedingungen, Ursachen und Folgen etc. bringt, so daß das Erzählte kommunikativ präsentierbar wird. Es handelt sich um Bildungsprozesse insofern, als in ihnen die Welt- und Selbstsicht des Klienten in lebensgeschichtlichen Zusammenhängen zur Darstellung kommt. Gerade die Differenz, die Gegensätzlichkeit, die Widersprüchlichkeit, manchmal natürlich auch die Kontinuität dieser Formen der Zusammenhangsbildung zu unterschiedlichen biographischen Zeitpunkten machen die Substanz von Bildungsprozessen aus. Der Klient thematisiert sich im Verhältnis zur Welt in der Perspektive des Wandels dieses Verhältnisses. Eine sinnstiftende Biographisierung gelingt nur dann, wenn es gelingt, in retrospektiver Einstellung Zusammenhänge herzustellen, die es erlauben, Ereignisse und Erlebnisse in sie einzuordnen und Beziehungen untereinander wie auch zur Gesamtheit herzustellen. Auf diese Weise arbeiten wir ständig daran, unser Leben konsistent zu machen, Linien in das *Material* unserer Vergangenheit zu legen, die ordnen und Zusammenhänge stiften. Linien trennen, heben hervor, konturieren, zeigen Richtungen an. Sie stellen Bezugs- und Orientierungsmarkierungen dar. Gelingt es nicht, Linien in unsere Biographie zu bringen, dann sagen wir auch umgangssprachlich: *Ich bekomme das alles nicht mehr zusammen.* Wenn in dieser Weise das Linienlegen, die Zusammenhangsbildung mißlingt, dann kann zu Recht von einer Krise, einer existentiellen Sinnkrise, gesprochen werden. Es ist auffallend, daß gerade bei Psychiatriepatienten zu beobachten ist, daß sie in der Regel keine Zusammenhänge mehr in ihre eigene Vergangenheit zu bringen vermögen (vgl. Marotzki 1991 b). Ihnen ist ihre Vergangenheit abhanden gekommen; sie verfügen noch über Fragmente, aber über keine zusammenhängende Geschichte mehr, die die ihres Lebens wäre. Kommt einem Menschen jedoch seine eigene Vergangenheit abhanden, dann kommt er sich selbst abhanden. Das ist die Logik der Sinnkrise: Ihre Symptomatik ist die permanent fehlschlagende Biographisierung. Wenn mir in diesem Sinne meine Vergangenheit als der mich konstituierende Zusammenhang abhanden kommt, dann kommen mir zwei weitere, für menschliche Subjektivität zentrale Merkmale abhanden, nämlich: Erlebnisqualität und Zukunftsbezug. Die Erlebnisqualität wird deshalb tief beeinflußt und vermindert, weil ich mich im Erleben ständig als Einheit erfahre:

„Im Erleben bin ich mir selbst als Zusammenhang da. Jede veränderte Lage bringt eine neue Stellung des ganzen Lebens. Ebenso ist in jeder Lebensäußerung die uns zum Verständnis kommt, immer das ganze Leben wirksam." (Dilthey VII, S. 160)

Der Zukunftsbezug kommt abhanden, weil ein Entwurf nur ein solcher sein kann, der aus meiner durch mich strukturierten Vergangenheit aus erfolgen kann. Damit soll nicht behauptet werden, daß er durch diese determiniert wäre, aber es soll wohl behauptet werden, daß er auch nicht ganz unabhängig von ihr ist. Orientierungspotentiale umfassen sowohl Vergangenheit als auch Zukunft. Solche Entwürfe tragen die Signatur des Individuellen und sind nicht verallgemeinerbar, genauso wie Sinnkonstitution prinzipiell eine individuelle ist. Individuelle biographische Verarbeitung ist in diesem Sinne individuelle Sinnarbeit:

„Jedes Leben hat einen eigenen Sinn. Er liegt in einem Bedeutungszusammenhang, in welchem jede erinnerbare Gegenwart einen Eigenwert besitzt, doch zugleich im Zusammenhang der Erinnerung eine Beziehung zu einem Sinn des Ganzen hat. Dieser Sinn des individuellen Daseins ist ganz singulär, dem Erkennen unauflösbar, und er repräsentiert doch in seiner Art, wie eine Monade von Leibniz, das geschichtliche Universum." (Dilthey VII, S. 199)

Aus meiner Darstellung geht hervor, daß menschliche Krisen letztlich als existentielle Krisen verstanden werden. Die Struktur individueller Lebensentwürfe erlaubt keine viablen Zusammenhangsbildungen mehr. Es ist interessant, an dieser Stelle eine aktuelle Diskussion aus dem Bereich der Sozialpädagogik heranzuziehen, die unter dem Stichwort *Entgrenzung* geführt wird. In den letzten Jahrzehnten hat nämlich einerseits eine Expansion sozialer Dienstleistungsberufe stattgefunden, andererseits zeigt sich eine Tendenz zur Entgrenzung des Feldes sozialer Arbeit (vgl. Münchmeier 1992, Merten/Olk 1996). Immer mehr gesellschaftliche Problembereiche können als Folge von Modernisierungsprozessen sozialpädagogisch ausgelegt werden. Der Charakter sozialpädagogischer Nachfragestruktur, Krisenangebote für Gefährdete zu machen, verändert sich in die Richtung, Standardhilfeangebote für die Bewältigung von Problemen für Normalbiographien zu machen (Gaiser u. a. 1992). Das bedeutet, daß sozialarbeiterische Dienstleistungen, die für Krisen und Notsituationen reserviert und konzipiert waren, immer mehr zu alltäglichen Unterstützungsleistungen werden. Man könnte direkt mit FLITNER anschließen:

„Die erziehende Hilfe wird darauf gehen, dem einzelnen diese Bemeisterung der allgemeinen Lebensaufgaben inmitten der besonderen Lage zu ermöglichen." (Flitner 1933, S. 235)

Wenn also – um diesen Befund zu interpretieren – „normale" Lebensbewältigung immer weniger zu *funktionieren* scheint, bedeutet das ja auch, daß für immer mehr Menschen der eigene Lebensweg unklarer wird, d. h. daß ihnen ihr Lebensziel immer undeutlicher vor Augen steht. In diesem Sinne ist dann nach FLITNER Bildung gefordert, denn Bildung hängt immer mit dem Lebensziel zusammen:

„Denn es handelt sich dabei um das menschliche Lebensziel, und dieses ist nicht in nüchterner Exaktheit zu beschreiben; es ist ein Geheimnis um die Existenz des Menschen, das mit diesem Wort mitumgriffen sein soll und das daher auch in alle Fragen der Erziehung hineinreicht." (Flitner 1950/1961, S. 230)

Pädagogische Beratung bezieht sich also auf den Menschen in existentieller Hinsicht. Damit ist keine Gegenposition zur Sichtweise des Menschen als soziales Wesen bezogen. Vielmehr ist die hier favorisierte Sichtweise die Fundierung für ein Verständnis des Menschen, das ihn *nur* als soziales Wesen sieht. Diese Auffassung des Menschen, von der zu Beginn dieser Arbeit gesagt wurde, sie sei spezifisch für eine pädagogische Fragestellung, ist eine der entscheidenden Konsequenzen aus dem FLITNERschen Denken.

„Der Erwachsene mag sein geistiges Streben unter vielen Verkrustungen verborgen haben: der Pädagoge nimmt an, daß es noch nicht völlig erstarrt ist, sondern wieder aufgegraben werden kann. Es ist der Drang nach einem geistigen Ausdruck des Innern, nach schöner Gestaltung unserer Welt, nach Lebensverständnis und nach Verständigung, nach einem Sich-wundern und Entdecken der Wahrheit ein unauslöschliches Kennzeichen der werdenden Person. Der Erzieher hält daher grundsätzlich jeden für geistig bildsam, er bemüht sich, die verschüttete Liebe zum Geist aus allen Verbindungen zu befreien, sie zu nähren und ihr Genüge zu tun, und er meint, daß auch im schlichtesten Dasein und unter den Umständen der größten Not die Vergeistigung des Leidens und Handelns möglich und das eigentlich Menschenwürdige sei." (Flitner 1950/1961, S. 208 f.)

In dem Maße, in dem die Pluralisierungs- und Individualisierungstendenzen zunehmen, in dem sich die tragenden Fundamente der Normalitätsvorstellungen ändern, in dem Muster der Lebensplanung und -führung sich lebensweltlich spezifizieren, wird eine Deskription und ein Verständnis der Lebenswelten von Menschen gemäß des oben beschriebenen grundlegenden Frageformats benötigt. Traditionelle Beratungskonzepte, die sich durch Spezialisierung von Problemlagen auszeichnen, scheinen immer weniger zu greifen. Münchmeier beschreibt beispielsweise die grundlegenden Probleme des Diffuswerdens von Problemen und Hilfeanlässen am Beispiel der Jugendberatung:

„Jugendliche offerieren diffuse, schwer auf den Begriff zu bringende Orientierungs- und Sinnprobleme; es wird zunehmend schwerer, Problemverursachungen und Defizite einzugrenzen und zu diagnostizieren. Oft zielt Beratung nicht mehr auf konkrete, benennbare Schwierigkeiten, sondern wird zu einer Art *allgemeiner Lebensberatung.* So klagen etwa selbst Erziehungsberatungsstellen darüber, daß ihr therapeutisches Handlungsrepertoire immer häufiger leerlaufe und nicht zum Zuge komme, weil ihre Beratung nicht selten bei eher allgemeinen oder unbestimmten *Lebensschwierigkeiten* als bei speziellen Konfliktsituationen in Anspruch genommen werde." (Münchmeier 1992, S. 139 f.)

Beratung soll im gelungenen Fall dem Klienten helfen, Komplexität zwischen Resistenz und Auflösung zu balancieren, durch ein sensibles Grenzmanagement Veränderung und Stabilität auszutarieren.

6. Schlußbemerkung

Wissenschaftliche Pädagogik als hermeneutisch-pragmatische Wissenschaft zu betreiben, kann bedeuten, die bei FLITNER angelegten empirischen Bezüge über eine erziehungswissenschaftliche Biographieforschung weiterzuführen, um dem gerecht zu werden, was Helmut PEUKERT der Pädagogik ins Stammbuch schreibt:

„Erziehung ist die am elementarsten auf Zukunft vorausgreifende Praxis, sie ist ein elementares Verhalten zur Zukunft. Das macht Erziehungswissenschaft zu einer der komplexesten und auch intellektuell am stärksten herausfordernden Wissenschaften." (Peukert 1992, S. 25)

Wir sind verpflichtet, FLITNERS Erbe mit theoretischen und methodologischen Mitteln weiterzuführen, die ihm nicht zur Verfügung standen. Die alternativen sozialen Bewegungen der Jahrhundertwende sind für ihn prägend gewesen (Jugendbewegung, Volkshochschulbewegung und Reformpädagogik). Seine Zugehörigkeit zur den Freideutschen Studenten und zum Sera-Kreis vor 1914 in Jena prägten ihn lebensreformerisch und reformpädagogisch. Seine Systematische Pädagogik von 1933 ist auch als ein Versuch zu verstehen, den Ertrag und die Erfahrungen in den Reformbewegungen theoretisch zu sichern. Trotzdem hat er mit einem großen Gespür für Zeitdiagnose den Finger in die Wunde gelegt: Die Frage nach dem Bildungsideal im Sinne „einer öffentlich anerkannten Lebensform" (Flitner 1950/1961, S. 240) ist in der Weise zu modifizieren, daß nach den Verhältnissen der unterschiedlichen Lebensformen zueinander gefragt werden muß und nach der Art und Weise, wie in ihnen Sinn konstituiert wird. Obwohl der Entscheidungsdruck in der gegenwärtigen gesellschaftlichen Situation weiter anzusteigen scheint, nimmt die Möglichkeit, die Tragweite eigener Entscheidungen überblicken zu können, ab. Immer häufiger wird deshalb gefordert, daß Heranwachsende die Chance bekommen müßten, komplexere und flexiblere Muster von Selbst- und Weltauslegung zu erwerben. Es geht darum, Reflexionsformen zu ermöglichen, deren offene Integrationsleistungen die Verschiedenheit in der Einheit ermöglichen. Denn die These der Pluralisierung von Sinnwelten besagt ja gerade, daß die integrativen Leistungen einer relativ geschlossenen gesellschaftlich-symbolischen Sinnwelt stärker strapaziert werden. Es entspricht einer relativ langen Diskussionstradition, zu erwägen, ob nicht gerade die Moderne dadurch definiert sei, daß sie ihr Monopol auf eine solche einheitliche Sinnstiftung verloren habe. An die Stelle eines einheitlichen, Orientierungen verbürgenden Sinnkosmos tritt die produktive Konkurrenz von verschiedenen Sinnwelten, die nicht mehr zur Integration gebracht werden können. Dieses Problem hat auch FLITNER deutlich gesehen und immer wieder bearbeitet. Die Frage wäre, welche Konsequenzen aus diesem Befund gezogen werden können. Zum einen könnte man sagen, daß eine Konkurrenz der Sinnwelten nicht mehr zur Einheit gebracht werden könne und auch nicht dürfe. Das wäre die Position, die auf einen tragfähigen, die Einzelpositionen umgreifenden Konsens verzichtet. Zum anderen könnte man sagen, daß auch angesichts der Zersplitterung der Sinnwelten ein umgreifender Konsens unverzichtbar sei. FLITNER vertritt die zweite Position. So schreibt er angesichts der „Vielfältigkeit und Gespaltenheit in Glaubensfragen":

> „Soll es aber gerechtes Recht, öffentliche Sitte, gedeihliche Politik und gute Erziehung unter uns geben, so muß im konkreten Zusammenleben und an allen einzelnen Aufgaben daran gearbeitet werden, einen Konsensus der Geister wiederzugewinnen, der die produktive Fortführung unseres humanen Zusammenlebens ermöglicht, Schritt für Schritt und Tag für Tag, im Kleinen wie in den großen Prinzipien." (Flitner 1957/1966, S. 347)

Ich sehe in dieser wie auch in ähnlichen Formulierungen nicht die Tendenz am Werke, die Differenz pluraler Sinnwelten zu nivellieren. Es handelt sich, so lese ich diese Stellen, vielmehr darum, daß ein Konsens dort gefordert werden muß, wo gemeinsames Handeln erfolgen soll. Damit werden noch keine inhaltlichen Angaben darüber gemacht, wie dieser Konsens inhaltlich aussehen soll. Ein Minimalkonsens kann bekanntlich auch darin bestehen, daß kein inhaltlich bestimmter Konsens möglich ist. Die Ausrichtung von Bemühungen auf einen Konsens selbst eliminiert also zunächst noch keineswegs Differenzen. Der Sachverhalt, daß die Pluralisierung von Sinnwelten eine Pluralisierung von Bildungsidealen erzeugt, scheint mir ein festes, kaum bezweifelbares Datum für die gegenwärtige Situation in hochkomplexen Gesellschaften geworden zu sein. Daraus folgt m. E., daß ein anzustrebender Konsens genau darin bestehen könnte, die Polymorphie und Heterogenität von Sinnwelten und damit von Bildungsidealen als kreativ und der Entwicklung des Menschen prinzipiell förderlich aufzufassen. Gerade verschiedenartige Muster der Sinnkonstitution sind in gleichsam phänomenologischer Betrachtungsweise zu studieren, um sich der Vielschichtigkeit und Heterogenität zu vergewissern, die Bildungsprozesse in der Moderne aufweisen können. FLITNERS hermeneutisch-pragmatisches Erbe kann mit den Mitteln moderner erziehungswissenschaftlicher Biographieforschung und den dadurch erreichten empirischen Anschlüssen weitergeführt werden, um zu zeigen, wie Bildungsprozesse mikrologisch strukturiert sind.

Literatur

Bourdieu, P. (1979): Entwurf einer Theorie der Praxis. Frankfurt a. M. (Suhrkamp).

Combe, A.; Helsper, W. (Hrsg.) (1996): Pädagogische Professionalität. Untersuchungen zum Typus pädagogischen Handelns. Frankfurt a. M. (Suhrkamp).

Dahmer, I. (1969): Die Erziehungswissenschaft als kritische Theorie und ihre Funktion in der Lehrerbildung. In: Didakta 3 (1969), S. 16–32, und 4 (1970), S. 157–165.

Dilthey, W. (V): Die geistige Welt. Einleitung in die Philosophie des Lebens. Erste Hälfte: Abhandlungen zur Grundlegung der Geisteswissenschaften. Gesammelte Schriften Band V. Göttingen (Vandenhoeck & Ruprecht) und Stuttgart (Teubner). 7. unveränderte Auflage 1982.

Dilthey, W. (VII): Der Aufbau der geschichtlichen Welt in den Geisteswissenschaften. In: Gesammelte Schriften Band VII. Stuttgart (Teubner) und Göttingen (Vandenhoeck & Ruprecht). Fünfte Auflage 1968.

Flitner, W. (1933): Systematische Pädagogik. In: Gesammelte Schriften 2. S. 9–122. Paderborn u. a. (Schöningh) 1983.

Flitner, W. (1950/1961): Allgemeine Pädagogik. In: Gesammelte Schriften 2. S. 123–283. Paderborn u. a. (Schöningh) 1983.

Flitner, W. (1954): Erziehungsziele und Lebensformen. In: Gesammelte Schriften Bd. 3. S. 67–84. Paderborn u. a. (Schöningh) 1989.

Flitner, W. (1957/1966): Das Selbstverständnis der Erziehungswissenschaft in der Gegenwart. In: Gesammelte Schriften Bd. 3. S. 310–349. Paderborn u. a. (Schöningh) 1989.

Flitner, W. (1960): Die Geschichte der abendländischen Lebensformen. In: Gesammelte Schriften Bd 7. Paderborn u. a. (Schöningh) 1990.

Flitner, W. (1976): Rückschau auf die Pädagogik in futurischer Absicht. In: Gesammelte Schriften Bd. 3. S. 487–498. Paderborn u. a. (Schöningh) 1989.

Flitner, W. (1983): Goethe im Spätwerk. Glaube – Weltsicht – Ethos. In: Gesammelte Schriften Bd 6. Paderborn u. a. (Schöningh) 1983.

Flitner, W. (1987): Die Pädagogische Bewegung. Beiträge – Berichte – Rückblicke. In: Gesammelte Schriften Bd 4. Paderborn u. a. (Schöningh) 1987.

Flitner, W. (1997): Gymnasium und Universität. In: Gesammelte Schriften Bd. 10. Paderborn u. a. (Schöningh) 1997.

Gaiser, W.; Schefold, W.; Vetter, H.-R. (1992): Lebenslauf und Wohlfahrtsproduktion. Biographische Muster und wohlfahrtsstaatliche Rahmenbedingungen. Überlegungen zur „Wohlfahrtsmixtur". In: Blätter der Wohlfahrtspflege 139. S. 14–16.

Garz, D.; Kraimer, K. (Hrsg.) (1991): Qualitativ-empirische Sozialforschung. Konzepte, Methoden, Analysen. Opladen (Westdeutscher Verlag).

Hoffmann, D. (Hrsg.) (1991): Bilanz der Paradigmendiskussion in der Erziehungswissenschaft. Leistungen, Defizite, Grenzen. Weinheim (Deutscher Studien Verlag).

Hoffmann, D.; Heid, H. (Hrsg.) (1991): Bilanzierungen erziehungswissenschaftlicher Theorieentwicklung: Erfolgskontrolle durch Wissenschaftsforschung. Weinheim (Deutscher Studien Verlag).

Hörster, R.; Müller, B. (1996): Zur Struktur sozialpädagogischer Kompetenz. Oder: Wo bleibt das Pädagogische der Sozialpädagogik? In: Combe, A.; Helsper, W. (Hrsg.) 1996. S. 614–648.

König, E.; Zedler, P. (1983): Einführung in die Wissenschaftstheorie der Erziehungswissenschaft. Düsseldorf (Schwann).

Körner, J. (1996): Zum Verhältnis pädagogischen und therapeutischen Handelns. In: Combe, A.; Helsper, W. (Hrsg.) 1996. S. 780–809.

Krüger, H.-H.; Marotzki, W. (Hrsg.) (1996): Erziehungswissenschaftliche Biographieforschung. Zweite Auflage. Opladen (Leske und Budrich).

Loch, W. (1979): Lebenslauf und Erziehung. Essen.

Marotzki, W. (1991): Ideengeschichtliche und programmatische Dimensionen pädagogischer Biographieforschung. In: Hoffmann (Hrsg.) 1991. S. 81–110.

Marotzki, W. (1991 a): Aspekte einer bildungstheoretisch orientierten Biographieforschung. In: Hoffmann, D.; Heid, H. (Hrsg.) 1991. S. 119–134.

Marotzki, W. (1991 b): Sinnkrise und biographische Entwicklung. In: Garz, D.; Kraimer, K. (Hrsg.) 1991. S. 409–339.

Merten, R.; Olk, Th. (1996): Sozialpädagogik als Profession. Historische Entwicklung und künftige Perspektiven. In: Combe, A.; Helsper, W. (Hrsg.) 1996. S. 570–613.

Münchmeier, R. (1992): Krise als Chance. Sozialpädagogik auf der Suche nach Zukunft. In: Rauschenbach/Gängler (Hrsg.). S. 133–146.

Peukert, H. (1992): Reflexion am Ort der Verantwortung. Herausforderungen durch Wilhelm Flitners pädagogisches Denken. In: Peukert/Scheuerl (Hrsg.) 1992. S. 15–27.

Peukert, H.; Scheuerl, H. (Hrsg.) (1992): Ortsbestimmung der Erziehungswissenschaft. Wilhelm Flitner und die Frage nach einer allgemeinen Erziehungswissenschaft im 20. Jahrhundert. Weinheim und Basel (Beltz).

Rauschenbach, Th.; Gängler, H. (Hrsg.) (1992): Soziale Arbeit und Erziehung in der Risikogesellschaft. Neuwied (Luchterhand).

Wulf, Ch. (1977): Theorien und Konzepte der Erziehungswissenschaft. München (Juventa).

Hermann Röhrs

Allgemeine Erziehungswissenschaft – eine Disziplin im Wandel[1]

I.

Die Allgemeine Erziehungswissenschaft erhebt den Anspruch, die Erziehungswissenschaft und ihre Disziplinen im Hinblick auf ihre gemeinsame wissenschaftliche Sinnmitte umgreifend darzustellen. Angesichts des breiten und vielfältig differenzierten Aufgabenkreises, der von den unterschiedlich strukturierten pädagogischen Disziplinen erforscht wird, ist eine Vergegenwärtigung der gemeinsamen Grundanliegen, die in der spezialwissenschaftlichen Arbeit der Disziplinen allzu leicht in den Hintergrund treten, dringend notwendig. Aber gerade wegen der starken Differenzierung der erziehungswissenschaftlichen Forschung, die sich in gewichtigen Unterschieden in der Aufgabenstellung, den Nachbardisziplinen und den Forschungsmethoden spiegelt, könnte das Aufzeigen der verbindenden Strukturen als nicht realisierbar erscheinen.

Daher ist mit einer Vororientierung über die Aufgaben einer Allgemeinen Erziehungswissenschaft schon ein erster wichtiger Schritt getan. Die Allgemeine Erziehungswissenschaft hat zwei Aufgaben zu erfüllen. Einmal hat sie als *reflexive Instanz* der Erziehungswissenschaft und ihrer Disziplinen deren wissenschaftlichen Charakter kritisch zu erörtern. Mit diesem Prozeß, der durch Ausweitungen des Aufgabenbereichs sowie der zugeordneten wissenschaftlichen Frageweise permanent notwendig ist, muß zugleich eine Prüfung der Grundbegriffe und Grundkategorien verbunden sein.

Dieser Klärungsvorgang bliebe indessen unvollständig, wenn nicht zum anderen das Instrumentarium zur Erfassung des Wirklichkeitsbereichs einbezogen würde. Gerade die kritische Erörterung der Forschungsmethoden führt heran an das Wächteramt, das die Allgemeine Erziehungswissenschaft wahrzunehmen hat. Dazu gehört als wichtigste Aufgabe, die Erziehungswissenschaft und ihre Disziplinen insgesamt als *Teile einer in sich geschlossenen Wissenschaft und der ihr zugeordneten Erziehungswirklichkeit* zu deuten. Diese Aufgabe ist nur halb gelöst, wenn sich die Allgemeine Erziehungswissenschaft nur als summa

---

1 Überarbeitete und ergänzte Fassung meiner Konzeption der „Allgemeinen Erziehungswissenschaft". Erstdruck Weinheim 1969, weitere Auflagen 1970, 1973. Neudruck: Gesammelte Schriften, Band 1, Weinheim 1993. Das Buch erschien 1981 in Tokio in der Tamagawa University Press in japanischer Sprache.

paedagogica versteht und lediglich die Teilbereiche in einem isolierenden Verfahren zur Darstellung bringt. Eine wichtige Voraussetzung zur Bewältigung dieser Aufgabe besteht in der Erörterung der Frage, wieweit es möglich ist, einerseits von der Differenzierung der Erziehungswirklichkeit her die notwendige Spezialisierung der Erziehungswissenschaft einsichtig zu machen und andererseits durch die Analyse der Struktur der Erziehungswissenschaft und ihrer Disziplinen angesichts ihres besonderen Forschungsauftrags in der Erziehungswirklichkeit ihre innere Zusammengehörigkeit im Dienste des zu erziehenden Menschen zu deuten. So gesehen besteht die Funktion der Allgemeinen Erziehungswissenschaft in dem Aufweis eines einheitlich strukturierten wissenschaftlichen Gefüges, das sich durch verwandte Aufgaben in einer Forschungsgemeinschaft verbunden weiß. In dieser Forschungsgemeinschaft sind die phänomenologische Methode, die erziehungsphilosophische Fragerichtung und die empirische Erfassungsweise angemessene Instrumentarien der erziehungswissenschaftlichen Forschung angesichts der breiten Problematik in der Erziehungswirklichkeit.

Wie alle wissenschaftliche Arbeit bleiben auch die Versuche der Allgemeinen Erziehungswissenschaft, durch eine umgreifende Darstellung Wissenschaftscharakter und Forschungsstand der speziellen Disziplinen zu vergegenwärtigen, zeitbedingt. Trotz des Bestrebens, durch Aufzeigen der reinen Strukturen gleichsam die Invarianten einer Wissenschaft zu deuten, sind der wissenschaftstheoretische Ansatz und die Art des Argumentierens temporär bedingt. Es gehört daher zum Wesen der Wissenschaft, sich selbst im Medium bewährter Ergebnisse und Methoden in Frage zu stellen. Bleibend ist nur der stete Wechsel zwischen forscherischer Bewährung und wissenschaftstheoretischer Infragestellung im Hinblick auf eine mögliche Vervollkommnung der Methoden und der wissenschaftlichen Effizienz. Dennoch bedeuten die bisherigen Ansätze zur Entwicklung einer Allgemeinen Erziehungswissenschaft[2] mehr als

---

2 Friedrich Heinrich Christian Schwartz: Erziehungslehre. Band 2, Leipzig [2]1829. Johann Friedrich Herbart: Allgemeine Pädagogik aus dem Zweck der Erziehung abgeleitet. In: Johann Friedrich Herbarts Sämtliche Werke. Hg. von Karl Kehrbach. Band 2, Langensalza 1887. Theodor Waitz: Allgemeine Pädagogik und kleinere pädagogische Schriften. Langensalza 1910. Wilhelm Rein: Pädagogik in systematischer Darstellung. 3 Bände, Jena [2]1910. René Hubert: Traité de pédagogie générale. Paris 1946; deutsch: Grundriß der Allgemeinen Pädagogik. Meisenheim am Glan 1956. John S. Brubacher (ed.): Modern Philosophies of Education. New York, Toronto, London [2]1950. Harry S. Broudy (ed.): Buildung a Philosophy of Education. New York 1955. Peter Petersen: Allgemeine Erziehungswissenschaft. Berlin [2]1962. Robert Ulich: Philosophy of Education. New York 1961. Theodor Ballauff: Systematische Pädagogik. Heidelberg 1962. Rudolf Lochner: Deutsche Erziehungswissenschaft. Meisenheim am Glan 1963. Bogdan Suchodolsky: Pädagogik am Scheideweg. Essenz und Existenz. Wien, Frankfurt am Main, Zürich 1965. Wilhelm Flitner: Allgemeine Pädagogik. Stuttgart [11]1966. W. F. Connell (ed.): The Foundations of Education. Sidney [2]1967. R. S. Peters (ed.): The Concept of Education. London [2]1968. Hans Scheuerl: Probleme einer systematischen Pädagogik. In: Erziehungswissenschaftliches Handbuch. Band 4: Pädagogik

bloß historische Dokumente, die den Weg zur wissenschaftlichen Verselbständigung der Pädagogik im Spiegel ihres Begriffsinventariums zeigen. Die sich aufdrängende Frage lautet, ob Allgemeine Pädagogik oder Allgemeine Erziehungswissenschaft die angemessene Begriffsbestimmung sei. Wenn die dem Speziellen zugewandten wissenschaftlichen Positionen Pädagogiken darstellen, müßte die Wissenschaft vom Ganzen, die die Bezüge zwischen dem Speziellen sucht und leitende Strukturen formuliert, Allgemeine Erziehungswissenschaft heißen. Die umschriebene wissenschaftliche Funktion läßt sich nicht einordnen in den Bereich der speziellen Pädagogiken.

Bereits durch das Fragen nach dem Allgemeinen, den tragenden Verbindungen zwischen den speziellen Disziplinen aufgrund gemeinsamer Grundstrukturen, hebt sie sich deutlich ab von den speziellen Disziplinen. Sie wird gleichsam zur reflexiven Instanz für die Frage nach dem Gemeinsamen im Speziellen, das die Disziplinen zu Gliedern eines übergeordneten Gefüges macht. Aufgrund dieser grundlegenden wissenschaftlichen Funktion ist der heraushebende Begriff Erziehungswissenschaft berechtigt und notwendig, der den wissenschaftstheoretischen Stellenwert deutlich werden läßt. „Foundation of Education" nennen die Angelsachsen diesen grundlegenden Vorgang, der erst ein wissenschaftliches Profil vermittelt. Dieser Prozeß, eine allseitig fundierte wissenschaftliche Position zu entwickeln, die aufgrund eines kritischen Urteilsvermögens einordnet und abweist, offenbart eine stärkere Verwandschaft zur Wissenschaftstheorie und zur Erziehungsphilosophie als zu den speziellen Disziplinen. Darum gebührt der Allgemeinen Erziehungswissenschaft die übergeordnete Position einer kritisch-reflexiven Instanz zu den Feldern der speziellen Disziplinen im Wechselverhältnis zur Erziehungswirklichkeit, das ihr erst wissenschaftliche Dignität verleiht.

Die Allgemeine Erziehungswissenschaft ist unter den gegebenen Verhältnissen eine wissenschaftliche Instanz ohne ein konkretes Gegenstandsfeld und daher abhängig von den Entwicklungen im Rahmen der Disziplinen, soweit sie nicht durch eigene überzeugende Konzeptionen Einfluß auf deren Entfaltung nehmen kann oder will. Es gibt schließlich jedoch keinen plausiblen Grund, der den Vertreter der Allgemeinen Erziehungswissenschaft davon abhalten

als Wissenschaft. Hg. von Thomas Ellwein, Hans-Hermann Groothoff, Hans Rauschenberger und Heinrich Roth, Berlin 1975, S. 13–88. Hans-Jochen Gamm: Allgemeine Pädagogik. Reinbek bei Hamburg 1979. Norbert Kluge: Einführung in die systematische Pädagogik. Darmstadt 1983. Dietrich Benner: Allgemeine Pädagogik. Weinheim, München ²1991. Rudolf Lassahn: Grundriß einer Allgemeinen Pädagogik. Heidelberg, Wiesbaden ³1993. Jürgen Oelkers: Erziehung zum Guten: Legitimationsprobleme Allgemeiner Pädagogik. In: Zeitschrift für Pädagogik 42 (1996), S. 235–254. Klaus Mollenhauer: Über Mutmaßungen. Zum „Niedergang" der Allgemeinen Pädagogik – eine Glosse. In: Zeitschrift für Pädagogik 42 (1996), S. 277–288. Lothar Wigger: Die aktuelle Kontroverse um die Allgemeine Pädagogik. Eine Auseinandersetzung mit ihren Kritikern. In: Zeitschrift für Pädagogik 42 (1996), S. 915–931.

könnte, in eigener Verantwortung den Zugang zur erzieherischen Wirklichkeit zu bahnen, um durch eigene Untersuchungen spezieller Fragen die Theoriebildung und die wissenschaftlichen Aussagen zu fundieren[3].

II.

Die Expansion der Erziehungswissenschaft in den Universitäten nimmt seit den 70er Jahren erheblichen Einfluß auf Struktur und Umfang der Allgemeinen Erziehungswissenschaft. Wenn die Entwicklung einer Wissenschaft auch relativ autonom nach eigenen Gesetzen verläuft, so nehmen hochschulpolitische und didaktische Argumente seit den 70er Jahren doch zunehmend Einfluß. Es ist schon ein wichtiger Unterschied, ob die Allgemeine Erziehungswissenschaft von einigen wenigen Repräsentanten oder einem schnell wachsenden Kreis von Kolleginnen und Kollegen sowie vor einer rapid expandierenden Hörerschaft gelehrt wird, zu der vorwiegend die künftigen Lehrenden und Erziehenden in den unterschiedlichsten pädagogischen Berufen zu zählen sind. Das zu vermittelnde pädagogische Berufswissen, erzieherische Verhalten und Gestalten mußte ein wissenschaftlich verantwortungsvoll denkender Repräsentant der Allgemeinen Erziehungswissenschaft in seinem Grundgedankengang stärker berücksichtigen als es früher der Fall war.
Aber gerade hinsichtlich der relativ umfassenden Aufgabe werden sich die wiederholt signalisierten Zweifel an der Realisierbarkeit anmelden. Daher hat die Entwicklung zu einer Entfremdung zwischen der Allgemeinen Erziehungswissenschaft und den Disziplinen geführt. Das ist während der letzten Jahre wiederholt aufgezeigt worden. So spricht Dieter LENZEN von einem „Schwund

---

3 So habe ich als Vertreter der Allgemeinen Erziehungswissenschaft im Rahmen des hermeneutisch-empirischen Konzepts wiederholt empirische (Pilot-)Studien gestaltet; genannt seien unter anderem: Eine Befragung der „Ehemaligen" einer nach dem Kriege von mir betreuten Realschulklasse, mit der noch gegenwärtig regelmäßiger Kontakt besteht, hinsichtlich der Schulerfahrungen. In: Hermann Röhrs: Die Schule der Nachkriegszeit im Urteil ihrer Ehemaligen. In: Hermann Röhrs: Schlüsselfragen der inneren Bildungsreform. Frankfurt/M., Bern, New York, Paris 1987, S. 86–117. Neudruck: Gesammelte Schriften. Band 11: Erinnerungen und Erfahrungen. Weinheim 1997, S. 171–215. – Ein Interview mit Schulleitern und Inspektoren in England zur Erkundung der Wertschätzung der Comprehensive School. In: Hermann Röhrs: Die Comprehensive School – ein Modell der Gesamtschule. In: Hermann Röhrs: Gesammelte Schriften. Band 2: Die Vergleichende und Internationale Erziehungswissenschaft. Weinheim 1995, S. 269–340. – Einsatz und Auswertung eines Elternfragebogens hinsichtlich der Einschätzung der Friedenserziehung. In: Hermann Röhrs: Gesammelte Schriften. Band 8: Modelle der Friedenserziehung in Kindergarten und Schule. Weinheim 1995, insbesondere S. 147–158. – Einsatz von Fragebögen und Gestaltung von Interviews in Afghanistan zur Erkundung der Wirkungsweisen der Lehrerbildung. In: Kriterien für die Gestaltung der Bildungshilfe im Rahmen der Lehrerbildung in Afghanistan. Neudruck: Gesammelte Schriften. Band 9. Grundfragen einer Pädagogik der Dritten Welt. Weinheim 1996, S. 329–405.

verbliebener Gemeinsamkeiten in der Erziehungswissenschaft"[4]. Eine Überwindung dieses prekären Zustands wird von einer Weiterentwicklung der Erziehungswissenschaft zu einer human motivierten und forschungsorientierten Sozialwissenschaft erwartet.

Beispielhaft hat Klaus MOLLENHAUER diese Zweifel neuerdings zu thematisieren versucht, wenn er die wichtigsten Gründe für den „Niedergang" der Allgemeinen Pädagogik diskutiert[5]. Recht besehen sind es jedoch Gründe, die in erster Linie die vermeintliche Unzulänglichkeit bisheriger Lösungsansätze zeigen. Um nachvollziehbare Voraussetzungen zu sichern, versucht WINKLER in der Auseinandersetzung mit MOLLENHAUER die Ziele zu beschreiben: „Die Allgemeine Pädagogik wird ... grundlagentheoretisch verfahren, weil sie die empirischen Bedingungen ihrer eigenen Möglichkeit und ihre theoretischen Voraussetzungen nicht bloßsetzen oder hinnehmen kann, sondern in einem hinreichenden Begriff der Pädagogik systematisch aufzuarbeiten hat; vielleicht liegt darin ein ... Hinweis darauf, daß sie einigermaßen unvermeidlich reflexiv sein muß"[6].

Daß die speziellen Disziplinen ihre „Grundorientierungen" und ihr „Basiswissen" bedenken und dementsprechend weiterentwickeln, ist ein natürlicher Prozeß wissenschaftlicher Entfaltung. Er läßt jedoch die Allgemeine Erziehungswissenschaft nicht gegenstandslos werden, vielmehr zwingt er sie zu einem neuen Durchdenken ihrer originären Aufgaben und somit zu einer Umorientierung. Sie wird als Allgemeine Erziehungswissenschaft ihre Aufgaben disziplinübergreifend bearbeiten und hinsichtlich eines in sich konsistenten Grundgedankens disziplinierend wirken müssen. Dabei darf es sich weder um einen „Rückzug" noch um einen „Rückgang" handeln[7], vielmehr um Prozesse des Umdenkens und Umorientierens aufgrund veränderter pädagogischer Gegebenheiten.

Sie hängen künftig auch mit der Art und Weise zusammen, wie die Allgemeine Erziehungswissenschaft während der vergangenen Jahrzehnte an den expandierenden bundesrepublikanischen Hochschulen gelehrt wurde und wie somit ihre künftigen Repräsentanten ihre wissenschaftliche Ausbildung erhielten. In-

---

4 Dieter Lenzen: Erziehungswissenschaft im Übergang. In: Jahrbuch für Erziehungswissenschaft. Hrsg. von D. Lenzen. Stuttgart 1982, S. 8.

5 Klaus Mollenhauer: Über Mutmaßungen zum „Niedergang" der Allgemeinen Pädagogik – eine Glosse. In: Zeitschrift für Pädagogik, (42) 1996, S. 277-285.

6 Michael Winkler: Die Glosse als systematische Darstellungsform – eine Replik. In: Zeitschrift für Pädagogik, 42 (1996), S. 905–913, Zitat S. 912.

7 Vgl. hierzu Lothar Wigger: Die aktuelle Kontroverse um die Allgemeine Pädagogik. In: Zeitschrift für Pädagogik 42 (1996), S 920. Es ist schwer einzusehen, welchen Vorteil der empfohlene Begriffswechsel von „Rückzug" auf „Rückgang" bringen soll; denn auch im letzteren Fall handelt es sich um eine Aktivität, letztlich gebunden an ein Subjekt – ein Zeichen dafür, wie metaphorisch aufgeladen unsere Begriffe sind, wenn wir sie bildlich auslegen.

sofern sind die Versuche einer empirischen Bestandsaufnahme hinsichtlich der pädagogischen Lehrinhalte an den Hochschulen und deren Ausdruck in den wissenschaftlichen Abschlußarbeiten von großer Bedeutung. Sie bedürften aber dringend einer Ergänzung durch empirische Untersuchungen des Berufserfolgs und der Berufszufriedenheit der „Ehemaligen", weil erst sie den geeigneten Maßstab für eine Beurteilung der pädagogischen Studien liefern. Es bleibt erstaunlich, wie selten diese zentrale Fragestellung in der Erziehungswissenschaft – abgesehen von biographischen Rückblicken – aufgegriffen wurde[8]. Eine gefährdende Einseitigkeit kann dadurch entstehen, daß die Erziehungswissenschaft in eine Vielzahl von Disziplinen ohne ein einigendes Band auseinanderfällt. Wohl noch gravierender ist die Tatsache, daß diese Entwicklung von vielen Repräsentanten der speziellen Disziplinen als Erfolg registriert wird, weil das Bewußtsein von *einer* in sich konsistenten Erziehungswissenschaft zunehmend durch den Differenzierungsprozeß und die Auseinandersetzung mit den Bezugswissenschaften verloren gegangen ist. Dadurch entsteht die Gefahr einer weitgehenden Identifikation mit der Bezugswissenschaft. Eine verantwortungsbewußt betriebene Interdisziplinarität setzt jedoch das voll entfaltete disziplinäre Selbstbewußtsein voraus, wenn sie kooperativ gelingen soll.

Daher wird es auf die Dauer notwendig sein, die Situationscharakteristik der Allgemeinen Erziehungswissenschaft durch eine Analyse der speziellen Disziplinen zu ergänzen. Das Ergebnis, daß die Disziplinen sich differenziert haben, bleibt zu wenig aussagekräftig. Präziser kann es erst gelingen, wenn in einer historischen Vergegenwärtigung das Profil der Disziplinen – etwa dasjenige der Sozialpädagogik bzw. der Sozialarbeitswissenschaft oder der Wirtschaftspädagogik – aufgewiesen wird, um die realen Veränderungen sowie den Erkenntnisgewinn zu deuten[9].

Der Vertreter der Allgemeinen Erziehungswissenschaft sollte als Gegengewicht zu seinem vorwiegend theoretischen Amt selber über ausreichende praktische Erfahrungen in einem der pädagogischen Berufsfelder und möglichst auch über entsprechende wissenschaftliche Auswertungen derselben verfügen. Naheliegend ist es, daß diese Qualifikation in der wissenschaftlichen Positionsbeschreibung ihren Ausdruck in der Kennzeichnung Allgemeine Erziehungswissenschaft unter besonderer Berücksichtigung der Schulpädagogik, der Sozialpädagogik, der Vergleichenden Erziehungswissenschaft oder eines anderen Schwerpunkts findet. Darin kommt ein Konkretisierungsversuch und

---

8 Beispielhaft hinsichtlich des Berufs- und Lebenserfolges „Ehemaliger" ist noch immer die Studie von Max Zollinger: Hochschulreife. Zürich 1939.

9 Der Versuch, neben dem jeweiligen Profil der Allgemeinen Erziehungswissenschaft auch den Entwicklungsstand der speziellen Disziplinen aufzuarbeiten, ist m. W. nur in meiner „Allgemeinen Erziehungswissenschaft" vorgenommen worden. Vgl. Gesammelte Schriften. Bd. 1, Weinheim 1993, S. 203–468.

keineswegs eine Alibifunktion zum Ausdruck. Jede Bindung an die Erziehungswirklichkeit erhöht die Glaubwürdigkeit und schafft wohltuende Distanz zu der bloß formalen Funktion eines wissenschaftlichen Chefideologen ohne Wirklichkeitsberührung.

Die Dynamik in der Entwicklung der Universitätsdisziplin Pädagogik seit Wiedereröffnung der Universitäten nach dem Kriege habe ich lebhaft erfahren können. Als ich mich 1951 an der Universität Hamburg habilitierte, waren in Westdeutschland die Berufungsmöglichkeiten auf Lehrstühle für Pädagogik noch an den Fingern beider Hände abzuzählen, wobei einige dieser Lehrstühle noch die doppelte Venia für Philosophie und Pädagogik voraussetzten. Allerdings war der Kreis der habilitierten und berufbaren Kandidaten zu dieser Zeit ebenfalls klein. Während dieser Jahre wurde bei Berufungen wiederholt auf praktisch bewährte Kollegen zurückgegriffen, die wegen der Zeitumstände weder die Promotion noch die Habilitation absolviert hatten, aber wissenschaftlich ausgewiesen waren. Alle mir bekannten Fälle haben sich als Universitätslehrer in Forschung und Lehre vollauf bewährt.

Wenn hier der persönliche Erfahrungskreis in Heidelberg veranschaulichend einbezogen werden soll, so ist zu berichten, daß die Studentenzahlen während der Jahre von 1969 bis 1972 sprunghaft anstiegen. Während es 1969 60 Studenten waren, erhöhte sich die Zahl im Winter 1971/72 bereits auf 637 Hauptfachstudenten, was eine Verzehnfachung bedeutete. Dieser Entwicklung mußte ein einziger Lehrstuhlinhaber mit drei Assistenten und mehreren Lehrbeauftragten gerecht werden. In dieser Lage blieb als Notmaßnahme nur die Einführung des Numerus Clausus, der an mehreren Universitäten des Landes bereits bestand. Gegen diese notwendige Maßnahme, die den Forderungen auf Ausbau Nachdruck verliehen hätte, waren die Studenten und aus „politischen" Gründen auch die Fakultät, die Unruhen befürchtete. Es war aber bereits ein Unruheherd entstanden[10].

Ergänzend sei die Entwicklung auf Bundesebene angeführt. Dort sind gegenüber der Lage von 1966 die Zahlen von 196 hauptamtlichen Professuren auf etwa 1100 im Jahre 1980 angestiegen[11], so daß zahlenmäßig das Ausmaß der Expansion deutlich wird. Entscheidend ist, daß sich unter den Neuberufenen und ihren Mitarbeitern viele Persönlichkeiten befanden, die von der Soziologie und der Psychologie kamen, so daß die sozialwissenschaftliche Grundeinstellung im Rahmen der Erziehungswissenschaft eine bemerkenswerte Stärkung erfuhr.

---

10 Hermann Röhrs: Gesammelte Schriften. Band 11: Erinnerungen und Erfahrungen für die Zukunft. Weinheim 1997, S. 310.

11 Vgl. Jürgen Baumert/ Peter M. Roeder: Forschungsproduktivität und ihre institutionellen Bedingungen – Alltag erziehungswissenschaftlicher Forschung. In: Zeitschrift für Pädagogik, (36) 1990, S. 76.

Die Diskussion über das Allgemeine ist während der folgenden Jahre in erhöhtem Maße geführt worden. Sie ist ein Anzeichen dafür, daß das kaum gewonnene wissenschaftliche Selbstverständnis der Disziplin im Verlauf der Ausdifferenzierung stark erschüttert wurde. Ein wichtiger Grund dafür besteht darin, daß die originären Funktionen der Allgemeinen Erziehungswissenschaft – die wissenschaftstheoretische Diskussion hinsichtlich der Grundlegung, der Abgrenzung von den Nachbardisziplinen, der Theoriebildung, der Forschungsmethoden, der Bestimmung des wissenschaftstheoretischen Spezifikums – weitgehend von den (Teil-)Disziplinen übernommen wurden.

Diese Tendenz der Autonomisierung der Teile zu einem relativ eigenständigen Ganzen – wiederum in Kooperation mit verwandten Disziplinen – ist ein der Wissenschaft eigener Prozeß. Er legt die Folgerung nahe, von einem jeder Disziplin eigenen Funktionsbereich der Allgemeinen Erziehungswissenschaft/ Pädagogik zu sprechen. Selbst die Grundkategorien wie Erziehung, Bildung, erzieherischer Bezug bedürfen hinsichtlich der disziplinären Eigenheiten – sei es im Rahmen der Sozialpädagogik, der Andragogik, der Wirtschaftspädagogik – einer besonderen Auslegung. In diesem Zusammenhang spricht Gerd MACKE die richtige Vermutung aus, „daß sich die Teildisziplinen zu *relativ selbständigen Subkulturen* entwickeln, die mehr zu subdisziplinärer Abgrenzung tendieren als dazu, im Kontext derjenigen Disziplin, in deren Rahmen sie sich ausdifferenziert haben, zur Gestaltung einer disziplinären Gesamtkultur beizutragen"[12].

Damit wurde ein Bedeutungsverlust der Allgemeinen Erziehungswissenschaft eingeleitet, der aus vielen Indikatoren ablesbar ist. Einmal aus der Ausschreibungspraxis vakanter Lehrstühle, die häufig konkretisierende Hinweise auf Forschungsfelder, wie insbesondere Schulpädagogik, Sozialpädagogik, Vergleichende Erziehungswissenschaft usf. enthalten oder gar eine Umwidmung hinsichtlich eines begrenzten und konkreten Forschungsfeldes erfahren[13]. Ein zweiter Indikator für die schwindende Bedeutung der Allgemeinen Erziehungswissenschaft ergibt sich aus einer Analyse der Schwerpunkte erziehungs-

---

12 Gerd Macke: Disziplinärer Wandel. Erziehungswissenschaft auf dem Wege zur Verselbständigung ihrer Teildisziplinen? In: Heinz-Hermann Krüger/Thomas Rauschenbach (Hrsg.): Erziehungswissenschaft. Die Disziplin am Beginn einer neuen Epoche. Weinheim und München 1994, S. 66.

13 So wurde mein früherer Lehrstuhl am Erziehungswissenschaftlichen Seminar der Universität Heidelberg – trotz des Bezugs auf die Vergleichende Erziehungswissenschaft und der bereits 1966 gegründeten „Forschungsstelle für Vergleichende Erziehungswissenschaft" – nach meiner Emeritierung 1983 nach einem mißlungenen Besetzungsversuch in Gerontologie umgewidmet – Zur allgemeinen Entwicklung vgl. Thomas Rauschenbach/Bettina Christ: Abbau, Wandel oder Expansion. Zur disziplinären Entwicklung der Erziehungswissenschaft im Spiegel ihrer Stellenbesetzungen. In: Heinz-Hermann Krüger/Thomas Rauschenbach (Hrsg.): Erziehungswissenschaft. Die Disziplin am Beginn einer neuen Epoche. Weinheim und München 1994, S. 69–92.

wissenschaftlicher Forschungspraxis. So erweist die Freiburger Studie von MACKE, daß der Anteil der Qualifikationsarbeiten in der Allgemeinen Pädagogik sich von einem 50%-Anteil in der ersten Untersuchungsperiode (1945-1971) auf 23% in der folgenden Untersuchungszeitspanne (1983-1990) nahezu halbiert hat. Dagegen sind die Qualifikationsarbeiten in den Teildisziplinen während dieses Zeitraums von 50% auf 75% angewachsen. Ergänzend hat sich gezeigt, daß dieser Prozeß zu einer Profilierung der Teildisziplinen führte, die in vorwiegend empirischen und praxisbezogenen Studien ihren Ausdruck fand, während im Rahmen der Allgemeinen Pädagogik in erster Linie theoretische und historische Arbeiten entstanden sind[14]. Darin offenbart sich eine Verlagerung der Forschungsschwerpunkte von der mehr theoretischen Fragestellung der Allgemeinen Erziehungswissenschaft zu den praxisnahen Themen der speziellen Disziplinen bis hin zu Feldstudien.

Das Ergebnis dieses Differenzierungsprozesses faßt MACKE folgendermaßen zusammen: „Der Formierungsprozeß der Disziplin stellt sich also als ein Spezialisierungsprozeß dar, der zu einer kontinuierlichen Verlagerung der Gewichte von der Allgemeinen Erziehungswissenschaft zu den spezialisierten Teildisziplinen führt – mit dem Ergebnis, daß sich innerhalb des Untersuchungszeitraums im Disziplinenspektrum das Verhältnis von ‚Allgemeiner Erziehungswissenschaft‘ und ‚spezialisierten Subdisziplinen‘ umkehrt: Am Beginn des Expansionsprozesses stehen ‚Allgemeine‘ und ‚Spezialisierte‘ im Verhältnis von zwei Drittel zu einem Drittel (63% : 37%) zueinander, an seinem Ende sind die Gewichte mehr als vertauscht (27% : 73%)"[15]. Dieses Beispiel zeigt deutlich, wie sich die Verhältnisse umkehren, so daß die speziellen Disziplinen eine differenzierte Inhaltlichkeit gewinnen, während die Allgemeine Erziehungswissenschaft an erzieherischem Wirklichkeitsbezug verliert.

Dieser Wendepunkt wird in der Freiburger Studie besonders deutlich im Spiegel der methodischen Grundeinstellung. Bei Unterscheidung der drei Methodentypen „empirisch", „historisch", „theoretisch" sowie der beiden unterscheidbaren Zugangsweisen praxisbezogen bzw. ohne expliziten Praxisbezug erweist sich, daß 50% der Arbeiten im Bereich der Allgemeinen Erziehungswissenschaft dem Methodentyp „historisch" und 29% dem Typ „theoretisch"

14 Gerd Macke: Disziplinärer Wandel. Erziehungswissenschaft auf dem Wege zur Verselbständigung ihrer Teildisziplinen. In: Heinz-Hermann Krüger/Thomas Rauschenbach (Hrsg.): Erziehungswissenschaft. Die Disziplin am Beginn einer neuen Epoche. Weinheim und München 1994, S. 49–68. Vgl. auch Heinz-Hermann Krüger: Erziehungswissenschaft und ihre Teildisziplinen. In: Heinz-Hermann Krüger/Werner Helsper (Hrsg.): Einführung in die Grundbegriffe und Grundfragen der Erziehungswissenschaft. Opladen 1995, S. 314–315.

15 Gerd Macke: Disziplinenformierung als Differenzierung und Spezialisierung. Entwicklung der Erziehungswissenschaft unter dem Aspekt der Ausbildung und Differenzierung von Teildisziplinen. In: Zeitschrift für Pädagogik 36 (1990), S. 63.

zuzuordnen sind, während nur 10% empirisch und 8% praxisbezogen argumentieren[16]. Dagegen zeigt sich in den speziellen Disziplinen der Befund einer Dominanz der empirisch und praxisorientiert gestalteten Arbeiten sowie eine Minderheit der theoretischen und historischen Studien[17].

Trotz der Begrenzung auf ein überschaubares Untersuchungsgenre erweisen sich die Arbeiten darum als symptomatisch, weil sie Ergebnis einer Verständigung zwischen den Lehrenden und Lernenden sind und weil sie als Ausdruck der Lehr- und Forschungspraxis der Hochschulen betrachtet werden dürfen. Wenn diese Entwicklung in der Folgezeit wieder ein wenig zugunsten der Allgemeinen Erziehungswissenschaft relativiert wurde, wie Gerd MACKE ergänzend kommentiert[18], so schärfen die Zahlen dennoch den Blick für entscheidende Wandlungen, die erst durch empirische Zugänge sichtbar werden. Wie differenziert die empirisch ausgeloteten Entwicklungen indessen ausgelegt sein wollen, bestätigt die Grundaussage der Forschungsgruppe des Berliner Max-Planck-Instituts für Bildungsforschung, Jürgen BAUMERT/Peter M. ROEDER, auf der Grundlage der Studie „Zur Lage der Erziehungswissenschaft" hinsichtlich der Formierung der Erziehungswissenschaft bis Ende der 80er Jahre. Sie wird im Gegensatz zur Vielzahl der kritischen Infragestellungen als „eine stabile, ausdifferenzierte Disziplin, die alle äußeren Merkmale einer normalen Wissenschaft"[19] entfaltet hat, beschrieben.

Wie mehrschichtig und spannungsreich derartige Entwicklungen verlaufen, besagt die ergänzende Feststellung von Jürgen BAUMERT und Peter M. ROEDER, daß eine „stille Revolution" im Fach stattgefunden habe. Sie fand ihren Ausdruck (in grundsätzlicher Übereinstimmung mit den genannten empirischen Studien) in Veränderungen im Rahmen der methodologischen Prioritäten und des Verhältnisses zur Praxis. So verstehen 26% der befragten HochschullehrerInnen ihre wissenschaftliche Tätigkeit in theoretisch-historischer Orientierung. Angesichts der Vorherrschaft der geisteswissenschaftlichen Pädagogik bis

---

16 Gerd Macke: Ausbildung von Teildisziplinen – Differenzierung zwischen den Teildisziplinen. Erziehungswissenschaft auf dem Wege zu einer ausdifferenzierten Disziplin. In: Erziehungswissenschaft 3 (1992) 5, S. 117.

17 Gerd Macke: Disziplinenformierung als Differenzierung und Spezialisierung. In: Zeitschrift für Pädagogik (36) 1990, S. 51–72; vgl. Günther Eigler/Gerd Macke: Die Entwicklung der empirischen Forschungsorientierung der Erziehungswissenschaft im Spiegel erziehungswissenschaftlicher Qualifikationsarbeiten. In: K. Ingenkamp u. a. (Hrsg.): Empirische Pädagogik 1970–1990. Eine Bestandsaufnahme der Forschung in der Bundesrepublik Deutschland. Bd. 1. Weinheim 1992, S. 54, 56.

18 Gerd Macke: Disziplinärer Wandel. In: Heinz-Hermann Krüger/Thomas Rauschenbach (Hrsg.): Erziehungswissenschaft. Die Disziplin am Beginn einer Neuen Epoche. Weinheim und München 1994, S. 67.

19 Jürgen Baumert/ Peter M. Roeder: Forschungsproduktivität und ihre institutionellen Bedingungen – Alltag erziehungswissenschaftlicher Forschung. In: Zeitschrift für Pädagogik, (36) 1990, S. 76.

weit über die Mitte der Jahrhunderthälfte hinaus empfinden BAUMERT und ROEDER die Zahlen als erstaunlich gering. Das gilt auch von der Anzahl der Empiriker, die mit 19% ausgewiesen wird[20].

Neben den von BAUMERT und ROEDER genannten Gründen der zunehmenden Integration der Pädagogischen Hochschulen in die Universitäten und den damit verbundenen Umstellungen sowie der von Heinrich ROTH postulierten „realistischen Wende" in der pädagogischen Forschung sind weitere Umstände zu berücksichtigen. Einmal sind die Typen des geisteswissenschaftlichen Pädagogen und des empirischen Pädagogen weitgehend Fiktionen. Der Einfluß der geisteswissenschaftlichen Pädagogik wird allgemein einseitig dargestellt. Bereits Repräsentanten wie Theodor LITT, Herman NOHL, Aloys FISCHER, Erich WENIGER, Wilhelm FLITNER waren offen gegenüber den empirischen Verfahren, die sie nur in ihren Ausschließlichkeitsansprüchen ablehnten. Aloys FISCHER ist sogar der wissenschaftliche Pionier einer empirischen Pädagogik, die aber die historische Methode nie vernachlässigte. Die nachfolgende Generation strebte vorwiegend ein kooperatives Verhältnis zwischen beiden methodologischen Grundrichtungen an, das ich in Gestalt einer hermeneutisch-empirischen Erziehungswissenschaft auf heuristischer Basis zu entwickeln versucht habe.

Die Beschreibung der Entwicklung als „stille Revolution" erscheint ein wenig dramatisierend. Es handelt sich vielmehr um eine aus vielen Quellen gespeiste Entwicklung. Wenn sie in ihren Konturen schemenhaft blieb, so zeigt sich darin einmal mehr die den Wenden eigene Dualität, zum anderen jedoch die historisch unerklärliche Tatsache, daß der Einfluß der Pädagogik von Aloys FISCHER gering blieb. Bei FISCHER ist bereits das Konzept einer Erziehungswissenschaft im Umkreis ihrer Disziplinen und in Kooperation mit Philosophie, Psychologie und Soziologie voll entfaltet. Ergänzend bezieht er das differenzierte Methodenspektrum auf geisteswissenschaftlicher Grundlage – die Empirie von der Deskription bis zur experimentellen Methode – so konkret ein, wie es bis zum heutigen Tage nicht wieder geschehen ist[21]. Die primären Gründe für die mangelnde Wirksamkeit dieses Konzepts sind in den persönlichen Umständen zu suchen. Daß FISCHER wegen seiner jüdischen Frau, Paula THALMANN, die 1944 in

---

20 Jürgen Baumert/ Peter M. Roeder: „Stille Revolution." Zur empirischen Lage der Erziehungswissenschaft. In: Heinz-Hermann Krüger/Thomas Rauschenbach (Hrsg.): Erziehungswissenschaft. Die Disziplin am Beginn einer neuen Epoche. Weinheim und München 1994, S. 42.

21 Aloys Fischer: Deskriptive Pädagogik (1914). In: Aloys Fischer. Leben und Werk. Bd. 2. Hrsg. von Karl Kreitmair. München 1950, S. 5–28. Aloys Fischer: Über die Bedeutung des Experiments in der pädagogischen Forschung und die Idee einer exakten Pädagogik (1914). In: Hermann Röhrs (Hrsg.): Erziehungswissenschaft und Erziehungswirklichkeit. Frankfurt/M. [2]1967, S. 35–57. Moralpsychologische Untersuchungsmethoden (1928). In: Aloys Fischer: Leben und Werk. Bd. 5/6. München 1957, S. 173–214. Hermann Röhrs: Die Pädagogik Aloys Fischers. Heidelberg [2]1967.

Theresienstadt ermordet wurde, zwangsemeritiert wurde sowie schon 1937 starb und somit ein unvollendetes Werk hinterließ, macht diesen Fall persönlich tragisch und sachlich für die Entwicklung des Faches verhängnisvoll. Die bereits bei FISCHER in wichtigen Beispielen gelungene produktive Verbindung zwischen dem historisch-geisteswissenschaftlichen Ansatz und der empirischen Fundierung blieb unvollendet. Dennoch konnten nach seinem Tode seine Gesammelten Schriften unter dem Titel „Leben und Werk" (München 1950–1971) von Karl KREITMAIR achtbändig herausgegeben werden. Den letzten Band „Pädagogik und Philosophie" (München 1971) habe ich, wie auch weitere, nicht mehr erschienene Bände, zusammen mit Karl Kreitmair vorbereitet. Daß Aloys FISCHER und sein Werk keine Würdigung im Rahmen der von Hans SCHEUERL herausgegebenen „Klassiker der Pädagogik" fand, ist angesichts der richtungweisenden Bedeutung dieses Pädagogen und seines Schicksals bedauerlich.

In weitgehender Übereinstimmung mit den Ergebnissen der angeführten empirischen Studien stellen BAUMERT/ROEDER die „Idee einer praktischen Wissenschaft" als eine „tragende Grundüberzeugung" fest. Zur Deutung dieser Einstellung heißt es: „Dem liegt die Vorstellung zugrunde, daß eigene pädagogische Erfahrungen die Forschung stimulieren und diese zu einer unmittelbaren Verbesserung pädagogischer Handlungsvollzüge führen. 83% der hauptberuflichen ProfessorInnen neigen dazu, ihre wissenschaftliche Arbeit in dieser Weise zu deuten"[22].

Dieser Befund, daß 83% der ProfessorInnen eine praktisch orientierte Forschung befürworten, ist von fundamentaler Bedeutung. Sie müßte ihren Ausdruck finden in der Priorisierung von Forschungsmethoden, die einen unmittelbaren Zugang zur erzieherischen Wirklichkeit zu bahnen vermögen. Vor allem muß der Gedanke eines Reflektierens und Philosophierens angesichts der erzieherischen Situation, wie es Wilhelm FLITNER im Geiste seiner „Allgemeinen Pädagogik" befürwortet – ergänzt um einen Pädagogischen Anschauungsunterricht, wie ihn Aloys FISCHER[23] entwickelt hat – ein integrativer Teil der charakterisierten pädagogischen Grundhaltung werden.

Die Akzeptanz der empirischen Methoden ist relativ still und wirkungsvoll abgelaufen. Wo Gegensätze auftraten und begründet wurden, erfolgte die Klärung vorwiegend sachlich. Fundamental wichtig ist, daß beide Positionen möglichst einem Fachbereich eingegliedert sind und kooperieren, soweit die Auf-

---

22 Jürgen Baumert/Peter Martin Roeder: „Stille Revolution". Zur empirischen Lage der Erziehungswissenschaft. A. a. O., S. 41.

23 Aloys Fischer: Zur Frage eines einführenden Anschauungsunterrichts in der akademischen Lehrerbildung (1924). In: Aloys Fischer. Leben und Werk. Hg. von Karl Kreitmair. Bd. 5/6. München 1957, S. 383–407. Vgl. auch die „Einführung in pädagogisches Sehen und Denken", hg. von Andreas Flitner und Hans Scheuerl. München, überarbeitete Neuausgabe 1984.

gabenstellung es erlaubt. Schwierigkeiten können bei der Budgetierung entstehen. Empirie ist aufwendig und erfordert erhebliche Finanzmittel, die jedoch nicht auf Kosten anderer Positionen aufgebracht werden dürfen. Sonst können zusätzliche Rivalitätsfelder entstehen, die es jedoch zu vermeiden gilt. Damit verbunden entsteht allzu leicht ein konfliktreiches Rivalisieren um eine imaginäre Rangordnung. Angesichts dieser möglichen Entwicklung spricht Heinz-Elmar Tenorth (in Analogie zur Theorie der „two cultures" von C. P. Snow) von der Gefahr einer zwei Kulturen-These: „Man könnte die These von den zwei Kulturen modifiziert auf die Pädagogik übersetzen und schon mit dem Indikator der Bildungsfinanzierung die Disjunktion einer forschenden gegenüber einer räsonierenden wissenschaftlichen Pädagogik entwickeln"[24].

Wenn diese Unterscheidung auch ein wenig überpointiert erscheinen mag, so ist sie in ihrer Grundaussage dennoch richtig. Das angedeutete Gefahrenmoment kann sogar zu einer Zwei-Welten-Forschungspraxis führen, in der das kultivierte Mißverstehen zu wachsenden Gegensätzlichkeiten führt. Angesichts dieser potentiellen Entfremdung ist die vermittelnde Funktion der Allgemeinen Erziehungswissenschaft fundamental wichtig; sie hat ihre Aufmerksamkeit auch auf die jeweilige Wissenschaftssprache zu richten, deren Maßstab die Verständlichkeit im Umkreis der (erziehungs-)wissenschaftlichen Öffentlichkeit und nicht ausschießlich der interne Code sein sollte.

III.

Auf dem Hintergrund dieser wechselhaften Vorgeschichte und angesichts des breiten Aufgabenspektrums wird es der Allgemeinen Erziehungswissenschaft schwerfallen, ihrem Ruf gerecht zu werden, „Königsdisziplin"[25] zu sein. Von entscheidender Bedeutung ist es, daß sie über die schulischen Richtungen hinaus die wissenschaftliche Aktionsfähigkeit der Erziehungswissenschaft in einem wissenschaftstheoretisch fundierten Verbund zwischen den historisch-hermeneutischen und den empirischen Vorgehensweisen sichert. Erst aufgrund empirisch begründeter Befunde über die erzieherische Wirklichkeit im gesellschaftspolitischen Kontext ergeben sich wichtige Anstöße zur Relativierung des temporär Gültigen und zur Weiterentwicklung des wissenschaftlich Bewährten.

---

24 Heinz-Elmar Tenorth: Vermessung der Erziehungswissenschaft. In: Zeitschrift für Pädagogik 36 (1990), S. 18. Vgl. auch Günther Eigler/Gerd Macke: Die Entwicklung der empirischen Forschungsorientierung der Erziehungswissenschaft im Spiegel erziehungswissenschaftlicher Qualifikationsarbeiten. In: K. Ingenkamp u. a. (Hrsg.): Empirische Pädagogik 1970–1990. Eine Bestandsaufnahme der Forschung in der Bundesrepublik Deutschland. Bd. 1. Weinheim 1992, S. 79.
25 Michael Winkler: Wo bleibt das Allgemeine? In: H.-H. Krüger/Thomas Rauschenbach (Hrsg.). Erziehungswissenschaft. Die Disziplin am Beginn einer neuen Epoche. Weinheim und München 1994, S. 93.

Als die einleitend formulierte und zu prüfende gemeinsame wissenschaftliche Sinnmitte zwischen der Erziehungswissenschaft und ihren Disziplinen erweist sich also die Notwendigkeit einer Klärung der Fragen: Was bedeuten Erziehung und Bildung, die Stiftung des erzieherischen Bezugs, die Gestaltung der pädagogischen Prozesse im Rahmen der disziplinspezifischen Wandlungen angesichts des Menschen in den vielfältigen Gestaltungsformen der Kleinkindheit, des Erwachsenseins, des Alterns, der Behinderung, des Arbeitens, des Friedenhaltens und -gestaltens usf.? Welche objektspezifischen Wandlungen müssen die methodologischen Erfassungs- und Kontrollformen erfahren? Durch empirische Untersuchungen gilt es ergänzend zu klären, wie sich die disziplinspezifischen Verfahrensweisen auf das Studienverhalten sowie auf die Berufszufriedenheit und den Berufserfolg auswirken. Die (schwierige, aber mögliche) Klärung dieser Fragen erlaubt wichtige Rückschlüsse auf die Beschaffenheit der Disziplin. Die gesellschaftspolitisch wichtige Funktion, die letztlich auch die Wissenschaft zu erörtern hat, ist die Aufrechterhaltung des Kreislaufs zwischen Forschung, Ausbildung und Gestaltung der Berufspraktiken in einem von humanen Prinzipien bestimmten Handlungsrahmen, der allen Seiten – auch den pädagogisch Wirkenden – gerecht wird.

Der Aufweis der Erziehungsbefähigung sowie der ureigenen Erziehungsverwiesenheit des Menschen, die erst das Menschsein und seine weitere Entwicklung möglich machen, erweist zugleich die Notwendigkeit des Fragens nach dem „Allgemeinen", dem pädagogisch Substantiellen in jedem erzieherischen Vorgang, der den Vergleich ermöglicht und damit das pädagogisch Verwandte in den Blick rückt. Die Erfahrung, daß der Mensch erst durch Erziehung zur Verwirklichung seines Menschseins kommt als Resultat der Geschichte, ist zugleich die Gründungsurkunde der modernen Erziehungswissenschaft. Die eigentliche sozialpolitische Triebkraft, die der Erziehungswissenschaft Bedeutung und Achtung verleiht, ist die Auffassung der Erziehung als eines Mittels, das die Individualität zu entwickeln und die traditionellen Standesschranken zu überwinden vermag. Die Erziehungswissenschaft gewährt dazu die Möglichkeit, diesen wichtigen Prozeß in Gang zu setzen, zu steuern und letztlich auch zu objektivieren. Von COMENIUS, LOCKE, ROUSSEAU und PESTALOZZI bis zu HUMBOLDT, SCHLEIERMACHER, HERBART und DEWEY ist die pädagogische Reflexion darauf gerichtet, den menschlichen Handlungsrahmen gegenüber den (notwendigen) staatlichen Grenzen und Gesetzen zu erweitern und das soziale Bewußtsein so zu vertiefen, daß der Maßstab der Entwicklung in der Humanisierung des Menschen zu suchen ist. Dazu bedarf es jedoch des wissenschaftlichen Wächteramts der Allgemeinen Erziehungswissenschaft.

Die Entwicklung eines verbindlichen „pädagogischen Grundgedankengangs", der das Handeln und Forschen in den speziellen Bereichen im Hinblick auf den entsprechenden Umkreis der Erziehungswirklichkeit als gliedhaftes Geschehen eines innerlich zusammengehörigen Ganzen auslegt und somit die Verständigung ermöglicht, ist das Ziel der Allgemeinen Erziehungswissenschaft geblieben[26]. Mit dieser Zielsetzung hebt sich dieser Versuch grundsätzlich über die Ebene der speziellen Disziplinen hinaus, was durch die Kennzeichnung „Allgemeine Erziehungswissenschaft" zum Ausdruck kommen sollte. In verwandter Weise hat bereits Friedrich SCHNEIDER sein Konzept einer komparativen Disziplin bewußt eine vergleichende Erziehungswissenschaft genannt[27], im Gegensatz zu der (von Franz Hilker entworfenen) Vergleichenden Pädagogik und aus den Erwägungen heraus, daß die komparative Reflexion auf die gesamte pädagogische Provinz zu richten ist, weil der Vergleich in allen speziellen Disziplinen und selbst im Rahmen der Wissenschaftstheorie möglich und notwendig ist. Er hat ihr damit eine Sonderstellung im Rahmen der speziellen Disziplinen zugebilligt.

Die Allgemeine Erziehungswissenschaft umgreift als reflexive Instanz jedoch *alle* speziellen Disziplinen und die Zwischendisziplinen Pädagogische Anthropologie, Pädagogische Psychologie, Pädagogische Soziologie, Pädagogische Technologie, so daß sie ihre Kennzeichnung zurecht trägt. Wer sollte diese Bereiche insgesamt vertreten, wenn nicht der Repräsentant der Allgemeinen Erziehungswissenschaft? Daß diese Aufgabe wohl nur schwerpunkthaft zu lösen ist, darf als Rückwirkung der Breite des Feldes betrachtet werden. Dennoch muß auch die exemplarische Repräsentanz mit kritischem Blick auf das Ganze geschehen. Wie angespannt die Diskussionslage ist, erweist die Auseinandersetzung zwischen Klaus MOLLENHAUER und Michael WINKLER, die – frei von persönlichen Animositäten – die Unabgeklärtheit der Grundsatzfragen bestätigt.

Dennoch werden die übergreifenden Theorien künftig nicht überflüssig werden. Im Gegenteil: Sie sind dringend erforderlich im Sinne eines pädagogischen Grundgedankengangs, um mit dem Überblick die inneren Zusammenhänge wieder zu deuten und dadurch zu stärken. Verwiesen bleiben sie jedoch auf die empirisch gesicherten Tatsachen, die sie auf ihre Weise nicht nur zu nutzen, vielmehr im Sinne eines hermeneutisch-empirischen Verfahrens auch anzuregen und mitzugestalten haben.

Als natürliche Folge dieser Entwicklung müßte ein Bildungsbegriff entfaltet werden, der nicht nur subtraktiv einige Abstriche von der klassischen Bildungskonzeption zugunsten eines realistisch thematisierten Begriffs macht, sondern der vielmehr die innere Geformtheit und Charakterstärke zum Krite-

---

26 Dietrich Benner: Allgemeine Pädagogik. Weinheim und München 1987, S. 17. Vgl. Ulrich Herrmann: „Es gibt einen pädagogischen Grundgedankengang " Das Systematische und die Systematik in Wilhelm Flitners Entwurf und Begründung der Erziehungswissenschaft. In: Zeitschrift für Pädagogik, 26. Beiheft. Weinheim und Basel 1991, S. 31–46.
27 Friedrich Schneider: Vergleichende Erziehungswissenschaft. Heidelberg 1961, S. 75, 83 ff.

rium wählt. Solange die Bildung des Körpers und die Prägung durch Beruf und Leben als etwas tertiär Wichtiges betrachtet werden, bleibt die postulierte realistische Einschätzung verbal, wie so vieles in der Pädagogik. Wirtschaftspädagogik, Sportpädagogik und selbst (oder gerade) Friedenspädagogik bleiben dann zwar nominell Disziplinen im pädagogischen Kommerzium, da sie, vom Volumen der wissenschaftlich zu verwaltenden Masse her betrachtet, nicht zu übersehen sind; aber ihre Wertschätzung und ihr faktischer Einfluß auf das Allgemeine bleiben minimal und im Falle der Friedenspädagogik (als Disziplin ohne wissenschaftliches Imperium) faktisch gleich Null[28].

Um diese Situation wenigstens ein wenig beispielhafter werden zu lassen, müssen einige ergänzende Hinweise gegeben werden. Als Arbeitsgemeinschaft auf Zeit im Rahmen der Standesvertretung der „Deutschen Gesellschaft für Erziehungswissenschaft" aufgelöst – mit dem Hinweis, daß die Fragen der Friedenserziehung in jedem Fachbereich ohnehin vertreten würden –, muß die Frage erlaubt sein, wo das wohl geschehe und der Struktur der speziellen Disziplinen entsprechend überhaupt geschehen kann? Den Aufgaben der pädagogischen Friedenswahrung und -gestaltung ist weder mit einem Krisenmanagement in psychologischer oder soziologischer Regie noch mit beschwörenden Formeln gedient. Die Friedenspädagogik bezieht sich in einer Welt der Kriege, des Terrors und der Gewalt auf ein Gegenstandsfeld in den Institutionen und der Öffentlichkeit, das dringend der wissenschaftlichen Erhellung bedarf. Ohne einen tiefgreifenden Wandel der geistigen Einstellung ist kaum etwas zu erreichen, und damit sind wiederum Aufgaben gestellt, die ohne die Erziehungswissenschaft nicht lösbar sind. Somit stagniert die Entwicklung im Rahmen der Friedenspädagogik – jedenfalls in der Bundesrepublik Deutschland –, und niemand stört sich daran.

IV.

Die Allgemeine Erziehungswissenschaft hat das Gefüge der Erziehungswissenschaft und ihrer speziellen Forschungsrichtungen im Medium einer umgreifenden Theorie einsichtig zu machen. Dadurch werden auch die Defizite deutlich. Die Bemühungen gelten der Entfaltung einer *vermittelnden Position,* die als *hermeneutisch-empirisches Verfahren* neben den geisteswissenschaftlichen Methoden die empirischen Erfassungsweisen einbezieht. Dieser Ansatz wird bewußt unter Einbezug der Sozialwissenschaften durch die Entfaltung der Forschungsmethoden sowie durch den Aufweis des Spektrums der verschiedenen

---

28 Vgl. Hermann Röhrs: Gesammelte Schriften. Band 4: Idee und Realität der Friedenspädagogik. Weinheim 1994. Ders.: Gesammelte Schriften. Band 8: Modelle der Friedenserziehung in Kindergarten und Schule. Weinheim 1995.

Forschungsrichtungen weiterzuentwickeln sein[29]. Geleitet wird dieses Verfahren durch ein *methodenstrategisches Konzept*, das die Methodenfrage in einem flexiblen Verfahren abhängig macht vom Gegenstandsbereich sowie von der zu lösenden Forschungsaufgabe. Durch eine solche Methodenstrategie wird die alternative Haltung überwunden, die das Methodenproblem zu einer letztgültigen Frage der wissenschaftlichen „Schule" erhebt. Die Verfügbarkeit der Methoden setzt indessen ein kritisches Methodenbewußtsein und eine gediegene methodologische Kenntnis voraus.

Die fundamentale Funktion der Allgemeinen Erziehungswissenschaft in dem hier entwickelten Verständnis besteht nicht nur in der systematisierenden Zusammenfassung des Entwicklungsstandes sowie in der Klärung des komplexen einzel- und zwischenwissenschaftlichen Beziehungsgefüges; sie liegt vielmehr in entscheidendem Maße auch im verantwortungsvollen Aufweis neuer Entwicklungs- und Forschungsmöglichkeiten als Voraussetzung für die einzelwissenschaftlichen Konstituierungen im Rahmen des Wissenschaftskommerziums. Im Vollzug dieser Entwicklungslinie ist künftig eine sehr viel stärkere Kooperation mit den Sozialwissenschaften sowie mit einer sich sozialwissenschaftlich auslegenden Medizin und Jurisprudenz notwendig. Mit dem zunehmenden einzelwissenschaftlichen Selbstverständnis wird der Erziehungswissenschaft in dieser interdisziplinären Forschung immer mehr eine führende Rolle zukommen, weil Gesundheit und Rechtsempfinden nicht weniger auf die grundlegenden Vorgänge der Erziehung und Bildung angewiesen sind als die Entfaltung des menschlichen Selbstverständnisses in Beruf und Gesellschaft, Staat und Politik.

Über den Schulen, Richtungen und Lagern stehend hat die Allgemeine Erziehungswissenschaft das *systematische Gefüge* zu begründen und einsichtig zu machen. Dabei gilt es, über die Bestandsaufnahme hinaus *Entwicklungsmöglichkeiten und Gefahrenmomente* für die Erziehungswissenschaft aufzuweisen. Darin liegt zugleich die Notwendigkeit begründet, dem Entwicklungsstand entsprechend im Rahmen des systematischen Gefüges Schwerpunkte zu setzen, die den spezifischen Fragen einer Epoche nachgehen. So wird jede Allgemeine Erziehungswissenschaft trotz der objektivierend wirkenden Verpflichtung auf die systematische Darstellung des erziehungswissenschaftlichen Gesamtzusammenhangs und seiner reinen Strukturen ein *Eigengepräge* tragen. Eine notwendige Schwerpunktbildung der Allgemeinen Erziehungswissenschaft muß gegenwärtig angesichts der Differenzierung der Erziehungswissenschaft in spezielle Forschungsrichtungen, die seit der Jahrhundertwende nach unterschiedlicher Vorgeschichte in den einzelnen Disziplinen in verstärktem Maße ein-

---

29 Vgl. Hermann Röhrs: Gesammelte Schriften. Bd. 7. Theorie und Praxis der Forschung in der Erziehungswissenschaft. Weinheim 1996.

setzte, in dem Aufzeigen des wissenschaftstheoretischen Orts dieser Disziplinen im allgemeinen erziehungswissenschaftlichen Rahmen und ihres spezifischen Erkenntnisgewinns für das Ganze liegen.

Die Forschungsrichtungen haben sich in fachspezifischer Gruppierung mit Hilfswissenschaften der verschiedensten Fakultäten weitgehend verselbständigt und oft den Zusammenhang mit der Mutterdisziplin verloren. Die Gründe dafür sind unterschiedlicher Art. Einmal hat die Erziehungswissenschaft sich weitgehend auf die Klärung der eigenen Grundlagenprobleme zurückgezogen, ohne die differenzierten Voraussetzungen der Disziplinen einzubeziehen. Zum anderen ist die Entwicklung dieser Disziplinen eigene Wege gegangen, die von seiten der Erziehungswissenschaft nicht mehr überblickt werden. Die Klagen im Rahmen der speziellen Forschungsrichtungen über die mangelnden und nicht mehr bewußt gemachten Berührungspunkte mit der Erziehungswissenschaft sind daher nicht gering. Das gilt weitgehend von der Wirtschaftspädagogik, aber auch von der Sozial- und Heilpädagogik und selbst von der Vergleichenden Erziehungswissenschaft. Der Aufweis des wissenschaftstheoretischen Ortes dieser Disziplinen im breiteren pädagogischen Rahmen ist daher eine wichtige Aufgabe der Allgemeinen Erziehungswissenschaft.

Einerseits ist angesichts der Aufgabe einer Zusammenschau der unterschiedlichen Disziplinen und ihrer Ergebnisse in umfassender Absicht eine gewisse Skepsis angebracht. Aber andererseits ist das völlige Auseinanderdriften ohne Verständigung auf eine zentrierende Mitte, die Gewähr dafür bietet, daß die Ergebnisse der Disziplinen in ihrer Substanz noch vereinbar bleiben, ein Zustand, der dem wissenschaftlichen Bankrott der Erziehungswissenschaft nur Vorschub leisten würde. In der gegenwärtigen Situation fordert die wissenschaftliche Vernunft und Verantwortung von einer Disziplin, die ihren vielfältigen Aufgaben vor dem Menschen in seiner jeweiligen gesellschaftlichen Formation gerecht werden soll und deren Legitimität sie zugleich im Rahmen der communitas scientiarum zu vertreten hat, daß das Forschen nach den gemeinsamen Grundlagen im Interesse eines bindenden und begründenden disziplinären Selbstverständnisses verstärkt und keineswegs aufgegeben wird. Ohne die permanente Stärkung der disziplinären Identität bleibt die Interdisziplinarität fragwürdig, die – soweit sie gelingen soll – ein klares wissenschaftliches Profil der jeweiligen Partner voraussetzt.

Daher hat die Allgemeine Erziehungswissenschaft die fachlichen Berührungspunkte und Zusammenhänge mit ihren Disziplinen nicht nur laufend zu klären, sondern sie sollte aus gesamterziehungswissenschaftlicher Verantwortung auch die weitere Entwicklung wissenschaftstheoretisch zu fördern versuchen. Die Differenzierung der Erziehungswissenschaft ist keineswegs abgeschlossen; vielmehr handelt es sich, der Erschließung neuer wissenschaftlicher Aufgabenbereiche in der Erziehungswirklichkeit entsprechend, um einen permanenten Vorgang. Der gegenwärtige Entwicklungsstand zeigt, daß sich die Konstituierung einer Friedenspädagogik, Betriebspädagogik, Spielpädagogik, Sportpädagogik oder einer Pädagogischen Technologie in vollem Gange befindet[30]. Wie so oft im Rahmen der Wissenschaftsentwicklung hat die Forschungspraxis bereits Entwicklungsmöglichkeiten und -wege durch erste Ergebnisse signalisiert. Wenn die Allgemeine Erziehungswissenschaft daher nicht nur nachträglich Entwicklungen registrieren will, deren Voraussetzungen sie nicht rechtzeitig kritisch durchdacht hat, dann wird sie *in gesamterziehungswissenschaftlicher Verantwortung diesen Prozeß konstruktiv mitgestalten* müssen.

Damit ist ein weiterer wichtiger Aufgabenkreis der Allgemeinen Erziehungswissenschaft aufgewiesen; genauer besehen ist er zweiteiliger Art. Einmal handelt es sich um eine zusammenfassende Darstellung des jeweiligen Entwicklungsstandes der Erziehungswissenschaft, der die Ergebnisse im disziplinären Bereich und darüber hinaus hinsichtlich ihres wissenschaftstheoretischen Stellenwerts vergegenwärtigt; es geht primär um eine Selbstdarstellung und Selbsterhellung. Derartige Gesamtdarstellungen sind im modernen Wissenschaftskommerzium, in dem es immer auch um akademische Prioritäten hinsichtlich der Budgetierung seitens der Hochschulen und Forschungsgesellschaften geht, die wiederum das wissenschaftliche Prestige im Umkreis der Fakultät und Universität voraussetzt, von fundamentaler Bedeutung[31].

Die zweite wichtige Funktion einer einzelwissenschaftlichen Profilierung besteht darin, daß die wissenschaftlichen Kooperationsmöglichkeiten mit den Fächern anderer Fakultäten einsichtig werden: mit der Rechtswissenschaft im Umkreis der Rechtserziehung und der Resozialisierung, mit der Medizin im Umkreis der Heil- und Sondererziehung, mit der Wirtschaftswissenschaft im Umkreis der humanen Gestaltung der Arbeitsverhältnisse und des Betriebslebens, um nur einige Beispiele zu nennen; sie vermögen zu zeigen, wie die pädagogische Fragestellung in den Human- und Sozialwissenschaften ein integratives Element aller einzelwissenschaftlichen Aufgaben sein kann.

Die Differenzierung und Spezialisierung der Erziehungswissenschaft insgesamt soll angesichts der vielgestaltigen Erziehungswirklichkeit in der folgenden Skizze veranschaulicht werden:

---

30 Vgl. dazu Hermann Röhrs: Gesammelte Schriften. Band 5: Spiel- und sportpädagogische Grundfragen und Grundlagen. Weinheim 1993. Band 6: Außerschulische Forschungsbereiche. Sozialpädagogik, Friedenspädagogik, Berufspädagogik, Pädagogische Technologie, Spielpädagogik. Weinheim 1996.

31 Als ein Beispiel sei auf eine Darstellung von Dieter Lenzen hingewiesen: Universitätsfächer seit 1779. Erziehungswissenschaft und Pädagogik. In: Forschung und Lehre 1997, Heft 2, S. 83–86 (Wissenschaft im Profil).

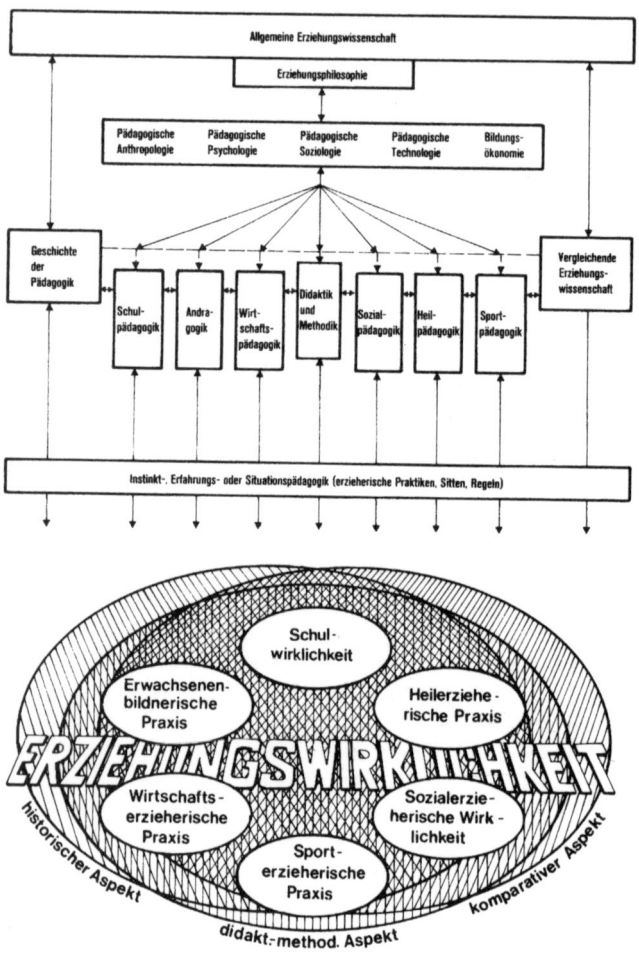

Die Vertretung aller dieser Fragenkreise erfordert jeweils den Spezialisten, der aus der Erkenntnis der gesamterziehungswissenschaftlichen Problematik die Forschung in diesem besonderen Bereich vorantreibt. Ergänzend dazu ist es eine dringende Aufgabe des Vertreters der Allgemeinen Erziehungswissenschaft, die speziellen Forschungsbereiche und ihre Ergebnisse hinsichtlich des *verbindenden gemeinsamen Ziels* – in sachlicher und methodologischer Hinsicht – zu analysieren. Ob diese Aufgabe noch *von einem Einzelnen lösbar* ist oder dem *Team vorbehalten* bleiben muß, ist angesichts der zunehmenden Spezialisierung und Differenzierung in der Erziehungswissenschaft eine berechtigte Frage. Vorzüge und Nachteile beider Verfahren sind offenkundig. Die kritisch durchmusternde Darstellung der spezialwissenschaftlichen Disziplinen, ihrer Aufgaben und Methoden im Hinblick auf die inneren Zusammenhänge sowie ergänzenden Aspekte ist in der gegenwärtigen Situation, in der die Repräsentanten der verschiedenen speziellen Forschungsbereiche immer mehr von immer weniger und immer weniger voneinander wissen, dringend notwendig. Eine derartige Fragestellung nach der Erziehungswissenschaft und ihren Ergebnissen im Umkreis ihrer Disziplinen und Nachbarwissenschaften wird die erziehungsphilosophische Blickrichtung einzubeziehen haben. Wie in jeder anderen Wissenschaft ist die Wirklichkeitserhellung das Ziel, das in der Erziehungswissenschaft in Gestalt einer Freilegung der strukturellen Wirkungszusammenhänge und ihrer Funktionsweise erreicht wird. Diese Zielsetzung bleibt unbeeinflußt von Erwägungen der Aktualität und der gesellschaftlichen Bedeutung, wenngleich die Verantwortung für das Wohl des Menschen, wie in allen anthropologisch orientierten Wissenschaften, mitgesehen und mitgetragen sein will.

Abschließend ist folgendes festzuhalten: Für eine im Umbruch befindliche Disziplin ist der wissenschaftliche Dialog fundamental wichtig. Das gilt von der Allgemeinen Erziehungswissenschaft, aber auch von den speziellen Pädagogiken. Sie sind in dieser Grenzsituation geradezu ideale Gesprächspartner

- zur Identifikation dessen, was das Pädagogische über die disziplinären Wandlungen hinweg als Konstante bedeuten kann;
- zur Formulierung eines pädagogischen Grundgedankengangs;
- zur Auswahl und Modifikation der Forschungsmethoden im Speziellen;
- zur Aufhellung der Bedeutung der pädagogischen Kategorien im speziellen Bereich;
- zum Vergleich der nationalpädagogischen Konzepte mit Lösungsansätzen im internationalen Feld;
- zur konstruktiven Summierung der Ergebnisse dieser grenzüberschreitenden kritischen Sichtung hinsichtlich eines Reports über den Entwicklungsstand der Erziehungswissenschaft (Statement of the Art).

Die Antwort auf die Frage, ob die Allgemeine Erziehungswissenschaft überflüssig oder fundamental wichtig ist, hängt letztlich von ihrem wissenschaftlichen Profil und dem ihr eigenen Aufgabenspektrum sowie den überzeugenden Lösungsbeiträgen ab. Als kritische Integrationsinstanz ist sie für diesen Prozeß verantwortlich und zugleich für eine konstruktive Perspektivität im Dienste der weiteren Entwicklung der Erziehungswissenschaft.

Rudolf Lassahn

Das Beziehungsgefüge einer Allgemeinen Pädagogik

PLATON faßte seine Gedanken über Bildung in einem *Gleichnis* zusammen, das in einem seiner Hauptwerke über den Staat zu finden ist; die Vorstellungen SENECAS über sittliche Bildung stehen in erdachten *Briefen* an den jugendlichen Freund LUCILIUS; AUGUSTINUS formulierte seine Auffassung über das richtige und inwendige Lernen durch die Sprache in einem erdachten *Dialog* mit seinem unehelichen Sohn ADEODAT; die Ansichten des COMENIUS über Erziehung sind in einer umfassenden ,*Weisheitslehre*' zu finden; MONTAIGNE schrieb sein Wissen in *Essays* nieder; John LOCKES ,Gedanken über Erziehung' sind erdachte Briefe an den Grafen Shaftesbury; bis heute rätseln Interpreten, ob ROUSSEAUS ,Emile oder über die Erziehung' ein *Roman*, eine *Fallstudie* oder eine *Utopie* sei; PESTALOZZIS Modellentwurf zur sittlichen Erziehung befindet sich in einem ,*Brief* an einen Freund über meinen Aufenthalt in Stans', seine Familienerziehung kann in dem *Dorfroman* ,Lienhart und Gertrud' nachgelesen werden.

Erst in der Aufklärung bildete sich in Europa ein Wissenschaftsideal heraus, das von der Wissenschaft forderte, ihren Gegenstand, die einzelnen Fakten und deren Zusammenhänge in einem *System* darzustellen. Von diesem wird Vollständigkeit und Ordnung verlangt, die einzelnen Begriffe sollen klar und deutlich sein, die Begründungen streng geführt und logisch nachprüfbar. Das Vorbild war die strenge Mathematik. Erst durch das Ganze der systematisch verbundenen Elemente wurden diese aus dem Zustand eines bloßen Aggregats herausgehoben. Durch das System wurde die Einzelerkenntnis klar und deutlich erfaßt und der Ort und Stellenwert im Zusammenhang des Ganzen angegeben. Unausgesprochener Hintergrund ist der Gedanke, es ließe sich die Gesamtheit des menschlichen Wissens einmal in einer *Enzyklopädie* widerspruchsfrei zusammenfassen.

Unter dieser Leitidee wurden Systeme verfaßt, die der Natur, der Physik, der Pflanzen und Lebewesen und natürlich der Pädagogik, zum Beispiel von SCHWARZ, NIEMEYER und TRAPP, HERBART, REIN und ZILLER bis zu W. FLITNER, BALLAUFF, RÖHRS, FINK, BENNER und HEIM.

Die Darstellungen des Allgemeinen einer wissenschaftlichen Disziplin kommen jedoch nur unter einer Voraussetzung zustande: Für die Anordnung der einzelnen Erkenntnisse im System, für die Herstellung des Zusammenhangs und die Bewertung der Einzelerkenntnis benötigt man Ordnungskategorien und Maßstäbe oder eine leitende und grundlegende Idee, aus der heraus alles abgeleitet werden kann. Ideen und Ordnungskategorien ergeben sich jedoch nicht aus den Einzelerkenntnissen. Aus einer Idee von Erziehung kann eine

Allgemeine Pädagogik abgeleitet werden. Aus einer Idee von Wissenschaft kann ein System konstruiert werden. Derartige Ideen ergeben sich nicht aus der Erfahrung, es sind Setzungen, sie gehören in den Bereich der Metaphysik. Mit scharfer Kritik analysierte DILTHEY diesen Vorgang. „Eine freie Mannigfaltigkeit von metaphysischen Systemen, deren keines erweisbar ist, hat sich gebildet. Überall, wo Metaphysik fortbestand, wandelte sie sich in ein bloßes Privatsystem ihres Urhebers und derjenigen Personen, welche sich vermöge einer gleichen Verfassung der Seele von diesem Privatsystem angezogen fühlten"[1]. DILTHEY hatte dabei alle Wissenschaften, die sich im System darstellen wollten im Auge, nicht nur die Pädagogik.

Die ‚Privatsysteme' waren aus KANTischen oder HEGELschen Systemen entstanden, aus hermeneutisch-pragmatischen, existenzphilosophischen, kritischen, marxistischen, praxeologischen oder systemisch orientierten.

Die Unmöglichkeit, das Allgemeine einer Disziplin widerspruchsfrei in einem System darzustellen, wurde im letzten Drittel des 19. Jahrhunderts und in unserem Jahrhundert durch die Wissenschaftsexplosion noch erheblich vergrößert. Jede einzelne wissenschaftliche Disziplin differenzierte sich immer stärker und löste sich in mehrere selbständige Teildisziplinen auf. Die Ergebnisse der einzelwissenschaftlichen Forschungen wurden immer zahlreicher und haben nur noch eines gemeinsam: Sie lassen sich nicht mehr widerspruchsfrei in einem System verbinden. Die menschliche Erkenntnisfähigkeit, prinzipiell endlich und stückhaft, vermag niemals das Ganze zu erfassen, und damit verliert jede Einzelerkenntnis die Qualität eines regulierenden Prinzips. Sie gilt nur in einem bestimmten, oft sehr engen Bereich, häufig nur zu einer bestimmten Zeit, und wurde unter bestimmten methodischen Vorgaben ermittelt. Einzelwissenschaftliche Erkenntnis verliert damit den Anspruch auf Allgemeingültigkeit. Selbst Vertreter einer strikten empirisch ausgerichteten Erziehungswissenschaft sind in der jüngsten Vergangenheit dazu übergegangen, interessante und pädagogisch relevante Themen, die sich nicht umstandslos operationalisieren und empirisch erforschen lassen, in *Essays* darzustellen.

Unterschiedlichkeit und Widersprüchlichkeit der Erkenntnisse einzelwissenschaftlicher Forschung kommen durch einen Pluralismus der Forschungsmethoden zustande. Die Annahme der Positivisten, es könne eine einzige richtige Methode für die wissenschaftliche Erforschung der Wirklichkeit geben, gehört zu den großen Utopien des 19. Jahrhunderts, ganz und gar dort, wo es sich um die Erforschung menschlicher Lebenswelt handelt.

Erkenntnisse, die mit psychoanalytischer Methode über das menschliche Gedächtnis erbracht werden, sind prinzipiell anderer Natur als die, die experimentell arbeitende Psychologen im Labor finden; die Analyse einer Schulklasse mit

1 Dilthey, W.: Gesammelte Schriften. Göttingen 1957 (1959), Band I, S. 358.

soziometrischen Methoden erbringt andere Ergebnisse, als die Arbeit mit phänomenologischen und statistischen Methoden. Das experimentelle Erforschen
von Lernvorgängen im Labor ergibt andere Einsichten als das Erfassen von
sozialem Lernen am Lernort Schule.

Dieser Sachverhalt gilt auch für die Naturwissenschaften und die Medizin. Erst
auf einem sehr langen und mühevollen Wege gelangte man in der Quanten-
und Relativitätstheorie zu der Einsicht, daß Methoden der Forschung keine
neutralen Instrumente sind, sondern durch sie sich erst der Gegenstand konstituiert. Je nachdem, mit welchen Methoden ein Physiker arbeitet, kann er ein
Elektron einmal als Welle, ein anderes Mal als Partikel betrachten. HEISENBERG
hat dieses Phänomen sehr anschaulich beschrieben: „So kann man zum Beispiel das Bohrsche Atom als Planetensystem im Kleinen beschreiben, in der
Mitte ein Atomkern und außen Elektronen, die diesen Kern umkreisen. Für
andere Experimente mag es zweckmäßig sein, sich vorzustellen, daß der Atomkern von einem System stehender Wellen umgeben ist, wobei die Frequenz der
Wellen maßgebend ist für die vom Atom ausgesandte Strahlung. Schließlich
kann man das Atom auch ansehen als einen Gegenstand der Chemie, man kann
seine Reaktionswärme beim Zusammenschluß mit anderen Atomen berech-
nen, aber dann nicht gleichzeitig etwas über die Bewegung der Elektronen aussagen. Die verschiedenen Bilder sind also richtig, wenn man sie an der richtigen
Stelle verwendet, aber sie widersprechen einander, und man bezeichnet sie daher als komplementär zueinander. Die Unbestimmtheit, mit der jedes einzelne
dieser Bilder behaftet ist, und die auch durch die Unbestimmtheitsrelation ausgedrückt wird, genügt eben, um logische Widersprüche zwischen den Bildern zu
vermeiden"[2].

In allen Wissenschaften führte diese Einsicht zu einem immer breiter werdenden Methodenpluralismus. Die Methode erstreckt sich nicht einfach auf überprüfbare Verfahren und interpersonell überprüfbare Ergebnisse, sondern auch
auf implizite Voraussetzungen wissenschaftlichen Denkens, auf Vorstellungen,
Bilder und Modelle, die sich Wissenschaftler vom Menschen, der Natur, der Gesellschaft, dem Staat und der Kultur machen.

Von diesen Überlegungen her ist ein Methodenpluralismus in den Sozial- und
Geisteswissenschaften unabweisbar geworden. POPPER und die Anhänger sei-
nes kritischen Pluralismus bestreiten generell, daß es einer wissenschaftlichen
Methode überhaupt gelingen könnte, eine ein für allemal wahre oder gültige
Theorie aufzustellen. In seinem Hauptwerk ‚Logik der Forschung' vertritt POP-
PER die Ansicht, Wissenschaft könne nicht mehr beweisen, sondern nur noch

---

2 Heisenberg, W.: Das Naturbild der heutigen Physik. Hamburg 1956, S. 126. Vgl. hierzu auch Lassahn, R.: Gegenstand und Methode, in: Röhrs, H. (Hrsg.): Die Erziehungswissenschaft und die
Pluralität ihrer Konzepte, 1979, S. 65 ff.

falsifizieren. Eine Methode ist für ihn eine des „Versuchs und der Elimination von Irrtümern, des Vorschlags von Theorien, welche dann der strengsten ausdenkbarsten Prüfung zu unterwerfen sind".[3]
Für den kritischen Rationalismus wurde durch die Falsifizierungstheorie ein Theorienpluralismus, der eine reichhaltige Konkurrenzsituation schafft, für die Gewinnung neuer Erkenntnisse und Einsichten, die immer nur so lange ihre Gültigkeit haben, bis sie widerlegt sind, methodologisch notwendig. Eine Methode hat sich immer in der komplexen Umgebung der Natur oder der Geschichte und der Gesellschaft zu behaupten und nicht in den luftleeren Stuben der Methodologen.
Vor dem Hintergrund dieser Einsichten fällt es gegenwärtig anderen sozialen Handlungswissenschaften – Medizin, Soziologie, Psychologie und Ökonomik – nicht ein, Systeme ihres allgemeinen Wissens zu konstruieren. Kein Mediziner vermag die aktuellen Forschungsergebnisse aus Chirurgie, Gynäkologie, Neurologie, Dermatologie, Anästhesie, Psychosomatik und Naturheilkunde in einer allgemeinen Medizin zusammenzufassen. Solchen Versuchen steht die Geschichte menschlichen Denkens, die pragmatische Einsicht in die Fülle der zur Verfügung stehenden Informationen und der grundsätzliche ethische Vorbehalt, daß Irrtum möglich sei, entgegen. „Ich mißtraue allen Systematikern und gehe ihnen aus dem Weg. Der Wille zum System ist ein Mangel an Rechtschaffenheit" (Nietzsche).[4]
Das Ansinnen, einen Zusammenhang des Wissens, eine Grundstruktur, das Allgemeine oder zumindest Grundbegriffe darzustellen, hat sich bisher immer aus den Anforderungen für die Ausbildung der Praktiker ergeben. Es sei unverantwortlich, die Herstellung eines Zusammenhanges und die Überprüfung der Relevanz der immer größer werdenden Menge an Informationen alleine den Auszubildenden zu überlassen.
Das Praxisfeld sah die Pädagogik bis nach dem zweiten Weltkrieg in erster Linie in der Volksschule. Pädagogische Ausbildung für die Praxis hieß seit PESTALOZZI und HERBART Ausbildung des Volksschullehrers. Die allgemeinen und systematischen Pädagogiken des 19. Jahrhunderts – von HERBARTS Allgemeiner Pädagogik aus dem Zweck der Erziehung abgeleitet – bis über die vielfachen Fassungen der Herbartianer und zu FLITNERS Allgemeiner Pädagogik spiegeln das Selbstverständnis des Volksschullehrers und die Rahmenbedingungen seiner Ausbildung. Pädagogik als Wissenschaft war seit HERBART Praxiswissen für die Volksschule.
Erst in unserem Jahrhundert trat zögerlich für die Gymnasiallehrer ein pädagogisches Begleitstudium zu einer Ausbildung in den wissenschaftlichen Fächern

---

3 Popper, K.R.: Objectiv knowledge. Oxford 3/1994, S. 16.
4 Nietzsche, F.: Sämtliche Werke. Kritische Gesamtausgabe, hrsg. v. Colli, J. u. Montenari, M. Berlin 1967–1977, Band 6, S. 63.

hinzu. In den Universitäten gehörte die Pädagogik zur praktischen Philosophie. Seit der preußischen Aufklärung waren die Philosophen auch verpflichtet, Pädagogik zu lesen. Noch nach dem zweiten Weltkrieg hatten diejenigen, die Pädagogik lasen, eine Doppelvenia für Philosophie und Pädagogik.

Mit dem rasanten Wandel der gesellschaftlichen Bedingungen und den veränderten Strukturen der Wissenschaft in den Universitäten und Hochschulen lief parallel ein Wandel in den Wissenschaften, und es erfolgte in wenigen Jahren eine Differenzierung in zahlreiche Einzeldisziplinen, die unterschiedlichen Studienordnungen zugerechnet werden und für differente Praxisfelder ausbilden. Allgemein feststellbar ist nur ein Trend: Erziehungswissenschaft verließ das Berufsfeld Schule und erstreckt sich nun über das ganze gesellschaftliche und kulturelle Leben und umfaßt das gesamte Leben der Menschen von der Geburt bis zum Tode.

Pädagogik ist längst nicht mehr Schulpädagogik. Im Verlauf der Differenzierung entstanden Sozialpädagogik, Erwachsenenbildung, Arbeits-, Berufs- und Wirtschaftspädagogik, Landwirtschaftspädagogik, Freizeitpädagogik, Medienpädagogik, Vorschulerziehung, Museumspädagogik, Sportpädagogik, Behinderten- und Sonderpädagogik, Sexualpädagogik, Kriminalpädagogik, pädagogische Psychologie, pädagogische Soziologie, Umweltpädagogik, interkulturelle Pädagogik, Allgemeine Pädagogik, Grundschulpädagogik, historische Pädagogik und mehrere andere eigenständige Disziplinen und sind mit Lehrstellen an den Hochschulen vertreten. Für diesen Prozeß der Differenzierung gibt es keine systematischen oder wissenschaftslogischen Begründungen. Gesellschaftliche und politische Forderungen, Gegebenheiten und Bedingungen an einzelnen Hochschulen, Konkurrenzsituationen oder schlicht Möglichkeiten beeinflußten die Differenzierung. Einmal installiert, zeigten die einzelnen Disziplinen ein beachtliches Beharrungsvermögen.

Das Ausgreifen der Pädagogik auf alle Lebensbereiche führte dazu, daß auch von nichtpädagogischen Praxisbereichen, von Beratern, Freizeitanimateuren und Reiseleitern, Supportern, Therapeuten, Ausbildern in Berufen und Institutionen, Werbefachleuten, Managerschülern, Journalisten, Redakteuren in Medien und Verlagen, Jugendrichtern und Kriminalbeamten auf pädagogisches Wissen zurückgegriffen wird.

Die Pädagogisierung des gesamten Lebens hat viele ernsthafte Kritiker gefunden; die tatsächliche Nachfrage der universitären Ausbildung hat ständig zugenommen. Die Themen der akademischen Abschlußarbeiten der letzten zehn Jahre bieten einen eindrucksvollen Beleg dafür, daß die Erziehungswissenschaft zu einem Dienstleistungsunternehmen geworden ist, das von fast allen Fakultäten in Anspruch genommen wird. Aus diesem Praxisbezug, unter dem Aspekt der Ausbildung für unterschiedliche Berufsfelder in der Gesellschaft ergibt sich die Forderung, die Erziehungswissenschaft möge angeben, was das Allgemeine ihrer Disziplin sei, ihr Angebot gliedern, argumentativ begründen und unter Berücksichtigung der Pluralität der Methoden frei von Dogmen und Ideologien vorstellen.

Dieses Allgemeine ist aber nicht mehr schwerpunktmäßig im Lernen in der Schule und in der Erziehung in der Familie und anderen dafür geschaffenen Institutionen verankert. In allen sozialen und kulturellen Lebensbereichen des Menschen gelangen gegenwärtig, wenn auch sektorial, erziehungswissenschaftliche Forschungsergebnisse und theoretische Annahmen zur Anwendung. Will Erziehungswissenschaft den tatsächlichen Gegebenheiten folgend für den Zweck der Lehre noch einen allgemeinen Strukturzusammenhang angeben, kann sie sich nicht mehr in erster Linie an den Berufsfeldern Schule und Erziehung orientieren, sondern sie muß einen Ansatz finden, der im ‚ganzen Leben' liegt, der ein Strukturgefüge anbietet, das sowohl für die Pädagogik der Schule gilt, als auch für die Arbeitswelt, für die Freizeitpädagogik, für die Museumspädagogik und Sonderpädagogik, kurz, in der sich die tatsächlichen Differenzierungen wiederfinden.

Ich wähle für eine erste vorgängige Beschreibung der Strukturzusammenhänge einen anthropologischen Ansatz, in dem diejenigen anthropologischen Fakten zugrunde gelegt werden, durch die das Leben und Handeln aller Menschen betroffen ist und die Einfluß auf jeden Lebenslauf haben.

Bei derartigen Phänomenen handelt es sich selbstverständlich um eine Auswahl. Es gibt noch eine ganze Reihe anderer fundamentaler anthropologischer Bestimmungen. Es sei das unumgängliche Faktum der Sterblichkeit des Menschen genannt. Man kann auch argumentieren, daß es zum humanen Leben gehört oder gehören kann, seine Lebensführung so einzurichten, daß sie die Bestimmung der Endlichkeit nicht aus dem Auge verliert. Diese Bestimmung aber kommt auch in der Perspektive der Ziele des Handelns zum Tragen. Da nicht alle anthropologischen Fakten aufgegriffen werden und auf eine metaphysische Vorgabe der Ordnung verzichtet wird, können sie auch nicht logisch widerspruchsfrei zu einem System angeordnet werden. Es ist nur eine argumentative Begründung möglich.

Die Beschreibung des Strukturzusammenhanges

Der Mensch als ein offenes Wesen muß sich alles, was sein Menschsein, sein Bewußtsein und sein soziales Verhalten ausmacht, in einem lebenslangen Lernprozeß erwerben. Dieses lebenslange Lernen ist eine konstitutive Bedingung für menschliches Leben. Sie wird hier als *Dimension des Lernens* bezeichnet.

Kein Mensch lebt für sich allein. Der Mensch wird nur unter Menschen ein Mensch (Kant). In seinem gesamten Leben bleibt alles Handeln des Menschen in soziale und politische Verhältnisse eingebunden. Der Mensch ist ein zoon politikon. Grundlegend für alles Handeln ist eine *soziale und politische Dimension*.

Um das Leben in Gemeinschaft und Gesellschaft zu regeln, möglichst konflikt-frei zu gestalten und Formen für dieses Zusammenleben zu finden, sind immer und notwendig Bilder und Vorstellungen erforderlich von dem, was der Mensch ist, was Gesellschaft und Staat sind, wie man den Geschichtsprozeß sieht und das Verhältnis des Menschen zur Natur. Damit eröffnet sich eine *anthropologische Dimension.*

Alles Handeln des Menschen richtet sich auf Ziele. Vom einfachsten Vorgehen bis zum komplizierten und komplexen Entwurf von Lebensplänen ist es teleologisch gerichtet. Als das offene und nicht festgelegte Wesen muß sich der Mensch selber Vorbilder für sein Handeln entwerfen. Zum menschlichen Leben und Handeln gehört unabdingbar die Reflexion über die Ziele. Bei der Gestaltung des menschlichen Lebens ist dieses die *Dimension der Bildung.*

So wie die soziale und politische Einbindung ein anthropologisches Grundphä-nomen ist, so ist die Tatsache der Individualität des Menschen ein polar zugeordnetes. In physiologischer Gestalt und im geistigen Habitus ist jeder Mensch ein Individuum, ganz entschieden am stärksten in seinem Bewußtsein. Alles, was der Mensch von der Welt aufgenommen hat, ist individuell verarbeitete Welt. Es ist seine Auswahl, sein Wille baut die Verbindungen. Es ist dies ein umfangreicher Prozeß der Selbstgestaltung, eine *Dimension der Selbstorganisation.*

Folgt man dieser anthropologischen Beschreibung von allgemeinen, das Leben aller Menschen bestimmenden Phänomene, ergeben sich in einem spannungs-reichen Wirkgefüge diese Strukturen, die einander bedingen und in einem Wechselverhältnis stehen. Diese Strukturen lassen sich nicht logisch systema-tisch verbinden. Es gibt zahlreiche Überschneidungen, ich spreche deshalb von einem *Bedingungsgefüge.*

Die einzelnen Strukturen werden *Dimensionen* genannt, weil sie sich über ein weites Feld und über mehrere wissenschaftliche Disziplinen erstrecken, um-fangreiches, grundsätzlich unabgeschlossenes Einzelwissen enthalten, das kei-neswegs widerspruchsfrei ist. Die Dimensionen sind prinzipiell ohne feste Grenzen und unabgeschlossen. Zu jeder gehören auch die unterschiedlichsten Ergebnisse, Theorieansätze, Erklärungsversuche, Modelle und Methodologien aller Wissenschaften, die sich mit dem Menschen befassen. Erziehungswissen-schaft ist gar nicht in der Lage, zum Beispiel die Dimension Lernen auch nur zu umreißen ohne Bezugnahme auf Erkenntnistheorie, Psychologie, Physiologie, Entwicklungstheorie, Verhaltensforschung und Medizin.

Alle Dimensionen sind in diesem Sinne disziplinübergreifend. Es können des-halb innerhalb der Dimensionen keine Fakten enzyklopädisch zusammenge-stellt werden. Zu jeder Dimension gehört die Geschichte, und zwar nicht nur als eine Zutat, auf die auch verzichtet werden kann, sondern als Voraussetzung, durch die erst die gesamte Fülle und Vielseitigkeit der Dimension sichtbar wird. Erst unter historischem Aspekt ergibt sich die Möglichkeit der Fassung dieser Dimension. Erst der geschichtliche Aspekt als Vergleich zeigt die Einschränkungen, die jeden einzelnen Erklärungsversuch bedingen. Der historische Aspekt ist aber auch die Voraussetzung für die Anerkennung des Rechts auf unterschiedliche Zugänge zu den Problemfeldern. In erster Linie werden in den Dimensionen Problemfelder benannt und Fragenkreise beschrieben. Es werden diejenigen Orte bestimmt, an denen normative Entscheidungen notwendig sind und in der konkreten Handlung man unter einer ausgewählten normativen Vorgabe einem bestimmten Weg folgen kann, daß aber auch andere Wege möglich sind.

Die Dimension des Lernens

Im Gegensatz zum Tier wird der Mensch nicht mit fertigen und sein Leben leitenden festgelegten Verhaltensweisen geboren. Körperliche und mentale Fähigkeiten sind nicht triebmäßig geprägt, sondern sie sind offen und bilden sich erst in einem langen Prozeß der Wechselwirkung mit der Welt zu ihrer je eigenen Form aus. Alles, was einmal die Erscheinungsweise des Menschen ausmacht, der aufrechte Gang, die artikulierte Sprache, die Koordination der Bewegungen, den Gebrauch der Sinne, das Sammeln und Verbinden von Wissen und Erfahrungen, die Beherrschung der Kulturtechniken und den Gebrauch sozialer Verhaltensweisen muß jeder Mensch erlernen.
Dieses Werden der Person ist ein vielschichtiger und komplexer Vorgang. Den Erwerb aller – auch der kompliziertesten Verhaltensweisen – bezeichnet man im vorwissenschaftlichen Sprachgebrauch mit *Lernen*. Es setzt voraus, daß der Mensch ein lernfähiges Wesen ist. Alle wissenschaftlichen Einzeldisziplinen, die sich mit dem Menschen befassen, haben unter differenten Aspekten diesen Faktor bestätigt. Die Lernfähigkeit gehört konstitutiv zum Menschsein. In einer ersten vorläufigen Bestimmung kann gesagt werden, daß Lernen im weitesten Sinne eine entscheidende Dimension der Erziehungswissenschaft sei.
Die Beschreibung verweist auf sehr unterschiedliche Lernprozesse. Den aufrechten Gang und den Gebrauch der Sprache der sozialen Gruppe, in der der Mensch lebt, erlernt man nicht an einem Tage, sondern in einem Prozeß, der sich über einen längeren Zeitraum erstreckt. Konkretes Wissen, eine mathematische Formel, einen technischen Vorgang, eine Arbeitsfunktion kann man in kurzer Zeit, manchmal in einer Stunde erwerben. Das wiederum ist ein anderer Lernprozeß als einer, bei dem man Erfahrungen internalisiert und erlernt, wie man lernt. Lernen, das sich wiederum über einen längeren Zeitraum erstreckt, schließt immer an bereits Erlerntes an. Es gibt einen Prozeß des Lernens, der von vielen Faktoren, solchen aus der Phylogenese, und erworbenen, die aus dem sozialen Milieu stammen, abhängig ist.
Der Prozeßcharakter des Lernens stellt ein umfangreiches Problemfeld in der Dimension des Lernens dar. Es ist damit gemeint, daß sich Lernen in der Zeit

erstreckt, sich mit jedem neuen Lernakt selbst verändert und in dem der Mensch nicht nur Wissen erwirbt, sondern auch Haltungen und Einstellungen, auch und gerade Einstellungen zum Lernen. Diese Einstellungen und Haltungen sind so grundsätzlich, daß sie auch den Wissenserwerb determinieren. Haltungen aber sind erworbene Werteinstellungen. Der Lernprozeß findet damit eine Bindung an den emotionalen und wertenden Bereich, an die gesamte Motivationstheorie. Als Prozeß und aktiver Vorgang ist Lernen mit allen geistigen Kräften verbunden und gehört zum konstitutiven Faktor des Personwerdens überhaupt.

Lernen als Prozeß enthält in dieser Beschreibung eine Voraussetzung, die ein weiteres Problemfeld eröffnet. Lernen in der Zeit setzt voraus, daß das bereits Erworbene gespeichert, behalten oder aufgehoben wird, so daß ein Neuerwerb an das Vorhandene anknüpfen kann. Der ‚Speicher des Wissens‘, das Gedächtnis, ist der Kern dieses Problemfeldes. Diesem Speicher werden neue Informationen zugeführt, die dann verbunden werden müssen. Neuzufuhr erfolgt über die Sinne. Die physiologische Auffassung des Menschen bildet einen Gesamtapparat oder ein Gesamtsystem für Aufnahme und Verarbeitung. Verhaltensforschung hat diesen physiologischen Apparat, dessen Leistung im Erkennen der wirklichen Welt besteht, einen Weltbildapparat genannt.

Dieses physiologische Gesamtsystem bildet eine Voraussetzung für menschliches Lernen und Erkennen, es ist keineswegs ein nur passives System, das als neutrales Instrument arbeitet, sondern ein außerordentlich aktives, weil es wiederum Produkt eines Lernvorganges ist. Es ist nicht eines Tages vom Himmel gefallen, sondern hat sich im Lauf der Phylogenese herausgearbeitet, als Antwort auf die Herausforderung der Evolution. An der Erforschung dieses Problemkreises sind alle Wissenschaften vom Menschen beteiligt.

In einem dritten Problemfeld ist der Vorgang der *Entwicklung* zu bearbeiten. Alle bisher gemachten Aussagen beruhen auf der Voraussetzung, daß es im Leben der Menschen Entwicklung gibt, daß die Ontogenese ein Prozeß ist, der sich in der Zeit erstreckt, sich in Stufen, Phasen oder Abschnitten verwirklicht, wobei eine auf der anderen aufbaut, sie als Material verwertet oder integriert. Wenn das so ist, genügt eine isoliert entwickelte Lerntheorie nicht den Anforderungen zur Erklärung der *Lernkompetenz* eines Menschen. Lernen ist dann nur eine *Teilfunktion* eines umfassenden Entwicklungsganges, der mindestens aus zwei Faktoren besteht: der geistigen *und* körperlichen Entwicklung einerseits, und parallel dazu der Entwicklung des Erkennens und Lernens. In einem solchen Zusammenhang wird nicht danach gefragt, was Lernen ist, sondern wie Lernen sich entwickelt. Es geht um die Genese der Lernprozesse.

Die Frage nach dem Zusammenhang von Lernen und Entwicklung verweist gegenwärtig auf mehr ungelöste Probleme als auf Erklärungsmodelle. Gerade zu diesem Feld bieten alle Humanwissenschaften sich am meisten widersprechende Erklärungsmodelle an, weil der Vorgang der Entwicklung immer unter wertenden Prämissen gesehen wird. Meistens unausgesprochen im Hintergrund stehen die ethisch beschwerten Fragen, ob der Mensch ein Geschöpf Gottes, ein Produkt der Evolution, ein Ensemble der gesellschaftlichen Verhältnisse oder ein prometheisches Eigengeschöpf sei.

Die soziale und politische Dimension

Biologisch gesehen ist ein einzelner Mensch undenkbar. Er würde das Ende der Menschheit bedeuten. Für sich allein ist der Mensch nicht autark, er kann sein Wesen nur in der Gesellung ausprägen, er ist angewiesen auf ein Leben in der Verflochtenheit mit Eltern, der Frau, den Kindern, den Freunden und Mitbürgern und auf ein Leben in staatlichen Organisationen. Der Mensch wird nur unter Menschen ein Mensch (Kant). Das Eingebundensein des Menschen in Zeit und Gesellschaft ist Schicksal, daß man hier in diesem Jahrhundert geboren wurde, in dieses Volk, in diese Familie. Jedes Individuum „findet sich in einem bestimmten Vaterlande, in einer bestimmten Religion, einem bestimmten Kreise von Wissen und Vorstellungen über das, was recht und sittlich ist. Überlassen ist ihm nur, sich besondere Kreise darin auszuwählen, an die es sich anschließen will"[5].

Die Sprache, die ein Mensch spricht, ist nicht allein sein Werk. Sie stellt eine Leistung der sprachtragenden Gemeinschaft dar, der er angehört, und wurde in einem langen historischen Prozeß hervorgebracht. Aber durch die Sprache, durch die ein Mensch spricht, wird sein Denken beeinflußt. Seine Sprachkraft formt seinen Welthorizont.

Alle Tugenden, die den Menschen auszeichnen, Wahrheitsliebe, Treue, Tapferkeit, Hilfsbereitschaft, Aufopferung, Pflichterfüllung und Liebe sind soziale Tugenden. Sie erhalten ihren Sinn erst, wenn andere Menschen da sind, auf die sie bezogen werden können.

Das Eingebundensein des Menschen in soziale und politische Beziehungen besteht in einer Wechselwirkung. Der Heranwachsende wird in seinem Lern- und Entwicklungsprozeß der Gesellschaft und Gemeinschaft beeinflußt. Diese aber müssen Wissen, sittliche Normen und technisches Können weiterreichen, um das Eigenfortbestehen zu sichern. „Das Bestehen der Gesellschaft ist genauso wie die Fortdauer des Lebens im biologischen Sinne von einem Vorgang der Weitergabe abhängig ... Die Erneuerung erfolgt nicht automatisch. Wenn nicht genügende Sorgfalt darauf gehalten wird, daß eine wirkliche und gründliche Übertragung stattfindet, fällt die höchstkultivierte Gruppe in Wildheit und Barbarei zurück"[6].

---

5 Hegel, G.W.: Sämtliche Werke. 1. Teilband. Einleitung. Die Vernunft in der Geschichte, hrsg. v. Hoffmeister, J. Leipzig (5. Aufl.) 1955, 1952, S. 10.
6 Dewey, J.: Demokratie und Erziehung. Braunschweig (3. Aufl.) 1964, S. 17.

Die einfache Feststellung, der Mensch sei ein soziales Wesen und auf Gesellung angelegt, und die Gesellschaft andererseits sei auf Weitergabe ihres Wissens und Könnens angewiesen, wenn sie Fortbestand haben soll, bezeichnet ein höchst spannungsreiches Gefüge. Als auf Gesellschaft angewiesenes Wesen hat der Mensch im Laufe der Geschichte immer wieder in Gruppen, Horden, Sippen, Stämmen, Verbänden und Staaten zusammengefunden.

Ebenso sicher ist aber auch, daß der Mensch das Zusammenleben in der Gesellschaft immer wieder gestört, Gruppen aufgelöst und Verbände aufgekündigt hat. Selbst die kleinste, und wie man immer meint, natürlichste und feste Gruppe, die Familie, erwies sich nicht als beständige und alle Fährnisse überdauernde Bindung. Der Mensch verläßt auch diesen Verband wieder, kündigt die Bindungen auf und sucht neue Formen des Zusammenlebens.

KANT faßte die Ambivalenz dieses Verhaltens im Begriff ‚ungesellige Geselligkeit' des Menschen[7]. Durch einen Antagonismus getrieben tritt der Mensch in die Gesellschaft beziehungsweise wächst in sie hinein und leistet zugleich durchgängig Widerstand gegen die Gesellschaft. Zu diesem Antagonismus liegt ‚die Anlage offenbar in der menschlichen Natur'.

KANT sah den Antagonismus, der in der ungeselligen Geselligkeit des Menschen liegt, aber keineswegs nur negativ. Durch diesen Antagonismus lassen sich menschliche Entwicklung, kultureller und sozialer Wandel erklären. Der aus der Ungeselligkeit entspringende Widerstand ist der Anlaß für jede Weiterbildung. „Ohne jene, an sich zwar nicht liebenswürdige Eigenschaft der Ungeselligkeit, woraus der Widerstand entspringt, den Jeder bei seinen selbstsüchtigen Anmaßungen notwendig antreffen muß, würden in einem arkadischen Schäferleben, bei vollkommener Eintracht, Genügsamkeit und Wechselliebe, alle Talente auf ewig in ihren Keimen verborgen bleiben; die Menschen, gutartig wie die Schafe, die sie weiden, würden ihrem Dasein kaum einen größeren Wert verschaffen, als dieses ihr Hausvieh hat; sie würden das Leere der Schöpfung in Ansehung ihres Zwecks, als vernünftige Natur, nicht ausfüllen. Dank sei also der Natur für die Unvertragsamkeit, für die mißgünstig wetteifernde Eitelkeit, für die nicht zu befriedigende Begierde zum Haben, oder auch zum Herrschen! Ohne sie würden alle vortrefflichen Naturanlagen in der Menschheit ewig unterentwickelt schlummern. Der Mensch will Eintracht; aber die Natur weiß besser, was für seine Gattung gut ist, sie will Zwietracht"[8].

Mit der Problembeschreibung KANTS wurde eine sehr viel umfassendere Fragestellung aufgeworfen. Nicht nur der Mensch, sondern alle sozialen Gestaltungen, sind einem ständigen *Wandel* unterworfen. Wodurch wird dieser Wandel bewirkt? Damit ist eine geschichtsphilosophische Fragestellung angeschnitten.

---

7 Kant, I.: Werke. Akademieausgabe, Band I. Berlin 1968, S. 227.
8 Kant, I.: Werke, a. a. O., S. 227.

In der Tat stehen hinter allen Erklärungsversuchen und für gesellschaftliche Vorgänge geschichtliche Thesen. Fragt man nach Ursachen für den Wandel stößt man auf solche Annahmen. Nach den Erklärungen, die auf Gottes Schöpfungsplan, der Vorsehung, einem Heilsgeschehen, dem Zufall oder einer ‚Sinngebung des Sinnlosen‘ (Theodor Lessing) beruhen, setzte sich seit der Aufklärung und in den großen Systemen der klassischen deutschen Philosophie der Gedanke durch, daß es der Mensch sei, der mit Bewußtsein, und seit HEGEL mit Vernunft, die Geschichte gestalte. Doch dieses Bewußtsein, soll es nicht wieder nach einem göttlichen Schöpfungsplan handeln, muß sich ja ein *Ziel setzen*. Wohin will der Mensch die Entwicklung treiben?

In den letzten zweihundert Jahren setzten sich Menschen unterschiedliche Ziele für den Geschichtsprozeß und für sozialen und gesellschaftlichen Wandel. Fortschritt war die erste große Zieldefinition. Für HEGEL bedeutete sie ‚Fortschritt im Bewußtsein der Freiheit‘, für andere Fortschritt im Genuß materieller Güter. Bald standen sich sittlicher und technischer Fortschritt gar als feindliche Bereiche gegenüber, bis man am Fortschritt selbst zweifelte, das Ende des Wachstums annahm (Club of Rome) und bestenfalls noch die Erhaltung der Art anstrebte mit dem Nahziel, eine unbeschädigte Natur für die nächste Generation zu erhalten. Wenn sittlicher Fortschritt nicht erreichbar sei, wollte man wenigstens soziale Gerechtigkeit und Solidarität ermöglichen.

Alle diese Zielsetzungen sind geschichtsphilosophische Spekulationen. Doch als mögliche Zielsetzungen bestimmen sie das Handeln in allen gesellschaftlichen und politischen Praxisfeldern. Jede Auseinandersetzung zwischen Parteien und gesellschaftlichen Gruppen hat auch die geschichtsphilosophischen Zielsetzungen zum Hintergrund. Alles soziale Handeln, ob es um Arbeit, Freizeit, das Gesundheitswesen, das Bildungs- und Ausbildungssystem, die Wirtschaft oder das Recht geht, wird geleitet durch Vorstellungen von Fortschritt, Erhaltung des status quo, und von Bildern vom gesellschaftlichen Zusammenleben der Menschen. Entsprechend sehen pädagogische Theorien schwerpunktmäßig entweder die Individualität oder die Sozialität des Menschen als bestimmend an, sie wollen Veränderung, Verbesserung, Integration oder Selbstverwirklichung.

Mit dieser Beschreibung wird zugleich sichtbar, daß pädagogische Fragestellungen und Probleme längst die beiden klassischen Trägerschaften, staatliche und private, verlassen haben. Das Grundgesetz der Bundesrepublik setzt noch diese beiden Träger voraus: „Das gesamte Schulwesen steht unter der Aufsicht des Staates“ (Artikel 7.1), „Pflege und Erziehung der Kinder sind das natürliche Recht der Eltern und die zuförderst ihnen obliegende Pflicht“ (Artikel 6,2.3). Beide Träger lösten heftige Kritik aus. Ihnen wird mit unterschiedlichen Argumenten unterstellt, daß sie die ihnen zugeschriebenen Erziehungs- und Ausbildungsaufträge nur sehr unzulänglich erfüllen. Die hohe Differenzierung der Gesellschaft, die in einer Konsequenz ein lebenslanges Lernen zur Folge hat, rückt die beiden klassischen Träger in eine Reihe mit vielen anderen. Lernen im Beruf, als Erwachsener, im Alter, ständige Weiterbildung, immer erneute Aufnahme und Verarbeitung von Informationen setzen den Menschen in unserer technischen Gesellschaft dem Einfluß zahlreicher staatlicher, kirchlicher, gesellschaftlicher und privater Organisationen sowie den Medien aus, die alle bestrebt sind, Einfluß zu nehmen. Nahmen DILTHEY und SCHLEIERMACHER noch vier Einflußbereiche an (Familie, Kirche, Staat und Wissenschaft), so haben sich unter dem Aspekt der gesellschaftlichen Einflußnahme die Bereiche vervielfacht. Längst ist es nicht mehr möglich, wie es noch DILTHEY vorschwebte, ein Gleichgewicht unter den gesellschaftlichen Kräften anzustreben, und dafür Sorge zu tragen, daß keine ein Übergewicht erhält[9].

Unter dem Gesichtspunkt, den schon FRÖBEL formulierte, „das ganze Leben ist ein Leben der Erziehung", wurde bereits in Sozialisationstheorien der Mensch sehr schnell zu einem ,Ensemble gesellschaftlicher Kräfte' (Marx) erklärt. JEAN PAUL thematisierte diesen Gedanken in seiner ,Levana oder Erziehlehre': „Die lebendige Zeit, die mit so vielen tausend Menschen, durch Taten und Meinungen, und zwanzig, dreißig Jahre unaufhörlich, den Menschen mit einem Meere von Wellen anstrebt, ab- und zuführen, muß bald den Niederschlag der kurzen Erziehjahre, wo nur *ein* Mensch und nur Worte sprachen, wegspülen oder überdecken. Das Jahrhundert ist das geistige Klima des Menschen"[10].

JEAN PAUL bezeichnete die Einflußsphäre des ganzen Lebens mit dem Begriff vom ,lebendigen Volks- und Zeitgeist', er „entscheidet und ist der Schulmeister und das Schulmeisterseminar zugleich; denn er greift den Zögling mit zwei mächtigen Händen und Kräften formend an; mit lebendiger Tatlehre und unausgesetzter Einheit derselben"[11].

JEAN PAUL stellte aber auch mit aller Deutlichkeit heraus, daß niemals ein Mensch mit der Gesamtheit des Volks- und Zeitgeistes zusammentrifft. „Nur Einzelne rühren uns im späten Leben, wie im frühesten, formend an, die Menge geht als fernes Heer vorüber. Ein Freund, ein Lehrer, eine Geliebte, ein Klub, eine Wirtstafel, ein Sitzungstisch, ein Haus in unseren Zeiten sind dann dem Einzelwesen die einwirkende Nation und der Nationalgeist, indes die übrige Menge an ihm spurlos abgleitet … Auch vor dem Kinde brechen sich die Wellen des Weltmeeres an vier Mauern, die sein Bildungs- oder Kristallisationswasser einfassen: Vater, Mutter, Geschwister und ein paar Zu-Menschen sind seine fortbildende Welt und Form"[12].

Die Gesamtheit des gesellschaftlichen Einflusses wird durch eine handvoll

---

9 Dilthey, W.: Gesammelte Schriften, 1959, Band IX. A. a. O., S. 195.
10 Paul, J.: Levana oder Erziehlehre, hrsg. v. Dietrich, Th. Bad Heilbrunn 1963, S. 20.
11 Paul, J.: a. a. O., S. 21.
12 Paul, J.: a. a. O., S. 31/32.

Menschen repräsentiert, ausschnitt- und aspekthaft, unvollkommen, fehlerhaft, widersprüchlich und subjektiv gefärbt. Diesen Zustand beschrieb PESTALOZZI mit dem Begriff der ‚Individuallage'. Verhaltensforscher sprechen von einer ‚ökologischen Nische' (Uexküll). Jeder Mensch wächst in einer ganz konkreten, aber begrenzten Umwelt auf; jeder hat als soziale Dimension seine individuelle Wohn- und Erlebniswelt, und in dieser nur sehr schwer zu erfassenden und umreißenden sozialen Umwelt liegen nicht eindeutig zu bestimmende und schon gar nicht steuerbare Einflüsse.

In dieser sozialen Umwelt werden Kinder, Heranwachsende und Erwachsene ständig zwischen einer großen Zahl konkurrierender Anforderungen hin und her gerissen. Sie müssen alle selbst auswählen, sich entscheiden, bewerten und eigene Haltungen ausbilden. Und jeder Mensch tut es. Doch diese soziale Umwelt ist die zugleich am wenigsten bekannte, erforschte und zugleich sich ständig wandelnde. Und dort, wo sich die Forschung dieser sozialen Umwelt annahm, konnte sie bestenfalls formale Aussagen treffen.

Die anthropologische Dimension

Alles Handeln im humanen Bereich und alle Zielvorstellungen enthalten immer auch Vorstellungen von dem, was der Mensch ist und was er sein soll. In allen Religionen und in der Kunst, in wissenschaftlichen Theorien, in Staatsverfassungen und Gesellschaftsordnungen, im Recht, in der gelebten Sitte, in Darstellungen von Wirtschaftssystemen und Ansichten über Technik wird immer auch menschliches Selbstverständnis mitgesetzt.

Derartige Bilder vom Menschen, vom Kind und Erwachsenen unterliegen genau wie die Vorstellungen von Geschichte und Gesellschaft dem historischen Wandel.

Die Bilder und Vorstellungen vom Menschen lassen sich nicht als einfache Abbilder der Wirklichkeit lesen. In jeder Vorstellung ist Geschichte enthalten, sie ist aber zugleich auch aktueller Ausdruck des Zeitgeistes, es sind immer Entwürfe des Menschen. Die anthropologische Frage zeigt den Menschen als Denker seiner eigenen Existenz und als Denker von Welt.

Hinter diesen anthropologischen Problemen verbergen sich nicht nur rhetorische Fragen vom Schreibtisch aus, als transzendentale Probleme von Philosophen. Den tatsächlichen Entwürfen von Menschenbildern kommt in der Wirklichkeit eine nicht zu unterschätzende Bedeutung zu. Alle Entwürfe tragen nicht nur unmittelbare Beziehungen zum Menschen in sich und bestimmen damit sein *Selbstbewußtsein*, sie lenken auch sein *Handeln*. So wie der Mensch die Welt sieht und deutet, so handelt er in der Welt. Sein Tun und Lassen wird je anders, wenn die Welt für ihn von Gott geschaffen ist, auf natürliche Weise entstanden, ob er sie als auszubeutende und sich zu unterwerfende Natur sieht oder als zu pflegende Umgebung, als Heimstatt für den Menschen oder als

Wüste, als Experimentierfeld für seine Wünsche und Begierden oder als einen pfleglich zu behandelnden Stern.

So wie der Mensch die Geschichte sieht, so handelt er in der Geschichte. Sie erscheint als göttlich bestimmt, als blindes Schicksal – das war immer schon so – als ein Geschehen, das an ihm abläuft, oder als eines, an dem er teilnimmt. Er sieht sich als Material oder als Täter der Geschichte.

Sowohl mit dem Welt- und Naturaspekt als auch mit der Geschichtsbetrachtung ist die Frage nach dem Menschen selbst unauflösbar verbunden. So wie der Mensch sich selbst sieht und einschätzt, so sucht er sein Leben einzurichten. Das Einrichten im Leben sieht anders aus, die Beurteilung von Welt, Geschichte und Leben, wenn der Mensch sich als Subjekt sieht oder mehr als Sozialwesen. Für Personen und Individuen ist das Leben etwas anderes als für Interaktionspartner; so wie der Mensch sich selbst sieht, so sieht er seine Mitmenschen; sie sind auch Personen oder Rollenträger; so wie der Mensch seine Mitmenschen sieht, so handelt er mit ihnen; so wird aber er selbst auch von ihnen behandelt. Diese Wechselwirkung ist unauflösbar.

So wie wir das Kind sehen, so gestalten wir das Leben für das Kind, seine Umwelt, den Weg durch die Schule und die Vorbereitung auf das Erwachsenenleben. Wir setzen das Kind der Realität aus, oder wir schaffen einen Schonraum, wir setzen den Beginn des Erwachsenenlebens mit 14, 16, 18 oder 21 Jahren fest, wir sehen in der Kindheit eine möglichst schnell zu durchlaufende Phase, ein Durchgangsstadium oder eine Zeit mit selbständigem Sinn, die man so lange wie möglich erhalten sollte.

Die geschichtliche Fragestellung verdeutlicht, daß alle diese Entwürfe weder naturgegeben oder notwendig sind. Es handelt sich um Vorstellungen der Menschen, um Wünsche und Hoffnungen, um Selbsteinschätzungen und manchmal auch um Selbsttäuschungen. Konsequenterweise wird man zugeben müssen, daß auch in unseren gegenwärtigen Einschätzungen von Kindheit weder die allein möglichen und richtigen noch die als selbstverständlich wissenschaftlich bewiesenen gelten, schon gar nicht, daß sie so bleiben müssen.

Zur pädagogischen Anthropologie gehören jedoch nicht nur die ex- oder impliziten Bilder vom Menschen, sondern auch die realen Kenntnisse, die Wissenschaft über Vernunft und Emotionen, Kreativität und Entwicklung, Bewußtsein, Lernen, Gedächtnis, Sprache, Motivation, Liebe, Haß und Aggression bereitgestellt hat.

Unter diesen realen anthropologischen Faktoren nimmt die Sprachlichkeit des Menschen eine exponierte Stelle ein. Die Sprache erweist sich als verbunden mit dem menschlichen Denken, Erkennen, Handeln, der Kommunikation mit anderen, der Selbstverständigung und mit dem Umgang mit der Realität. Alle geistigen Kräfte des Menschen sind am Akt der Spracherzeugung, des Aufnehmens und Verstehens beteiligt. Das menschliche Bewußtsein ist sprachlich erzeugtes Bewußtsein, das Weltbild eines jeden Menschen ist sprachlich gefaßtes Weltbild.

Indem der Mensch Gegenstände und Vorgänge in der Welt und in seinem Leben *benennt*, erzeugt er eine Gliederung der Wirklichkeit und zugleich bringt er Sprache hervor. Jeder Mensch benutzt die Sprache nicht nur zur *Verständigung* mit anderen, sondern in einem *inneren Monolog* redet er mit sich selbst und verständigt sich über seine Wertentscheidungen.

Jedes Wort und damit die gesamte Sprache trägt Zeichencharakter. Die Symbole können sich von der Realität lösen. Dadurch besteht die Gefahr, daß Zeichen erlernt werden können, ohne daß die damit gemeinte Realität bekannt ist. Dadurch kann man der Sprache nicht einmal die Rolle zugestehen, Gedanken des Sprechenden wiederzugeben.

Sprache und Denken sind zwar nicht identisch, aber funktional miteinander verbunden. In der aktuellen Sprache drückt der Mensch nicht nur etwas, sondern auch sich selbst aus, seine individuelle Weltsicht. In jedem gesprochenen Wort ist Objektives und Subjektives zugleich enthalten.

Sprache aber wird nicht nur gesprochen, sie muß auch *verstanden* werden. Dieses Verstehen ist wieder ein Prozeß des Erzeugens. Verstehen wird immer nur in Schranken und Divergenzen möglich. Der Sprechende und der Hörende produzieren je ihre eigene Welt. Diese einzelnen Welten sind nicht identisch.

Jedem Lernen kann nur eine umfassende Theorie von Sprache zugrunde gelegt werden. Über eine solche Theorie verfügen wir noch gar nicht – und es können hier nur die Bezüge aufgezeigt werden, die eine solche Theorie berücksichtigen muß. Wir verfügen über eine derartige Theorie auch deshalb noch nicht, weil das Zusammentreffen aller Besonderheiten, die den Menschen vom Tier unterscheiden, seine Sprache und sein Denken bedingen, in ihrer Funktionsweise phylogenetisch noch nicht erklärbar sind. Biologen, Verhaltensforscher, Anatomen und Physiologen können an dieser Stelle lediglich divergierende Theorien und Erklärungsversuche anbieten. Alles jedoch, was wir darüber wissen, wenn wir Aufklärung, Wissen, Erkenntnis und Verstehen anstreben und nicht Lenkung, Regulierung und Wirkung, legt die Ansicht nahe, daß es sich um einen so komplexen Vorgang handelt, der mit kurzen griffigen Theorieansätzen nicht zureichend zu beschreiben ist. Mit der Sprachlichkeit des Menschen steht seine gesamte geistige Existenz zur Debatte. Zugleich verweist diese Problematik darauf, in welcher Anfangslage sich die Pädagogik noch befindet. Freilich kann Erziehung nicht darauf warten, bis einzelwissenschaftliche Forschung mit allen Ansätzen ans Ende gekommen ist. Sie muß heute schon handeln und versuchen, geschehene Erziehung durchsichtig zu machen. Sie muß aber, wenn sie keinen Schaden anrichten will, dafür sorgen, daß sowohl für Erklären als auch für Handeln nicht Strategien zugrunde gelegt werden, die oberflächlich sind, der Ganzheit menschlicher Lebenswelt nicht Rechnung tragen, Einzelerscheinungen zu erklären versuchen, ohne den Stellenwert dieser Einzelerscheinungen im ganzen aufzuweisen, oder die gar versuchen, den Menschen zu steuern.

Neben der Sprachlichkeit des Menschen nimmt seine *Zeitlichkeit* eine bedeutende Stelle ein. SENECA hat in einem sehr schönen anschaulichen Beispiel darauf verwiesen, daß das meiste, das der Mensch als sein Eigentum bezeichnet, nur äußerer Erwerb sei. Hab und Gut, Ehre und Ansehen, Haus und Hof, Weib und Kind gehören dazu und können wieder verloren gehen. Von Natur aus habe der Mensch nur ein einziges echtes Eigentum, „nur die Zeit ist unser. Nur diese eine flüchtige und leicht entschlüpfende Sache hat uns die Natur zu eigen gegeben"[13].

Mit der Zeitlichkeit des Menschen kommt zugleich seine Endlichkeit und mit ihr sein Tod in den Blick. Der Mensch selbst erlebt seine Zeitlichkeit in drei Formen. Die Vergangenheit bildet die Erinnerung, die Gegenwart ist Anschauung, die Zukunft Erwartung oder Hoffnung. Wie die Lebenszeit des Menschen als sein Besitz gegeben ist, so sind die Erlebnisweisen erworben.

Mit dem Zeitbewußtsein, das ein einzelner Mensch erwirbt und das er in Korrespondenz mit umfassenderen Zeitauffassungen der sozialen Gruppe, in der er lebt, ausbildet, ist zugleich allemal eine Sinngebung von Leben verbunden. Im Ablauf seines Lebens erlebt der Mensch sich zum Beispiel als Kind, als Jugendlicher, im Erwachsenenalter, als alternder Mensch oder Greis. Alle diese Stadien versieht die soziale Gruppe, ein Volk oder eine Epoche mit bestimmten Wertakzenten und wechselnden Sinngebungen, die keineswegs aus der Phase selbst ableitbar sind.

Das Verhältnis des Menschen zur Zeit ist ein ‚erworbener seelischer Zusammenhang', und die Bedeutungsgebung stellt eine Form von Sinnverwirklichung dar, die der Mensch durch Handeln vornimmt. Neben diesen *erworbenen* Verhaltensweisen zur Zeit kommen dem Menschen aber auch solche zu, die in seiner Physis liegen, die er mit allen Lebewesen teilt und mit Bewegungsweisen, die auch in der Natur beobachtet werden. In den letzten Jahren hat sich eine intensive biologische Rhythmusforschung (Biochronologie) entwickelt, die das Verhalten lebender Organismen in Beziehung zur Zeit und die Aspekte der Periodizität untersucht.

Das physische Universum kennt verschiedene Zeitstrukturen, die periodisch oder rhythmisch verlaufen, zum Beispiel tageszeitliche, monatliche und jahreszeitliche. In einer sehr langen Entwicklung haben sich die Lebensformen auf unserer Erde diesen Rhythmen angepaßt, der Mensch hat solche Zeitstrukturen ererbt; sie färben seine Stimmungen und bestimmen seine individualen und sozialen Verhaltensweisen, und wie wir sehen werden, auch seine ästhetischen. Allen beobachtbaren Rhythmen – dem Herzschlag, dem Wechsel von Tag und Nacht, dem Wochenverlauf, den Mondphasen, der Jahreszeitenfolge – liegt eine

---

13 Seneca, L.: Vom glücklichen Leben. Auswahl aus seinen Schriften, hrsg. v. Schmidt, H. Stuttgart (1963) 1967, S. 190.

Zeitvorstellung zugrunde. In der Chronosophie spricht man deshalb auch von einer ‚biologischen Uhr'.

Eine anthropologische Analyse der Zeitlichkeit des Menschen zeigt die Lebenszeit des Menschen als Besitz, die Verbindung von Freiheit und Zeitlichkeit, die Verknüpfung aller drei Zeitdimensionen im Erkenntnisvorgang, das Verhalten zur Zeit als erworbenen seelischen Zusammenhang, die Bedeutungsgebung im Augenblick als Sinngebung des ‚ganzen Lebenszusammenhanges' und die rhythmische Gestaltung der Zeit als biologisches Phänomen, das die Grundlage bildet für elementare ästhetische Erlebnisse. Neben der Sprachlichkeit des Menschen ist seine Zeitlichkeit eines der umfassendsten Phänomene. Auch dieses so umfassend gesehene anthropologische Phänomen ist in seiner Bedeutung für die Pädagogik längst noch nicht hinreichend erschlossen. Zur Erforschung sind noch nicht einmal die erforderlichen Fragestellungen entwickelt.

Ursprüngliche Aktivität und Spontaneität

Erst in den letzten Jahren hat die Verhaltensforschung experimentell nachgewiesen, was Denker zu allen Zeiten annahmen. Alle Lebewesen sind *von sich aus aktiv*. Aktivität und Spontaneität werden nicht allein durch äußere Reize ausgelöst, sie entstehen durch das Zusammenwirken innerer Vorgänge, durch rhythmische Abläufe im Hormonhaushalt in Verbindung mit zentralnervösen Instanzen. Derartige Antriebe sind Lebewesen angeboren und bilden bereits ein konstitutives Merkmal aller Neuronen. In dieser ursprünglichen Aktivität ist die ‚Ruhelosigkeit aller Lebewesen' zu sehen.

Eine Eigentümlichkeit der Aktivität zeigt sich bei der Weiterleitung von Reizen durch unser Nervensystem. Dabei verhält es sich keineswegs so, daß unsere Nervenbahnen die Funktionen von neutralen Leitungen haben. Die Reize werden sofort verarbeitet. Keinem Reiz kommt Wirkung nur aus sich allein zu, kein Reiz erreicht unverändert das Zentralnervensystem. Dadurch, daß der Reiz auf einen inneren Zustand trifft, erfolgt Färbung, Verarbeitung, Auswahl und Bewertung. Das einzelne Lebewesen kann deshalb nicht nur als ein reagierender Mechanismus betrachtet werden, sondern ist ein Zentrum eigener Aktivität.

Im Problemzusammenhang von ursprünglicher Aktivität und Spontaneität liegt zugleich der Ausgangspunkt für die Erklärung menschlicher *Freiheit*. Wenn ein Mensch von physischen Trieben beherrscht wird, Hunger, Durst oder Sexualität, wenn panische Angst, Jähzorn oder Müdigkeit sein Verhalten bestimmen, handelt der Mensch nicht *frei*. Er wird zu seinem Verhalten gezwungen. Wenn nun gar noch in Wahrnehmungstheorien ein *kausaler* Zusammenhang zwischen Reiz und Reaktion konstruiert wird, ergibt sich bereits aus dieser Ebene, daß prinzipiell alles menschliche Handeln kausal

bedingt ist, der Mensch sich mithin nicht frei entscheiden kann; die Willensfreiheit wird zu einem Phantom für unverbesserliche Idealisten.
Entweder liegt in der Wahrnehmung bereits Kausalität, und das heißt auch, daß
die Reize bereits die Motive mitliefern, und diese Motive lenken das Handeln,
dann gibt es keine Freiheit; oder aber dieser Kausalzusammenhang ist so nicht
gegeben, dann ist menschliche Freiheit schon vom Ansatz des Welterlebens her
möglich. Der Mensch erscheint dann als willensfrei. Sein Handeln ist nicht ausschließlich kausal gebunden; es gibt Bereiche, in denen er sich qualitativ und
wesentlich vom Tier unterscheidet. Es geht hierbei im Grunde um die
Annahme, ob alles menschliche Handeln prinzipiell unter die Gültigkeit des
Kausalgesetzes fällt.
Eine Analyse zeigt, daß der Mensch, wenn der Willensentschluß vorliegt,
gleichsam kausalgesetzlich programmiert werden kann; anders gewendet: er
kann freiwillig auf seine Freiheit verzichten. Willensfreiheit ist keine Selbsttäuschung, sondern Wirklichkeit, aber eine ständig gefährdete Wirklichkeit; mit
falschen Programmen kann der Mensch auch eingeübt werden in einseitiges,
fehlgeleitetes, abhängiges Handeln. Aufklärung heißt auch hier mit KANT, den
Mut zu haben, sich des eigenen Verstandes zu bedienen und nicht festgelegten
Programmen zu folgen. Die kritische Funktion pädagogischer Anthropologie
besteht unter anderem auch darin, jene Wahrnehmungs- und Lernprogramme
vom Mythos ihrer reinen Wissenschaftlichkeit zu befreien, die in den Grundannahmen den Menschen bereits als determiniert betrachten, um ihn dann um so
besser programmieren zu können.
Die ursprüngliche Aktivität und Spontaneität wird aber auch durch die
Pädagogik von je her als Bildsamkeit oder Lernfähigkeit bezeichnet.
Seit sich Erwachsene Gedanken über Erziehung und Unterricht, Lernen und
Entwicklung machen, beziehen sie einen ‚Faktor' Begabung, Anlage, Talent,
Eignung oder Fähigkeit in ihre Überlegungen ein. Zu Beginn der Aufklärung
beflügelte ein schier grenzenloser Optimismus pädagogisches Denken. Körper,
Geist und Seele schienen der Erziehung zugänglich und ausbildbar zu sein. Für
COMENIUS stand die Bildsamkeit der Schüler so fest, daß er für den Aus-
bildungsweg nur noch die richtige Lehrkunst suchte. Er wagte es, eine große
Didaktik zu verheißen, „d. h. eine allgemeine Kunst, allen alles zu lehren; und
zwar zuverlässig zu lehren, so daß der Erfolg nicht ausbleiben kann; und rasch
zu lehren, nämlich ohne Mühsal und Ekel für Lehrende und Lernende, vielmehr mit der größten Annehmlichkeit für beide Teile; und gründlich zu lehren,
nicht oberflächlich und zum Schein, sondern so, daß die Schüler zu einer echten
wissenschaftlichen Bildung (literatura), zu reinen Sitten, zu innerer Frömmigkeit gelangen"[14].

---

14 Comenius, J. A.: Didactica magna, hrsg. v. Ahrbeck, H., 1957, S. 36.

Die Erziehungsfähigkeit wurde dabei in recht undifferenzierter Weise gesehen. John LOCKE drückte es sehr bildhaft aus: „Ich stelle mir vor, daß der kindliche Geist wie das Wasser ebenso leicht in diese oder jene Richtung gelenkt werden kann ... und ich darf wohl sagen, daß von zehn Menschen, denen wir begegnen, neun das sind, was sie sind, gut oder böse, nützlich oder unnützlich, durch ihre Erziehung sind"[15].

Zu Beginn des 19. Jahrhunderts nannte HERBART dieses Phänomen die *Bildsamkeit* des Zöglings; mit ihr als einheimischem Begriff habe die Wissenschaft von der Erziehung zu beginnen. „Der Grundbegriff der Pädagogik ist die Bildsamkeit des Zöglings."[16] HERBART faßte dabei die Bildsamkeit sehr weit, sie erstrecke sich bis in den Stoffwechsel im Körper, es gebe eine Bildsamkeit des Willens, diese sei in ersten Ansätzen selbst bei höheren Tieren zu beobachten, lediglich der Mensch verfüge über eine Bildsamkeit zur Sittlichkeit.

Gleichzeitig verwies HERBART darauf, daß zur Bestimmung der Bildsamkeit noch zahlreiche Beobachtungen erforderlich seien, eine genaue Fassung habe durch eine auf mathematischer Grundlage arbeitende exakte Psychologie zu erfolgen.

Auch wenn, mit HERBART beginnend, die Psychologie im 19. Jahrhundert sich den Phänomenen der Bildsamkeit und Lernfähigkeit zuwandte, teilte sie zu Beginn unseres Jahrhunderts noch den aufklärerischen Optimismus. Was COMENIUS durch eine Didaktik bewirken wollte, glaubte WATSON durch eine richtige Lerntheorie erreichen zu können. Vollmundig behauptet er: „Gebt mir ein Dutzend Kinder und eine Welt, in der ich sie aufziehen kann. Dann garantiere ich, daß ich jedes von ihnen auf die Besonderheiten zu trainieren imstande bin, die ich möchte: Arzt, Rechtsanwalt, Künstler, Unternehmer oder auch Bettler und Dieb"[17].

Als WATSONS Werk von 1925 im Jahre 1968 in deutscher Übersetzung vorlag, flankiert von weit überdehnten Ergebnissen kulturanthropologischer Forschung (Margret Mead), stimmten alle deutschen Epigonen in die flotte Weise von der Allmacht der Erziehung ein. Heinrich ROTH definierte Begabung schlicht als „Fähigkeit zu lernen"[18].

Die weiteste Auslegung in den politischen Schlußfolgerungen nahm an, man könne Kinder ‚begaben', wenn nur die Umstände stimmten, man könne aus allen alles machen.

Dieser optimistischen Einschätzung von der Allmacht der Erziehung stand zu allen Zeiten eine erfahrungsabgeleitete realistische Einschätzung gegenüber.

15 Locke, J.: Gedanken über Erziehung, hsrg. v. Wohlers, H. Bad Heilbrunn 1962, S. 8.
16 Herbart, J. F.: Umriß pädagogischer Vorlesungen, in: Herbarts pädagogische Schriften, hrsg. v. Willmann, O./Fritsch, Th. Osterwieck/Harz u. a. (1913) 1914, S. 9.
17 Watson, J. B.: Behaviorism, 1925, deutsche Übersetzung hrsg. Von Carl F. Graumann. Köln 1968.
18 Roth, H.: Pädagogische Psychologie des Lehrens und Lernens. Hannover (10. Aufl.) 1967, S. 133.

Danach verfüge jeder Mensch lediglich über ein begrenztes Potential an Möglichkeiten, ein jeder über ein spezifisches ‚Pfund‘, mit dem er nur wuchern könne. KANT faßte es in der These zusammen, es lasse sich nicht aus jedem Holz ein Werkzeug schnitzen.

In unserem Jahrhundert stellte die Existenzphilosophie dem pädagogischen Optimismus eine Einschätzung gegenüber, die von einer zumindest eingeschränkten Bildsamkeit ausging. „Diese Bildsamkeit aber leugnet die Existenzphilosophie, zumindest soweit es sich um den existentiellen Kern des Menschen handelt …“, „der sich grundsätzlich jeder bleibenden Formung entzieht, weil er sich immer nur im Augenblick realisiert, aber auch mit dem Augenblick wieder dahinschwindet“[19].

Aber dieses sind Thesen und Annahmen, denen schon im 19. Jahrhundert SCHLEIERMACHER eine realistische und pragmatische Haltung gegenübersetzte, in dem er auf die Unentschiedenheit dieser anthropologischen Voraussetzungen verwies.

Die Annahme von der Allmacht der Erziehung erwartet, „daß man aus jedem Menschen alles machen könne, was man wolle“[20]. Das andere Extrem nimmt eine Beschränkung der Erziehung an, „so daß die Formel sich so gestaltet: man kann aus einem Menschen nichts anderes machen als das, was dem Verhältnis der Anlagen, wie sie ursprünglich in ihm sind, entspricht“[21]. Welche Annahme richtig sei, könne von der Wissenschaft noch nicht mit Bestimmtheit entschieden werden, „wir müssen dabei auf das, was uns wirklich gegeben ist, zurückgehen; dies ist nichts anderes als die Unentschiedenheit der anthropologischen Voraussetzungen“[22].

SCHLEIERMACHER zog daraus den vorsichtigen Schluß: Wenn die faktischen Voraussetzungen als unentschieden angesehen werden müssen, wird es dann überhaupt möglich sein, eine *allgemeingültige* Pädagogik aufzustellen, d. h. eine für alle Zeiten und Räume gültige? „Diese Frage müssen wir verneinen“[23]. Eine Theorie der Erziehung muß notwendigerweise von anderen ausmachbaren Gegebenheiten ausgehen. Bildsamkeit und Begabung verlieren zwar nicht an Bedeutung, sie sind aber nicht mehr allein entscheidende Faktoren für eine pädagogische Theorie.

Die Intelligenzforschung begann mit der Absicht, Intelligenz zu bestimmen und gemäß des Neokartesianismus zu messen und zu skalieren. Eine Skalierung gelang, eine Bestimmung nicht, von HEISS stammt der sarkastische Satz:

19 Bollnow, O. F.: Existenzphilosophie und Pädagogik. Stuttgart (3. Aufl.) 1959, S. 15/16.
20 Schleiermacher, F. D. E.: Ausgewählte pädagogische Schriften, besorgt v. Lichtenstein, E. Paderborn (2. Aufl.) 1964, S. 48.
21 Schleiermacher, F. D. E.: a. a. O., S. 48.
22 Schleiermacher, F. D. E.: a. a. O., S. 48, 50.
23 Schleiermacher, F. D. E.: a. a. O., S. 51.

„Eine beneidenswerte Situation: Sie wissen nicht, was es ist, aber sie können es messen"[24]. Alle Ergebnisse der detaillierten Forschung lassen sich auch nicht zu einer einheitlichen Theorie über Intelligenz und Begabung zusammenstellen. Die Erforschung einzelner Faktoren zeigte darüber hinaus mit aller Deutlichkeit und großer Differenziertheit, daß sich Phänomene wie Bildsamkeit, Begabung und Intelligenz nicht in einfachen Modellen abbilden lassen, sondern mit einer ganzen Anzahl von Faktoren verbunden sind, die diese Phänomene bestimmen oder verändern. Dazu gehören Spiel- und Neugierverhalten, Nachahmen und Wiederholen, Stimmungen und Wertungen.
Der Rückgriff auf diese Vielfalt und auf die Unvereinbarkeit der einzelnen Forschungsergebnisse kann die Praxis davor bewahren, auf einseitige, ideologisch ausgerichtete Modelle zurückzugreifen und aus der breiten Angebotspalette das auszuwählen, was gerade politisch modern ist und konveniert und mit eigenen politischen oder ideologischen Annahmen übereinstimmt.

Die Dimension der Bildung

Erwachsene können Heranwachsende nicht in das Leben der sozialen Gruppe und in gesellschaftliche Aktivitäten einführen und den jeweiligen Stand der Gesellschaft repräsentieren, sie können nicht beraten, verstehen, helfen und Impulse geben, ohne daß sie Vorstellungen darüber entwickeln, was Kinder, Jugendliche und Erwachsene wissen und können und wie sie sich verhalten sollen. Erzieherisches Handeln folgt der Struktur eines jeden Handelns. Es erfolgt um eines Gutes willen, um eines Zieles oder eines Vorsatzes. „Jedes praktische Können und jede wissenschaftliche Untersuchung, also alles Handeln und Wählen strebt nach einem Gut, wie allgemein angenommen wird. Daher die richtige Bestimmung von ‚Gut' als das Ziel, zu dem alles strebt"[25].
Diese Zielvorstellungen wiederum sind abhängig davon, wie man sich einmal den Erwachsenen in der Gesellschaft denkt, auf welche Weise er an der Produktion der Güter für das gemeinsame Leben teilnehmen soll, welche Aufgaben und Funktionen er in der Gesellschaft zu übernehmen hat, kurz: wie man sich einen voll ausgerüsteten Menschen vorstellt. Derartige Vorstellungen wiederum stehen im Zusammenhang mit Fragen nach dem Sinn menschlichen Lebens überhaupt, sowie mit denen nach Sinn und Zweck der Gesellschaft. Von obersten Sinn-Normen, die von vielen Menschen einer Gruppe vertreten werden, hängt die Ordnung und das Zusammenleben einer Gesellschaft ab. Der Prozeß der Formung eines Menschen, die Herausbildung einer Gesamtverfassung nach Vorstellungen, die Menschen selbst entwickelt haben, kann

24 Heiß, R.: Zum Begriff der Intelligenz. Diagnostica 6, 1961, S. 6.
25 Arist. nic. eth. 1094a.

man *Bildung* nennen. Weil eine solche Gesamtverfassung gerade abhängig von menschlichen Ziel- und Sinnvorstellungen ist, wurden im Laufe der Geschichte mit wechselnden Sinngebungen für menschliches Leben ganz unterschiedliche Bildungsvorstellungen entwickelt.

Zielvorstellungen, Bildentwürfe, normative Annahmen über die richtige Verfaßtheit des Menschen sind im geschichtlichen Prozeß einem ständigen Wandel unterworfen. Es gibt nicht den einen Sinn oder das eine gültige Ideal, sondern nur wechselnde Sinnperspektiven. Erst unter der Einbeziehung des historischen Materials kann die Vielfalt der Ideen und Bilder und der Reichtum der Perspektiven aufgedeckt werden und damit zugleich der Reichtum an Möglichkeiten des Menschseins. Die formale Strukturtheorie geht hier von der Voraussetzung aus, daß es dem Intellekt, der Logik und der Methode nicht gelingt, aus sich heraus ein gültiges und bleibendes Gesamtbild herauszubringen, das zugleich das Leben erklärt und Vorbild für Handeln sein kann. Die Wirklichkeit – unter Einbezug der Geschichtlichkeit – erweist sich als unendlich reicher, als es sich in einer vielleicht noch monokausalen Deutung einbringen läßt.

Im Prozeß der Bildung wird der Mensch aus einem vorhandenen Zustand in einen seinsollenden geführt. Von diesem muß er sich zuvor ein Bild machen. Das ist eine Grundstruktur jeglichen Handelns. Der Mensch erstrebt irgend etwas, was noch nicht wirklich oder vorhanden ist. Um tätig zu sein, muß er sich jedoch als vorhanden oder existierend *vorstellen*. Dadurch erhält das Produkt seiner Vorstellungen den eigentümlichen Charakter eines *Bildes*. Dieses Bild aber ist ein *Produkt* des Handelnden. Es ist *sein* Bild. Er hat es *selbständig* entworfen. Jede Tätigkeit setzt ein Bild vom Ziel der Tätigkeit voraus, und jedes Bildhaben setzt ein Entwerfen des Bildes voraus.

Die formale Struktur der Bildtheorie in bezug auf die Zielvorstellungen kann deshalb folgendermaßen beschrieben werden: Der Heranwachsende muß lernen, eigene Ziele zu haben, diese zunächst als Bildentwürfe, die ‚Vorbilder‘ der Wirklichkeit und für sein Handeln sind, selbständig herzustellen und sie dann zu verwirklichen[26].

Eine Strukturanalyse des Bildentwerfens zeigt, daß es für das Handeln *eine einzige notwendige Entscheidung nicht gibt*. An dieser Stelle ist Wahl möglich. Sie kann sich für Sinnidentitäten und Einheit entschließen und damit für Notwendigkeit oder für vielfältige Sinnperspektiven und damit für Freiheit.

Wenn sich an dieser Stelle Wissenschaft für Mannigfaltigkeit und Freiheit entscheidet, bleibt nur noch die Möglichkeit für das Entwerfen einer formalen

---

26 Vgl. hierzu Fichte, Werke, hrsg. v. Medicus, F., Band II, S. 598. Dort führt Fichte aus, der Mensch müßte Muster erblicken, die ihn emporhöben, und ihm ein Bild zeigten, wie er sein sollte, ihm Achtung und mit ihr Lust einflößten, dieser Achtung sich selbst auch würdig zu machen. Einen anderen Weg der Bildung gibt es nicht (System der Sittenlehre).

Strukturtheorie, die alle jene Stellen aufdeckt, an denen Entscheidungen zu treffen sind.

Eine formale Strukturtheorie geht von der Voraussetzung aus, daß es dem Intellekt, der Logik und der Methode nicht gelingt, aus sich selbst heraus ein Gesamtbild hervorzubringen, das zugleich das Leben erklärt und Vorbild für das Handeln sein kann. Setzt man dieses voraus, bleibt die Möglichkeit der Selbstreflexion, das heißt die Wissenschaft, in diesem Falle die Pädagogik, wird sich selbst zum Problem, sie schaut sich gewissermaßen selbst zu, um die Strukturen zu erkennen, innerhalb derer sie ihre Aussagen macht. Es ist eine einwärtsgekehrte Reflexion der eigenen Arbeitsweise.

Wenn die Strukturtheorie in diesem Verfahren keinen einheitlichen Sinn stiften kann, vermag sie doch aufzuzeigen, welche Werte bestehen, wie sie in der Geschichte zustande gekommen sind und durch Arbeit verwirklicht wurden. Die sich aus Geschichte und Leben in reicher Auswahl anbietenden Sinnperspektiven können geklärt, gegliedert, geordnet und verstanden werden.

Das wiederum setzt voraus, daß Geschichte und Leben sich nicht in einem in beliebige Vielfältigkeit zerfließenden Prozeß darstellen, sondern über lebendige Gliederung und Ordnung und damit über relativ gleichbleibende Strukturen verfügen. Wer zum Beispiel Gesetze erkennen will, muß das Vorhandensein von Gesetzen voraussetzen. So muß eine Bildungstheorie, die sich als formale Handlungstheorie versteht, die Struktur von Handlungen voraussetzen.

Die Struktur der Handlungen wird hier formal begriffen. Sie charakterisiert eine besondere Beziehung der Teile zu einem Ganzen, und zwar derart, daß eine gleiche *Form* der Beziehungen auch beim Wechsel der *Inhalte* bestehen bleibt. Bei einer Bildungstheorie als Handlungstheorie heißt dies, daß die formale Struktur sich gleichbleibender Grundbeziehungen, die sich aus mannigfaltigen Verwirklichungen herauslesen läßt, zugleich das Gerüst ist, das man einer *jeden* möglichen Bildungstheorie als Handlungstheorie einziehen kann, das heißt die Struktur einer Handlung ist das jeder *besonderen* Handlung eingelagerte *Allgemeine*.

Bei menschlichem Handeln, und der Bildungsgang eines Menschen ist nur ein Sonderfall von menschlichen Handlungen, lassen sich sechs Strukturelemente erkennen: Alles Handeln verfolgt einen Zweck oder ein Ziel; es muß, will es erfolgreich sein, sich an der Realität orientieren; es ist ein Vorgang, der sich in der Zeit erstreckt und Veränderung bewirken will; menschliches Handeln geschieht unter Menschen und geschieht deshalb immer unter der Voraussetzung, wie Menschen ihr Zusammenwirken verstehen; Handeln ist immer gegenstandsbezogen, es gibt kein ‚leeres' Handeln als bloßes Tun, Handeln vollzieht sich an Gegenstanden; und schließlich muß der Mensch die Handlung wollen, er wird durch Motive zum Tun bewegt.

Der Rückgriff auf die unterschiedlichen Theorien in Geschichte und Gegenwart verdeutlicht die Vielfalt und Komplexhaftigkeit des Phänomens, zu dem die ideale und reale Seite gehören, das Verhältnis Mensch und Staat, Mensch und Welt, die Frage nach den bewegenden Kräften, nach dem Sinn von Mensch und Staat, nach Möglichkeiten und Grenzen von Einflußnahme und nach dem Prozeß der Bildung selbst und den Kräften, die diesen Prozeß inhaltlich gestalten.

Aus den vorgestellten Theorien soll hier weder einer der Vorzug gegeben werden, noch soll der Versuch unternommen werden, aus allem eine zu machen. Die Konstruktion *einer* Allgemeinen Pädagogik widerspräche der Bildung selbst. Das Vorhandensein und Vorherrschen einer Theorie käme *einer* Zielsetzung gleich. Festsetzung eines Zieles bedeutete aber zugleich das Ende selbstgewählter und selbstzuverantwortender Entscheidungen. Orientierte sich das Leben und in ihm die Erziehung nach einer einzigen Sinngebung, wird es denkbar, daß dieser Sinn dann gebieterisch Verwirklichung fordern würde. Der Sinn wird zur Norm, die getroffen oder verfehlt werden kann.

Im ständigen Wandel des geschichtlichen Prozesses gibt es nicht den einen Sinn, sondern nur wechselnde *Sinnperspektiven*, die sich keineswegs immer decken. Mehr an Einheit des Sinnes, so etwas wie eine Sinnidentität, kann nicht gefunden werden ohne Preisgabe der Freiheit. Beim Bestehen einer Sinnidentität würde der Mensch der Freiheit in seinen Handlungen beraubt, und ein verantwortlicher Wille würde zum Selbstbetrug.

Eine Einheit als vollinhaltliche Uniformität ist weder als Lebens- noch als Bildungsideal wünschbar. Eine Analyse der Handlungsstruktur läßt nur zwei Möglichkeiten zu. Eine absolute Sinnfestlegung erniedrigt das Handeln des Menschen zur bloßen Auftragserfüllung. Entweder wir wollen absoluten Sinn und absolutes Sinnwissen – dann bedeutet das Verzicht auf schöpferische Freiheit – oder wir erstreben Freiheit der Entscheidung und des Handelns, dann müssen wir auf absoluten Sinn verzichten und können nur noch wechselnde Sinnperspektiven annehmen. Zwar geht dann der *eine* Sinn verloren, doch wird die Welt reicher und mannigfaltiger. Alle uns bekannten monokausalen Sinngebungen und Erklärungen von Welt, Mensch, Geschichte und Wirtschaft verdeutlichen diesen doktrinären Zug und beweisen in der Praxis das Ende von Freiheit.

Literatur

Die folgende Literaturauswahl berücksichtigt in erster Linie Werke, die ebenfalls von einem pluralistischen Denken ausgehen und die Vielfalt von Ansätzen und Modellen berücksichtigen:

Bollnow, O. F.: Sprache und Erziehung. Stuttgart u. a. (2. Aufl.) 1966.

Derbolav, J.: Grundriß einer Gesamtpädagogik, hrsg. v. Reifenrath, B. H. Frankfurt a. M. 1987.

Groothoff, H.-H.: Einführung in die Erziehungswissenschaft. Ratingen, Kastellaun 1975.

Höltershinken, D.: Das Problem der pädagogischen Anthropologie im deutschsprachigen Raum. Darmstadt 1976.

Hoffmann, D.: Erziehungswissenschaft. Eine Einführung. Stuttgart u. a. 1980.

König, E./ Ramsenthaler, H. (Hg.): Diskussion Pädagogische Anthropologie. München 1980.

Nicolin, F. (Hrsg.): Pädagogik als Wissenschaft. Darmstadt 1969.

Lassahn, R.: Einführung in die Pädagogik. Wiesbaden (8. Aufl.) 1995.

Lassahn, R.: Grundriß einer Allgemeinen Pädagogik. Heidelberg (3. Aufl.) 1993.

Lassahn, R.: Pädagogische Anthropologie. Eine historische Einführung. Heidelberg 1983.

Lorenz, K.: Die Rückseite des Spiegels. Versuch einer Naturgeschichte menschlichen Erkennens. München, Zürich 1973.

Pleines, J.-E.: Bildungstheorien. Probleme und Positionen. Freiburg, Basel, Wien 1978.

Roth, H.: Pädagogische Anthropologie, Band I, Bildsamkeit und Bestimmung. Hannover (3. Aufl.) 1973.

Thomae, H.: Das Individuum und seine Welt. Eine Persönlichkeitstheorie. Göttingen 1968.

Werner Loch

Die Allgemeine Pädagogik in phänomenologischer Hinsicht

1. Die Aufgaben der Allgemeinen Pädagogik im Kontext der heutigen Erziehungswissenschaft

Allgemeine Pädagogik ist das durch neue Forschungsbefunde immer wieder in Frage gestellte und deshalb laufend zu revidierende System der Kategorien (grundlegenden Aussagen), die erforderlich sind, um Notwendigkeit, Möglichkeit und Wirklichkeit des für das Lebewesen *Mensch* charakteristischen Phänomens der Erziehung in allen seinen wesentlichen Aspekten zu beschreiben und in seiner Bedeutung für das menschliche Leben zu verstehen. Darin liegt die *konstitutive* Aufgabe, sich in ständiger Wechselwirkung mit konkreter Forschung unablässig als systematische Theorie zu konzipieren und sich so in einer Art von „Autopoiesis" als Wissenschaft von der Erziehung gewissermaßen selbst hervorzubringen. Das ist möglich, weil das Phänomen der Erziehung bei aller Verborgenheit, Vergeblichkeit und Vergänglichkeit und allen Zufällen, denen es ausgesetzt ist, im menschlichen Leben als aufdringliches Faktum und unvermeidliche Funktion gegeben ist (Sünkel 1995).

Aus dieser Selbstkonzeption der Erziehungswissenschaft durch Abgrenzung und Erforschung der Erziehung als ihren spezifischen Gegenstand erwachsen der Allgemeinen Pädagogik zwei weitere Hauptaufgaben: nach außen die Verteidigung ihrer Existenzberechtigung gegen die Ansprüche der benachbarten Wissenschaften, von denen sie sich abgehoben hat und gleichwohl *vielfältig* abhängig bleibt; nach innen die Integration der Speziellen Pädagogiken, welche die Erziehungswissenschaft im Verlauf des 20. Jahrhunderts in steigender Zahl und immer rascherem Tempo ausdifferenziert hat.

Nach außen, im Verhältnis zu ihren Nachbardisziplinen, früher Hilfswissenschaften, heute oft Grundwissenschaften genannt, ist die Allgemeine Pädagogik nach althergebrachter, weitverbreiteter Überzeugung einerseits auf Anthropologie, andererseits auf Ethik angewiesen. – Als hochdifferenzierte Wissenschaft von den menschlichen im Unterschied zu den tierischen Lebensformen hat die *Anthropologie* einen „ethologischen" (an der Tierverhaltensforschung orientierten) und einen „ethnologischen" (an der Völkerkunde bzw. Kulturanthropologie orientierten) Pol. Zwischen diesen beiden Polen vermag sie den Menschen im Hinblick darauf zu beschreiben, was er im Unterschied zu den Tieren kann, was er als Schöpfer und Geschöpf von Kulturen und Unkulturen alles aufbauen und zerstören kann. Hierdurch versetzt die anthropologische Betrachtungsweise die Allgemeine Pädagogik in die Lage, die Bedingungen zu verstehen, unter denen Erziehung biologisch notwendig und psychologisch möglich, kulturell modifizierbar und gesellschaftlich organisierbar ist. Der anthropologische Grundgedanke der Allgemeinen Pädagogik ist dabei, einfach formuliert, daß der Mensch als lernfähiges Lebewesen in seinen kulturellen Milieus Gutes und Schlechtes zum Lernen angeboten bekommt und deshalb, solange er unmündig ist, als „animal educandum" *Erziehung* als jene spezifische Lernhilfe benötigt, die ihn dazu bewegt, das allgemein als gut Angesehene zu lernen und das Schlechte nicht, dabei seine Anlagen zu entwickeln und selbständig zu werden, so daß er, sobald er mündig geworden ist, *Erzogenheit* als „Habitus" besitzt (Bourdieu/Wacquant 1996, S. 95 ff., 155 ff.), der ihm im Zusammenwirken mit anderen lebensgeschichtlichen Faktoren (wie z. B. Begabung oder günstigen Umständen) Halt und Kraft zu einem moralisch zu rechtfertigenden, gesellschaftlich produktiven und persönlich befriedigenden Leben gibt.

Während die Anthropologie den Menschen im Modus des Könnens betrachtet (Loch 1980), spricht ihn die *Ethik* im Modus des Sollens an (Schulz 1989). Eingespannt zwischen die politischen Verhältnisse und die religiösen Sinngebungen einer Gesellschaft, auf die Rechtswissenschaft wie auf die Moralistik kritisch angewiesen, schreibt die Ethik in Konflikt und Konsens der herrschenden und der beherrschten Klassen – zwischen Gesetzgebung und Rechtsprechung einerseits, den moralischen Traditionen, Sitten und Gewohnheiten andererseits – den Erziehungseinrichtungen ihre Ziele und Normen vor (Peters 1972). Im „Prozeß der Zivilisation" (Elias 1977) bestimmt sie, was die älteren Generationen den jüngeren als das Gute durch Vorbild und Ermahnung, Lehre und Übung vermitteln sollen, an kulturellen Lebenschancen eröffnen dürfen und die jüngeren den älteren an Gehorsam und Lernbereitschaft schuldig sind. Dabei ist das Sollen faktisch stets durch das Wollen relativiert; was es wirklich vermag, kommt als Können im Handeln zum Ausdruck.

Das folgende Schema (Seite 310) soll die skizzierte Position der Pädagogik im Verhältnis zu ihren Nachbarwissenschaften verdeutlichen. (Daß die Pädagogik ins Zentrum gesetzt ist, bringt keinen Dominanzanspruch zum Ausdruck, sondern nur, daß sie der Ausgangspunkt unserer Überlegungen ist. Dabei geht es *nicht* darum, welche Bedeutung sie für ihre Nachbarwissenschaften hat, sondern umgekehrt nur um deren Bedeutung für die Pädagogik.)

Im Horizont dieser Konstellation gewinnt die Pädagogik in dem Maße Eigenständigkeit als Erziehungswissenschaft, wie es ihren Vertretern durch die Produktivität ihrer Forschungen gelingt, die spezifischen Funktionen der Erziehung (als Lernhilfe zur Mündigkeit) gegenüber den Auffassungen herauszuarbeiten, die ihre Nachbardisziplinen vom lernenden Menschen (homo discens) haben. Im Aspekt der Anthropologie hat die Allgemeine Pädagogik die Funktion der Erziehung bei der Anlagenentwicklung durch Enkulturation des Nachwuchses zu beschreiben (Loch 1968). Im Aspekt der Ethik geht es um die

Rolle der Erziehung bei der Bildung eines moralischen Bewußtseins und recht-
mäßigen Verhaltens (Weiß 1987). Aus Sicht der Soziologie steht das Verhältnis
von Sozialisation und Erziehung in Frage (Fend 1969) und hat im Konzept der
Beziehungsfähigkeit einen die Theorie des pädagogischen Bezuges weiter-
führenden Rahmen gewonnen (Brozio 1995). In psychologischer Hinsicht ist zu
fragen, was die Erziehung zur Persönlichkeitsentwicklung (Selbstkonzeptbil-
dung, Triebsublimierung, Leistungsmotivation, Begabungserschließung, Kom-
petenzsteigerung) beitragen kann (Hey 1978; Kraft 1996). In der politologi-
schen Perspektive wird im „Widerspruch von Bildung und Herrschaft" (Heydorn 1970) die Leistung der Erziehung für die Emanzipation Heranwachsender, Behinderter und Benachteiligter, für den partnerschaftlichen Umgang zwischen Gegnern (Wilhelm 1953) und damit für die Bildung der Bürger im Geist
der Demokratie relevant. In der religiösen Perspektive, die sich in dem Maße
wandelt, wie sich in der Welt ohne Gott die Götter vermehren, ist die Bedeutung
der Erziehung für Sinnfindung und Wertorientierung der nachkommenden Generationen noch immer gefragt (Luckmann 1963; Prange 1996).
In den letzten Jahrzehnten ist der Pädagogik stärker als je zuvor bewußt geworden, daß das traditionelle Spannungsfeld ihres Selbstverständnisses zwischen Anthropologie und Ethik durch das Spannungsfeld von Ökonomie und
Ökologie durchkreuzt worden ist. Denn „die Zukunft der Kindheit" (Spanhel/
Hotamanidis 1988; Brinkmann 1987) hängt weltweit entscheidend davon ab, ob
es gelingt, die Wechselwirkung zwischen Produktion und Konsum der Lebens-
mittel einerseits und der Erhaltung und Erweiterung der Lebensräume (Ar-
beits-, Lern- und Spielplätze, Freizeiträume und Naturschutzgebiete) andererseits in ein Gleichgewicht zu bringen, das die Natur auf allen Gebieten des
Lebens nicht verkümmern, sondern wachsen läßt.
Wie sich zeigt, bringt jede der bezeichneten Humanwissenschaften einen uner-

läßlichen Aspekt des lebensgeschichtlichen Bildungsprozesses von Individuen und Gruppen zur Geltung, die Pädagogik den der Erziehung (Marotzki 1990). Die konstitutive Aufgabe der erziehungswissenschaftlichen Forschung besteht allgemein formuliert darin, die Funktionen der Erziehung im lebensgeschichtlichen Bildungsprozeß zu begreifen. Obwohl die Erziehungsforscher in den Erfahrungen der Erzieher, Erzogenen, Erzogenwerdenden und erst noch Zuerziehenden genuine Zugänge zum Phänomen der Erziehung und seinen Bildungswirkungen haben, ist die Pädagogik von ihren Anfängen bis heute von den bezeichneten Grundwissenschaften abhängig geblieben, wenn auch in jeweils spezifischer Weise.

Diese unvermeidliche, geradezu konstitutive Epigonalität kann die Erziehungswissenschaft nur in dem Maße überwinden, wie es ihr gelingt, über die erforderliche Aneignung der relevanten Theorien und Befunde der Nachbarwissenschaften hinaus in ihren eigenen Forschungen „zu den Sachen" der Erziehung vorzustoßen, d. h. sie durch phänomenologische Beschreibungen beobachtbar und damit erforschbar zu machen, und die eigenen Forschungsergebnisse in das Gespräch der Humanwissenschaften produktiv einzubringen.

Das Gegenteil ist jedoch heute der Fall. Die Grenzen der Pädagogik zu ihren Nachbardisziplinen sind fließend geworden. Die Erziehungswissenschaft ist dabei, den Begriff der Erziehung preiszugeben, und hierdurch nach außen in Auflösung begriffen. Symptomatisch für diese Tendenz sind Denkmoden wie die „Antiautoritäre Erziehung" und die „Antipädagogik" gewesen.

Aber auch nach innen ist die Lage der Erziehungswissenschaft instabil. Auch im inneren System vermag die Allgemeine Pädagogik kaum noch zusammenzuhalten, was sich als Spezielle Pädagogiken differenziert und mehr oder weniger verselbständigt hat. Dabei liegt der prinzipielle Sinn der Allgemeinen Pädagogik gerade darin, den Speziellen Pädagogiken die gemeinsamen begrifflichen Grundlagen zu erhalten, ihnen im System der Erziehung die Bestimmung des eigenen Ortes zu ermöglichen und so der innerwissenschaftlichen Differenzierung und Arbeitsteilung durch systematische Integration ein den Bestand der Erziehungswissenschaft stabilisierendes Gegengewicht zu geben.

Die wichtigsten Spezialdisziplinen der Erziehungswissenschaft sind die Familien-, die Vorschul- und die Schulpädagogik mit den Fachdidaktiken, die Sozial- und die Sonderpädagogik, die Berufs- bzw. Wirtschaftspädagogik und die Theorie der Erwachsenenbildung. Diesen Bereichen liegen langfristige Bedürfnisse der industriellen Gesellschaft zugrunde, die in den entsprechenden Einrichtungen durch spezifische pädagogische Berufe befriedigt werden. Zudem bringen heute die rasch wechselnden Problemlagen der postindustriellen Gesellschaft aus aktuellen Bedürfnissen laufend weitere „Bindestrichpädagogiken" hervor: Politische Bildung, Verkehrs- und Konsumerziehung, Freizeit-, Museums- und Medienpädagogik, Sexual- und Ausländerpädagogik, Interkulturelle und Ökologische Pädagogik, Friedenspädagogik und Gewaltprävention

(Brinkmann/Renner 1982; Lenzen 1989, S. 1114 f.). Manche dieser Bemühungen stehen nur eine Zeitlang im Vordergrund des öffentlichen Interesses und haben insofern einen modischen Charakter. Es sind mehr vorübergehende Projekte als dauerhafte Disziplinen.

Diesen in den meisten Fällen durchaus begründeten Spezialisierungstendenzen scheint die Integrationsfähigkeit der Allgemeinen Pädagogik heute immer weniger gewachsen. So ist die Erziehungswissenschaft nicht nur im Verhältnis zu ihren Nachbarwissenschaften, sondern auch im Verhältnis zu ihren Spezialdisziplinen von Auflösung bedroht. Trotz des Aufwands an allgemeinpädagogischer Produktivität seit 1945 ist die systematische Kapazität der Allgemeinen Pädagogik relativ auf die laufende Ausdifferenzierung Spezieller Pädagogiken auffallend zurückgegangen.

Den entscheidenden Grund für diesen Rückgang der systematischen Fassungskraft der Allgemeinen Pädagogik sehe ich darin, daß die Erziehung als ihr ureigener Gegenstand noch nicht einmal mehr fragwürdig, sondern uninteressant geworden ist (Wigger 1996). Bei der Bemühung, um jeden Preis Wissenschaft zu sein, hat die *Erziehungs*wissenschaft über metatheoretischen, ideologischen und wissenschaftshistorischen Aufarbeitungskontroversen ihren genuinen Gegenstand vernachlässigt. Sie ist in Gefahr, das Phänomen der Erziehung aus den Augen zu verlieren und damit den Grundbegriff, der sie konstituiert, nach innen wie nach außen nicht mehr überzeugend vertreten zu können. Der Terminus „Erziehung" dient immer weniger als leitende Kategorie für Forschungen. So zeichnet sich eine Erziehungswissenschaft ohne Erziehung ab. Der berühmte erste Satz von Schleiermachers Vorlesung über Pädagogik aus dem Jahr 1826 „Was man im allgemeinen unter Erziehung versteht, ist als bekannt vorauszusetzen" trifft bei genauerem Hinsehen heute nicht mehr zu.

Aus Gründen, die vermutlich in einer schweren Störung des Generationsverhältnisses liegen (Loch 1989), ist das Wort „Erziehung" im allgemeinen Sprachgebrauch obsolet und seine Bedeutung obskur geworden. Den Alten, die ewig jung bleiben wollen, und den Jungen, die nicht früh genug alt werden können, fällt es nicht schwer, ohne dieses Wort auszukommen. Man geniert sich, es zu verwenden. Es hat einen reaktionären, autoritären Geruch bekommen. So hat das Wort „Erziehung" heute für viele Konnotationen von Unterdrückung und Entmündigung, von Gängelung und Engstirnigkeit. Welcher Lehrer oder Sozialarbeiter versteht sich noch als Erzieher? Die Rolle des Erziehers und der Erzieherin ist auf bestimmte Sektoren wie Kindergarten-, Vorschul- und Heimerziehung beschränkt. Allenfalls werden noch die Eltern als Erzieher ihrer Kinder angesehen, die „alleinerziehenden" Elternteile nicht zu vergessen. Davon abgesehen besteht die Tendenz, den Terminus Erziehung durch andere Ausdrücke wie Sozialisation, Emanzipation, Prävention, Unterstützung, Begleitung usw. zu ersetzen. In vielen Bereichen der Sozialpädagogik sind an die Stelle der Erziehungsidee bezeichnenderweise Therapiekonzepte getreten.

Was man unter Erziehung verstehen soll und was sie leisten kann, ist nicht nur außerhalb, sondern auch innerhalb der Erziehungswissenschaft so unklar, daß noch nicht einmal darüber gestritten wird. Man gibt sich mit einigen Zielangaben zufrieden wie z. B. Mündigkeit, Demokratie, Solidarität, Gerechtigkeit, ohne zu bedenken, daß das Werte sind, die das Zusammenleben nicht nur in der pädagogischen, sondern in jeder Beziehung bestimmen sollen. In welcher spezifischen Weise diese Werte im Erziehungsprozeß nicht nur als Lernziele, sondern auch als Lernformen zur Geltung gebracht werden müssen, um zur Wirkung zu kommen, wird in der allgemeinpädagogischen Reflexion ebenso vernachlässigt wie die Frage nach der Erziehung als *Habitus*, als Erzogensein, als Auswirkung der Erziehung, die man bekommen hat, im Lebenslauf. Auch bemüht man sich nicht um überzeugende Kriterien, die in die Lage versetzen, Erziehung von Nicht-Erziehung zu unterscheiden.

Gemessen an den geschichtlichen Leistungen der Allgemeinen Pädagogik von TRAPP und HERBART über SCHLEIERMACHER und DILTHEY bis zu W. FLITNER und PETZELT sind diese Defizite verheerend. In ihnen liegt die größte Herausforderung der Allgemeinen Pädagogik, die sich denken läßt (Klafki et al. 1970; Mollenhauer 1972; Gamm 1979; Benner 1987). Denn wenn sie ihren Gegenstand nicht mehr identifizieren und als Phänomen anschaulich machen kann (ihre *konstitutive* Aufgabe), kann sie ihre *dogmatische*, die Theorie der Erziehung als System konzipierende Aufgabe und damit auch ihre *apologetische*, die Erziehungswissenschaft gegenüber den Nachbarwissenschaften verteidigende Funktion und ihre *integrative*, die pädagogischen Spezialdisziplinen zusammenhaltende Funktion nicht mehr erfüllen, von ihrer *praktischen* ganz zu schweigen, die darin besteht, im Spannungsfeld von Ethik und Anthropologie, Ökonomie und Ökologie Kriterien erzieherischen Handelns zu formulieren und zu begründen.

Die Allgemeine Pädagogik verliert so ihre praktische Orientierungsfunktion. Daß die Erziehungstheorie heute kaum noch praktische Bedeutung hat, mag unter dem Titel einer Lösung der „Disziplin" von ihren Verpflichtungen gegenüber der „Profession" unter wissenschaftsgeschichtlichen Gesichtspunkten als Gewinn erscheinen (Tenorth 1994), wenn auch die Verluste dieser Entwicklung für eine speziell *erziehungs*wissenschaftliche Forschung nicht zu übersehen sind. Für Ausbildung, Selbstverständnis und Praxis der pädagogischen Berufe jedenfalls hat sie schwerwiegende Folgen, die man im Hinblick auf ihre Auslieferung an erziehungsfremde Konzepte unter dem Stichwort „Depädagogisierung" zusammenfassen kann (Prange 1991, S. 115). – Alle diese Indizien sprechen für den Befund, daß die gegenwärtige Erziehungswissenschaft in Deutschland mit dem Wort „Erziehung", das ihren Gegenstand bezeichnet, *phänomenologische Probleme* hat.

2. Die Funktion der Phänomenologie im Konzert der Forschungsmethoden und -fragestellungen

Phänomenologische Probleme entstehen, wenn man versäumt, sich einen in verschiedenen Fällen wiederkehrenden Sachverhalt, über den in bestimmten Kontexten gesprochen wird, so konkret wie möglich vorzustellen. Man hat dann allenfalls nur eine vage Vorstellung von dem, was große Worte wie „Erziehung" oder „Beratung", „Selbstverwirklichung" oder „Kompetenz" bedeuten, und kann, weil ihre Bedeutung unklar bleibt, auch nichts damit genau bezeichnen, was man in der Phantasie nachvollziehen oder gar als leibhaftiges Verhalten beobachten könnte. Verständigung im Gespräch, koordiniertes Handeln, nachprüfbare Theorien sind dann kaum möglich. Um sich aus solchen Lagen zu befreien, ist man auf Beschreibungen angewiesen, die durch sorgfältigen Vergleich der verschiedenen Fälle die ihnen gemeinsamen Wesenszüge herausarbeiten. Wenn dann in deren Zusammenhang das mit dem betreffenden Wort gemeinte Phänomen für alle Beteiligten überzeugend zum Vorschein kommt, können sie sich leichter einigen und ihr Vorhaben mit größerer Aussicht auf Erfolg fortsetzen. Diese den Eifer der Diskussionen, die Hektik des Handelns, das Fortschreiten der Arbeit vorübergehend unterbrechende, eine Epoche der Besinnung einschaltende Methode nennt man *phänomenologische Beschreibung*. Sie dient dazu, Begriffe anschaulich zu machen und so bestehende Unklarheiten zu beheben. Die Definition eines Begriffs und die möglichst anschauliche Beschreibung seines Inhalts sind zwei verschiedene Operationen. Phänomenologische Forschung kommt dadurch in Gang, daß man sich mittels eingehender Beschreibung des gemeinten Phänomens die leibhaftigen Verhaltensweisen, in denen es zum Vorschein kommt, so genau wie möglich vorzustellen sucht und sorgfältig darauf achtet, was die Worte, die man dabei gebraucht, ursprünglich bedeuten. Außerdem gehört dazu, daß man das gesuchte Phänomen von gegensätzlichen, aber auch von verwandten, angrenzenden Phänomenen unterscheidet und beim Durchmustern seiner Varianten die wesentlichen Merkmale hervorhebt, die ihnen gemeinsam sind. Schließlich bemüht sich diese Methode darum, jedes in Frage kommende Phänomen gleichsam mikroskopisch zu betrachten: die Komponenten, aus denen es besteht, sichtbar zu machen und in ihrer Wechselwirkung als ein produktives System darzustellen, das in bezug auf die es umgebenden anderen Phänomene sinnvolle Funktionen hat.

Die konstitutive Aufgabe phänomenologischer Beschreibungen liegt darin, daß sie Schemata formulieren, die zwischen den abstrakten theoretischen Begriffen und den konkreten Verhaltensweisen einer beobachteten oder beabsichtigten Praxis vermitteln. Für die Theorie bedeutet das, daß der Sachverhalt, den sie erklären soll, zuvor genau beschrieben werden muß. Für die Praxis bedeutet es, daß jede Beschreibung einer Verhaltensweise auch der Handlungsorientierung dienen kann. So ist die Begründung des rechten Weges auf dessen Beschreibung angewiesen: denn sie zeigt nicht nur, was zu begründen ist, sondern hilft auch bei allem, was begegnen mag, den gesuchten Weg zu finden. Im Blick auf künftiges Handeln haben phänomenologische Beschreibungen so die Funktion von Anweisungen, Vorschriften oder Regeln (Schneider 1971; Bollnow 1975, S. 121 ff.).

Was die Phänomenologie in diesen Hinsichten als Forschungsmethode der Erziehungswissenschaft zu leisten hat, ist nur im Zusammenhang mit den anderen Methoden angemessen zu bestimmen, die ihr außerdem noch zur Verfügung stehen: Hermeneutik, Dialektik, Empirie und Systemtheorie. Diese Methoden schließen einander nicht aus, sondern sind aufeinander angewiesen. Das System, das sie durch ihre Wechselwirkung bilden, läßt sich als Pentagramm darstellen:

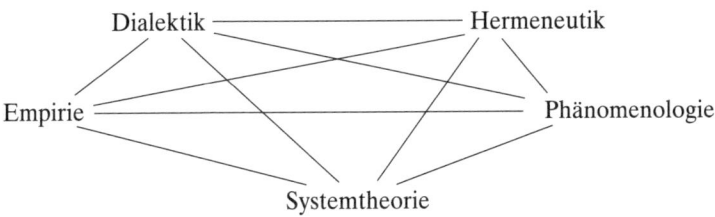

In dem Konzert dieser Forschungsmethoden geht es, einfach gesagt, bei der *Hermeneutik* um das Verstehen bereits vorhandener (mehr oder weniger lückenhaft überlieferter oder aktuell gesprochener) Texte im Hinblick auf den Sinn, den ihre Verfasser darin zum Ausdruck zu bringen suchen, und in der Absicht, die vorhandenen Lücken durch Konjekturen zu schließen, was die Heranziehung von Kontexten erfordert. Der Terminus „Texte" steht nicht nur für sprachliche Gebilde, sondern kann auch auf nichtsprachliche Ausdrucksweisen (vom Mienenspiel bis zu den Werken der bildenden Kunst) übertragen werden (Bollnow 1982; Seiffert 1992; Uhle 1989).

Bei der *Dialektik* geht es darum, den Sinn, in dem ein Verfasser seinen Text verstanden haben will, durch einen anderen bereits vorhandenen Text in Frage zu stellen, so daß er für den ersten Text eine kritische Funktion gewinnt, die entweder (wie bei der Ideologiekritik) der Entlarvung eines falschen Bewußtseins oder (wie bei der Psychoanalyse) der Aufdeckung unbewußter, triebhafter Sinngebungen dient, wie sie z. B. im Traum zum Ausdruck kommen. Als Komplikation der Hermeneutik ist die Dialektik daran interessiert, die Gegensätze, die sie aufgedeckt hat, durch Synthesen aufzuheben. Insofern ist sie die

Methode des wissenschaftlichen Streitgesprächs (Klafki 1955; Wuchterl 1977, S. 105 ff.; Danner 1979, S. 156 ff.).

Wenn sich die Wissenschaftler in solchen Streitgesprächen nicht einigen können, welche Theorie die richtige ist, haben sie die Möglichkeit, die sich widersprechenden Theorien als Hypothesen zu formulieren, deren Objektivität, Gültigkeit und Verläßlichkeit durch empirische Methoden (Befragung, Beobachtung, Experiment) an der Realität überprüft werden können. Insofern geht es in der *empirischen Forschung* um Texte, deren theoretische Konzepte über Dispositionsbegriffe in beobachtbares Verhalten bezeichnende Basissätze umgesetzt werden. Allerdings macht nicht nur die wissenschaftliche, sondern jede Praxis mit den Texten, von denen sie sich leiten läßt, ihre Erfahrungen (Carnap 1956; Popper 1966; Erdmann/Petersen 1979; Bortz 1984).

Wenn die Theorien so abstrakt sind, daß sie sich nicht mehr auf beobachtbares Verhalten beziehen lassen, oder wenn die Texte für die Erforschung eines Sachverhalts unzureichend sind oder wenn noch überhaupt keine dazu geeigneten Texte vorhanden sind, ist die Phänomenologie gefragt. Wie bereits dargelegt, schafft sie durch idealtypische Beschreibungen die Texte, die man in solchen Textbedarfslagen benötigt, um zu der Sache zu kommen, die man verstehen, analysieren und kritisieren, beobachten und erklären oder gar handelnd, arbeitend, Neues schaffend verwirklichen will. In diesem Sinn hatte Aloys Fischer, der Pionier der phänomenologisch verfahrenden Pädagogik, bereits 1914 unter Berufung auf Husserl formuliert: „Die Beschreibung des gemeinten Etwas ist die aller Forschung zugrundeliegende, sogar die Fragestellung erst ermöglichende Aufgabe der Wissenschaft" (Fischer 1950, S. 15). Indem sie neue Texte produziert, gewinnt die phänomenologische Beschreibung gewissermaßen eine poetische, verborgene Dinge sichtbar machende Funktion (Husserl 1913; 1972; beispielhaft für die schöpferische Leistungsfähigkeit einer „neuen Phänomenologie" ist das „System der Philosophie" von Schmitz 1964 ff; zum Überblick vgl. Spiegelberg 1971 und Waldenfels 1983, zur phänomenologischen Pädagogik Loch 1983; Lippitz 1993).

In dieser kreativen Funktion hat sich im Horizont der Phänomenologie vor allem im Hinblick auf „soziale Systeme" die Systemtheorie als eine Methode ausdifferenziert, bei der es, wiederum einfach gesagt, darum geht, Schemata für Systementwürfe zu konzipieren, also Texte zum Verfassen und Ordnen, Komplizieren und Vereinfachen von Texten. Im Wechselspiel von Differenzierung und Komplexitätsreduktion vermag die Systemtheorie insofern der „Selbstkonstitution" bzw. „Autopoiesis" von Systemen verschiedener Art (technologischen, biologischen, soziologischen, psychologischen) und verschiedenen Reflexionsniveaus im Verhältnis von Theorie und Praxis zu dienen (Luhmann 1984; 1996). Darin liegt im Zusammenspiel mit den bezeichneten anderen Forschungsmethoden ihre spezifische Bedeutung für die Lösung einiger wesentlicher „Reflexionsprobleme im Erziehungssystem" und damit für die Allge-

meine Pädagogik als systematische Theorie der Erziehung (Luhmann/Schorr 1979; 1982; 1986; 1992; 1996; Oelkers/Tenorth 1987; Kraft 1989; Treml 1992).
Das folgende Schema stellt den Versuch einer Vernetzung der bezeichneten Forschungsmethoden mit den grundlegenden Fragestellungen der Pädagogik dar und soll den Überblick bewahren helfen (Paschen 1997).

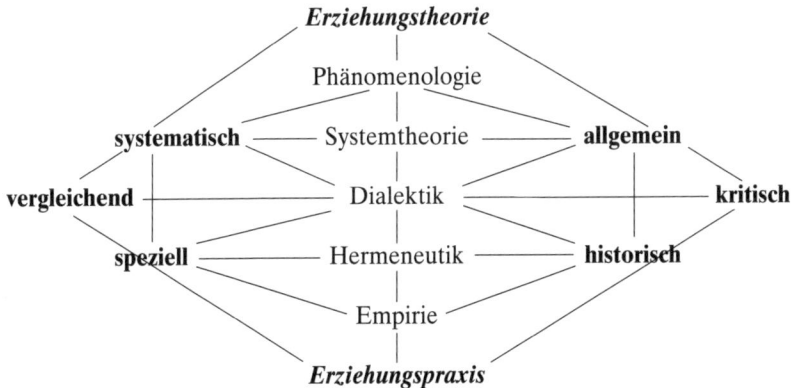

Die Fragestellungen sind fett gedruckt. Die Linien deuten Zusammenhänge an, die hier aus Raummangel nicht eingehend erörtert werden können. Nur soviel muß noch zum Verständnis des Schemas gesagt werden, daß jede der Fragestellungen eine Affinität zu bestimmten Methoden hat. Diese dienen dadurch ihrerseits der Verbindung und damit auch der Relativierung entgegengesetzter Fragestellungen, deren Wechselwirkung für die Theoriebildung nötig ist. So ist die Allgemeine Pädagogik auf die Speziellen Pädagogiken angewiesen und umgekehrt, die Systematische auf die Historische Pädagogik und umgekehrt. Bei beiden Transaktionen spielt die Dialektik eine zentrale Rolle. Auch kann mit Hilfe der Systemtheorie die immer wieder strittige Frage nach dem Verhältnis von Allgemeiner und Systematischer Pädagogik beantwortet werden (Winkler 1994; Mollenhauer 1996; Winkler 1996).
In der Senkrechten wird auf die Möglichkeit hingewiesen, die Forschungsmethoden als Stufen zu verstehen, die natürlich von unten nach oben wie von oben nach unten zu begehen sind. Man kann sich die Folge der Forschungsmethoden jedoch auch als Kreis vorstellen, der von der Praxis über Empirie, Hermeneutik, Dialektik, Systemtheorie und Phänomenologie zur Praxis zurückführt, wenn man die Theorie durch Phänomenologie konkretisiert. Denn diese ist ihrer ursprünglichen Intention nach Beschreibung der Grunderfahrungen, die jeder in seiner Lebenswelt machen kann, im Hinblick auf überein-

stimmende Verhaltensmuster oder Schemata. Als eine Art von „Schematismus" im Sinne KANTS können sie zwischen Theorie und Praxis vermitteln, weil sie den „reinen Verstandesbegriffen" der Theorie durch genaue Beschreibung der in der Praxis erfahrenen Phänomene die entsprechenden „Anschauungen" geben (Kant 1956, S. 187 ff.). In diesem Sinn soll im folgenden Kapitel der Begriff der Erziehung anschaulich gemacht werden.

3. Phänomenologische Grundprobleme der Allgemeinen Pädagogik

3.1 Das epistemologische Problem: die Verborgenheit der Erzieher in der Konstellation der signifikanten Anderen

Über die bereits angesprochene aktuelle Schwäche des Erziehungsbegriffs hinaus ist es prinzipiell schwierig, Erziehungsphänomene als solche zu erkennen und von verwandten sozialen Einwirkungstypen zu unterscheiden. Denn erzieherisches Verhalten ist vielfach als partielle Funktion in komplexen Rollen verborgen (wie z. B. in der Elternrolle), und umgekehrt ist die offizielle Übernahme einer Erzieherrolle keineswegs eine dauerhafte Garantie für faktisches erzieherisches Verhalten. Die Frage, nach welchen Kriterien Eltern oder andere Verwandte, Lehrer oder Sozialarbeiter als „Erzieher" zu verstehen sind, bringt heute nicht nur Erziehungstheoretiker, sondern auch Metatheoretiker in Verlegenheit (Groothoff 1972; 1983; Luhmann/Schorr 1992, S. 102 ff.). Wie will man Erziehungsphänomene erforschen, wenn man nicht weiß, wie man sie als solche erkennen soll? Darin liegt ein Grundproblem der pädagogischen Erkenntnis (episteme) und damit der Erkenntnistheorie (Epistemologie) der Erziehungswissenschaft, das nur durch den methodischen Einsatz phänomenologischer Beschreibung zu lösen ist. Denn es führt kein Weg an der prinzipiellen Aufgabe vorbei, auf idealtypischer Ebene die Kriterien zusammenzustellen und als Komponenten eines sinnvollen Zusammenhanges nachzuzeichnen, durch die das mit dem Wort „Erziehung" gemeinte Phänomen in allen seinen Varianten von den umgebenden anderen Verhaltensweisen unterscheidbar wird. An dem Anspruch gemessen, ist eine Definition wie diese ungenügend: „Unter Erziehung versteht man üblicherweise die Änderung von Personen durch darauf spezialisierte Kommunikation" (Luhmann 1991, S. 19). Denn diese Definition träfe nicht nur für Erziehung, sondern auch für Gehirnwäsche und dergleichen zu.

Deshalb muß man einen Schritt weitergehen und nach den speziellen Merkmalen der erzieherischen Kommunikation fragen. In der denkbar einfachsten Fassung lautet die Frage: Durch welche spezifischen Verhaltensweisen gewinnt man für jemanden als Erzieher oder Erzieherin Bedeutung? Das ist die Frage nach der Rolle der Erzieher in der *Konstellation der bedeutungsvollen Anderen* (Loch 1988a; 1988b; 1995). Unter den *bedeutungsvollen* oder *signifikanten*

Anderen eines Menschen verstehe ich die begrenzte Zahl von Personen, die ihm wirklich wichtig sind, weil er ihnen Gutes zu verdanken oder Böses vorzuwerfen hat. In seinem Bewußtsein stehen sie in positiver oder negativer und nicht selten sogar ambivalenter Beziehung zu ihm und zueinander und bilden zusammen eine im Verlauf des Lebens mehr oder weniger Wandlungen unterworfene Konstellation, in der er selbst natürlich auch einen Platz einnimmt. Im lebensgeschichtlichen Zusammenhang dessen, was sie mir geben oder nehmen, ermöglichen oder zerstören, verächtlich oder erstrebenswert machen, realisieren meine bedeutungsvollen Anderen typische Rollen. Sie können z. B. Ernährer und Beschützer sein, gutes oder schlechtes Vorbild, Kamerad oder Gegner, Unterdrücker oder Befreier, Führer oder Verführer, aber auch Erzieher.

Die Frage ist nun, wie sich die ErzieherInnen in der Konstellation der bedeutungsvollen Anderen bemerkbar machen, an der ein zu erziehendes Individuum sein Verhalten orientiert. Nach welchen Kriterien sind in diesem subjektiven soziologischen Horizont Erzieher zu identifizieren und von Nicht-Erziehern zu unterscheiden? Bei den Nicht-Erziehern müssen zwei Typen auseinandergehalten werden: diejenigen, die wie der Dompteur, Verführer, Indoktrinator, Werber, Betrüger, Ausbeuter, Erpresser, Mobber, Unterdrücker *konträre Funktionen* haben, die mit Erziehung absolut unverträglich sind, und diejenigen, die wie der Seelsorger, der Arzt, die Krankenschwester, der Betreuer, Wächter, Polizist, Verwalter, Sozialarbeiter, Berater, Richter *analoge Funktionen* haben, Helferrollen ausüben, die mit der des Erziehers relativ verträglich sind und sich in mancher Beziehung sogar überschneiden können. Aus der phänomenologischen Erörterung dieser *Negationen und Limitationen der Erziehung*, die wir hier aus Raumgründen nicht durchführen können, gehen die Kriterien erzieherischen Verhaltens hervor. Im exemplarischen Fall lautet dann die zu beantwortende Frage: Wodurch gewinnt ein Erwachsener beim Anblick eines Kindes als Erzieher Bedeutung? Das Kind ist das Paradigma des Menschen, der erzogen werden muß, weil er Verhaltensweisen noch nicht kann, die man zum Leben braucht.

Das *erste Kriterium erzieherischen Verhaltens* besteht deshalb darin, daß es den zu erziehenden Menschen (in welchem Lebensalter er sich auch immer befindet) als lernfähig annimmt. Was Herbart mit dem Terminus „Bildsamkeit" zum „Grundbegriff der Pädagogik" erklärt hatte, wird als *Lernfähigkeit* eindeutiger, verständlicher und gleichwohl offener gefaßt, weil von der Metaphorik und Metaphysik der Bildungsidee abgekoppelt. Einen Menschen als lernfähig zu akzeptieren, bedeutet konkret, ihm Zeit zum Lernen einzuräumen, ein fundamentales anthropologisches Moratorium, das vor allem im Kindes- und Jugendalter zum Tragen kommt, die Überlieferung der Kultur an den Nachwuchs gewährleistet und damit den Individuen wie der Gattung die Entwicklung ihrer Anlagen ermöglicht. Zu dem für erzieherisches Verhalten konstitutiven Glauben an die Lernfähigkeit des Zuerziehenden gehört, ihn nicht dafür zu bestrafen, sondern auf spezifische Weise zu belohnen, daß er noch nicht kann, was von ihm erwartet wird. Diese Belohnungen liegen in den Lernchancen, die man ihm gibt, das Vorgeschriebene sich anzueignen, das Versäumte nachzuholen bzw. sein Können auf den neuesten Stand zu bringen. Das Grundrecht auf Noch-nicht-Können und Erst-lernen-Dürfen gilt jedoch allenfalls für das Kindesalter uneingeschränkt und wird in den späteren Lebensaltern in dem Maße relativiert, wie die übernommenen Verpflichtungen (z. B. im Beruf) zu ihrer Erfüllung bewährtes Können (Kompetenz) voraussetzen. Im Kindesalter zeigt sich die Lernfähigkeit als sich schon im Spiel regende Suche nach Lernaufgaben und ist insofern als „Lernbereitschaft" eine ursprüngliche Selbstmotivation (Bruner 1980). In diesem Etwas-können- und Immer-besser-können-Wollen kommen Begabungen zum Vorschein (Bollnow 1978, S. 31 ff.; Loch 1980, S. 211 ff.).

Daraus ergibt sich das *zweite Kriterium erzieherischen Verhaltens:* Der Erzieher muß *Lernaufgaben* stellen und ist daran zu erkennen, daß er sie den Zuerziehenden planmäßig und anhaltend (methodisch) mittels instruktiver und interessanter Beispiele und Übungen (exemplarisch) mit Rücksicht auf die Entwicklung der alters- und milieubedingten Lernfähigkeiten (genetisch) stellt (Wagenschein 1992). Der Begriff der Lernaufgaben umfaßt Gefühlsbeziehungen, Hygienepraktiken, Tischsitten, Handfertigkeiten, Werkzeuggebrauch, Sprachen und andere Medien, Künste, Wissenschaften, Naturschutz und -nutzung, Wirtschaft und Politik, Moralvorschriften und Glaubensartikel. Diese Artefakten der Kultur werden immer dann zu einem Curriculum von Lernaufgaben, wenn man sie nicht beherrscht. Darin liegt ein Ursprung der Angst des Kindes vor den Erwachsenen. Denn vor, in und nach der Schule umstellen sie es mit Lernaufgaben, indem sie ständig Verhaltensweisen von ihm verlangen, die es noch nicht kann. Die Lehrer, sofern sie sich als Erzieher verstehen, nehmen sich wenigstens die Zeit, die Lernaufgaben den Lernfähigkeiten anzupassen. Darüber hinaus können sie sich im Rahmen spezifischer Lernhilfen darum bemühen, durch entsprechende Gestaltung, Vermittlung und Verdichtung der Lernaufgaben in den Kindern Lernfähigkeiten als Vorläufer von Begabungen zu wecken und zu entwickeln. Der gute Erzieher sucht die Lernfähigkeiten seiner Zöglinge mit den Lernaufgaben seiner Kultur in eine produktive Wechselwirkung zu bringen, so daß sie einander gleichsam hochschaukeln. Anthropologisch gesehen sind Lernaufgaben Gaben einer Kultur, die durch lernende Aneignung Begabungen erschließen können (Roth 1952; 1968; Helbig 1988). Die Erzieher gewinnen die Lernaufgaben, die sie den Zuerziehenden nicht nur mit Rücksicht auf deren Lernfähigkeiten, sondern auch im Vorblick auf deren Verselbständigung durch Lernerfolge stellen, meistens aus den offiziellen Lehrplänen der Erziehungsinstitutionen der Gesellschaft, der sie angehören, durch ihren persönlichen Bildungshorizont vertieft, erweitert oder verengt. Sie stellen die Lernaufgaben in der Regel gezielt und bringen dabei auf der Ebene konkreter Lernziele die Erziehungsziele zum Ausdruck, denen sie gesellschaftlich und übergesellschaftlich (moralisch oder religiös) verpflichtet sind.

Das *dritte Kriterium, an dem ErzieherInnen zu erkennen sind*, liegt in der sorgfältigen Beachtung der *Lernhemmungen*, die bei den Zuerziehenden auftreten, als Gefahrensignal. Phänomenologisch erwachsen Lernhemmungen aus der mehr oder weniger starken Widerstandserfahrung, die mit jeder Lernaufgabe notwendig verbunden ist (Guyer 1960, S. 50 f., 187 ff.). Selbst wenn es einem leichtfällt, etwas zu lernen, ist ein kleiner Widerstand zu überwinden, der darin liegt, daß man das, was man erst lernen muß, noch nicht kann. Diese objektiv bedingten Lernhemmungen werden in dem Maße durch subjektiv bedingte *Lernhemmungen* verstärkt, wie die Lernfähigkeiten den Lernaufgaben nicht gewachsen sind. Insofern sind Lernhemmungen das Ergebnis der Differenz zwischen Lernaufgaben und Lernfähigkeiten, deren Ausgleich Lernhilfen erfordert. Allerdings können unpassende Lernhilfen ebenfalls Lernhemmungen hervorrufen. Deshalb sucht der gute Erzieher bei der Analyse und Erklärung von Lernhemmungen die Schuld zuerst bei sich selbst (Salzmann 1964). Denn es ist möglich, daß nicht nur die Lernaufgaben, die er gestellt hat, sondern auch die Art und Weise seiner Lernhilfe dem Zuerziehenden zuwider sind: der Entwicklungsstufe seiner Lernfähigkeit, den Normen der Kultur, die seine Persönlichkeit grundlegend geprägt hat, seinem Selbstkonzept, seinem Gefühl für Würde oder gar der menschlichen Natur überhaupt. Diese Beispiele weisen darauf hin, daß es nicht nur Lernhemmungen gibt, die negativ zu bewerten sind und deshalb durch geeignete Lernhilfen zu beheben versucht werden sollten, sondern daß es auch Lernhemmungen gibt, die positiv zu bewerten und deshalb zu bestärken sind. So drückt für Luhmann (1969, S. 37) die Befolgung von Normen „die Entschlossenheit aus, nicht zu lernen". Pädagogisch gesehen sind Lernhemmungen auf den ersten Blick eine ambivalente Angelegenheit, die vom Erzieher eine diagnostische Einstellung verlangt, weil zunächst geklärt werden muß, ob sie, wenn möglich, als negative Lernhemmungen behoben werden oder als positive Lernhemmungen bestärkt werden müssen (Loch 1968; 1982; Singer 1970; Loch 1996).

Damit kommen wir zum *vierten Kriterium erzieherischen Verhaltens*, das sich darin zeigt, daß die ErzieherInnen bemüht sind, nicht nur Lernfähigkeiten durch Lernaufgaben hervorzurufen, sondern auch Lernhemmungen durch *Lernhilfen* zu beheben oder zu bestärken, die sowohl Überforderungen als auch Unterforderungen entgegenwirken. Das geschieht, indem sie Zeiten und Räume zum Lernen schaffen, Lernmittel und -methoden zielstrebig anwenden und die Edukanden durch entsprechende Programme und Projekte in Situationen versetzen, die sie zum Lernen motivieren. Lernsituationen sind weder Spiel- noch Ernstsituationen, sondern eine Zwischenlage auf dem Weg vom Spiel des Kindes zur Arbeit des Erwachsenen (Langeveld 1960). Soziologisch gesehen liegt darin der Grund für die gesellschaftliche Organisation von Erziehungseinrichtungen wie z. B. Kindergärten und Schulen. Diese können allerdings wiederum in dem Maße pervertieren, wie ihre Lernhilfen mehr negative Lernhemmungen hervorrufen als beheben. Eine wirklich erzieherische Lernhilfe verbindet eine integrative (allen Lernenden die gleichen Chancen gebende) mit einer differenzierenden (auf die individuellen Bedürfnisse eingehenden) Intention. Dabei werden die Lernaufgaben durch Darstellungshilfen vermittelt, die Lernfähigkeiten durch Aktivierungshilfen hervorgerufen, die negativen Lernhemmungen durch Kontakthilfen zu beheben und die Lernerfolge als Schritte auf dem Weg zur Selbständigkeit durch Bestärkungshilfen zu stabilisieren versucht.

Das *fünfte Kriterium erzieherischen Verhaltens* ist zentral und besteht darin, dem Zuerziehenden *Lernerfolge* zu ermöglichen, die zu dessen *Verselbständigung* führen. Dazu gehört, daß der Erzieher seine Lernhilfen als Beiträge zu dessen Streben nach Selbständigkeit realisiert und ihn deshalb von der frühen Kindheit an (Stern 1992) in mit dem Alter steigendem Maß bei seiner Erziehung mitbestimmen läßt, bis der Erzogene mündig geworden ist. Diese Selbstrelativierung des Erziehers durch progressive Zurückhaltung vor der wachsenden Selbstbestimmungsfähigkeit des Erzogen*werdenden* wird fundiert durch das ethische Prinzip, unter allen Umständen die Würde des zu erziehenden Menschen zu achten (Korczak 1970; Loch 1981). Dadurch wird dessen Selbstachtung als basales Motiv seiner Selbsterhaltung bestärkt. So bleiben Lernmißerfolge für ihn erträglich. Deshalb sucht der gute Erzieher auch nicht Lernerfolge um jeden Preis zu erzielen. Und deshalb wird er auch darauf achten, daß er keine Lernaufgaben stellt und keine Lernhilfen gibt, die widernatürlich, unmenschlich, unmoralisch, schädlich, abhängig machend, erniedrigend, verlogen, falsch oder in einer lebenswichtigen Hinsicht zu riskant sind und deshalb in den Betroffenen – gleichsam als sinnvollen Protest – positive Lernhemmungen hervorrufen. Da für den in der „Lerngesellschaft" zu lebenslänglichem Lernen verurteilten Menschen das Lernen ein für alles Mögliche zu gebrauchendes und zu mißbrauchendes Vehikel ist (Bednarik 1966; Loch 1967), muß der Erzieher auf die Grenzen des Lernens achten, bevor er die Grenzen der Erziehung in dem erfährt, was die Erzogenen in ihrem weiteren Lebenslauf mit der Erziehung anfangen, die ihnen zuteil geworden ist. Die gesellschaftliche Verantwortung der ErzieherInnen besteht nicht nur darin, den Nachwachsenden Lernmöglichkeiten zur Entwicklung ihrer Persönlichkeit für ein gutes Leben und damit auch zur Verbesserung unguter Lebensverhältnisse zu eröffnen, sondern auch darin, überall dort positive Lernhemmungen zu begründen und zu bestärken, wo Lernaufgaben gestellt werden, die die Menschen entwürdigen. Deshalb ist die Funktion der Achtung im pädagogischen Bezug ein fundamentales Gebot der Vernunft (Loch 1981; 1984).

Ich fasse zusammen: *Lernaufgaben* stellen und *Lernfähigkeiten* durch *Lernhilfen* entwickeln, die negative *Lernhemmungen* beheben und positive bestärken,

sind die vier Enden des „Kreuzes", das die ErzieherInnen in jeglicher Rolle, die
Zukunft der Kinder als mündige Erwachsene vor Augen, unbewußt oder bewußt, funktional oder intentional, situativ oder professionell auf sich geladen
haben, um *Lernerfolge* zu erzielen, die mit der Würde und dem Selbstverständnis der zu erziehenden Menschen verträglich sind, und die unvermeidlichen
Lernmißerfolge zu ertragen.

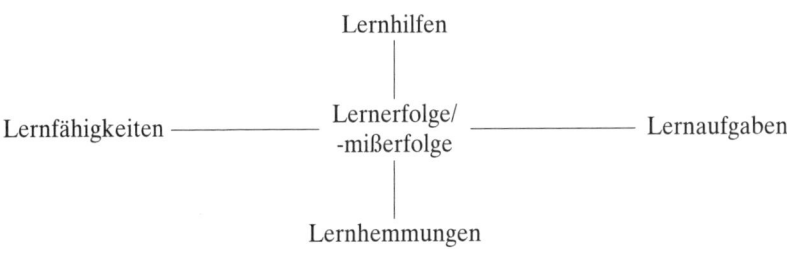

Dieses „Kreuz der Erziehung" ermöglicht, wie zu sehen war, nicht nur die Unterscheidung der Erzieher von den Nicht-Erziehern, sondern auch der guten
von den schlechten Erziehern. Hierdurch ist es deskriptiv und präskriptiv,
explikativ und evaluativ verwendbar. Seine Topik versetzt in die Lage, in der
Konstellation der signifikanten Anderen eines zu erziehenden oder erzogenen
Individuums die ErzieherInnen zu identifizieren, nicht nur um ihre spezifischen
Funktionen bei der Bewältigung der Aufgaben des Lebenslaufs in den verschiedenen Lebensaltern (z. B. im Medium autobiographischer Zeugnisse)
erforschen, verstehen und erklären zu können, sondern vor allem auch um Kriterien für eine selbstkritische erzieherische Praxis an die Hand zu geben
(Klafki 1971).

*3.2 Das ontologische Problem: die Unklarheit des Zusammenhanges
   zwischen Notwendigkeit, Möglichkeit und Wirklichkeit der Erziehung*

Außer der Schwierigkeit, die Erziehungsphänomene an der Oberfläche des gesellschaftlichen Lebens zu erkennen, hat die Allgemeine Pädagogik noch das
tieferliegende Problem, daß „Absicht und Erfolg der Erziehung so wenig Zusammenhang ... haben", wie Herbart (1806/1964, S. 11) dieses technologische
Defizit, dem ein ontologisches Problem zugrundeliegt, lange vor LUHMANN/
SCHORR (1982; 1992) in der Einleitung seiner „Allgemeinen Pädagogik" formuliert und durch die Selbstbestimmungsfähigkeit des Zöglings erklärt hat: „daß
die jugendliche Seele in ihrer Tiefe einen Winkel bewahrt, in den ihr (Erzieher
– W. L.) nicht dringt ...". Deshalb enthält die Geschichte der Allgemeinen

Pädagogik mehr Theorien über Erziehungsabsichten als über deren Auswirkungen, und deshalb garantieren die besten erzieherischen Absichten nicht den Erfolg des sie zum Ausdruck bringenden Verhaltens. Darin liegt der unvermeidliche Wagnis-Charakter jeder erzieherischen Bemühung (Bollnow 1959, S. 132 ff.). Was vom Erzieher gut gemeint ist, kann beim Erzogenwerdenden ganz anders ankommen. Von dem, was er mit der Erziehung anfängt, der er „unterworfen" war, hängt es letztlich ab, was aus seiner Erziehung wird. In diesem doppelten Sinn von Erleiden und selbst Verwirklichen ist nicht der Erzieher, sondern der Erzogene das entscheidende „Subjekt" der Erziehung. Das gilt sowohl für die Erziehung als Erzogenwerden, als Prozeß, dessen kulturelle Curricula er in Erziehungseinrichtungen mehr oder weniger lernend zu durchlaufen hat, wie auch für die Erziehung als Produkt dieses Prozesses, als Erzogensein, als Habitus der Erzogenheit, der in seinem weiteren Werdegang als produktiver oder hemmender Faktor wirksam wird (Brezinka 1974, S. 51 ff.). Für das zur Welt gekommene Individuum ist sein Lebenslauf (curriculum vitae) als unstetige Folge von Lernaufgaben das *Medium* und die unausweichliche Folge der Lebensalter (vom Säuglings- bis zum Greisenalter) mit ihren konstruierbaren Entwicklungsstufen das *Spezifikationsprinzip* seiner Erziehung (Loch 1979, S. 25 ff.).

Die Annahme einer Transformation der Erziehung in den Lebensaltern vom Prozeß zum Habitus, vom Erzogenwerden zum Erzogensein, das seinerseits ein die Persönlichkeitsentwicklung beeinflussender dynamischer Faktor ist, stellt die Allgemeine Pädagogik vor die Aufgabe, dieses Konzept durch phänomenologische Beschreibung anschaulich zu machen, so daß man sich konkret vorstellen und nachprüfbare Hypothesen darüber bilden kann, wie die guten Absichten der ErzieherInnen von den Erzogenen verwirklicht werden. Ich nenne diese Aufgabe das ontologische Problem der Pädagogik, weil es dabei um die von ihr bisher nicht befriedigend beantwortete Grundfrage geht, wie es möglich ist, die nur von den Antipädagogen bestrittene *Notwendigkeit* der Erziehung in Lebenswelt und Lebenslauf des Menschen *Wirklichkeit* werden zu lassen, und weil die Ontologie in der philosophischen Tradition die Lehre vom Sein ist. Nach KANT (1956, S. 116 ff.) sind Möglichkeit oder Unmöglichkeit, Dasein oder Nichtsein, Notwendigkeit oder Zufälligkeit die grundlegenden „Modalitäten", in denen wir Urteile fällen und Aussagen machen, Begriffe bilden und Phänomene beschreiben können. In diesem Sinn sollen hier Grundbegriffe der Allgemeinen Pädagogik durch phänomenologische Konkretisierung im Hinblick darauf nachvollziehbar gemacht werden, daß die Erziehung nicht nur als Idee in den Köpfen von Theoretikern und als Ideologie gescheiterter Praktiker, sondern als sich auf Personen auswirkendes und insofern wirkliches soziales Verhalten zwischen Menschen existiert. Bei der gebotenen Kürze kann allerdings *ein Schema der Seinsmodalitäten und Wirklichkeitsebenen der Erziehung* nur skizziert werden, das den Zusammenhang zwischen Notwendigkeit,

Möglichkeit und Wirklichkeit der Erziehung vorstellbar und damit erforschbar macht.

Beim Anblick des zur Welt gekommenen Kindes ist die Erziehung ursprünglich als defizienter Modus wirklich: als *Erziehungsbedürftigkeit*. Sie ist von der *Unerzogenheit* als versäumter Erziehung und von der *Ungezogenheit* als Rückfall bereits in gewissem Maß Erzogener zu unterscheiden. Der zu erziehende Mensch ruft bei seinen Mitmenschen die Erziehung als Intention hervor (Prange 1992). Wenn die Erziehungsabsicht im Verhalten zum Ausdruck kommt, sprechen wir von pädagogischem Verhalten oder erzieherischem Handeln oder auch nur von *Erziehen*. Mit seiner abstrakten Bedeutung bezeichnet dieses merkwürdigerweise im Perfekt und Passiv leichter als im Präsens und Aktiv zu gebrauchende Verb keine Tätigkeit neben anderen, sondern eine Intention, Funktion oder Wirklichkeitsqualität, die in anderen, konkreteren Tätigkeiten (wie z.B. Vormachen, Aufgabenstellen, Üben, Loben und Tadeln) zum Ausdruck kommt. Beim Erziehen werden Zuerziehende als *Zöglinge* angenommen (ein antiquierter Terminus mit unguten Konnotationen, der gleichwohl schwer zu vermeiden ist) und Erziehende als *ErzieherInnen*.

Um als ErzieherIn wirken zu können, genügt es nicht, die pädagogische Intention zur Profession zu erheben, vielmehr muß man auch von den Zöglingen akzeptiert werden. Wenn sich beide entsprechend verhalten, entsteht ein *Erziehungsverhältnis*, das sich zum „pädagogischen Bezug" (Nohl 1949a, S. 130 ff.) vertiefen kann, wenn die *„pädagogische Atmosphäre"* (Bollnow 1964) günstig ist und der Erzieher für den Zögling maßgebende Bedeutung gewinnt. Im pädagogischen Bezug wird die Erziehung als *Interaktion* von Erziehen und Erzogenwerden wirklich, wobei auf beiden Seiten Handeln und Leiden ineinandergreifen und deshalb vom Zuerziehenden selbsttätige Mitwirkung gefordert ist. Diese existentielle Wirklichkeit der „pädagogischen Beziehung" (Brozio 1995) ist von der gesellschaftlichen Wirklichkeit der Erziehungseinrichtungen zu unterscheiden, die den erzieherischen Bemühungen institutionellen Außenhalt und organisatorische Effizienz geben. Mit Einschluß dieses Phänomens ist die „pädagogische Einwirkung" (Schleiermacher 1826/1983 passim) in folgenden typischen Formen möglich: unbewußt oder intendiert, situativ (gelegentlich) oder professionell, institutionalisiert (wie z.B. in der Schule) oder als Funktion neben anderen (wie z.B. in der Familie), als verschüttetes Sediment der Lebensgeschichte oder als Habitus (Produkt eines Erziehungsprozesses und Bildungsfaktor der Selbstverwirklichung). In diesem Zusammenhang ist es wichtig zu bemerken, daß der Begriff der Erziehung als Intention und als Funktion einander nicht ausschließen; das bedeutet, daß eine erzieherische Intention durchaus funktional, aber auch dysfunktional und eine Erziehungsfunktion nicht intendiert, aber unbewußt durchaus wirksam sein kann (Loch 1968).

In dem Maße, wie die Erziehungsabsicht im Erziehungsverhältnis wirksam wird (d.h. der Zuerziehende lernt oder nicht lernt, was ihm aufgegeben wird), zeigt sich als positiver Modus seine *Erziehbarkeit*, als negativer Modus seine *Erziehungsschwierigkeit* oder *Unerziehbarkeit*. Erzieherisches Verhalten braucht nicht erziehend zu wirken: sein expressiver Anspruch auf Autorität kann den Zuerziehenden lächerlich vorkommen, Widerstand hervorrufen, rasch vergessen werden. Umgekehrt kann man auch ohne Absicht erziehend wirken (Langeveld 1954). Intensität und Qualität erzieherischer Wirkungen hängen nicht nur ab vom pädagogischen Wollen, sondern auch vom fachlichen Können des Erziehers und der Ausstrahlung seiner Persönlichkeit. Entscheidend für die Qualität einer erzieherischen Wirkung ist jedoch, was der hierdurch Erzogene in seinem weiteren Leben daraus macht. Der Erziehungsprozeß als faktischer oder konstruierter Zusammenhang der pädagogischen Einwirkungsquanten, die einem im Lebenslauf zuteil geworden sind, hat eine vorübergehende Wirklichkeit, es sei denn, er gewinnt als *habituell gewordene Erziehung* (Erzogenheit) dauerhafte Wirklichkeit. Man sagt dann, jemand „habe" eine gute oder schlechte Erziehung. Was in dieser Weise von der Erziehung, die man in Kindheit und Jugend mitbekommen hat, in oder an einem hängengeblieben ist, einen geprägt hat und insofern zum Habitus gehört, ist ein Komplex von selbstverständlich gewordenen Verhaltensweisen, ein Apparat von Gewohnheiten und Einstellungen, Grundsätzen und Lebenszielen, Strategien und Taktiken, eine mehr oder weniger gelungene Ausrüstung für das Leben und somit ein Lebensmöglichkeiten eröffnender oder verschließender subjektiver Faktor des lebensgeschichtlichen Bildungsprozesses, der die Geschichte der Autobiographie als Bildungsgeschichte zu einer die Geschichte der Erziehungstheorien und -institutionen aufschlußreich ergänzenden Quelle der Erziehungsforschung macht (Loch 1979; 1993).

Diese Sprachspiele zur idealtypischen Beschreibung der Landschaft der Allgemeinen Pädagogik müssen genügen, um abschließend das Schema der Seinsmodi der Erziehung konstruieren zu können. Sie haben gezeigt, daß die Erziehung im Grunde vier Subjekte hat: den Erzieher und den Zuerziehenden, den Erzogenwerdenden und den Erzogenen. Sie stellen die vier subjektiven Grundpositionen im Lebenszyklus der Erziehung dar.

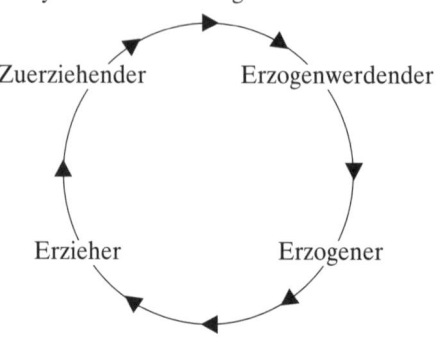

In dem „Kreis der Erziehung", wie ich dieses Schema terminologisch bezeichne, stehen der Erzieher und der Zuerziehende in der Zukunftsrichtung einander am nächsten, in der Vergangenheitsrichtung am weitesten voneinander entfernt. Das ist der anthropologische Grund dafür, daß der Erzieher für den Zuerziehenden sorgen kann. Selbst als Zuerziehender zur Welt gekommen, ist er erzogen worden und als Erzogener fähig, die Rolle des Erziehers zu übernehmen. Gleichwohl muß der Erzieher mehr sein als ein Erzogener, weil er über die Erziehung, die er selbst seinerzeit bekommen hat, hinausgehen muß, um den Zuerziehenden durch die Erziehung, die er ihm zuteil werden läßt, nicht nur an etwas zu binden, das vergangen ist, sondern ihm auch eine Zukunft zu eröffnen. Ob die Erziehung zur Verschlechterung, Erhaltung oder Verbesserung der Lebensverhältnisse beiträgt, hängt davon ab, ob die Wirkungen der erzieherischen Absichten hinter dem Maß der Erzogenheit der Erzieher zurückbleiben, mit ihm identisch sind oder über es hinausgehen. Schematisch ausgedrückt bedeutet das, daß sich der Kreis der Erziehung jederzeit verengen oder öffnen kann, so daß er zur *Spirale* wird. Das kann prinzipiell in jeder der vier Grundpositionen geschehen, wenn auch die des Erziehers im Hinblick auf die Zukunft der Zuerziehenden hier am stärksten gefordert und zugleich am ohnmächtigsten ist, weil die ErzieherInnen nicht steuern können, was die Erzogenen, mündig geworden, in ihren Lebensläufen mit dem anfangen, was sie von ihnen gelernt haben (Loch 1995, S. 114 ff.).

3.3 Das ontogenetische Problem: die Kluft zwischen Entwicklung und Erziehung

Im Zuge des skizzierten Schemas der *Spirale der Erziehung* stellt sich nun systematisch zwangsläufig die Frage, wie es möglich ist, daß die Zuerziehenden von ihren Erziehern erzogen werden. Diese Frage ist in zweifacher Hinsicht zu stellen: Was muß man können, um erzogen werden zu können? Und: Was muß man können, um erziehen zu können? Die erste Frage bezieht sich auf „*die ontogenetischen Voraussetzungen der Erziehung*" (Weber 1996) und wird im folgenden noch kurz zu erörtern sein. Die zweite Frage bezieht sich auf die technologischen Voraussetzungen der Erziehung, auf die Fähigkeiten, die ErzieherInnen zur Erfüllung ihrer Aufgaben haben müssen (Loch 1990) und die dafür zur Verfügung stehenden „Erziehungsmittel" (Geißler 1982). Ihre Beantwortung würde den Rahmen dieses Beitrages sprengen. Bei der Beantwortung der ersten Frage geht es darum, in der Entwicklung des Menschen vom Kind zum Erwachsenen die Bedingungen seiner Erziehbarkeit aufzuzeigen, die es ermöglichen, den Erziehungsprozeß in seiner flüchtigen, nur durch Fiktionen rekonstruierbaren Wirklichkeit habituell werden zu lassen. Wie im Schema des Kreuzes der Erziehung bereits gezeigt, liegt auf der Seite des Zuerziehenden die Bedingung für seine Erziehbarkeit in seiner Lernfähigkeit. Wie Rousseau und Fröbel, Baldwin und Piaget, Erikson und Havighurst, Kohlberg und andere plausibel gemacht haben, unterliegt die Lernfähigkeit durch die Lebensalter einer Entwicklung, die als eine Folge von Stufen rekonstruierbar ist. Diese Entwicklungsstufen der Lernfähigkeit kommen als Aufgaben der Erziehung zur Wirkung. Deshalb ermöglicht ihre phänomenologische Beschreibung eine differenzierte Veranschaulichung des Erziehungsbegriffs. Das folgende Schema stellt nur die ersten elf Stufen der Lernfähigkeit mit den entsprechenden Lernhilfen dar und ist von unten nach oben zu lesen.

Selbstdarstellungsfähigkeit – Bewährungshilfe
Technische Kompetenz – Reproduktionshilfe
Denkenkönnen – Informationshilfe
Leistungsfähigkeit – Motivationshilfe
Regulative Kompetenz – Entscheidungshilfe
Sprechenkönnen – Kommunikationshilfe
Spielen können – Repräsentationshilfe
Nachahmungsfähigkeit – Identifikationshilfe
Gehenkönnen – Orientierungshilfe
Wahrnehmungsfähigkeit – Organisationshilfe
Einverleibungsfähigkeit – Wachstumshilfe

Grundlegend für das in diesem Schema zusammengefaßte anthropologische Konzept ist die Annahme, daß das menschliche Individuum, damit es erzogen werden kann, zumindest im Kindes- und Jugendalter normalerweise eine Reihe von Lernfähigkeiten entwickelt, die es für die Bewältigung der Lernaufgaben seines „curriculum vitae" kompetent machen. Deshalb nenne ich sie „curriculare Kompetenzen".

Die erste lebenswichtige Kompetenz, die das zur Welt gekommene Kind als Säugling zu entwickeln hat, ist die *Einverleibungsfähigkeit*, die Erziehung als *Wachstumshilfe* durch nährende Einflüsse und Vertrauen erweckende lustvolle Körperkontakte ermöglicht. – Davon hängt die Entwicklung der *Wahrnehmungsfähigkeit* ab, zum mit den Händen begreifend, sehend und hörend wahrnehmenden Lernen, das auf Erziehung durch sorgfältige Pflege und Aktivierung des kindlichen Organismus angewiesen ist als eine Art von primärer *Organisationshilfe (Spitz 1976)*. – Wenn es *gehen kann*, ist das Kind nicht mehr in einer von der Zuwendung anderer abhängigen „Lage", sondern selbst im „Stande", seine Umgebung zu erkunden und durch wiederholte negative und positive Erfahrungen Gewohnheiten zu bilden, wobei es, um nicht dauernd etwas kaputt zu machen, auf *Orientierungshilfen* angewiesen ist. – Das Behaltenkönnen, das aus dem Lernen durch Gewöhnung hervorgeht, führt zur *Nachahmungsfähigkeit*; das Beobachtungslernen, das sie voraussetzt, ermöglicht, nicht nur aus den Vorzügen, sondern auch aus den Fehlern Anderer zu lernen; im Hinblick auf die guten und schlechten Vorbilder, die sich dem Zuerziehenden anbieten, benötigt er *Identifikationshilfen*. – In dem Maße, wie das Kind seine wirklichen Vorbilder durch eingebildete ersetzt, gewinnt das *Spielenkönnen* Bedeutung für die erzieherische Förderung seiner Phantasie durch *Repräsentationshilfen* mittels der durch das Spielzeug hervorgerufenen Illusionen. – Durch spielerische Lautproduktion entfaltet das Kind, von den Erwachsenen bestärkt, seine *Sprachfähigkeit*, die im Medium des Gesprächs durch Frage und Antwort, Erzählung und Beschreibung, Beurteilung und Anerkennung, Ermunterung und Ermutigung Erziehung als *Kommunikationshilfe* ermöglicht und benötigt. – Daraus erwächst die *regulative Kompetenz*, die Fähigkeit zur Bildung und Befolgung von Regeln, d. h. zum Lernen durch Verallgemeinerung, das für Begriffsbildung, Rollenübernahme und Verinnerlichung von Normen unabdingbar und auf erzieherische *Entscheidungshilfen* angewiesen ist, die Freiheit geben, selbst das Gute zu tun und das Schlechte zu meiden. – In dem Maße, wie der Zuerziehende Regeln folgen und Forderungen durch Fertigkeiten genügen kann, entwickelt sich seine Leistungsmotivation zur *Leistungsfähigkeit*, die zur Stärkung der Selbstachtung durch Sport und erste Formen des Arbeitens im Vergleich mit Anderen Steigerung und Anerkennung in kulturellen Leistungsbereichen sucht und hier bei der Erziehung durch Trainer *Motivationshilfen* braucht. – Aus der Fähigkeit zur Regelbildung entwickelt sich auch das *Denkenkönnen*, die Fähigkeit zum fragenden Lernen, das seine Probleme im Gespräch durch vernünftige Begründung und im Experiment durch empirische Beweise zu lösen sucht; es ist auf *Informationshilfe* durch einen Unterricht angewiesen, der dadurch erzieht, daß er Wissen vermittelt, das sich als Können bewährt. – Aus der Verbindung von Leistungs- und Denkfähigkeit entsteht die *technische Kompetenz*, die Fähigkeit, „Künste" im weitesten Sinne des Wortes auszuüben und (wie z. B. Lesen und Schreiben, Rechnen und Zeichnen) zum weiteren Lernen zu nutzen; um Teile der Kultur auf diese Weise in eigenes Können zu verwandeln, müssen sich die Heranwachsenden auf die Disziplin von Schulen einlassen, deren *Reproduktionshilfen* Lehre und Übung methodisch verbinden. – Voll handlungsfähig ist der Heranwachsende aber erst, wenn er die technischen Kompetenzen, die er erworben hat, in seiner Person wirkungsvoll zur Darstellung (Performanz) bringen kann, d. h. die *Fähigkeit zur Selbstdarstellung* besitzt; um sie zu begründen und zu entwickeln, ist er (wie alle, die aus einer Institution entlassen werden) auf *Bewährungshilfen* angewiesen, deren erziehende Funktion darin besteht, ihn durch Prüfungen und Beratungen zu stärken.

Das vorstehend skizzierte Schema von Entwicklungsstufen der Lernfähigkeit als Aufgaben der Erziehung (ausführlichere Fassung in Loch 1996) soll nicht mehr sein als ein Modell, mit dem man versuchen kann, dem problematischen Zusammenhang von Möglichkeit und Wirklichkeit der Erziehung näherzukommen. Dabei ist wichtig zu beachten, daß die bezeichneten Stufen der Erziehung in demjenigen, der sie erklommen hat, als Schichten des Lernenkönnens habituell wirksam bleiben: als schwächende oder bestärkende Faktoren, als hemmende oder fördernde Erinnerungen. Denn nicht nur das, was wir verdrängen, sondern mehr noch das, was wir erinnern, ist für die Persönlichkeitsentwicklung bedeutungsvoll (Nohl 1949b, S. 56 ff.).

Literatur

Bednarik, K.: Die Lerngesellschaft. Wien, München 1966.

Benner, D.: Allgemeine Pädagogik. Weinheim, München 1987.

Bollnow, O. F.: Existenzphilosophie und Pädagogik. Stuttgart 1959.

Bollnow, O.F.: Die pädagogische Atmosphäre. Heidelberg 1964.

Bollnow, O. F.: Das Doppelgesicht der Wahrheit. Stuttgart, Berlin, Köln, Mainz, 1975.

Bollnow, O. F.: Vom Geist des Übens. Freiburg 1978.

Bollnow, O. F.: Studien zur Hermeneutik. Bd. 1. Freiburg, München 1982.

Bortz, J.: Lehrbuch der empirischen Forschung. Berlin, Heidelberg 1984.

Bourdieu, P./Wacquant, L. J. D.: Reflexive Anthropologie. Frankfurt am Main 1996.

Brezinka, W.: Grundbegriffe der Erziehungswissenschaft. München, Basel 1974.

Brinkmann, W.: Kindheit im Widerspruch: Zwischen Selbsttätigkeit und Fremdbestimmung. Würzburg 1987.

Brinkmann, W./ Renner, K. (Hrsg.): Die Pädagogik und ihre Bereiche. Paderborn 1982.

Brozio, P.: Vom pädagogischen Bezug zur pädagogischen Beziehung. Soziologische Grundlagen einer Erziehungstheorie. Würzburg 1995.

Bruner, J. S.: Der Prozeß der Erziehung. Düsseldorf 1980.

Carnap, R.: The Methodological Character of Theoretical Concepts. In: Minnesota Studies in the Philosophy of Science. Vol. I (1956), S. 38 ff.

Danner, H.: Methoden geisteswissenschaftlicher Pädagogik. München, Basel 1979.

Elias, N.: Über den Prozeß der Zivilisation. 2 Bde., Frankfurt am Main 1977.

Erdmann, H. W./Petersen, J.: Strukturen empirischer Forschungsprozesse. 2 Bde., Kastellaun [2]1979.

Fend, H.: Sozialisierung und Erziehung. Weinheim 1969.

Fischer, A.: Deskriptive Pädagogik. In: A. Fischer: Leben und Werk. Bd. 2. München 1950, S. 5 ff.

Gamm, H.-J.: Allgemeine Pädagogik. Reinbek 1979.

Geißler, E. E.: Erziehungsmittel. Bad Heilbrunn [6]1982.

Groothoff, H.-H.: Funktion und Rolle des Erziehers. München 1972.

Groothoff, H.-H.: Erzieher. In: Lenzen 1983, S. 382 ff.

Guyer, W.: Wie wir lernen. Erlenbach-Zürich, Stuttgart 1960.

Helbig, P.: Begabung im pädagogischen Denken. Weinheim, München 1988.

Herbart, J. F.: Allgemeine Pädagogik aus dem Zweck der Erziehung abgeleitet (1806). Sämtliche Werke (hrsg. von K. Kehrbach und O. Flügel) Bd. 2. Aalen 1964.

Hey, G.: Psychoanalyse des Lernens. Psychodynamische Bedingungen kognitiver Lernprozesse. Düsseldorf 1978.

Heydorn, H. J.: Über den Widerspruch von Bildung und Herrschaft. Frankfurt am Main 1970.

Husserl, E.: Logische Untersuchungen. 2 Bde., Halle [2]1913.

Husserl, E.: Erfahrung und Urteil. Hamburg 1972.

Kant, I.: Kritik der reinen Vernunft. Werke in sechs Bänden (hrsg. von W. Weischedel). Bd. 2. Darmstadt 1956.

Klafki, W.: Dialektisches Denken in der Pädagogik. In: J. Derbolav/ Fr. Nicolin (Hrsg.): Geist und Erziehung. Bonn 1955.

Klafki, W. et al.: Funkkolleg Erziehungswissenschaft. Bd. 1. Frankfurt am Main 1970.

Klafki, W.: Erziehungswissenschaft als kritisch-konstruktive Theorie: Hermeneutik – Empirie – Ideologiekritik. In: Zeitschrift für Pädagogik, 17 (1971), S. 351 ff.

Korczak, J.: Das Recht des Kindes auf Achtung. Göttingen 1970.

König, E./Ramsenthaler, H.(Hrsg.): Diskussion Pädagogische Anthropologie. München 1980.

Kraft, V.: Systemtheorie des Verstehens. Frankfurt am Main 1989.

Kraft, V.: Pestalozzi oder das pädagogische Selbst. Eine Studie zur Psychoanalyse des pädagogischen Denkens. Bad Heilbrunn 1996.

Krüger, H.-H./Rauschenbach, Th. (Hrsg.): Erziehungswissenschaft. Die Disziplin am Beginn einer neuen Epoche. Weinheim, München 1994.

Langeveld, M. J.: Das Absichtliche und das Unwillkürliche in der Erziehung und Erziehungskunde. In: Die Sammlung 9 (1954), S. 29 ff.

Langeveld, M. J.: Die Schule als Weg des Kindes. Braunschweig 1960.

Lenzen, D. (Hrsg.): Enzyklopädie Erziehungswissenschaft. Bd. 1: Theorien und Grundbegriffe der Erziehung und Bildung. Stuttgart 1983.

Lenzen, D.: Pädagogik – Erziehungswissenschaft. In: D. Lenzen (Hrsg.): Pädagogische Grundbegriffe, Bd. 2. Reinbek 1989, S. 1105 ff.

Leonhard, H.-W./Liebau, E./Winkler, M. (Hrsg.): Pädagogische Erkenntnis. Weinheim, München 1995.

Lippitz, W.: Phänomenologische Studien in der Pädagogik. Weinheim 1993.

Loch, W.: Homo discens. In: J. Peege (Hrsg.): Kontakte mit der Wirtschaftspädagogik. Neustadt/ Aisch 1967.

Loch, W.: Enkulturation als anthropologischer Grundbegriff der Pädagogik. In: Bildung und Erziehung 21 (1968), S. 161 ff.

Loch, W.: Lebenslauf und Erziehung. Essen 1979.

Loch, W.: Der Mensch im Modus des Könnens. In: König/Ramsenthaler 1980, S. 191 ff.

Loch, W.: Die Funktion der Achtung im pädagogischen Bezug. In: G. Groth (Hrsg.): Horizonte der Erziehung. Stuttgart 1981, S. 24 ff.

Loch, W.: Zur Anthropologie der Lernhemmung. In: G. Klein et al. (Hrsg.): Heilpädagogische Perspektiven in Erziehungsfeldern. Heidelberg 1982, S. 20 ff.

Loch, W.: Phänomenologische Pädagogik. In: Lenzen 1983, S. 155 ff.

Loch, W.: Gebote der Vernunft in der Erziehung. In: J. Schwartländer (Hrsg.): Die Verantwortung der Vernunft in einer friedlosen Welt. Tübingen 1984, S. 75 ff.

Loch, W.: Das Vaterbild im Lebenslauf. In: Münstersche Gespräche zu Themen der wissenschaftlichen Pädagogik. Heft 5. Münster 1988a, S. 32 ff.

Loch, W.: Die Konstellation der bedeutungsvollen Anderen im lebensgeschichtlichen Gespräch des Individuums. In: Bildung und Erziehung 41 (1988b), S. 245 ff.

Loch, W.: Die Erneuerung der Pädagogik aus dem Gespräch der Erwachsenen mit dem Kind. In: Bildung und Erziehung 42 (1989), S. 421 ff.

Loch, W.: Für Lehrer erforderliche Fähigkeiten. In: W. Loch/J.Muth (Hrsg.): Lehrer und Schüler – alte und neue Aufgaben. Essen 1990, S. 101 ff.

Loch, W.: Die Konstellation der bedeutungsvollen Anderen im Bewußtsein des Kindes. In: P. Brozio/E. Weiß (Hrsg.): Pädagogische Anthropologie, biographische Erziehungsforschung und pädagogischer Bezug. Hamburg 1993, S. 12 ff.

Loch, W.: Grundbegriffe einer biographischen Erziehungstheorie. In: H.-W. Leonhard/E. Liebau/M. Winkler 1995, S. 109 ff.

Loch, W.: Forschungen zur Anthropologie des Kindes. In: Th. Bartmann/H. Ulonska (Hrsg.): Kinder in der Grundschule. Bad Heilbrunn 1996, S. 147 ff.

Luckmann, Th.: Das Problem der Religion in der modernen Gesellschaft. Freiburg 1963.

Luhmann, N.: Normen in soziologischer Perspektive. In: Soziale Welt 1 (1969), S. 28 ff.

Luhmann, N.: Soziale Systeme. Frankfurt am Main 1984.

Luhmann, N.: Das Kind als Medium der Erziehung. In: Zeitschrift für Pädagogik 37 (1991), S. 19 ff.

Luhmann, N.: Die neuzeitlichen Wissenschaften und die Phänomenologie. Wien 1996.

Luhmann, N./Schorr, K.-E.: Reflexionsprobleme im Erziehungssystem. Stuttgart 1979.

Luhmann, N./Schorr, K.-E. (Hrsg.): Zwischen Technologie und Selbstreferenz. Frankfurt am Main 1982.

Luhmann, N./Schorr, K.-E. (Hrsg.): Zwischen Intransparenz und Verstehen. Frankfurt am Main 1986.

Luhmann, N./Schorr, K.-E. (Hrsg.): Zwischen Absicht und Person. Frankfurt am Main 1992.

Luhmann, N./Schorr, K.-E. (Hrsg.): Zwischen System und Umwelt. Frankfurt am Main 1996.

Marotzki, W.: Entwurf einer strukturalen Bildungstheorie. Weinheim 1990.

Mollenhauer, K.: Theorien zum Erziehungsprozeß. München 1972.

Mollenhauer, K.: Über Mutmaßungen zum „Niedergang" der Allgemeinen Pädagogik – eine Glosse. In: Zeitschrift für Pädagogik 42 (1996), S. 277 ff.

Nohl, H.: Die pädagogische Bewegung in Deutschland und ihre Theorie. Frankfurt am Main 1949a.

Nohl, H.: Charakter und Schicksal. Eine pädagogische Menschenkunde. Frankfurt am Main 1949b.

Oelkers, J./Tenorth, H.-E. (Hrsg.): Pädagogik, Erziehungswissenschaft und Systemtheorie. Weinheim, Basel 1987.

Paschen, H.: Pädagogiken. Zur Systematik pädagogischer Differenzen. Weinheim 1997.

Peters, R. S.: Ethik und Erziehung. Düsseldorf 1972.

Petersen, J./Reinert, G.-B. (Hrsg.): Pädagogische Konzeptionen. Donauwörth 1992.

Popper, K.: Logik der Forschung. Tübingen 1966.

Prange, K.: Pädagogik im Leviathan: Ein Versuch über die Lehrbarkeit der Erziehung. Bad Heilbrunn 1991.

Prange, K.: Intention als Argument. In: N. Luhmann/K.-E. Schorr 1992, S. 58 ff.

Prange, K.: Lernen ohne Gnade. In: Zeitschrift für Pädagogik 42 (1996), S. 313 ff.

Roth, H.: Begabung und Begaben. In: Die Sammlung 7 (1952), S. 395 ff.

Roth, H. (Hrsg.): Begabung und Lernen. Stuttgart 1968.

Salzmann, Chr. G.: Ameisenbüchlein oder Anweisung zu einer vernünftigen Erziehung der Erzieher. Hrsg. von Th. Dietrich. Bad Heilbrunn ²1964 (zuerst 1805).

Schleiermacher, F.: Pädagogische Schriften (hrsg. von E. Weniger u. Th. Schulze). Bd. 1. Düsseldorf, München 1983.

Schmitz, H.: System der Philosophie. Bonn 1964 ff.

Schneider, K.: Das Problem der Beschreibung in der Erziehungswissenschaft. Heidelberg 1971.

Schulz, W.: Grundprobleme der Ethik. Pfullingen 1989.

Seiffert, H.: Einführung in die Hermeneutik. Tübingen 1992.

Singer, K.: Lernhemmung, Psychoanalyse und Schulpädagogik. München 1970.

Spanhel, D./Hotamanidis, St. (Hrsg.): Die Zukunft der Kindheit. Weinheim 1988.

Spiegelberg, H.: The Phenomenological Movement. Den Haag 1971.

Spitz, R. A.: Vom Säugling zum Kleinkind. Stuttgart 1976.

Stern, D.: Die Lebenserfahrung des Säuglings. Stuttgart 1993.

Sünkel, W.: Voraussetzungen theoretischer Grundlagenforschung in der Pädagogik. In: H.-W Leonhard/E. Liebau/M. Winkler 1995, S. 197 ff.

Tenorth, H.-E.: Profession und Disziplin. Zur Formierung der Erziehungswissenschaft. In: H.-H. Krüger/Th. Rauschenbach 1994, S. 17 ff.

Treml, A. K.: Systemtheoretisch orientierte Pädagogik. In: J. Petersen/G.-B. Reinert 1992, S. 159 ff.

Uhle, R.: Verstehen und Pädagogik. Weinheim 1989.

Wagenschein, M.: Verstehen lehren. Weinheim, Basel [10]1992.

Waldenfels, B.: Phänomenologie in Frankreich. Frankfurt am Main 1983.

Weber, E.: Pädagogik. Eine Einführung. Bd. 1, Teil 2: Ontogenetische Voraussetzungen der Erziehung – Notwendigkeit und Möglichkeit der Erziehung. Donauwörth [8]1996.

Weiß, E.: Ethik, Psychoanalyse und Pädagogik. Frankfurt am Main, Bern, New York 1987.

Wigger, L.: Die aktuelle Kontroverse um die Allgemeine Pädagogik. Eine Auseinandersetzung mit ihren Kritikern. In: Zeitschrift für Pädagogik 42 (1996), S. 915-931.

Wilhelm, Th. (Friedrich Oetinger): Partnerschaft. Die Aufgabe der politischen Erziehung. Stuttgart 1953.

Winkler, M.: Wo bleibt das Allgemeine? Vom Aufstieg und Fall der allgemeinen Pädagogik zum Fall der Allgemeinen Pädagogik. In: H.-H. Krüger/Th. Rauschenbach 1994, S. 93 ff.

Winkler, M.: Die Glosse als systematische Darstellungsform – eine Replik. In: Zeitschrift für Pädagogik 42 (1996), S. 905 ff.

Wuchterl, K.: Methoden der Gegenwartsphilosophie. Bern, Stuttgart 1977.

Frithjof Grell

Die *Stiehlschen Regulative* (1854) und die Destruktion des Allgemeinen in der Pädagogik

1. Die Stiehlschen Regulative in der erziehungswissenschaftlichen Diskussion

Vor nunmehr fast 150 Jahren ergingen die nach ihrem Verfasser, Ferdinand STIEHL, Sektionsleiter im „Königlichen Ministerium der geistlichen, Unterrichts- und Medicinal-Angelegenheiten" benannten *Drei Preußischen Regulative vom 1., 2. und 3. October 1854 über Einrichtung des evangelischen Seminar-, Präparanden- und Elementarschul-Unterrichts*[1]. Ihrem Wortlaut nach waren die Regulative auf die protestantischen Volksschulen in den preußischen Hoheitsgebieten beschränkt, sie wirkten jedoch weit über den definierten geographischen, konfessionellen und schulartbezogenen Raum hinaus als richtungweisend auf die Bildungs- und Schulpolitik beinahe aller deutscher Staaten[2], bis sie – in Preußen – im Jahre 1872 durch die *Allgemeinen Bestimmungen* aufgehoben, wenn auch keineswegs vollständig revidiert, wurden.

Ihrer Entstehungsgeschichte, ihrer leitenden Tendenz und ihrem Inhalt nach atmen die *Regulative* den Geist des Zeitalters der Reaktion. Noch ganz im Banne der politischen Erschütterungen des Jahres 1848 versuchte der um Wiederherstellung der vorrevolutionären politischen und gesellschaftlichen Strukturen ringende Staat, die gesellschaftliche Funktion der Schule als Bollwerk gegen liberale und demokratische Strömungen neu zu definieren und ihre Leistungen von einem schon damals fragwürdigen Bildungsminimum aus festzuschreiben: Zum Modell für die Schule der „Gegenwart" – nicht etwa der Zukunft, wie ihr Verfasser rückblickend lakonisch anmerkte – erklärte der Erlaß

---

1 Im Folgenden zitiert als „Regulative" nach der Ausgabe: Die drei Preußischen Regulative vom 1., 2. und 3. October 1854 über Einrichtung des evangelischen Seminar-, Präparanden- und Elementarschul-Unterrichts. Im amtlichen Auftrage zusammengestellt und zum Drucke befördert vom Ferdinand Stiehl, Berlin ⁵1855.

2 So in Bayern die *Verordnung über die Bildung der Schullehrer im Königreich Bayern* vom 15. Mai 1857, die württembergischen *Lehrpläne* vom 18. Juni 1855 oder das österreichische *Konkordat* vom 18. August 1855. Der „Geist" der *Regulative* war aber in fast allen deutschen Ländern spürbar, und dies auch dort, wo keine förmlichen Regelungen ergingen, wie z. B. in Sachsen. Zu den Effekten der preußischen Regulative und ihren regionalen Varianten vgl. Meyer 1976, S. 35 ff.; Baumgart 1990, S. 187 ff. (Preußen); Wynands 1989, S. 110 ff.; Schadt-Krämer 1990, S. 143 ff. (preußische Rheinlande); Liedtke 1993, S. 46 ff. (Bayern); Friederich 1978, S. 163 ff. (Württemberg); zusammenfassend: Friedeburg 1989, S. 62 ff.

die schon damals keineswegs mehr allerorts übliche einklassige Landschule, an deren besonderen Gegebenheiten und Erfordernissen sich die Organisation der Schulen, ihre Lehrinhalte, die Formen des Unterrichts und dementsprechend auch die Ausbildungspraxis der zukünftigen Elementarlehrer orientieren sollten.

Trotz ihrer unzweideutigen Herkunft aus dem „Geist" der politischen Reaktion und ihrer restaurativen schulpolitischen Tendenz ist die bildungsgeschichtliche Bedeutung der *Regulative* bis heute Gegenstand ambivalenter Bewertungen[3]. Gemessen etwa an den zukunftsorientierten Schulplänen der preußischen Reformära (1808–1819) sind die pädagogischen und gesellschaftspolitischen *Intentionen* der *Regulative* in der Tat wohl nicht anders als ideologisch rückschrittlich zu bezeichnen; gemessen an ihren *Effekten*, ergibt sich jedoch ein durchaus nuancenreicheres Bild: Der normierende Zugriff des Staates auf die Elementarschule und die seminaristische Lehrerbildung sowie die damit verbundene, in dieser detaillierten Form in der deutschen Bildungsgeschichte erstmalige Festlegung von Mindestanforderungen an Schüler und Lehrer der Volksschule sicherte die rechtlichen und administrativen Voraussetzungen für die fast flächendeckende Verschulung am Jahrhundertende sowie Qualifikationsstandards des Lehrerstandes im Hinblick auf Zulassungsvoraussetzungen und Ausbildungsgang.

Unabhängig davon, wie die Bewertungen im einzelnen ausfallen: Weitgehend unbestritten und gut dokumentiert sind ihre Auswirkungen insbesondere auf *Schule* und *Lehrerbildung*. Sehr viel weniger Beachtung hat in der historischen Bildungsforschung dagegen die Tatsache gefunden, daß die *Regulative* nicht nur einen folgenreichen Einschnitt in die Entwicklung der schulischen und seminaristischen Praxis in und seit der Mitte des 19. Jahrhunderts bedeuteten, sondern auch einen drastischen Eingriff in das Konstruktionsgefüge und die Begründungszusammenhänge der pädagogischen Theorie, zumindest im Hinblick auf ihre entwickelteren Formen: In letzter Instanz zielte die staatliche Intervention auf die restlose Eliminierung allgemein-pädagogisch begründeter Prinzipien, Maximen und Regeln aus der Theorie und Praxis der Schule, und zwar durch die Diskreditierung der Allgemeinen Pädagogik als Grundlagenwissenschaft der Schulpädagogik und durch eine Neubestimmung des Zusammenhangs zwischen Pädagogik und ihren Teildisziplinen.

Hatte etwa noch DIESTERWEG das Verhältnis von Pädagogik und Schulpädagogik generell als Relation von „Allgemeinem" und „Besonderem" bestimmt und Schulpädagogik als „Anwendung" allgemeiner, d. h. im Rahmen des „Allgemeinen Teils" der Pädagogik legitimierter bzw. zu legitimierender

---

3 Eine Übersicht über die abweichenden Urteile gibt Tenorth 1987, S. 265 f.

Prinzipien auf die besonderen institutionellen Bedingungen der Schule verstanden (vgl. etwa Diesterweg 1820), so änderte sich dies nun grundlegend. An die Stelle einer *Allgemeinen Pädagogik* als Bezugsgröße und Lieferant regulativer Ideen für schulpädagogische Theorie und Praxis trat nun die seminaristische Disziplin *Schulkunde* als normierender Inbegriff dessen, was nach dem Willen des *Staates* die Wirklichkeit der Schule sein und auch in Zukunft bleiben sollte.

So kann man mit Fug und Recht wohl erst mit und seit den *Regulativen* von einer „eigenständigen" Schulpädagogik sprechen: „Eigenständig" wurde die Pädagogik der Schule im Sinne ihrer Unabhängigkeit von den Maßgaben allgemeiner Pädagogik. Indem der Staat die Ansprüche der letzteren zurückwies, geriet die Schulpädagogik gleichwohl in eine „ideologische" Abhängigkeit ganz anderer Art: Denn nun war es der Staat selbst, der sich voll und ganz die Definitionsmacht über die Schule sicherte.

Um diesen Bruch in der Disziplingenese der Pädagogik wenigsten in Ansätzen sichtbar zu machen, bedarf es freilich einer kurzen Vorerinnerung an jene pädagogischen Traditionen „allgemeiner Pädagogik", die mit den *Regulativen* zunächst nur aus dem seminaristischen Lehrplan, schließlich aber auch aus dem pädagogischen Denken der Zeit verdrängt werden sollten – und letztendlich auch auf längere Zeit verdrängt wurden.

2. Allgemeine Pädagogik und Schulpädagogik im Zeichen von „Aufklärung" und „Emancipation"

Wie Paul BARTH in seiner (leider kaum mehr gelesenen) *Geschichte der Erziehung in soziologischer und geistesgeschichtlicher Beleuchtung* (EA 1911) gezeigt hat, entfaltete das pädagogische Denken des 18. Jahrhunderts seine neuartigen Vorstellungen von „natürlichen" Anlagen und Vermögen des Menschen, ihrer Entwicklungsfähigkeit und Bildsamkeit unter Mithilfe von Erziehung und Unterricht in denjenigen Denkbahnen, die das moderne Naturrecht eröffnet hatte (Barth 1967, bes. S. 349 ff.).

Als richtungsweisend erwiesen sich in diesem Zusammenhang vor allem die naturrechtlichen (Re-)Konstruktionen einer universalen, „allgemeinen" Menschennatur, die – den Denkformen des Zeitalters entsprechend – fast durchweg im Ausgang vom Modell des „Naturzustandes" konzipiert worden war. Der genealogische Rückgang auf den Naturzustand des Menschen hatte dabei vor allem eine kritische Funktion: Im Anschluß an die philosophisch-anthropologischen Bestimmungen der (scheinbar) „natürlichen" *Bestimmung* des Menschen und seiner daraus abgeleiteten „natürlichen" Rechte ließen sich scheinbar ganz zwanglos jene fundamentalen rechtlich-politischen Bedingungen formulieren, unter denen staatliche Gewalt als rechtmäßig beurteilt und damit gegebenenfalls auch als unrechtmäßig delegitimiert und kritisiert werden konnte[4].

Freilich waren die Kreise der Freiheitsspielräume der als individuelle Rechtssubjekte verstandenen Einzelwesen in den Naturrechtslehren unterschiedlich weit oder eng gezogen worden (vgl. Fetscher 1960), und umgekehrt wurden, um mit Wilhelm von HUMBOLDT zu sprechen, die „Grenzen der Wirksamkeit des Staates" unterschiedlich eng oder weit gefaßt. Aber selbst HOBBES, den seine naturrechtlichen Überlegungen bekanntlich nahe an „totalitäre" Staatsauffassungen heranführten, hatte ja keineswegs auf die Einführung von Kriterien verzichtet, die als fundamentale Prinzipien des politischen Rechts staatliche Zwangsgewalt eben nicht nur rechtfertigen und begründen, sondern auch begrenzen und unter genau definierten Bedingungen einschränken können sollten.

In der Tat avancierte die Idee einer „von Natur aus" mit „natürlichen" Kräften, Vermögen und Rechten ausgestatteten allgemeinen Menschennatur zum entscheidenden ideologischen Rückhalt des entstehenden Bürgertums. Gegenüber der christlichen Betrachtung des Menschen als eines von der Erbsünde belastetes Wesens, das um seines Seelenheils willen der Erlösung bedarf, und der traditionell damit begründeten Festlegung des diesseitig-weltlichen Menschen auf Unterordung und Gehorsam, auf Sitte und Konvention, auf Stand und Beruf, fungierte der Hinweis auf die natürliche Bestimmung des Menschen – und auf eine dieser „gemäßen" Rechtsgemeinschaft – als ideales Vehikel für die bürgerlichen Emanzipationshoffnungen: Vor allem mit Hilfe dieser Denkfigur ließen sich die Zwänge der (spät-)feudalistischen Gesellschaft zugunsten jener „natürlichen" Ansprüche zurückweisen, auf die alle Menschen unter diesen Denkvoraussetzungen ein Anrecht haben sollten – und dies war nicht zuletzt der Anspruch auf eine Erziehung und Bildung, die, indem sie sich an der „Natur" des Menschen orientierte, über die bloße soziale Einpassung in die jeweiligen Gegebenheiten hinausreicht.

Ungeachtet ihrer Kritik am Nützlichkeitsprinzip der Aufklärungspädagogik, läßt so auch die Bildungsphilosophie des Neuhumanismus die tieferen Verbindungslinien zum Denken der Aufklärung noch deutlch genug erkennen. Das pädagogische Programm der „Allgemeinen Menschenbildung" bedeutete nämlich keineswegs einen Rückzug in die Innerlichkeit, als was es zuweilen

---

4 Daß dem Theorem des „Naturzustandes", trotz seines hypothetischen Charakters, eine *kritische* Funktion im Hinblick auf den „gegenwärtigen Zustand" zukommt, hat vor allem Rousseau im *Discours sur l'inégalite* (1754) mit aller Klarheit hervorgehoben. „Car ce n'est pas une légère enterprise de démêler ce qu'il y a d'originaire et d'artificiel dans la Nature actuelle de l'homme, et de bien connoître un Etat qui n'existe plus, qui n'a peut-être point existé, qui probablement n'existera jamais, et dont *il est pourtant necessaire d'avoit des Notions justes pour bien juger de nôtre état présent.*" (Rousseau 1964, S. 123, Hervorh. F. G.)

mißdeutet wurde, sondern kann als notwendiger und integraler Bestandteil eines politisch-gesellschaftlichen Projektes angesehen werden, das nicht etwa nur tendenziell, sondern prinzipiell auf die Ausweitung der Freiheitsspielräume des Bürgers angelegt war – und von den Hauptakteuren der preußischen Reformzeit tatsächlich auch so verstanden wurde. „Die Forderung nach allgemeiner Menschenbildung opponierte (...) gegen eine blinde Integration der Individuen in das gesellschaftlich-politische System, gegen eine Erziehung zum angepaßten Untertanen des Obrigkeitsstaates" (Baumgart 1990, S. 39).

Der hier nur skizzenhaft angedeutete systematische Zusammenhang zwischen Anthropologie, Pädagogik und Politik (vgl. etwa in bezug auf Kant: Blaß 1978, S. 17–49), oder anders gewendet, zwischen der Idee einer allgemeinen Menschennatur, allgemeiner Bildung und Gesellschaftsreform, blieb im Ansatz auch in jenen Versuchen, die Pädagogik als „allgemeine" zu begründen, erhalten, die in der nachklassischen Ära der Pädagogik, also etwa im letzten Drittel des 18. und dem ersten Drittel des 19. Jahrhundert, in erstaunlich großer Zahl unternommen wurden.

Wie Volker LENHART (Lenhart 1977) gezeigt hat, können in diesem Zeitraum – neben den prominenten Ansätzen HERBARTS und SCHLEIERMACHERS – über 40 weitere systematische Versuche namhaft gemacht werden, eine von anderen Erkenntnisbereichen abgrenzbare Wissenschaft der Pädagogik zu konstituieren, wie etwa Ernst Christian TRAPPS *Versuch einer Pädagogik* (1780), Johann Heinrich Gottlieb HEUSINGERS *Versuch eines Lehrstücks der Erziehungskunst* (1795), Johann Christoph GREILINGS *Über den Endzweck der Erziehung und über den ersten Grundsatz einer Wissenschaft derselben* (1793), August Hermann NIEMEYERS *Grundsätze der Erziehung und des Unterrichts* (EA 1796) oder auch Friedrich Heinrich Christian SCHWARZ' *Erziehungslehre* (in Teilen 1802 ff.), um nur die bedeutendsten[5] zu nennen.

Dabei tragen nicht nur diese bedeutenderen Arbeiten, sondern auch diejenigen unter ihnen, die ihrer Entstehung und Intention nach bereits ganz auf die Bedürfnisse von Schule und Unterricht ausgerichtet waren, noch keineswegs jenes Gepräge schlichter Rezepthaftigkeit, das für die deutsche Pädagogik und Schulpädagogik in der zweiten Jahrhunderhälfte kennzeichnend wurde. Im Gegenteil: Unabhängig davon, ob nun „Glückseligkeit" (Aufklärungspädagogik), „Sittlichkeit" (Kantianismus) oder die „Idee" (Schwarz) der Erziehung als Ausgangspunkt der pädagogischen Systemkonstruktionen herangezogen wurde: Allgemeine Pädagogik wurde als systematischer Zusammenhang von allgemeinen und verallgemeinerbaren, zumeist anthropologisch begründeten „Grundsätzen" verstanden, denen die Lehrer Hinweise entnehmen können sollten, daß und wie sie der Idee der Erziehung, in der *besonderen* schulischen

---

5 Einen bibliographischen Überblick bietet Lenhart 1977, S. 170 f.

Situation ihres Wirkens, zur Wirklichkeit und damit zu realer Geltung verhelfen können. Neben der Möglichkeit universalisierbarer Aussagen über den Menschen und seine Bestimmung wird für den „practischen Schulmann" eine spezifische Form pädagogischer Bildung als unumgänglich erachtet, deren besondere Leistung darin besteht, *allgemeine Prinzipien* und *besondere Bedingungen* so zu vermitteln, daß eine sukzessive Veränderung und „Höherbildung" der vorfindbaren schulischen Wirklichkeit in Richtung auf die prinzipiellen Zielsetzungen möglich wird[6].

Trotz ihrer gemeinsamen Herkunft aus der aufklärerischen Tradition des Allgemeinen, die sie ungeachtet aller Differenzen und (auch intern ausgetragener) Divergenzen als Abkömmlinge der bürgerlichen Emanzipationsbestrebungen ausweist, sind die pädagogischen Grundlegungsversuche dieser Übergangszeit jedoch von einer tiefgreifenden *Ambivalenz* durchzogen, auf die auch LENHART aufmerksam macht.

Denn trotz des Allgemeinheitspostulats und der damit verbundenen tendenziellen Ausrichtung auf die Idee der Gleichheit aller Menschen ist der emanzipatorische Anspruch in der deutschen Pädagogik dieser Zeit von Anfang an nur noch „gebrochen" enthalten (Lenhart), weil der Feudalstaat kaum jemals in seinem Grundbestand angezweifelt wurde. Angesichts des nach wie vor strengen Klassencharakters der berufsständisch geordneten Gesellschaft und fortgesetzter politischer Ohnmacht habe sich, so Lenhart, der etwa in der französischen *Deklaration der Menschenrechte* formulierte Anspruch auf individuelle Freiheit und rechtliche Gleichheit in die „politisch folgenlosen Reservate" einer lediglich noch „kreatürlich" verstandenen Gleichheit (Philanthropismus) bzw. in ein von der konkreten Befindlichkeit losgelöstes transzendentales Reich der Freiheit (Kantianismus) verflüchtigt.

In der Tat hat keiner der genannten Autoren das Verhältnis von *allgemeiner Bestimmung des Menschen* und *besonderer Bestimmung des Bürgers* in der Form einer derart radikalen Alternative gefaßt wie vor allem Rousseau, für den die Erziehung des *Menschen zum Menschen* nur noch in strikter *Entgegensetzung* gegen die Erziehung des Menschen *zum Bürger* denkbar erschien. Kennzeichnend für die auf ROUSSEAU folgende pädagogische Epoche ist vielmehr der Versuch, die von KANT als Grundproblem der Zeit identifizierte

---

6 Vgl. dazu etwa die Bestimmung Diesterwegs: „Aber das (...) müssen wir erkennen, daß die wissenschaftliche Aufgabe einer solchen Darstellung (der Pädagogik, F. G.) nie in solcher Weise gelöst werden kann, daß nun nichts weiter zu tun wäre, als ihre Vorschriften in Ausführung zu bringen (...). Vielmehr ist den Pädagogen die Aufgabe zugefallen, den allgemeinen, unabänderlichen Theil ihres Lehrgebäudes stets auf Zeit und Ort anzuwenden und je nach der Verschiedenheit der Verhältnisse und Umstände zu modifizieren, um (!) das Menschengeschlecht in nie stillstehendem Entwicklungsprozeß zu erhalten" (Diesterweg 1906, S. 10). Zu Diesterwegs Verständnis vom System pädagogischer Wissenschaft, das als Zusammenfassung und vorläufiger Abschluß dieser Theorieentwicklung angesehen werden kann, vgl. Uhlig 1992.

Spannung zwischen *anthropologischer Bestimmung* und *sozialer Funktion* in Theorien des vermittelnden Ausgleichs aufzulösen (Broeken 1978; Grell 1996). Unabhängig davon, wie diese Vermittlung im einzelnen gedacht und begründet wurde, ob als Koinzidenz von Mensch und Bürger in der „bürgerlichen" (Philanthropinismus) oder „weltbürgerlichen Gesellschaft" (Kant); als Etappen der Phylogenese (erst Mensch, dann Bürger; Niemeyer); in einer Theorie der „allgemeinen Menschenbildung" (der Gebildete als wahrer Bürger; Neuhumanismus) oder auch in einem elaborierten handlungstheoretischen Modell der Pädagogik als „praktischer Vermittlungswissenschaft" (Diesterweg)[7]: Der Anspruch auf Allgemeinheit blieb selbst noch in den resigniertesten Formeln des Kompromisses erhalten.

Letztendlich genügte aber schon dieser *Anspruch*, dem die Pädagogik zunächst zwar ihr steigendes Ansehen verdankt hatte, der sie jedoch, je mehr sich der Staat von den bürgerlichen Idealen entfernte, zunehmend in eine prekäre Lage und schließlich gänzlich in Mißkredit brachte. Denn nicht nur der Süvern'sche Reformplan von 1817 mußte sich schon den Vorwurf gefallen lassen, aufgrund seiner Ausrichtung auf die Freisetzung individueller Fähigkeiten und auf eine, wenn auch noch so begrenzte, gesellschaftliche Mobilisierung, mit den Bedingungen der ständischen Gesellschaft unverträglich zu sein. Sogar noch in Diltheys späterem Nachweis der *Unhaltbarkeit der herrschenden Systeme der Pädagogik, welche die allgemeingültigen Prinzipien für die Erziehung aller Völker und Zeiten aufsuchen*, wird unter dem Deckmantel der wissenschaftstheoretischen Kritik das tiefere Motiv für die Vorbehalte gegen die „natürlichen pädagogischen Systeme" (Dilthey) dieser Zeit ohne weiteres sichtbar:

> „Eine abstrakte, mit falschem Anspruch auf Allgemeingültigkeit auftretende Theorie wirkt revolutionär und zersetzend auf die geschichtlichen Ordnungen der Gesellschaft" (Dilthey 1971, S. 25).

In der Tat zeigt nicht nur das permanente Mißtrauen, das die Obrigkeit dem Allgemeinheitsanspruch der Pädagogik entgegenbrachte, daß selbst schon der Gedanke einer lediglich noch kreatürlich verstandenen Gleichheit ebensowenig als „politisch folgenlos" betrachtet wurde wie der Gedanke einer lediglich noch transzendental verstandenen Freiheit. Im Gegenteil: Nicht zuletzt die Beschneidung der seminaristischen Ausbildung auf beruflich-handwerkliche Fertigkeiten, wie sie durch die *Regulative* erfolgte, kann als ein untrügliches Indiz dafür gewertet werden, daß von seiten der Administration zwischen dem Anspruch auf Wissenschaftlichkeit und Allgemeinheit der Pädagogik einerseits und den Idealen der bürgerlichen Revolution andererseits ein enger, ja unaufhebbarer Zusammenhang gesehen wurde.

---

7 Vgl. dazu Rückriem 1992, S. 31–52

3. „Schulkunde"

Schon ihrer Entstehungsgeschichte nach lassen sich die *Regulative* in die Reihe und Tendenz der ministeriellen Verfassungsrevisionen einordnen, mit denen die konstitutionellen Zugeständnisse an die Revolution ausgehöhlt werden sollten und wurden (vgl. Jeismann 1977, S. 142). Art. 26 der sogenannten *revidierten Verfassung* von 1850 hatte zwar ein Unterrichtsgesetz versprochen, ein erster Entwurf dazu war jedoch am Einspruch der Kirchen gescheitert. Unter Umgehung des Parlaments wurden daraufhin die *Regulative* in der Form einer administrativen Verwaltungsvorschrift erlassen. Daß damit einem Unterrichtsgesetz vorgegriffen werden sollte, versuchte STIEHL zwar zu widerlegen: Die Widerlegung blieb jedoch rein formal und gibt eher Anlaß zu der Vermutung, daß genau dieses, nämlich vollendete und irreversible Tatsachen zu schaffen, die Absicht des Ministeriums war.

Daß sich die staatlichen Restriktionen mit besonderer Härte auf das Bildungswesen richteten, und hier insbesondere gegen die Seminarpädagogik, insofern sich diese in der Tradition der Aufklärung verstand, entsprach der Auffassung der Obrigkeit und einflußreichen feudal-reaktionären Kreisen innerhalb der Bürokratie, daß die gesellschaftlichen Verwerfungen und Spannungen, die sich in der Revolution entluden, insbesondere auch durch die neue Pädagogik mitverschuldet, wenn nicht gar verursacht worden seien.

In der Tat war die Beteiligung der Lehrerschaft an den revolutionären Umtrieben wohl nur gering, und das Bild des Elementarlehrers als Bannerträger der bürgerlichen Ideen eher das Produkt einer publizistisch regen Minderheit, als daß es den historischen Tatsachen entsprochen hätte. Gleichwohl verstärkte die schneidende Verurteilung der Volksschullehrer durch den preußischen Monarchen FRIEDRICH WILHELM IV.[8], gestützt von den konservativen Staatstheoretikern der Restaurationsepoche, wie etwa Friedrich Julius STAHL, die konservative Schulkritik, die spätestens seit den Tagen des Vormärz vehement gegen die „neue Pädagogik" vorgebracht worden und seither nicht mehr verstummt war[9].

8 Oft zitiert, wenn auch in ihrer Echtheit umstritten, sind die Vorwürfe, die Friedrich Wilhelm IV. an die Adresse der Lehrer gerichtet haben soll, mit denen er die Schuld für die Revolution, die als Resultat einer Entfremdung des Volkes von ihrem Monarchen gedeutet wurde, wesentlich den Volksschullehrern zuschob: „All' das Elend, das im verflossenen Jahr über Preußen hereingebrochen, ist Ihre, einzig Ihre Schuld, die Schuld der Afterbildung, der irreligiösen Massenweisheit, die Sie als echte Weisheit verbreiten, mit der Sie den Glauben und die Treue in dem Gemüthe Meiner Unterthanen ausgerottet und deren Herzen von Mir abgewandt haben" (zit. nach Michael/Schepp 1973, I, S. 313).

9 Bezeichnend für die sich spätestens seit den 40er Jahren abzeichnende Veränderung des politischen Klima, war etwa das Schicksal von Diesterwegs *Wegweiser*, der noch ganz nach dem Muster des relationalen Verhältnisses von „Allgemeinem" und „Besonderem" konstruiert war. In der ersten und zweiten Auflage (1835 bzw. 1838) war dieses weit verbreitete pädagogische Lehrbuch

Mit den *Regulativen* wurden die restaurativen Vorstellungen von einem autoritären, christlich-ständischen Staat und einer diesem entsprechenden autoritären, christlich-ständischen Schule gleichsam aufeinander abgestimmt. Diesem Programm versuchten die *Regulative* vor allem durch vier Einzelmaßnahmen Rechnung zu tragen: 1) durch die Erhebung der einklassigen Landschule zum verbindlichen Schulmodell der Volksschule; 2) durch die fast ausschließliche Beschränkung der Unterrichtsinhalte auf religiöse Unterweisung; 3) durch die Verlegung der internatsförmigen Lehrerseminare und Präparandenanstalten aus den unruhigen Städten in ländliche Gebiete; und 4) durch die Streichung von Pädagogik, Anthropologie, Psychologie und allgemeiner Didaktik aus dem Fächerkanon der seminaristischen Ausbildung. Alle diese Einzelmaßnahmen fügten sich nahtlos in die Neubestimmung des „Schulzwecks", der in einem offen ausgesprochenen Gegensatz zu den Prinzipien der „Entwickelung" und der „allgemeinen menschlichen Bildung" formuliert und festgesetzt worden war.

„Der Gedanke einer allgemeinen menschlichen Bildung durch formelle Entwickelung der Geistesvermögen an abstraktem Inhalt hat sich durch die Erfahrung als wirkungslos, oder schädlich erwiesen.

Das Leben des Volkes verlangt seine Neugestaltung auf Grundlage und im Ausbau seiner ursprünglich gegebenen und ewigen Realitäten auf dem Fundament des Christenthums, welches Familie, Berufskreis, Gemeinde und Staat in seiner kirchlich berechtigten Gestaltung durchdringen, ausbilden und stützen soll. Demgemäß hat die Elementarschule, in welcher der größte Theil des Volkes die Grundlage, wenn nicht den Abschluß empfängt, nicht einem abstracten System, oder einem Gedanken der Wissenschaft, sondern dem praktischen Leben in Kirche, Familie, Beruf, Gemeinde und Staat zu dienen, und für dieses Leben vorzubereiten, indem sie sich mit ihrem Streben auf dasselbe gründet und innerhalb seiner Kreise bewegt.

Das Verständnis und die Uebung des dahin gehörenden Inhalts, und dadurch Erziehung ist Zweck; die Methode ist nur ein Mittel, welches keinen selbständigen Werth hat; die formelle Bildung ergiebt sich durch Verständnis und Uebung des berechtigten Inhalts von selbst; ohne Rücksicht auf den Inhalt, oder einem verkehrten Inhalt nachstrebend, wirkt sie schädlich und zerstörend" (Regulative, S. 64).

---

völlig unbehelligt geblieben; es wurde erst mit dem Wechsel der politischen Konstellation in Preußen zum Gegenstand heftigster Attacken (Rupp 1987, S. 254), und dies, obwohl keinerlei inhaltliche Veränderungen vorgenommen worden waren. Nach dem Jahre 1854 war die vierte und letzte von Diesterweg bearbeitete Ausgabe (1850) mehr als zwanzig Jahre lang vergriffen, „hat doch der Verleger jedenfalls nicht den Mut gehabt, ihn wieder erscheinen zu lassen, weil er gefürchtet hat, in den nach regulativen Mustern gebildeten Lehrern keine Abnehmer zu finden" (Richter 1906, S. XV f.).

Die neue Volksschulpolitik traf besonders die Lehrerseminare. Während die Anforderungen der *Regulative* für den weitaus größten Teil der Landschulen lediglich die Zementierung des status quo, für einige sogar eine Hebung des Niveaus zur Folge hatten (Friederich 1987, S. 134), bedeutete die angestrebte Rekonfessionalisierung und Refeudalisierung von Schule und Gesellschaft für die Lehrerseminare eine deutliche „Verengung" (Meyer 1976, S. 189) des Bildungs- und Ausbildungsganges.

Als einschneidendste und auf lange Sicht folgenreichste Maßnahme erwies sich in dieser Hinsicht die fast vollständige Verdrängung genau jener pädagogischen Teildizplinen, die, zumindest in den fortschrittlicheren Seminaren, im Rahmen des „Allgemeinen Teils" der Pädagogik, bzw. in ständiger Rücksicht auf diesen, theoretisch abgehandelt und unterrichtet worden waren. An ihre Stelle trat das wöchentlich zweistündig zu gebende Unterrichtsfach „Schulkunde".

„Was bisher an einzelnen Seminaren noch unter den Rubriken Pädagogik, Methodik, Didaktik, Katechetik, Anthropologie und Psychologie usw. gelehrt sein sollte, ist von dem Lektionsplan zu entfernen und ist statt dessen für jeden Kursus in wöchentlich zwei Stunden „Schulkunde" anzusetzen.

In dem Seminar ist kein System der Pädagogik zu lehren, auch nicht in populärer Form.

Der Unterricht über Schulkunde hat sich vor Abstraktionen und vor Definitionswerk sorgfältig zu bewahren und möglichst praktisch und unmittelbar zu gestalten" (Regulative, S. 12).

Konkret bedeutete dies eine „biblische Grundlegung für die Erziehung unter Zusammenstellung und Erläuterung der in der heiligen Schrift enthaltenen hierhergehörigen Grundsätze"; einen historischen Kurs über die „Entstehung der evangelisch-christlichen Schulen in ihrem Verhältnis zu Kirche, Staat und Familie"; ein kursorischer Durchgang durch die Geschichte der Pädagogik seit der Reformation; sowie „Bilder aus dem Kinderleben, Wohnstubenerziehung und christliches Familienleben. Warteschulen und Rettungshäuser" (Stiehl 1855b, S. 63).

Es kann kein Zweifel bestehen, daß sich die Kultusbürokratie besonders von der ersatzlosen Streichung allgemein-pädagogischer Lehrinhalte einerseits und der erst noch neu zu konzipierenden „Schulkunde" andererseits den entscheidenden Anstoß für die innere Verklammerung des Seminars mit der Volksschule und die Verzahnung beider mit den „faktischen Zuständen des Volkslebens" erhoffte, was die *Regulative* auch mehrfach ausdrücklich hervorheben. Ihr, der „Schulkunde", und ihrem fachlichen Ausbau zu einer seminaristischen Disziplin, in der die Bestimmung des „Schulzwecks" als „Schule der Untertanen" (Meyer) ideologisch legitimiert und sanktioniert werden könnte, sollten die Seminardirektoren und -lehrer deshalb „ihre ganze Umsicht und Gewissenhaftigkeit" zuwenden.

Die Normierung der seminaristischen Ausbildung hatte zwangsläufig eine bis dahin nicht gekannte Normierung derjenigen Literatur zur Folge, die im Rahmen des inhaltlich und zeitlich reduzierten Pädagogikunterrichts der „Schulkunde" Verwendung finden konnte und sollte. Die älteren pädagogischen Lehrbücher, wie etwa DENZELS *Volksschule* (1822), HARNISCHS *Deutsche Volksschulen* (1812) oder ZERRENNERS *Grundsätze der Schul-Erziehung* (1826) konnten nur wenig geeignet erscheinen: Mit ihrem Anspruch auf „Wissenschaftlichkeit" und „Allgemeinheit", den sie selbst noch durch den seminarpädagogischen Zuschnitt hindurch erkennen ließen, waren sie dem neuen Seminarplan geradezu entgegengesetzt. Nur streckenweise konnte man auf bereits vorliegende Literatur zurückgreifen, wie z. B. auf die unmittelbar zuvor erschienene, vergleichsweise anspruchsvolle *Evangelische Pädagogik (1853)* des Tübinger Theologie-Professors Christian PALMER, auf das im Geiste der strengen protestantischen Orthodoxie verfaßte Lehrbuch des geistlichen Parabeldichters Friedrich Adolf KRUMMACHER *Die christliche Volksschule im Bunde mit der Kirche* (1823) oder Christian Heinrich ZELLERS *Lehren der Erfahrung für christliche Land- und Armenschullehrer* (1827).

Bereits wenige Wochen nach dem Erlaß der *Regulative* erschien Karl BORMANNS *Schulkunde für evangelische Volksschullehrer*[10], ein 218seitiges Elaborat, dem man die Eile seiner Entstehung ohne weiteres ansehen konnte, das aber trotz seiner Dürftigkeit bald zum formalen Muster und inhaltlichen Vorbild der seminarpädagogischen Literatur avancierte. Das gedankenschnelle Einschwenken auf den neuen Kurs und das sichere Gespür BORMANNS für die entstandene Marktlücke brachte dem ehemaligen Mitarbeiter an DIESTERWEGS *Wegweiser* nicht nur einen Posten als Provinzialschulrat in Berlin, sondern seiner *Schulkunde* auch die ausdrückliche Empfehlung des Unterrichtsministeriums. Sie blieb bis zum Erlaß der *Allgemeinen Bestimmungen* (1872) uneingeschränkt in Gebrauch, erlebte insgesamt 17 Auflagen und damit eine Verbreitung, „die alle bisherigen Werke nicht erreicht hatten" (Schadt-Krämer 1990, S. 213).

BORMANNS *Schulkunde* ist nun aber gerade aufgrund ihrer schlichten Eindeutigkeit mehr als alle anderen vergleichbaren Werke, die beinahe über Nacht wie Pilze aus dem Boden sprossen, geeignet, den tiefgreifenden Wechsel der Perspektive zu bezeichnen, der sich mit und seit den *Regulativen* innerhalb der Schulpädagogik und ihres Binnenverhältnisses zur allgemeinen Pädagogik vollzogen hatte.

Den Vorgaben der *Regulative* folgend, behandelte BORMANNS *Schulkunde* in vier Kapiteln „Die Volksschule" (geschichtliche Entwicklung seit der Refor-

---

10 Karl Bormann: Schulkunde für evangelische Volksschullehrer auf Grund der Preussischen Regulative vom 1., 2. und 3. Oktober 1854 über Einrichtung des evangelischen Seminar-, Präparanden- und Elementarschulunterrichts, Berlin 1854 (zitiert wird nach der 17. Auflage Berlin 1872).

mation, Verhältnis zu Familie, Kirche und Staat); den „Volksschullehrer" (berufliches Selbstverständnis, Stellung zu Kirche und Obrigkeit); den „Volksschulunterricht" und die „Volksschulerziehung", wobei die Darlegung der in Schule und Seminar anzustrebenden Unterrichts- bzw. Erziehungsziele („Gehorsam", „Vaterlandsliebe", „Gottesfurcht", „Fleiß", „Ordnung", „Wohlanständigkeit", „Wahrhaftigkeit", „Friedfertigkeit", „Reinlichkeit") den – auch auf das ganze Buch bezogen – weitaus größten Raum einnimmt.

Aber nicht nur in inhaltlicher und formaler Hinsicht bedeutete die Konzentration der pädagogischen Bildung des Lehrers auf einen Kanon professioneller und staatsbürgerlicher Tugenden eine „Verengung". Entscheidend war vielmehr Bormanns sklavische Ausrichtung der Schulpädagogik an den ideologischen und terminologischen Vorgaben der *Regulative*, die als „unantastbaren Grundlagen" der pädagogischen „Deductionen" (Bormann 1872, Vorrede) benannt werden. BORMANNS Schulkunde stellt somit gattungsgeschichtlich ein vollkommenes *novum* dar, und dies nicht nur für die seminarpädagogische Literatur: In einer in der Geschichte der neueren Pädagogik bis dato nicht gekannten Ausschließlichkeit wurde hier die Pädagogik der Schule ausdrücklich unter die normativen Vorgaben des Staates und der Kultusbürokratie gestellt, und umgekehrt wurden allgemein-pädagogische Begründungen des „Schulzwecks" nicht nur als irrelevant, sondern sogar als irreführend und schädlich eingestuft, und demzufolge aus dem Umkreis des schulpädagogisch bedeutsamen Wissens verbannt.

Diese Zäsur, die eine exklusive und vollständige Ausrichtung der Schulpädagogik an den staatlichen Vorstellungen intendierte, tritt dann besonders deutlich zutage, zieht man zum Vergeich ein – beinahe beliebig wählbares – pädagogisches Lehrbuch aus der vorhergehenden Epoche heran. Auch dort hatte die „Schulkunde" einen festen Ort im Korpus des pädagogischen und schulpädagogischen Wissens.

So bildete die „Schulkunde" etwa in den *Grundsätzen der Schul-Erziehung, der Schulkunde, der Unterrichtswissenschaft für Schul-Aufseher, Lehrer und Lehrer-Bildungsanstalten* (1827) des sächsischen PESTALOZZIANERS J. H. G. ZERRENNER den dritten und *abschließenden* Teil einer „Einleitung", die außerdem eine „Allgemeine Pädagogik" und eine „Erziehungslehre für Schullehrer" enthielt. Im Rahmen der „Einleitung", die knapp die Hälfte des ganzen Buches ausmacht, bildete die „Schulkunde" jene Disziplin, die im Gegensatz zu den beiden vorangegangenen einer wissenschaftlich-allgemeinen Behandlung als *nicht* zugänglich erachtet wurde, da sie sich mit den historischen und damit stets kontingenten Bedingungen beschäftigte, unter denen sich die „Idee" der Erziehung in der Schule realisieren bzw. unter welchen Bedingungen sie sich nur unvollständig, nicht oder unmöglich zu realisieren läßt. „Die Regeln für die zur Erreichung des Schulzwecks nöthige äußere und innere Einrichtung der Schulen lehrt die Schulkunde" (Zerrenner 1827, S. 129).

Für ZERRENNERS Systemkonstruktion sind der konstitutive Bezug der „Schulkunde" auf die „Erziehungslehre" sowie der konstitutive Bezug beider auf die „Allgemeine Pädagogik" entscheidend. Konstitutiv ist dieser Bezug deshalb, weil sich unter diesen Denkvoraussetzungen eine begründete Beurteilung der *besonderen* schulischen Verhältnisse in der gegebenen Situation letztlich immer auf *Kriterien* verwiesen sieht, die der Faktizität der Schule selbst nicht entnommen sein können. Nur eine allgemein-pädagogisch legitimierte und reflektierte Bestimmung des „Schulzwecks" kann dieser Auffassung zufolge eine begründete Erörterung und Kritik eben dieser besonderen Gegebenheiten ermöglichen.

Der theoretische Maßstab der Schule sollte gewissermaßen das sein, was sie an Möglichkeiten im Hinblick auf ihre eigene „Vervollkommnung" enthielt, und dies wiederum erschien ausschließlich im Hinblick auf die Prinzipien der „Allgemeinen Erziehungswissenschaft" (Zerrenner 1827, S. 6) bestimmbar. Mit anderen Worten: der Emanzipationsanspruch blieb selbst im Rahmen der „Schulkunde" schon aufgrund der systematischen und wechselseitigen Bezüge der pädagogischen Teildisziplinen erhalten.

Legt man diesen Begründungszusammenhang von „Allgemeiner Erziehungswissenschaft", „Erziehungslehre" und „Schulkunde" als Interpretationsraster zugrunde, erst dann wird das ganze Ausmaß der Verschiebungen deutlich, die die Neudefinition der „Schulkunde" in den *Regulativen* zur Folge haben mußte. Die Möglichkeiten der Volksschule, einschließlich ihrer Theorie, sollten von nun an nur noch an der faktischen *Wirklichkeit* der Schulen gemessen werden bzw. an dem, was der Staat als ihre Wirklichkeit definierte.

Vor diesem Hintergrund bedeutet die Einführung der „Schulkunde" in der von den Regulativen intendierten Form auch nicht etwa bloß eine Akzentverlagerung oder „Verengung" und markiert auch nicht bloß den Umschwung von einem primär szientifischen zu einem primär technischen Verständnis der Lehrerbildung. Sie stellt vielmehr einen markanten Einschnitt in die Pädagogik dar, insofern durch die Verdrängung der Allgemeinen Pädagogik aus ihrem Reflexionshorizont die Schulpädagogik endgültig auf eine neue, von jetzt ab staatlich definierte Grundlage gestellt werden konnte.

4. Epilog

Die Auswirkungen der *Regulative* auf Schule und Lehrerbildung waren gravierend, jedoch von vorübergehender Natur: Die disziplinarischen Kontroll- und Überwachungsmaßnahmen der Seminarpädagogik wurden mit zunehmender Beruhigung der öffentlichen Lage sukzessive wieder gelockert, wenn sie, was keineswegs überall der Fall war, überhaupt in der verordneten Strenge zur Ausführung kamen. Auch der penetrant kirchlich-frömmelnde Ton, der im Gefolge der *Regulative* wieder Einzug in die Pädagogik gefunden hatte, war mit fort-

schreitender Dauer immer weniger vernehmbar, ehe er im Zeichen des sogenannten „Kulturkampfes" der 70er Jahre (vorübergehend) fast gänzlich ver-
stummte. Die Nachwirkungen der *Regulative* auf die Genese der allgemeinen
Pädagogik und ihre Subdisziplinen in der zweiten Hälfte des 19. Jahrhunderts
waren dagegen sehr viel nachhaltiger, auch wenn sie im Hinblick darauf nur
sehr viel schwerer greifbar sind.

Zunächst scheint ja die Herausbildung der Erziehungswissenschaft im 19. Jahrhundert allein auf dem Hintergrund ihrer *eigenen* Theoriegeschichte rekonstruiert werden zu können. Jürgen OELKERS (1989) hat die Fruchtbarkeit dieser
Perspektive, in der externen Faktoren ein vergleichsweise geringes Gewicht
beigemesen wird, eindrucksvoll demonstriert. Demnach waren es weniger die
Pädagogen (und auch nicht die Politiker), die der Theorie der Erziehung und
des Unterrichts ihre konkrete Gestalt verliehen haben, sondern vielmehr die
faktischen Zwänge des expandierenden Schulsystems, das nach entsprechenden Theorieformen verlangte.

Daß die „große Aspiration" der Pädagogik des 18. bis zum Ende des 19. Jahrhunderts zur begriffslos-„bornierten" (Jäger/Tenorth) Schulmännerklugkeit
verkümmern konnte, wird auf dem Hintergrund der fortschreitenden Verschulung und ihrer theoretischen und praktischen Folgeprobleme zumindet so weit
plausibel, daß es der Annahme politischer Einflußnahme nicht unbedingt zu
bedürfen scheint[11].

Für die Berechtigung dieser gewissermaßen „systemimmanenten" Sichtweise
können auch im Hinblick auf den vorliegenden Zusammenhang gewichtige
Gründe herangezogen werden: Da ist nicht zuletzt der Umstand, daß die *Regulative* auch und gerade auf seiten der führenden Seminarpädagogen keineswegs
auf einhellige oder ungeteilte Ablehnung stießen, ganz im Gegenteil: Nicht nur
ein so entschiedener Kritiker wie DIESTERWEG sah sich genötigt, ihre berufs-
praktische Relevanz vorbehaltlos anzuerkennen (Kuhlemann 1993, S. 61); und
wie viele andere stand etwa auch Lorenz KELLNER, neben Friedrich Wilhelm
DÖRPFELD der „herausragende Exponent und Förderer der rheinischen Lehrerschaft in der zweiten Hälfte des 19. Jahrhunderts" (Wynands 1989, S. 118),
den *Regulativen* sogar ausgesprochen positiv gegenüber. Noch im Jahre 1879,
also bereits sieben Jahre nach dem Erlaß der liberaleren *Allgemeinen Bestimmungen*, beurteilte Kellner die *Regulative* als Markstein in der Geschichte der
Schule und Lehrerbildung.

„Sie waren mit sicherer Kenntnis des Schulwesens, insbesondere der Elementarschule, geschrieben (...) Unstreitig haben sie das Verdienst, in Seminare und
Volksschule eine einheitliche Richtschnur gebracht und einer gewissen Un-

---

11 Nicht zuletzt diesem Umstand ist es wohl zuzuschreiben, daß „die Bedeutung von 1848 für die
Disziplingenese" der Pädagogik „bisher kaum näher untersucht worden" ist (Rückriem 1992,
S. 51).

stimmigkeit im Ziele und Wege ein Ende gemacht zu haben, welche damals auf dem Gebiete der Volksschule herrschte" (zit. nach Schadt-Krämer 1990, S. 246). Zudem mußte die Kultusbürokratie die Pädagogik der *Regulative* ja keineswegs neu erfinden, sondern konnte auf gängige und seit Jahrzehnten erprobte, „bewährte" Modelle der seminaristischen Bildung und Ausbildung zurückgreifen: STIEHL selbst war seit 1835 bis zu seiner Berufung ins preußische Kultusministerium im Jahre 1845 als – auch von DIESTERWEG geschätzter Kollege – Seminarlehrer im rheinischen Neuwied. So ist die Vermutung sicherlich nicht unbegründet, daß durch die *Regulative* nicht etwa eine völlig neuartige Seminarpädagogik installiert, sondern lediglich eine bestimmte, gemessen an den Effekten durchaus erfolgreiche, Theorie und Praxis der seminaristischen Ausbildung auf die übrigen Seminare ausgedehnt werden sollte.

Die Annahme, daß die *Regulative* nichts weniger als einen „Einschnitt" darstellen, sondern sich vielmehr in die Kontinuität der historischen Entwicklung einfügen lassen, scheint sich auch im Hinblick auf die Disziplingenese der Pädagogik zu bestätigen: die Tradition des „Allgemeinen" in der Pädagogik war mit den *Regulativen* ja keineswegs beendet, und es wurden, namentlich im Herbartianismus, auch weiterhin Schriften produziert, die sich als „Allgemeine Pädagogik" (Waitz 1883; Ziller 1892) verstanden.

Gerade ein Blick auf diese Werke läßt jedoch die Unterschiede besonders plastisch hervortreten: Aufgrund der ständigen staatlichen Drohung mit dem Verlust des öffentlichen Ansehens, dem Fortbestand der kirchlichen Schulaufsicht und dem Entzug der mühsam erworbenen minimalen Privilegien waren an die Stelle des Emanzipationsanspruchs sublime Formen einer *ideologischen Selbstkontrolle* getreten, die spätestens seit den Siegen im Deutschen (1866) bzw. im Deutsch-Französischen Krieg (1870/71) – die als „Siege des preußischen Schulmanns" und damit als nachträgliche Rechtfertigung der Regulativpädagogik gefeiert wurden – weiterer staatlicher Diszplinierungsmaßnahmen nicht mehr bedurfte. Es war jetzt nicht mehr bloß der autoritäre *Staat*, sondern vielmehr eine nicht minder autoritäre Pädagogik, die entscheidend daran mitarbeitete, daß sich „nach 1870 das gesellschaftliche Verständnis von Erziehung immer deutlicher von Kriterien wie Bildung und Fortschritt, Natur und Entwicklung, Aufklärung und Mündigkeit entfernte und den Denkformen staatstreuer Gesinnungsbildung annähern konnte" (Jäger/Tenorth 1987, S. 98).

Die Wandlung des pädagogischen Denkens von einer prinzipiell kontrafaktischen Theorie zur Legitimationswissenschaft des Bestehenden, die mit den *Regulativen* wenn schon nicht eingeleitet, so doch zumindest entscheidend befördert wurde, lassen sich aber nicht nur mentalitätsgeschichtlich beobachten. Der Eingriff in das labile Konstruktionsgefüge der pädagogischen *Theorie* erfolgte zwar nur indirekt, genau genommen lediglich durch die normierende Beschneidung der pädagogisch-theoretischen Bildung der Seminaristen. Da die Erziehungswissenschaft in Deutschland an den Universitäten seit dem

Scheitern Trapps in Halle (1810) aber so gut wie nicht mehr vertreten war und sich die theoretische Profilierung der Pädagogik außerhalb der wissenschaftlichen Hochschulen, in erster Linie in den Lehrerseminaren vollzog –, und institutionell auch weiterhin an das Seminar gebunden blieb! – konnten die Folgen für die wissenschaftliche Pädagogik, auch über den seminaristischen Bereich hinaus, nicht ausbleiben. Die Pädagogik blieb hier als „Schulkunde" zwar erhalten, gleichzeitig verlor die Pädagogik mit dem Seminar aber auch denjenigen Ort, in dem das Bewußtsein für „Allgemeinheit" und „Wissenschaftlichkeit", und damit das Erbe der bürgerlichen Emanzipationsbewegung, erhalten geblieben war. Indem der Staat den „Allgemeinen Teil" der Pädagogik aus dem Seminar verbannte, unterband er gleichzeitig wirkungsvoll die Möglichkeiten seiner weiteren theoretischen Klärung, und zugleich drängte er die Schulpädagogik in jene Rolle eines bloßen Ausführungsorgans bürokratischer Vorgaben, die diese schließlich freiwillig selbst übernahm.

So haben schließlich nicht nur die ungelösten Aporien und Paradoxien ihrer Theoriegeschichte, sondern auch die *staatlich-administrative* Beschneidung der Pädagogik durch die *Regulative* einiges – vielleicht sogar entscheidend – dazu beigetragen, daß sich die Pädagogik als Wissenschaft „im Diskussionsstand und im Hinblick auf eine Institutionalisierung an den Hochschulen bis ins 20. Jahrhundert hinein nicht konsolidieren" (Lenhart 1977, S. 159) konnte.

Literatur

Barth, Paul: Die Geschichte der Erziehung in soziologischer und geistesgeschichtlicher Beleuchtung, Darmstadt 1967.

Baumgart, Franzjörg: Zwischen Reform und Reaktion. Preußische Schulpolitik 1806–1859, Darmstadt 1990.

Blaß, Joseph-Leonhard: Modelle pädagogischer Theoriebildung, Band I: Von Kant bis Marx, Stuttgart/Berlin/Köln/Mainz 1978.

Bormann, Karl: Schulkunde für evangelische Volksschullehrer aufgrund der Preussischen Regulative vom 1., 2., und 3. October 1854 über Einrichtung des evangelischen Seminar-, Präparanden- und Elementarunterrichts bearbeitet, Berlin [17]1872.

Broeken, Karl Heinz: Mensch und Bürger bei Rousseau und den Philanthropinisten, in: Pädagogische Rundschau, 32 (1978) S. 739–763.

Denzel, B.G.: Einleitung in die Erziehungs- und Unterrichtslehre für Volksschullehrer, 3 Teile, 3. verb. Aufl. Stuttgart 1925–26.

Diesterweg, Friedrich Adolph Wilhelm: Über Erziehung im Allgemeinen und Schul-Erziehung im Besonderen, Elberfeld 1820, 2. unveränd. Aufl., Elberfeld 1839.

Diesterweg, Friedrich Adolph Wilhelm: Wegweiser zur Bildung für deutsche Lehrer, siebente, durchgesehene, vermehrte und in der Literatur bis 1906 fortgeführte Auflage der Jubiläums-Ausgabe zu Diesterwegs hundertjährigem Geburtstage am 19. Oktober 1890, zweite Auflage, bearbeitet und herausgegeben von Karl Richter, Frankfurt a. M. 1906.

Dilthey, Wilhelm: Schriften zur Pädagogik, hrsg. v. Hans-Hermann Groothoff und Ulrich Herrmann, Paderborn 1971.

Fetscher, Iring: Der gesellschaftliche „Naturzustand" und das Menschenbild bei Hobbes, Pufendorf, Cumberland und Rousseau. Ein Beitrag zur Standortbestimmung der Theorie Rousseaus, in: Schmollers Jahrbuch für Gesetzgebung, Verwaltung und Volkswirtschaft, 80 (1960), S. 641–685.

Friedeburg, Ludwig von: Bildungsreform in Deutschland. Geschichte und gesellschaftlicher Widerspruch, Frankfurt a. M. 1989.

Friederich, Gerd: Die Volksschule in Württemberg im 19. Jahrhundert, Weinheim und Basel 1978.

Greiling, Johann Christoph: Über den Endzweck der Erziehung und über den ersten Grundsatz einer Wissenschaft derselben, Schneeberg 1793.

Grell, Frithjof: Der Rousseau der Reformpädagogen. Studien zur pädagogischen Rousseaurezeption, Würzburg 1996.

Gruner, Gottlieb Anton: Versuch einer wissenschaftlichen Begründung und Darstellung der wichtigsten Hauptpunkte der Erziehungslehre mit besonderer Hinsicht auf den Unterricht in der Volksschule. Denkenden Lehrern gewidmet, Jena 1821.

Heusinger, Johann H. G.: Versuch eines Lehrstücks der Erziehungskunst. Ein Leitfaden zu akademischen Vorlesungen entworfen, Leipzig 1795.

Jäger, Georg und Tenorth, Heinz-Elmar: Pädagogisches Denken, in: Handbuch der deutschen Bildungsgeschichte, Band III, hrsg. v. Karl-Ernst Jeismann und Peter Lundgreeen, München 1987, S. 71–104.

Jeismann, Karl-Ernst: Die „Stiehlschen Regulative". Ein Beitrag zum Verhältnis von Politik und Pädagogik während der Reaktionszeit in Preußen, in: Ulrich Herrmann (Hrsg.): Schule und Gesellschaft im 19. Jahrhundert. Sozialgeschichte der Schule im Übergang zur Industriegesellschaft, Weinheim und Basel 1977, S. 137–161.

Kuhlemann, Frank-Michael: Tradition und Innovation. Zum Wandel des niederen Bildungssektors in Preußen 1790–1918, in: Jahrbuch für Historische Bildungsforschung, hrsg. v. der Historischen Kommission der DGfE, Weinheim und München 1993, S. 41–68.

Lenhart, Volker: Zur Wissenschaftsgeschichte der Erziehungswissenschaft. Erziehungskunst – Erziehungslehre – Erziehungswissenschaft. Die Entstehung des Programms einer wissenschaftlichen Pädagogik in Deutschland 1750–1830, in: Ders. (Hrsg.): Historische Pädagogik. Methodologische Probleme der Erziehungsgeschichte, Wiesbaden 1977, S. 145–173.

Liedtke, Max (Hrsg.): Handbuch der Geschichte des bayerischen Bildungswesens, Band 2: Geschichte der Schule in Bayern. Von 1800–1918, Bad Heilbrunn/Obb. 1993

Meyer, Folkert: Schule der Untertanen. Lehrer und Politik und Preußen 1848–1900, Hamburg 1976.

Michael, Berthold und Schepp, Heinz-Hermann: Politik und Schule von der Französischen Revolution bis zur Gegenwart. Eine Quellensammlung zum Verhältnis von Schule und Gesellschaft, Schule und Staat im 19. und 20. Jahrhundert, 2 Bände, Frankfurt a. M. 1973.

Niemeyer, August Hermann: Grundsätze der Erziehung und des Unterrichts für Eltern, Hauslehrer und Erzieher, hrsg. v. Hans-Hermann Groothoff und Ulrich Herrmann, Paderborn 1970.

Oelkers, Jürgen: Die große Aspiration. Zur Herausbildung der Erziehungswissenschaft im 19. Jahrhundert, Darmstadt 1989.

Palmer, Christian: Evangelische Pädagogik, 2 Bände, Stuttgart 1853.

Reble, Albert: Glauben „oder" Wissen. Vor hundert Jahren wurden die Preußischen „Regulative" erlassen, in: Ders.: Schulgeschichtliche Beiträge zum 19. und 20. Jahrhundert, Bad Heilbrunn/Obb. 1995, S. 114–125.

Richter, Karl: Vorrede zur sechsten Auflage, in: F.A.W. Diesterweg, Wegweiser zur Bildung für deutsche Lehrer, siebente, durchgesehene, vermehrte und in der Literatur bis 1906 fortgeführte Auflage der Jubiläums-Ausgabe zu Diesterwegs hundertjährigem Geburtstage am 19. Oktober 1890, zweite Auflage, bearbeitet und herausgegeben von Karl Richter, Frankfurt a. M. 1906, S. III–XXI.

Rousseau, Jean Jacques: Œuvres complétes, vol. III: Du contrat social – Écrites politiques, ed. de Bernard Gagnebin et Marcel Raymond, Paris 1964 (Edition Gallimard).

Rückriem, Georg: Pädagogik als praktische Vermittlungswissenschaft. Versuch einer tätigkeitstheoretischen Interpretation F.A.W. Diesterwegs, in: Bernd Fichtner und Peter Menck (Hrsg.): Pädagogik der modernen Schule. Adolph Diesterwegs Pädagogik im Zusammenhang von Gesellschaft und Schule, Weinheim und München 1992, S. 31–53.

Rupp, Horst F.: Religion und ihre Didaktik bei Fr. A. W. Diesterweg. Ein Kapitel einer Geschichte der Religionsdidaktik im 19. Jahrhundert, Weinheim und Basel 1987.

Schadt-Krämer, Claudia: Die pädagogische Bildung des Volksschullehrers im 19. Jahrhundert, Hamburg 1990.

Stiehl, Ferdinand (Hrsg.): Die drei Preußischen Regulative vom 1., 2. und 3. October 1854 über Einrichtung des evangelischen Seminar-, Präparanden und Elementarschul-Unterrichts. Im amtlichen Auftrage zusammengestellt und zum Drucke befördert vom Ferdinand Stiehl, Berlin [5]1855a.

Stiehl, Ferdinand: Actenstücke zur Geschichte und zum Verständnis der drei preußischen Regulative vom 1., 2., und 3. October 1854, Berlin 1855b.

Tenorth, Heinz-Elmar: Lehrerberuf und Lehrerbildung, in: Handbuch der deutschen Bildungsgeschichte, Band III, hrsg. v. Karl-Ernst Jeismann und Peter Lundgreen, München 1987, S. 250–269.

Tenorth, Heinz-Elmar: Berufsethik, Kategorialanalyse, Methodenreflexion. Zum historischen Wandel des „Allgemeinen" in der wissenschaftlichen Pädagogik, in: Zeitschrift für Pädagogik, 30 (1984) 1, S. 49–68.

Trapp, Ernst-Christian: Versuch einer Pädagogik. Unveränderter Nachdruck der 1. Ausgabe Berlin 1780, besorgt von Ulrich Herrmann, Paderborn 1977.

Uhlig, Christa: Aspekte zu Diesterwegs Verständnis von pädagogischer Wissenschaft, in: Berd Fichtner und Peter Menck (Hrsg.): Pädagogik der modernen Schule. Adolph Diesterwegs Pädagogik im Zusammenhang von Gesellschaft und Schule, Weinheim und München 1992, S. 53–58.

Waitz, Theodor. Allgemeine Pädagogik und kleinere pädagogische Schriften, Braunschweig 1883.

Wynands, Dieter-P.: Die Herausbildung des Lehrerstandes im Rheinland während des 19. Jahrhunderts, Frankfurt a.M./Bern/New York/Paris 1989.

Zerrenner, Johann C. G.: Grundsätze der Schul-Erziehung, der Schul-Kunde und der Unterrichtswissenschaft für Schul-Aufseher, Lehrei, und Lehrer-Bildungsanstalten, Magdeburg 1927 .

Ziller, Tuiskon: Allgemeine Pädagogik, Leipzig 1892.

Jürgen Oelkers

„Allgemeine Pädagogik": Zur Geschichte und Struktur einer öffentlichen Reflexion

> „C'est la profonde ignorance
> qui inspire le ton dogmatique"
> (La Bruyère)

Am 2. März 1782 erschienen im *Mercure de France* anonyme „Réflexions détachées sur les Traités d'Éducation". Der Autor fragt, warum sich allgemeine Traktate über Erziehung lohnen sollen, wenn doch Erziehung als kaum beherrschbare Kunst erscheinen muß. Von FÉNELON bis ROUSSEAU seien ständig Pläne zur Vervollkommnung des Menschen veröffentlicht worden, die außerstande waren, den „miracles d'éducation" auf den Grund zu gehen (Réflexions 1782, S. 13). Alle diese Versuche beruhten auf einer falschen Annahme, die Entwicklung der *Natur*, die sich als nicht faßbar erweisen muß.

„L'éducation ne détruit pas le naturel; elle aide & fortifie celui qui nous porte au bien… Si l'Education la plus puissante est celle des moeurs publique, j'aimerois mieux transporter parmi des hommes vertueux celui à qui l'on n'a jamais prononcé le mot de vertu, que de lancer *Emile* & ses semblables dans un monde tel que le nôtre" (ebd., S. 14).

Einige Ausgaben später, ebenfalls im März 1782, veröffentlichte der *Mercure de France* eine Apologie der Erziehungstraktate: Ohne Theorie gäbe es keine Methode der Erziehung und ohne Methode könne man nicht erziehen (Sur l'éducation 1782, S. 100f.). Versage die Erziehung, dann versagen die Erzieher, nicht ihre Theorien (ebd., S. 103): „Ce n'est pas l'art, qu'il faut accuser, mais ceux qui l'exercent. Celui de bien élever les enfants est le plus diffile de tous. Pourquoi voudroit-on que tant d'Instituteurs y excellassent?" (ebd., S. 104)[1]

Die Prinzipien der Erziehung sind wichtig, und wer sie nicht in den Büchern findet, muß sie im eigenen Kopf suchen (ebd., S. 105). Vorausgesetzt ist die Natur des Menschen, aber sie muß erzogen werden und entwickelt sich nicht einfach aus sich selbst heraus: „Comptez plus sur vous-même que sur la nature, pour former un Grand Homme: elle donne la substance, le fond; c'est à l'Art, à l'Éducation à la façonner" (ebd., S. 107). Was die Façon gibt, verfügt nicht total über die Natur. Die Erziehung formt den Menschen, aber ändert ihn nicht

---

1 Der Vergleich mit der Medizin, im 19. Jahrhundert viel gebraucht, fehlt nicht: „Il es est à cet égard comme de la Médecine; la science est tres-avancée, mais les bons Médecins sont infiniment rares. Pourroit-on assurer d'après cela que les livres de Médecine sont inutiles, parce qu'il y a de mauvais Médecins?" (Sur l'éducation 1784, S. 104).

grundlegend – „Elle ne peut pas changer la nature des humeurs, la qualité du sang, celle des esprits animaux" (ebd., S. 108).[2]

Der Adressat dieser Problembestimmungen allgemeiner Pädagogik ist die Öffentlichkeit. Der *Mercure de France* war die zentrale Publikumszeitschrift im Frankreich des 18. Jahrhunderts[3], was hier an Debatten ausgetragen wurde, bestimmte die öffentliche Meinungsbildung. Themen der Erziehung rechneten wie selbstverständlich dazu, die *éducation publique* verlangte selbst die Erziehung der Öffentlichkeit, nämlich das Einspielen bestimmter Argumentationsformen, die als „pädagogisch" wiedererkennbar waren. Nichts an dem Streit 1784 war irgendwie lösbar, aber die gesamte Argumentation konnte auf Dauer gestellt und immer neu bearbeitet werden. Die *Traités de l'éducation* bestimmen Positionen „Allgemeiner Pädagogik", sie erziehen *über* „Erziehung".

Diese These werde ich in drei Schritten bearbeiten: Zunächst beschreibe ich, daß und wie *Argumente für die Öffentlichkeit* entstehen, mein Material ist im wesentlichen der französischen Diskussion des 18. Jahrhunderts entnommen (1). In einem zweiten Schritt analysiere ich die *Sprache des Allgemeinen*, also den generellen Anspruch der Erziehung (2). Abschließend skizziere ich die *Struktur der Erziehungsreflexion*, um so den gemeinsamen Nenner „Allgemeiner Pädagogiken" bestimmen zu können (3).

Ich gehe nicht davon aus, daß irgendeine ihrer Positionen abschließend recht bekommen könnte. Es handelt sich nicht um ein Wahrheits-, sondern um ein Rationalitätsproblem. Der Sinn dieser Reflexion liegt in der Pflege des Streites, nicht in einem Konsens über die „Wahrheit der Erziehung". Dieser Konsens wäre *leicht* oder *gar nicht* herbeizuführen, in beiden Fällen verstünde man nicht, warum der Reflexionsaufwand des *Allgemeinen* notwendig wäre. Aber „Erziehung" ist eine unbestimmte Größe, ihre Ziele sind vage und ob die Theorie einen Nutzen hat, muß immer erneut einem Streit ausgesetzt werden. Die Fragen sind letztlich nicht zu beantworten und können doch nicht vermieden werden.

---

2 Der Verfasser unterschreibt seinen Artikel mit „Par un libraire de Paris" (Sur l'éducation 1784, S. 109). Er *widerstreitet* einer zentralen Annahme der modernen Pädagogik, nur um den Sinn der Erziehung zu begründen: „Une des grandes erreurs de la Philosophie moderne, est avoir avancé que de tous les hommes communément bien organisés, on pouvoir faire autant d'hommes d'esprit ou de génie" (Sur l'éducation 1784, S. 108).

3 Den *Mercure de France* gründete Jean Donneau De Visé 1672 (als „Mercure galant"). 1763 erhielt der Advokat und Schriftsteller Jean Lacombe das königliche Privileg, er entwickelte die Zeitschrift zum meinungsbildenden, politischen Organ. Der *Mercure* erschien, bei gelegentlich wechselnden Titeln, bis 1832. Die *série moderne* des *Mercure* setzte 1890 ein und dauerte bis 1960.

1. Argumente für die Öffentlichkeit

Die *théorie de l'éducation*, liest man 1775 in GUILLAUME GRIVELS[4] gleichnami-
gem Traktat, stelle eine *neue Manier* der Reflexion dar, die sich auf die Gesellschaft im Ganzen richte (Grivel 1775, t. I/S. VII). Sie (die Theorie der Erziehung) präsentiere die Prinzipien dessen, was den Menschen kultivieren müsse
(ebd., S. VIII f.), „par l'expérience des Anciens & des Modernes" (ebd., S. X).
Die Theorie, entwickelt in vier Büchern und drei gewichtigen Bänden[5], setzt die
„défauts de l'éducation ordinaire" voraus, die Ignoranz (ebd., S. 203 ff.), die nur
durch guten Unterricht behoben werden kann (ebd., S. 211 ff.), der durch die
richtige Erziehung erweitert werden muß. Guter Unterricht hat ein pädagogisches Ziel, was der gewöhnlichen Erziehung fehlt:

„Le plus grand défaut de l'éducation ordinaire est de n'avoir point de but. Elle
ne tend point directement à former des citoyens, elle est toujours insuffisante
pour cela, si elle n'est parfaitement inutile; quelquefois elle est pernicieuse &
contraire. Si on examine sans prévention la maniere dont on éleveles jeunes
gens, & les motifs qu'on se propose dans ce dessin, il n'est pas possible de dou-
ter cette vérité" (ebd., S. 222).

Das vorausgesetzte Defizit garantiert den Effekt der eigenen Theorie, sie soll
das lesende Publikum von der Notwendigkeit des Wandels und gänzlich neuer
Anstrengungen überzeugen. Dazu gehört die Angleichung von Erziehung und
Unterricht, die in der deutschen Pädagogik als *erziehender Unterricht*[6] kommuniziert wurde. Sie impliziert bei GRIVEL die sensualistische Annahme der Per-
fektibilität des Menschen: Unterricht allein würde allenfalls die Kenntnisse
verbessern, während es in der Erziehung darauf ankomme, den Menschen

---

4 Guillaume Grivel (1755–1810) studierte Jurisprudenz in Bordeaux und begann hier auch seine ju-
ristische Karriere. In Paris auf eine Rechtsprofessur berufen, wurde er bekannt als pädagogischer
und politischer Schriftsteller; seine *Principes de politique* sind eine Theorie der physiokratischen
Gesellschaftsreform. Grivel war auch am großen Artikel *économie politique* der „Encyclopédie"
beteiligt. Seine dreibändige *Théorie de l'éducation* ist 1777 (in Breslau) auf deutsch erschienen.

5 Das erste Buch bestimmt im ersten Teil die *Pflichten* des Menschen (gegenüber Gott, der Gesellschaft, der Familie, den Mitmenschen und sich selbst) und im zweiten Teil die *Fehler der ordinären
Erziehung*, die zuviel Wert auf schulischen Unterricht legt, also die eigentliche Erziehung vernachlässigt (Grivel 1775 t. I/S. 1–266). Das zweite Buch definiert Grundlinien der physischen Erziehung (Grivel 1775, t. I/S. 267–398, t. II/S. 1–102), das dritte Buch gilt der moralischen Erziehung
(„ou manière de former le coeurs des enfans") (Grivel 1775, t. II/S. 103–293), das vierte beschreibt
die Erziehung des Geistes durch Unterricht und liefert in wiederum zwei Teilen eine komplette
Theorie des allgemeinen Unterrichts und der Lehrfächer (Grivel 1775, t. II/S. 294–459; Grivel
1775, t. III). Reisen (voyages) etwa gehören wie selbstverständlich zum Lehrplan (Grivel 1775,
t. III/S. 388–472).

6 Die bekannteste Version ist die Herbarts; der erziehende Unterricht ist früh im 19. Jahrhundert
ein Slogan der Lehrerliteratur (etwa: Graff 1817) und läßt sich unabhängig von Herbart an vielen
Stellen nachweisen. HERBART selbst folgt in seiner „Allgemeinen Pädagogik" von 1806 Niemeyers
„Grundsätze der Erziehung und des Unterrichts" (1796).

selbst – alle seine Fakultäten – zu vervollkommnen. Nur so könne eine *allge-meine* und *gleiche* Erziehung entstehen:

„Nous venons au monde avec des organes capable d'extension & de per-fectionnement, on doit s'appliquer à les étendre & à les perfectionner; nous avons dans le coeur des germes de vertus & de vices, il s'agit d'étouffer les uns & de développer les autres. Toutes les facultés de l'ame se réduisent à sentir & à penser. Nos plaisirs consistent à aimer ou à connaître. Il ne vaudroit donc que régler ces dispositions, pour rendre les hommes heureux par le bien qu'ils sero-ient & qu'ils éprouveroient eux-mêmes. Telle est *l'éducation* qui devoit être *générale & uniforme*, au lieu que *l'instruction* doit être *variée & différente*, sui-vant l'état, l'inclination & les dispositions de ceux que l'on veut instruire" (ebd., S. 275; Hervorhebungen J. O.).

Genauso argumentierte Ch. P. Duclos (1767, S. 30 ff.)[7] in seiner Theorie der Sitten des 18. Jahrhunderts[8], die in einer allgemeinen Pädagogik endete: „Dans l'éducation générale on doit considérer les hommes relativement à humanité & à la patrie; c'est l'objet de la morale" (ebd., S. 38). Zu unterscheiden davon wäre die spezielle Erziehung, deren Medium der Unterricht ist und die auf die je ge-gebenen Talente Rücksicht nehmen muß (ebd., S. 38/39). Die allgemeine Pädagogik zielt auf Moral und Sittlichkeit, und das schließt individuelle Diffe-renzen aus: „Les vertues ne donent point d'orgueil" (ebd., S. 45).

Wer die Vorurteile und Irrtümer der Gesellschaft beseitigen will, kann sich auf die hergebrachte Erziehung nicht verlassen, ihr fehlt das System (ebd., S. 52), also der vernünftig begründete, allgemeine Ansatz[9]. Samuel Formey (1767, S. 11 ff.)[10] hatte gegen Rousseau dargelegt, daß es wegen der Ungleichheit der

---

7   Charles Pineau Duclos (1704–1772) war Romancier und historischer Schriftsteller in Paris. Be-kannt wurde er durch die *Histoire de Louis XI.* und die *Considérations sur l'Italie*. 1747 wurde Duclos Mitglied der *Académie Française*, bis 1755 war er als ständiger Sekretär der *Académie* tätig. 1806 erschienen die *Oeuvres Complètes* in zehn Bänden, zusammen mit autobiographi-schen Fragmenten.

8   „On trouve parmi nous beaucoup d'instruction, & peu d'éducation. On forme des Sçavans, des Artistes de toutes espèces; … mais on ne s'est pas encore avisé de former des homes, c'est à dire, de les élever respectivement les uns pour les autres, de faire porter *sur une base d'éducation générale* toutes les instructions particulières" (Duclos 1767, S. 30; Hervorhebung J. O.).

9   „Si l'éducation étoit raisonée, les homes acquerroient une très-grande quantité de vérités avec plus de facilité qu'ils ne reçoivent un petit nombre d'erreurs. Les vérités ont entr'elles une rela-tion, une liaison, des points de contact, qui en facilitent la connoissance & la mémoire; au lieu que les erreurs sont ordinairement isolées, elles ont plus d'éfet qu'elles ne sont conséquentes, & il faut plus d'èforts pour s'en détromper que pour s'en préserver" (Duclos 1767, S. 51/52).

10 Jean-Henri-Samuel Formey (1711–1797) stammte aus einer Hugenottenfamilie. Er erhielt seine Ausbildung am französischen Kollegium in Berlin und wurde mit noch nicht zwanzig Jahren Pre-diger der französischen Gemeinde zu Brandenburg. 1736 übernahm er ein Lehramt am Kolle-gium und wurde dort 1739 Professor für Philosophie. Danach war er beständiger Sekretär der Königlichen Akademie der Wissenschaften zu Berlin, ein Amt, das er mehr als fünfzig Jahre lang innehatte. Formey war Anhänger der rationalen Philosophie Christian Wolffs, die er vor allem

Talente und Milieus keine universelle Erziehung geben könne, also *keine gleiche* Strategie *für alle*. „Il faut chercher la théorie de la meilleure Education possible & pour ainsi dire, d'une Education circonscrite de manière qu'il n'y ait aucun individu qui ne puisse en profiter, aucune famille où l'on ne puisse la mettre en usage" (ebd., S. 26 f.). Das Argument des maximalen Nutzens wird gegen Theorien ins Feld geführt, die einfach die Gleichheit der Natur zur Grundlage der Erziehung erheben. *Gleichheit* ist, nicht nur bei Rousseau, identisch mit *Gutheit*: Die allgemeine Pädagogik wäre begründet mit der prinzipiell wohlmeinenden Natur, die Differenzen gar nicht zuläßt. 1783, wiederum reagierend auf den *Mercure de France*[11], erschien in Paris eine Broschüre *Considérations générales sur l'éducation*, die vier Prämissen stark zu machen versuchte:

(1) Einzig die Natur kann Größe hervorbringen.

(2) Die ordinäre Erziehung steht dieser Entwicklung entgegen, statt sie zu unterstützen.

(3) Das Genie des Kindes muß oft die Ketten der Erziehung überwinden.

(4) Jeder Mensch hat seine Gaben (des dons) von der Geburt an sich.

Die natürliche Erziehung wird mit einer maßgebenden Ahnenreihe begründet (Fourcroy de Guillerville 1783, S. 15 ff.), Rousseau ist nur ein Glied in der großen Kette der Entwürfe, die von der Antike bis ins 18. Jahrhundert reichen soll. Hier beginnt sie mit Locke, wird fortgesetzt mit Buffons Naturgeschichte, erreicht einen Höhepunkt mit dem *Emile* des „Citoyen de Genève" (ebd., S. 28) und wird dann in einer Vielzahl von gleichlautenden *traités de l'éducation* bestätigt, als würde die Reformpädagogik durch *Publizistik* auf Dauer gestellt. Fourcroy[12] gibt als Referenzen zeitgenössische Autoren an, die diesen Eindruck einer konsuellen Allgemeinen Pädagogik bestätigen sollen:

– Jacques Ballexserds *L'éducation physique des Enfans* (1762)[13]

---

in Frankreich bekannt machte. Seine theologische Hauptschrift *Le philosophe chrétien* (4 Bände, 1750) erklärt wesentlich den Gegensatz zu Rousseau. 1762, im Jahr des *Emile*, erschienen Formeys *Principes de Morale*, die eine deutlich anti-naturalistische Ethik formulierten. Selbst seine Erinnerungen trugen einen rousseau-kritischen Titel: „Souvenirs d'un citoyen" (1789).

11 Nämlich die zitierten „Réflexions détachées sur les Traités d'Education".

12 Jean-Louis de Fourcroy de Guillerville (1717–1799) diente als Artillerieoffizier in den französischen Kolonien und trat mit vierzig Jahren in den Ruhestand. Vor der Studie über die natürliche Erziehung veröffentlichte Fourcroy „Lettres sur l'éducation physique des enfants du premier âge" (Paris 1770).

13 Jacques Ballexserd (1726–1774) war Arzt in Genf. Seine „Dissertation sur l'éducation physique des enfans" erhielt am 21. Mai 1762 den Preis der *Société Hollandoise des Sciences* in Harlem. Die Preisfrage der Gesellschaft, 1761 ausgeschrieben, betraf die beste Art der Kleidung, Ernährung und Uebung von Kindern und Jugendlichen, die eine lebenslange Gesundheit ermöglichen würde. Ballexserds Traktat unterscheidet Phasen der Kindheit und beschreibt jeweils, welches die optimalen Erziehungsstrategien in den drei Bereichen der Preisfrage sind oder sein müssen.

- RAULINS *De la Conservation des Enfans* (1768)[14]
- DE LEURYES *La mère selon l'ordre de la nature* (1772)[15]
- TISSOTS *Avis au peuple sur sa santé* (1768)[16]
(ebd., S. 29–44).

Alle diese Autoren waren Ärzte, sie besetzten den Diskurs über physische Erziehung bis hin zu Detailvorschlägen, wie die Kleidung der Frauen und der Kinder gestaltet werden müsse, damit eine optimale Passung von Natur, Entwicklung und gesellschaftlichen Habitus erreicht werden kann (Leroy 1772). Die „connoissances de Médecine" (Fourcroy de Guillerville 1783, S. 61) veranlassen öffentlichkeitswirksame Postulate der Erziehung, aber sind allein nicht hinreichend, eine allgemeine Pädagogik zu begründen. *Körperliche* Erziehung (Stuve 1781) wurde auch im deutschen Aufklärungsdiskurs eng mit *Gesundheits*erziehung verknüpft, aber das hätte lediglich ein neues Privileg der Medizin eröffnet (Crusius 1796). Erziehung, allgemein begründet und postuliert, muß mehr sein als Normalmaß der Natur oder Übereinstimmung mit ihrer Entwicklung.

Die Regel, mit jeder denkbaren Erziehungsmaßnahme lediglich dem Wunsch der Natur (le voeu de la Nature) nachzukommen, die unfähig sei, sich zu irren in dem, was sie ist (Fourcroy de Guillerville 1783, S. 226), war schon bei ROUSSEAU[17] mehr Rhetorik als Praxis. In medizinische Erziehungsratgeber übersetzt wurde daraus eine Theorie körperlicher Schonung. Wer die „opérations de la Nature" respektiert (ebd., S. 227), kann Drill oder Formen der Abrichtung vermeiden, aber hat damit noch keinen „PLAN D'ÉDUCATION" (VAUREAL 1783, S. 7), der den großen Zielsetzungen der Menschenbildung entsprechen und sie befördern könnte. Die Allgemeine Pädagogik muß also anderes be-

---

14 Joseph Raulin (1708–1784) war „médecin ordinaire du Roi", Mitglied verschiedener wissenschaftlicher Gesellschaften und königlicher Zensor. Raulin begann als praktischer Arzt, nach einigen Erfolgen als medizinischer Schriftsteller ging er 1755 nach Paris und wurde zunehmend als Kapazität konsultiert. Seine Bücher befassen sich wesentlich mit Fragen der Heilkunde, „De la conservation des Enfans" (Raulin 1768) ist eine Anleitung zur Gesundheitserziehung.

15 Fr.-A. De Leurye (fils) war Chirurg in Paris. 1770 veröffentlichte er einen „Traité des accouchemens en faveur des élèves", der Traktat über das natürliche Verhalten der Mütter (De Leurye 1772) ist ebenfalls ein Ratgeber zur Gesundheitserziehung. De Leurye konzentriert sich auf Anatomie und Wachstum des Kindes sowie auf Fragen der ausreichenden und gesunden Ernährung.

16 Samuel-Auguste Tissot (1728–1797) studierte Medizin in Montpellier und ging 1749 als praktischer Arzt nach Lausanne. Er entwickelte sich zu einer europäischen Kapazität. 1780 erhielt er einen Ruf auf eine klinische Professur an der Sorbonne, 1783 kehrte er nach Lausanne zurück. Der *Avis au peuple sur sa santé* erschien 1761 zuerst in Lausanne. Die erste Pariser Ausgabe kam 1767 in zwei Bänden heraus, die Ausgabe 1768 erschien in vier Bänden. 1799 stand dieser einflußreiche Ratgeber, der in alle wichtigen europäischen Sprachen übersetzt wurde, in der zwölften Auflage. Das 27. Kapitel enthält einen kompletten Traktat über die *éducation physique des enfans* (vgl. Benaroyo 1986).

17 „Observez la nature, et suivez la route qu'elle vous trace" (O.C. IV/S. 259).

gründen als lediglich medizinisch kontrolliertes Wachstum. Entscheidend für dieses *Mehr*, die Differenz des Allgemeinen und des Besonderen, sind Perfektionsideale[18], die gleichsam den Nimbus der Erziehung begründen:

„C'est par l'éducation que se meûrit une nation, qu'elle acquiert des moeurs, de l'équilibre dans sa grandeur, & qu'on prévient les catastrophes & les erreurs populaires si dangereuses, qu'on perfectionne tous les arts & toutes les sciences, pour résister à la corruption devenue à son comble, en donnant vigeur, aliment & activité à toutes les connoissances dont l'homme est susceptible. C'est par elle qu'il peut *perfectionner son esprit & améliorer son coeur*; car l'ignorance & l'erreur sont pere de tous les crimes, & l'homme ne naît point méchant; le scélérat n'est qu'un MAL-ADROIT, un IGNORANT, ou UN IMBECILE" (ebd., S. 8; Hervorhebungen J. O.).

ROUSSEAUS *perfectibilité*, helfe dabei nicht, weil seine Pädagogik lediglich erfasse, wie der Wilde zivilisiert werden könne (ebd., S. 14), ohne eine „éducation nationale" zu begründen (ebd.). Zudem wisse man, daß die Berufung auf die Natur allein unzureichend sei: *La nature toute seule* mache weder grosse noch schlechte Menschen – „Les uns & les autres sont paitris de la main de l'éducation, déterminés par les exemples, par les épreuves, l'expérience, & préparés par de petites circonstances presque imperceptibles" (ebd., S. 15/16). Worauf es ankommt ist, diesen Einfluß zu gestalten, also die oft ebenso grobe wie subtile Kraft der Erziehung zu beherrschen, sie ist nicht gleichbedeutend mit der Natur selbst. Die Konstruktion des Kindes als vorzivilisatorischen *homme sauvage* ist nicht nur paradox (das Kind wäre der Wilde, der nie ein Kind war[19]), sondern auch zynisch (die Erziehung folgte einem Modell, das sie verfehlen muß und das doch maßgeblich sein soll)[20].

---

18 Ein „Projet pour perfectionner l'éducation" hat 1728 der Abbé de Saint Pierre vorgelegt. Die Quelle zeigt an, dass nicht erst Rousseau die *perfectibilité* in den Mittelpunkt der (natürlichen) Erziehung rückte.

19 Zu Beginn des ersten Teils im Diskurs über die Ungleichheit definiert Rousseau „Kindheit" als natürliches Erbe: „Les Enfans, apportant au monde l'excellente constitution de leurs Peres, et la fortifiant par les mêmes exercices qui l'ont produite, acquiérent ainsi toute la vigueur dont l'espèce humaine est capable" (O. C. III/S. 135). Der *homme sauvage* ist wesentlich „l'Homme Physique" (ebd., S. 141), er ist stark und gesund, Seele und Verstand erwachsen aus der Anpassung an das natürliche Milieu. „C'est par leur activité, que notre raison se perfectionne" (ebd., S. 143), die Wünsche übersteigen nicht die Bedürfnisse (ebd.).

20 „L'existence de l'homme sauvage de Jean-Jacques Rousseau est un paradoxe cynique, décoché contre les constitutions humaines par un beau génie, dont le coeur nourri de romans, aigri par l'infortune, avoit tourné l'esprit à la misentropie, lui seul a pu méconnoître cette disposition de la tête exaltée par la fierté qu'inspire le désespoir d'un malheur constant; s'il eut perdu sa haine, il eut perdu sa consolation & son énergie: ses paradoxes sur l'homme sont des énigmes qu'il a donné à dévorer à la génération dont il étoit mécontent. Du rete, il ne fut point d'être plus prompt à rejetter sur autrui l'amertume & les humiliations que lui causa ses infortuns & et sa fierté cynique" (Vauréal 1783, S. 25/26).

Die vielen Widerlegungen des *Emile*[21] haben vermutlich nur die Attraktivität des Arguments erhöht; auch da, wo ROUSSEAUS Theorie vermieden wurde, war sie präsent, die Erziehung *gemäß der Natur* blieb eine anhaltende Provokation, an der sich alle Konzepte allgemeiner Pädagogik abarbeiten mußten. ROUSSEAUS zentrales Argument, man müsse Erziehung von der Art des Kindes aus denken und der Kindheit ihr Eigenrecht zugestehen[22], führte zu einer direkten Kritik der instrumentellen Pädagogik, soweit diese die Gegenwart des Kindes einer ungewissen und doch zwingend abverlangten Zukunft aufopfern wollen (oder müssen):

„Que faut-il donc penser de cette *éducation barbare* qui sacrifie le présent à un avenir incertain, qui charge un enfant de chaines de toutes espéce et commence par *le rendre misérable* pour lui préparer au loin je ne sais quel *prétendu bonheur* dont il est à croire qu'il ne joüira jamais?" (O. C. IV/S. 301; Hervorhebungen J. O.).

„Glück" ist *das* Erziehungsziel des 18. Jahrhunderts: Unter dem Einfluß der utilitaristischen Ethik und der neuen Assoziationspsychologie sind *pleasure and pain* zur zentralen Differenz im Erziehungsdiskurs geworden, „pleasure" als Signalwort für Glück und „pain" als Signalwort für Unglück, beide gedacht mit der sensualistischen Lerntheorie, die davon ausgeht, daß alle seelischen Vermögen sinnlich angeeignet werden.[23] Ihr Basismechanismus ist das Streben nach Lust und das Vermeiden von Unlust. Was DAVID HARTLEY (1749, Bd. 1/ S. 500 ff.) als „Mechanism of the HUMAN MIND" bezeichnete, läßt sich pädagogisch übersetzen als *advancement in Perfection* (ebd., S. 506), nämlich als Weg zum letztendlichen Glück (infinite Happiness) des Menschen (ebd., S. 507), der

---

21 Formeys „Anti-Emile" (1763) – geschrieben unmittelbar nach Erscheinen des *Emile* – will ein „gefährliches Buch" widerlegen (Formey 1763, S. 6 ff.), das die Autorität der Regierung und der christlichen Religion bedroht (ebd., S. 11 f.). Aber eben daraus – aus der unnachsichtigen Provokation – erwuchs die Attraktion. Die Geschichte des *Emile* ist im übrigen eine des *öffentlichen Skandals*: Unmittelbar nach Auslieferung der ersten Exemplare (Beginn 23. Mai 1762) begann eine heftige Diskussion, die durch die drohende Zensur nur noch mehr angestachelt wurde. Am 3. Juni 1762 wurde das Buch von der Pariser Polizei konfisziert. Am 11. Juni wurden die konfiszierten Exemplare vor dem Palais de Justice in Paris verbrannt. Am 19. Juni verdammte der Petit-Conseil in Genf den *Contrat Social* und den *Emile*. Am 1. Juli 1762 rapportierte der Syndic Gervaise an der Sorbonne über den *Emile*, am gleichen Tag verbot die Regierung in Bern Rousseau jeden weiteren Aufenthalt auf ihrem Territorium (Daten nach Courtois 1923, S. 126 ff.). Der Skandal definierte den *Erfolg* des Buches (Berlin 1913, S. 111 ff.).

22 „L'enfance a des maniéres de voir, de penser, de sentir qui lui sont propres; rien n'est moins sensé que d'y vouloir substituer les nôtres" (O. C. IV/S. 319).

23 Eine Psychologie der *Assoziationen* hat zuerst David Hartley geschrieben: Lernen ist identisch mit sinnlicher Erfahrung, deren Resultate durch Wiederholungen fixiert werden (Hartley 1749, Bd. I/S. 58 ff.). Individuell wären dann „Combinations" sensueller Eindrücke (ebd., S. 106). Hartley unterscheidet sechs Klassen intellektueller Vermögen, die durch das je individuelle Verhältnis von *pleasures and pains* hervorgebracht werden: „Imagination, Ambition, Self-interest, Sympathy, Theopathy, and the Moral Sense" (ebd., S. 416).

lernen kann, Unglück zu vermeiden, indem und soweit er die positiven Erfahrungen auf Dauer stellt[24].

Das setzt einen definitiven Bezug auf eine pädagogisch gestaltete Zukunft voraus, wer die Gesetze des Lernens beherrscht, kann Kinder mit größtmöglicher Sicherheit auf den richtigen Weg führen (ebd., S. 510). Gegen diese Prognose wendet sich ROUSSEAU mit einem durchschlagenden Argument: Das Kind lernt in Abhängigkeit vom gegebenen Milieu, aber unter der Voraussetzung der sich selbst entwickelnden Natur. Wer ihrer Ordnung folgt, verfügt nicht über die Zukunft, hat aber die Garantie des richtigen Eingriffs (O. C. IV/S. 311). Gleichzeitig erhöht ROUSSEAU die Risiken der Erziehung: Die Ordnung der Natur kann verfehlt werden, dann vor allem, wenn die Dekadenz der sozialen Milieus zu groß ist, also das Kind falschen Einflüssen ausgesetzt ist. Daher muß alles getan werden, die Umwelt unter Kontrolle zu halten, mit dem ersten falschen Schritt ist das ganze Erziehungswerk gefährdet[25] und kann irgendeine Form von Glück nicht erreicht werden. „Glück" erwächst für ROUSSEAU aus natürlicher Stärke, aber Stärke ergibt sich nur unter Bedingungen moralischer Reinheit, die Isolation – Einsamkeit – voraussetzt.[26] Das ungesellige Kind soll auf die Gesellschaft vorbereitet werden, vor allem diese Paradoxie hat die Kritik gereizt, die einfach für unmöglich oder illusionär erklärte, was ROUSSEAU gar nicht praktisch verstanden wissen wollte[27].

Die „natürliche" Erziehung, die „Erziehung" eigentlich vermieden sehen will, hat wesentlich diskursive Wirkungen gehabt, als paradoxe Form des Argumentierens oder als *Kritik*, die den pädagogischen *Ephemeriden des Bürgers* (Badau 1765/1766) die Entwicklung des *Menschen* entgegenhält, deren Natur nicht angetastet werden darf und soll. ROUSSEAU definiert die „Allgemeine Pädagogik" als Polemik, die davon ausgeht, daß Erziehung im Normalfall irreparable Schäden verursacht und nur im Grenzfall gelingen kann. Sie scheitert in dem Augenblick, wo sie *für die Gesellschaft* stattfinden soll; nur im unbedingten Gegenteil besteht eine Erfolgschance. Aber nicht sie ist wichtig, sondern die Transparenz des Falschen, die Erkenntnis, was die Erziehung der Natur zufügen kann, wenn sie künftige Bürger auf Ziele der Gesellschaft abrichtet.

---

24 Der Mechanismus ist bestimmt durch transitorische Dauer: „For our Assiciations being in this, as in many other Cases, inconsistent with each other, our first gross and transitory ones must yield to those which succeed and remain" (Hartley 1747, Bd. I/S. 507).

25 „La prémiére fausse idée qui entre dans sa tête est en lui le germe de l'erreur et du vice; c'est à ce prémier pas qu'il faut surtout faire attention" (O. C. IV/S. 317).

26 Pädagogische Einsamkeit, anders als beim späten *promeneur solitaire* Rousseau, setzt Ueberwachung voraus, „la liberté bien réglée" (O. C. IV/S. 321).

27 Emile ist ein „élève imaginaire" (O. C. IV/S. 264), ein Konstrukt, mit dem die ideale Erziehung durchgespielt werden soll. Der reine Fall verlangt, daß Emile als Waise konzipiert wird (ebd., S. 267). Der Ort der Erziehung ist imaginär, sie findet einfach à la campagne statt (ebd., S. 326), geleitet durch die ebenso imaginäre „route de la nature" (ebd., S. 290).

Der französische Diskurs über die *instruction publique*, also die Organisation öffentlicher Bildung, läuft an ROUSSEAU vorbei, ohne seiner Kritik zu entgehen. In LE MERCIER DE LA RIVIÈRES (1776) *Mémoire sur l'instruction publique* (ebd., S. 17 ff.) wird die Erziehung des Bürgers mit dem Glück des Menschen in Zusammenhang gebracht, um die berühmte Aporie ROUSSEAUS – Mensch *oder* Bürger – zu vermeiden[28]. *Glück* wird definiert als Übereinstimmung der Interessen der Selbstliebe[29] mit denen der Sinne (ebd., S. 41), unter der Voraussetzung, daß beide auf die öffentliche Ordnung (l'ordre public) eingestellt und also gebildet oder erzogen werden (ebd., S. 42 f.). Die Gesellschaft und nicht die Natur schafft die eigentlichen Lernanreize (ebd., S. 47 ff.), Tugend und Moral müssen also auf sie eingestellt sein (Ebd., S. 70 ff.). Der Bürger ist erzogen, wenn er die Gesellschaft repräsentiert (ebd., S. 84 f.), umgekehrt kann die Gesellschaft nur dann perfektioniert werden, wenn alle Maßnahmen ergriffen werden, die künftigen Bürger lernen zu lassen, „à imprimer fortement aux hommes l'amour des vertus" (ebd., S. 86).

Diskursspannungen dieser Art lassen sich nicht auflösen, sondern immer neu bearbeiten. Die Dichotomien – Natur oder Gesellschaft, Gegenwart oder Zukunft, Erziehung des Menschen oder Bildung des Bürgers, Entwicklung oder Einwirkung, Individuum oder Gattung – sind grundlegend, um überhaupt pädagogische Themen öffentlich diskutieren zu können. Die Themen sind eingespannt in argumentative Pole, die je aufeinander verweisen und immer nur nach der einen oder anderen Seite gewichtet werden können. Es gab dafür im 18. Jahrhundert keine akademische Disziplin, keine eigene Forschung und auch keine professionelle Aufgabe (wie später die Lehrerbildung), die Themen und die Sprache der Erziehung entstanden aus der öffentlichen Diskussion und blieben darauf bezogen. Sie reflektieren nicht einfach „Praxis", sondern bilden Problemzonen, auf die hin Erziehung projiziert werden kann, als Kritik, Defizitanalyse oder Wunsch nach Perfektion.

Keine der genannten Dichotomien ließ sich in der Folgezeit experimentell auflösen oder empirisch minimieren, keine verschwand aufgrund nachlassender Nachfrage, immer reizte die Spannung Theorieversuche, ohne daß daraus

---

28 Sie bestimmt schon das Manuscrit Favre, den ersten (ungedruckten) Entwurf des Emile: „On peut elever un homme pour lui-même ou pour les autres; il y a donc deux éducations, celle de la nature et celle de la société. Par l'une on formera l'homme et par l'autre le citoyen" (O. C. IV/ S. 58).

29 Selbstliebe ist *amour-propre* (Le Mercier de la Rivière 1776, S. 26), „*un sentiment naturel, qui fait que nous nous aimons plus que notre vie même*". Das Zitat stammt aus Montesquieus „Considérations sur les causes de la grandeur des Romains, et de leur décadence" (1734), diese Verwendung von *amour-propre* ist seit Pascals Pensées geläufig, Rousseau unterscheidet allerdings *amour de soi* (Selbstliebe) von *amour propre* (Eigenliebe, die auf Vergleich beruht) (O. C. IV/ S. 402 ff.). Das ganze Argument der natürlichen Erziehung basiert auf diesem Gegensatz: Die Selbstliebe (amour de soi) kann nur gestärkt werden, wenn Vergleiche mit anderen *ausbleiben*.

irgendeine *abschließende* Einsicht in die Möglichkeit oder Unmöglichkeit von Erziehung und Bildung erwachsen wäre. Was sich fortsetzt, ist der Problemdruck, und er wird erzeugt durch den Anspruch des *Allgemeinen*, der Teilbarkeit ausschließt und aber Dichotomien in Kauf nehmen muß. In diesem Sinne wäre „Pädagogik" die zum „Allgemeinen" der Erziehung passende Reflexionsform, die wie ein logisch-ästhetischer Code operiert. Sie definiert, was zum Feld der Erziehung paßt und was nicht; es ist nicht möglich gewesen, trotz diverser Versuche vor allem im 19. Jahrhundert, die pädagogischen Themen *physiologisch* zu besetzen (Oelkers 1996), ebensowenig gelang es, die Themen allgemeiner Pädagogik *erfahrungswissenschaftlich* neu zu fassen, obwohl dies schon in der deutschsprachigen Pädagogik des 18. Jahrhunderts verschiedentlich angestrebt wurde (etwa im Anschluß an TRAPP (1780)). Kontraste und Differenzen minimieren oder schwächen Verallgemeinerungen, die in öffentlichen Diskursen aber überhaupt erst für Spannungen und Widersprüche sorgen. Sie entstehen nicht durch Exaktheit, sondern setzen Provokationen voraus.

Auch in Deutschland entwickelt sich im 18. Jahrhundert ein öffentlicher Diskurs über Grundfragen der Erziehung außerhalb konfessioneller Dogmatik. Dieser Diskurs *ist* gleichsam die „Allgemeine Pädagogik", die weitreichende und scharfe Spannungen hervorbringt zwischen empirischer Erziehung von Leib und Seele (Krüger 1752), „vernünftiger Kinderzucht" (Mayen 1753), Entwürfen einer *systematischen Pädagogik* (Snell 1784), Spezialisierungen scheinbar außerhalb allgemeiner Ansprüche (Fähse 1797) und Rückwendungen zur Natur (Winzer 1802), ohne daß sich die grundsätzliche Kritik an den Erziehungstraktaten etwa beruhigt hätte (Rehberg 1792 als deutsches Pendant zum *Mercure de France*). Die Kritik provoziert einfach Gegenkritik (Stuve 1792)[30], die Spannungen in den Themen bleiben erhalten. Über sie entscheiden je vorhandene Argumentlagerungen, als Gewichtungen öffentlicher Überzeugungen, die sich mit Formen allgemeiner Pädagogik absichern, ohne je garantiert zu werden. Über den *Endzweck* der Erziehung und den *ersten Grundsatz* der Erziehungswissenschaft (Greiling 1793) kann je nach Lage (im 18. Jahrhundert besonders der Philosophie[31]) verschieden verhandelt, die Frage kann zugleich bezweifelt werden, ohne sie entscheiden zu können. Allein die Theoriereferen-

---

30 Rehbergs „Prüfung der Erziehungskunst" – ein Verriss der Pädagogik des 18. Jahrhunderts – kritisierte vor allem die Wirkungsbehauptungen der Erziehungstheorien. Die Gegenkritik übersah dieses Argument zugunsten der moralischen Notwendigkeit von Erziehung, also zugunsten eines Projekts, das unbefristet fortgesetzt werden sollte (vgl. die Rezension von „Km" – E. Chr. Trapp – (1793).

31 Johann Christoph Greiling argumentiert auf der Basis der praktischen Philosophie Kants („Bilde deinen Zögling, dass er nach solchen Maximen handeln lerne, die in eine allgemeine Gesetzgebung der Sitten passen": Greiling 1793, S. 71). Die idealistische Philosophie zieht in allen ihren Entwürfen – von KANT bis SCHELLING – pädagogische Anwendungen nach sich, ohne dass *ein* Ansatz das *gesamte* Feld bestimmt hätte (Oelkers 1989).

zen des 18. Jahrhunderts erlauben unabsehbare Anknüpfungs- und Come-backchancen, die sich weder durch Wissenschaft noch durch Praxis je auflösen lassen. Das Beispiel ROUSSEAUS ist dafür nur der erste Indikator.

2. Die Sprache des „Allgemeinen"

Die Erziehung gilt dem individuellen Kind, wie kann sie da *allgemein* gefaßt werden? ROUSSEAUS „Kind" ist ein Exemplar, kein Individuum; was dieses Kind beschreibt, ist seine Natur, nicht sein biographisches Selbst. Die Natur hat zwei Qualitäten, sie ist *gut* und sie *entwickelt* sich. Beides sind allgemeine Annahmen, die natürliche Güte soll die Erbsünde (perversité originelle) (O. C. IV/ S. 322) korrigieren, und die Entwicklung der Natur zeigt eine Teleologie der Lebensalter an (ebd., S. 344 f.), die für jedes Kind gleich zutrifft. Die zentrale Differenz dieser „Natur", das Verhältnis von *Selbstliebe* und *Eigenliebe*, verweist auf eine Dynamik des Lernens, dem sich kein Individuum entziehen kann. Das Allgemeine erwächst so aus den religiösen Vorgaben der Theorie, die überführt werden in eine natürliche Anthropologie. Für Individualität wäre da kein Platz.

Wie der Erziehungsdiskurs auf diese Kalamität reagiert, läßt sich wiederum an einem französischen Beispiel zeigen. Der bereits erwähnte Traktat des Mediziners ALPHONSE LEROY[32] über die richtige Kleidung der Kinder beginnt mit einer Kritik an ROUSSEAU, dem vorgeworfen wird, er konzipiere „Natur" so rigoros, daß für die Erziehung nichts übrigbleibe und dann aber auch nichts getan werde. Blindes Tun würde die Natur ruinieren, worauf es ankomme, sei „l'art à diriger les opérations de la nature" (Leroy 1772, S. 11)[33]. Sie setzt Fehler der Normalität voraus,[34] nicht die Perfektion der Natur, die als unabhängige Größe gar nicht in Betracht gezogen werden kann. ROUSSEAU übersehe, daß Kinder auch schön sein wollen, nicht bloß stark (ebd., S. 95 ff.), keine Erziehung könnte gelingen, die nicht auf die Ästhetik des Ankleidens Rücksicht nähme. Auch der Geschmack müsse gebildet werden, und jede Erziehung steht vor dem Problem, wie die „natürliche Idee der Schönheit" (ebd., S. 98, 100) damit in Einklang gebracht werden kann. Kinder wollen gefallen, „le sentiment du plaisir" (ebd., S. 135 f.) ist eine unhintergehbare Größe, ROUSSEAUS Erziehung zur robusten Natur könne demgegenüber nur animalisch genannt werden (ebd., S. 149).

---

32 Alphonse-Louis-Vincent Leroy (1742-1816) war zunächst Jurist und studierte danach Medizin. Nach einigen erfolgreichen Veröffentlichungen wurde Leroy Professor an der alten medizinischen Fakultät in Paris. Sein Spezialgebiet, auch in den diversen Publikationen, war die Kindermedizin.

33 Das sei, diese Kunst, das Geschäft der Medizin (Leroy 1772, S. 11).

34 „La manière de coucher les enfans n'est pas moins dangereuse que celle de les vêtir" (Leroy 1772, S. 81).

Auch dieses Argument ist *allgemein* gehalten, selbst wenn Differenzen (etwa des Geschlechts: ebd., S. 152 f.) in Rechnung gestellt werden. Kein Rousseauist muß sich davon überzeugen lassen, gerade das ärztliche Plädoyer für natürliche Kleidung[35] läßt sich in Richtung natürliche Erziehung überbiegen, die keinen Sinn für künstliche Formen – Geschmack und Gefallen – entwickeln muß. Sie aber definieren Stil und so Individualität, die hinter der Sprache des Allgemeinen ungeachtet bleibt. Das Problem stellt sich für den gesamten Anspruch der Erziehung, sie kann nicht Zielen der Menschheit oder wenigstens der Gesellschaft dienen und zugleich individuelle Vorbehalte zulassen. Andererseits muß sie behaupten, jedem Einzelnen zu dienen, also mit den allgemeinen auch die individuellen Potentiale zu befördern. Die Erziehung, schreibt der Baron D'HOLBACH in seinem *Essai sur les préjugés*[36], müsse die *Wahrheit* befördern, nämlich den Aberglauben bekämpfen und die falschen Vorstellungen über Natur und Gesellschaft auflösen (D'Holbach 1988, S. 50 f.). Dafür gibt es ein scheinbar durchschlagendes Argument, das ubiquitär gelten *muß*, wenn es zutreffen soll:

„C'est dans l'âge tendre que l'erreur s'empare de l'homme, c'est dans la jeunesse qu'il se familiarise avec des opinions monstrueuses dont il est la dupe toute sa vie; si l'éducation parvient à lui faire adopter les notions les plus fausses, les idées les plus extravagantes, les usages les plus nuisibles, les pratiques les plus gênantes, pourquoi l'éducation ne parviendroit-elle pas à lui faire adopter des vérités démontrées, des principes raisonnables, une conduite sensée, des vertues nécessaires à sa félicité?" (ebd., S. 52).

Wie bei ROUSSEAU gibt es *zwei* Weisen der Erziehung, die richtige und die falsche, nur unterscheidet D'HOLBACH nicht zwischen „Mensch" und „Bürger", sondern zwischen *aufgeklärt* und *unaufgeklärt*. Die falsche Erziehung – aber die *Erziehung* – befestigt den Aberglauben (superstition)[37] und führt zum religiösen Fanatismus, aber wenn die Erziehung schon diese Macht hat, dann kann sie auch in die andere Richtung gelenkt werden, nämlich Bürger heranbilden, die aktiv, aufgeklärt, großherzig (magnanimes) und tugendhaft sind und bleiben

---

[35] Gemeint sind Kopfputz (coeffures), Nacht-Bandeletten, Perücken, überladener Schmuck und ähnliches mehr (Leroy 1772, S. 167 ff.). Gegen sie werden anatomische Argumente ins Feld geführt, Schnüren behindern den Blutkreislauf und sind daher gesundheitsgefährdend (ebd., S. 169).

[36] D'Holbach, Mitarbeiter der *Encyclopédie*, veröffentlichte den *Essai sur les préjugés* 1770, zeitgleich mit dem „Système de la nature" (das ihn bekannt machte). Der Essai bearbeitet ein Thema David Humes, nämlich die Macht und den Einfluß öffentlicher Meinung. Der Essai erschien anonym, die Autorenschaft D'Holbachs war lange umstritten, gesichert hat sie erst Rudolf Besthorn (1969/1971).

[37] Auch hier wird das Argument dialektisch gewendet: Wenn die Erziehung die Macht hat, Aberglauben und Fanatismus hervorzubringen, kann sie auch das Gegenteil bewirken (D'Holbach 1988, S. 53).

(ebd., S. 53). „Est-il donc plus aisé de faire un fanatique, un martyr, un pénitent, un dévot, un courtisan abject, que de former un enthousiaste du bien public, un soldat courageux, un homme utile à lui même et précieux aux autres?" (ebd., S. 53/54)

Die Unterscheidung von wahrer und falscher Erziehung ist für den Anspruch allgemeiner Pädagogik von zentraler Bedeutung, anders ließe sich öffentliche Kritik[38] kaum plausibel vorbringen, weil die Abhilfe nicht formuliert wäre. *Superstitution* und *despotisme* (ebd., S. 55) könnten nicht angeklagt werden, wenn nicht zugleich der damit verbundene Modus der Erziehung („former des esclaves": ebd., S. 56) fixiert und mit einer aussichtsreichen Alternative versehen werden würde. „On ne peut trop aveugler un peuple qu'on veut rendre malheureux; on ne peut trop éclairer celui dont on veut faire le bonheur" (ebd., S. 61). Nur eine solche einfache Alternative kann diskursbestimmend werden, und wenn *éclairer* – Aufklären – denunziert wird, dann muß in Kauf genommen werden, daß immer nur die andere Seite belohnt werden kann. Mehr Möglichkeiten sind nicht vorgesehen, solange nur *ein* Allgemeines erwartet wird, *ein* Ziel des Richtigen und *eine* Tendenz des Falschen. Und dafür gibt es schlagende Beispiele, wenn man D'HOLBACHS zentrale Aussage über den Effekt der falschen Erziehung historisch verifiziert: „Un peuple ignorant, dès qu'il est mécontent, est toujours prêt à suivre l'étendart de la révolte sous la conduite des charlatans politiques et spirituels qui lui promettent de mettre fin à ses peines" (ebd., S. 64).

Daraus folgt nicht, daß die ausgeschlossene Seite nicht auch gute Gründe geltend machen könnte. Die Perfektionierung des freien Denkens (ebd., S. 70) fordert Begrenzungspolemik geradezu heraus, und es ist leicht möglich, den Fortschritt als Rückschritt zu deuten und das Gute woanders zu suchen. Daß die Wahrheit die Seele erhebt (ebd., S. 73), ist ebenso oft wahr wie falsch, unverzichtbar ist nur, die Relationen zwischen Wahrheiten und Irrtümern *öffentlich* – also frei und ohne Zensur – bestimmen zu können. Für diesen Zweck ist eine Sprache des Allgemeinen notwendig, die „Erziehung" nicht einfach indifferent belassen kann. Ihr Zweck, ihr Anspruch, ihre Güte *müssen* besetzt werden, wenn diskursive Bewegung überhaupt entstehen soll (Oelkers 1996a).

Was also „Allgemeine Pädagogik" genannt wird, ist nicht einfach ein *System öffentlicher Erziehung* (Stephani 1805), ein definitives „Lehrgebäude der Erziehungskunst" (Weiller 1802) oder die gültige Erfassung der „allgemeinsten Grundsätze der Erziehung" (Stuve 1785). Das Allgemeine muß *immer neu* vermessen werden, es entsteht *im* Streit und – paradox genug – durch Abgrenzung,

---

38 Der Despotismus „denaturiert" die Menschen, wer sie entwickeln will, kann nicht einfach nur den Despotismus abschaffen, sondern zugleich die mit ihm verbundene Erziehung (D'Holbach 1988, S. 55). Das Argument ist Montesquieu verpflichtet, der im *Esprit des loix* Erziehung und Regierungsform parallelisiert hatte.

ohne durch singuläre Theorien gesichert zu sein. Alle Versuche, gültige Anthropologien „der" Erziehung aufzustellen oder Systeme der „Allgemeinen Pädagogik" zu entwickeln, haben bestimmte Kategorien gegenüber anderen und so begriffliche Differenzen bestärkt, also Prioritäten der Sprache – wie den „erziehenden Unterricht" – festgelegt, aber nicht den Streit stillgestellt. Im Gegenteil *befördern* die großen Entwürfe den Konflikt, weil sie – jenseits alltäglicher Plausibilität – zum Widerspruch herausfordern und zugleich eine hohe Bedeutsamkeit nahelegen. Die Sprache des Allgemeinen wird so immer neu bestimmt, mit Theorien, die behaupten müssen, sie hätten das Problem *abschließend* gelöst.

Das „Allgemeine" ist nicht *etwas Bestimmtes*, anders hätten längst definitive Theorien entstehen müssen, die wenigstens das Objekt zutreffend bezeichnen könnten. Mit der Universalisierung der Erziehung setzt zugleich die vage und doch suggestive Verwendung des Terms ein. „Erziehung", das war Ende des 18. Jahrhunderts klar, ist „keiner einfachen und genauen Definition fähig" (William 1781, S. 7). Zugleich sind *fest bestimmte* Kausalitäten unvermeidlich: „Es ist unmöglich, daß ein Unwissender und Lasterhafter einen Menschen zu Kenntniss und Tugend erziehe" (ebd., S. 22). Auf der anderen Seite: „Es ist außer Streite, daß alle wirksamen Schritte zu einer Umänderung der Nation durch die Erziehung unserer Jugend geschehen müsse" (ebd., S. 23). Genauer: „Von den Fertigkeiten, die wir uns in der Kindheit erwerben, können wir uns selten oder nie, frei machen. Kein Räsonniren, keine Philosophie, keine Gesetze werden Einem die Kraft geben, der von seiner Mutter verzärtelt, oder dessen Bau durch die Tirannei eines Schulmeisters zerrüttet worden. Eben so ist es mit allen Dispozizionen eines Menschen. Es giebt ihrer nur wenige, die sich auf einen alten Stamm pfropfen lassen; und sie Anderen so wenig beleidigend als möglich zu machen, ist das, was unsere Vernunft gemeiniglich nur dabei thun kann. Jeder Mann von Ueberlegung muss diese Wahrheit sehr merklich fühlen, da er fast jedem Fehler seines Körpers und Geistes bis zu irgend einem Versehen in seiner Erziehung nachspüren kann" (ebd., S. 23/24).

Plausibilitäten wie diese machen Erziehung stark und formulieren die Aspirationen allgemeiner Wirksamkeit, wobei jeweils die „gegenwärtige Art zu erziehen" der Kritik unterzogen wird (ebd., S. 25). Der Reiz ergibt sich nicht aus der Konstruktion „eines vollständigen Erziehungssistems", sondern aus der Erwartung praktischer „Verbesserungen" (ebd., S. 76), eine *„Erziehung, die sich ausführen lässt"* (ebd., S. 81) und die doch überlegene Wirkungen mit sich bringt. Die Begrifflichkeit ist schwankend, diverse Terms haben unterschiedliche Bedeutungen, das „Allgemeine" ist völlig unterschiedlichen Zugängen ausgesetzt, ohne dadurch Schaden zu nehmen.

Seit FRIEDRICH ERDMANN PETRIS (1805) Versuch einer „historisch-kritischen" Analyse des Erziehungsbegriffs ist immer wieder versucht worden, die Spannungen der Allgemeinen Pädagogik rekonstruktiv aufzulösen, also eine Logik der Diskurs*geschichte* zu erstellen, die – bei PETRI – von PLATO bis zum Ende des achtzehnten Jahrhunderts reichen soll. Mit solchen Versuchen wird zweierlei erreicht, die Problem*vergangenheit* kann nicht irrelevant sein und die Gegenwart gerät in Abhängigkeit von ihrer Geschichte, die auf bestimmte Linien zugeschnitten wird. Das eröffnet wiederum neue Diskurschancen, denn dadurch werden Theorietraditionen konstruiert, die sich legitimatorisch nutzen lassen. Man kann nicht mehr nur richtige und falsche Erziehung, sondern zugleich moderne und unmoderne Pädagogik unterscheiden. Nach KARL VON RAUMER (1842) entstanden historiographische Kodifizierungen, die die moderne Pädagogik auf den protestantischen Weg (von Luther bis Pestalozzi) festlegten und damit die Themenbearbeitung wesentlich bestimmten. Das geschah auch im internationalen Vergleich, wenngleich verzögert: GABRIEL COMPAYRÉ (1870) definierte die Geschichte der Pädagogik in Frankreich oder ROBERT QUICK (1868) die Geschichte der Pädagogik in England.[39]

In und mit diesen Geschichten wurden Bedeutungsniveaus entwickelt, die die Aufmerksamkeit der Öffentlichkeit festlegten: Eminente Pädagogen[40] sind unterschieden von weniger bedeutsamen und unwichtigen, wobei der Historiograph seine eigene Selektion nicht darstellen muß. Er übernimmt die Niveaus und ist plausibel, wenn er sie möglichst wenig variiert. Die Karriere des Symbols und des Kultes „Pestalozzi" ist hierfür ein starkes Indiz (Osterwalder 1995; Oelkers/Osterwalder 1995; Winter 1996)[41]: Was damit auf Dauer gestellt wird, sind überwiegend Selbstdeutungen und sympathische Zuschreibungen von interessierten Zirkeln, die Unantastbarkeit erzeugen wollen. Auf diese Weise entsteht eine herausgehobene pädagogische Figur, die appellationsfähig ist; mit ihr kann das fragile Allgemeine der Erziehung sanktioniert werden. Was theoretisch immer zweifelhaft und offen ist, was zu viele Möglichkeiten und zu geringe Beweise hat (und haben muß), kann im Verweis auf die *Person* des

---

39 Compayré formuliert die entschieden *nationalkulturelle* Variante, eine *französische* Geschichte der Pädagogik, um einen Kontrapunkt zu Von Raumer zu setzen. Auch sie ist aber protestantisch gehalten. Von Raumers vierteilige „Geschichte der Pädagogik" (1842–1854) erlebte sieben Auflagen (die siebte Auflage erschien zwischen 1902 und 1907). Ab 1897 war ein fünfter Teil angefügt („Pädagogik der Neuzeit in Lebensbildern"), den G. Lothholz bearbeitet hatte. Quicks *Essays* sind 1890 neu geschrieben worden, die definitive Ausgabe erschien 1904. Das Argument ist der europäischen Erziehungsgeschichte verpflichtet, die moderne Erziehung beginnt mit der Renaissance und nicht (wie bei VON RAUMER) mit der Reformation (und diese reduziert auf Luther).

40 *Pädagoginnen* – das weibliche Personal – finden nur beiläufige Erwähnung; der maßgebende Diskurs ist *männlich* geprägt.

41 Die These betrifft die Rezeption Pestalozzis, also die selektive und interessierte Verwendung seiner Stichworte oder Theoriefragmente. Zwischen dem historischen Autor und der Kultfigur entsteht eine zunehmend grössere Differenz, der Abstand wächst unkontrolliert, kritische Forschung wird nicht unternommen oder ausgeschlossen.

Pädagogen plausibel gemacht werden. Der Gestus entschiede dann den öffentlichen Diskurs, am Ende der Theorie stünde das überzeugende Beispiel, das aber nur so lange wirkt, wie die historiographische Konstruktion hält. Gerade Personen, erhoben zum Denkmal (Furrer/Hofstetter 1995; vgl. auch Tröhler 1996), erlauben Entlarvungen, die für den Theorieanspruch weit desaströser sind als dialektische Entgegnungen.

Eine derart schwache Sicherung könnte ein Diskurs, der überdauern will, unmöglich zulassen; die allgemeine Pädagogik kann sich auf ihre eigene Geschichte berufen, auch auf das historische Personal, aber sie muß mehr bearbeiten als nur sich selbst. *Dieses* „Mehr" entsteht aus der Unsicherheit des Richtigen: Globale Projekte wie die „natürliche Erziehung" des Menschen oder die „öffentliche Bildung" des Bürgers lassen nie abschließende Urteile zu, verursachen aber fortlaufend Probleme, die entweder Zweifel wecken oder aber Postulate bestärken. Jedes Ereignis der Erziehungspraxis kann der *alten* oder der *neuen* Erziehung zugeschrieben werden, aber jede Version der alten oder der neuen Erziehung kann dadurch bestärkt und erschüttert werden, ohne daß die grundsätzliche Unterscheidung – alt oder neu verstanden wie „unmodern" oder „modern" – verschwinden würde. Die historiographischen Möglichkeiten lassen sich nicht wieder zurücknehmen, und sie bearbeiten fortlaufende Kontingenz. Weil es nie sicher ist, was letztlich gelingt, muß Modernität ständig behauptet werden. „Allgemeine Pädagogik" wäre dann je diese Behauptung *und* ihre Kritik.

3. Struktur der Erziehungsreflexion

Die Sprache der Erziehung wurde im 19. Jahrhundert kodifiziert und in die Form von Kompendien gebracht. Dieser Prozeß vollzog sich im internationalen Vergleich weitgehend identisch, FERDINAND BUISSONS *Dictionnaire de pédagogie* (1882–1893)[42] ist dafür ebenso ein Beispiel wie KARL ADOLF SCHMIEDS *Enzyklopädie des gesammten Erziehungs- und Unterrichtswesens* (1859–1878)[43]. Mit diesen Kompendien entstand die Ordnung des Terrains „Erziehung", damit zugleich zunehmende Fülle und Unübersichtlichkeit. Die Nutzung wurde durch Stichworte gesteuert, die ihrerseits differenziert ausuferten. Die Probleme und ihr Schrifttum ließen sich sammeln, aber nur wenige konnten in vollem Umfang angeeignet werden, wohingegen die meisten unbeachtet blie-

---

42 Buissons fünfbändiges *Dictionnaire* sortierte das Erziehungswissen nach Maßgabe eines liberalen Protestantismus (Buissons „Le christianisme libéral" erschien 1865).

43 Die elfbändige Enzyklopädie ist die maßgebende im deutschen Diskurs des 19. Jahrhunderts. Mitarbeiter waren der evangelische Pädagoge Carl von Palmer und der Tübinger Gymnasialprofessor Wildermuth. Es gibt Vorläufer wie Carl Gottlob Bergangs „Pädagogische Realencyclopädie" von 1847.

ben. Die einfachen und zugleich übergreifenden Probleme des 18. Jahrhunderts, etwa der Vorrang der frühen Erziehung (Lieberkühn 1784, 1784a), die „allgemeine Schulverbesserung" (Steinbart 1789) oder der unbedingt „wohlthätige Einfluss" der Erziehung auf die Entwicklung der Menschheit (Pölitz 1796), wurden kompliziert und kleingearbeitet, ohne die Dominanz des Allgemeinen zu beeinträchtigen. Die diversen Kodices der Erziehung leben von der Kraft der großen Probleme, die sich nicht diminuieren, sondern immer nur neu bearbeiten lassen.

Was JOHANN STUVE 1783 über die „Wichtigkeit des Schulwesens" allgemein zu sagen hatte, läßt sich frei vom Erzeugungskontext verwenden, ohne an Plausibilität einzubüßen.

„Das Erziehungs- und Schulwesen ist eine der wichtigsten, wo nicht die *allerwichtigste Angelegenheit der Menschheit*; denn Erziehung und Unterricht geben dem jungen Menschen diejenigen Kenntnisse, Grundsätze, Gesinnungen und Fertigkeiten, durch die er für sich selbst glücklich und seinen Mitmenschen nützlich wird; sie befördern also *unmittelbar* das Glück und den Flor der Staaten.

Soll die Bildung der Jugend im allgemeinen verbessert werden und wohl von statten gehen, so muss man auf die *Vervollkommnung der öffentlichen Schulen* sehen – Denn die blos häusliche Erziehung ist in der Regel, in jeder Rücksicht, sehr mangelhaft" (Stuve 1783, S. 1/2; Hervorhebungen J. O.).

Es ist aber jederzeit möglich, das Argument von der *anderen* Seite her zu betrachten, nämlich die *Vorteile* der häuslichen Erziehung den Schäden der *Schulen* entgegenzusetzen, sofern auch hier eine allgemeine Idealisierung verwendet wird. Es ist, wie gesagt, immer nur eine Gewichtung, die über die Plausibilität entscheidet, das von der einen Seite Ausgeschlossene kann später stark gemacht werden, sofern Situationen wechseln und aus schlechten gute Gründe werden. Das erklärt die Neigung zu Dogmatismen, die einfach nur kontinuierlich behauptet werden müssen, aber es erklärt nicht die Struktur der Erziehungsreflexion, die mehr und anderes ist, als was Enzyklopädien festlegen können.

Mindestens fünf große Dichotomien sind in der Aufklärungspädagogik des 18. Jahrhunderts gebildet worden:
– Natur oder Gesellschaft?
– Gegenwart oder Zukunft?
– Erziehung des Menschen oder Bildung des Bürgers?
– Entwicklung oder Einwirkung?
– Individuum oder Gattung?

Ein Bewußtsein der *Geschichtlichkeit* dieser Kategorien ist vorhanden gewesen (Hochheimer 1785/1786), neu waren nicht die Dichotomien selbst, sondern ihr Ensemble und ihre öffentliche Verwendung. Herkunftsvermutungen, vor allem die Adelung der Antike[44], erwiesen sich als vorteilhaft, prägten aber nicht die Verwendung. Zwingend waren die allgemeinen Problemlagen und so die großen Diskurse, die Reformbereitschaft und Beharrung gleichermaßen beeinflußten. Ein Beispiel sind BURTONS vielgelesene Vorlesungen über die weibliche Erziehung (deutsche Ausgabe 1795): Sie nutzten die Chancen des Naturdiskurses, aber zugleich deren Relativierung durch Gesellschaft. „Weiblichkeit" ist eine konstante *und* eine zu entwickelnde Größe, jede These, zumal jede pädagogische, sorgt für Konsens *und* fordert Widerspruch heraus. Scharfe Antinomen charakterisieren bereits die mächtigen Begründungsschriften (wie ROUSSEAUS fünftes Buch im *Emile*[45], sie legen Parteinahmen und Kompromisse nahe, das Problem wird gelöst und setzt sich fort.

Das gilt für alle Relationen der Erziehungssprache. Wenn eine „Schule des Vergnügens für kleine Kinder" (Voit 1788) gefordert wird, *muß* eine Seite zu kurz kommen, die Schule oder das Vergnügen. Beide Seiten schließen sich für die normale Wahrnehmung eigentlich aus, also kann die Zusammenfügung des Ausgeschlossenen kurzzeitig für Aufmerksamkeit sorgen, während sich für beide Seiten Defizite reklamieren lassen, je nachdem, welche Erfahrungen das Projekt mit sich bringt (literarische wie praktische). Zuviel Vergnügen in der Schule ist genauso anstößig wie zuviel Schule im Vergnügen, während immer eine erträgliche Passung angestrebt werden kann, etwa unter dem Druck öffentlicher Schulreformen. Sie sollen Schulen verändern, zumeist durch mehr „Motivation" (oder Vergnügen) auf Seiten der Agierenden, ohne sich selbst aufzulösen, was *mit* dem Reformprojekt dessen Begrenzung abverlangt. Die Mitte *allgemein* ist nie zu bestimmen, während je der Druck der Problemseiten erhalten bleibt.

Die fünf Dichotomien können nicht nach *je einer* Seite bewältigt werden, weil der Gegensatz zurückschlägt: „Natur" ist die Voraussetzung der Theorie gesellschaftlicher Entfremdung seit (und mit) ROUSSEAU, aber Gesellschaft ist das Realitätsprinzip jeder konkreten Pädagogik. Sie kann sich auf die wahre Natur des Menschen (des Mannes oder der Frau) berufen, ohne damit eine Realität *neben* oder *vor* der Gesellschaft bezeichnen zu können. Ähnlich kann die ganze Aufmerksamkeit der Erziehung der Gegenwart gelten, während sie nur über Ziele gerechtfertigt werden kann, die auf künftige Absichten und Wirkungen verweisen. Die Gegenwart *muß* der Zukunft aufgeopfert werden und *soll* es doch nicht, wenn der Kindheit *ihre* Zeit belassen wird; sie – die Zeit der Kind-

---

44 Die *Querelles des Anciens et des Modernes* am Ende des 17. Jahrhunderts, immerhin ein Streit um die richtige Theorie des Lernens, erreichte die Pädagogik nicht; sie konnte – wie nicht zuletzt an ROUSSEAU nachzuweisen wäre – auf das Vorbild der Antike setzen, obwohl – oder weil – die Aufklärung die *massgebliche* Bedeutung der Vergangenheit fraglich werden liess.

45 Das Buch beschreibt „Sophie ou la Femme" (O. C. IV/S. 692) und führt die Geschlechtsdifferenz ein, die quer liegt zur Dichotomie von *Mensch* und *Bürger*.

heit – ist zugleich Notwendigkeit und Illusion, sie muß genutzt *und* überwunden werden[46].

Daraus ergibt sich ein Effektszenario, das zwischen natürlicher *Entwicklung* und künstlicher *Einwirkung* schwankt und schwanken *muß*, solange zwischen Innen und Außen – Welt des Kindes und Welt der Erwachsenen – unterschieden werden kann. Die Ziele der Erziehung gelten künftigen Erwachsenen, die Erziehung selbst heutigen Kindern; der zukünftige Effekt muß individuell erzeugt werden, aber es ist kaum möglich, die Ziele zu teilen, also unterhalb von Kategorien der „Menschheit" oder der „Gattung" festzulegen. Die „Erziehung des Menschen" kann nur *alle* meinen, jenseits des Nationalstaates gilt dies auch für die „Bildung des Bürgers". Zugleich bleibt die Dichotomie erhalten: Es ist immer möglich, neben dem „Bürger" den *Menschen* zu thematisieren, pädagogische Appelle erhalten oft ihr Gewicht allein dadurch, daß diese Relativierung genutzt wird (Humboldt 1792; Heusinger 1795 und viele andere): „Der Mensch" ist mehr als *der Bürger*, die wahre Erziehung kann nur ihm gelten, nur sie wäre humanistisch, während die bürgerliche Gesellschaft als Ort und Ziel der Erziehung weder verschwindet noch in ihren Erziehungsanstrengungen schwächer wird.

Die Struktur der Reflexion prägt auch die Kritik: Selbst wer Erziehung ausschließlich individuell verstehen will, kommt nicht umhin, das Humanistische dieses Versuchs allgemein zu begründen und also auf Bedingungen oder Bedürfnisse *aller Menschen* zu rekurrieren. Oft sind Individualisierungen Gattungsaussagen, die das Besondere aus dem Allgemeinen ableiten, diese Voraussetzung aber versteckt halten. Eine vereinzelte Biographie könnte kaum Thema öffentlicher Diskurse über Erziehung sein, weil deren Ziele und Effekte nicht singulär gehalten werden. Die Sprache kommuniziert das Allgemeine, kein maßgebliches Dual bezeichnet tatsächlich eine kontingente Einzelheit: „Kinder" sind immer generalisierte Kinder; Erziehung ist eine (sprachlich definierte) universelle Kraft, auch dann wenn Teilgruppen zugelassen werden[47];

---

[46] Rousseau fasst dieses Problem bekanntlich paradox, aber damit zu einfach: Die Zeit der Erziehung muss verloren werden, man darf sie nicht gewinnen wollen (O. C. IV/S. 323). Aber die Zeitökonomie im *Emile* zeigt, dass Zeit verbraucht wird, weil die Kindheit *genutzt* werden muss. Ihre Zeit kann (und darf) nicht einfach verstreichen. Friedrich Schleiermacher kommt zu einer noch unbefriedigteren Lösung: Die pädagogische Einwirkung stellt sich dar als *„Aufopferung eines bestimmten Momentes für einen künftigen"* (Schleiermacher 1957, S. 46). Legitimiert wird diese „Einwirkung" mit einem doppelten Nutzen: Jeder *„pädagogische Moment"*, der als solcher seine Beziehung auf die Zukunft hat, muss *„zugleich auch Befriedigung sein für den Menschen, wie er gerade ist"* (ebd., S. 48). Das aber ist ausgeschlossen, weil Gegenwart und Zukunft nicht zusammenfallen können. Der künftige Nutzen muss vom gegenwärtigen unterschieden werden, anders könnte keine Erziehung *korrigiert* werden.

[47] Es ist extrem schwer, sich männliche und weibliche *Erziehung* vorzustellen, also Erziehung nicht *für* das Geschlecht, sondern *gemäss* dem Geschlecht. Nicht zufällig führen derartige Versuche immer zu nachträglichen Ausgleichen, was für die eine Gruppe gelten soll, kann oder muss auch für die andere in Anspruch genommen werden.

selbst die Idealisierung der Erziehungspersonen kann nicht nach Aufkommen oder Einstellung relativiert werden. Wer keine Lust hat, kann dies zugeben, aber wird sofort auf die allgemeine und unbedingte Bedeutung der Erziehung verwiesen, die auch bei kleinen Schwankungen großen Schaden nehmen würde.

Der öffentliche Diskurs, entstanden im 18. Jahrhundert, baut Dringlichkeiten auf, moralisch sehr dichte Präferenzen, Festlegungen, die sich reflexiv bearbeiten lassen, ohne ihnen ausweichen zu können. Insofern kann von einem „pädagogischen Kosmos" gesprochen werden, einer Welt öffentlicher Argumente, die grundsätzliche Kritik schwer macht. Es ist möglich, für die „Erziehung zum Menschen" und gegen die „Bildung des Bürgers" einzutreten, auch ist es möglich, die Präferenz zu vertauschen und das Gegenteil zu vertreten, aber es ist kaum möglich, die Dichotomie als solche für irrelevant zu erklären, ohne auf vergleichbare Grund- und Gegensätze zurückzugreifen.

Offenbar bewegt sich die Allgemeine Pädagogik in diesen Vorgaben, wenn nicht ein einzelner „Ansatz", sondern die Gesamtbewegung öffentlicher Diskussionen über allgemeine, ungeteilte und attraktive Erziehungspostulate betrachtet wird. Zentrale Fragen wie die von Freiheit oder Verantwortung in der Erziehung lassen sich nicht mit abschließend erhellenden Kasuistiken oder mit fortgesetzter empirischer Forschung bearbeiten, sondern verlangen je aktualisierte Gewichtungen, die immer die andere Seite voraussetzen müssen. Wenn heutige liberale Theorien die *Bildung des Bürgers und der Bürgerin* betonen (Rawls 1993, S. 199 f.), dann ist erwartbar, daß im Gegenzug die Erziehung des Menschen (Mann und Frau) unter Stichworten wie „Caring" (Noddings 1992) zur Alternative erhoben wird. Die Kindorientierung der Reformpädagogik kann als „Rousseauismus" erscheinen, also als naive Theorie der Entwicklung, die Einwirkungen pädagogischer Milieus übersieht, aber zugleich kann den Kritikern der Kindorientierung vorgehalten werden, sie übersähen die damit verbundenen progressiven Ansätze (Darling 1994). Auch diese historische Verortung ist nie völlig überzeugend, der Fortschrittsglaube der Aufklärung kann gerade als naiv erscheinen gegenüber der Fragilität des Glücks (Nussbaum 1986), und jener PLATO, den Aufklärer wie D'HOLBACH hinter sich glaubten, kann mit dem Stichwort des „guten Lebens" neue pädagogische Überzeugungskraft gewinnen (Pitkänen 1996).

Das „kann" ist entscheidend – die Reflexionsstruktur öffentlicher Erziehung läßt diese Möglichkeiten zu, unter der Voraussetzung einer Anpassung an je aktuelle Lagen. In diesem Sinne wäre „Allgemeine Pädagogik" eine Art argumentativer Beratung, die einseitig ist auch dann, wenn sie umfassend behauptet wird. Aber auch sehr kompakte Theorien, die im übrigen kaum vorliegen, erlauben immer Ausweichbewegungen, die zu tun haben mit Definitionen von Not und Bedürftigkeit. Die moderne Erziehung reagiert auf den Ausgleich von Defiziten oder auf die Beseitigung von Hindernissen, sie muß also ständig

Mangelsituationen erzeugen und verhindern, daß sie selbst eines Tages überflüssig wird. Offenbar wachsen die Chancen für Defizitanalysen mit der Differenzierung der Erziehung selbst: Je mehr und intensiver „erzogen" wird, desto mehr Ausfälle und Schwächen erzeugt das dafür zuständige System. Insofern ist die Perfektionserwartung naiv, das System nähert sich keinem Ziel, weil es keinen definitiven Abschluß geben kann. Das schließt auch eine *negative* Perfektion aus, eine ständige Verschlechterung. Ein radikaler Verfall würde im übrigen den Adressaten ruinieren, Defizite der Erziehung hätten kein Subjekt mehr, dem man die Abhilfe zutrauen könnte. Erziehung läßt sich also schon aus Gründen der Selbsterhaltung nur mit dem Guten besetzen, die Kausalität des Bösen *muß* externalisiert werden. Wäre die Erziehung das Übel, das sie bearbeiten soll, würde die Alternative immer auf ein Äquivalent zur „Erziehung" verweisen. Allein das zeigt die Stärke des Problems.

„Allgemeine Pädagogik" wäre dann eine Art gebundener Kritik, die sich aus den moralischen Vorgaben oder der Sinnstruktur des Guten nicht verabschieden kann. Sie ist nicht freie Reflexion, weil das Allgemeine sich an historischen Rahmenvorgaben zu orientieren hat oder aber unbestimmt bleibt. Es kann durch Ergebnisse nicht abschließend bestätigt werden, sondern bleibt als Postulat erhalten, weil die Erwartung Erreichbarkeit ausschließt. Ergebnisse lassen sich sofort mit Defiziten und so mit neuen Zielen verbinden, Ziele steuern den allgemeinen Diskurs, der ohne Definitionen des Guten (in der Erziehung) nicht leistungsfähig wäre. Es gäbe keinen Grund, den Prozeß fortzusetzen, wäre das Allgemeine definitive Wirklichkeit; umgekehrt verlangen Wirklichkeiten universelle Postulate, um ihr eigenes Ende zu vermeiden.

Die „Erziehungskunst", schreibt KARL PHILIPP MICHAEL SNELL 1784 (S. 229), ist die „Wissenschaft, junge Leute zu ihrem künftigen Leben geschickt und tüchtig zu machen: und die Erziehungslehre oder Pädagogik gibt die Regeln an die Hand, nach welchen man hierbey verfahren muss". Eine einzige der diversen Ausführungsbestimmungen dieses Grundsatzes einer Allgemeinen Pädagogik – die Erziehung zum Glück durch Tugend[48] – zeigt, daß die Kunst an kein Ziel gelangen *kann*, sondern immer neu *veranlaßt* werden muß. Die Risiken treten hinter der Moral zurück, ansonsten würde niemand den Prozeß beginnen, der zugleich – Kinder vorausgesetzt – nicht vermieden werden kann.

---

48 „Um *glücklich zu leben*, müssen unsere Zöglinge vor allen Dingen *tugendhaft werden*. Tugend lehrt ihnen die *Religion* und die *Sittenlehre*. Die Tugend wird befördert durch Beyspiele; sie wird erhöhet durch Kenntnis von sich selbst, durch Kenntnis von der Welt, ihrem Lauf, ihren Begebenheiten und ihren Geschäften. *Weltweisheit, Weltklugheit* und jede Art von lehrreicher *Geschichte*, muss also (!) mit der Religion und mit der Sittenlehre verbunden werden, um das Herz des Zöglings zu einem höheren Grade von Tugendhaftigkeit zu erheben" (SNELL 1784, S. 230).

Literatur

Abbé de Saint Pierre: Projet pour perfectionner l'éducation. Paris 1728.

Badau, N.: Ephémérides du citoyen, ou Chronique de l'esprit nationale. t. I–V. Paris: Nicolas Augustin Delalain 1765/1766.

Ballexserd, J.: Dissertation sur l'éducation physique des enfans, Depuis leur naissance jusqu'à l'âge de puberté. Ouvrage qui a remporté le Prix le 21 mai 1762, à la Société Hollandoise des Sciences. Paris: Chez Vallat-la-Chapelle, Libraire 1762.

Belin, J. P.: Le commerce des livres prohibés à Paris de 1750 à 1789. Paris: Belin Frères 1913.

Benaroyo, L.: L'avis au peuple sur sa santé de Samuel-Auguste Tissot (1728–1797): la voie vers une médecine éclairée. Basel 1986 (= Zürcher medizingeschichtliche Abhandlungen Nr. 195).

Besthorn, R.: Zur Verfasserfrage des ‚Essai sur les préjugés'. In: Beiträge zur romanischen Philologie 8 (1969), S. 10–47; 10 (1971), S. 13–54.

Burton, F.: Vorlesungen über die weibliche Erziehung und Sitten. Uebers. v. Chr. F. Weisse. Bd. I/II. Leipzig 1795.

Compayré, G.: Histoire critique des doctrines de l'éducation en France. Paris 1870.

Considérations générales sur l'éducation. Paris 1783.

Courtois, L. J.: Chronologie critique de la vie et des oeuvres de Jean-Jacques Rousseau. Genève: A Jullien 1923. (= Annales de la Société Jean-Jacques Rousseau, t. XV)

Crusius, S. G.: Von den Mitteln, Kinder zu gesunden Menschen zu erziehen. Leipzig 1796.

D'Holbach, P. Th. Baron de: Essai sur les préjugés ou de l'influence des opinions sur les moeurs et sur le bonheur des hommes. Ouvrage contenant l'Apologie de la Philosophie. Preface de L.-J.-J. Daube. Paris 1792. Edition en facsimilé avec une introduction par H.E. Brekle. Ratisbonne 1988.

Darling, J.: Child-Centered Education and Its Critics. London: Paul Chapman Publishing 1994.

Duclos, Ch. P.: Considérations sur les moeurs de ce siècle. Cinquième édition. Paris: Chez Prault/Durand neveu 1767.

Fähse, G.: Grundriss der technisch-practischen Erziehung. Leipzig 1797.

Formey, J. H. S.: Anti-Emile. Nouvelle édition corrigée et augmentée Berlin: Joachim Pauli 1763.

Formey, J. H. S.: Traité d'éducation morale, Qui a remporté le prix de la Société des Sciences de Harlem, l'an 1765, sur cette Question: Comment on doit gouverner l'esprit & le coeur d'un Enfant, pour le rendre heureux & utile. Auquel on a ajouté quelques Pensées relatives à ce sujet. Liège: F. J. Desoer 1773. (Erste Ausg. 1774)

Fourcroy de Guillerville, J. L. de: Les enfans élevés dans l'ordre de la nature, ou abrégés de l'histoire naturelle des enfans du premier age. A l'usage des Pères & Mères de Famille. Nouvelle édition, revue et augmenté. Paris: Chez Nyon l'aîné, Librairie 1783. (Erste Ausg. 1774)

Furrer, M./Hofstetter, R. (Hrsg.): Denk-mal Pestalozzi. Freiburg/Schweiz: Universitätsverlag 1995. (= Beiheft 1 der „Bildungsforschung und Bildungspraxis")

Graff, E. G.: Die für die Einführung eines erziehenden Unterrichts nothwendige Umwandlung der Schulen. Allen, die den Durchbruch einer bessern Zeit befördern können und wollen, zur Beherzigung vorgelegt. Arnsberg 1817.

Greiling, J. Chr.: Ueber den Endzweck der Erziehung und über den ersten Grundsatz einer Wissenschaft derselben. Schneeberg 1793.

Grivel, G.: Theorie de l'éducation; ouvrage utile aux pères de famille et aux instituteurs. T. I-III. Paris:Chez Moutard 1775.

Hartley, D.: Observations on Man, His Frame, His Duty, and his Expectations. Vol. I/II. London 1749. Repr. Hildesheim 1967.

Heusinger, J. H. G.: Etwas über den Ausdruck: Erziehung zum Menschen und Bürger. In: Philosophisches Journal, hrsg. v. F. I. Niethammer, 3. Heft (1795), S. 210–232.

Hochheimer, K. F. A.: Versuch eines Systems der Erziehung der Griechen, aus der Geschichte derselben entwickelt. Bd. I/II. Dessau 1785/1786.

Humboldt, W. v.: Ueber öffentliche Staatserziehung. In: Berlinische Monatsschrift (December 1792), S. 597 ff.

„Km." (d. i. E. Chr. Trapp): Rezension von Rehbergs „Prüfung der Erziehungskunst". In: Neue Allgemeine Deutsche Bibliothek Bd. 1, 2. St./5.–8. Heft (Kiel 1793), S. 391–415.

Krüger, J. G.: Gedanken von der Erziehung der Kinder. 2 Theile. Halle 1752.

Le Mercier de la Rivière, P. P.: De l'instruction publique ou considérations morales et politiques sur la nécessité, la nature et la source de cette instruction. Ouvrage demandé pour le Roi de Suède. Stockholm/Francfort sur le Main: J. J. Eichenberg 1776.

Leroy, A.: Recherches sur les habillemens des femmes et des enfans, ou Examen de la manière dont il faut vêtir l'un & l'autre Sèxe. Paris: Chez Boucher, 1772.

Leurye, F.-A. de: La Mère selon l'ordre de la nature; avec un Traité sur les maladies des enfans. Paris 1772.

Lieberkühn, Ph. J.: Welches sind die Mittel Kindern von vornehmer Geburt Menschenliebe einzuflössen? Züllichau/Jena 1784.

Lieberkühn, Ph. J.: Versuch über die Mittel, in den Herzen junger Leute, die zu hohen Würden oder zum Besitz grosser Reichthümer bestimmt sind, Menschenliebe zu erwecken. Züllichau/Jena 1784a.

Mayen, J. F.: Kunst der vernünftigen Kinderzucht. Helmstedt 1753.

Noddings, N.: The Challenge to Care in Schools. An Alternative Approach to Education. New York/London: Tachers College Press 1992.

Nussbaum, M.: The Fragility of Goodness. Luck and Ethics in Greek Tragedy and Philosophy. Cambridge: Cambridge University Press 1986.

Oelkers, J.: Die grosse Aspiration. Zur Konstitution der Erziehungswissenschaft im 19. Jahrhundert. Darmstadt 1989.

Oelkers, J.: Physiologie, Pädagogik und Schulreform im 19. Jahrhundert. Ms. Bern 1996.

Oelkers, J.: Die Erziehung zum Guten. Legitimationspotentiale Allgemeiner Pädagogik. In: Zeitschrift für Pädagogik 42 (1996a), S. 235–254.

Oelkers, J./Osterwalder, F. (Hrsg.). Pestalozzi – Umfeld und Rezeption. Studien zur Historisierung einer Legende. Weinheim/Basel 1995.

Osterwalder, F.: Pestalozzi als Kult. Weinheim/Basel 1995.

Petri, F. E.: Historisch-kritischer Versuch über den Erziehungsbegriff einiger älterer und neuerer Schriftsteller, von Platon bis zum Ende des achtzehnten Jahrhunderts. In: Magazin der pädagogischen Literaturgeschichte, hrsg. v. F. E. Petri, 1. Sammlung. Leipzig 1805, S. 62 ff.

Pitkänen, P.: Das ‚Know-How' des guten Lebens als Wertentscheidungskompetenz im Sinne Platos und unsere aktuellen Bedürfnisse für Wertentscheidungen. Joensuu: University of Joensuu 1996. (= University of Joensuu Publications in Education, no. 29)

Pölitz, K. H. L.: Welchen Gang muss die Erziehung unsers Zeitalters nehmen, wenn sie auf die Menschheit einen wohlthätigen Einfluss nehmen soll? In: Ceres St. 2 (1796), S. 113 ff.

Quick, R.H.: Essays on Educational Reformers. London 1868.

Raulin, J.: De la Conservation des Enfans, ou les Moyens de les fortifier, de les préserver et guérier des maladies. Paris 1768.

Raumer, K. G. v.: Geschichte der Pädagogik. Stuttgart 1842 ff.

Rawls, J.: Political Liberalism. New York: Columbia University Press 1993.

Réflexions detachées sur les Traités d'Education. In: Mercure de France (mars 1782). S. 9–16.

Rehberg, A. F.: Prüfung der Erziehungskunst. Leipzig 1792. Repr. Königstein/Ts. 1979.

Rousseau, J.-J.: Oeuvres complètes, éd. par B. Gagnebin/M. Raymond, T. III: Du Contrat Social. Ecrits Politiques. Paris: Editions Gallimard 1964.

Rousseau, J.-J.: Oeuvres complètes, éd. par B. Gagnebin/M. Raymond, T. IV: Emile. Education – Moral – Botanique. Paris: Editions Gallimard 1969.

Schleiermacher, F.: Pädagogische Schriften, hrsg. v. E. Weniger, Bd. I: Die Vorlesung aus dem Jahre 1826. Düsseldorf/München 1957.

Snell, K. Ph. M.: Grundsätze der Erziehungskunst, oder Entwurf zu einer systematischen Pädagogik. In: Archiv für die ausübende Erziehungskunst II. Theil (Giessen 1784), S. 229–272.

Steinbart, G. S.: Vorschläge zu einer allgemeinen Schulverbesserung, insofern sie nicht Sache der Kirche, sondern des Staates ist. Züllichau 1789.

Stephani, H.: System der öffentlichen Erziehung. Berlin 1805.

Stuve, J.: Ueber die körperliche Erziehung. Nebst einer Nachricht von der Neu-Ruppinschen Schule. Züllichau 1781.

Stuve, J.: Ueber das Schulwesen. Züllichau 1783.

Stuve, J.: Allgemeinste Grundsätze der Erziehung, hergeleitet aus einer richtigen Kenntnis des Menschen in Rücksicht auf seine Bestimmung, seine körperliche und geistige Natur und deren innigste Verbindung, seine Fähigkeit zur Glückseligkeit und seine Bestimmung. In: J. H. Campe (Hrsg.): Allgemeine Revision des gesammten Schul- und Erziehungswesens von einer Gesellschaft oraktischer Erzieher. Theil 1. Hamburg 1785, S. 233–382.

Stuve, J.: Ueber Rehbergs Prüfung der Erziehungskunst. In: Schleswigsches Journal (November 1792).

Sur l'éducation, en réponse aux Réflexions détachées sur les Traités d'Éducation, insérées dans le Mercure du Samedi 2 Mars. In: Mercure de France (mars 1782), S. 99–109.

Tissot, S.-A.: Avis au peuple sur sa santé. Septième édition originale, Revue et augmentée par l'Auteur. T. I/II. Lausanne: Franç. Grasset & Comp. 1777

Trapp, E. Chr.: Versuch einer Pädagogik. Berlin 1780.

Tröhler, D. (Hrsg.): Studien zur Wirkungsgeschichte Pestalozzis. Zürich 1996.

Vaureal, Le Comte de: Plan ou Essai d'Education général et national, ou la meilleure éducation à donner aux hommes de toutes les nations. Bouillon/Paris: L'imprimerie de la Société Typographiques/les Merchands de Nouveautés 1783.

Voit, J. P.: Schule des Vergnügens für kleine Kinder. Nürnberg 1788.

Weiller, K.: Versuch eines Lehrgebäudes der Erziehungskunde. Erster Theil. München 1801.

William, D.: Abhandlung über die Erziehung, worin die durchgängige Methode der öffentlichen Anstalten in Europa, und besonders in England; die Methode Miltons, Lockes, Rousseaus und Helvetius's erwogen, und eine ausführbarere und nützlichere vorgeschlagen wird. Uebers. und mit Anmerkungen vermehrt von E. Chr. Trapp. Berlin 1781.

Winter, D.: Pestalozzi und die Inszenierung des Pädagogischen. Diss. phil. Zürich 1996. (Druck Bern 1997)

Winzer, H. F.: De liberalis iuvenum educationis et institutionis vi, consilio et natura, – oratio… Misen 1802.

Autorenverzeichnis

Benner, Dietrich, Prof. Dr., Institut für Allgemeine Pädagogik der Humboldt-Universität Berlin, Unter den Linden 6, 10099 Berlin

Böhm, Winfried, Prof. Dr., Institut für Pädagogik I der Universität Würzburg, Am Hubland, Gebäude 7, 97074 Würzburg

Brinkmann, Wilhelm, Prof. Dr., Institut für Pädagogik der Christian-Albrechts-Universität zu Kiel, Olshausenstr. 40, 24098 Kiel

Gamm, Hans-Jochen, Prof. Dr., Institut für Pädagogik der Technischen Hochschule Darmstadt, Pankratiusstraße 2, 64289 Darmstadt

Grell, Frithjof, Dr., Institut für Pädagogik der Universität Würzburg, Am Hubland, Gebäude 7, 97074 Würzburg

Huschke-Rhein, Rolf-Bernd, Prof. Dr., Seminar für Pädagogik der Universität zu Köln, Gronewaldstraße 2, 50 931 Köln

Krüger, Heinz-Hermann, Prof. Dr., Institut für Pädagogik der Martin-Luther-Universität Halle/Wittenberg, Franckeplatz 1, 06110 Halle an der Saale

Lassahn, Rudolf, Prof. Dr., Institut für Erziehungswissenschaft der Rheinischen Friedrich-Wilhelms-Universität Bonn, Am Hof 3–5, 53113 Bonn

Lenzen, Dieter, Prof. Dr., Fachbereich Erziehungswissenschaften der Freien Universität Berlin, Arbeitsbereich Philosophie der Erziehung, Arnimallee 10, 14195 Berlin

Loch, Werner, Prof. Dr., Institut für Pädagogik der Christian-Albrechts-Universität zu Kiel, Olshausenstr. 40, 24098 Kiel

Marotzki, Winfried, Prof. Dr., Institut für Erziehungswissenschaft, Fakultät für Geistes-, Sozial- und Erziehungswissenschaften der Otto-von-Guericke-Universität Magdeburg, Postfach 4120, 39016 Magdeburg

Oelkers, Jürgen, Prof. Dr., Pädagogisches Institut, Abteilung für Allgemeine Pädagogik, Universität Bern, Muesmattstraße 27, CH-3012 Bern

Petersen, Jörg, Prof. Dr., Institut für Pädagogik der Christian-Albrechts-Universität zu Kiel, Olshausenstr. 40, 24098 Kiel

Röhrs, Hermann, Prof. Dr., Erziehungswissenschaftliches Seminar der Ruprecht-Karls-Universität Heidelberg, Akademiestraße 3, 69117 Heidelberg

Tenorth, Heinz-Elmar, Prof. Dr., Institut für Allgemeine Pädagogik der Humboldt Universität Berlin, Unter den Linden 6, 10099 Berlin

Treml, Alfred, Prof. Dr., Fachbereich Pädagogik der Universität der Bundeswehr Hamburg, Holstenhofweg 85, 22043 Hamburg

Uhl, Siegfried, Dr. habil., Fachgruppe Erziehungswissenschaft, Sozialwissenschaftliche Fakultät der Universität Konstanz, Postfach 5560 D 46, 78434 Konstanz

Winkler, Michael, Prof. Dr., Institut für Erziehungswissenschaften der Friedrich-Schiller-Universität Jena, Otto-Schott-Straße 41, 07740 Jena

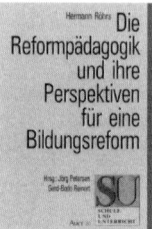

Dr. med. Sabine Schonert-Hirz
Energie statt Stress

Dr. med. Sabine Schonert-Hirz

Energie statt Stress

Belastendes in Belebendes verwandeln.
Kraftquellen aktivieren. Burnout vorbeugen

Für Mickel

Verlagsgruppe Random House FSC-DEU-0100
Das FSC®-zertifizierte Papier *Super Snowbright* für dieses Buch
liefert Hellefoss AS, Hokksund, Norwegen.

Bibliografische Information der Deutschen Bibliothek

Die Deutsche Bibliothek verzeichnet diese Publikation
in der Deutschen Nationalbibliografie; detaillierte bibliografische Daten sind im Internet
unter http://dnb.ddb.de abrufbar.

Umschlaggestaltung: griesbeckdesign, München
unter Verwendung eines Motivs von: © Tom Fullum

Satz: EDV-Fotosatz Huber/Verlagsservice G. Pfeifer, Germering
Druck und Bindung: GGP Media GmbH, Pößneck
Printed in Germany 2011

ISBN 978-3-424-20038-6

Inhalt

Vorwort

Energie ist immer vorhanden. Im Übermaß. Sie brauchen nur die Fesseln zu lösen, einen winzigen Schritt aus Ihrer Komfortzone heraus zu machen – und schon ist alles da. Körper, Gefühle und Gedanken – drei ewig sprudelnde Quellen Ihres Lebensstroms!

Erfahrung, Wissen, Ideen darüber, was man mit diesem reichen Lebensstrom anfangen könnte – auch das ist reichlich vorhanden. Es mag ein bisschen verstreut herumliegen, zum Beispiel in irgendwelchen Gehirnwinkeln Ihrer Erinnerung, in matt gewordenen Träumen, an Zeitschriftenkiosken, in Bibliotheken oder im Internet. In diesem Buch habe ich Ihnen deshalb einige Vorschläge gemacht, wie sie an diese Informationen wieder herankommen. Dazu habe ich die wichtigsten und neuesten Forschungsergebnisse zusammengetragen, Erfahrungen aus meiner über zwanzigjährigen Seminararbeit eingeflochten und alles für Sie geordnet. So können Sie Ihr Wissen systematisch erweitern, Ihren eigenen Standpunkt erkennen, Ihre persönlichen Erfahrungen nutzen und sich einen Plan machen.

Denn Sie brauchen nur :
► Ihren Körper richtig zu behandeln, dann werden Sie Stress in Energie umwandeln!
► Ihre Gefühle zu erforschen, um Ihre inneren Kraftquellen zu entdecken und
► Ihre Gedanken zu ordnen , um Ihre Ziele sicher zu erreichen!

Entscheiden Sie sich für einen neuen Umgang mit Stress – denn er ist tatsächlich die größte Energiequelle Ihres Körpers! Nicht umsonst hat die Natur diesen Mechanismus erfunden und bis heute beibehalten. Lernen Sie mit Wilma und Fred Feuerstein die urzeitlichen Wurzeln des Stresses kennen und sehen Sie, wie Sie seine Energie entfesseln können. Machen Sie sich mit der »Betriebsanleitung« für Ihren Körper vertraut, damit er Ihnen die Vitalität und Spannkraft zur Verfügung stellt, die Sie von ihm erwarten.

Entscheiden Sie sich für die lebendige Welt Ihrer Gefühle – die inneren Kraftquellen, die nur darauf warten, befreit und in sinnvollen Bahnen genutzt zu werden. Aus Angst vor ihrer Power werden sie oft eingesperrt, verleugnet und betäubt. Das kostet Energie, die dann dem Glück, der Freude und der Liebe fehlt.

Entscheiden Sie sich für die Macht Ihrer Gedanken! Werden Sie kreativ! Verändern Sie Ihre gewohnten Bewertungen: Suchen Sie bewusst den Nutzen, der in Fehlern, Problemen und Krisen steckt. Das setzt Energie frei! Nur so kommen Sie zu neuen Zielen, die für Sie sinnvoll, wertvoll und erreichbar sind.

Erfahren Sie, wie Sie drohenden Burnout – den Betriebsunfall des Wissenszeitalters – erkennnen und was Sie vorbeugend dagegen unternehmen können.

Und schon haben Sie, was Sie bisher vielleicht vermissten: Ein spannendes, erfolgreiches und erfülltes Leben, für das Sie sich auch gerne anstrengen!

Viel Vergnügen und viel Erfolg!
Herzlichst

Ihre Sabine Schonert-Hirz

Stress in Energie verwandeln

Sie können Stress sofort in Energie verwandeln, indem Sie zwischen beide Worte einfach ein Gleichheitszeichen setzen. Sie haben richtig gelesen: Stress ist gleich (=) pure Energie. Genauer gesagt, Stress ist die Gesamtheit aller geistigen, seelischen und körperlichen Prozesse, die es uns möglich machen, zu leben, zu agieren und zu reagieren, zu handeln – kurzum genau das zu tun, was gerade ansteht. Ob es sich um Kaffee trinken oder Sport treiben handelt, um einkaufen, küssen, essen, schlafen oder darum, ein Konzept zu schreiben: Wir haben immer Stress, und ohne ihn befänden wir uns in einem Zustand »ewiger Ruhe«, den wir zwar irgendwann alle erreichen werden, aber zumindest im jetzigen Moment noch nicht anstreben! Im Gegenteil, wir möchten uns frisch und energiegeladen fühlen, die Aufgaben des Lebens motiviert angehen und unsere Probleme lösen. Und dazu sind wir auf den Stress angewiesen. Nichts anderes lehrte schon der Altvater der Stressforschung Hans Selye in den 1950er Jahren, der als erster den biologischen Stressprozessen im Körper nachging und uns sein Konzept vom Eustress und Distress vermachte. Er beschrieb Stress nicht nur als »Kampf- und Fluchtreaktion« der höheren Tiere, sondern als allgemeines »Adaptationssyndrom«, durch das sie in die Lage versetzt werden, allen Arten von Anforderungen zu begegnen. Er betonte, dass Stress etwas sehr Sinnvolles und Nützliches sei (Eustress, guter Stress). Wenn die Stressmechanismen überfordert werden, komme es zu schädlichen und sogar tödlichen Reaktionen. Bei den von ihm untersuchten Laborratten nannte er dieses Phänomen Distress (*dys* – griech. = schädlich). Seitdem geistern die Begriffe »guter« und »schlechter« Stress durch die populärwissenschaftliche Literatur. Wir fühlen uns dem von außen kommenden »Stress« als Opfer ausgeliefert. Doch das sind wir glücklicherweise nicht. Denn wir sind keine Laborratten. Wir haben Hoffnungen und Gefühle, Kreativität und Verstand, Erfahrungen und den Glauben an uns selbst und damit bis heute in unserem Leben »irgendwie« vieles erstaunlich gut überstanden. Dieses »Irgendwie« wird durch die moderne Stressforschung immer fassbarer, und so eröffnen sich auch immer mehr Möglichkeiten, die uns innewohnende Energiequelle Stress richtig zu nutzen. Es sind Gefühle und Gedanken, die unsere Handlungen mit Stress-Energie aufladen. Die Begriffe Eustress und Distress werden von den Experten nicht mehr gebraucht. Stress ist weder gut noch schlecht, es kommt auf die richtige Dosis an – auf die Balance zwischen Stressphasen und Erholungsphasen, in denen der Organismus sich regenerieren kann.

Wie ein Missverständnis in die Welt kam

Die mittlerweile veralteten Erkenntnisse über Stress in der populärwissenschaftlichen Literatur führten zu einem Missverständnis: Stress sei immer negativ und am besten ganz zu vermeiden. Vor allem blieben zwei Begriffe in den Köpfen hängen: »Bedrohung« und »Kampf und Flucht«. Die Geschichte vom Säbelzahntiger, vor dem man sich durch Kampf oder Flucht in Sicherheit bringen musste, trat ihren Siegeszug durch die Stressliteratur an. Fortan glaubte jeder zu wissen, dass Stress durch moderne Bedrohungen wie böse Chefs, Scheidungen, Verkehrsunfälle, Zeitdruck und keifende Schwiegermütter ausgelöst werde und unwillkürlich eine ebenso heftige Stressantwort hervorrufe wie in der Urzeit. Die negative emotionale Tönung dieser

Stresssituationen färbte unglücklicherweise komplett auf das Phänomen Stress ab, und dieses negative Image haftet ihm leider bis heute
an. Doch was ist mit dem Eustress, dem guten Stress? Niemals wurde
er richtig definiert. Ist er etwa nur eine ganz kurze Stressaktivierung,
die man gut wegstecken kann? Entsteht er in Situationen, in denen wir
mit Freude aufs Ganze gehen, wie etwa beim Sport oder in der körperlichen Liebe? Sicherlich! Was jedoch erleben wir, wenn wir voller Vorfreude einem Ereignis entgegenfiebern? Wenn wir hoch motiviert hart
arbeiten oder, wie man salopperweise sagt, richtig Bock haben, etwas
Bestimmtes zu unternehmen? Sind wir dann nicht gestresst? Und ob!
Alle Zeichen sind dieselben wie bei Kampf und Flucht. Einziger Unterschied: Wir denken und fühlen positiv statt negativ. Das ist zweifelsohne die angenehmste Art, Stress zu erleben. Denn die Wahrscheinlichkeit, bei dieser emotional positiv getönten Aktivität auch das jeweils
angestrebte Ziel zu erreichen und danach abschalten und sich erholen
zu können, ist sehr groß. Damit ist auch die Chance auf die richtige
Balance zwischen Stressaktivierung und Regeneration gegeben. Diese
Stressbalance immer wieder zu erreichen, indem wir die inneren
Kraftquellen anzapfen, ist unser Ziel. Doch macht es keinen Sinn,
Stressaktivitäten, die wir lieben, einfach positiven Stress zu nennen.
Denn auch sie können zur Überlastung und in stressabhängige Erkrankungen führen, wenn wir dabei nicht auf unseren Körper und sei-
ne biologischen Grenzen achten. Im Kapitel »Burnout wirksam vor-
beugen« werden Sie darüber mehr erfahren.

Ihre Energie steuern – Sie können es selbst!

Probieren Sie es einmal aus. Nur in Gedanken. Stellen Sie sich vor, es
gäbe in Ihrem Leben keine Begrenzungen. Weder zeitlich noch finan-
ziell. Sie hätten keine Verpflichtungen. Sie könnten völlig frei wählen.
Wo würden Sie am liebsten leben? Mit wem? Wie möchten Sie sich
tagtäglich fühlen? Welche Beschäftigung würde Sie mit Freude, Stolz

und Zufriedenheit erfüllen? Mit welchen Leuten möchten Sie Ihre Erlebnisse teilen?

Ein atemberaubendes Gedankenexperiment. Halten Sie gerade die Luft an? Spüren Sie möglicherweise ein leichtes Herzklopfen, ein Kribbeln im Bauch, ein ganz leises Lächeln auf den Lippen? Oder schütteln Sie vielleicht ungläubig den Kopf? Sie spüren, wie eine einfache Frage enorme Energien freisetzt. Ob es Ihnen gefällt oder nicht. Auch wenn Sie sich vielleicht etwas verwirrt fühlen oder kritische Gedanken auftauchen: »So ein Quatsch. Unrealistisch. Geht doch gar nicht.« – der Energiepegel bleibt eine Weile erhöht. Das ist ein bisschen stressig, oder?

Was können Sie aus diesem kleinen Experiment bisher schließen?
▶ Gedanken, ob positiv oder negativ gefärbt, setzen Energie frei.
▶ Sie spüren die Energie als veränderte Körperfunktionen.
▶ Gefühle begleiten den angeregten Zustand.
▶ Sie bewerten den energievollen Zustand gedanklich.

Die Wissenschaft nennt dieses Zusammenspiel von Gedanken, Körper und Gefühlen Stressreaktion. Die Stressreaktion versorgt Sie immer dann mit Energie, wenn Sie einer Veränderung oder einer Herausforderung gegenüber stehen. Dabei spielt es keine Rolle, ob das in der Realität oder in der Fantasie stattfindet.

Jetzt geht das Experiment weiter: Probieren Sie zwei Strategien aus, die Energie, die Sie gerade gedanklich erzeugt haben, zu steuern:

1. Strategie: Energie fließen lassen

Überlassen Sie sich doch einmal probehalber Ihrer Fantasie: Sie leben in Barcelona. Tag für Tag sind Sie umgeben vom pulsierenden Leben der südlichen Metropole. Es ist immer angenehm warm. An jeder Ecke gibt es verlockende Kleinigkeiten zu essen, die Menschen sind fröhlich und freundlich, und in der Mittagspause geht's kurz an den Strand. Spüren Sie das angenehme, warme Strömen im Körper? Wie sich die Muskeln im Nacken entspannen, das Herz ein wenig hüpft, Sie sich lebendig fühlen und am liebsten gleich loslaufen würden? Auf dem Weg der Gedanken haben Sie es geschafft, die belebende Kraft ihrer Energie auch auf die Gefühle und den Körper überspringen zu lassen.

2. Strategie: Energie blockieren

Stoppen Sie jetzt Ihre Träume. Lassen Sie den Verstand sprechen und machen Sie sich klar, warum das alles auf gar keinen Fall geht: Sie kämpfen mit den spanischen Behörden um eine Arbeitserlaubnis. Immer wieder verstehen Sie die Beamten falsch. Die Suche nach einer Wohnung ist schwieriger als Sie gedacht haben, und die Hitze, die Autos, der Lärm! Nein, Barcelona ist nichts für Sie. Ihre Mundwinkel bewegen sich nun leicht nach unten, die Muskulatur wird fest, Sie fühlen sich frustriert, ein wenig hilflos und matt. Mit der Macht Ihrer Gedanken haben Sie ihre Gefühle negativ getönt und im Körper den Ausdruck ihrer Lebensenergie zurückgehalten.

Aus dem zweiten Teil des kleinen Experiments erkennen Sie:

► Die bewusste Entscheidung für die eine oder die andere Strategie führt zu gegensätzlichen Ergebnissen. Sie haben es tatsächlich selbst in der Hand, wie viel Energie Ihnen zur Verfügung steht.

► Körper, Gefühle und Gedanken können sich nicht voneinander getrennt verändern. Sie sind die drei Ausdrucksformen unserer Lebensenergie und hängen immer zusammen. Verändert man die eine, ändern sich automatisch auch die beiden anderen. Egal, an welcher Seite man anfängt. In diesem Experiment haben Sie den Zugangsweg über die Gedanken benutzt. Sie könnten genauso gut über den Körper gehen, ein wenig tanzen, umherlaufen, tief atmen oder singen, und schon würden Sie die Energie angenehm lebendig spüren. Sie könnten auch den Zugangsweg über die Emotionen wählen: Bewusst die Erinnerung an ein schönes Erlebnis wachrufen – und schon kommt die Energie, und die Gedanken schlagen Purzelbäume.

Ähnliche Erfahrungen wie die in unserem kleinen Gedankenexperiment hat jeder bereits unzählige Male gemacht – bewusst oder unbewusst. Nicht so sehr durch das, was uns widerfährt, sondern dadurch, wie wir darüber denken und fühlen, wird die Stressenergie auf ein nützliches Niveau angehoben oder in gefährliche Höhen getrieben. Auch die moderne Stressforschung hat inzwischen viel herausgearbeitet und uns gezeigt, wie Körper, Gedanken und Gefühle unser Stressenergielevel beeinflussen.

Test: Wie viel Energie haben Sie?

Halten Sie sich in Gedanken einen ganz normalen Arbeitstag vor Augen. Beantworten Sie bitte die folgenden Fragen, zählen Sie die Punkte zusammen und lesen Sie am Ende Ihr persönliches Ergebnis.

1) Wenn ich morgens aufstehe,

▶ fühle ich mich matt und zerschlagen und denke: »Wäre der Tag doch nur schon wieder vorbei!« (1)
▶ werde ich langsam wach und würde gerne noch ein wenig liegenbleiben. (2)
▶ springe ich aus den Federn, freue mich auf das Frühstück und den Tag. (3)

2) Mittags nach dem Essen

► bin ich langsamer im Denken als vorher. (2)

► könnte ich sofort einschlafen. (1)

► kann ich genauso weiterarbeiten wie vor der Mittagspause. (3)

3) Wenn ich tagsüber zu Fuß gehen muss,

► freue ich mich über eine »Bewegungspause«, schreite kräftig aus und atme genüsslich durch. (3)

► versuche ich es möglichst zu vermeiden, weil ich es anstrengend finde. (1)

► schlurfe ich so vor mich hin und freue mich, wenn ich mich wieder setzen kann. (2)

4) Meine Freizeit verbringe ich überwiegend

► mit körperlichen Aktivitäten (Haushalt, Garten). (2)

► vor dem Fernseher/Computer. (1)

► mit Sport. (3)

5) Abends

► empfinde ich es als Zumutung, wenn jemand anruft und mich stört. (1)

► würde ich mich gerne früh hinlegen, schaffe es aber selten. (2)

► bin ich noch unternehmungslustig und schlafe im Kino nie ein. (3)

6) Wenn jemand einen Witz auf meine Kosten macht,

► kann ich mitlachen. (3)

► mache ich gute Miene zum bösen Spiel. (2)

► bin ich gekränkt und ziehe mich zurück. (1)

7) Ich schlafe

- ▶ spät ein, wache nachts auf oder kann am frühen Morgen nicht wieder einschlafen. (1)
- ▶ schnell ein, schlafe durch und erwache frisch. (3)
- ▶ durch, komme aber schlecht zur Ruhe, obwohl ich früh genug ins Bett gehe.

8) Wenn ich an die Zukunft denke,

- ▶ wird mir angst und bange. Ich weiß im Moment nicht, wie es weitergehen soll. (1)
- ▶ weiß ich nicht genau, was kommt, es wird aber schon okay sein.(2)
- ▶ freue ich mich darauf, meine Pläne zu verwirklichen. (3)

9) Im Laufe eines Tages

- ▶ freue ich mich oft über Dinge und kann Kleinigkeiten genießen. (3)
- ▶ fühle ich mich nur angestrengt und von meinen Aufgaben belästigt. (1)
- ▶ geht es mir mal so, mal so, abhängig davon, was gerade passiert. (2)

10) Ein hektischer Tag! Das Telefon klingelt andauernd, die Arbeit drängt, Zeiten müssen eingehalten werden und ein Kollege oder ein Kind wollen getröstet werden.

- ▶ Ich atme durch und überlege kurz, was das wichtigste ist, dann wende ich mich dem Menschen zu. (3)
- ▶ Ich schnauze alle an und frage, ob sie nicht sehen, wie gestresst ich bin. (2)
- ▶ Ich versuche alles auf einmal zu schaffen und könnte vor Frust die Wände hoch gehen. (1)

11) Jemand bittet mich, eine Wohltätigkeitsveranstaltung zu organisieren.

► Ich sage zu und stelle einen Plan auf, wer was wann tut und spreche mich mit den anderen ab. (3)

► Ich denke: »Wieso immer ich?« und erfinde eine Ausrede. (2)

► Ich sage zu und fange an, alles alleine zu organisieren, obwohl ich gar keine Lust und keine Zeit dazu habe. (1)

12) So sehen meine idealen Ferien aus:

► Drei Wochen am Strand, gut essen und trinken und sonst nichts. (1)

► Action, Sport und Sightseeing. (2)

► Von allem etwas. (3)

13) Ich habe eine gute Idee für eine Verbesserung im Job oder an meiner Wohnung.

► Ich setze sie zielgerichtet in die Tat um. (3)

► Ich denke: »Ach, das bringt ja doch nichts.« und lasse sie wieder fallen. (1)

► Ich fange an und verliere dann aber die Lust, weiterzumachen. (2)

14) Ich habe ein paar Tage frei.

► Ich verbringe sie mit Freunden in einer Ferienwohnung. (3)

► Ich igle mich zu Hause ein und bin für niemanden zu sprechen. (1)

► Ich lasse sie erst mal auf mich zukommen und überlege dann, was ich mache. (2)

15) Wenn ich in den Spiegel schaue,

- ▶ finde ich, dass ich gut und lebendig aussehe. (3)
- ▶ finde ich mich ein bisschen blass, aber sonst okay.(2)
- ▶ finde ich, dass ich matt aussehe und meine Augen nicht so glänzen wie sonst. (1)

16) Wenn ich mich körperlich anstrenge (Treppen steige, hinter dem Bus herlaufe, o.ä.),

- ▶ bin ich sofort außer Atem. (1)
- ▶ belebt mich das. (3)
- ▶ kann ich das nur ein paar Minuten durchhalten. (2)

17) Wenn ich einen Menschen sympathisch finde und näher kennenlernen möchte,

- ▶ versuche ich herauszufinden, was ihn/sie interessiert und beginne ein Gespräch. (3)
- ▶ ziehe ich mich zurück und hoffe, dass der/die andere auf mich zukommt. (1)
- ▶ beginne ich ein Gespräch, werde dann verlegen und breche ab. (2)

18) Wenn ich ein Problem habe,

- ▶ brüte ich vor mich hin und bleibe darin stecken. (1)
- ▶ frage ich andere um Hilfe und suche immer wieder neue Wege, es zu lösen. (3)
- ▶ versuche ich, es auf andere abzuwälzen. (2)

Auswertung:

18 – 29 Punkte: Ihre Energie ist recht schwach, wie Sie bereits vermutet haben. Sie sollten dringend etwas für sich tun! Denn schon der normale Alltag ist für Sie mühevoll. Besonderen Anforderungen sind sie nicht mehr gewachsen. Auf die Dauer können sich ein Burnout, eine Erkrankung oder ernsthafte Probleme im Arbeits- und Privatleben einstellen. Für Sie kommt dieses Buch gerade richtig! Konzentrieren Sie sich zuerst darauf, Ihre körperliche Energie wieder aufzubauen, dann kommt der Rest von ganz alleine! Mein Tipp: Suchen Sie sich gleichgesinnte und Verbündete! Das hält Sie bei der Stange, wenn Sie nach alter Gewohnheit gleich wieder aufgeben wollen.

30 – 41 Punkte: Ihre Energie könnte stärker sein! Sie kommen zwar ganz gut über die Runden, doch Reserven für besondere Beanspruchungen fehlen. Mit ein paar Veränderungen können Sie viel mehr Erfolg und Lebensfreude gewinnen! Lesen Sie das Buch genau durch. Sie werden in jedem Bereich wertvolle Anregungen für sich finden. Wenn Sie das Potenzial, das Sie bereits entwickelt haben, weiter ausbauen, kann Sie nichts mehr aufhalten!

42 – 54 Punkte: Ihr Energielevel ist gut bis sehr gut, klasse! Sie haben genug Energie, um Ihre Ziele mit Schwung zu erreichen! Unerwartete Belastungen und Hindernisse werfen Sie nicht aus der Bahn. Im Gegenteil, sie sind eine zusätzliche Herausforderung für Sie, die Sie gerne annehmen. Machen Sie weiter so, denn auch für Energie gilt: Use it or loose it! Sie werden hier in diesem Buch sicher noch gute Anregungen finden, damit Sie weiter so optimistisch und erfolgssicher durchs Leben gehen. Menschen wie Sie wirken ansteckend auf andere! Teilen Sie Ihre Ansichten und Methoden mit und helfen Sie anderen, ihre Energie zu stärken.

Stress:
Energiemanagement aus der Urzeit

Seit Urzeiten ist der Mensch für sein Überleben in einer eher feindlichen und unwirtlichen Umwelt bestens gerüstet. Von unseren Vorfahren, den Säugetieren, haben wir dafür ein äußerst effektives Programm geerbt: die Stressreaktion. Denken Sie nur an Ihren Hund oder Ihre Katze. Sie dösen friedlich in ihrer Ecke vor sich hin. Doch beim leisesten unbekannten Geräusch sind sie innerhalb von Sekundenbruchteilen wach, aktiv, voller Energie und im Ernstfall bereit zu kämpfen oder zu fliehen.

Dass Sie sich bei Bedarf ebenfalls so schnell wie Ihr Haustier aktivieren können, haben Sie derselben Stressreaktion zu verdanken. Sie ist seit vielen Millionen Jahren fest in unserem Erbgut verankert, jederzeit abrufbar und springt sicherheitshalber eher zehnmal zu oft an als einmal zu selten. Denn das hätte den Tod bedeuten können. Die Stressreaktion ist das Power-Programm, das zu den lebensnotwendigen Funktionen gehört! Wir können sie weder ausschalten, bewältigen, noch entfernen. Ohne die Stressreaktion könnten Sie Ihren Körper nicht in Gang setzen, wenn Sie etwas tun möchten. Ohne die Stressreaktion wären Ihre Gefühle farblos und in Ihren Gedanken herrschte der Stumpfsinn einer Schnecke, die nichts anderes tun kann als die Richtung zu ändern, wenn sie vor eine Wand läuft. Da sind wir doch wahrhaftig besser dran! Also lernen Sie, Ihre Kraft zu nutzen und zu genießen.

Was ist Stress?

Der Begriff Stress wird für vier verschiedene Phänomene benutzt:

1. **Stress = Stressprozess.** Das Gehirn verarbeitet Reize von
außen (Sinneswahrnehmungen) und von innen (Körperempfindungen, Erinnerungen, Gedanken und Gefühle)
und berechnet die notwendigen Schritte. Diese werden als
Anweisung formuliert und dann über Nervensignale oder
Botenstoffe an die verschiedenen Organe des Körpers weitergegeben. Sie können uns dazu bringen, etwas zu vermeiden (z. B. Kampf, Flucht, aktive Problembewältigung) oder
uns auf etwas zuzubewegen (Jagen und Sammeln, Suchver-
halten, Annäherung).

2. **Stress = Stressor** (Auslöser, Reiz, Stimulus, wahrgenomme-
ne Gefahr oder wahrgenommenes Problem), der die Stress-
berechnung startet. Jeder Stressor zeigt eine Gefahr für die
Balance des Systems an:

▶ Etwas ist da, was nicht da sein sollte, z.B. ein Tiger, Infekti-
onserreger, schlechtes Wetter oder

▶ etwas fehlt, das da sein sollte, z.B. Nahrung, Schutz, Partner.

3. **Stress = Stressreaktion.** Unter Stress stehen, gestresst (beansprucht, aktiviert) sein. Das subjektive Gefühl, unter
Stress zu stehen, wenn man eine Aktivierung bemerkt (z.B.
erhöhte Aufmerksamkeit, Konzentration und Wachsamkeit, muskuläre Anspannung, trockener Mund, Herzklopfen, bestimmte Gefühle und Gedanken). Die Veränderungen, die erkennen lassen, dass eine Stressreaktion im
Gange ist, nennt man auch Stress-Symptome. Es gibt
Stress-Symptome, die uns gefallen, wie z. B. erhöhte Konzentration, Kreativität und Vorfreude und andere, die wir

nicht sehr schätzen, wie Nervosität, Unruhe oder Anspannung.

4. **Stress = unerwünschtes Ergebnis einer Stressreaktion** (z.B. Erschöpfung, Herzinfarkt) Sie sind Stress-Symptome (z.B. Schlafstörungen, Rückenschmerzen). Die erwünschten Ergebnisse (z.B. Erfolg) werden leider selten mit Stress in Verbindung gebracht. Jedes Ergebnis eines Stressprozesses ist auch wieder ein Reiz, der die nächste Reaktion auslösen kann.

Stress-Energie:
Die Muster kennenlernen

Die Stressforschung hat inzwischen vier verschiedene Stressmuster herausgearbeitet, an denen uns leicht klar wird, warum wir den Stress manchmal lieben und manchmal eben nicht. Die Muster berücksichtigen körperliche, emotionale und gedankliche Einflüsse auf die Dosierung, d.h. die Intensität und die Dauer der Stressreaktion. Es gibt zwei nützliche Stressmuster und zwei, die uns eher belasten.

Auf den folgenden Seiten lassen wir uns von Wilma und Fred Feuerstein die Stressmuster vorführen und erfahren dabei, wie Körper, Gefühle und Gedanken dabei zum Einsatz kommen.

Normalpower für jeden Tag:
Akuter kontrollierter Stress

Ein Tag im Leben von Wilma Feuerstein: Sie erwacht am Morgen. Ihre Energie ist noch niedrig und steigert sich erst ein wenig, als sie denkt »Du musst doch mal nachsehen, wie das Wetter heute ist.« Ihr Körper baut nun exakt die Menge an Spannung in den Muskeln auf, die sie braucht, um von ihrem gemütlichen Lager hochzukommen. Sie tritt vor die Höhle, reckt und streckt sich in der kühlen Morgenluft. Doch halt! War da nicht etwas gelb-schwarz Gestreiftes? Wilma wagt gar nicht, genau hinzusehen, denn ihr ist sofort klar: ein Tiger! Sie rennt los. Geistesgegenwärtig wählt sie die Richtung, in der der große Kletterbaum der Kinder steht. Ihre Energie hat sich schlagartig verzehnfacht. Sie erreicht den Baum und klettert behände in den höchsten Wipfel. Erst, als sie langsam wieder zur Ruhe kommt und den frustriert knurrenden Tiger unten am Stamm hochspringen sieht, wird ihr klar, in welcher Gefahr sie schwebte. »Das ist ja noch mal gut gegangen!« Sie fühlt sich plötzlich müde, hungrig und schlapp. Die Spannung fällt von ihr ab. Sie wartet, bis sich der Tiger verzogen hat, klettert hinunter und macht sich dann auf die Suche nach etwas Essbarem. Dabei steigt ihre Energie natürlich wieder an. Da, ein Kaninchen! Sofort hat sie noch mehr Energie! Sie schafft es mühelos, das Kaninchen zu fangen und ist natürlich mächtig stolz! Zügig kehrt sie nach Hause zurück, bereitet den Braten zu und verzehrt ihn in aller Ruhe. Sie ist ganz entspannt und hat einen großen Appetit. Dann ein wohlverdientes Nickerchen. Verdauen, Energiereserven auffüllen, strapazierte Muskeln regenerieren und vielleicht mit Fred ein wenig Fortpflanzung betreiben. Später erledigt sie noch dieses und jenes im Haushalt, geht mit Fred ein Rundchen schwimmen und dann früh ins Bett.

Kontrollierter Stress: Das Beste, was uns passieren kann

Auch wenn Sie sich persönlich fragen, wie Sie wohl die ganzen körperlichen Anforderungen überstanden hätten, die Wilma so locker hingelegt hat – vergessen Sie nicht, die Aufgabenbewältigung zur Sicherung des täglichen Lebens war noch bis vor wenigen Jahrzehnten sehr stark auf körperliche Leistungsfähigkeit ausgerichtet. Man war allgemein körperlich belastbarer. Viele Kinder legten schon morgens einen Schulweg von etlichen Kilometern hin – heute unvorstellbar für viele Kids. Der Urmensch war nach wissenschaftlichen Schätzungen täglich rund 40 Kilometer unterwegs, um seine Nahrung zu beschaffen. Dass wir heute den Körper viel zu wenig nutzen, trägt seinen Teil zu unseren aktuellen gesundheitlichen Problemen bei. Wilma jedenfalls hat ihren Tag in einem Stressmuster verbracht, das für ihre alltäglichen Herausforderungen bestens geeignet ist.

Die Wissenschaft spricht von akutem kontrollierten Stress. Man könnte auch sagen: Normal-Stress. Denn so hätte die Natur uns am liebsten unser ganzes Leben lang. Wir gehen in diesem Muster ökonomisch mit unserer Energie um und wechseln ab zwischen Energiefreisetzung und Energieaufbau, zwischen Energieverbrauch und Auffüllung der Reserven, zwischen Anspannung und Entspannung – sehr vorteilhaft für unseren Körper. Deshalb verlangt er geradezu danach! Alle Organsysteme werden aktiviert, wenn ihre Zeit gekommen ist, und können sich erholen und regenerieren, wenn sie ihre Arbeit getan haben. Das ist gesund für uns und sichert unser Überleben. Wir sind tagsüber leistungsfähig und schlafen nachts gut.

Gefühle und Gedanken bestätigen: Alles im Griff

Ungeachtet der großen Anstrengung, die Wilma an ihrem »akut-kontrollierten-Stress-Tag« unternimmt, eines ist immer völlig klar: Sie ist die Meisterin der Situation! Es ist nicht das erste Mal, dass der Tiger es auf sie abgesehen hat, sie kennt die heiß siedenden Angstschauer, die ihr bei seinem Anblick über den Rücken laufen. Aber sie weiß genau, was sie zu tun hat und ist absolut sicher, dass sie es – wie all die anderen Male auch – schafft, ihm zu entkommen. Und natürlich gelingt es ihr. Genauso wie sie sich voller Zuversicht zielgerichtet auf den Weg macht, um sich etwas zu Essen zu besorgen. Psychologen benutzen für diese Art von erfolgreicher Problembewältigung den Begriff »Kontrolle«. Die Kontrolle in einer Stresssituation zu behalten bedeutet, alle körperlichen, emotionalen und geistigen Fähigkeiten mobilisieren zu können, um mit ihren Anforderungen klarzukommen. Wenn man sich darauf verlassen kann, eine Situation kontrollieren zu können, besitzt man »Kontrollüberzeugung«. Sie beruht auf einer positiven, geistigen Einstellung zu sich selbst, vielen guten Kontrollerfahrungen in der Vergangenheit, der Überzeugung, dass es sinnvoll und wichtig ist, was man gerade macht, und dem Optimismus, dass es auch in Zukunft so bleiben wird. Sie ist das wichtigste Kennzeichen von akutem kontrolliertem Stress.

Mit der Kontrollüberzeugung haben wir den gedanklichen Anteil an einem Stressmuster schon kennengelernt. Wenden wir uns nun den Emotionen zu und schauen wir, wie sie die Stressaktivität hochschnellen und abklingen lassen können und damit sehr wichtige Einflüsse auf die Stressdosierung haben.

Gestartet wird das akute kontrollierte Stressmuster (wie jedes andere übrigens auch) meistens durch negative Emotionen wie Angst, Furcht, Sorge, Wut, Ärger, Enttäuschung oder durch tatsächlichen oder drohenden Verlust von etwas Bedeutendem wie dem Partner, dem Arbeitsplatz, einem Handy oder einer Geldbörse. Nur der Betreffende selber kann merken, wie sehr dieses emotional getönte Erlebnis ihn »stresst«. Diese negativen Gefühle sind es, die den Stress so in Verruf gebracht haben. Doch ohne sie hätte die Menschheit sich nicht entwickeln können, und ohne sie würden wir auch heute nicht überleben. Sobald die unangenehmen Emotionen auftauchen, und das tun sie schon bei ganz kleinen, unbekannten oder als negativ eingestuften Reizen, setzen sie die Stressenergie frei. Die bewertenden Gedanken der Kontrollüberzeugung kommen erst einen Moment später ins Spiel. Sie sind vor allem dafür zuständig abzuschätzen, ob sich die Anstrengung lohnt und wie gut wir mit der begonnen Aufgabe vorankommen. Sobald sie melden: »Alles im Griff, und alles wird gut!« spüren wir oft auch bei anstrengenden Aufgaben schon eine gewisse emotionale Erleichterung. Nachdem wir also eine Weile gestresst waren, um eine Aufgabe zu lösen, kommt irgendwann der Moment der Zielerreichung. Und jetzt geschieht das Wichtigste im gesamten Stressprozess: Das Signal zum Herunterschalten der Stressaktivierung wird durch positive Gefühle (natürlich auch durch begleitende Gedanken) gegeben. Wie beim Navi: Sie haben das Ziel erreicht. Sie können den Motor ausschalten. Wir schalten natürlich nicht ganz herunter, sondern reduzieren nur die Stressenergie auf das passende Level.

Für die positiven Emotionen, ohne die das Herunterschalten nicht möglich ist, habe ich den etwas sperrigen Begriff »Zielerreichungsemotionen« gefunden. Denn Zufriedenheit, Freude, Glück, Befriedigung, Erfolgserleben, Triumph, Stolz, Bestätigung, Erleichterung, Genuss- und Lustgefühle, sogar Schadenfreude zeigen an, dass wir ein bestimmtes Ziel mit Hilfe der Energie, die wir durch Stress erst aufgebracht haben, erreicht und eine kleine Ruhepause verdient haben. Manche Zielerreichungsemotionen lassen das Herz vor Freude richtig hüpfen, und dann setzt auch schon die wohlige Entspannung ein. Kurze, aber intensive Glücksmomente!

Es gibt jedoch eine einzige Ausnahme, eine einzige positive Emotion, die unsere Stressenergie so hochpeitschen kann, wie das sonst nur negative Gefühle können: die Vorfreude! Erinnern Sie sich an die Abende vor Ihrem Geburtstag oder vor Heiligabend? Konnten Sie als Kind da schlafen? Das erste Date? Vorfreude ist bei vielen heute in Vergessenheit geraten, und doch gehört sie zu den beliebtesten Gefühlen, die wir haben. Sie stresst ebenfalls, und auch wenn sie sich so wunderbar anfühlt, kann sie in die Überlastung führen, wenn wir vor lauter Begeisterung vergessen, dem Körper auch seine Pausen zu gönnen. Vorfreude ist eng mit den Gefühlen von Hoffnung und Zuversicht, mit Optimismus, positivem Selbstgefühl, Antrieb, Lust auf bestimmte Tätigkeiten verbunden. Personalverantwortliche in den Unternehmen sprechen von Motivation. Lernfähigkeit und Kreativität hängen ebenfalls eng mit der Vorfreude zusammen. Verantwortlich für diesen lustvollen und produktiven Antrieb der Stressaktivität ist das »Erwartungssystem« des Gehirns, das uns mit seinem Botenstoff Dopamin hilft, immer genau das als erstrebenswert und lustbringend anzupeilen, was für unser Überleben gerade wichtig ist. Für Wilma und Fred waren es in erster Linie Nahrung, Sicherheit, Fortpflanzung und Kontakt mit netten Mitmenschen, worauf sie Lust hatten und sich mit vorfreudegetränkter Stressenergie gestürzt haben. Für uns heute ist das Leben sehr viel bunter und interessanter geworden. Neben den archaischen Bedürfnissen gibt es fast unübersehbar

Vieles, auf das wir auch Lust haben. Manchmal wird das alles einfach zu viel und zu anstrengend. Bei Überforderung nimmt jedoch die Dopaminmenge im Gehirn ab. Wenn die Vorfreude dann fehlt, keine Hoffnungen, keine Aussichten auf Schönes oder Angenehmes mehr das Leben bereichern, dann fühlen sich viele Menschen emotional völlig ausgelaugt und bewegen sich in den Burnout oder die Depression. Sie haben die Stressbalance verloren.

Kontrollüberzeugung: Alles im Griff?

Wenn Sie wissen wollen, ob Sie sich in einer kontrollierten Stresssituation befinden, stellen Sie sich kurz folgende Fragen:

1. Weiß ich genau, was ich zu tun habe und in welcher Reihenfolge?
2. Bin ich sicher, dass es gut gehen wird (weil der Zeitrahmen stimmt, ich mich auf mich verlassen kann, andere Menschen sich nicht als Hindernisse erweisen werden)?
3. Kann ich alles und habe ich alle Informationen, um die Aufgabe zu erledigen oder das Problem zu bewältigen?
4. Will ich es überhaupt (weil ich es nützlich und sinnvoll finde)?
5. Darf ich es (weil es mit dem Gesetz und meinen persönlichen Werten übereinstimmt)?

Alle Sätze abgehakt? Prima! Dann ist die Kontrolle in der Situation perfekt und mit Hilfe der freigesetzten Stressenergie werden Sie zum Ziel kommen und dann kurz herunterschalten können. Wenn nicht, wird die Stressaktivität erhöht und kann aus dem Ruder laufen.

Gefühle dosieren den Stress:

Anstieg und Verlängerung der Stressaktivität: Negative Gefühle (Angst, Furcht, Sorge, Wut, Ärger, Enttäuschung, Verlust)
Botschaft: Tu etwas dagegen!
Motivation: Weg von …
Abfall und Verkürzung der Stressaktivität: Positive Gefühle (Zielerreichungsemotionen: Zufriedenheit, Freude, Glück, Befriedigung, Erfolgserleben, Triumph, Stolz, Bestätigung, Erleichterung, Genuss- und Lustgefühle, Schadenfreude)
Botschaft: Ziel erreicht, alles gut, bitte ausruhen!
Hier besteht keine Motivation, etwas zu tun. Auch mal ganz schön!
Einzige Ausnahme: Vorfreude! (Anstieg und Verlängerung der Stressaktivität)
Botschaft: Tu etwas dafür, dass du es bekommst!
Motivation: Hin zu!

Das Ziel: Stressbalance!

Stressbalance erkennt man an der emotionalen Ausgeglichenheit: Einer Balance zwischen positiven und negativen Gefühlen. Manche verstehen unter emotionaler Ausgeglichenheit aber etwas ganz anderes: Einen recht ruhigen und turbulenzfreien Zustand eines entspannten Lebens ohne große Höhen und Tiefen. Ein großes, graues, manchmal auch fast ein wenig langweiliges Einerlei. Das ist nicht das, was ich mit emotionaler Balance meine. Da kann es schon mal etwas heftiger zugehen! Wenn das Gegengewicht da ist, kein Problem! Konkret bedeutet das: Bei einer wachen Zeit von 16-18 Stunden pro Tag dürfen Sie sich 8-9 Stunden lang ärgern, unter Druck und frustriert fühlen. Sie müssen sich aber auch 8-9 Stunden lang glücklich, zufrieden, fröhlich, dankbar oder befriedigt fühlen. Ich sage das, um Sie zu entlasten, denn viele Menschen gehen davon aus, ein gutes Stressmanagement würde bedeuten, nie mehr negative Emotionen zu erleben, und sie machen sich Vorwürfe, wenn es ihnen doch immer wieder passiert. Ohne negative Emotionen gibt es auch kein richtiges Leben. Aber wir brauchen das Gegengewicht durch die positiven Emotionen, um in Balance zu bleiben. Sie dürfen auch etwas mehr Positives einsacken als Negatives. Aber auf Dauer zu viele negative Emotionen zu erleben, wo auch immer sie herkommen, führt in den unkontrollierten Stress, in den Burnout und die Depression. Und das scheint heute für zunehmend mehr Menschen die Realität zu sein. Deshalb dienen alle Vorschläge im Kapitel »Innere Kraftquellen aktivieren« dazu, Ihnen mehr Stressbalance zu ermöglichen.

> **Tipp: Stressbalance, bitte! Von Wilma lernen**
>
> Wie halten Sie es mit den kleinen Erholungspausen zwischendurch, die Ihre Gefühle beruhigen und Ihre Gedanken klarer werden lassen? Könnten Sie – wenn Sie wollten – öfter am Tag mal ein kurzes »Wellness-Bonbon« einschieben? Bestimmt! Ab heute! Kurz heißt: 10–15 Sekunden!
> - ▶ aufstehen, recken und strecken und dreimal tief durchatmen
> - ▶ aufstehen und im Raum umhergehen
> - ▶ ans Fenster gehen und mit den Schultern kreisen
> - ▶ Augen schließen und Gesichtsmuskeln massieren
> - ▶ ein Glas Wasser trinken
> - ▶ hinsetzen, Füße hoch, Augen zu, durchatmen

Stressbalance: Was passiert im Körper?

Zentrale Schaltstelle für die Dosierung der Stressenergie ist der Hypothalamus im limbischen System des Gehirns. Hier laufen alle Signale zusammen: Reize, die uns melden, dass etwas nicht in Ordnung ist, Gefühle, die dem Reiz zugeordnet werden und Bewertungen, die uns sagen, was wir jetzt machen sollen. Die Verarbeitung dieser Informationen geschieht blitzschnell und unbewusst. Würden wir alles erst im Bewusstsein erscheinen lassen, und dann auch noch gründlich darüber nachdenken, wären wir längst gefressen oder vom Auto überfahren. Von dieser Zentrale aus werden in einem ersten schnellen und einem zweiten langsameren Schritt alle notwendigen Körperfunktionen verstärkt, und dann nach getaner Arbeit wieder heruntergeregelt. Der erste Schritt aktiviert das »vegetative« oder »autonome« Nervensystem. Es erledigt seine Arbeit meistens ohne unser bewusstes Zutun. Auf seinen Befehl hin passen sich die Organfunktionen automatisch den aktuellen Anforderungen an. Dem vegetativen Nervensystem stehen dazu zwei Nervenbahnen (»Telefonleitungen«) zur Verfügung: Sympathicus und Parasympathicus (Vagus). Jedes Organ wird über beide Leitungen mit Informationen versorgt. Feuert der Sympathicus, arbeitet die Gesamtheit der Organe so, dass erhöhte körperliche Aktivität bis hin zu Kampf und Flucht stattfinden können. Nervensignale und das aus der Nebenniere freigesetzte Stresshormon Adrenalin garantieren schnelle Reaktionsfähigkeit. Feuert der Parasympathicus, wird alles auf Regeneration, Erholung und Fortpflanzung geschaltet. Unterstützt wird dieses Auf und Ab durch den zweiten, etwas später einsetzenden Schritt: Der Hypothalamus aktiviert die »Hypothalamus-Hypophysen-Nebennieren-Achse«, ein Hormonsystem, das über seine Botenstoffe eine Feineinstellung und Aufrechterhaltung vor allem des Stoffwechsels zur Energiebereitstellung über einen längeren Zeitraum ermöglicht. Die angeregte Hypophyse sendet auf dem Blutweg die Substanz ACTH (Adrenocorticotropes Hormon) an die Nebenniere, die daraufhin ein weiteres Stresshormon, das Cortisol, ausschüttet. Es verbessert schlagartig (aber nur für kurze Zeit) die Immunabwehr und hilft Zucker- und Fettspeicher zur Energiegewinnung zu nutzen. Es gelangt auf dem Blutweg auch ins Gehirn, wo es die Zellen mit ihrer Energiequelle Glucose (= Blutzucker) versorgt. Wir können dadurch aufmerksamer und konzentrierter sein, lernen und erinnern uns besser. Jeder von uns profitiert tagtäglich von dieser akut kontrollierten Stressantwort. Wir fühlen uns wach, angeregt und ideenreich. Sobald sich abzeichnet, dass wir die Situation gut meistern, leitet das Cortisol selbst seinen Rückzug ein. Die Hypophyse bekommt ein Stopp-Signal und die Nebenniere gibt kein weiteres Cortisol mehr ab. Zufriedenheit, wohlige Ermüdung, Appetit auf etwas Leckeres zu essen und Entspannung können eintreten.

 Tabelle: Die Stressreaktion: Was passiert im Körper?

Für die jeweiligen Organe ergeben sich aus dieser zweigleisigen Stresssteuerung regelmäßige Arbeits- und Ruhephasen, die unser System gesund, vital und leistungsfähig halten. Der Körper befindet sich in Stressbalance.

Schritt 1: Schnell! Organsystem	Sympathicus: Energiefreisetzung	Parasympathicus: Erholung
Nebennieren: Stresshormone (Adrenalin, Noradrenalin)	Verstärkung der Herz-Kreislauftätigkeit, Konzentration, Motivation	Stresshormone normal
Pupillen	erweitert	verengt
Tränendrüsen	trocken	viel Sekretion
Speicheldrüsen	wenig Sekretion	viel Sekretion
Muskulatur	Anspannung, dann Bewegung	Entspannung
Herz	Puls steigt	Puls fällt
Blutgefäße	Blutdruck steigt	Blutdruck fällt

Lunge	Atmung schneller, tiefer	Atmung langsamer, flacher
Verdauungsorgane	Tätigkeit reduziert (anfangs gelegentlich plötzliche Erschlaffung: Durchfall!)	Tätigkeit angeregt
Leber	Abbau der Zuckervorräte	Aufbau der Zuckervorräte
Schritt 2: Langsamer!	**Hypothalamus-Hypophysen-Nebennierenachse aktiviert**	**Hypothalamus-Hypophysen-Nebennierenachse deaktiviert**
Hirnanhangdrüse	setzt Vorläufer der Stresshormone frei	lässt Stresshormone abklingen
Gehirn	hochkonzentriert	entspannte Tätigkeit
Nebennieren: Sexualhormone (Fortpflanzung)	kurze Steigerung, dann reduzierte Tätigkeit	gesteigerte Tätigkeit
Nebennieren: Stresshormon Cortisol (Muskelstoffwechsel)	Freisetzung von Zucker und Fetten als Brennstoffe zur Energiegewinnung	Umschalten auf »Energie speichern«

Akuten kontrollierten Stress erkennen: Wie geht es mir?

Auch wenn nicht alle Situationen des Alltags für uns freudige Herausforderungen sind, denen wir uns mit Vorfreude entgegensehen, sondern recht viele Anforderungen mit Druck, Sorge oder gar Angst einhergehen – solange wir sie erledigen oder bewältigen können, sind wir im Muster des akuten kontrollierten Stress.

Positive Gefühle überwiegen: Die Stressbalance erkennen wir daran, dass wir mindestens die Hälfte unserer wachen Zeit positive Gefühle erleben. Welche kennen Sie?

- Zufriedenheit: »Ich finde mich und meine Leistungen im Großen und Ganzen klasse.«
- Offenheit anderen gegenüber: »Ich bin gerne mit anderen zusammen und beschäftige mich mit ihnen.«
- Toleranz: »Ich kann andere so nehmen wie sie sind.«
- Selbstvertrauen: »Ich bin gut, ich schaffe, was ich mir vorgenommen habe.«
- Motivation: »Ich habe Lust, mich anzustrengen.«
- Wohlige Entspannung: »Alles ist gut, ich kann mich fallen lassen.«
- Sicherheit: »Mir wird schon nichts passieren.«
- Freude: »Es macht einfach Spaß zu leben!«
- Lust: »Ich freue mich auf den Sex.«
- Liebe: »Ich mag mich und andere richtig gerne.«
- Vertrauen: »Ich fühle mich im Kontakt mit anderen sicher.«
- Glück: »Ich könnte die ganze Welt umarmen!«

Wie oft spüren Sie diese schönen Gefühle? Täglich mindestens eines von ihnen? Oder nur einmal in der Woche oder noch seltener? Darf es ein bisschen häufiger sein? Dann sollten Sie sich darum bemühen, Ihre Energiequellen zu stärken.

Die Gedanken sprudeln: Auch wenn wir in vielen Dingen unseren Vorfahren, den Säugetieren, sehr ähnlich sind, haben wir ihnen doch etwas ganz Entscheidendes voraus. Irgendwann einmal muss ein Urmensch gemerkt haben, dass Stress nicht nur seinen Körper und die Gefühle, sondern auch den Verstand anregt. Und er lernte, ihn zu nutzen. Er rief alte Erfahrungen mit dem Tiger aus seinem Gedächtnis auf und überlegte, wie er sich zukünftig vor seinen Angriffen besser schützen könnte. Er baute vielleicht einen Zaun oder entwarf ein Baumhaus. Seine ängstlichen Gedanken setzten die Energie, die Motivation, den Mut und die Vorstellungskraft frei, die er brauchte, um eine bisher unbekannte Konstruktion zu erfinden. Als er das einmal begriffen hatte, war der Siegeszug der geballten Kraft aus Körper, Gefühl und Verstand nicht mehr aufzuhalten! Auch heute merken wir: Sobald die Stressreaktion aktiver wird, fangen die Gedanken an zu sprudeln! Konzentration, Verständnis für Zusammenhänge, Aufmerksamkeit, Reaktionsfähigkeit, Lernen, Gedächtnis, Flexibilität und Kreativität – alles funktioniert bestens! Und wer eine Ader dafür hat, kann nebenbei auch noch ein paar nette Witze machen. Was kennen Sie?

► gute Konzentration
► geistige Beweglichkeit
► Prioritäten setzen
► realistische Einschätzung von Risiken
► die Fähigkeit, zügig eins nach dem anderen abzuarbeiten
► die geistige Kapazität, neue Zusammenhänge rasch zu erfassen
► gutes Gedächtnis
► kreative Ideen und Problemlösungen
► Schlagfertigkeit
► Überblick
► Weitblick

Wenn Sie diese Fähigkeiten während der überwiegenden Zeit des Tages zur Verfügung haben, brauchen Sie sich um Ihr Energielevel keine Sorgen zu machen: Alles im Lot! Sollten Sie einige der Geistesgaben in Ihrem Alltag vermissen, ist das ein Hinweis darauf, dass Sie das akut kontrollierte Stressmuster verloren haben.

Hochleistung für Extra-Aufgaben: Chronisch kontrollierter Stress

Sie haben Ihr Ziel klar vor Augen, Sie mobilisieren alle Kräfte, Sie legen los. Und plötzlich passiert etwas Unerwartetes. Ein Hindernis stellt sich Ihnen in den Weg, nie zuvor dagewesene Herausforderungen tun sich auf. Was nun? Das normale, akute kontrollierte Programm reicht nicht aus.

Auch für diesen Fall, der natürlich auch schon in der Steinzeit gang und gäbe war, hat die Natur eine Programmerweiterung erfunden: Die Turbo-Stressreaktion für besondere Höchstleistungen, unsere Fähigkeit, bei Bedarf auch richtig lange Hochleistung zu erbringen. Die Stressforscher sprechen vom chronisch kontrollierten Stressmuster.

»Turbo-Stress« für den Ernstfall in der Urzeit

In dem Moment, in dem Wilma oder Fred festgestellt haben, dass sie mit ihren normalen Mitteln nicht weiterkommen, wird sich ihre Überlebensangst verstärken. Schlimmste Befürchtungen schießen durch den Geist. Alle Systeme schlagen Großalarm. Das führt dazu, dass sie schlagartig mit Extraenergie versorgt werden, noch schneller rennen oder prügeln können, durch gesteigerte Eigenschaften wie Geschicklichkeit, Mut, Ausdauer und blitzschnelles Erkennen neuer Möglichkeiten zu höchster Form auflaufen. Sie haben ungeahnte Kräfte und holen das Beste aus sich heraus. Und das alles, damit sie überleben. Schaffen sie es innerhalb einer gewissen Zeit – prima, auch wenn sie völlig erschöpft sind. Schaffen sie es nicht – siegt der Tiger. »Sorry«, sagt die Natur, »dieses Erbgut ist nicht geeignet. Es sollte nicht weitergegeben werden.« Ihr Auslesemechanismus ist hart. Auch heute noch.

Gespannt und leistungsfähig bis zum Äußersten: Ein Tag im Leben von Fred Feuerstein

Fred erwacht, tritt vor die Höhle, und wie schon so oft erwartet ihn der Tiger. Doch Fred hat gestern Abend mit Barnie ein wenig zu tief ins Glas geschaut. Eigentlich fühlt er sich zu müde. Aber die Angst sitzt ihm plötzlich wie ein Kloß im Hals. Er zwingt sich, loszulaufen. Er ist leider nicht ganz bei der Sache und läuft in die falsche Richtung! Kein Kletterbaum! Keine Rettung! Da gibt es nur eins. Laufen, laufen, laufen! So weit, so gut. Er kennt das. Nach einer Weile meldet sich sein Körper mit den ersten Seitenstichen und möchte eine Pause. Fred schaut sich kurz um: keine Chance, der Tiger ist nähergekommen! Dieser Moment ist entscheidend! Würde er sich jetzt entspannen, wäre es um ihn geschehen! Das will die Natur nicht. Also lässt sie ihm gar keine Wahl, sondern zündet automatisch die nächste Stufe. Er bekommt mehr Energie, rennt verzweifelt um sein Leben. Alle Sinne sind aufs Äußerste angespannt, er ist so schnell wie noch nie zuvor. Ein weiterer Versuch seines Körpers, eine Pause zu machen, bleibt unbemerkt. Fred rennt und rennt. Doch auf einmal verändert sich etwas! Fred denkt: »Das klappt ja wunderbar heute, könnte ich öfter mal machen, das läuft ja wie von selbst! So ein schöner Tag! Und mit so einem lächerlichen Tiger werde ich doch spielend fertig, ich bin sowieso der Größte hier in der Savanne!« Denkt`s, schnappt sich die nächstbeste Liane und schleudert sich über die Felsspalte auf die sichere Seite. Der Tiger bleibt verdutzt zurück. Gut gegangen – wie immer – er kann sich auf sich verlassen. Doch jetzt braucht er erst mal eine längere Pause und eine Mütze erholsamen Schlaf.

Turbo-Power macht high

Die Botschaft der Natur ist klar: In der Not sollen wir in der Lage sein, uns selbst zu übertreffen. Gigantische Kräfte wachsen in uns. Wir schaffen Dinge, von denen wir nicht gewusst haben, dass wir sie können. Das ist auch heute noch so. Angst, die uns aus unserer komfortablen Ruhelage herausgetrieben hat, wandelt sich in Mut, Motivation und Schaffenskraft. Die besten Erfolge lassen sich so erringen. Körper, Verstand und Gefühle arbeiten Hand in Hand. Wir fliegen dahin, und alles gelingt. Kein störender Gedanke lenkt ab, die Zeit scheint stillzustehen. Sicher, selbstbewusst, zielgerichtet und unbeirrbar tun wir das, was wir für nötig halten. Niemand hält uns auf. Das ist der Grund, warum viele Menschen den »Turbo-Stress« so sehr lieben.

Mit der Erfindung dieses Notfall-Programms hat die Natur uns einen riesigen Dienst erwiesen. Denn es ermöglicht uns, bei Bedarf alles zu geben, um jede noch so kleine Chance auszunutzen, unser Leben zu retten. Dazu setzen wir Schritt für Schritt alle Energien frei, die wir haben. Auslöser dafür ist immer ein Signal, das – bewusst oder unbewusst – in unserem Nervensystem als »Gefahr« gedeutet wird. Daraufhin schütten wir eine bestimmte Mischung an Stresshormonen und anderen Botenstoffen aus, die uns extrem leistungsbereit machen.

Das Programm »Schöner sterben«

Doch wenn wir uns nicht (mehr) helfen können oder den Mut und das Durchhaltevermögen verlieren, verändert sich die Mischung der Stresshormone. Und irgendwann, wenn der Körper bereits ahnt, dass er nicht mehr lange durchhalten kann, kann es uns passieren, dass er sich automatisch auf das große Finale vorbereitet. Das Gehirn lässt dann sogenannte Endorphine, körpereigene, morphiumartige Substanzen freisetzen, die uns den letzten Einsatz unserer Kraftreserven erleichtern und uns notfalls das Ende vergolden. Sie machen euphorisch und nehmen den Schmerz. Fred soll sich – in Lebensgefahr – nicht mit kleinen Verletzungen aufhalten. Das wäre zu gefährlich. Wie unter Drogen wird er high, denkt, er sei der Größte und könnte alles. Und wir denken genauso.

Warum Leistungssportler und Workaholics sich so gerne anstrengen

Jogger erleben das Programm »Schöner Sterben« gelegentlich als »Runner's high« und können sogar von diesem körpereigenen Kick abgängig werden. Workaholics haben das Pech, dass bei ihnen die Endorphinausschüttung sehr locker sitzt und sie auch über geistig-seelische Anstrengung zu ihrem »Schuss« kommen. Aber: Immer nur auf Turbo-Power zu laufen, ist auch nicht das Wahre. Genauer gesagt: Es kommt darauf an. Auf das Erbgut nämlich. Es gibt Menschen, die sind von Haus aus derartig stressstabil, dass ihnen kaum eine noch so große und langdauernde Belastung etwas anhaben kann.

Chronisch unkontrollierter Stress: Wer schafft es wie lange?

Psychologen haben herausgefunden, dass neben genetischen Faktoren bestimmte Einstellungen zu uns selbst, zu unserer Arbeit, unserem Leben und den Mitmenschen helfen, auch langdauernde Turbo-Power-Phasen gut durchzustehen.

Wenn Sie zu denen gehören, die

▶ ihre Arbeit mögen und hinter Ihrem Arbeitgeber stehen

▶ morgens erfrischt aufwachen und sich freuen, den Tag zu beginnen

▶ ihr Leben und Ihre Arbeit sinnvoll finden

▶ überzeugt davon sind, dass sich Ihr Einsatz lohnt und sie das herausbekommen, was ihnen vorschwebt

▶ wissen, wie sich die nächste Zukunft entwickelt und ihre eigenen Aufgaben dabei kennen

▶ wissen, wie lange sie auf »Turbo« schalten müssen und wann es wieder etwas gemächlicher zugehen kann

► sich von neuen Aufgaben herausgefordert fühlen

► in ihrem Leben öfter nach neuen Möglichkeiten suchen

► gerne Aufgaben übernehmen, mit denen sie ihre Fähigkeiten erweitern können

► sich auf Aufgaben und Probleme konzentrieren, die sie lösen können und keine Energien mit Dingen verschwenden, an denen sie sowieso nichts ändern können

► bei Anforderungen, die an sie gestellt werden, gerne ihr Bestes geben

► um Hilfe bitten können, wenn sie bei Problemen nicht weiterkommen

► dafür sorgen, dass Geben und Nehmen in ihren Beziehungen sich ausgleichen

► sich Mühe geben, die Leute, mit denen sie zu tun haben, gut kennenzulernen…

… Glückwunsch! Dann können Sie davon ausgehen, dass Sie genug Rückhalt in sich selbst und in Ihrer Umgebung finden, um mit längeren kontrollierten Stress–Phasen gut zurechtzukommen.

Nicht jeden Tag auf »Turbo« schalten

Für uns alle gilt in Phasen des chronisch kontrollierten Stresses: erhöhte Wachsamkeit üben und für ausreichend Erholung sorgen. Wer nach einer anstrengenden Woche auch am Wochenende noch ein Turbo-Programm fährt – sei es der perfekt geführte Haushalt, der aufwändig geplante Ausflug für die ganze Familie, Leistungssport, und als »Ausgleich« womöglich auch noch zwei durchtanzte Partynächte (was hat man denn sonst vom Leben?) – der wird es nicht lange durchhalten. Unser überall stimulierter »Erlebnishunger« lässt uns Gefahr laufen, die Kontrolle über die Stressbalance zu verlieren, und der chronisch kontrollierte Stress geht über in die dritte Stressform, den chronisch unkontrollierten Stress.

Deshalb in Hochleistungsphasen bitte immer wieder einmal den Verstand einschalten. Das Naturdoping in Form von Endorphinen und hohen Stresshormon-Spiegeln täuscht nämlich gerne eine Leistungsfähigkeit vor, die nicht mehr ganz auf soliden Beinen steht. Die auftretenden Veränderungen waren für Wilma und Fred nützlich. Für uns allerdings sind sie nur schädlich.

Es kommt zu Denkblockaden. Für Wilma und Fred war das nützlich. »Soll ich jetzt mal die Axt nehmen, oder besser die Keule, oder ist heute weglaufen angesagt?« – das dauerte einfach zu lange. Die Natur erfand folgerichtig einen Mechanismus, das analytische Denken für eine Weile auszuschalten. Das Stresshormon Cortisol sorgt im Gehirn dafür, dass bestimmte Schaltkreise des Denkens ausgeschaltet werden. Gedächtnis- und Konzentrationsstörungen bis zum Blackout sind die Folge. Was jetzt noch funktioniert, sind fest eingebrannte Programme mit den Namen »Altbekanntes«, »Gewohnheit«, »Bewährtes« und »Haben wir immer schon so gemacht.«

Auch unsere Sicht auf die Welt verändert sich, wenn der »Turbo-Stress« zu lange andauert. »Ich soll überleben und nicht der andere!«, hieß es in der Urzeit. Der Egoismus und die Überheblichkeit, die viele Menschen heute an den Tag legen, haben hier ihren Ursprung. Die Emotionen Aggressivität, Wut und Zorn sind hilfreich für den Steinzeitmenschen. Wenn es darum geht, wer überlebt, helfen sie, die Tötungshemmung gegenüber Artgenossen zu überwinden und dem Angreifer kurzerhand den Schädel zu spalten, bevor er es bei ihm tut. Doch all diese Reaktionen sind heute nicht gefragt. Wir blockieren ihre Energie, bewegen uns einfach zu wenig, denn körperliche Problemlösung ist in den meisten Fällen nicht möglich. Im Gegenteil: Ein kühler Kopf, ein freundliches Lächeln und einladende Gesten werden gebraucht. Die Folge sind Muskelverspannungen: Jeder Muskel bringt noch einmal die gleiche Menge an Energie auf, um die Bewegungsimpulse zu unterdrücken. Die gereizte Stimmung wird vertuscht. Die Spannung steigt, kann sich aber nicht entladen: Energiestau! Das erschöpft die Kräfte. Auf dem Weg nach Hause fliegen die Ideen vielleicht noch in großen Schwärmen durch den Kopf. Doch wehe, Sie setzen sich eine Minute auf Ihr Sofa! Dann ist die Luft raus. Nichts mehr hören oder sehen. Lasst mich alle in Ruhe – ich bin fertig für heute.

Kontrollverlust schadet

Was ist passiert? Die Kontrolle über den Energieeinsatz ist verloren gegangen. Für das, was gerade ansteht, sind wir entweder zu angespannt, fahrig, nervös und unkonzentriert oder zu müde, erschöpft und unmotiviert. Punktgenauer Energieeinsatz ist nicht mehr möglich. Wir verschwenden unnötige Kräfte und können uns nicht mehr ausreichend regenerieren. Für viele Menschen ist dieser Zustand so alltäglich geworden, dass sie ihn völlig normal finden. So ist eben das Leben. Kein Zuckerschlecken. Die Zeiten sind hart. Sie bemerken nicht einmal, dass das, was Ihnen früher einmal als Lebensziel vorschwebte, einfach untergegangen ist. Der Alltag ist eintönig, und wenn er nicht die guten Gefühle bringt, die man ersehnt, muss man einfach noch härter arbeiten, noch mehr verdienen, noch besser werden, um endlich glücklich und zufrieden sein zu können. Nur führt diese Einstellung leider meistens zum Gegenteil.

Gehirn einschalten!

Wenn Sie merken, dass das, was Sie fühlen, denken und tun nicht die Ergebnisse bringt, die Sie sich wünschen, gibt es nur eine einzige Konsequenz: anhalten und Gehirn einschalten – bevor Ihr Steinzeitprogramm Sie aus dem Spiel kickt, weil es meint, Sie wären für dieses Leben ungeeignet. Was das Programm nämlich nicht weiß: Wir sind heute wesentlich weiter als Wilma und Fred! Wir haben nicht nur die modernste Medizin aller Zeiten zur Seite, die uns vor dem körperlichen Zusammenbruch bewahren kann, sondern auch das beste Denkorgan, das es je gegeben hat. Und wir haben einen freien Willen! Sie können sich bewusst entscheiden, die eigenen Kräfte in Zukunft anders einzusetzen, damit die Ergebnisse besser ausfallen. Unser wertvolles Turbo-Power-Programm braucht nämlich ein kluges Management. Wir dürfen den Bogen nicht überspannen, auf der anderen Seite aber auch nichts ungenutzt lassen, um unsere Energiequellen so richtig zum Sprudeln zu bringen.

Diagnose, bitte

Bevor wir jedoch eingreifen, steuern und managen, brauchen wir eine solide Diagnose. Der Punkt, an dem die Turbo-Power für uns ins Negative umkippt, zeigt sich in veränderten Körperempfindungen, unangenehmen Gefühlen und negativen Gedanken. Das System meldet: Achtung, wir nähern uns dem »roten Bereich«! Diese Zeichen werden als Stresssymptome bezeichnet. Wir sollten sie im Auge behalten. Nicht, dass wir uns falsch verstehen. Sie dürfen alle Symptome immer wieder haben. Das ist völlig normal und gehört auch zum »Turbo-Stress« dazu. Doch sie sollten Ihnen als kleine Warnlampen dienen, die sie beachten und daraufhin etwas verändern, um den Stress wieder auszubalancieren. Beim Auto machen wir es ja auch so, oder? Denn wenn wir auf Dauer nicht auf die Stresssymptome reagieren, werden sie stärker, dauern länger an und gehen unmerklich über in ernsthafte Störungen der körperlichen und/oder seelischen Gesundheit. Das Muster des unkontrollierten chronischen Stresses endet dann irgendwann im völligen technischen k.o. – bekannt als Burnout oder körperlicher bzw. seelischer Zusammenbruch.

▶ **Diagnose, bitte: Das ist typisch bei Stress-Überdosierung**

Sie sind kurz davor, die Kontrolle über Ihre Stressreaktion zu verlieren, wenn folgende Symptome länger als zwei Wochen ununterbrochen anhalten:

Geistige Leistungsfähigkeit
- Konzentrationsstörungen
- Kontrollverlust (Ich weiß nicht, was ich machen und wo ich anfangen soll.)
- Wahrnehmungsstörungen
- Denkblockaden
- Kurzschlussreaktionen
- Auffassungs- und Gedächtnisstörungen
- mangelnde Flexibilität
- blockierte Reaktion
- mangelnde Kreativität
- Fehlleistungen
- mangelnde Prioritätensetzung (sich verzetteln)
- nicht fertig werden
- emotionale Veränderungen
- Gereiztheit
- Kämpfergeist
- Aggressivität
- Selbstüberschätzung
- negative Beurteilung anderer
- Ärger
- innere Unruhe
- Wut durch Hilflosigkeit
- Veränderung des Sozialverhaltens
- sich breit und groß machen

- ► ausladende Gesten (häufig von oben nach unten weisend)
- ► anderen zu nahe rücken (Einschüchterung)
- ► sich stark vorbeugen oder sich vordrängeln
- ► andere Menschen mit stechendem Blick ansehen oder gar nicht mehr ansehen
- ► rücksichtslos sein
- ► unaufmerksam sein
- ► hektische und fahrige Bewegungen
- ► hin- und herlaufen
- ► nicht richtig zuhören
- ► (zu) viel reden
- ► sich (zu) oft verteidigen
- ► sich vordrängeln
- ► (zu) laut und (zu) schnell sprechen, stottern, stammeln
- ► Befehlston
- ► viel schimpfen
- ► überkritisch sein und vieles ablehnen
- ► nicht verstehen, was andere sagen wollen (Gedankenblockade)
- ► alle Bemerkungen anderer als Angriff verstehen und entsprechend (gereizt) antworten
- ► rechthaberisch und unnachgiebig sein
- ► andere unterbrechen
- ► verletzende Bemerkungen machen
- ► zwischen Aggressivität und Unsicherheit hin- und her schwanken

Stress steckt an

Vermutlich erkennen Sie auf der Liste auch das Verhalten einiger Ihnen bekannter Menschen wieder. Da Stress sich über die Körpersprache, die Stimme, manchmal auch schon über den Blick oder eine etwas gespannte Körperhaltung oder Geste mitteilt, reagieren wir sehr schnell gereizt auf angespannte Personen. Auch das ist ein Erbe aus der Urzeit. Damals waren die Menschen darauf angewiesen, bereits aus großer Entfernung zu erkennen, welche Absichten jemand hatte, der sich näherte. Sobald Wilma und Fred ein Zeichen für Anspannung (= Gefahr) erkennen konnten, war es sinnvoll, ebenfalls in die Rüstung zu steigen. Heute, genauer gesagt seit ca. 10 Jahren, ist bekannt, wie diese sogenannte »emotionale Ansteckung« funktioniert. Sie wird von den Spiegelneuronen unseres Gehirns erzeugt. Sie haben die Aufgabe, andere Menschen in ihrem Gesichtsausdruck und ihrer Körpersprache zu »scannen« und in unserem Gehirn exakt dasselbe Aktivitätsmuster zu erzeugen und umzusetzen. Inklusive begleitender Gefühle und Körperreaktionen. Genau das passiert uns heute, wenn wir beim Beobachten einer gähnenden Person auch gähnen müssen, wenn uns ein freundliches Lachen ansteckt, wenn wir uns übergeben müssen sobald wir jemanden dabei beobachten oder uns gereizt fühlen, wenn wir einen gestressten Menschen sehen. Wissenschaftler haben die Spiegelneuronen als die biologischen Akteure unseres Einfühlungsvermögens und unserer Menschenkenntnis identifiziert. Sie erzeugen Mitleid oder Begeisterung, je nachdem, wen wir vor uns haben. Sie sind besonders gut im Analysieren von Blicken anderer Menschen, aus denen wir manchmal schon intuitiv ablesen können, was sie als nächstes vorhaben. Menschen, die eine Sonnenbrille tragen, machen uns immer leicht unsicher und wir fühlen uns unwohl, wenn wir mit ihnen sprechen. Unsere Spiegelneuronen bekommen zu wenige Informationen von dieser Person. Das Ansteckungsphänomen der Spiegelneuronen macht auch deutlich, warum es so bedeutsam ist, als für andere wichtiger Mitmensch, z. B. als Elternteil, Partner, Führungskraft oder Kollege, möglichst wenig Stresssymptome zu haben. Sie beeinflussen andere auf eine unbewusste, aber sehr nachhaltige Art und Weise. Jeder, der sich für andere verantwortlich fühlt, tut ihnen (natürlich auch sich selbst) einen großen Gefallen, wenn er oder sie darauf achtet, die Stressbalance zu halten.

Zu viel, zu lange, zu aussichtslos: Chronisch unkontrollierter Stress

Wenn Menschen sich zu lange im chronischen Stressmuster aufhalten, läuft es zunehmend mehr aus der Kontrolle. Das bedeutet, die Stressbalance ist aufgehoben. Eine negative Emotion jagt die andere, Sorgen, Druck, Nöte, unerledigte Aufgaben nehmen Überhand und lassen die Stressaktivität kontinuierlich ansteigen. Positive Gefühle, die Erfolg, Zufriedenheit oder das Erreichen eines Ziels anzeigen, werden immer seltener. Zum einen, weil die Betroffenen, wie viel sie auch arbeiten, kaum mehr das Gefühl haben, tatsächlich fertig geworden zu sein, das Pensum ist einfach nicht zu schaffen. Zum anderen verändert sich zunehmend der Stoffwechsel des Gehirns. Die Botenstoffe der positiven Gefühle stehen immer weniger zur Verfügung, und ohne sie sind emotionale Zufriedenheit, Wohlbefinden und Entspannung nicht möglich. Die Betroffenen fühlen sich wie im Hamsterrad, das sich immer schneller dreht und aus dem sie aus eigener Kraft nicht herauskönnen. Eine weitere Konsequenz dieses zunehmend überhitzten Stressmusters ist der Mangel an Schlaf. Entweder kommt man gar nicht zur Ruhe, weil das Gehirn auf Hochtouren weiterläuft, oder man ist nach einer kurzen Schlafphase schon wieder wach und mit den anstehenden Aufgaben beschäftigt. Manche Menschen unterliegen in dieser Phase dem fatalen Irrtum, sie bräuchten nur vier Stunden Schlaf und könnten dann (oh, wie toll) schon wieder weiterarbeiten. Das funktioniert auch eine ganze Weile, denn das Gehirn wähnt uns nach einer eigenen, definitiv etwas veralteten Logik, in einer extremen Notsituation, die in der Urzeit am besten zu bewältigen war, wenn die Pausen extrem kurz waren und Wilma und Fred sich schnell weiter auf den Weg machten, um bessere Lebensbedingungen zu finden. Wir waren ja die meiste Zeit unserer Frühgeschichte Nomaden. Doch merkt man den Betroffenen nach einer Weile schon an, dass sie eigentlich überlastet sind. Sie verlieren zunehmend ihren Humor, werden reizbarer und schlechter gelaunt, kommunizieren weniger oder in unangenehmem Ton, verbreiten Ärger und Hektik. Gleichzeitig leiden sie selber unter zunehmender Unzufriedenheit, ihrem eigenen Zynismus und einer vorher nicht gekannten Gleichgültigkeit ihren früheren Interessen und besonders anderen Menschen gegenüber. Statt sich auf die Suche nach Entlastung und Ruhe zu machen, glauben sie auch in der Freizeit noch alles mitnehmen zu müssen, was gerade angesagt ist. Statt gemütlich mit Kräutertee auf dem Balkon die Füße hochzulegen, machen sie lieber den City-Kurztrip mit viel Alkohol. Statt erholsamem spazieren gehen lieber Leistungssport und Wettkämpfe, statt Monopoly mit der Familie lieber Spielcasino, etc. Manchmal geht so etwas gut. Immer öfter jedoch führt das in den Burnout. Ob diese chronisch unkontrollierte Stressaktivität nun durch übermäßige Aufgabenfülle im Berufs- und Privatleben aufrechterhalten wird, oder ob sich jemand aus eigenem Antrieb »überarbeitet«, spielt zunächst erst einmal keine Rolle. Das Gehirn reagiert auf das Übermaß an Anforderungen mit ständiger Stressaktivierung. Das Stresshormon Cortisol steigt in ungewöhnliche Höhen und setzt seinen eigenen Rückkopplungsprozess außer Kraft. In der Urzeit sinnvoll, für uns heute fatal. Näheres über Burnout und die stressabhängigen körperlichen und seelischen Erkrankungen lesen Sie im Kapitel »Burnout vorbeugen«.

Stressauslösende Reize (Stressoren)

Gemeinsamer Nenner aller dieser Stressoren ist, dass sie negative Gefühle erzeugen, die die Stressreaktion intensivieren, oder aktivierende Gefühle von Vorfreude und Herausforderung auslösen, die ebenfalls die Stressaktivität ankurbeln. Beim einen mehr, beim anderen weniger. Hier sind wir ganz von unseren im Laufe unserer Lebensgeschichte erlernten Bewertungen und Beurteilungen abhängig. Was ein Mensch wie erlebt, ist sehr individuell.

Elementare Reize aus dem Körper: Hunger, Durst, Temperaturunterschiede, Anstrengung (körperlich), Lärm, Müdigkeit, Schmerz, Sauerstoffmangel, Krankheitserreger (Viren, Bakterien), körperliche Erkrankungen, Schadstoffe (Zigaretten, Alkohol, Verunreinigungen in Lebensmitteln, Schimmelgiftstoffe, Sauerstoffradikale, Abgase

Reize aus dem sozialen Umfeld: Termindruck, Arbeitslosigkeit, Überforderung (zeitlich und/oder fachlich), Kritik, Konflikte (beruflich und privat), Konkurrenzdruck, Armut, Gewalt, Diskriminierung, berufliche Veränderung, beruflicher Aufstieg, Verantwortung für andere (beruflich und/oder privat), Zerrissenheit zwischen Beruf und Familie, Einsamkeit, Praxisschock bei Berufseintritt, auf das »Abstellgleis« geschoben werden

Seelische Reize: Enttäuschung, fehlende Anerkennung, seelische Verletzung, fehlendes Sinnverständnis, fehlender Überblick, Beförderung mit mehr Verantwortung, Erwartungen negativer Aufgaben oder Ereignisse, Sorgen, Unsicherheit, Zweifel, Langeweile, Perfektionismus, Überengagement, Veränderungen in der Familie (positiv und negativ), Gefühle aus beruflichen Gründen verstellen müssen (so wie es z. B.

in Dienstleistungs-, Rettungs- – und Serviceberufen verlangt wird)

Geistige Reize: schwierige, neue Aufgaben, kreative Herausforderungen, Lernen von neuen Sachinhalten, Anpassung an neue Lebenssituationen und Lebensphasen, positive oder negative Selbsteinschätzung, Multitasking, mangelnder Entscheidungsspielraum, Störungen während der Arbeit

Die Katastrophe: Akuter unkontrollierter Stress

Ein Unfall, ein Überfall, das Erlebenmüssen von Gewalt und Tod überwältigen Menschen mit akuten Gefühlen von allergrößter Angst, Panik und Hilflosigkeit. »Nichts, aber auch gar nichts kann ich jetzt tun!« – eine Einstellung, die zu den größten Stressauslösern gehört. Die Stresshormonwerte rasen in die Höhe und hinterlassen eine Fehlsteuerung im Gehirn, die auch als »posttraumatische Belastungsstörung« bekannt ist und mit Depressionen einhergehen kann. Die Form der Fehlsteuerung ist mit dauerhaft niedrigen Cortisolspiegeln verbunden, sie ist glücklicherweise bei uns nicht an der Tagesordnung und soll deshalb hier auch nicht weiter besprochen werden.

Die Energie des Körpers

Sie möchten mehr Energie haben? Sofort? Nichts einfacher als das! Springen Sie auf! Hüpfen und laufen Sie herum! Werfen Sie die Arme in die Luft und rufen Sie laut »Juhuuu!«, »Jippieie!«, »Hurra!« oder etwas Ähnliches. Eine halbe Minute genügt! So schnell können Sie sich mit frischer, positiver Energie aufladen. Druck, Hektik, miese Laune – wie weggeblasen. Sie brauchen nur die Quelle anzuzapfen, die immer und sofort für Sie da ist: Ihren Körper!

Tipp: Keine Energie verschwenden!

Ein Großteil unserer Energie wurde einfach verschwendet statt genutzt! Gebunden in Muskelverspannungen, die auf Dauer zwangsläufig zu den bekannten orthopädischen Problemen wie Nacken- und Rückenschmerzen führen. Muskelverspannungen verbrennen aber leider auch viel Blutzucker – und den haben wir dann nicht mehr zum Denken und Freuen in unserem Gehirn zur Verfügung. Schade! Deshalb immer wieder daran denken:
- ► gerade und aufrecht hinsetzen oder hinstellen
- ► Schultern runter
- ► Zähne auseinander
- ► Füße entspannt aufstellen (wenn wir auch viel kontrollieren können – die Füße sind so weit entfernt von unserer Aufmerksamkeit, dass wir sie oft unbemerkt angespannt und verkrampft halten – die reinsten Energielecks!)

Body-Tuning für mehr Energie

Sie wollen, dass Ihr Leben ein Fest ist? Dann machen Sie bitte als erstes Ihre Hausaufgaben: den Körper in Form bringen! Sie geben lieber 15 Euro für ein gutes Motoröl für den neuen Wagen aus als für einen Liter feinsten Olivenöls für den körpereigenen Motor? Dann überdenken Sie bitte Ihre Einstellung!

▶ **Test: Wartung und Pflege:**
   Wie gut behandeln Sie Ihren Körper?

Jetzt bitte einmal genau hinschauen. Welche Bereiche Ihrer Gesundheit, Vitalität und Lebensfreude vernachlässigen Sie? Kreuzen Sie an, was auf Sie zutrifft.

Nr.		Manch-mal	Ja	Nein
1	Treiben Sie mindestens 3x pro Woche 30 Min. leichten Ausdauersport?	1	3	0
2	Gehen Sie zu Fuß oder fahren Sie mit dem Fahrrad, wann immer es möglich ist?	1	2	0
3	Haben Sie mehr Energie als die meisten Menschen in Ihrem Alter?	1	2	0
4	Haben Sie Übergewicht?	0	0	3
5	Machen Sie oft Diäten, die Sie dann abbrechen?	1	0	2
6	Trinken Sie mindestens acht Gläser Wasser täglich?	2	3	1
7	Essen Sie mehrmals täglich ballaststoffreiche Lebensmittel (Obst, Gemüse, Vollkornprodukte)?	1	3	0
8	Essen Sie häufig sehr süße oder sehr salzige Snacks (Süßigkeiten, Riegel, Erdnüsse, Cracker)?	1	0	3

Nr.		Manch-mal	Ja	Nein
9	Trinken Sie zwei oder mehr Gläser Limo oder Cola am Tag?	1	0	2
10	Fahren Sie nach Alkoholgenuss mit dem Auto?	0	0	3
11	Tragen Sie einen Helm, wenn Sie Fahrrad oder Motorrad fahren?	1	2	0
12	Gehen Sie fachgerecht und vorsichtig mit ätzenden oder brennbaren Substanzen im Haushalt und in der Freizeit um?	-	2	0
13	Rauchen Sie?	1	0	3
14	Ist Ihr Gesamt-Cholesterinspiegel normal?	0	3	0
15	Ist Ihr Blutdruck erhöht?	1	0	3
16	Haben Sie Diabetes?	0	0	3
17	Spüren Sie Druck oder Enge in der Brust, wenn Sie sich (körperlich und seelisch) anstrengen?	0	0	3
18	Vermeiden Sie Sonnenbrand und starke Bräunung?	0	3	0
19	Essen Sie häufig scharf Angebratenes und über Kohle Gegrilltes?	1	0	3
20	Trinken Sie als Frau/als Mann regelmäßig mehr als 1 Glas/3 Gläser Alkohol am Tag?	1	0	3
21	Putzen Sie dreimal täglich Ihre Zähne und verwenden Sie mindestens zweimal wöchentlich Zahnseide?	1	3	0
22	Gehen Sie mindestens einmal im Jahr zum Zahnarzt?	1	3	0
23	Gehen Sie zu den empfohlenen Vorsorge-untersuchungen?	1	3	0

Nr.		Manch-mal	Ja	Nein
24	Sind Sie gegen Diphtherie, Masern, Mumps, Röteln und Tetanus geimpft?	-	3	0
25	Können Sie zur Zeit gut einschlafen und wachen erfrischt wieder auf?	1	3	0
26	Haben Sie im vergangenen Jahr einen schweren Verlust oder ein Unglück erlebt (Tod, Scheidung, Arbeitsplatzverlust, schwerer Unfall)?	-	0	3
27	Sind Sie im Allgemeinen mit Ihrem Leben zufrieden?	1	3	0
28	Nehmen Sie sich täglich Zeit zum Entspannen?	1	3	0
29	Sind Sie mit Ihrem Sexualleben zufrieden?	1	3	0
30	Nehmen Sie sich Zeit für Freunde und Familie?	1	3	0
31	Sind Sie mit Ihrer Partnerschaft zufrieden?	1	3	0
32	Glauben Sie, dass Sie Ihren Alkoholkonsum auf bestimmte Tageszeiten oder Wochentage beschränken müssen, um ihn zu kontrollieren?	1	0	3
33	Sind Sie wegen Drogen oder Alkoholkonsums schon mal nicht zur Arbeit gegangen oder konnten Ihre täglichen Aufgaben nicht wie gewohnt erledigen?	1	0	3
	Ergebnis je Spalte			
	Gesamtergebnis			

Auswertung:

59 – 87 Punkte: Sie haben ein gutes Gesundheitsbewusstsein und wissen, was Ihr Körper braucht! Glückwunsch! Ein guter körperlicher Zustand ist die beste Basis für Leistungsfähigkeit, Glück und eine große Portion Stressstabilität. Weiter so und nicht nachlassen. Je älter Sie werden, desto sorgfältiger will der Körper behandelt werden, damit er sein Energielevel halten kann.

29 – 58 Punkte: Das ist schon eine Menge, was Sie für Ihre Gesundheit tun. Und Sie können noch mehr! Wann immer große Herausforderungen auf Sie warten, sollten Sie bereit sein. Kümmern Sie sich um ihren Körper, damit Sie von ihm das bekommen, was Sie erwarten: Vitalität, Lebensfreude und Motivation. Sie werden auf den nachfolgenden Seiten sicher einige Anregungen finden. Gehen Sie zu den Vorsorgeuntersuchungen. Das ist ein ganz wichtiger Gesundheitsfaktor.

1 – 28 Punkte: Sie haben viel vor! Investieren Sie in ihre Gesundheit und es wird Ihnen in jeder Hinsicht besser gehen! Stress wird für Sie ein Fremdwort werden, alles geht leichter von der Hand. Beginnen Sie mit den einfachen Dingen wie zur Vorsorgeuntersuchung zu gehen, genügend Wasser zu trinken und sich mehr zu bewegen. Ihr Energielevel wird innerhalb von wenigen Tagen von Ihrem neuen Lebensstil profitieren.

Keine dummen Ausreden mehr gelten lassen!

Ausreden bringen jährlich viele tausend Menschen in Schwierigkeiten! Denn das Ergebnis der Ausreden sind nicht etwa Glück, Vitalität und Lebensfreude, sondern Unwohlsein, chronische Krankheiten und Leiden, die den Spaß am Leben gewaltig reduzieren können! Kennen Sie diese Ausreden?

▶ Ist mir zu anstrengend.

▶ Keine Zeit! (um zum Sport zu gehen, zum Ausruhen, für mich selber).

▶ Keine Lust auf »gesundes Essen«. Wo bleibt da der Genuss?

▶ Dann hat man ja gar nichts mehr vom Leben!

▶ Keine Gelegenheit, Freunde zu treffen und mit der Familie zusammen zu sein, weil der Erfolg im Beruf wichtiger ist.

▶ Wenn ich nicht bis spät abends arbeite, erreiche ich meine hochgesteckten Ziele nicht.

- Bringt doch alles sowieso nichts.
- Bei anderen geht es doch auch so wie bisher. Warum soll gerade ich mich ändern?

Ignorieren Sie die Ausreden ab heute, und Sie werden ein besseres Leben führen als jemals zuvor. Tipps, wie Sie alte Denkmuster austricksen und den inneren Schweinehund überwinden, finden Sie in dem Notfallset auf Seite 155f.

Die Gesetze des Körpers beachten

Es ist ja wie beim Formel-1-Rennen: Wer gewinnen will, braucht einen gut getunten Wagen! Wenn wir mit unserem Hochleistungs-Körper richtig umgehen, schenkt er uns die Möglichkeit, viel zu erreichen! Unsere Bio-Maschine hat aber auch ihre eigenen Gesetze, die wir genau befolgen sollten.

1. **Erkennen Sie erblich angelegten Risikofaktoren.** Verhalten Sie sich so, dass dem Ausbruch von Krankheiten vorgebeugt wird. Wenn in einer Familie z.B. häufig Altersdiabetes vorkommt, ist es vernünftig, wenig Süßigkeiten zu essen und schlank zu bleiben. Wer aus einer Familie mit erhöhtem Krebsrisiko stammt, kann vorbeugen: mit rechtzeitigen Vorsorgeuntersuchungen und einer Ernährung, die sehr reich an Schutzstoffen ist (Vitamine, Spurenelemente).

2. **Verschaffen Sie sich einen Überblick über Ihren Gesundheitszustand.** Nur dann kann man rechtzeitig eingreifen und mögliche negative Entwicklungen verhindern. Regelmäßige Check-ups werden ab 35 von den Krankenkassen gezahlt. Da viele Krankheiten schleichend und ohne Symptome beginnen, können so Fehlentwicklungen wie Bluthochdruck oder die Erhöhung des Augeninnendrucks, die unbemerkt zu Blindheit führt, frühzeitig korrigiert werden, bevor ein Schaden aufgetreten ist.

3. **Essen Sie ausgewogen.** Genügend Vitamine, Mineralien und Spurenelemente sind genauso wichtig wie genügend Eiweiß (ca. 0,8 g pro kg Körpergewicht) und Sparsamkeit bei Fett und Zucker. Bei allem Nahrungsüberfluss gibt es eine wachsende Zahl von Menschen, die zwar immer dicker werden, mit den wichtigen Vitalstoffen aber dramatisch unterversorgt sind und sich dadurch schlapp und krank fühlen. Aus dem Bedürfnis heraus, irgendwoher den gewünschten Energie-Kick zu bekommen, essen sie mehr und mehr.

4. **Trinken Sie viel.** Eineinhalb Liter Trinkmenge am Tag mindestens! Das bedeutet, während des Arbeitstages jede Stunde ein 200 ml Wasserglas auszutrinken. Bei Sport, starkem Schwitzen und warmem Klima bis zu drei Liter! Ein ausgeglichener Flüssigkeitshaushalt ist die Voraussetzung für Vitalität und Frische, denn er sorgt dafür, dass im Gehirn alle Substanzen ankommen, die wir zum Denken, Fühlen und Steuern brauchen. Schaffen Sie das, oder leben Sie freiwillig als Kamel in der Wüste?

5. **Geben Sie sich genügend Zeit für Regeneration und Schlaf.** Unsere Lust am Leben bringt uns dazu, die Nacht zum Tage zu machen und die wichtigen Ruhephasen ständig zu verkürzen. Mancher Stress-Junkie würde sich sofort zu 100% besser fühlen, wenn er eine Stunde früher ins Bett ginge!

6. **Geben Sie Ihrem Körper genug Bewegung.** Da wir als Jäger und Sammler konstruiert sind, würde es uns der Körper sehr danken, wenn wir mehr tun würden, als Erfolgen hinterherzujagen und Statussymbole zu sammeln. Da Bewegung so einfach, aber auch so wichtig ist, gibt es auf den folgenden Seiten kurz das Wichtigste dazu zusammengefasst.

Ausdauer verbessern:
Alle Fliegen mit einer Klappe

Dreimal pro Woche ein halbes Stündchen lang ein flotter Spaziergang! Das ist das Rezept für Einsteiger. Denn erstens sind schon ein paar Minuten draußen im Grünen (und am besten noch mit Blick auf etwas Wasser) Balsam für die Seele und lassen negative Emotionen abklingen, und zweitens: Alles wird gut! Alles, was sich an Zivilisationskrankheiten in unserem Erbgut eingenistet hat oder uns auch einfach so treffen kann, wird durch Ausdauerbewegung gebessert, wenn nicht gar verhindert! Denn Ausdauerbewegung ist selbst eine kleine kontrollierte Stresssituation mit dem Vorteil, die aufgebrachte Energie gleich in die richtigen Bahnen zu lenken. Sobald wir damit fertig sind, schaltet das Gehirn um auf Entspannung und Regeneration. Die Stressbalance ist perfekt. Je öfter Sie diesen Mechanismus einüben, desto besser wird er vom Gehirn beherrscht. Es kann allgemein besser abschalten.

Alles, was Sie dazu brauchen, sind ein Paar bequeme Schuhe und eine gewisse Achtsamkeit für Ihre Atmung. Sie sollen nämlich nicht außer Atem geraten. Dann wird weniger Fett verbrannt (schade) und Milchsäure gebildet, die das Stresslevel hochtreibt. Wenn Sie also unterwegs einen Läufer bereits hören, bevor sie ihn sehen, wissen Sie, dass er übertreibt.

Sie werden mit der Zeit von alleine fitter und schneller und freuen sich auf Ihr Ründchen. Und wenn Sie Lust haben, können Sie irgendwann auch joggen. Hauptsache, die Dosis stimmt, es macht Ihnen Spaß und überfordert Sie nicht.

Alles wird gut: Positive Effekte der moderaten Ausdauerbewegung

Es gibt so viele Ausdauersportarten, dass Sie gewiss eine finden werden, die zu Ihnen passt. Machen Sie sich klar: Zu viel Stress macht auf Dauer unglücklich, dumm, hässlich und krank. Ausdauerbewegung hingegen macht …

Glücklich:

▸ Steigert die Freisetzung der Glücks-Botenstoffe Serotonin und Endorphine im Gehirn, fördert die Testosteronbildung für mehr Power und Liebeslust, Sie sind ein gut gelauntes und fröhliches Energiebündel – den ganzen Tag.

▸ Einschlafen im Kino? Vorbei. Ihre Muskeln haben eine Menge Energiekraftwerke, die Mitochondrien gebildet. Die halten wach. Das freut den Partner.

▸ Die Powerspeicher der Muskelzellen sind größer geworden, die energiespendenden Fettverbrennungsenzyme haben sich vermehrt, die Durchblutung ist besser. Muskelverspannungen werden ein Fremdwort – wie schön.

▸ Das, was den modernen Stadtneurotiker gerne quält – Nervosität, Ängstlichkeit, Sorgen, depressive Stimmungen und Antriebsmangel – alles verschwindet. Ganz ohne Psychopillen.

Klug:

▸ Einfaches Auf- und Abgehen schenkt dem Gehirn schon 25% mehr Sauerstoff für mehr Brain-Power, ein strammer Spaziergang bringt es auf ein Plus von 100%.

▸ Die Stresshormone Adrenalin und Noradrenalin tun das, wozu sie erfunden wurden: Geist und Kreativität laufen zu Hochform auf. Die Ideen kommen wie von selbst, die Motivation verleiht Ihnen Flügel.

▸ Sport schult die Koordination – ein hervorragendes Gehirntraining ganz ohne Extraufwand.

Schön:

▶ Ihre Fettverbrennung wird sich im Laufe der nächsten Wochen von untrainierten 35% auf sage und schreibe 75% hochschrauben! Ihre Fettpolster machen sich dünne. Auch wenn die Waage nicht weniger anzeigt: Die Hose rutscht und der Rock hält nur noch auf den Hüftknochen, denn was jetzt wiegt, sind Muskeln und nicht Fett.

▶ Ihre Körpersilhouette verändert sich, die Haltung wird aufrecht und straff, der Gang beschwingt und elastisch.

▶ Ausgeschlafen, heiteres Lächeln, strahlende Augen – ein Gewinner der Herzen, wer so daherkommt.

Gesund: Jetzt kommt es ganz dicke.

▶ Ausdauersport beugt Herzinfarkt und Schlaganfall vor, indem er den Blutdruck senkt, erhöhte Blutfettwerte normalisiert und die Blutgerinnungsfähigkeit herabsetzt. Und wer radelt, schwimmt oder joggt, raucht zumindest in dieser Zeit nicht. Die Herzleistung wird verbessert, es kommt mit einer geringeren Schlagzahl aus. Das entlastet unseren treuen Motor sehr.

▶ Baut überschüssiges Fett und Übergewicht ab. Die beste Versicherung gegen chronische Krankheiten, Krebs und Schlafstörungen. Effektiv, sicher, zuverlässig, einfach. Nebenwirkung: Glück und Selbstbewusstsein.

▶ Senkt den Blutzuckerspiegel und verbessert die Empfänglichkeit der Körperzellen für Insulin. Gutes Training gegen Altersdiabetes.

▶ Verbessert die Lungenfunktion: Mehr Sauerstoff wird aufgenommen, die Durchblutung der Lunge gesteigert. Auch die hintersten Winkel bekommen frischen Wind. Das beugt Infektionen vor. Die Atemmuskulatur verstärkt sich – das schafft mehr Power für den langen Atem. Auch im Sitzen haben Sie nun viel Sauerstoff zur Verfügung – Vorsprung zum besseren Denken.

▶ Erkältung? Was ist das? Das Immunsystem verbessert seine Leistungsfähigkeit.

▶ Rückenschmerzen verschwinden, denn die Muskulatur ist locker und gut durchblutet, strafft sich und hält Wirbelknochen und Gelenke da, wo sie hingehören. Bewegung massiert und ernährt die Bandscheiben. Sie bleiben elastisch und fest – der beste Schutz gegen den gefürchteten Bandscheibenvorfall.

▶ Die Muskelpumpe des Unterschenkels arbeitet auf Hochtouren. Dicke Füße und Knöchel, das erste Symptom der Venenschwäche – verschwinden. Denn Gewebeflüssigkeit wird einfach wegmassiert und in den Kreislauf zurückgepumpt.

▶ Stärkt die Muskulatur – die beste Vorbeugung gegen schmerzhafte Haltungsschäden und Gelenkverschleiß durch Muskelschwund.

▶ Fördert den Einbau von Mineralien. Das Risiko der gefürchteten Knochenbrüchigkeit im Alter wird schon früh gesenkt.

▶ Sie schlafen schneller ein, erholen sich besser und kommen mit weniger Schlafenszeit aus. Denn Sport stimuliert die Freisetzung des körpereigenen Jungbrunnens, des Wachstumshormons, das in der Nacht seinen Heinzelmännchen-Dienst tut und alles regeneriert und repariert, was wir an einem turbulenten Tag an Gewebe und Zellen verschlissen haben.

Und als Sahnehäubchen obendrauf gibt es durch moderate Ausdauerbewegung noch eine Extraportion Kontrollüberzeugung:

▶ Ich übernehme Verantwortung für mich und handle selbstbestimmt!

▶ Ich werde Erfolg haben, denn ich überfordere mich nicht!

▶ Ich kann mich überwinden und weiß, wie ich dem inneren Schweinehund Paroli biete!

▶ Die Freude, die ich bei ruhiger Bewegung empfinde, gibt meinem Leben einen Sinn!

▶ Ich tue etwas richtig Gutes für mich!

Fangen Sie also am besten gleich an! Es gießt gerade in Strömen? Dann rein mit der muntersten CD, die Sie haben, und 10 Minuten auf der Stelle laufen! Schön weich abfedern in den Knien, dann werden die Gelenke nicht überlastet. Schlechtes Wetter ist keine Ausrede, bewegen kann man sich immer und überall!

Innere Kraftquellen aktivieren

Unser Ziel ist die Stressbalance. Ein gut erträgliches Gleichgewicht zwischen negativen und positiven Emotionen, zwischen Stressaktivierung und Erholung. Damit sind wir fit, fröhlich und leistungsfähig – unser ganzes Leben lang.

Dafür können wir unseren Körper geschickt nutzen, ihn pflegen und nach allen Wünschen der Natur gut behandeln. In diesem Buch gibt es dazu einige besonders wichtige Informationen. Die zweite Strategie besteht darin, über bewusstes Denken den Antrieb der Stressenergie im Gleichgewicht zu halten. Die hier beschriebenen Techniken reichen von kleinen Gedankenmanövern über Einstellungsänderungen bis zur systematischen Problemlösung. Die dritte, die schönste Strategie, besteht darin, unsere Gefühle bewusst einzusetzen. Um stressigen Situationen die Spitze zu nehmen, um gut abzuschalten und uns erholen zu können, um genug Freude und Lebenslust zu spüren!

Die Macht Ihrer Gedanken

Das menschliche Gehirn – die Krone der Schöpfung. Die Gedanken darin – das mächtigste Instrument der Welt. Sie schaffen gigantischen technischen Fortschritt, doch was sie in der Innenwelt des Einzelnen bewirken, ist noch fantastischer: Gedanken setzen Emotionen frei, beeinflussen Bioprogramme, treffen weitreichende Entscheidungen und steuern uns im Leben auf unsere Ziele zu. Gedanken sind unsere mächtigste Energiequelle!

Gedanken bestimmen das Leben

Alles, was Sie heute sind, ist das Ergebnis Ihrer Gedanken. Ob Sie zufrieden, glücklich, gesund und energiegeladen oder frustriert und abgespannt sind. Ob Sie einen Partner, einen Job, Kinder, ein Haus haben oder eben nicht haben. Denn daraus, was und wie Sie denken und aus den Entscheidungen, die Sie daraufhin treffen, ergibt sich Ihr heutiges Leben.

Aus Erfahrungen werden Überzeugungen

Ihre Erlebnisse in der Vergangenheit, Ihre Gefühle, die dadurch entfesselt wurden, und die gedanklichen Schlüsse, die Sie aus Ihren Gefühlen gezogen haben, bilden ihr emotionales Gedächtnis. Es sagt Ihnen, wie Sie eine bestimmte Begebenheit zu bewerten haben.

Ihr emotionales Gedächtnis sagt Ihnen zum Beispiel, dass es ein schönes, wohliges Gefühl ist, den ganzen Tag Schokolade zu essen; deshalb tun Sie es, wann immer sie können. Oder die Erfahrung sagt

Ihnen, dass es sehr unbequem ist, Sport zu treiben, woraufsie verkünden: »No sports!« und abends zu Hause bleiben, wenn die Freunde ins Studio gehen.

Gedanken können einschränken

Gedankliche Bewertungen, Überzeugungen oder Vorurteile aus der Vergangenheit ermöglichen Ihnen heute, in bestimmter Weise zu handeln, oder aber sie verbieten es Ihnen. »Heiraten? Niemals! Ich kann doch meine Mutter nicht im Stich lassen!«, ist die Überzeugung eines hartnäckigen Junggesellen, bewusst oder unbewusst. Und solange er mit seinem Leben zufrieden ist – kein Problem. Wenn er sich aber gerne mal richtig verlieben würde, es aber nie zu einer dauerhaften Beziehung bringt, müsste er etwas Engagement investieren, wenn er die Situation ändern will.

Viele Überzeugungen und Entscheidungen tummeln sich in tiefen Schichten des Bewusstseins. Wenn man sich keine Mühe gibt, sie einmal auszugraben und im Licht des bewussten Verstandes zu betrachten, um sich dann von ihnen zu verabschieden, bleiben sie dort bis ans Lebensende – während unser Junggeselle sich fragt, warum er es nicht schafft, glücklich und zufrieden zu sein.

Entscheidungsfreiheit in Grenzen

Nicht immer haben Sie den Luxus und die Freiheit, ganz im eigenen Interesse über Ihr Leben zu entscheiden. Es gibt ein paar Faktoren, die unsere Entscheidungsfreiheit einschränken:

▶ angeborene persönliche Eigenschaften, Ihr Temperament, ein Teil Ihrer Intelligenz, die Qualität Ihrer Sinnesorgane, Ihre Widerstandskraft und die Anlage zu bestimmten gesundheitlichen Stärken oder Schwächen.

► Solange Sie noch klein und hilflos waren, wurde über Sie bestimmt, ohne Sie zu fragen.

► Schicksalhafte Ereignisse wie Unfälle, Krankheiten und Todesfälle in der Familie, Arbeitsbedingungen der Eltern, Naturkatastrophen und Gewalttaten kann ihnen natürlich niemand in die Schuhe schieben.

► Und manch ein Gedanke, der Sie heute leitet, stammt gar nicht von Ihnen persönlich. Er ist Ihnen vielleicht mit viel Mühe durch Ihre Eltern und andere wichtige Personen eingetrichtert worden. Einige Ideen gehören zu unserem Kulturgut und den gesellschaftlichen Konventionen. Andere kommen aus der Religion oder sind Regeln aus dem engeren sozialen Umfeld.

Aber von diesen Einschränkungen abgesehen, blieb Ihnen noch ziemlich viel Spielraum, und Sie haben eine recht große Menge an Entscheidungen selbständig getroffen und danach gehandelt.

Mit mehr oder weniger gutem Erfolg. Sehr erfolgreiche Leute machen es so: Sie legen Ihre Ziele fest, handeln so, wie sie meinen, dass Sie die Ziele am besten erreichen, überprüfen, ob alles zur Zufriedenheit geraten ist und passen ihr Handeln gegebenenfalls an. Ein völlig normaler Vorgang der Regeltechnik. Die einfachste Sache der Welt. Doch es gibt da ein paar Schwierigkeiten.

1. Wissen wir immer ganz genau, was wir wollen?
2. Kennen wir den Weg? Haben wir klare Vorstellungen und Strategien, was zu tun ist, oder nehmen wir gerne altbewährte Gewohnheiten, um irgendwie weiterzukommen?
3. Sind wir flexibel, mutig und zäh genug, einen anderen Weg zu gehen, wenn wir in angemessener Zeit nicht angekommen sind?
4. Können wir genau feststellen, wann ein Ziel erreicht ist?

Die eigenen Gedanken erkennen

Ich möchte mit Ihnen die Gedanken als Grundlagen Ihrer Entscheidungen etwas genauer zu betrachten. Denn wenn Sie Ihr Leben selbst steuern wollen, Ihre selbst gesteckten Ziele erreichen möchten, lohnt es sich, systematisch und analytisch vorzugehen.

Sich Ihrer selbst bewusst werden

In dem Augenblick, in dem Sie erkennen, woher Ihre Überzeugungen stammen, warum Sie sich für oder gegen etwas entscheiden, entsteht Selbstbewusstsein – und die Freiheit, etwas ganz Neues zu tun! In diesem Augenblick allerdings entsteht auch Selbstverantwortung. Und das bedeutet Arbeit: überlegen, was man wirklich will, abwägen, was man bereit ist, dafür zu tun und welches Risiko man eingehen möchte. Das ist einigen Menschen leider schon zu viel! Sie lassen sich lieber treiben, nörgeln herum, schieben anderen die Schuld an ihrer Unzufriedenheit zu, machen sich möglichst keine Gedanken und haben es schön bequem. Eine Weile jedenfalls. Doch wir wollen alte Hemmschwellen überwinden und machen uns jetzt gemeinsam auf, Ihre Gedanken zu durchforsten.

Welche Gedanken führen zu welchen Ergebnissen?

Überprüfen Sie, ob nicht einige Einstellungen oder Überzeugungen wenig zufriedenstellende Ergebnisse einbringen, oder sogar ihre Energie erschöpfen. Zum Beispiel die Einstellung »Erst die Arbeit, dann das Vergnügen.« hat Ihnen vielleicht als Kind geholfen, Ihren Bewegungsdrang zu kanalisieren und eine ordentliche Schulbildung zu bekommen. Heute verhindert sie, dass sie sich ausreichend entspannen und die Früchte Ihrer fleißigen Tätigkeit genießen.

Gedanken als Energiefallen erkennen

Durchbrechen Sie alte Gewohnheiten! Zum Beispiel die, immer alles bis zur letzten Minute hinauszuschieben. Damit setzen Sie sich selbst unter Druck, bis Sie die ungeliebte Sache endlich erledigen. Vielleicht haben Sie gemerkt, dass Sie mit dieser Angewohnheit sich und Ihre Umgebung unnötig stressen und möchten eine bessere Selbstorganisation entwickeln.

Neue Gedanken durchsetzen

Alle positiven Veränderungen haben ein verändertes Denken zur Grundlage. Die neuen Gedanken und Entschlüsse dann gegen den inneren Schweinehund durchzusetzen, ist jeweils eine Sache von Millisekunden! Sie wollen zum Sport gehen und er hat die eintausend besten Ausreden der Welt sofort parat. Das Ergebnis kennen Sie. Falls Sie im entscheidenden Moment die Oberhand behalten wollen: Auf Seite 155f. finden Sie ein Notfall-Set, mit dem Sie gute Chancen haben, den Schweinehund in seine Schranken zu weisen. Setzen Sie positive Gedanken ganz bewusst ein: Viele Dinge im Leben sind positiv, viele Eigenschaften und Fähigkeiten an Ihnen sind positiv. Sie zu sehen und zu nutzen setzt ungeheure Energien frei!

Ordnung ist das halbe Leben! Viele Dinge, die Sie belästigen, Gefühle verderben und Energie rauben, haben mit schlechter Selbstorganisation zu tun. Durch rationales Nachdenken und neue Entschlüsse können Sie Ihr Leben ordnen und damit eine Menge an neuer Energie gewinnen.

Wenn Sie jetzt bereit sind, die alten, eingefahrenen Wege zu verlassen, werden Sie in Zukunft mit vielen Situationen besser umgehen können als bisher. Die konkreten Beispiele in diesem Kapitel zeigen Ihnen, wie es geht.

Bewährte Technik

Die Techniken zur Veränderung von Gedanken, die wir hier besprechen, beruhen auf der sogenannten »kognitiven« Therapie. Sie leisten
bei vielen Störungen des seelischen Wohlbefindens große Dienste,
sind aber genauso geeignet, die inneren Bedingungen gesunder Menschen zu verbessern.

Das aus der Sportpsychologie hervorgegangene »mentale Training«
ist im Zusammenhang mit Entspannungstechniken hervorragend geeignet, Ihnen für zukünftige Verhaltensänderungen den Rücken zu
stärken.

Sie müssen nur wollen

Die Veränderung hemmender Gedanken macht Ihr Leben energie-
voller, schöner, zufriedener, glücklicher und gesünder! Gefühle und
Handlungen werden sich dadurch verändern. Auch wenn die Belastungen des Alltages zeitweise groß sein mögen: Ihr Denken entscheidet, wie viel Energie Sie dafür haben und ob Sie zuletzt gestärkt, erfahren und gereift aus den Problemen hervorgehen werden!

Wie immer können nur Sie selbst die Voraussetzungen dafür schaffen:

► Sie geben sich die Erlaubnis, bestimmte Gedanken, Annahmen
und Gewohnheiten zu verändern.

► Sie sind überzeugt, dass man konstruktive Gedanken trainieren
kann, wie Fahrrad fahren.

► Sie wollen tatsächlich mit aller Kraft und Leidenschaft etwas verändern und denken nicht nur »Ach, wäre ganz nett, muss aber nicht
unbedingt…«.

► Sie nehmen sich selbst wichtig genug, die Übungen auf den nächsten Seiten mit voller Energie anzugehen.

Hallo, wer spricht denn da?

Unser bester Ratgeber im normalen Alltagsleben ist der gesunde Menschenverstand. Ohne lange zu überlegen handeln wir, wie wir es gewohnt sind, erledigen die Routineaufgaben. Während dessen versorgt uns die normale Stressreaktion mit ausreichend Energie. Die Gedanken laufen als lockeres Geplauder im Hintergrund.

Lassen Sie diese schönen Gedanken nicht nur einfach so durchhuschen, sondern genießen Sie sie einige Sekunden lang ganz bewusst!

Positive Gedanken im Normalfall

Doch dann gibt es die besonderen Tage. Die großen Herausforderungen. »Jetzt aber«, sagt der Verstand und wirft sich mächtig ins Zeug. Die Stressreaktion läuft zu Hochtouren auf. »Energie Marsch!« Die Kreativität lässt ihre Funken sprühen und wir freuen uns, dass alles so gut gelingt. »Hey, prima, bin stolz auf dich!«, sagt der Verstand, und das Gefühl grinst. »Weiter so«, sagen die Gedanken, hören aber nicht auf den Körper, der um ein kleines Päuschen bettelt.

Und dann passiert's. Der Punkt der besten Leistungsfähigkeit ist überschritten. Der gesunde Menschenverstand verlässt uns genau in dem Moment, wo wir ihn am nötigsten gebraucht hätten: nämlich mitten in der Präsentation, genau bei den kritischen Fragen; im Supermarkt an der Kasse, wenn wir schon auf dieses unerzogene Kind starren, das laut greinend das dritte Überraschungsei will. Und dann?

Negative Gedanken bei Überlastung

Die chronisch kontrollierte Stressreaktion, die uns die Höchstleistung ermöglicht hat, denkt nun, wir wären noch in der Urzeit und brauchten nur unseren Körper mit aller Kraft einzusetzen. Den Verstand schaltet sie vorsichtshalber aus, damit er nicht dazwischenfunkt, wenn wir wutentbrannt irgendeinem Angreifer in die Augen schauen.

Alles, was sich jetzt noch denken lässt, ist altes Zeug. Von ganz unten auf der Festplatte. Diese Gedanken sind überwiegend negativ. Sie bringen uns leider nur noch mehr in Schwierigkeiten und haben zur Folge, dass wir das Falsche tun. Negative Gedanken sind ein Stresssignal. Sie tauchen bei Überlastung auf – in den vielen kleinen nervenden Alltagssituationen, in denen unsere Nerven schon angespannt sind

▶ **Checkliste: Positive Gedanken**

Im Normalfall kommentieren wir unsere Handlungen mit positiven Bemerkungen. Hören Sie sich einmal zu!

- ▶ Klasse, gut!
- ▶ Geschafft.
- ▶ Das habe ich mir so gewünscht.
- ▶ Gut hingekriegt.
- ▶ So muss es sein.
- ▶ Läuft schon viel besser.
- ▶ Du wirst das schon machen.
- ▶ Alles halb so wild.
- ▶ Wird schon werden.
- ▶ Die ist ja nett.
- ▶ Der ist aber sympathisch.
- ▶ Auf den kann ich mich verlassen.
- ▶ Die mag ich.
- ▶ Heute fühle ich mich bombig.
- ▶ Das tut gut.
- ▶ Schöner Tag heute.
- ▶ Heute stimmt alles.
- ▶ Bin gut in Schwung.
- ▶ Mir ist richtig warm ums Herz.

Negative Gedanken

Was denken Sie, wenn Sie im »Turbo-Stress« ihre Leistungs-
grenze überschritten haben? Verallgemeinerungen (immer,
alle, nie, keiner) geben einen Hinweis darauf, dass Sie nicht
mehr ganz realistisch denken:

▶ Keiner hilft mir.
▶ Immer muss ich alles alleine machen.
▶ Alle sind gegen mich.
▶ Keiner mag mich.
▶ Ich kann es alleine nicht schaffen.
▶ Es ist alles ganz furchtbar.
▶ Es wird nie aufhören.
▶ Immer bleibt alles an mir hängen.
▶ Nie kümmert sich mal jemand um mich.
▶ Ich bin ein Versager.
▶ Ich schaffe das nie.
▶ Immer muss mir so etwas passieren.
▶ Ich halt's nicht mehr aus.
▶ Sollen sie mich doch alle in Ruhe lassen!
▶ Eine Zumutung, dass alle immer etwas von mir wollen.

Bitte nicht wörtlich nehmen, sondern etwas tun, wodurch Sie
sich wohler fühlen. Dann verschwinden die Gedanken von
ganz alleine wieder.

Das Gehirn ist eine Videothek

Wenn Sie dem oberflächlichen Gedankenstrom einmal bewusst zuhören, benutzen Sie ein wichtiges Instrument der Selbsterkenntnis. Es ist die Voraussetzung für die Veränderung des Denkens.

Der Psychologe Svenn Tönnies hat über einen längeren Zeitraum die Gedanken seiner Klienten analysiert. Falls Sie davon ausgehen, dass alle anderen nur darauf aus sind, sich mit Ihnen und Ihren Fehlern zu beschäftigen, können Sie sich sofort beruhigen. Denn 60-70% der Gedanken, so sein Ergebnis, beziehen sich auf die eigene Person, ca. 15% auf Sachinhalte und nur ca. 25% auf andere Menschen.

Die zweite Überraschung seiner Analyse besteht darin, dass die meisten Menschen mehr Positives als Negatives denken, sich allerdings von negativen Inhalten stärker beeinträchtigt fühlen. Das ist kein Wunder. Denn Gedanken kommen niemals allein. Sie haben immer eine Emotion und eine körperliche Befindlichkeit im Schlepptau.

Ein Gedanke ist wie das Etikett auf einer DVD. Es fasst den Inhalt kurz zusammen, damit er im Verzeichnis aller Erinnerungsfilme gut auffindbar ist. Auf der DVD selbst sind viele zusätzliche Informationen gespeichert:

▶ der Gedanke als Sprachklang (Tonhöhe, Lautstärke, Stimmung)
▶ Bilder, die mit dem Gedanken verbunden sind (Farben, Licht, Bewegungen, Geschwindigkeit)
▶ Gerüche, die die Szene durchziehen
▶ Körperempfindungen (Stärke, Schwäche, Körperspannung, Kälte, Wärme und Berührung)
▶ Gefühle und Stimmungen
▶ ähnliche Szenen, in denen der gleiche Gedanke eine Rolle spielt.

Wir haben es bei jedem Gedanken also immer mit einem 6-Kanal-Super-Stereo-3D-Fühlvideo zu tun! Eine Fülle an Informationen wird aufgerufen und ins Bewusstsein eingespielt.

Die Bratkartoffel-Szene

Der schlichte Satz »Was bin ich wieder doof.«, tausendmal gedacht oder gesprochen, kann eine beachtliche Wirkung haben.

Zum Beispiel sind Ihnen die Bratkartoffeln angebrannt. Natürlich nicht zum ersten Mal in Ihrem Leben. Jetzt kommt der Gedanke: »Was bin ich wieder doof!« Und nun geht es los: Sie hören sich selbst den Satz sprechen; Sie erinnern sich schlagartig an das ganze Theater aller vorherigen Bratkartoffel-Katastrophen. Wie ein Film im Zeitraffer laufen die Erinnerungen durch. In düsteren Farben und angespannter Stimmung. Sofort spüren Sie den Ärger über die Mühe, die gleich auf Sie zukommt, wenn Sie alles wieder saubermachen müssen. Ihre Lieben sind sauer, weil es nichts zu essen gibt. Sie hören in Gedanken bereits das Gemecker. Sie riechen den fiesen Verbrennungsgeruch in der Küche und schnell sausen Ihre Gedanken durch alle anderen Zimmer: Auch da wird es gleich stinken. Mal kurz probieren. Schmeckt wirklich scheußlich! Kann man nicht essen, schnell weg damit. Schade, die guten Kartoffeln, Essen schmeißt man nicht weg. Schlechtes Gewissen. Druck auf der Brust. Augenbrauen zusammengezogen. Jetzt sofort was Neues kochen! Hektik!

»Was bin ich wieder doof!« macht aus einem alltäglichen Missgeschick durch Aktivierung der verbundenen Assoziationen eine mittlere Katastrophe, an deren Ende Ihre Nerven blankliegen und Sie wahrscheinlich noch eine Weile schlechte Laune haben.

Die Oma-Szene

Stellen Sie sich nun die andere Variante vor. Dasselbe Missgeschick, aber sie denken stattdessen: »Kann passieren, Schwamm drüber!«, kippen die Kartoffeln weg, weichen die Pfanne ein und machen stattdessen eine Dose Linsensuppe auf. Wieder hören Sie innerlich den Satz: »Kann passieren, Schwamm drüber!« Aber da spricht jemand anderes! Es ist Ihre Oma. Mit liebevollem Gesicht sagte sie das immer, wenn Ihnen als Kind irgendetwas passierte. Sie waren jedes Mal sehr erleichtert, dass Ihnen der Ärger erspart blieb. Gemeinsam räumten Sie den Schaden dann weg, und zum Trost gab es ein Stück Schokolade, hmm. Die Szenen sehen und erleben Sie ebenfalls im Schnelldurchlauf. Helles Licht und Sonne durchziehen das Bild. Ganz klar und liebevoll steht Omas Gesicht vor Ihrem inneren Auge. Es wird Ihnen warm ums Herz – Sie lächeln.

Das ist die Macht der Gedanken!

Aus ein und derselben Situation können Sie etwas Schlimmes oder etwas Nettes machen. Entscheidend ist nur, welchen Gedanken Sie dazu aufrufen. Denn jeder Gedanke ist ein Befehl an die große Videothek des Gedächtnisses, eine bestimmte DVD einzuspielen. Die Ereignisse und Tatsachen selbst bleiben unberührt. In beiden Varianten unseres Beispiels sind die Kartoffeln hin und die Pfanne ist angebrannt. Doch Ihre Reaktion, Ihr emotionaler Zustand und Ihr Handeln unterscheiden sich erheblich voneinander.

Die Pioniere des NLP (Neurolinguistischen Programmierens), Richard Bandler und John Grinder, haben in jahrelangen Studien herausgefunden, welche Emotionen, Sinneseindrücke und Körperempfindungen mit positiven Gedanken und Erinnerungen verbunden sind. Für die meisten Menschen gilt: Positive Sätze sind verbunden mit hellen Bildern in leuchtenden, transparenten Farben. Die erinnerte Szene spielt sich in einiger Entfernung vor dem inneren Auge ab. Die Körperempfindungen sind angenehm, warm, kraftvoll, man verspürt eine strömende Empfindung in den Muskeln, die Körperhaltung ist aufrecht, die Atmung ruhig und kräftig.

Gedanken als Energiefallen

Denkgewohnheiten erleichtern das tägliche Leben, denn wir brauchen das Rad nicht jedes Mal wieder neu zu erfinden. Sie machen das Handeln in den meisten Alltagssituationen effektiver, weil wir nicht von Neuem nachdenken, ausprobieren und lernen müssen. Über Zähneputzen und Auto fahren denken Sie genauso wenig nach wie über das Schreiben eines routinemäßigen Standardbriefes.

Durchbrechen Sie Ihre Gewohnheiten

Doch auch hier gilt: Die Dosis macht das Gift. Wer nur in Gewohnheiten lebt, erstarrt. Er wird sich nicht weiterentwickeln, kann keine neuen Ziele finden, wird ständig dasselbe erleben und sich auf Dauer sehr wahrscheinlich langweilen. Die Herausforderungen, die Kicks, die Glücksmomente fehlen.

Ganz fatal ist die Macht der Gedanken jedoch, wenn jemand an Gewohnheiten festhält, die jedes Mal wieder unangenehme Folgen haben. Negative Gedanken über sich selbst, wieder und wieder gedacht, verfestigen sich zu Überzeugungen. Alles, was über diese selbstgestellten Schranken hinausgeht, ist undenkbar. Geht nicht, schaffe ich nicht, kommt nicht in Frage. Die Überzeugungen werden zu strengen Handlungsanweisungen.

Ja und Nein als Energiequellen

Es gibt zwei Arten von Motivation: Die Von-etwas-weg-Motivation und die Auf-etwas–zu-Motivation. Die Von-weg-Motivation benutzt das Wort »Nein« als Kraftquelle. An dem »Nein« hängen Bilder, Erinnerungen und Gefühle von unangenehmen, Angst erzeugenden oder erschreckenden Konsequenzen. Die Gefühle sind so stark, dass die ganze Energie, die sie freisetzen, benutzt werden kann, um so etwas auf jeden Fall zu vermeiden. Die Unannehmlichkeiten, die die geforderte Handlung einbringt, sind nichts, verglichen mit der Katastrophe, die hereinbrechen würde, wenn man nichts täte. Wenn du nicht lernst, (ordentlich bist, pünktlich, nach Hause kommst, aufhörst zu lügen, etc.) dann … (musst du ins Internat, sag ich es dem Vater, gibt es Prügel, kommst du in die Hölle, etc.). Diese Erziehungsmethode kennen Sie. Sie wirkt bis heute nach.

Bei der Auf-zu-Motivation heißt der Zündknopf für die Energie »Ja«. Damit verbunden sind Assoziationen über wünschenswerte Ziele, die mit einiger Anstrengung auch erreicht werden können. Die Aussicht auf Erfolg ist so verlockend, dass die Mühen des Weges gerne angenommen werden. Welche Art der Motivation bevorzugen Sie?

▶ **Checkliste: Hemmende Überzeugungen**

Überprüfen Sie, welche Überzeugungen Ihnen Freude, Entspannung, Wohlbefinden, Weiterentwicklung und Spaß versagen.

► **Ich muss immer … sein**: perfekt, pünktlich, ein Vorbild, der Beste, die Erste, die Schönste, der Schnellste, der Größte, die Fleißigste, die Beliebteste, etc.

► **Ich darf nicht**: entspannen, bevor alles fertig ist, alleine etwas unternehmen, mich um etwas herumdrücken, meine Pflichten vernachlässigen, mich gehen lassen, so viel trinken, so viel essen, so faul sein, egoistisch sein, das Gesicht verlieren, schwach sein, nachgeben, fünf gerade sein lassen, über die Stränge schlagen, meiner Lust nachgeben, besser sein als andere, arrogant sein, stolz sein, frei sein, etc.

▶ **Ich bin zu:** jung, alt, dick, schlecht, schwach, unerfahren, konservativ, flippig, weiblich, männlich, etc.

▶ **Ich kann nicht**: nein sagen, für mich alleine sorgen, mich durchsetzen, anderen weh tun, sehen, wenn etwas herumliegt, widerstehen, wenn mir etwas angeboten wird, bei der Wahrheit bleiben, streiten, etc.

▶ **Es ist mein Schicksal, dass ich immer:** Pech habe, an den Falschen gerate, zu spät komme, übersehen werde, verliere, benachteiligt werde, etc.

Den Denkgewohnheiten auf der Spur

Nehmen wir uns die drei häufigsten Denkgewohnheiten vor. Sie führen bei den meisten Menschen dazu, dass sie mehr Stress erleben als eigentlich nötig wäre.

▶ Nicht Nein sagen können.
▶ Sich regelmäßig zu viel vornehmen.
▶ Immer perfekt sein wollen.

Bitte genau hinsehen

Die Wurzeln dieser Überzeugungen liegen oft tief in der Kindheit. Wer im Einzelnen dazu beigetragen hat, sie fest und kräftig werden zu lassen, ist oft gar nicht mehr nachvollziehbar. Das ist auch nicht wichtig. Entscheidend ist jetzt, dass Sie exakt diagnostizieren, welche Überzeugungen Ihnen am meisten Ärger bereiten und diese anschließend genau unter die Lupe nehmen. Beim genauen Hinsehen werden Sie feststellen, dass feste Überzeugungen zwei Seiten haben. Sie haben auch etwas Gutes, wenn man es nicht übertreibt. Sie sollten jedoch genau nachrechnen, welchen Vorteil sie einbringen und ab wann sie Ergebnisse und Handlungen produzieren, die Ihnen nicht gut tun.

Beispiel: Ich kann schlecht Nein sagen.

»Wie oft habe ich mir schon vorgenommen, mich nicht von meinem Chef überrumpeln zu lassen, wenn er kurz vor Büroschluss noch schnell mit einem neuen Projekt ankommt. Am meisten ärgere ich mich über mich selbst.«

Die Befürchtungen: Warum sagen Sie dann nicht: »Nein, leider geht es heute nicht.«? Was könnte denn passieren? Eine Menge Befürchtungen tauchen plötzlich auf. Einige davon sind realistisch. Z.B.: *»Wenn ich ihm das abschlage, ist er verärgert.«* Die meisten sind jedoch völlig unrealistisch: *»Dann wird er mich schlecht behandeln, mich hinauswerfen, dann finde ich keinen Job mehr, dann verlassen mich alle Freunde«,* etc.

Die Erwartungen: Versprechen Sie sich etwas davon, wenn Sie Ja sagen? Was wollen Sie erreichen? Es gibt viele Antworten. Nicht immer werden alle Motive auf Sie zutreffen. Prüfen Sie, was bei Ihnen zutrifft:

► Ich mache mich beliebt, werde geschätzt und gebraucht.

► Ich erspare mir die Auseinandersetzung und muss nicht begründen, warum ich etwas nicht tun möchte.

► Ich kann mich kompetent, wichtig und leistungsstark fühlen.

► Ich brauche mich um eigene Dinge (Entscheidungen) nicht zu kümmern und bin für diese Nachlässigkeit nicht einmal verantwortlich. (Sehr praktisch, wenn ich sowieso keine Lust dazu habe!)

► Ich kann mich gut fühlen, weil ich mich als »barmherziger Samariter«, »Mutter Theresa«, oder einfach als »tüchtig« sehen kann.

► Ich kann eine Gegenleistung nach dem Motto »eine Hand wäscht die andere« erwarten.

Das Ergebnis: Tritt aber nun wirklich all das ein, was Sie befürchten oder erwarten? Nein. Im Gegenteil. Aber warum hören Sie nicht einfach auf damit? Sie glauben, zu viel auf's Spiel zu setzen, und dadurch entsteht zusätzlicher Stress: Herzklopfen, Angstgefühle. Und schon ist die Falltür wieder einmal zugeschlagen. Sie sind gefangen in der alten Gewohnheit. Die Strafe: Ärger über sich selbst, Niedergeschlagenheit und dazu noch die Arbeit, die Sie sich haben aufhalsen lassen. Die Rechnung geht fast nie auf. Nur der Stress wächst.

Checkliste: »Schlechte Denkgewohnheiten«

Bitte überlegen Sie, welche Denkgewohnheiten auf Sie zutreffen.

Damit sind nicht Denk- und Verhaltensmuster gemeint, die Sie nur gelegentlich an den Tag legen, sondern die Gewohnheiten, über die Sie sich selbst schon oft geärgert haben und von denen Sie wissen, dass Sie damit regelmäßig in Teufels Küche kommen.

Rechnen Sie nach, was für Sie überwiegt: Vorteil oder Nachteil?

1. Ich sage oft nicht, was ich denke und ärgere mich dann (falsche Rücksichtnahme).

Vorteil: Ich setze mich nicht in die Nesseln; ich kann meine Meinung hinterher immer noch einmal ändern, ohne dass es auffällt; ich fühle mich überlegen, weil andere über meine Meinung im Unklaren bleiben.

Nachteil: Wenig Selbstbewusstsein, andere können einen nicht einschätzen, man gilt leicht als jemand »ohne Rückgrat«.

2. Ich mache lieber schnell alles selbst, bevor ich lange darüber rede (nicht delegieren können).

Vorteil: Ich spare mir lange Erklärungen; ich mache es so, wie ich es gerade für richtig halte; ich schone die anderen und zeige meine Leistungsfähigkeit; ich werte andere damit ab und mich auf. Ich meine, dass nur ich in der Lage bin, die Aufgabe richtig zu lösen.

Nachteil: Viel Arbeit, andere denken nicht mehr mit, zerstört Teamwork, führt in soziale Isolation.

3. Ich will alles schaffen, nehme mir aber immer zu viel vor (zu hohe Ansprüche an sich selbst).

Vorteil: Ich zeige, dass ich mich im Griff habe. Ich beweise meine Leistungsfähigkeit; ich erspare mir mögliche Vorwürfe von anderen (faul oder egoistisch zu sein); ich fühle mich sehr dynamisch; ich verliere keine Zeit mit »nutzlosen« Dingen; ich bin perfekt.

Nachteil: Permanente Selbstüberforderung; keine Ruhepausen; schlechtes Gewissen und Versagensgefühle, wenn man das Pensum nicht geschafft hat.

4. Wenn etwas Neues auf mich zukommt, denke ich: »Das geht schief.« (wenig Selbstvertrauen)

Vorteil: Wenn es schief geht, bin ich nicht enttäuscht. Ich fange erst gar nicht an, es wird ja doch nicht klappen. Ich animiere andere, mir zu helfen; ich übernehme keine Verantwortung und kann daher nicht haftbar gemacht werden.

Nachteil: Energieblocker.

5. Ich habe keine Lust, mich auf neue Aufgaben vorzubereiten (schlechte Planung).

Vorteil: Ich fühle mich spontan und das heißt für mich: jugendlich, lebendig, ungebunden, frei. Ich fühle mich kompetent, denn ich kann ohne Planung arbeiten. Ich erspare mir lange Vorbereitungen; ich brauche meine Ziele nicht festzulegen und kann sie jederzeit ändern.

Nachteil: Chaos und Versagen, Stress, Ziele werden nicht sicher erreicht.

6. Ich tue vieles, damit andere sich ein Beispiel an mir nehmen (Vorbild sein wollen).

Vorteil: Ich fühle mich stark. Ich weiß, wo es lang geht. Ich stehe im Mittelpunkt; andere behandeln mich mit Respekt.

Nachteil: Im eigenen System gefangen, keine Flexibilität und Spontaneität, Energie kann nicht frei fließen.

7. Ich weiß, was für andere gut ist und möchte, dass sie sich danach richten (Helfersyndrom).

Vorteil: Ich fühle mich überlegen. Mehr Wissen zu haben als andere, macht mich stark und unentbehrlich.

Nachteil: Niemand wird gerne bevormundet. Verdirbt das soziale Klima; wenig Freunde, wenig Rückhalt, auf Dauer Bitterkeit und Frust. Energiespeicher läuft leer.

8. Ich kann Streit nicht ertragen und versuche immer sofort zu schlichten (großes Harmoniebedürfnis).

Vorteil: Als Schlichter stehe ich über den Streitenden. Ich übe Macht aus, denn ich bin diejenige, von der die Harmonie abhängt.

Nachteil: Man gerät zwischen die Fronten. Hoher Energiever-
schleiß bei unsicherem Ausgang; eigene Konflikte bleiben un-
gelöst.

9. **Ich verhalte mich so, dass niemand etwas an mir
   auszusetzen hat (Everybody's Darling).**

Vorteil: Ich bekomme Anerkennung und werde von vielen geliebt; ich vermeide Risiken; ich fühle mich dadurch sicher.
Nachteil: Man kann es nie allen Recht machen; eigene Ziele
kommen zu kurz; sehr energiezehrend.

10. **Ich finde, dass ich ein schwereres Leben habe als
    andere (Selbstmitleid).**

Vorteil: Ich werde durch meine Klagen beachtet; andere helfen
mir, und tun etwas Gutes für mich. Ich brauche mein Leben
nicht zu verändern.
Nachteil: Schlechte Stimmung, keine Weiterentwicklung,
energiezehrend.

11. **Ich will immer alles gleichzeitig tun (keine Prioritäten
    setzen können).**

Vorteil: Ich kann auf allen Hochzeiten gleichzeitig tanzen; ich
fühle mich groß und stark. Weil ich so viel zu tun habe, halte
ich mir lästige Pflichten und auch persönliche Probleme vom
Leib.
Nachteil: Wenn die Energie verbraucht ist, folgt ein böses Erwachen. Persönliche Ziele können nicht erreicht werden, denn
es gibt immer etwas anderes zu tun.

12. Ich arbeite mehr als andere und mache selten Pausen (Märtyrer/in).

Vorteil: Ich fühle mich sehr pflichtbewusst, leistungsfähig und verantwortungsvoll. Ich schaffe tatsächlich sehr viel, das gibt mir ein Gefühl von Überlegenheit und Stärke; ich schinde mich für andere und verdiene damit viel Lob, Bewunderung oder eine Beförderung. Ich brauche mich nicht mit mir selbst auseinanderzusetzen und herauszufinden, was ich tatsächlich vom Leben will.

Nachteil: Andere nutzen das aus; auf Dauer sehr anstrengend; persönliche Lebensziele bleiben auf der Strecke.

13. Ich habe oft das Gefühl: Was ich mache, ist gar nicht so toll (schlechtes Selbstwertgefühl).

Vorteil: Ich bin bescheiden, kein Angeber; habe es nicht nötig, zu prahlen; ich stehe damit moralisch höher als andere. Meine Bescheidenheit zwingt andere, mich zu loben.

Nachteil: Andere fühlen sich genötigt etwas Positives zu sagen. Blockiert die eigene Energie.

Nachrechnen, bitte!

Wenn Sie Ihre Denkgewohnheiten analysieren, werden Sie feststellen, dass es immer auf das gleiche hinausläuft: auf den Wunsch, positive Gefühle wie Stärke, Unabhängigkeit, Kompetenz oder Überlegenheit zu empfinden.

Nachdem Sie nun einige Denkgewohnheiten identifiziert haben und sich ihre Wurzel – den Vorteil – angesehen haben, fängt die Arbeit an! Untersuchen Sie bitte mit buchhalterischer Genauigkeit, in welchem Verhältnis Aufwand und Nutzen für Sie in jedem einzelnen Fall stehen. Manchmal ist es durchaus gut, weiter so zu denken und zu handeln wie bisher. Und solange sie das bekommen, was Sie möchten – kein Problem. Manchmal merken Sie jedoch: Es hat sich nicht gelohnt! Im Gegenteil! Es kommen Frust, Enttäuschung, zu viel Stress und viel zu viel Arbeit dabei heraus. Fassen Sie den Mut, das nächste Mal anders zu denken und zu handeln. Verschaffen Sie sich den Nutzen und Lohn woanders, nämlich dort, wo Sie ihn leichter bekommen!

Vorteile woanders suchen

Wenn Ihnen beispielsweise Ihr Perfektionismus hauptsächlich Überlegenheit und Sicherheit einbringen soll, holen Sie sich diese Gefühle aus einem anderen Lebensbereich, etwa aus dem Sport. Sport stärkt das Selbstbewusstsein und die Selbstsicherheit, von den vielen anderen Vorteilen ganz zu schweigen.

Wenn Sie sich gerne gehen lassen, weil Sie das Gefühl der Unabhängigkeit so schätzen, sorgen Sie in Zukunft für feste Zeiträume, in denen Sie absolut tun und lassen können, was Sie wollen. Dann erreichen Sie trotzdem Ihre Ziele. Mit neuen und effektiveren Verhaltensweisen können Sie die Vorteile erhalten und die Nachteile minimieren.

Jede Menge Energiefallen

Was jetzt kommt, sind meine Lieblingsbeispiele, denn es gibt wirklich keine effektiveren Methoden, die eigene Energie systematisch zugrunde zu richten und sich dabei auch noch edel oder schlau vorzukommen!

Energiefalle: Schlechtes Gewissen

Ganz besonders perfide ist das schlechte Gewissen! Sobald es auftaucht, werden Sie bitte hellwach. Es signalisiert: Da will jemand zwei Dinge auf einmal, erspart sich eine eventuell schmerzliche Entscheidung, bestraft sich schon mal vorsichtshalber selber mit ein paar schlechten Gefühlen und nervt andere noch mit seinem Gejammer.

Entweder – oder

Manchmal ist es schwierig, sich zu entscheiden. Doch wenn Sie etwas richtig gut machen wollen und den vollen Lohn dafür einstreichen möchten, brauchen Sie volle Konzentration. Und die gibt es nur, wenn Sie sich entschieden haben. Das schlechte Gewissen zeigt, dass der Entscheidungsprozess noch nicht abgeschlossen ist. Ständig wechseln die Gedanken von einer Seite zur anderen, die Gefühle und die Energie natürlich genauso. Sie selbst stehen zerrissen in der Mitte und außer einem miesen Gefühl bekommen Sie nichts. Weder können Sie richtig Mutter sein, noch richtig berufstätig. Weder ein verlässlicher Ehemann, noch ein streunender Kater.

Die Konsequenzen annehmen

Das einzige Mittel, das hilft, ist eine Entscheidung – sie muss ja nicht für alle Zeiten gelten. Akzeptieren Sie den Schmerz, dass sie vorläufig die andere Möglichkeit zurückstellen müssen, auch wenn sie Ihnen wichtig ist. Das Risiko, dass Konsequenzen auftauchen, die Sie nicht mögen, ist der Preis für Klarheit und volle Energie! Natürlich kann es passieren, dass Ihre Kinder sich vernachlässigt fühlen und Unsinn machen, während Sie arbeiten. Genauso gut kann es sein, dass sie sich furchtbar langweilen, während Sie die beste Mutter der Welt sind. Stehen Sie doch lieber zu Ihrer Entscheidung, genießen das, was Sie tun, in vollen Zügen und bezahlen den Preis, wenn er fällig wird.

Energiefalle: Der innere Schweinehund

Kennen Sie den, der immer auf Ihrer linken Schulter sitzt und Ihnen schlaue Argumente ins Ohr flüstert, immer genau dann, wenn Sie eigentlich zum Sport gehen wollen? Der innere Schweinehund braucht nur anzufangen, und schon geben Sie nach: »Ok, du hast recht, ich bleibe hier.« Nicht einmal den Versuch einer Diskussion unternehmen Sie.

Gegenargumente bereithalten

Schlaues Kerlchen! Lernen Sie von ihm! Bleiben Sie wachsam und lassen Sie sich nicht von ihm einlullen, wenn er Ihnen vorgaukelt, wie wunderbar kuschelig es vor dem Fernseher ist. Bereiten Sie sich vor und halten Sie mindestens genauso gute und so viele Gegenargumente bereit.

Sagen Sie Ihm, wie belebend, vital und spritzig Sie sich fühlen, nachdem Sie nur ein Stündchen im Fitness-Studio waren. Wie selig Sie schlafen und wie frisch Sie am nächsten Morgen aus dem Bett springen werden. Das hat er nämlich nicht zu bieten. Machen Sie ihm klar, dass Sie besser wissen, was gut für Sie ist! Überprüfen Sie bitte, was Ihr Schweinehund an Argumenten bringt, und wappnen Sie sich mit Gegenargumenten. Hier einige Vorschläge:

- ► Ich mache es trotzdem.
- ► Ich sage einfach Nein.
- ► Die Herausforderung nehme ich an.
- ► Was weg ist, ist weg.
- ► Wenn ich es gleich mache, geht es mir gut.

► Es hat schon so oft geklappt, und diesmal wird's auch gutgehen.
► Es ist sinnvoll, weil…
► Was ich heute noch mache, bringt mir morgen mehr Zeit.
► Was andere können, kann ich schon lange.
► Mit meinen Erfahrungen ist das ein Klacks.
► Den letzten Schweinehund besiege ich auch noch.
► Wenn ich es geschafft habe, bin ich richtig stolz.

Checkliste: Was sagt der innere Schweinehund?

Sobald eines der folgenden Argumente auftaucht, werden Sie hellwach und besinnen sich auf Ihre eigenen und besseren Argumente.

► Keine Zeit!
► Das Wetter! Zu schlecht, gut, kalt, trocken, nass, dunkel …
► Gönn dir was Gutes, sei faul!
► Zu müde.
► Zu spät.
► Die anderen machen es auch so.
► Ist doch normal.
► Mich stört das nicht.
► Bisher ist nichts passiert.
► Das haben wir schon immer so gemacht.
► Das betrifft mich nicht.
► Später, morgen, nächste Woche, im Urlaub.
► Zu anstrengend.
► Was sollen die anderen sagen.
► Das bringt ja doch nichts.
► Es fällt mir so schwer.
► Man gönnt sich ja sonst nichts.
► Einmal ist keinmal.
► Das habe ich noch nie gemacht.

- ▶ Das kann man doch nicht machen.
- ▶ Ich fühle mich auch so wohl.
- ▶ Heute geht es nicht weil: Tagung, Einladung, ich möchte nicht außen vor sein, Wochenende, Urlaub, Streit zu Hause, alles ist gerade so harmonisch zu Hause, viel Arbeit, wenig Arbeit, etc.
- ▶ Schmeckt doch nicht.
- ▶ Ich mache mich lächerlich.
- ▶ Zu viel Aufwand.
- ▶ Ist gegen die Gewohnheiten der Familie.
- ▶ Mein Partner macht bestimmt nicht mit.
- ▶ Ich habe sowieso Rückfälle.
- ▶ Heute mache ich eine Ausnahme.
- ▶ Dafür bin ich zu alt.
- ▶ So eilig wird's schon nicht sein.

Ziehen Sie ihn auf Ihre Seite

Eigentlich meint Ihr innerer Schweinehund es ja gut mit Ihnen. Er möchte Ihnen die Mühen und Arbeit von Veränderungen und neuen Gewohnheiten ersparen. Sie vor der Anstrengung des Sporttreibens und den Entbehrungen einer fettreduzierten Ernährung bewahren. Machen Sie ihm deshalb bitte klar, dass Sie jetzt noch etwas viel besseres vorhaben, das Ihnen noch mehr Wohlbefinden, Lebensfreude und Energie einbringt. Sie sind keine Feinde. Sie wollen beide dasselbe. Und Sie haben jetzt die besseren Karten. Zeigen Sie ihm das durch einen klaren Entschluss!

Energiefalle: Ja, aber…

Manche Menschen haben eine besondere Denkgewohnheit: Immer wenn Ihnen etwas Nettes in den Sinn kommt, jemand einen neuen Vorschlag macht oder eine Veränderung ansteht, läuft ihr Gehirn schlagartig auf Hochtouren und die ganze Energie fließt in eine enorm kreative Produktion von »ja, aber«-Sätzen – von zahllosen Gründen, Rechtfertigungen, Ausreden, Vorwänden, Beschuldigungen und Entschuldigungen, warum das alles nicht geht, Gefahren birgt, zu kompliziert, zu teuer, zu schwer, zu leicht, zu … ist.

Bevor ein Gedankengerüst für einen neuen Plan überhaupt entstehen kann, wird alles niedergerissen. Die berufsmäßigen Bedenkenträger fühlen sich klug, zeigen Durchblick, Vorsicht und ihr weitreichendes Verantwortungsgefühl. Leider sind sie aber auch für die mutlose und gedrückte Stimmung verantwortlich, die sie erzeugen. Allenfalls rufen sie einige Kämpfer auf den Plan, die sich herausgefordert fühlen, sie mit guten Argumenten zu schlagen.

Warum nicht anders herum? Erst aufbauen und dann korrigieren. Die ganze Energie einsetzen, um Gründe »dafür« zu finden, die den Kopf öffnen für ungewöhnliche Ideen und am Ende erst die Schere der Vernunft ansetzen und das schöne neue Gedankengebäude auf Realitätstauglichkeit trimmen. Sagen Sie statt »Es geht nicht, weil…« besser »Wie könnte es gehen?«.

Energiefalle: Unentschlossenheit

»Ich kann mich nicht entscheiden!« Hin und her und her und hin werden die Fürs und Widers gewälzt und man kommt zu keinem Ergebnis. Der eigentliche Grund: Es fehlt der Mut zum Schritt in eine einzige Richtung. Lieber die Zeit mit Zaudern verstreichen lassen. Dann ist es am Ende für alles zu spät und man hat sich wieder erfolgreich um eine Entscheidung gedrückt. Jemand anderes bestimmt, was passiert. Sie können loben oder meckern. Doch Ihre Energie ist dabei steckengeblieben!

Trainieren Sie, Entscheidungen zu fällen. Nehmen Sie die vielen kleinen Anlässe des Alltags zur Übung. Entscheiden Sie schnell und ohne Reue.

► Pizza essen oder Kino?
► Schwimmbad oder Fahrrad?
► Blauer oder grüner Kuli?
► Sympathisch oder unsympathisch?
► Wer will das Kaugummi? Ich!
► Wer sitzt vorne? Du!

Lernen Sie, auf Ihre Intuition zu horchen und überprüfen Sie hinterher, ob Sie richtig gelegen haben. Wenn nicht, haben Sie dazugelernt und entscheiden beim nächsten Mal besser.

Mentale Stärke entwickeln

Stellen Sie sich vor, Sie haben nun einen festen Vorsatz: Beim nächsten Mal, wenn mich mein Chef bittet, länger zu bleiben, sagen Sie freundlich »Nein«. Es kommt die Situation, Sie zögern eine Sekunde und – »Ja, selbstverständlich.«, haben Sie gesagt. Einen Moment lang glaubten Sie noch, dass es eine vernünftige Entscheidung war, schließlich geht es um ein wichtiges Projekt und Sie können sich dabei profilieren. Doch nach und nach dämmert Ihnen, was Sie gerade aufgegeben haben. Den erholsamen Abend zuhause mit Ihrer Freundin, den Abendspaziergang und – was am meisten schmerzt: Ihre Vorsätze. Sie sind wieder eingeknickt. Mist!

Was Sie das nächste Mal brauchen, ist mentale Stärke. Von Sportlern haben wir es schon oft gehört: Mental gut drauf zu sein ist das Wichtigste! Doch was soll das bedeuten und vor allem – wie erreicht man es?

Cool bleiben und weitermachen

Sobald die Emotionen das Kommando übernehmen und wir instinktiv, intuitiv oder gefühlsmäßig handeln, kann es sein, dass in bestimmten Situationen schlechte Ergebnisse herauskommen. Wenn Sie bei einem Spaziergang jemanden um Hilfe schreien hören und ohne nachzudenken hinrennen, helfen und eine junge Frau von einem allzu interessierten männlichen Wesen befreien, ist das völlig in Ordnung. Wenn Sie als Arzt eine komplizierte Operation durchführen und sich über einen kleinen Fehler sehr ärgern, verlieren Sie die Kontrolle. Das ist nicht funktional. Sie laufen Gefahr, etwas falsch zu machen und Ihrem Patienten zu schaden. Hier ist mentale Stärke gefragt, genauso wie im Leistungssport. Der Athlet darf sich von seinen Schwächen nicht beeinträchtigen lassen. Dann verliert er die Nerven, seine mentale Stärke und den Wettkampf.

Wer mentale Stärke besitzt, kann auch unter größtem Druck
► seinen optimalen Leistungszustand lange aufrechterhalten.
► positiv und realistisch denken und sinnvoll handeln.
► innerlich ruhig bleiben und weiterhin freundlich und gelassen kommunizieren.
► die Impulse zum Zurückweichen oder Aufgeben, zu emotionalen Ausbrüchen oder geistigem Durchdrehen unterbinden.

Kennzeichen mentaler Stärke

Die Voraussetzung für mentale Stärke ist sehr viel Selbstdisziplin. Sie geht mit bestimmten Fähigkeiten einher, die Sie trainieren können.

Krisensituationen richtig einschätzen
Wichtig ist, dass Sie Ihre eigenen Reaktionen gut kennen und sofort richtig interpretieren, wenn sie auftauchen. Klären Sie zum Beispiel folgende Fragen: Woran erkenne ich, dass ich anfange mich zu ärgern? Welche Gedanken tauchen auf? Wird mir heiß? Balle ich die Faust oder höre ich auf zu atmen? Was sind die ersten Anzeichen für Angst oder Panikreaktionen?

Negative Emotionen zurückdrängen
Konzentrieren Sie sich im Krisenfall auf die Gegenwart und die unmittelbar bevorstehende Zukunft. Halten Sie sich mit einem Fehler oder einem Misslingen nicht unnötig lange auf. Schauen Sie, was passiert ist, ziehen Sie Ihre Schlüsse daraus, minimieren Sie den Schaden und entschuldigen Sie sich. Stoppen Sie negative Selbstgespräche und Selbstvorwürfe sofort, denn Sie gewinnen dadurch nichts, außer schlechter Laune und schlaflosen Nächten. Verzeihen Sie sich selbst.

Kraftspendende Emotionen aktivieren

Sportler aktivieren positive Emotionen oft über den Körper. Diszipliniert straffen Sie den Rücken nach einem verschlagenen Ball, nehmen einen entschlossenen Ausdruck an, schauen nach oben, bewahren Haltung und lassen keine Emotion nach außen dringen. Über den Körper erzeugen Sie das Gefühl: Ich halte durch, ich behalte die Kontrolle!

Andere Sportler haben kleine Rituale erfunden, mit denen Sie die Erinnerung an positive Gefühle hervorrufen: den Schläger auf eine besondere Art bewegen, den Ball spielerisch hüpfen lassen, etwas trinken. Welche schnell aktivierbaren Kraftquellen besitzen Sie?

▶ **Schnelle Kraftspender**

Legen Sie sich für den Notfall ein paar schnelle Kraftspender zurecht, die Ihnen helfen, die Kontrolle zu bewahren. Üben Sie häufig mit ihnen, damit Sie sich ihrer Wirkung sicher sind.

Gedanken:

Gleich vorbei.

Augen zu und durch.

Don't crack under pressure.

Stets voran.

Ich schaffe es.

Ruhig Blut.

Bilder:

Eine sehr positive Erinnerung

Eine schöne Landschaft

Mein Partner

Mein Kind

Mein Haustier

Mein Lieblingsplatz
Mein größter Erfolg

Düfte:
Gerüche oder Aromen, die mich an gute Zeiten erinnern

Musik:
Lieblingsstücke mit energiesteigernder Wirkung

Körperempfindungen:
Das Lächeln im Bauch spüren
Sonne auf der Haut
Angenehme Berührung
Wind in den Haaren
Tief durchatmen
Straffe Körperhaltung
Füße fest auf dem Boden spüren
Kraftvolles Gehen
Schultern entspannen

Optimale Vorbereitung auf neue Herausforderungen

Es ist durchaus anstrengend, aus gewohnten Denk- und Handlungs-mustern auszusteigen und eine neue Variante auszuprobieren. Ganz besonders, wenn man unter zu viel Stress steht. Das ganze System möchte dann nach altbewährten Urzeitmustern reagieren und tun, was Millionen von Jahre erfolgreich war: draufhauen oder weglaufen.

Was wir von Astronauten lernen können

Stellen Sie sich vor, Neil Armstrong, der erste Mensch, der je den Mond betreten hat, hätte sich erlaubt, in dieser ungeheuerlichen Situation den eigentlich angemessenen Stress zu empfinden! Sein Sauerstoffverbrauch wäre schlagartig so angestiegen, das die Vorräte nicht gereicht hätten, und er hätte vielleicht Panik in seinem engen Raumanzug bekommen. Das durfte auf gar keinen Fall passieren. Und er hatte dafür gesorgt, dass es nicht passiert. Als ihn seine Bodenstation fragte »Neil, wie ist es denn da oben?«, antwortete er ganz gelassen: »Prima, wie im Training!« Diese Situation war also nicht mehr neu für ihn. Viele, viele Male hatte er sie im Simulator schon erlebt.

Genau darum geht es im mentalen Training. Sich vorzubereiten auf einen »Ernstfall«, in dem man körperlich, emotional und gedanklich nach einem anderen Muster reagieren möchte als bisher. Dieses Muster wird vorher gründlich trainiert. Nicht in der Realität, sondern in entspanntem Zustand im Geiste. Dann ist das Gehirn nämlich sehr viel besser in der Lage, neue Muster anzunehmen und auszuprobieren, weil es keine Angstreaktion wahrnimmt und damit weniger Stressaktivität produziert. Man konnte nachweisen, dass bei diesem »gedanklichen Training« die Gehirnrinde in den entsprechenden Bezirken arbeitet, dass es also durch das nur vorgestellte Tun zu einem Übungseffekt auf neuronaler Ebene kommt. Verhaltensweisen werden gelernt und deren nervliche Abläufe »eingeschliffen«. Wenn die Vorstellung emotional positiver Erfahrungen (z.B. Applaus des Publikums, eigener Stolz, gutes Körpergefühl, etc.) hinzukommt, wird das mentale Lernen verstärkt.

So will ich sein, wenn's drauf ankommt

Sicher haben Sie sich schon einmal auf eine brenzlige Situation vorbereitet, indem Sie diese vor dem Einschlafen in Gedanken durchgespielt haben: »Was sage ich, wenn …?« Im mentalen Training wird das »mentale Probesprechen« erweitert zum »mentalen Probehandeln«. Zur Sprache kommen Bilder, Farben, Geschwindigkeiten, Körpergefühle, Bewegungsempfindungen, Emotionen und Gerüche hinzu. Sie sehen, hören, fühlen und empfinden sich in der gewünschten Art und Weise in einem mehrdimensionalen Video. Wenn Sie sich dieses Video so zusammenstellen, dass Sie den Zustand trainieren, in dem Sie ruhig, sicher, gelassen, flexibel und reaktionsschnell sind, kann Ihnen nichts mehr passieren. Wie auch immer die Beteiligten sich verhalten werden, ihr optimaler Leistungszustand garantiert Ihnen größtmöglichen Erfolg. Allerdings hat der Name »mentales Training« seinen Grund: es funktioniert nur, wenn Sie es trainieren! Sie sind gut vorbereitet, wenn Sie bereits eine Woche vor dem kritischen Ereignis regelmäßig und mit Engagement daran arbeiten. Es folgen Hinweise und Übungen für Ihr persönliches mentales Trainingsprogramm.

Das Ziel genau festlegen

Stellen Sie sich vor, Sie kommen in Ihrem Urlaubshotel an und bestellen beim Zimmerservice etwas zu trinken. Sie haben auch Hunger. »Bitte kein Rindfleisch!«, sagen Sie und legen auf. Was soll der arme Kellner Ihnen nun bringen? Mit dieser Bestellung kann er nichts anfangen. Damit Sie überhaupt etwas bekommen, sind präzise Angaben nötig. Genauso verhält es sich mit Ihrem Gehirn. Damit es ausführen kann, was Sie möchten, braucht es genaue Angaben. Einen Satz wie »Ich will mich nicht mehr aufregen!«, kann es nicht umsetzten. Im Gegenteil. Sobald Sie das Wort »aufregen« benutzen, wird natürlich Ihr schönstes Aufregevideo eingelegt. Und je häufiger ein Video gespielt wird, desto besser ist es in den entsprechenden Nervenbahnen verankert. Da sie nicht gesagt haben, welches Video Sie statt dessen möchten, zum Beispiel »ruhig und gelassen« oder »liebevoll nachsichtig« kann nichts programmiert werden, und alles bleibt beim Alten.

Positive Ziele zu formulieren, ist eine besondere Herausforderung. Es macht etwas Mühe, genau zu überlegen, was man wirklich erreichen, haben oder sein möchte, statt einfach nur global abzulehnen was einem nicht gefällt. Je präziser Sie formulieren, desto besser gelingt das mentale Training.

▶ Statt: Ich will nicht mehr so viel Süßes essen. Besser: Ich esse nur noch ein Stück Schokolade am Tag.

▶ Statt: Ich will nicht so spät ins Bett gehen. Besser: Ich will täglich um 22.15 ins Bett gehen.

▶ Statt: Ich will nicht mehr so nachtragend sein. Besser: Ich werde Lissi bei ihrer nächsten Bemerkung eine lustige Antwort geben und mein freundschaftliches Gefühl zu ihr stärken.

▶ Statt: Ich möchte mich nicht so angegriffen fühlen, wenn ich kritisiert werde. Besser: Beim nächsten Mal werde ich erst tief durchatmen. Ich werde daran denken, dass jemand sich Gedanken gemacht hat, wie ich mich steigern kann und mich für die Anregung bedanken.

So optimieren Sie das mentale Training

▶ Je heller und leuchtender Sie die Farben Ihrer Szene gestalten, desto positiver ist Ihre Stimmung.

▶ Platzieren Sie sich so in Ihrem Film, dass Sie größer sind als die anderen Beteiligten und Sie die anderen von oben sehen. Das stärkt Ihr Gefühl von Gelassenheit und Souveränität.

▶ Spielen Sie mit der Entfernung. Je näher Sie das Bild auf Ihrem inneren Bildschirm kommen lassen, desto stärker ist seine Wirkung.

▶ Unangenehmes, das sich aufdrängt, verkleinern Sie und lassen es in Ihrer Vorstellung rechts unten am Bildrand verschwinden.

Das innere Kino wird Wirklichkeit

Um diese Technik gut zu beherrschen, muss man üben, üben, üben! Es gibt viele Gelegenheiten das mentale Training zu nutzen. Fangen Sie klein an:

► Ich möchte fröhlich und freundlich sein, wenn ich heute Abend mit langweiligen Geschäftspartnern essen gehe.

► Ich möchte in guter Stimmung die lästige Hausarbeit hinter mich bringen.

► Ich möchte friedlich und konstruktiv mit meinem Partner über die Verteilung der Hausarbeit reden.

► Ich möchte souverän und witzig die schlechte Laune meiner Kinder abbauen.

Übung: Mentales Training

Probieren Sie das mentale Training an einem relativ einfachen Vorhaben für sich aus. Sie werden feststellen, dass Sie damit (realistische) Ziele sicher erreichen.

1. Sie brauchen ein Ziel.
Formulieren Sie das gewünschte Ergebnis so genau wie möglich: Was genau möchte ich ändern? Wie soll meine neue Handlung ablaufen? Wann genau möchte ich anders handeln?

2. Entspannen Sie sich.
Das mentale Training findet immer in einem entspannten Zustand statt. Vor dem Aufstehen und kurz vor dem Einschlafen sind die meisten so entspannt, dass sich auch diese Zeiten sehr gut für das mentale Training eignen. Wer Phasen des Tagträumens nutzen möchte, kann es ebenfalls dann tun, zum Beispiel während einer Bus- oder Bahnfahrt, auf dem Sofa, während

eines Spaziergangs, in der Badewanne oder bei einer entspannten Tätigkeit. Vielleicht nehmen Sie das mentale Training auch zum Anlass, eine Entspannungstechnik zu lernen, die recht leicht und zuverlässig zu guten Erfolgen führt. Ich empfehle die Progressive Muskelentspannung, die man sehr gut mit Anleitungen von der CD erlernen kann.

3. Beschreiben Sie Ihren Zielzustand.
Beantworten Sie sich nun folgende Fragen: In welchem Zustand möchte ich mich bei meinem neuen Vorhaben befinden? Wie ist meine Stimmung? Wie fühlt sich mein Körper an? Um den optimalen Zustand zu finden, erinnern Sie sich am besten an einen besonderen Glücksmoment in der Vergangenheit, verstärken ihn, soweit Sie können, und schwelgen Sie darin.

4. Film ab!
Jetzt spielen Sie in Gedanken die ganze Szene von Anfang bis Ende so durch, wie Sie Ihrer Meinung nach optimal ablaufen soll. Wann und wo genau findet alles statt? Spüren Sie, was Sie tun. Fühlen Sie die Bewegungen ganz realistisch. Geschwindigkeit? Muskelspannung? Hören Sie, was Sie sagen, wie Sie es sagen. Spüren Sie die Freude des Tuns, Ihre gute und sichere Stimmung. Was riechen oder schmecken Sie? Welche Farben hat die Szene?

Nehmen Sie am Schluss das Ergebnis ihres neuen Verhaltens auch schon körperlich und emotional vorweg. Stellen Sie sich vor, wie gut Sie sich fühlen werden, wenn Sie Ihr Ziel erreicht haben!

Jetzt mach ich's einfach! Ein Beispiel:

Lucy bereitet mit ein paar Bekannten einen lustigen Sketch für die Hochzeit ihrer Freundin vor. Eigentlich ist sie nicht der Typ für derartige Auftritte, denn sie hasst es, vor Publikum zu stehen. Aber für ihre Freundin will sie es doch tun. Natürlich steht der Text, den sie sagen wird, bereits fest, aber sie möchte verhindern, dabei so unter Stress zu geraten, dass sie alles vermasselt. Sie möchte ruhig und gelassen und mit dem nötigen Witz ihre Passage vortragen.

Damit hat sie bereits eine klare Vorstellung von ihrem Ziel. Da sie sich gut entspannen kann, fällt es ihr nicht schwer, ein paar Tage vor dem Fest abends im Bett die Gedanken kreisen zu lassen. Sie stellt sich vor, wie sie an dem großen Tag aussehen wird: *Schön angezogen, gut geschminkt und strahlend. Sie wird sich sicher und stark fühlen, so wie damals, als sie sich spontan für eine ungerecht behandelte Kollegin eingesetzt hatte. Sie kann sich gut an das Gefühl erinnern und schwelgt jetzt ein bisschen darin.*

Dann geht ihr »innerer Film« weiter. Sie stellt sich vor, wie sie ruhig vor das Publikum tritt, mit kräftiger Stimme hört sie sich ihren Text sagen. Ihr Körper ist ruhig dabei, sie fühlt sich gut. Das Publikum hört lachend zu, die Stimmung ist bestens, der Auftritt wird durch Applaus belohnt.

Diese ausführliche positive Phantasie wiederholt Lucy noch ein paarmal, jeweils abends vor dem Einschlafen.

Als das Ganze dann soweit ist, ist es für sie gar nichts Neues mehr. Sie ist nicht einmal überrascht, wie gut alles klappt.

Gezielt positiv denken

Positive Gedanken erzeugen nicht nur positive Gefühle, sondern verändern auch die Körperfunktionen in Richtung Entspannung, Erholung und Regeneration. Das ist gesund, das ist äußerst ansteckend,
und das ist die Basis des Erfolgs! Positive Gedanken wären nicht so
enorm wichtig, wenn nicht in allen Bereichen des modernen Lebens
der negative Input so deutlich überwiegen würde. Nach dem Motto
»Bad news is good news« sind die Medien voll von negativen Meldungen. Hinzu kommen private Sorgen, Nöte, Probleme und Befürchtungen, die jeder immer mit sich herumträgt. Auch von Natur aus domi-
niert das Negative unser Bewusstsein, denn es zeigt Gefahren oder
Bedrohungen an, auf die wir sofort reagieren müssen. Negative Sti-
mulation haben wir also genug. Und negativ denken können wir, das
brauchen wir nicht zu trainieren. Wohl aber das positive Denken.

Positive Gedanken erzeugen positive Gefühle

Positive Überzeugungen und der unerschütterliche Glaube an bestimmte Aussagen können viel bewirken: Vom Placebo-Effekt, der bei
vielen medikamentösen Behandlungen auftritt, bis zu den sich selbst
erfüllenden Prophezeiungen – die Wirksamkeit geistiger Einstellungen lässt sich nicht leugnen.

Sprichwörter und Lebensweisheiten, Horoskope und Orakel treffen
sogar manchmal zu. Aus dem einfachen Grund, weil wir es gerne
möchten. Dann tun wir unbewusst auch etliches, das zu ihrer Erfüllung beiträgt. Wer Erfolg und Liebe erwartet, wird gut gestimmt
durch den Tag gehen, viele Menschen anlächeln und ein Echo erhalten, aus dem er schließen kann, dass die anderen ihn tatsächlich mö-

gen. Jemand, der vor einem Unfall gewarnt wird, ist vor Angst so angespannt und gestresst, dass ihm tatsächlich etwas zustößt.

Realistisch bleiben

Aber auch »Positivdenker« haben Misserfolge, wenn Sie die Realität verleugnen. Leichtsinnigerweise Risiken einzugehen, weil man an die unendliche Kraft des positiven Denkens glaubt, ist nicht nur dumm, sondern auch gefährlich. Labile Menschen, die ihr Schicksal passiv der positiven Energie des Kosmos überantworten, laufen Gefahr, in psychische Sackgassen zu laufen und ernsthaft zu erkranken.

Wer jedoch als gesunder und tatkräftiger Mensch an seine Chancen im Leben glaubt, wird sie einfach schneller ergreifen, sobald sie sich bieten.

Ich meine mit positivem Denken nicht die naive Empfehlung, nur ein wenig Rosarot über die Realität zu pinseln, und schon versetzt der Glaube die Berge, die dem persönlichen Glück im Wege stehen. So einfach ist es ja leider nicht. Das Negative wird und muss es immer geben. Ängste, Ärger, Sorgen, Nöte und Probleme lassen sich nicht wegdenken, sondern erfüllen unser Leben mit ständig neuen Herausforderungen, die angenommen und bewältigt werden wollen.

Positiv denken heißt lediglich, die Augen für die angenehmen Seiten des Lebens zu öffnen. Als Ausgleich zu den anstrengenden Seiten bewusst diejenigen Aspekte zu bedenken, die Sie mit frischer Energie versorgen. Das sind:

- ► die eigenen Fähigkeiten und Stärken
- ► Fähigkeiten und Stärken anderer
- ► positive Aspekte von Situationen
- ► positive Aspekte von Informationen

Die dadurch freigesetzte Energie nutzen Sie dann unter Verwendung Ihres Verstandes, um Probleme zu lösen und angemessen zu kommunizieren. Nur mit persönlichem Einsatz, mit Ziel, Plan und Handeln verändern Sie Ihr Leben!

David Goleman beschreibt in seinem berühmten Buch »EQ. Emotionale Intelligenz« die Auswirkungen einer positiven Lebenseinstellung auf die intellektuelle Leistungsfähigkeit von Studenten. Diejenigen, die in psychologischen Tests hohe Werte für Hoffnung, Zuversicht und Selbstvertrauen erzielten, schnitten auch in ihren Prüfungen besser ab, konnten sich besser motivieren und ihr Leben besser organisieren.

Optimistisch eingestellte Menschen führen Niederlagen auf etwas zurück, das sie ändern können. Sie betrachten sie als Ansporn für bessere Leistungen. Während pessimistische Menschen meinen, Misserfolge hingen mit Merkmalen ihrer Persönlichkeit zusammen, die sich nicht ändern lassen. Mit der Haltung »Ich bin eben ein Pechvogel.« erringen sie nur spärliche Erfolge.

Wenn Sie also beschließen, positiver zu denken, um auf diesem Weg mehr Energie für die Arbeit an Ihren Zielen zu erlangen, und Sie es wirklich ernst damit meinen, wird es Ihnen auch gelingen! Die Methoden besprechen wir jetzt.

Eigenlob stimmt!

Diese Formulierung stammt von meiner bekannten Trainerkollegin Sabine Asgodom. Eigenlob ist einfach durch nichts zu ersetzen! Denn er trifft den Kern dessen, worauf es mir hier ankommt. Eine der besten Energiequellen sitzt nämlich im eigenen Gehirn. Genauer gesagt, im emotionalen Gedächtnis. Benutzen Sie es bitte, so oft Sie können. Halten Sie sich immer wieder Ihre Fähigkeiten, Ihre guten Eigenschaften, Ihr ganzes Können und Ihre angeborenen Qualitäten vor Augen, angefangen bei den schönen blauen Augen und den kräftigen Waden über Ihre gute Schrift und Ihr Organisationstalent bis hin zu Ihren göttlichen Kohlrouladen! Falls Ihnen gar nichts einfallen sollte, sind Sie immerhin ein sehr bescheidener Mensch! Trauen Sie sich, die eigenen Maßstäbe anzusetzen und nicht die der anderen. Manch eine Fähigkeit, die Ihnen viel Spaß einbringt, z.B. gut flirten zu können, ist bei Ihrer Partnerin oder Ihrem Partner ganz und gar nicht gut angesehen. Aber im Moment geht es nur um Sie selbst.

Selbstbewusstsein: Die stille Stärke

Selbstbewusst ist nicht derjenige, der laut herausposaunt, wie toll er ist. Selbstbewusste Menschen kennen sich einfach selber sehr gut. Sie wissen Bescheid über ihre Reaktionen, ihre Stärken, ihre Schwächen. Sie stellen sich darauf ein, beugen vor und arbeiten daran, das Beste aus ihrem Leben zu machen. Diese Selbstkenntnis gibt ihnen eine Sicherheit, die nach außen hin durchscheint. Sehen Sie sich Menschen an, die eine natürliche Autorität besitzen. Sie können anderen sehr viel geben, ohne sich persönlich in den Vordergrund zu spielen. Sie haben nichts Aufdringliches an sich, sie wirken ausgeglichen und durch und durch solide. Dieses Selbstbewusstsein kommt bei vielen Menschen mit dem Älterwerden von alleine. Ihre Erfahrungen haben ihnen gezeigt, wer sie sind.

Doch auf ein stabiles Selbstbewusstsein müssen Sie nicht bis ins hohe Alter warten. Das können Sie sich bereits jetzt erarbeiten! Sprechen Sie bitte nicht laut darüber, sondern schreiben Sie sich heimlich einen großen Eigenlob-Zettel.

▶ Ich kann gut …
▶ Ich mag an mir …
▶ Ich bin stolz auf …

Bewahren Sie Ihn an einer versteckten Stelle auf und schauen Sie immer wieder drauf, besonders, wenn es Ihnen nicht gut geht. Wenn Sie einen Fehler gemacht haben, wenn sie niedergeschlagen sind, Sie einen Partner verloren haben oder Ihre Aktien abgestürzt sind. Unabhängig von allen anderen, egal, was gerade passiert ist oder wie krank Sie sich fühlen, Sie werden getröstet sein.

Viele von uns finden diesen Vorschlag peinlich. Fast unsittlich! Sich selbst zu loben, das ist völlig ungewohnt. Würde ich Sie dagegen bitten, alle Macken, Fehler und Schwächen zu notieren, wären Sie mit Feuereifer dabei! Denn was nicht in Ordnung ist, wissen wir. Das brauchen wir nicht noch zu üben. Sich selbst zu schätzen und zu lieben dagegen schon! Es geht ja nicht um Eitelkeit, sondern um einen guten Zweck: mehr Energie, mehr Fröhlichkeit und mehr Gesundheit!

Stärken verstärken!

Sie notieren sicher jeden Abend die unerledigten Dinge, was verbesserungswürdig ist und das, was am kommenden Tag zu tun ist. Nun gehen Sie bitte noch einen Schritt weiter: Schreiben Sie ab jetzt dazu, was Ihnen gut gelungen ist, womit Sie Erfolg hatten und wie es dazu kam, dass Sie so gut abgeschnitten haben. »Glück gehabt!« reicht als Grund für Erfolg nicht aus. Denn »irgendwie« haben Sie es geschafft, zur richtigen Zeit am richtigen Ort die richtigen Worte zu finden oder den richtigen Handgriff zu platzieren.

Das Interessante ist genau dieses »Irgendwie«. Denn hier stecken eine Methode, eine Vorgehensweise oder eine Strategie dahinter, die Sie unbedingt kennen sollten, damit Sie sie möglichst bald wieder einsetzen können. Fehler zu analysieren und daraus zu lernen ist nichts Besonderes. Doch warum lernen Sie nicht aus Ihren Erfolgen? Das macht doch viel mehr Spaß! Das stärkt das Selbstbewusstsein. Natürlich werden Sie auch Ihre Schwächen ausgleichen, sich weiterbilden und ständig dazulernen. Doch die positive Seite darf nicht vernachlässigt werden. Ganz im Gegenteil!

Krisen in Chancen verwandeln

Es ist nicht allzu schwierig, mit guten Ergebnissen umzugehen. Aber um Krisen in Chancen umzuwandeln, bedarf es besonderer Fähigkeiten des Denkens. Egal, was passiert ist, Sie können immer etwas lernen, etwas trainieren oder eine Ihrer Stärken ausspielen und damit indirekt einen Nutzen aus der Begebenheit ziehen, wie unangenehm sie auch sein mag.

Sich innerlich umstimmen

Wie Sie über eine Situation denken, ist entscheidend dafür, wie Sie mit ihr klarkommen. Die Formel »Was ist das Gute am Schlechten?« ist die schnellste Methode, eine positive, sinnstiftende Antwort zu finden. Die Suchmaschine, die Sie mit dieser Frage im Gehirn in Gang setzen, wird sofort systematisch alle Gedächtnisspeicher nach positiven Ergebnissen absuchen. Während dieses Vorgangs können Sie nichts Negatives denken, denn das Gehirn kann immer nur eine DVD auf einmal abspielen! Ängste, Bedrohungen, Befürchtungen – alle negativen Videos bleiben im Regal!

Solange Sie mit den positiven Beurteilungen beschäftigt sind, laufen auch alle Reaktionen ab, die an positive Gedanken gebunden sind: Ihre Gefühle wechseln ins Angenehme, der Blutdruck sinkt, das Immunsystem arbeitet angeregt. Sie können wieder lächeln und sehen gleich ein wenig hübscher aus. Je öfter Sie die Frage »Was ist das Gute am Schlechten?« benutzen, desto schneller funktioniert die innere Umstimmung. Denn das Gehirn ist trainierbar.

Einfache Formeln für viele Lebenslagen

Das Glas ist halb leer. Nein! Halb voll! Das ist der Klassiker unter den Formeln der »inneren Umstimmung«. Viele Menschen wenden sie spontan an, wenn etwas Unangenehmes passiert ist. Sie sagen »Wer weiß, wozu das gut war?«, »Da habe ich wenigstens etwas gelernt!«, oder »Gott sei Dank, nur ein Blechschaden!«. Mein Vorschlag: Diese Formeln oder Sprüche häufiger und systematischer einsetzen. Nicht nur dann, wenn sie einem zufällig einfallen.

▶ Hat jemand Bedenken? Manche Menschen finden …
▶ Man wird unrealistisch. Das Leben ist kein Zuckerschlecken.
▶ Man macht sich was vor.
▶ Ich kann doch nicht den ganzen Tag lächelnd herumlaufen, das ist doch irre.
▶ Man verliert den Bezug zur Realität.

Doch hier liegt ein Missverständnis vor: Die Realität, das Unglück, den verpassten Flieger, den Unfall, den Fehler nehmen Sie selbstverständlich zu Kenntnis. Der Verstand arbeitet weiter nach den geltenden Bewertungsregeln. Je nachdem, was passiert ist, werden Sie auch eine ganze Zeitlang sehr leiden, mit dem Schicksal hadern, sich auflehnen oder trauern. Sie kommen mit der Situation jedoch wesentlich besser zurecht, wenn Sie sich mit Hilfe einer Formel von ihr nicht überwältigen lassen.

Stresssituationen entschärfen

Mit der inneren Umstimmung durchbrechen Sie bewusst die Dauerstimulation der Stressreaktion durch negative Gedanken. Denn das ruiniert im Laufe der Zeit den Körper, die Gefühle und das Denken. Sie verlassen den Bereich Ihrer optimalen Leistungsfähigkeit. Sie denken nicht mehr effektiv, kommunizieren gereizter als es sein müsste und stecken andere mit Ihrer schlechten Laune an. Damit ist niemandem geholfen. Der Sinn dieser Technik ist, schlechte Situationen erträglich zu machen, Energien freizusetzen und Ressourcen zu wecken, mit denen Sie die Situation bewältigen können. Bewältigen heißt nicht, es sich bequem zu machen, Probleme zu verdrängen und Auseinandersetzungen zu vermeiden. Hüten Sie sich auch davor, mit Hilfe der inneren Umstimmung alles um jeden Preis zu akzeptieren. In einer unglücklichen Beziehung hat man irgendwann genug gelernt, genug Geduld und Verständnis geübt und sollte mit klarem Verstand abschätzen, ob es nicht doch besser wäre, Schluss zu machen.

Als mein Vater nach einem Schlaganfall gelähmt war und nicht mehr Leben wollte, haben wir versucht, ihm noch einen Lebenssinn, eine Aufgabe zu vermitteln. Wir haben ihm klargemacht, dass für unsere Kinder auch ein behinderter Opa ein liebenswerter, achtenswerter und wichtiger Mensch ist. Das hat ihn zumindest eine Weile getröstet. Auch diese Technik hat Grenzen.

Bewältigen kann also auch heißen, das Unveränderbare hinzunehmen und trotzdem etwas zu tun, um Verhältnisse zu ändern. Sie raffen sich auf, um die Situation kontrollierbar zu machen, Sie finden Mittel und Wege, etwas zu verbessern, Sie geben dem Ganzen einen Sinn. Alles mit der schlichten Formel »Was ist das Gute am Schlechten?«.

Checkliste: Was ist das Gute am Schlechten?

Probieren Sie aus, welche Formel Ihnen am besten hilft, die Nerven, Ruhe und Überblick zu bewahren.

Missgeschick
- ▶ Mach das Beste daraus!
- ▶ Das passiert mir nicht noch mal.
- ▶ Für diese Woche habe ich mein Fett weg.
- ▶ Ich habe etwas gelernt.

▶ Wo gehobelt wird, fallen Späne.

▶ Wer weiß, wofür das gut war.

▶ Schenkt dir das Leben Zitronen, mach Limonade draus.

Ärger mit anderen

▶ Irgendetwas Gutes muss doch an diesem Menschen dran sein!

▶ Ich denke daran, was ich nachher Schönes vorhabe.

▶ Ich setze alle rhetorischen Mittel ein, um konstruktiv mit ihm/ihr zu sprechen.

▶ An diesem Menschen kann ich gut meine Selbstbeherrschung trainieren.

Zeitdruck

▶ Durchatmen und eins nach dem anderen.

▶ Ganz entspannt im Hier und Jetzt.

▶ Mut zur Lücke!

▶ Ich sehe das jetzt mal von der sportlichen Seite. Wäre doch gelacht, wenn ich das nicht bis … schaffen würde.

Problematische Aufgabe

▶ In jedem Problem liegt ein Geschenk.

▶ Es mag schwierig sein, aber es ist möglich.

▶ Niemand weiß, was er kann, wenn er es nicht versucht.

▶ Wo die Angst ist, da geht's lang!

▶ Lieber Fehler riskieren als Initiative verhindern.

▶ Wenn es keine Probleme gäbe, gäbe es auch keine Erfolgserlebnisse: Hol dir einen Erfolg!

Grundsätzlich können Sie immer denken:

▶ Wie schön wird das sein, wenn das hier vorbei ist! (Hauptsache, Ihre Gedanken bewegen sich in Richtung positiv!)

Power Talking:
Entrümpeln Sie Ihre Sprache!

Auch wenn wir es kaum bemerken: Jede Formulierung öffnet eine bestimmte DVD mit vielen Informationen, die unser gesamtes System beeinflussen. Unsere Sprache ist voll von Formulierungen, die wir gewohnheitsmäßig (=gedankenlos) benutzen und die sich bei näherem Hinsehen als mächtige Energiekiller entpuppen. Warum sollten wir stattdessen nicht durch sorgfältige Auswahl unserer Worte die energiespendenden Effekte positiver Formulierungen nutzen?

Versteckte Botschaften:
Auf die Formulierung kommt es an

Statt Vorstellungen von Druck und Belastung zu wecken, können Sie Assoziationen von Zuversicht und Sicherheit herstellen. Statt Katastrophen und negative Ergebnisse heraufzubeschwören, stellen Sie erreichbare Ziele in Aussicht.

Spüren Sie bitte der Wirkung nach, die der folgende Satz in Ihnen erzeugt: »Wir sind im Moment sehr überlastet, deshalb können wir Ihren Wagen leider erst nächste Woche reparieren.« Interessiert Sie als Kunde der Stress Ihrer Werkstatt? Sehr wahrscheinlich nicht. Sie wollen Service und keine Klagen oder Entschuldigungen. Offensichtlich hat dieser Laden seine Arbeit nicht im Griff. Ob die sich überhaupt richtig um Ihren Wagen kümmern können? Wer weiß? Und lange dauern wird es auch. Frust.

Der folgende Satz hat den gleichen Inhalt, aber eine ganz andere Wirkung. »Wir haben im Moment viele Kunden und geben uns große Mühe, die Aufträge sorgfältig auszuführen. Für Ihren Wagen hätten wir in der nächsten Woche einen Termin frei, wäre Ihnen Mittwoch um 7.30 recht?« Jetzt haben Sie das Gefühl, bei einer kompetenten und gewissenhaft arbeitenden Werkstatt zu sein, die von vielen Kunden geschätzt wird. Sie sehen viel eher ein, warum Sie nicht sofort drankommen. Für gute Leistung sind Sie auch bereit zu warten, oder?

Sich selbst beeinflussen

Genau dies ist mit Power Talking gemeint: Aus einer potenziell Ärger erregenden Situation machen Sie eine Gelegenheit, positive Energie zu erzeugen. Bei sich selbst ebenso wie bei Ihrem Zuhörer. Noch ein Beispiel: Schließen Sie bitte die Augen und stellen Sie sich den folgenden Satz vor. »Ich muss mich beeilen, sonst verpasse ich den Zug!« Sie spüren die Hetze, den Druck auf der Brust, und, gerade am Bahnhof angekommen, sehen Sie die roten Schlusslichter des Zuges. »Mist, verpasst.« Diese Bilder und Gefühle müssen nicht sein. In Ihrem Gehirn kann auch eine ganz andere DVD ablaufen: »Ich will mich beeilen, damit ich den Zug noch bekomme!« Sie sind schnell, das Rennen ist anstrengend, doch es lohnt sich! Sie sehen sich gerade noch einsteigen, bevor der Zug anrollt. »Geschafft. Klasse!« Welche Vorstellung wird es Ihnen wohl leichter machen, sich zu beeilen?

Energiequelle Sprache

Wenn Sie andere Menschen motivieren möchten, spart Ihnen die positive Sprache unnötigen Energieverlust:

»Kinder, ihr müsst euch beeilen, wir kommen sonst zu spät! Dann gibt es bei Oma keinen Kuchen mehr!« Ihre Drei- bis Fünfjährigen werden nun extra lange zum Anziehen brauchen, die Schuhe nicht finden, die Mütze vergessen und unterwegs auch noch hinfallen. Sie wiederum drängen und zerren, schimpfen und drohen, und alle kommen zu spät – mit den Nerven am Ende. Kein Wunder. Ihr Druck erzeugt Widerstand und die Aussicht darauf, zu spät zu kommen und keinen Kuchen mehr zu kriegen weckt nun wirklich keine Motivation. Sprechen Sie positiv: »Kinder, ich möchte, dass wir uns beeilen. Ihr wollt doch noch ganz viel von Omas leckerem Schokokuchen, oder?«, und schon geht alles etwas schneller und reibungsloser. Machen Sie zu Hause den Härtetest mit der positiven Sprache. Was bei Kindern in der Trotzphase wirkt, funktioniert auch bei Kollegen, Kunden und Ehepartnern! Ich bin sicher, sie haben erfreuliche Ergebnisse damit!

Checkliste: Power Talking

Überprüfen Sie bitte die folgenden Formulierungen und die dazugehörigen Assoziationen. Entscheiden Sie sich für eine positive Sprache! Am Inhalt der Aussage ändert sich nichts. Doch Sie erzeugen bei sich und anderen eine bessere Stimmung, mehr Motivation und mehr Energie.

Sagen Sie statt:	Löst aus:	Besser:	Bewirkt:
Ich muß …	Druck; ich will eigentlich nicht; Zuhörer wird unsicher.	Ich will… Ich möchte… Ich werde…. Ich darf…	Entschluss steht fest; ich stehe dazu; Zuhörer fasst Vertrauen.
Ich versuche, …	Ich habe mich nicht ganz klar für ein Ziel entschieden; ich setze mich nicht voll ein.	Ich arbeite daran … Ich will alles tun, um …	Voller Energieeinsatz; Selbstmotivation; von der Zielerreichung überzeugt.

Sagen Sie statt:	Löst aus:	Besser:	Bewirkt:
Vielleicht schaffe ich es.	Ich bin unsicher; setze nicht alle Energie ein, die nötig ist.	Ich gebe mir alle Mühe, es zu schaffen. Ich setze alles dran, es zu schaffen.	Entscheidung ist klar; voller Energieeinsatz; Motivation.
Eigentlich hätte ich ja zu Hause bleiben sollen.	Unaufrichtig; keine Entscheidung; Sprecher will nicht; ohne Energie.	Erst wollte ich zu Hause bleiben, doch dann habe ich mich anders entschieden.	Selbstbestimmt; klar; Energie ausgerichtet auf das was jetzt zu tun ist.
Du bist aber ziemlich faul.	Verurteilung der ganzen Person. Keine Motivation, härter zu arbeiten.	Bei dieser Aufgabe hast du wohl keine Lust gehabt, was?	Sprecher zeigt Verständnis; unterstellt, dass das Problem nur punktuell auftritt. Generell traut er dem Betreffenden etwas zu.
Das gibt bestimmt Probleme.	Belastung; Schwierigkeiten; Druck; Erfolgsaussichten sind schlecht; Energieverlust.	Da sehe ich eine Menge neuer Aufgaben, (Herausforderungen) Themen, mit denen wir uns beschäftigen werden.	Zuversicht; Herausforderung; Energieeinsatz; dem Zuhörer wird etwas zugetraut.
Versuchen Sie bitte, sich klar auszudrücken.	Sie schaffen es ja doch nicht.	Bitte feilen Sie noch an der Formulierung. Ich denke, Sie können das noch klarer ausdrücken.	Schon ganz ok. Ich traue Ihnen zu, dass Sie es noch besser können. Ziel in Sicht.
Du bist ja immer noch nicht fertig mit den Schularbeiten!	Kritik; du trödelst; du schaffst es nie in der rechten Zeit; Ziel nicht erreicht.	Du hast ja schon die Hälfte fertig! Gut. Den Rest hast du ja auch gleich erledigt.	Lob; Ermunterung, weiterzumachen; Teilziel erreicht; Ziel in Sicht.

Kontrollieren Sie das Chaos: Energiefresser raus!

Wann haben Sie das letzte Mal so richtig gut ausgemistet? Alles weggeworfen, was herumliegt, einstaubt, belastet und nervt? Denn alles, was Sie nicht sinnvoll verwenden können, kostet Sie Energie, Aufmerksamkeit und Zeit. Sie werden sehen, mit welchem Gefühl der Befreiung man einen Müllsack in die Tonne werfen kann! Welche Klarheit und Ordnung nicht nur die Wohnung, sondern auch die Seele erfasst!

Welche Ordnung herrscht in Ihrer Selbstorganisation? Liegt vor Ihnen eine Woche mit unübersichtlich vielen geschäftlichen und privaten Terminen, oder wissen Sie genau, wann was auf Sie zukommt? Wissen Sie, wofür es sich lohnt, Energie einzusetzen? Kennen Sie Ihre Prioritäten – in Bezug auf Tätigkeiten, Dinge und Menschen? Oder lassen Sie sich treiben, erlauben jedem Vorgang und jedem Menschen, an Ihrer Energie zu zerren? Ordnung ist das halbe Leben. Da ist schon was dran, oder finden Sie das spießig? Dann überspringen Sie dieses Kapitel. Denn jetzt wird aufgeräumt!

Ordnen Sie Ihre Umgebung

Kommen Sie gerne nach Hause oder an Ihren Arbeitsplatz? Fühlen Sie sich dort wohl? Gibt der Ort Ihnen Energie oder zehrt er an Ihren Kräften, weil:

► Sie wenig Platz für sich haben;
► es unordentlich, schmutzig und unübersichtlich ist;
► es zu dunkel ist;

- die Luft schlecht ist;
- die Atmosphäre unangenehm ist.

Die Räume, in denen Sie sich überwiegend aufhalten, sind für Ihre Energie und Ihr Wohlbefinden von großer Bedeutung. Beginnen Sie, sich Schritt für Schritt eine Umgebung zu schaffen, die Ihnen gut tut.

Entrümpeln: Die goldene Regel des Entrümpelns lautet: Alles, was Sie in den letzten zwei Jahren nicht mehr benutzt haben, kann weg! Sollten manche Dinge einen emotionalen Erinnerungswert haben, überlegen Sie, ob nicht ein Foto des geliebten Stückes reicht, um die Erinnerung wach zu halten. Oder Sie heben nur einen kleinen, gut verstaubaren Teil davon auf, zum Beispiel ein Stoffstückchen der Lieblingsbettwäsche aus Kindertagen.

Bringen Sie Licht, Luft und Farben in Ihre Umgebung: Schaffen Sie Lichtverhältnisse, die dem Aufenthalt im jeweiligen Raum angemessen sind. Angenehm schummriges Licht in der Diele wird Sie jeden Tag zur Weißglut bringen, wenn Sie Ihren Schlüssel suchen. Grelles und kaltes Licht im Schlafzimmer verhindert eine kuschelige Atmosphäre.

Lüften Sie öfter, dafür kürzer, um die Luftqualität zu verbessern. Stellen Sie Pflanzen auf. Hydrokulturen sind pflegeleicht und befeuchten die Luft.

Schaffen Sie mit Bildern und kleinen Accessoires die gewünschte Atmosphäre. Oft reicht ein kleiner Farbklecks in Sichtweite! Gelb, rot und orange regen an, grün und blau entspannen und beruhigen.

Ordnen Sie Ihre Beziehungen

Haben Sie mit jemandem Krach? Bei wem müssen Sie sich entschuldigen? Wer bekommt noch Geld zurück? Emotionale Altlasten hängen einem manchmal wie Mühlsteine um den Hals. Auch wenn man sich alle Mühe gibt, sie immer wieder zu verdrängen. Sie betätigen sich im Untergrund als emsige Energiefresser. Befreien Sie sich davon! Machen Sie eine Liste und arbeiten Sie sie systematisch ab. Ein Telefonat, ein Brief, ein kurzes Treffen, und schon haben Sie wieder eine Gelegenheit, aus einer Belastung einen Anlass für eine energiespendende menschliche Begegnung zu machen. Offenheit, Nachsicht, Verzeihen und menschliche Verbundenheit entstehen, wenn Sie den ersten Schritt über den eigenen Schatten wagen. Oder würden Sie sich nicht sehr freuen, wenn statt einer gemurmelten Entschuldigung für einen vergessenen Termin ein Blumenstrauß bei Ihnen ankäme?

Ordnen Sie Ihren Energieeinsatz

Menschen leben nicht nur nach äußeren Taktgebern wie Mahlzeiten, Arbeitszeiten oder Beginn der Tagesschau, sondern haben eine eigene innere Uhr. Es spart eine Menge Energie, nach dieser Uhr zu leben! Alles, was Sie zum optimalen Zeitpunkt tun, wird Ihnen leichter von der Hand gehen und größeren Erfolg bescheren.

Jedes Ding hat seine Zeit

Morgens zwischen 9 und 12 Uhr kann man sich besser auf Neues konzentrieren, gegen 15 Uhr arbeitet das Langzeitgedächtnis optimal und das intellektuelle Verständnis erreicht seinen Höhepunkt, abends erreicht die sinnliche Genussfähigkeit ihren Gipfel. Nach den Erkenntnissen der Chronobiologie (gr. *chronos* = Zeit) folgt jede Körperfunktion einem eigenen Rhythmus. Viele Funktionen haben einen 24-Stundenrhythmus (circadianer Rhythmus), einige einen monatlichen (weiblicher Zyklus), andere einen saisonalen Rhythmus (reduzierte Immunantwort im Frühjahr und Herbst = Erkältungszeit).

Die körperlichen Rhythmen zu beachten, schützt die Gesundheit. Gemeint sind nicht die sogenannten Biorhythmen, die manche Ex-

perten aus dem Geburtsdatum ausrechnen. Sie sollen die Grundlage
für »gute« und »schlechte« Tage sein. Die hier angegebenen Zeiten
sind natürlich Durchschnittswerte. Der Durchschnittsmensch beispielsweise braucht 7,5 Stunden Schlaf, 1% der Menschen sind Kurz-
schläfer, die mit 4,5 auskommen, 1% sind Langschläfer, die 10,5 Stunden brauchen, um richtig ausgeschlafen zu sein. Es gibt jedoch auch
hier Unterschiede: »Lerchen« und »Nachteulen« (Tag- und Nacht-
menschen) mit zeitlich recht differierenden Rhythmen. Sie leben mit
einer Eule zusammen und sind selbst eine Lerche? Dann brauchen Sie
diese Informationen genauso dringend, wie gegenseitiges Verständnis
und eine Portion Rücksichtnahme! Denn Ihr Partner ist kein Faul-
pelz, der sich davor drücken möchte, das Frühstück zu machen. Bitten
Sie ihn, seinen Anteil abends zu erledigen. Er wird alles gern tun, was
ihm morgens ein halbes Stündchen länger schenkt.

Ordnen Sie Ihre Zeit

Von Ihnen allein hängt es ab, wie Sie Ihre Zeit nutzen. Selbstmanagement hat sehr viel mit Notizen und Terminplanung, Konzentration
und einer gewissen Disziplin gegenüber sich selbst zu tun. Wenn Sie
das nicht mögen und ihre Zeit lieber spontan nach Gefühl und Vorliebe einteilen, kann das zwar kurzfristig angenehm sein. Überprüfen
Sie aber, ob Sie langfristig die Kontrolle über Ihre Zeit behalten. Haben Sie Ihr Leben aktiv selbst in der Hand oder »werden Sie gelebt«
von Einfällen, Zufällen oder den Launen anderer? Sollte Ihnen dieser
Verdacht kommen, lohnt es sich bestimmt, Ihre Haltung zum Zeitmanagement noch einmal zu überprüfen. Denn schließlich lassen sich
auch Zeiten einplanen, in denen man sich völlig spontan gehen lassen
kann!

Zeitlecks stopfen

Möchten Sie Ihre Arbeit in kürzerer Zeit erledigen? Möchten Sie mehr Zeit für Privates zur Verfügung haben? Rinnt Ihnen Ihre Zeit ungenutzt durch die Finger? Dann überprüfen Sie als erstes, wie Sie die größten Zeitlecks stopfen können!

► **Konzentrieren Sie sich:** Fassen Sie den Entschluss, eine bestimmte Zeit lang konsequent an einer einzigen Sache zu arbeiten. Stellen Sie sicher, dass Sie nicht gestört werden. Erlauben Sie sich selbst keine Ausflüchte! Besorgen Sie alle Unterlagen und Utensilien. Setzten Sie sich selbst einen Zeitrahmen. Wenn Sie damit nicht auskommen, planen Sie neu. Können Sie weiterarbeiten? Oder stehen nun andere Aufgaben an? Wann können Sie die Arbeit fortsetzen? Schaffen Sie einen vorläufigen Abschluss (Erfolgserlebnis!) und notieren Sie kurz, mit welchem Schritt Sie später weitermachen wollen.

► **Setzen Sie Prioritäten:** Ist die Aufgabe dringend? Ist sie wichtig? Dann sofort erledigen. Nicht dringend und unwichtig kann warten. Wichtig und nicht dringend wird dann gemacht, wenn Sie sich gut konzentrieren können und genug Zeit dafür haben. Planen Sie täglich neu!

► **Aufgaben immer abschließen:** Das erzeugt Erfolgserlebnisse! Nehmen Sie sich die Zeit, Aufgaben, oder zumindest Teilaufgaben, klar abzuschließen. Sie sparen viel Energie und Zeit, wenn Sie sich später nicht immer wieder von Neuem auf die Details einstellen müssen.

► **Wartezeiten Nutzen:** Gute Überbrückungsmethoden beim Arzt, beim Friseur, an der Bushaltestelle: lesen, nachdenken, nächste Vorhaben durchdenken, planen, To-do-Listen schreiben. So kommt keine Langeweile auf.

► **Tandem-Aufgaben:** Oft lassen sich zwei Dinge gleichzeitig erledigen. Telefonieren und aufräumen, trainieren (Heimtrainer) und lesen oder fernsehen, kochen und unterhalten, irgendwo hingehen und gleich Dinge an ihren Platz legen, einen Weg zu Fuß zurücklegen und Atemgymnastik betreiben, eine langweilige Besprechung absitzen und Freizeit planen, Fernsehen und Kleidung ausbessern, etc.

► **Aufgaben poolen:** Sie kommen viel schneller vorwärts, wenn Sie ähnliche Aufgaben zusammenfassen, weil Sie dabei eine Routine entwickeln: Briefe en bloc schreiben, alle Fenster hintereinander weg putzen, feste Zeiten für Telefonate, Ablage oder Planungen, etc.

► **Leerlauf vermeiden:** Erstellen Sie eine Liste von kleineren Arbeiten, die nicht zu einem festen Zeitpunkt erledigt sein müssen. Dann brauchen Sie nicht lange zu überlegen, wie Sie die überraschende Lücke füllen und verschaffen sich ein Erfolgserlebnis. Solche Zeitlücken sind auch gut geeignet als kleine Wellness-Pausen!

► **Delegieren Sie:** Überlegen Sie immer wieder, wer Ihnen Arbeit abnehmen kann oder mit wem Sie sich Aufgaben teilen können. Im Eifer des Gefechts wird die Frage: »Machst Du das oder ich?« schnell zum Zeitkiller. Also: Bevor Sie begeistert zugreifen, kurz nachdenken: Was bringt diese Aufgabe für einen Nutzen? Bin ich der/die einzige, der sie erledigen kann? Wer macht es für mich? Wenn Sie Schwierigkeiten haben, zu delegieren, beschäftigen Sie sich noch einmal mit der Frage, warum Sie so gerne alles selber erledigen.

► **Leistungsfähigkeit einschätzen:** Ihre geistige Power ist nicht immer gleich stark! Planen Sie anspruchsvolle Aufgaben für Ihre beste Leistungszeit, Routine für die späteren Stunden, Kurzweiliges und Stimulierendes für das Mittagstief ein. Legen Sie Ihre Pausen dann ein, wenn Sie optimal davon profitieren.

Probleme lösen – Ziele erreichen

Sie haben nun die Macht der Gedanken kennengelernt und verfügen über wirksame Instrumente, um möglichst viel Energie, Vitalität und Lebensfreude zu erreichen. Und nun kommt das Wichtigste: Was fangen Sie mit der Power an? Damit sind wir wieder am Anfang! Nämlich bei der Frage: Was möchten Sie in Ihrem Leben erreichen? Klar, Glück, Gesundheit, Erfolg!

Doch wie soll das aussehen? Was soll wann verwirklicht sein?

Was noch fehlt zum Glück sind Ziel und Plan! Auf geht's.

Wünschen erlaubt!

Legen Sie los! Schreiben Sie alle Ihre Wünsche auf, ungeordnet, wie Sie Ihnen in den Kopf kommen. Sie merken wieder, das ist ganz schön aufregend, setzt eine Menge Energie frei! Lassen Sie sie fließen. Keine Grenzen. Die kommen später! Formulieren Sie positiv. Sagen Sie, was Sie sich wünschen, nicht was Sie vermeiden möchten (»Ich möchte mehr Zeit für mich haben.«, statt: »Ich will weniger arbeiten.«) Wünschen Sie sich Dinge, die Sie immer schon einmal haben wollten (z.B. rote Schuhe), Erlebnisse, nach denen Sie sich sehnen (z.B. romantischer Abend mit …), Eigenschaften an Ihnen selbst, die Sie schätzen würden (z.B. mehr Schlagfertigkeit).

Aber bitte schriftlich

Warum schreiben? Beim Schreiben verfestigen sich Ihre Absichten und leiten ihre Konzentration auf das Ziel. Im Gehirn entsteht eine

Vorstellung, ein inneres Bild dessen, was Sie möchten. Das ist sehr wichtig, denn daran erkennt Ihr Gehirn später schneller und besser, wenn die Gelegenheit da ist, Ihr Ziel zu verwirklichen. Beginnen Sie mit kleinen, einfach zu erfüllenden Wünschen. Tragen Sie in Ihren Planer ein, wann die nächste Gelegenheit da ist, zum Beispiel Freunde zu treffen, sich einen Nachmittag frei zu nehmen, sich eine CD zu kaufen. Oder spricht vielleicht etwas dagegen? Finden Sie es peinlich, sich rote Schuhe zu wünschen oder eine Fahrt auf dem Kettenkarussell? Haben Sie Angst, mit der netten Kollegin zu flirten, weil dann ihre Frau sauer werden könnte? Solange ein hemmender Gedanke im Weg steht, wird es nichts mit der Zielerreichung. Sie ernten nichts außer Frust. Also bitte: entscheiden, denn die kleinen Wunscherfüllungen machen Mut für Größeres.

Belastendes in Belebendes verwandeln!

Genauer gesagt: Es geht um die Lösung von belastenden Problemen, die man nicht mal eben wegschnippen kann. Gerade Probleme in der Familie, in der Partnerschaft, mit bestimmten Personen im Job erzeugen oft nur hilfloses Achselzucken: »Da kann man ja doch nichts machen!« Doch, man kann etwas machen, nämlich gezielt und systematisch, mit anderen Worten: so professionell wie Sie auch berufliche Probleme lösen. »An meine Beziehungsprobleme so wie im Berufsleben herangehen? Aber wir lieben uns doch!« Keine Sorge! Sie dürfen ganz schön emotional werden, denn schließlich arbeiten rationale Gedanken und kunterbunte Gefühle auch beim Problemlösen eng zusammen. Vergessen Sie nicht, es geht hier um so Wesentliches wie Ihre Stressbalance und das Gleichgewicht zwischen guten und schlechten Gefühlen.

Es sind sieben Schritte, die Sie aus der *Be*lastung in die *Ent*lastung führen. Legen Sie sich ausreichend Papier und einen Stift zurecht und fangen Sie einfach mal an, die sieben Schritte durchzugehen und alles, was Ihnen dazu einfällt, aufzuschreiben.

Probleme lösen wie die Profis

1. **Problem finden:** Was belastet mich oder bereitet mir Sorgen? Auf Seite 227f. finden Sie viele Auslöser für chronisch unkontrollierten Stress. Vielleicht sind es aber auch persönliche Dinge, wie zum Beispiel Unstimmigkeiten im Privatleben. Schreiben Sie sich einmal alles von der Seele. Ordnen Sie die Dinge nach Themenfeldern (Beruf, Gesundheit, Partnerschaft, Sozialleben, Finanzielles etc.) und nach Prioritäten. Beginnen Sie mit einem überschaubaren Problem. Eventuell müssen Sie die Probleme auch in kleine Teilprobleme zerlegen.

2. **Problem definieren:** Schauen Sie nun ganz genau hin: »Mein Chef nervt!« ist kein Problem, das man angehen kann. Bei welchen Gelegenheiten taucht Ihr Problem auf? Worin genau besteht es, und wer ist beteiligt?

3. **Problem analysieren:** »Wie habe ich es eigentlich schon so lange mit dem Problem ausgehalten? Welche meiner guten Eigenschaften und Fähigkeiten haben mir dabei geholfen?« Mit dieser Frage möchte ich erreichen, dass Sie positive Gefühle erleben, vielleicht sogar ein bisschen stolz auf sich sind. Bei der nächsten Frage dürfen Sie ruhig etwas schuldbewusst sein: »Wie habe ich selbst dazu beigetragen, dass das Problem heute noch existiert? Habe ich vielleicht sogar gute Gründe oder ist es sogar nützlich für mich?« Manche Probleme halten wir dauerhaft am Leben, indem wir nie etwas dazu sagen und alles mitmachen. Manchmal mögen wir das auch, denn man kann sich immer gut beschweren und alle anderen sind schuld.

4. **Ziel definieren:** Das ist der wichtigste Schritt im ganzen Problemlösungsprozess: »Was möchte ich wirklich erreichen? Wie soll mein Ziel aussehen?« Bevor Sie anfangen zu träumen, bitte noch einmal kurz überlegen, in welche Richtung Ihre Zieldefinition gehen soll. Es gibt nämlich grundsätzlich drei Möglichkeiten:
   a) Man kann ein Problem ganz aus der Welt schaffen wollen und es komplett lösen (z.B. wechselt man in eine andere Abteilung).

b) Man kann es ein wenig abmildern und leichter erträglich machen, weil es grundsätzlich nicht zu lösen ist (z.B. schafft man sich so viel Unterstützung wie möglich bei der Pflege eines chronisch kranken Kindes).

c) Man sieht das unlösbare Problem als eine Herausforderung selbst stärker oder besser zu werden oder persönlich zu wachsen (z.B. ich lerne mit der Schwiegermutter so umzugehen, dass es nicht ständig Streit gibt).

Nach diesen Vorüberlegungen können Sie loslegen! Malen Sie sich Ihr Ziel in den schönsten Farben aus (wie beim mentalen Training siehe Seite 101) und werden Sie trotzdem sehr genau: Wie oft möchten Sie die neue Situation erleben? Immer, alle zwei Jahre, oder jede Woche? Wie groß ist die Veränderung, wenn sie messbar ist? Sie dürfen jetzt wirklich nach Herzenslust schwelgen, um Ihr Zielbild mit möglichst viel Vorfreude aufzuladen. Nur dann entwickelt es die motivierende Kraft, die Sie bei der Durchführung der Lösung bei der Stange hält.

5. **Ressourcen finden:** Nun wird es wieder praktisch: Haben Sie schon einmal in Ihrem Leben etwas erlebt, das so ähnlich ist wie Ihre Zieldefinition? Eine kleine Ausgabe davon? Beschreiben Sie bitte diese Erinnerung. Und wieder: Welche Fähigkeiten und Eigenschaften haben Ihnen damals geholfen? Was genau haben Sie gemacht? Können Sie etwas davon heute wiederholen, um Ihr neues Ziel zu erreichen? Was müssen Sie dafür tun? Schreiben Sie alles auf, was Ihnen damals Ihre Zielerreichung ermöglicht hat. Notieren Sie, wie heute der Weg zu Ihrem Ziel aussehen müsste. Schreiben Sie jeden der Lösungsschritte auf und bringen Sie eine sinnvolle Reihenfolge hinein. »Welchen kann ich aus eigener Kraft erreichen, wo brauche ich Hilfe? Ist sie vorhanden?«

6. **Ziel überprüfen:** Sie haben jetzt schon eine Idee davon, was an Arbeit auf Sie zukommt. Denn Probleme werden gelöst, indem man etwas tut! Hand aufs Herz, sind Sie bereit, mindestens 70 % Ihrer Energie dafür aufzuwenden? Denn nur dann hat die Lösung

eine Chance. Vielleicht merken Sie jetzt auch, dass das Problem gar nicht so wichtig war, oder dass Sie Ihr Ziel ein wenig kleiner und weniger aufwändig formulieren sollten. Tun Sie es bitte, wenn es nötig ist. Viele Problemlösungen scheitern daran, dass die Betreffenden zu viel auf einmal wollen und sich dabei übernehmen. Lieber in kleinen Schritten gehen, aber vorwärts kommen!

7. **Planen und los!** Jetzt kommt der einfachste Schritt. Nehmen Sie Ihren Kalender und tragen Sie die einzelnen Schritte zu Ihrer Lösung ein. Markieren Sie ein oder zwei Tage, an denen Sie Ihren Fortschritt überprüfen wollen. Ziel erreicht? Dann wird gefeiert – entweder heimlich und still für sich alleine oder in größerer Runde!

Auch wenn das ganze Vorgehen etwas technisch klingt, es hat sich in der Praxis sehr bewährt, ein wenig konzentrierter und systematischer an belastende Probleme heranzugehen. Allein, dass man sie sich deutlich vor Augen hält bewirkt schon, dass sie nicht länger unbemerkt die Stressaktivität hochpeitschen können. Und je mehr Sie sich damit positiv und konstruktiv beschäftigen, umso kontrollierbarer werden sie und damit auch der Stress.

Konstruktives Träumen

Alles, was Sie tun und in die Wirklichkeit bringen, hat in Ihrem Kopf begonnen. Vielleicht als Ergebnis einer rationalen Analyse, vielleicht aber auch als Traum oder Tagtraum. Während Sie durch eine wunderbare Landschaft fahren, stellen Sie sich vor, wie schön es wäre, wenn Sie hier leben würden … wie schön es wäre, wenn Sie hier spazieren gingen, wie schön es wäre, wenn Sie hier ein paar Minuten Rast machten, um die Luft, die Sonne, den Duft nach frischem Heu zu genießen – und schon halten Sie an und genießen. Und wenn es auch nur ein paar Minuten sind, Sie haben einen Traum verwirklicht!

Nutzen Sie Ihre Fantasie, um herauszufinden, was Sie wünschen oder brauchen, lassen Sie sich einfach öfter in Träumereien fallen, morgens kurz vor dem Aufstehen: »Wie schön wäre es, wenn ich heute mit meinem Chef gut auskäme…«, und dann beginnen Sie eine konstruktive Fantasie. Nutzen Sie die Erkenntnisse, die über das mentale Training auf Seite 101 stehen, und die Chance, dass Sie tatsächlich etwas verändern, ist sehr groß!

Oder lassen Sie ihre Gedanken schweifen, während Sie einfache Tätigkeiten wie Geschirrspülen, Gartenarbeit, Staubwischen, Bügeln oder Handarbeit verrichten. Monotone Beschäftigungen versetzen das Gehirn in einen tranceartigen Entspannungszustand, in dem die Kreativität optimal arbeitet. Beide Gehirnhälften tauschen einen regen Informationsstrom aus. Bruchstücke von Informationen, in verschiedenen Speichern aufbewahrt, finden plötzlich zu einem neuen Muster zusammen, und schon wissen Sie, was Sie wollen, haben eine Lösung gefunden, die zündende Idee für ein neues Projekt, ein tolles Rezept, das Hochzeitsgeschenk der Tochter oder die richtige Zusammenstellung der Gästeliste für Ihre Party. Die schöpferischen Pausen sind ganz und gar keine verlorene Zeit, wie manche denken. Die Gehirnaktivität ist sogar erhöht und zeigt, dass ein reger Datenverkehr herrscht, der bei angestrengter Konzentration nicht halb so groß ist. Menschen, die schöpferisch arbeiten, nutzen diese Effekte ganz bewusst. Sie formulieren eine Aufgabe und überlassen die Lösung dann ihrem Gehirn. Sie ermöglichen ihm lediglich den entspannten Zustand, indem Sie spazieren gehen, eine Entspannungsübung machen, ein Bad nehmen, Fahrrad fahren oder den Hof kehren.

Glück und Zufriedenheit

Stellen Sie sich immer wieder die berühmte Frage: »Wenn es keine Grenzen gäbe, was würde ich dann gerne tun?« Überlassen Sie Ihrem Gehirn die Arbeit, Antworten zu finden. Entspannen Sie sich, gönnen

Sie sich eine Wellness-Pause und erweitern Sie nebenbei Ihre Wunsch-liste. So werden Ihnen nach und nach immer mehr Möglichkeiten bewusst, unter denen Sie diejenigen auswählen, die sich zurzeit am besten verwirklichen lassen. Und dann träumen Sie weiter! Sie stellen sich alles ganz genau vor. Jeden einzelnen Schritt, jedes Gefühl, das Sie dabei erleben, jedes Bild, das Sie dabei sehen. Ihr Gehirn entwickelt dabei die Handlungsmuster, die Sie später in der Wirklichkeit umsetzen. Wenn Sie wollen.

Genießen Sie die Kraft Ihrer Gefühle

Leben heißt erleben. Genießen Sie Ihre Lebendigkeit, indem Sie Ihre Gefühle in jedem Augenblick spüren! Sagen Sie Ja zu Ihren Gefühlen – ob positiv oder negativ. Sie sind reine Energie! Wenn Sie verliebt oder wütend sind, merken Sie das deutlich. Übernehmen Sie die Verantwortung für Ihre Gefühle, lernen Sie, Gefühle zu steuern und zu nutzen. So gewinnen Sie Motivation und Vitalität und erreichen das, was Ihrem Leben die Glanzpunkte aufsetzt: »Flow« – das Glück der Gegenwart! Zum Flow werden wir später noch ausführlicher kommen.

Gefühle – die Urkraft des Menschen

Was auch immer ein Mensch vollbringt oder unterlässt, hat stets nur einen einzigen Beweggrund: Er möchte angenehme Gefühle erleben und unangenehme vermeiden. So will es die Natur. Denn jede Emotion – ob positiv oder negativ – hat einen Auftrag. Sie gibt eine Anleitung zum Handeln und die entsprechende Menge an Energie, die der Mensch nutzt, um mit den gerade eingetretenen Lebensumständen fertig zu werden.

Wozu das ganze Theater?

Im Laufe der Evolution hat sich eine gewisse Grundausstattung an Emotionen herausgebildet, die in den immer wiederkehrenden Umständen des Lebens offensichtlich gute Dienste geleistet hat. Sie werden in entsprechenden Situationen automatisch abgerufen. Wer im

Dunkeln z.B. erschreckt wird, bekommt sofort Angst, ist hellwach, ballt die Fäuste und eine plötzliche unbezähmbare Wut hilft ihm, einen Angreifer kurzerhand zu erschlagen. Oder derjenige, dem ein genetisch interessantes Exemplar des anderen Geschlechts über den Weg läuft, empfindet sexuelle Erregung, Liebe und das Bedürfnis, sich ihm zu nähern mit dem Ziel, wunderbare Nachkommen zu erzeugen.

Wir besitzen vier grundlegende emotionale Systeme. Sie alle gehören zum limbischen System. Sie operieren in deutlich voneinander abgegrenzten Schaltkreisen aus vernetzten Zellgruppen und benutzen unterschiedliche Botenstoffe, um ihre Schaltkreise zu aktivieren oder zu beruhigen. Jedes dieser Systeme organisiert eine bestimmte Art von Aufgaben, die für das Lebewesen überlebensnotwenig sind:

► Flucht (Furcht- und Angstsystem)
► Verteidigung bei Gefahr (Wut- und Ärgersystem)
► Schutz durch andere (Bindungs- und Paniksystem)
► Suche nach Nahrung und Fortpflanzungspartnern (Erwartungs- und Belohnungssystem)

Jedes emotionale System ist als ein Doppelsystem konstruiert. Man kann Emotionen unterscheiden, die eine Aktion starten (z.B. Furcht startet Fluchtverhalten) und Emotionen, die auftreten, wenn das Ziel erreicht bzw. nicht erreicht ist. Lustgefühle treten beispielsweise als Belohnung auf, wenn die Nahrung genossen wird. Kann man einer misslichen Lage nicht entkommen, verspürt man wachsende Angst.

Gefühle helfen also dabei, den biologischen Auftrag zu erfüllen. Dieser Auftrag beinhaltet jedoch auch einen gewissen Zwang. Die Gefühle erzeugen Bedürfnisse, und diese drängen auf ihre Befriedigung, sonst erkrankt das Lebewesen.

Die Sehnsucht, über sich selbst hinauszuwachsen

Menschen haben zu allen Zeiten versucht, diesen genetischen Zwängen auszuweichen und sich Kraft ihres Verstandes ein bestimmtes Maß an Freiheit und Selbstbestimmung zu erobern.

Das ist auch ein Stück weit gelungen. Mit geistigen und praktischen Erfindungen triumphierte die Menschheit über die rauen Bedingungen der Urzeit. Sie eroberte sich Zeit für »höhere« Vergnügen wie Philosophie, Kunst und Wissenschaft. Gleichzeitig mussten sich die Menschen bemühen, ihre emotionalen Programme zu zähmen. Um das gemeinschaftliche Leben auf immer enger werdendem Raum möglich zu machen, gaben sie sich moralische und religiösen Regeln, entwickelten Gesetze und Strafen, die die archaischen Gefühle in Schranken hielten.

Doch wann immer sich ein Mensch zu großartigen Leistungen, Erfindungen oder Entdeckungen aufschwingen konnte, geschah das aus emotionalem Antrieb. Ohne Mut, Abenteuerlust und den glühenden Wunsch, seine wissenschaftlichen Überlegungen bestätigt zu sehen, hätte Christoph Kolumbus das spanische Königspaar nicht überzeugen können, seine Expedition zu finanzieren, in dessen Verlauf er bekanntlich Amerika entdeckte.

Ohne den Wunsch, eine grandiose Aussicht genießen zu können und stolz auf die eigene Leistung sein zu können, würde auch heute niemand die Anstrengungen einer Bergwanderung auf sich nehmen.

Doch anders als die Befriedigung elementarer biologischer Bedürfnisse haben diese Freuden eine »angereicherte« Qualität. Das, was dem Menschen die tiefste Befriedigung, das größte Glücksgefühl und die effektivste Beruhigung seiner Ängste bereitet, sind selbstverantwortete Tätigkeiten, bei denen er alle Energien auf ein einziges Ziel ausrichtet, Zeit und Raum um sich herum vergisst und ein Stück über sich selbst hinauswächst.

Gefühle haben wichtige Aufgaben

Die Neurowissenschaften haben bis heute einiges über den Sinn der Gefühle herausgefunden.

1. Gefühle werden durch Sinneswahrnehmungen von außen oder von innen (Körperempfindungen, erinnerte Sinneswahrnehmungen) ausgelöst.
2. Gefühle sortieren Sinneseindrücke: Einströmende Informationen werden sehr schnell und zunächst unbewusst mit Erinnerungen, Erfahrungen und Wissensinhalten abgeglichen, in die vier emotionalen Systeme eingeordnet und damit emotional »gefärbt«. Das geschieht im limbischen System.
3. Gefühle aktivieren oder entspannen und regulieren damit das aktuelle Stresslevel. Über die Verbindungen des limbischen Systems zum vegetativen Nervensystem und dem Weckzentrum werden die emotionalen Konstellationen als unterschiedliche Körperempfindungen mit unterschiedlichem Wachheitsgrad spürbar (»Die Nachricht hat mich schlagartig wach gemacht.«, »Ich habe Schmetterlinge im Bauch.«, »Mir ist warm ums Herz.«, etc.).
4. Die Aktivierung durch Gefühle ist sehr schnell. Neurowissenschaftler haben festgestellt, dass wir schon zu handeln beginnen, bevor wir bewusst wissen, dass wir es wollen. Auch in gefährlichen Notfällen handeln wir »reflexartig« mit verzögertem Einschalten des Bewusstseins. Wichtigster Ratgeber dabei ist das emotionale Gedächtnis (das war gut, jenes war schlecht) im limbischen System. Seine Verbindungen zu den Bewegungszentren der Hirnrinde lösen Handlungen aus.
5. Gefühle werden auch über Gedanken ausgelöst. Das braucht ein wenig länger, als wenn sie durch Sinnesreize ausgelöst werden. Gedanken können die Gefühle auch wieder abklingen lassen.
6. Gefühle können auch durch vorsätzliches Denken hervorgerufen werden. Schauspieler machen von dieser Möglichkeit Gebrauch.

7. Gefühle geben der Handlungsbereitschaft Orientierung: Tu das, was dir positive Gefühle einbringt, vermeide und bewältige das, was sich negativ auswirkt. »Alltagsentscheidungen« werden schnell, effektiv und routinemäßig gefällt.

8. Gefühle helfen, Prioritäten zu setzen und auszuwählen: Personen mit Erkrankungen oder Verletzungen im Gebiet des Mandelkerns können nicht mehr entscheiden, was sie lieber mögen. Die im emotionalen Gedächtnis abgespeicherten Erfahrungen über gut oder schlecht, angenehm oder unangenehm fehlen. Ihnen ist alles gleichgültig.

9. Verbindungen mit dem emotionalen Gedächtnis sind nötig, um Pläne zu machen und die Zukunft gedanklich zu strukturieren. Die hier gespeicherten Informationen werden in die Zukunft projiziert und leiten das Denken und Planen in die Richtung, aus der anhand der alten Erfahrungen wieder positive Ergebnisse erwartet werden können.

Die ewige Suche nach dem Glück

Der aus Ungarn stammende Psychologe Mihály Csíkszentmihályi hat 25 Jahre lang wissenschaftlich untersucht, was für den Menschen »Glück« bedeutet. Er nannte es die »Optimale Erfahrung« oder »Flow« und entdeckte darin genau das, was die Menschen schon immer gesucht haben müssen: Ein Zustand, losgelöst von alltäglichen Begrenzungen, konzentriert, kompetent, mächtig, selbstvergessen und ungeheuer kreativ. Eine ideale Situation, in der Körper, Gefühle und Verstand in tiefer Harmonie zusammen wirken.

Die Befreiung der Gefühle

Auf der Suche nach Theorien, die helfen konnten, Mittel und Wege zu finden, diesen Zustand zu erreichen, wurden je nach Zeitumständen die unterschiedlichsten Vorschläge erarbeitet. Ob Religionen, politische Ideen, Philosophien, alle hatten sie das gleiche Ziel: Flow für alle. Die Methoden waren bekanntlich sehr unterschiedlich. Die gemeinsame Idee: Verhärtete Strukturen des Zusammenlebens hatten im Laufe der Zeit zu Einschränkungen geführt, die Freiheit und Selbstbestimmung der Menschen beschnitten. Die neue Lehre sollte Besserung bringen.

Mit der Entwicklung der modernen Psychologie Anfang des letzten Jahrhunderts begann, besonders durch Sigmund Freud, die systematische Erforschung und Befreiung der Seele und ihrer Kinder, der Gefühle. Höhepunkt dieser Entwicklung waren die sechziger und siebziger Jahre. In der Hippie-Bewegung, der Humanistischen Psychologie und verschiedenen Psychoschulen galt: Das Gefühl allein steht im Vordergrund und wird zur Richtschnur allen Handelns. Das heißt, niemand muss mehr gegen seine Gefühle handeln, einen Partner heiraten, den er nicht liebt, einen Beruf ausüben, den er hasst, einen Glauben heucheln, den er verachtet, sich Obrigkeiten unterordnen, deren Sicht der Dinge er nicht teilt. Die Freiheiten, die wir gewonnen haben, sind die größten, die es jemals in der Geschichte der Menschheit gegeben hat.

Selbstverantwortung als Problem

Doch die Freiheit bringt nicht nur Vorteile, sondern auch Probleme mit sich. Denn je mehr gleichzeitig auch die leichten Zügel der gesellschaftlichen Werte wie Rücksichtnahme, gegenseitige Unterstützung, Frustrationstoleranz und Bindung an gesellschaftliche Gruppen wegfallen, umso mehr macht sich eine gewisse »Unordnung der Seele«

bemerkbar. So nennt der Wirtschaftstheoretiker Leo Nefiodow moderne Phänomene wie
- ▶ zunehmende Ichbezogenheit
- ▶ abnehmendes Einfühlungsvermögen
- ▶ Betonung der Selbstverwirklichung auch auf Kosten anderer
- ▶ Drang nach Bedürfnisbefriedigung sofort und um jeden Preis.

Viele Menschen scheinen auf den freien, selbstverantworteten Umgang mit ihren emotionalen Kräften nicht vorbereitet zu sein. Auf aktivierende Reize des modernen Lebens reagieren sie ungezügelt, wie zu Fred Feuersteins Zeiten, und leben alles aus, was die Seele an Programmen hergibt: Ideen, die den Menschen befreien sollen, kippen wieder um in die Urform des steinzeitlichen Umgangs mit Gefühlen. Und das, so Nefiodow, bringt persönliche und soziale Schäden wie Kontrollverlust über die eigene Gefühlswelt, Frustration und Depression, Mobbing, Kriminalität und Vandalismus.

Der weltweite Erfolg des Bestsellers »EQ. Emotionale Intelligenz« von Daniel Goleman, in dem er Wege zu einem intelligenten und nutzbringenden Umgang mit der Macht der Gefühle zeigt, bestätigt die Thesen Nefiodows.

Neue Gebrauchsanleitung für alte Programme

Gefühle – positive wie negative – sind im menschlichen Gehirn als eine Art Betriebssystem vorgesehen. Die Umstände, für die sie erfunden wurden, gibt es nicht mehr. Doch immer noch wird der Mensch bei jeder kleinen Irritation von den Gefühlen mit Energie versorgt.

Gefühle im Daueralarm

Von einer kleinen Struktur im limbischen System (Mandelkern = Amygdala) werden Sinneseindrücke rasend schnell auf ihre Gefährlichkeit hin untersucht. Alles, was auch nur geringe Ähnlichkeiten mit einer Bedrohung hat, löst Alarm aus. Der Mensch springt auf und rennt weg, noch ehe er das erschreckende Objekt richtig erkannt hat. Erst später kann er sehen, dass es nur ein Papiertiger war. Denn das System schlägt lieber zehnmal zu oft Alarm als einmal zu wenig.

Dieser einstmals lebensrettende Mechanismus springt besonders leicht an, wenn wir uns schon in einer erhöhten Reaktionsbereitschaft befinden. Dauerstress bedeutet: Harte Zeiten – halte dich bereit! Dass es sich dabei heute um andere Härten handelt als in der Urzeit, dass es Computerabstürze, rote Ampeln, nörgelnde Mitmenschen, gefallenen Aktienkurse und ein elender Ketchup-Fleck auf der Hose sind und nicht etwa akute Lebensbedrohungen, das begreift unser Gehirn nur schwer.

Emotionale Intelligenz ist erlernbar

Es ist unsere Aufgabe, unserem Urzeitgehirn beizubringen, dass sich die Zeiten geändert haben. Die Erziehung von Fred und Wilma in uns, ihre Schulung im Informationszeitalter, nennen David Goleman und seine Kollegen »emotionale Erziehung«.

Statt sich wie ein Spielball von ständig wechselnden Emotionen treiben zu lassen, die durch die Überflutung mit Sinneseindrücken hervorgerufen werden, sich nach dem Motto »Hauptsache es macht Spaß und mir geht es gut.« ständig neu auszurichten und den tausend Verlockungen des modernen Konsums nachzugeben, kann jeder lernen, die Gefühle mit ihrer wunderbaren Schubkraft in bewusste und intelligente Entscheidungen einzubeziehen. Sie selbst können korrigierend eingreifen, indem Sie verstärkt die Informationswege des Gehirns nutzen, die die Natur uns glücklicherweise geschenkt hat: Die Verbindungen von Denken und Fühlen.

Emotionale Intelligenz

Niemand ist eine Insel! Erfolg, Zufriedenheit, Gesundheit und Glück erreichen wir hauptsächlich durch positive Kontakte mit anderen Menschen.

David Goleman hat Mitarbeiter 500 amerikanischer Firmen untersucht. In seinem zweiten Buch »EQ². Der Erfolgsquotient« beschreibt er fünf Fähigkeiten, die emotional intelligente Menschen einsetzen. Sachverstand und rationale Intelligenz sind seiner Meinung nach nur zu 20% am Lebenserfolg beteiligt, emotionale Intelligenz dagegen zu 80%!

Die fünf Säulen der Emotionalen Intelligenz:

1. **Selbstwahrnehmung:** Die Fähigkeit, eigene Gefühle, Eigenschaften, Vorlieben und die eigene Ausstrahlung wahrzunehmen und richtig einzuschätzen.

2. **Selbstregulierung:** Die Fähigkeit, Gefühle im Zaum zu halten, spontane Handlungsimpulse zu kontrollieren und die eigenen Kräfte sinnvoll einzuteilen.

3. **Motivation:** Die Fähigkeit, Gefühlsenergie in Leistungsbereitschaft und Engagement umzuwandeln, um eigene Ziele oder die Ziele einer Gruppe zu erreichen.

4. **Empathie:** Die Fähigkeit, Gefühle und Stimmungen anderer wahrzunehmen, soziale Beziehungen und hierarchische Strukturen in Gruppen zu erkennen und zu nutzen.

5. **Soziale Kompetenz:** Die Fähigkeit, eigenen Gefühlsenergien im Gespräch und in der Zusammenarbeit mit anderen zu nutzen, Konflikte kontrolliert auszutragen, Menschen zu führen und in Teams zu arbeiten.

Gefühle intelligent nutzen

Viele Menschen, häufig Männer, sind der Meinung, Gefühle seien nicht ernst zu nehmen, kindisch, irrational, ja sogar gefährlich!

Stimmt, wenn man nicht mit ihnen umgehen kann. Doch genau das ist es, worauf es hier ankommt!

Gefühle intelligent zu nutzen heißt, sich mit der Kraft der eigenen Emotionen immer wieder aufladen zu können, ihre Energie in eine selbstgewählte Richtung zu lenken, um diejenigen Resultate zu erzielen, die erwünscht und sinnvoll sind.

Gefühle intelligent zu nutzen heißt auch, negative Gefühle zu akzeptieren, Anstrengungen auszuhalten, Rückschläge geduldig zu ertragen und sich immer wieder aufzuraffen. Denn auch negative Gefühle setzen enorme Energien frei, die Sie nutzen können, indem Sie sie bewusst in eine andere Richtung lenken. Unterdrücken oder verleugnen Sie sie nicht. Es wäre schade, diese Power einfach zu verschenken.

Sobald Sie Ihre Stressenergie nicht mehr im optimalen Leistungsbereich halten können, werden Sie gereizt, neigen zu Ärger, andere gehen ihnen auf die Nerven. Sie können sich schwer auf ihre Aufgabe konzentrieren und schmeißen am Ende alles unter lautem Fluchen in die Ecke, nicht ohne vorher noch ein paar Leute angemotzt und ihnen die Schuld für alles gegeben zu haben. Gefühle intelligent zu nutzen heißt deshalb auch, zu erkennen, wann und wodurch sich Ihre Gefühle so stark ins Negative verändern, dass begleitende Gedanken und Handlungen Ihnen nichts Gutes mehr einbringen.

Gebrauchsanleitung für Gefühle

Gefühle sind niemals Selbstzweck, wie es heute oft suggeriert wird: Fühle dich wohl, sei gut drauf, sei begeistert und der Rest kommt dann ganz von selbst. Gefühle sind Werkzeuge, die man nutzen kann, um das zu tun, was tatsächlich tiefe Zufriedenheit und Erfüllung spendet.

Aus den Informationen und Erfahrungen von Neurowissenschaft und Emotionspsychologie ergeben sich heute neue Gebrauchsanleitungen für Ihre alten Programme. Und wie man mit Gebrauchsanweisungen umgeht, wissen Sie ja! Lesen und ausprobieren, so lange, bis es so funktioniert, wie Sie es haben wollen!

Die Gebrauchsanweisung für Gefühle lautet:

► Nehmen Sie Ihre Gefühle wahr. Erlauben Sie sich, die komplette Ausstattung zu besitzen. Auch weniger beliebte Emotionen wie Neid, Begierde, Wut oder Hass sind nützlich. Lernen Sie sie gründlich kennen, damit Sie nicht irritiert sind, wenn sie plötzlich auftauchen!

► Verstehen Sie die Botschaft der verschiedenen Gefühle. Mit guten Gefühlen umzugehen ist leicht. Wer aber zum Beispiel Angst hat, sollte die Energie benutzen, um sich auf ihre Auslöser in Zukunft besser vorzubereiten.

► Gewohnheitsmäßig immer dieselben Gefühle einzusetzen, führt nicht weiter. Werden Sie flexibel. Lernen Sie die Gefühle zu steuern. Wenn Sie z.B. mit Ärger nicht weiterkommen, versuchen Sie, mit Geduld und Verständnis Ihr Ziel zu erreichen.

► Setzen Sie Ihre Gefühle vorausschauend ein, indem Sie sich vorstellen, was bei bestimmten Gedanken und Handlungen herauskommen soll. Dann werden die Gefühlsenergien Ihnen helfen, Ziele zu erreichen (vgl. mentales Training). Nutzen Sie Ihre emotionalen Erfahrungen auch, um »Notfälle« zu vermeiden. Situationen, von denen Sie wissen, dass Sie sich in ihnen schlecht fühlen, kann man lernen zu umgehen oder abzumildern.

► Manchmal machen sich Ihre Gefühle selbstständig. Verzeihen Sie ihnen, überprüfen Sie, was herausgekommen ist und passen Sie gegebenenfalls beim nächsten Mal besser auf sie auf.

► Freuen Sie sich jeden Tag, dass Sie so viele verschiedene Gefühle erleben können. Trainieren Sie den Umgang mit Ihnen! Damit werden Sie unabhängig von Belohnung oder Bestrafung durch andere und gewinnen aus sich selbst heraus immer wieder frische Kraft.

Wie Sie in der Praxis am besten mit Ihren Gefühlen »arbeiten«, erfahren Sie auf den folgenden Seiten.

Gefühle erleben heißt leben!

Hallo, wie geht's? Danke, gut? Schlecht? Muss ja! Haben Sie nicht mehr dazu zu sagen? Natürlich ist es nicht immer angebracht, auf die höflich und nett gemeinte Floskel ausführlich zu antworten. Doch gibt es keine bessere Übung der Selbstwahrnehmung, als sich selbst immer wieder zu fragen:

Hallo, wie geht's?

Jetzt könnten Sie herumnörgeln, so wie ich es in meinem ersten Selbstmanagementseminar als Teilnehmerin auch getan habe: »Muss man sich denn wirklich so ernst nehmen, muss man immer wissen, wie es einem geht, sollte man nicht lieber zur Tagesordnung übergehen?« Ja, Sie müssen! Denn Ihre Gefühle, Bedürfnisse, Stimmungen und Launen sind sowieso da. Wie das Ungeheuer von Loch Ness schwimmen sie irgendwo im schlammigen Grund herum und schlagen ein paar Wellen, die zumindest Ihre Mitmenschen an der Oberfläche deutlich sehen.

Stimmungen selbst beeinflussen

Deshalb lernen Sie sie besser ganz genau kennen, beobachten, wann sie auftauchen und wodurch sie sich hervorlocken lassen. Denn Sie können sie selbst ein bisschen beeinflussen. Gefühle steuern zu können, ist in vielen Situationen sehr von Vorteil:

▶ Sie ersparen sich unnötiges und hinderliches Ausufern der Gefühle bei Meinungsverschiedenheiten.

▶ Sie halten sich den Kopf frei für die gedankliche Bewältigung von Problemen, wenn Sie sich von Ihren Gefühlen nicht ganz beherrschen lassen.

▶ Geschulte Selbstwahrnehmer sind auch sehr gute Menschenkenner – die wichtigste Voraussetzung für soziale Kompetenz.

Gefühle wahrnehmen: Somatische Marker machen es möglich

Gefühle kommen niemals alleine vor. Sie sind immer an eine körperliche Reaktion und an Gedanken gebunden.

Basisemotionen wie Freude, Überraschung, Neugier, Zufriedenheit, Trauer, Ärger und Furcht werden schon vom neugeborenen Baby ausgedrückt und informieren damit die Mutter über seinen Zustand und seine Bedürfnisse. Wissenschaftler gehen davon aus, dass diese Basisemotionen auch schon sehr intensiv erlebt werden, obwohl Gedanken erst später im Leben dazukommen, wenn das Gehirn die Sprache gelernt hat, in der sie ausgedrückt werden können. Sie sind in allen Kulturen zu finden und werden durchgehend sehr ähnlich über die Körpersprache ausgedrückt. Die begleitenden Körperempfindungen (Schmetterlinge im Bauch, Druck auf der Brust, Atemnot, Schauer, die über den Rücken laufen, Muskelanspannung etc.) werden somatische Marker genannt.

▶ Übung: Hallo, wie geht's?

Geht es Ihnen gut oder schlecht? Oder gibt es da noch mehr? Machen Sie aus einem Schwarzweißbild Ihrer Stimmung ein detailgenaues Farbfoto mit allen Nuancen.

Welche Grundstimmung haben Sie gerade?

▶ Ich bin heiter.

▶ Ich bin entspannt.

▶ Ich bin vergnügt.

▶ Ich bin schelmisch aufgelegt.

▶ Ich bin in feierlicher Stimmung.

▶ Ich bin gut gelaunt.

▶ Ich bin munter.

▶ Ich bin aufgeregt

▶ Ich bin müde.

▶ Ich bin in gedrückter Stimmung.

▶ Ich bin frustriert.

▶ Ich bin gelangweilt.

Beachten Sie bitte, welche körperliche Verfassung mit Ihrer momentanen Stimmung verbunden ist. Probieren Sie aus, was Sie tun können, um die Stimmung zu verstärken oder abzuschwächen und bei Bedarf in eine andere Richtung zu lenken.

Beispiel: Langeweile
Körperliche Verfassung: schlapp, etwas müde, trotzdem leichtes inneres Spannungsgefühl, etwas unruhig, Mundwinkel hängen, Kopf hängt leicht nach unten, Schultern hängen, Augenlider mittlere Position, Atmung flach.
Verstärkung: Den ganzen Körper noch mehr hängen lassen, Mundwinkel noch weiter herunter ziehen, Augen fast ganz schließen.

Umstimmung: Den Körper straffen, die Gliedmaßen strecken, aufstehen und umhergehen, Kopf hoch, Schultern zurück, Augen auf, tief ein- und ausatmen. Ergebnis: Hey, wo steht das Klavier?

Lernen Sie Ihre Gefühle kennen

Welche Gefühle haben Sie im Moment? Diese Frage erzeugt bei vielen Menschen schlagartig Unwohlsein. Warum? Ist es die eigene Unsicherheit den Gefühlen gegenüber, die Sorge, durchschaut zu werden? Etwas zu entdecken, was überhaupt nicht ok ist? Zum Beispiel die mühsam gebannten Gespenster von Kummer, Angst und katastrophalen Erinnerungen? Kann sein. Manche Menschen haben Schlimmes erlebt und leben seitdem in ständiger Angst. Andere sind durch ihre anstrengenden und problematischen Lebensumstände an den Rand ihrer Widerstandskräfte gekommen. Es ist für sie ein wichtiger Schutz, dass die negativen Gefühle nicht immer präsent sind. Wenn die Emotionen ohne therapeutischen Schutz ans Licht gezerrt würden, könnten sie alles überfluten und sie die Kontrolle über ihr Leben verlieren lassen. Ihr Widerstand, »die Fässer aufzumachen«, ist ein intuitiver Schutz.

Doch wenn Sie sich stabil fühlen und einfach neugierig auf sich selbst sind, nach neuen Wegen, größeren Handlungsspielräumen und aufregenden Möglichkeiten für Ihr Leben suchen, können Sie sich ohne Bedenken auf die Reise in Ihr Innenleben machen. Ihre Gefühle sind wie besorgte Freunde, die Sie darauf aufmerksam machen, wann eine Situation Ihre besondere Aufmerksamkeit braucht. So wie ein Sonnenbrand sie knapp informiert: Ab in den Schatten!

Emotionen enthalten Botschaften

Die Standardantwort auf die Frage »Wie fühlst du dich?« ist entweder »Gut!« oder »Schlecht!«. Damit verschenken Sie leider viele wertvolle Informationen. Die Varianten der Gefühle enthalten nämlich immer einen Hinweis auf das, was Sie sich wünschen. Statt: »Ich fühle mich irgendwie schlecht.« stellen Sie bei genauerem »Hinfühlen« z.B. fest, dass Sie sich einsam fühlen, sich nach Kontakt zu Menschen sehnen. Das kann der Anlass zu einem Telefonat sein, zu einem Besuch beim Nachbarn oder einem Einkauf im Supermarkt, wonach Sie sich weniger einsam, vielleicht sogar angeregt und gestärkt fühlen. Ist das gegenwärtige Gefühl dagegen zum Beispiel Langeweile, werden Sie wahrscheinlich ganz andere Dinge unternehmen, um es abzustellen: Etwas essen, ein anregendes Buch zur Hand nehmen oder den Fernseher anstellen.

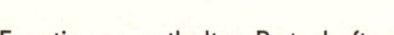 **Checkliste: Gefühle**

Lesen Sie diese Liste der Gefühle und ihrer Varianten immer wieder in Ruhe durch und beobachten Sie, welche Körperempfindungen und Gedanken sich einstellen, wenn Sie sich die Gefühle intensiv vorstellen. Die Gedanken können in der Bewertung der Situation bestehen, in Erinnerungen an vergangene ähnliche Gelegenheiten oder auf die Zukunft gerichtet sein und sich damit beschäftigen, was Sie als nächstes tun wollen. Die Dreierbande Körper-Gefühle-Gedanken tritt immer nur gemeinsam auf. Manchmal werden Sie erst den einen entdecken, z.B. das Herzklopfen, während sich die anderen beiden noch hinter der nächsten Ecke versteckt halten. Manchmal prescht auch der Gedanke vor und zieht die beiden anderen hinter sich her. Je besser Sie das Trio kennen, umso leichter werden Sie Ihre Gefühle identifizieren und bewusst mit ihnen umgehen können

Basisemotion Freude: glücklich, stolz, euphorisch, ausgelassen, fröhlich, heiter, vergnügt, albern, glückselig, unbeschwert, die ganze Welt umarmen könnend, überlegen, gut gelaunt, liebend, verliebt, zugeneigt, hingebungsvoll, vertrauensvoll, behaglich, sinnlich, freundlich, fürsorglich

Basisemotion Überraschung: verwundert, wach, aufmerksam, erfreut, erregt, irritiert, suchend, misstrauisch

Basisemotion Neugier: interessiert, erwartungsvoll, verlangend, unternehmungslustig, entscheidungsfreudig, offen

Basisemotion Zufriedenheit: dankbar, entspannt, geduldig, wohlwollend, liebevoll, sich geborgen fühlend, anderen Menschen zugeneigt sein, hingebungsvoll, versunken, kraftvoll, sicher, gelassen, alles unter Kontrolle habend, selbstsicher, vertrauensvoll, zufrieden, sexuell befriedigt

Basisemotion Trauer: niedergeschlagen, enttäuscht, deprimiert, unglücklich, leidend, schuldig, unzufrieden, mutlos, mitleidend, sorgenvoll, einsam, verschlossen

Basisemotion Scham: beschämt, reumütig, zerknirscht, bedauernd, ein schlechtes Gewissen habend, verlegen, gedemütigt

Basisemotion Ärger: wütend, hasserfüllt, zornig, gereizt, rechthaberisch, frustriert, verletzt, neidisch, unsicher, feindselig, unruhig, aggressiv, nervös, verärgert über Kontrollverlust, belästigt

Basisemotion Ekel: abweisend, unruhig, verschlossen, verächtlich, geringschätzend, widerwillig, überdrüssig

Basisemotion Furcht: ängstlich, eifersüchtig, erschreckt, verletzt, unsicher, gehetzt, unruhig, aggressiv, ungeduldig, sich ausgeliefert fühlend

Gefühle angemessen ausdrücken

Warum finden Sie es so unangenehm, mit jemandem zu sprechen, der eine Sonnenbrille trägt? Sie sehen den Ausdruck seiner Augen nicht und können dadurch seine Gefühle nicht einschätzen. Das lässt Sie Unsicherheit und Unbehagen empfinden, denn sie wissen nicht, mit welchen Handlungen Sie im nächsten Moment rechnen müssen. »Achtung«, rufen da Ihre Urzeitfreunde Wilma und Fred Ihrem Gefühlszentrum zu, »möglicherweise gefährlich! Schalte auf Power und halte dich zur Verteidigung bereit!« Sie spüren Nervosität, Spannung und vielleicht sogar Angst.

Berechenbar bleiben

Das ist nicht nett von Ihrem Gesprächspartner, Sie so unter Stress zu setzen. Gefühle in angemessener Form zu zeigen ist ein Akt der Höflichkeit, der dem Gegenüber langes Rätselraten und den damit verbundenen Stress erspart. Sie wissen selbst wie frustrierend es ist, wenn Sie ihren offensichtlich verärgerter Partner fragen »Ist was, Schatz?« und das obligatorische »Nö, wieso?« zur Antwort bekommen.

Andererseits soll das nun nicht heißen, dass man Gefühle auch unmittelbar ausleben und ausdrücken soll, nach dem Motto: »Wenn du mich ärgerst, brauchst Du dich nicht zu wundern, wenn ich gleich zurückbrülle!« Schließlich sind wir soziale Wesen und sollten in Frieden miteinander auskommen. Andere verstehen Ihren Ärger vielleicht gar nicht. Sie sind auch nicht daran interessiert, ihn abzubekommen, und noch weniger ändern sie freiwillig und freudig irgendein Verhalten, wenn sie immer nur angeblafft werden.

Selektive Offenheit

Spontane Gefühlsäußerungen mögen zwar ehrlich und total authentisch sein. Aber es gibt etwas Besseres. Für die »gepflegte« Kommunikation bietet sich die sogenannte »selektive Offenheit« an. Angepasst an die jeweilige Situation offenbaren Sie einen Teil ihrer Gefühle, ohne andere damit niederzubügeln.

Sprechen Sie Ihre Gefühle in gemäßigter Form aus oder zeigen Sie sie durch kleine Gesten. Das schützt Sie und Ihre Gesprächspartner vor ungewollten emotionalen Zusammenstößen.

Bevor Sie sprechen, sortieren Sie Ihre Gedanken nach folgendem Schema:

1. Was ist passiert? Herr Müller hat sich auf meinen Parkplatz gestellt.
2. Wie bewerten Sie das? Ich finde das unverschämt.
3. Wie fühle ich mich daraufhin? Sauer!
4. Wie handle ich daraufhin? Ich gehe zu ihm und frage ihn, ob er den Parkplatz auf der Rückseite des Gebäudes nehmen möchte.

Gewinnen Sie etwas Abstand und suchen Sie dann das Gespräch. Nutzen Sie den Vorfall, um aus einem Ärgernis einen Gewinn zu ziehen. Sie äußern Ihre Verärgerung und die Verletzung Ihrer Interessen, bieten aber gleich eine Lösung mit an und zeigen sich behilflich.

> ### Tipp: Über Gefühle sprechen
>
> Sprechen Sie in der Ichform und vermeiden Sie grobe Verallgemeinerungen wie »immer« und »nie«:
> **Statt:** »Wie kommen Sie dazu, sich immer auf meinen Parkplatz zu stellen? Suchen Sie sich gefälligst einen eigen!«
> **Sagen Sie:** »Ich finde es unhöflich, dass Sie mir den Parkplatz weggenommen haben, ich muss dann so weit gehen. Könnten

Sie bitte in Zukunft für einen eigenen Platz sorgen? Sie sprechen dazu am besten Frau Stetter an.«

Statt: »Lassen sie gefälligst die Finger von meinem Schreibtisch!«

Sagen Sie: »Mich stört es, wenn Sie meine Unterlagen benutzen. Gibt es etwas, das Sie suchen? Kann ich Ihnen dabei behilflich sein?«

Statt: »Immer störst du mich abends!«

Sagen Sie: »Würde es dir etwas ausmachen, mich in Zukunft vor 22.00 anzurufen? Da gehe ich nämlich schon ins Bett.«

Statt: »Immer vergisst du den Hochzeitstag!«

Sagen Sie: »Ich bin enttäuscht darüber, dass du den Hochzeitstag vergessen hast. Für mich heißt das, dass du mich gar nicht mehr für wichtig erachtest. Hast Du eine Idee, wie wir ihn nachholen können?«

Bevor Ihnen der Hut hochgeht: Stimmungsmanagement im Alltag

Wenn sich Ihre Stimmung aus dem gewöhnlichen Bereich zwischen gut und weniger gut herausgewagt, Sie überdreht, reizbar, ärgerlich und wütend werden, wissen Sie, dass Sie die Kontrolle über Ihre Stressaktivierung verloren haben.

Ihr Verstand kann ab jetzt nur noch routinemäßige Vorgänge erledigen. Automatische Urzeitprogramme übernehmen nun die Steuerung. Verständnis, Geduld, Konzentration, Kreativität für neue Problemlösungen – Fehlanzeige. Ihre Stressbalance ist völlig aus dem Gleichgewicht. Sie wollen alles auf einmal schaffen und behindern sich durch Ihre Flüchtigkeit selbst.

Gefühle? Ihre Mitmenschen haben es schwer mit Ihnen. Losheulen, brüllen, Türen knallen, meckern, nörgeln, herumzicken: Sie selber können sich auch nicht ausstehen. Danach werden Sie sich irgendwann im tiefen Loch von Erschöpfung wiederfinden. Und das wollen Sie nicht!

Gehen Sie also nochmals in sich und fragen Sie sich, welche Symptome Ihnen zeigen, in welchem Bereich der Stresskurve Sie sich gerade befinden. Nähern Sie sich dem »roten Bereich«, werden Sie etwas unternehmen, um sich und Ihre Gefühle wieder einzufangen. Doch sind Sie überhaupt bereit, Ihre Gefühle und Stimmungen selbst zu beeinflussen?

Darf ich das?

Die amerikanische Psychologin Diane Tice hat in einer Untersuchung mit 4.000 Probanden ermittelt, dass es ungefähr 5% »Stimmungspuristen« gibt, die ihre jeweiligen Gefühle für natürlich halten und sie unverändert hinnehmen wollen.

Diejenigen, die also Skrupel haben, selbst Hand an ihre Emotionen zu legen, die nur dann lachen dürfen, wenn ihnen jemand einen guten Witz erzählt, was machen die, wenn niemand mit einem Witz vorbeikommt? Ihnen möchte ich mit einem Zitat von unserem Meister der emotionalen Intelligenz, Daniel Goleman, Mut machen: »Der Umgang mit unseren Emotionen (ist) so etwas wie eine Ganztagesbeschäftigung; vieles, was wir, besonders in unserer Freizeit – tun, zielt darauf ab, unsere Stimmung zu lenken. Alles, vom Lesen eines Romans oder vom Fernsehen bis zu den Aktivitäten und Freuden, für die wir uns entscheiden, kann als ein Bemühen aufgefasst werden, zu erreichen, dass wir uns besser fühlen.«[1]

[1] zitiert nach Goleman, EQ. Emotionale Intelligenz, München 1997.

Überprüfen Sie bitte Ihre kleinen Alltagsrituale: Warum …

► gehen Sie morgens unter die kalte Dusche?
► trinken Sie eine Tasse Kaffee?
► rauchen Sie eine Zigarette?
► essen Sie ein Stück Schokolade?
► legen Sie im Winter dicke Sohlen in Ihre Schuhe?
► rufen Sie so oft Ihre Freundin an?
► gehen Sie so gerne nach der Arbeit in die Kneipe?
► legen sie sich stundenlang in die Badewanne?
► lieben Sie ausführliche Einkaufsbummel?
► fahren sie am Wochenende auf dem Nürburgring herum?
► hören Sie abends klassische Musik?
► arbeiten Sie am liebsten im Garten?

Alles, damit es Ihnen besser geht, oder?

Für den Notfall gewappnet sein

Manchmal jedoch braucht es etwas mehr, um die Gefühle wieder einzufangen. In der Natur der aufbrausenden oder deprimierten Emotionen liegt es leider, dass sie das konstruktive Denken einengen. Fred und Wilma sollten ja nicht allzu umständlich überlegen, wenn sie in Gefahr waren, oder sich einfach ausruhen, wenn sie erschöpft waren. Deshalb ist es hilfreich, seine Mittel beisammen zu haben, damit man sie im Notfall nur hoch hervorholen und einsetzen muss. Auf den nächsten Seiten habe ich Ihnen einen Notfallkoffer zum Gefühlsmanagement zusammengestellt. Sie wissen ja, dass Gefühle niemals alleine auftreten, sondern immer im Dreierpack mit Körper und Gedanken. Wenn die Gefühle durchdrehen, können die beiden anderen sie wieder einfangen. Deshalb empfehle ich für den Gefühlsnotfall, sich mit Körper und Gedanken zu befassen.

Bei Risiken und Nebenwirkungen...

Der Notfallkoffer ist ausschließlich dazu da, Sie in Momenten, in denen Sie keine Zeit haben, sich lange mit sich und Ihren Problemen zu beschäftigen, vor größerem Schaden zu bewahren.

Sie nehmen der Stressreaktion die Spitze, betreiben Deeskalation – eben Erste Hilfe! Es muss erst einmal auf einer vernünftigen Ebene weitergehen, alles andere kommt später. Doch um dauerhaft negative Emotionen und deren Folgen in den Griff zu bekommen, reicht der Einsatz der Hilfsmittel aus diesem Notfallkoffer nicht aus.

Stimmungsmanagement im Alltag: Der Notfallkoffer

Bevor Ihnen der Hut hochgeht...

Sind Sie sauer, wütend, zornig, gereizt? Sind Sie kurz davor, die Kontrolle zu verlieren? Hier die Tipps für ein professionelles Gefühlsmanagement:

► **Bewegen Sie sich!** Stehen Sie auf, gehen Sie im Raum umher, einen Gang entlang, zur Toilette, ein paar Treppen auf und ab oder am besten eine kleine Runde um den Block. Sie verlassen die Situation, in der sich Ihre Gedanken weiter aufschaukeln, lenken sich ein wenig ab. Doch vor allem setzen Sie Ihre hochgepeitschte Energie in das um, wofür sie gemacht wurde: Bewegung!

► **Atmen Sie aus!** Ein paarmal tief durchatmen und vor allem das Ausatmen betonen. Im Stress neigt man dazu, die Luft anzuhalten. Lassen Sie den Atem langsam ausströmen (wenn Sie allein sind, ruhig geräuschvoll!) und stellen Sie sich dabei vor, wie alle Spannung von Ihnen weicht.

► **Trinken Sie schnell ein ganzes Glas Wasser.** Das Trinken beansprucht den Teil des vegetativen Nervensystems, der Schlucken, Verdauung und Regeneration steuert (Parasympathicus). Der kampflustige Sympathicus wird dadurch in seiner Antriebskraft geschwächt. Sie entspannen ein wenig. Außerdem können Sie nur schnell trinken, wenn Sie sich konzentrieren. Dabei hört das tobende Selbstgespräch einen Moment auf und Sie kommen wieder auf den Boden zurück!

▶ **Setzen Sie bewusst positive Gedanken ein!** Das Gehirn kann immer nur in eine Richtung denken. Setzen Sie jetzt Ihre Kraftspender von positiver Seite ein.

▶ **Geben Sie sich laut und deutlich den Befehl STOPP!** Falls Sie zu aufgebracht sind, um bewusst umzuschalten, hilft ein energisches STOPP! Wenden Sie sich dann einem anderen Thema zu. Braucht etwas Übung! Aber es hilft.

▶ **Nutzen Sie Ihre momentane Power für andere Tätigkeiten.** In diesem Augenblick sind Sie voller Energie, die ein Ventil sucht. Setzen Sie sie für Dinge ein, die etwas mehr Schwung vertragen, wie aufräumen, putzen, lästige Briefe schreiben, Anrufe bei Leuten, die ein wenig Druck brauchen … Das macht zufrieden und entspannt.

▶ **Entlasten Sie sich schriftlich.** Nichts entlastet so sehr, wie angestauten Ärger auszudrücken! Nicht laut und donnernd, sondern schriftlich! Wenn Sie Ihre Gedanken in Worte fassen, kommen Sie innerlich automatisch zur Ruhe und schaffen eine wohltuende Distanz zu den Ursachen des Ärgers. Machen Sie es sich nett, während Sie schreiben.

▶ **Überlegen Sie, warum Sie sich so aufgeregt haben.** Wenn Sie etwas Zeit haben, sollten Sie einmal überlegen: Was hat Sie so frustriert? Was befürchten Sie? Ärgern Sie sich über andere oder etwa über sich selbst?

Bevor Sie vom Stuhl fallen …

Sind Sie völlig erschöpft, todmüde, traurig, fix und fertig? Vertrauen Sie darauf, dass Körper und Gedanken Ihnen Ihre Energie zurückbringen werden:

▶ **Wieder: Bewegen Sie sich!** Körperliche Aktivität vermittelt Ihrem System die Information: »Gleich geht's los!« Alle Systeme werden wach und Sie auch.

▶ **Spannen Sie alle Muskeln an.** Besonders, falls Sie nicht anders können als sitzenzubleiben. Am einfachsten: Sie setzen sich erst einmal gerade hin, straffen den Rücken, ziehen den Bauch ein, nehmen die Schultern herunter und stemmen die Füße gegen den Boden. Sie sehen sofort aktiver aus und fühlen sich auch so. Oder: Spannen Sie die Gesäßmuskeln an, ziehen Sie die Zehen hoch, stemmen Sie die Arme gegen die Lehnen – was auch immer Ihnen einfällt, erfüllt seinen Zweck.

▶ **Kältereize jeder Art machen munter.** Trinken Sie etwas Kaltes! Lassen Sie kaltes Wasser über Hände und Pulsadern laufen, waschen Sie das Gesicht mit kaltem Wasser, gehen Sie an die kalte, frische Luft! Ein paar Minuten reichen völlig aus.

▶ **Schauen Sie ins Licht!** Öffnen Sie ein Fenster oder gehen Sie ins Freie. Helles Tageslicht (auch an einem bedeckten Tag noch 10.000 Lux) aktiviert sehr gut.

▶ **Essen Sie ein wenig Zucker.** Möglicherweise ist Ihr Blutzuckerspiegel abgesunken. Ein kleines Stück Schokolade, ein Kaffee mit Zucker, ein Keks machen Sie wieder munter und, bevor Sie bei der Arbeit oder noch schlimmer beim Autofahren einen Fehler machen, sind sie natürlich erlaubt. Aber nicht auf Dauer!

> ▶ **Nutzen Sie die belebende Kraft der Gedanken.** Steuern Sie Ihr Aktivitätsniveau bewusst über Ihre Gedanken. Freuen Sie sich auf das, was geschieht oder was Sie tun, wenn die ermüdende Situation vorbei ist. Machen Sie angenehme Pläne!

Cool bleiben ist gesünder

Manche Menschen hauen gerne mal ordentlich auf den Tisch und brüllen herum. »Mal richtig Dampf ablassen, das tut gut, danach geht es mir sofort besser!« Stimmt! Aber den anderen? »Ach, die kennen das von mir!« Super! Wirklich nett von den Kollegen und der Familie. Hand aufs Herz: Wie finden Sie jemanden, der sich so gehen lässt? Nehmen Sie den ernst? Schätzen und achten Sie seine Reaktion? Oder sind sie immer in Hab-Acht-Stellung, wann wohl wieder so ein Anfall fällig ist? Können Sie entspannt und vertrauensvoll neben einem solchen Vulkan leben?

Dampf ablassen kann gefährlich sein

Die Wissenschaft hat herausgefunden, dass die emotionale Überflutung bei einem Wutanfall – hilfreich für den Urzeitmenschen – für den heutigen Couch-Potato sogar gefährlich werden kann. Warum? Sobald der Wüterich seine negativen Gedanken schießen lässt, durchfluten Wellen von Stresshormonen seinen Körper. Er ist bereit loszuschlagen! Jetzt hat er zwei Möglichkeiten: Sich selber herunterzukühlen, weil er beschließt, sich als zivilisierter Mensch zu zeigen, was seine Stresshormone langsam wieder abklingen lässt. Oder sich innerlich weiter hochzuschaukeln, indem er seinem Ärger freien Lauf lässt. Das bleibt jedoch nicht ohne Folgen, denn jetzt glaubt sein innerer Fred Feuerstein, dass es offensichtlich sehr ernst ist. Er hängt sich sofort noch einmal kräftig an die Alarmglocke, das Gehirn wird total überflutet von den wütenden Emotionen, die die höchste Stressstufe auslösen. Der Körper unseres Wüterichs ist genauso aufgewühlt wie die Gefühle! Sein Verhalten entgleist, er brüllt und tobt und greift auf die übelsten Verhaltensweisen seiner Vorfahren zurück. Und die ganze Zeit läuft sein Kreislauf auf Hochtouren, sein Blutdruck sprengt fast den Schädel, das Herz rast, er schwitzt. Da sein Blutdruck sowieso schon seit einiger Zeit erhöht ist, kann er in einer solchen Situation durchaus kritische Werte erreichen. Auch wenn unser Wüterich sich wieder beruhigt hat, bleibt die Aktivierung seines Systems noch eine Weile bestehen. Ist die entsprechende erbliche Belastung vorhanden, kann sich ein stabiler Hochdruck entwickeln. Damit sind Herzinfarkt oder Schlaganfall auch nicht mehr fern.

Gefühle steuern macht frei!

▶ Wer seine Gefühle kennt, kann sich von ihnen leiten lassen, ohne die Kontrolle zu verlieren.

▶ Andere Menschen werden nicht unnötig verletzt und verstört.

▶ Arbeiten können effektiver erledigt werden, weil überschäumende Emotionen die Konzentration nicht beeinträchtigen.

▶ Konflikte können effektiver ausgetragen werden, da man keinen unkontrollierten Ausbruch befürchten muss.

▶ Wer Freude, Zufriedenheit und Motivation aus sich selbst heraus entwickeln kann, ist unabhängiger von anderen Menschen, lässt sich von deren »Launen« auch nicht so schnell anstecken.

> **Tipp: Gefühle steuern über die Körpersprache**
>
> Falls Sie sich niedergeschlagen fühlen wollen, brauchen Sie nur Schultern und Kopf ein wenig hängen zu lassen, schleppend zu gehen, die Augen halb zufallen zu lassen, den Blick nach unten zu lenken, die Mundwinkel hängen zu lassen und flacher zu atmen. Innerhalb von wenigen Sekunden ist alle Energie weg!
>
> Aber eigentlich wollen Sie ja genau das Gegenteil! Also: Straffen Sie den Rücken, werden Sie 5 – 15 cm größer, schauen Sie mit weit geöffneten Augen nach oben, atmen Sie tief durch und lächeln Sie! Und? Wie fühlen Sie sich? Optimistisch und voller Energie! Veränderte Körpersignale erzeugen veränderte Gefühle und Gedanken. Es funktioniert tatsächlich!

Glücksmomente: Stressbalance sofort!

Das einfachste Gegengift gegen all den Frust und die schlechte Laune, die Ihre Stressbalance durcheinanderbringen, sind die kleinen Glücksmomente des Alltags. Auf der Jagd nach dem großen Glück, dem Riesenerfolg und der Supererfüllung verlieren Sie leicht aus den Augen, dass Sie sich immer wieder mit Energie aufladen können, unabhängig von anderen, indem Sie die Dinge bewusst genießen. Sie brauchen dafür nichts als Ihre fünf Sinne – eine Fähigkeit von unschätzbarem Wert!

Als Sie noch klein waren, reichten ein leckeres Fläschchen, warmes Badewasser, zärtliche Berührungen, und Ihr kleines Universum war perfekt. Im Grunde hat sich bis heute daran auch nicht viel geändert. Glück entsteht immer noch auf der Haut, der Zunge, in der Nase und im Bauch!

Werden Sie Weltmeister der Alltagsfreuden

Trainieren Sie das Gespür für den eigenen Körper und die belebende Kraft natürlicher Reize. Angenehme Sinneswahrnehmung ist positive Energie!

▶ Der Wecker klingelt morgens 10 Minuten früher und Sie genießen das wohlig warme und herrlich faule Gefühl, noch ein wenig in den Kissen herumwühlen zu können. Sie spüren die weiche Berührung auf der Haut.

▶ Sie räkeln sich, strecken und dehnen alle Muskeln. Sie spüren, wie Ihre Energie erwacht und Sie belebt!

▶ Was gibt es nicht alles zu genießen! Das Prickeln der Dusche, die Frische der Zahnpasta, Kaffeeduft …

▶ Und noch mehr: Die Luft des neuen Tages, ihre kraftvollen Schritte zum Parkplatz …

▶ Die Vorfreude auf das Mittagessen, die verschiedenen Geschmacksrichtungen und Konsistenzen der Speisen und Getränke! Wie schön ist es, satt zu sein….

▶ Freundliche Menschen, hübsche Gesichter, schöne Kleidung, gelungene Dekorationen, überall versteckte Schönheit. Lassen Sie sich von ihr berühren.

▶ Alle Geräte sind aus: Sie hören Vögel zwitschern, Blätter rauschen, den Wind, Regentropfen …

▶ Die Energie der Farben …

▶ Ein fremder Duft …

▶ Der Blick sieht alles ganz neu: den Waldweg, die Straßenschlucht, die Ecke im Büro, noch nie so gesehen …

▶ Kühl und glatt die Tischplatte, rau, weich und fest das Sofa, die Haut des Freundes, das warme Fell der Katze.

▶ Abends … ausstrecken, liegen, frei, nichts mehr müssen, noch ein bisschen kuscheln, in die Kissen, an den Partner … Augen zu.

Nimm Dir einfach mehr vom Leben!

Nach einem ausgefüllten Tag reichen Fantasie, Kraft und Entschluss-freude häufig nur noch für das Nötigste: Hausarbeit, Kinderbetreuung, Essen, Körperpflege, Herumtrödeln, Aufräumen, Fernsehen. Und schon sind 2-3 Stunden ersehnter Freizeit draufgegangen. Schade!

Viele Menschen lassen ihre freie Zeit durch die Finger rinnen. Sie nennen das Entspannung und freuen sich, auch einmal etwas »nicht Sinnvolles« zu tun. Und sie haben sich damit abgefunden, dass leider auch nichts dabei herauskommt, was sie wirklich zufrieden macht. Das kann man so halten, aber es gibt etwas Besseres! Das allerdings braucht etwas Engagement! Sie müssen schon ein wenig nachdenken, entscheiden und planen. Wie immer, wenn Sie etwas erreichen wollen!

Herausfinden, was wirklich Spaß macht

Erarbeiten Sie sich eine Liste, die Sie immer dann zu Rate ziehen können, wenn Sie zu müde, zu träge oder lustlos sind, um sich aktiv etwas zu überlegen. Schöpfen Sie dazu aus Ihrer Erfahrung und Erinnerung, denn die geben Ihnen zuverlässigere Hinweise auf das, was Ihnen wirklich gut tut!

1. Was ich früher gerne allein getan habe: z.B. lesen, Fotos ansehen, Sport, Musik hören, Wellness-Abend, Meditation …

2. Was ich früher gerne gemeinsam mit anderen getan habe (mit einem Partner/Freunden/Familie): z.B. Gesellschaftsspiele, spazieren gehen, tanzen gehen, essen gehen, Kino, Theater, Freunde treffen, sich gegenseitig etwas vorlesen, sich massieren, sich gegenseitig verwöhnen …

3. Was ich schon immer mal allein machen wollte: Ich hätte Lust, eine neue Sportart auszuprobieren, Spanisch zu lernen, neue Leute ken-

nenzulernen, alte Freunde zu treffen oder anzurufen, in einen Club/Bar/Disco/Café/Restaurant zu gehen, in dem ich noch nie war, eine Massage zu bekommen, in ein Wellness-Bad zu gehen …

4. Was ich schon immer mal gemeinsam mit anderen machen wollte (mit einem Partner/Freunden/Familie): Sportveranstaltung besuchen, Leute besuchen, Ausflug, Wanderung, Museum, Abenteuerurlaub machen …

5. Und wenn Sie schon einmal dabei sind: Was ich irgendwann einmal in meinem Leben unbedingt tun oder erleben möchte: z.B. eine besondere Reise machen, eine besondere Herausforderung annehmen, etwas Besonderes kaufen, einer Partei oder Organisation beitreten, mich irgendwo engagieren …

Das sind die Regeln:

Schreiben Sie erst einmal spontan, frei und ohne Beschränkungen alles nieder, was Ihnen durch den Kopf saust. Denken Sie großzügig! Gönnen Sie sich Freiheit! Dann fragen Sie sich bei jedem Stichwort, das Sie auf die Liste geschrieben haben:

▶ Was kann ich heute, morgen oder übermorgen tun?
▶ Was möchte ich nächste Woche tun?
▶ Was möchte ich nächsten Monat tun?
▶ Was irgendwann mal wieder?

Bei der Entscheidung und Planung fallen leider einige Dinge wieder weg oder werden in die ganz ferne Zukunft verschoben. Also fragen Sie sich auch: Wenn nicht jetzt, wann dann?

Rumpelstilzchen war kein Schlaffi: Die Kraft negativer Emotionen

Positive Gefühle sind das Schönste im Leben. Was aber ist mit den negativen? Mit Wut, Ärger, Frust, Angst oder Neid? Entscheidend ist, dass wir aus diesen Gefühlen auch Konsequenzen ziehen! Sonst strapazieren sie Blutdruck und Immunsystem, verderben die Laune, machen auf Dauer krank und depressiv und stressen unsere Mitmenschen. Das heißt, wenn negative Gefühle nicht zum Nachdenken über nützliche Ziele und zu neuen Handlungen führen, sind sie für die Katz!

Negative Gefühle sind wichtig

Länger als bis die Botschaft des Gefühls (»Schlecht für dich, tu etwas anderes!«) angekommen ist, sollten wir uns nicht damit aufhalten. Manche Leute aalen sich nach dem Motto »Besser ein schlechtes Gefühl als gar keines.« in ihrem Elend. Begehen denselben Fehler wieder und wieder, bloß weil sie nicht denken oder lernen wollen und sich nicht entscheiden können. Andere ziehen es vor, negative Gefühle erst gar nicht zu bemerken. Sie wenden eine Menge Energie auf, um die wilden Kerlchen im Untergrund zu halten.

Die wichtigsten Gefühlsbetäuber: Viel Arbeit, Freizeitstress, Alkohol, Kaffee, Zigaretten, Drogen, Medikamente, ausuferndes Sporttreiben, extremes Sexleben, Aufopferung für andere.

Der Versuch, die eigenen Emotionen tapfer aber konsequenzlos auszuschalten, ist auf Dauer nicht nur unangenehm und energiezehrend, sondern lässt sie nur noch stärker werden. Wenn dann ein neuer Stressfaktor dazu kommt, ein Jobwechsel, eine Krankheit, ein zweites

Kind oder ein neuer Wohnort, bricht die Abwehrbastion zusammen. Körperlich oder in Form einer seelischen Erkrankung. Deshalb sich lieber vorher dosiert und kontrolliert mit ihnen beschäftigen. Wer sich alleine nicht traut, kann durchaus die Hilfe von Freunden, besser noch von Fachleuten in Anspruch nehmen. Psychotherapie ist kein Beweis des eigenen Versagens, sondern eine Hilfe für persönliches Wachstum, größere Flexibilität und mehr Kompetenz im Glücklichsein.

Wir werden uns nun auf den Weg machen, und uns verschiedene, als negativ bezeichnete Gefühle vornehmen. Wir werden untersuchen, welche wertvollen Informationen in ihnen stecken und wie wir ihre Kraft gezielt nutzen können.

Wut und Ärger machen wach

Wenn jemand das, was Sie für wichtig, richtig und notwendig halten, ihre hohen Werte und Heiligen Kühe, mit Füßen tritt, schießt Ihnen die heiße Wut in den Bauch. Wut entwickelt eine elementare Kraft, die den Menschen in früheren Zeiten und auch heute noch bei gewaltsamen Auseinandersetzungen gute Dienste leistete und leistet. Sie überwindet – wenn es sein muss – das von der Natur eingepflanzte Verbot: Töte keinen Artgenossen! Wie sonst hätten Steinzeitmenschen, Ritter, Landser und Soldaten es geschafft, einander zu massakrieren? Mit der Wut kommt man in Bewegung, überwindet Verkrampfung und Erstarrung, spürt die Energie, den Mut und den Drang, das Unerträgliche abzuschaffen, mit welchen Mitteln auch immer. Leider oft mit den falschen.

Das hat inzwischen fast jeder begriffen: Die Faust ist heute nicht mehr das geeignete Instrument. Also: Kommando zurück, die Faust bleibt (geballt) in der Tasche. Was übrig bleibt ist Ärger. Ärger ist die abgeschwächte Form von Wut. Denken Sie an die vielen hitzigen Debatten über Politik oder andere Themen, die Sie schon geführt haben. Da gehen Freundschaften auseinander und Familien zerbrechen.

Reaktion auf persönliche Angriffe

Das erste, was wir aus Wut und Ärger lernen können: Es geht immer um ganz Wichtiges, Grundlegendes, um persönliche Werte. Werte bilden das Grundgerüst unserer Überzeugungen. Wenn Sie bisher nicht wussten, wie wichtig Ihnen bestimmte Anstandsregeln sind, merken Sie es spätestens dann, wenn Ihnen jemand eine Schwingtür vor den Kopf donnern lässt und Sie nichts anderes können als »Ignoranter Trottel!« zwischen den Zähnen hervorzuzischen. Doch zu viel Wut und Ärger lassen die Stressreaktion hochschnellen und halten sie in unkontrollierbaren Höhen. Und wir werden unbeliebt, schädigen unser Image, sehen hässlich aus und haben statt schlauer Gedanken nur dumme Allgemeinplätze im Kopf. Deshalb:

Nehmen Sie Ihren Ärger ernst

Führen Sie zwei Wochen lang eine Ärgerliste, auf der sie jeden noch so kleinen Ärger notieren. Sie werden Augen machen, wenn Sie sich diese Liste bei einem guten Glas Wein in einer ruhigen Stunde ansehen! Betrachten Sie Ihre Liste mit Interesse und Neugier. Ziehen Sie dann Ihre Konsequenzen aus den Erkenntnissen. Das wird Ihnen durch den Kopf gehen:

▶ **Meine Güte! So viele Peanuts!** Mindestens 50% des Ärgers sind Kleinigkeiten wie rote Ampeln, durchlöcherte Socken, verlegte Zeitungen, kalter Kaffee, oder die berühmte, offen gelassene Zahnpastatube, denen Sie die Herrschaft über Ihre Gefühle, Ihre Gedanken und Ihren Körper überlassen. Stellen Sie sich die Frage: »Werde ich mich in einer Woche darüber auch noch aufregen?« Wenn nein, beschließen Sie, sich nicht weiter darüber zu ärgern.

▶ **Immer wieder dasselbe.** Jeden Tag der gleiche Stau, jeden Tag das gleiche muffige Gesicht am Schreibtisch gegenüber, jeden Tag der gleiche Stress mit den störenden Telefonaten. Können Sie daran etwas ändern? Haben Sie alles versucht? Da war nichts zu verändern? Dann gibt es nur eines: akzeptieren und das Beste daraus machen. Üben Sie Selbstdisziplin und Zeitmanagement, damit Sie früher aus dem Haus kommen, werden Sie unabhängig von den Launen anderer, optimieren Sie Ihre Arbeitsorganisation. Gleichen Sie das Unabänderliche aus, soweit Sie können.

▶ **Selber Schuld!** Bei manchen Ärgernissen müssen Sie zu Ihrer Schande gestehen, dass Sie bisher zu faul oder zu feige gewesen sind, notwendige Änderungen einzuleiten. Prima! Nichts wie los! Werden Sie aktiv und kreativ! Jedes Problem ist eine Herausforderung. Es wäre doch gelacht, wenn Sie es nicht schaffen würden, der schlecht gelaunten Frau Müller ein Lächeln zu entlocken oder Ihren Partner irgendwie doch dazu zu bringen, die Zahnpastatube zuzumachen! Entwickeln Sie sich weiter, wachsen Sie an Ihren Aufgaben.

▶ **Sorry, selbst gemacht!** Tja, das ist unangenehm: Wenn Sie feststellen, dass Sie selber die Ursache für den Ärger sind. Sie wissen ganz genau, dass Sie pünktlich wären, wenn Sie mehr Selbstdisziplin aufbringen würden; dass Sie nicht so kaputt wären abends, wenn Sie sich nicht immer zu viel vornehmen würden; dass Sie zufriedener und entspannter wären, wenn Sie nicht so unter der Knute Ihres eigenen Perfektionismus stehen würden. Nur so viel zu Ihrer Beruhigung: Sie machen das alles nicht, weil Sie blöd sind und sich selber gerne so viel Ärger aufhalsen, sondern weil all die gerade genannten Verhaltensweisen auch etwas Gutes haben. Nur die Dosierung ist Ihnen ein wenig aus der Hand geglitten. Sie wollen zu viel des Guten.

▶ **Sie ärgern sich besonders schnell und nachhaltig, wenn Sie mit ihren Kräften sowieso schon am Ende sind.** Ärgerliche Selbstgespräche sind ein Zeichen für Kontrollverlust. Nehmen Sie sie ab heute als ein Signal dafür, dass Sie eine kleine Entspannungspause brauchen (Notfallkoffer). Dann brauchen Sie kein unnötiges Porzellan zu zerschlagen.

▶ **Ich ärgere mich gerne.** Wägen Sie ab zwischen Nutzen und Schaden (vgl. folgende Checkliste.) Entscheiden Sie sich und ärgern Sie sich dann von Herzen!

Checkliste: Warum ärgern Sie sich?

Ärgern Sie sich häufig? Zu häufig? Ärgern Sie sich vielleicht sogar gerne? Es gibt Menschen, die haben eine regelrechte Ärgerkultur entwickelt. Denn Ärger hat auch seine positiven Seiten.

▶ Wenn ich mich ärgere, fühle ich mich vital und lebendig statt schlaff und matt.

▶ Ärger abzulassen beruhigt mich.

▶ Wenn ich mich aufrege, glaube ich, im Recht zu sein.

▶ Ich ärgere mich oft und sage das auch. Dann merken andere, dass ich richtig engagiert bin und nicht gleichgültig den Missständen in unserem Betrieb (unserem Land, der Familie, etc.) gegenüber.

▶ Nur wenn ich mich richtig ärgere, habe ich die Power, um auch etwas zu ändern.

▶ Wenn ich mich ärgere und herumtobe, können andere meine Gefühle sehen. Dann bin ich menschlich und offen statt unnahbar und verschlossen.

▶ Wenn ich mich über andere ärgere, fühle ich mich besser oder schlauer als sie.

Sollten Sie sich also wirklich gerne ärgern, gönnen Sie sich hin und wieder eine kleine Portion. Dann scheint Ärger für Sie ein Lebenselixier zu sein. Auch das gibt es!

Frust macht stark

Jetzt reicht's! Das ist der End- und Wendepunkt. Glückwunsch! Es kann nur noch besser werden. Oder lieben Sie den Dauerfrust? Den schnellsten Weg in die Hölle von Burnout und Depression? Vielen reicht es offensichtlich, sich immer nur über ihren Frust zu beschweren. Aber ein mitgeteiltes Gefühl ist noch keine nachhaltige Verbesserung. Kümmern Sie sich um sich, sorgen Sie für mehr Energie. Bitte jetzt keine Entspannungsübung oder ein Wellness-Wochenende! Sie brauchen Bewegung, Dynamik, etwas, das sie in Schwung bringt und Ihre Energie explodieren lässt! So springen Sie über die innere Frustmauer:

▶ Treiben Sie den Frust gedanklich auf die Spitze. Stellen Sie sich vor, was passiert, wenn Sie noch jahrelang so weitermachen.

▶ Sammeln Sie alle Argumente, warum Sie sich nicht verändern können: Einen anderen Beruf habe ich nicht gelernt, ich kann alleine die Miete nicht bezahlen, ich kann sowieso nicht alleine sein, ich brauche das Geld, ich kann mich so schlecht umgewöhnen, sowas macht man doch nicht, ich bin zu alt, zu jung, zu dick, zu dünn, zu unselbstständig, zu dominant ... zu alles.

▶ Zu jedem Punkt schreiben Sie sich bitte auf, was Sie lernen sollten, um in die Gänge zu kommen.

▶ Sprechen Sie mit anderen Menschen, die Ähnliches erlebt haben, und holen sich dort Mut und vor allem Informationen zu Ihrer anstehenden Veränderung.

▶ Treiben Sie intensiv Sport. Nehmen Sie dann die frisch gewonnene Energie und setzen Sie sich mit Ihrer Situation auseinander. Angst vor Neuanfang? Haben sehr viele. Aber wo die Angst ist, da geht's lang! Versuchen Sie es einmal. Dahinter liegt immer etwas Tolles. Eine Weiterentwicklung in Bereichen, von denen Sie noch nichts gewusst haben.

▶ Denken Sie nicht mehr lange nach. Tun Sie den ersten Schritt. Es kann, wie gesagt, nur besser werden!

Angst: Triebkraft für Wachstum

Das Gefühl der Angst ist so unangenehm, dass manche Menschen bereits Angst vor der Angst haben. Angst kann zum beherrschenden Gefühl werden, sich immer weiter ausbreiten, bis die normale Lebensführung schließlich nicht mehr möglich ist. Es gibt generelle Angstzustände, die sich nicht an bestimmten Auslösern festmachen lassen, oder Phobien vor beispielsweise Spinnen, Flugreisen, fremden Menschen, Menschenmassen, etc. oder ganz urplötzlich auftauchende Panikattacken. In diesen Fällen hat sich die Angst zu einer Krankheit verselbstständigt, die psychotherapeutisch behandelt werden muss und dadurch wieder gut beherrschbar wird.

Vorbereitung auf Kommendes

Die normale Angst jedoch begleitet uns ein Leben lang, und das ist gut so. Denn sie zeigt, dass es in der Zukunft etwas gibt, worauf Sie sich vorbereiten sollten. Und die Angst ist sogar so freundlich, Sie mit der nötigen Energie zu versorgen. Wenn Sie sich lieber ins Bett legen wollen statt sich damit zu beschäftigen, wird sie dafür sorgen, dass Sie nicht schlafen können und Ihnen so lange Herzklopfen verursachen, bis Sie einsehen, dass es praktischer ist, wieder aufzustehen und noch ein wenig zu arbeiten oder zumindest nachzudenken.

Wie der Ärger tritt auch Angst besonders häufig auf, wenn Ihr System sich an der Grenze seiner Leistungsfähigkeit befindet. Da ist es hilfreich, sich erst einmal um den Körper zu kümmern. Mit Bewegung zum Beispiel beruhigen Sie die Angst ein Stück weit und können sich nun mit klarem Kopf Ihrer Analyse widmen. Betrachten Sie die Angst mit Neugier und Interesse. So distanzieren Sie sich innerlich. Sie werden nicht überwältigt.

► Wovor genau habe ich Angst?
► Was wäre das Allerschlimmste, was passieren könnte?

► Wie wahrscheinlich ist es, dass dieser schlimmste Fall eintritt?
► Wie kann ich den Schaden begrenzen?
► Gibt es jemanden, der diesen »Ernstfall« bereits hinter sich hat?
► Was kann ich von ihm lernen?
► Was kann ich vorbeugend tun?
► Welche Fähigkeiten sollte ich verbessern oder lernen?

Durch diese gezielte Auseinandersetzung können Sie die Angst kontrollieren und ihren Antrieb nutzen.

Energiequelle Neid

Die anderen haben alles und Sie nicht. Aber andererseits wollen Sie auch nicht in deren Haut stecken. Die Verantwortung bei einem so hohen Posten, die Kosten für so ein riesiges Haus mit Swimmingpool, die ständige Sorge bei so einer attraktiven Frau – nein, nichts für Sie. Sie wollen lieber Ihre Ruhe haben. Wirklich?

Neidgefühle konstruktiv nutzen

Es gibt kein besseres Vorbild für Sie als jemand, der das geschafft hat, was Sie gerne möchten! Eine gute Freundin und Kollegin hat mit 45 Jahren angefangen, regelmäßig Yoga und Aerobic zu machen. Ihre Körperhaltung und Figur lassen Sie vor Neid erblassen. Der Gedanke an sie treibt auch Sie ins Fitness-Studio. »Was sie geschafft hat, kann ich auch!«

Studieren Sie genau, was Sie an dem anderen Menschen interessiert und ein wenig neidisch macht. Beschaffen Sie sich so viele Informationen wie möglich. Finden Sie auch Fehler, Schwächen oder Nachteile. Diese Erfahrungen können Sie sich dann nämlich sparen. Machen Sie es besser oder verändern Sie eine Kleinigkeit! Gerade im beruflichen

Bereich gibt es nichts Praktischeres, als mit dem »Mitbewerber« gleichzuziehen und sich in einem Punkt, der den Kunden sehr interessiert, positiv anzuheben. So wie eine bekannte Hamburger-Kette vor vielen Jahren mal den Werbeslogan hatte: »Vorsprung durch Tomate!«

So nutzen Sie Ihre Neidgefühle konstruktiv:

► Wie welche Person, die ich beneide, möchte ich leben?
► Welche Arbeit möchte ich tun?
► Was möchte ich an meiner Erscheinung, an meinen körperlichen Qualitäten verändern?
► Wer ist mein Vorbild?
► Was möchte ich auch haben?
► Wie hat der andere es geschafft?
► Was muss er dafür leisten?
► Welche Einschränkungen nimmt er in Kauf?
► Was muss ich tun?
► Bin ich bereit, es auch wirklich zu tun?
► Ist es mir das tatsächlich wert?
► In welchem Punkt kann ich mich unterscheiden?
► Was kann ich besser machen?
► In welchem Zeitraum will ich es schaffen?
► Was ist mein erster Schritt, den ich morgen mache?

Durch Ihren Neid können Sie sich tatsächlich weiterentwickeln. Ein Mitmensch diente Ihnen dafür als Inspiration. Nett von ihm, nicht?

Energiequelle Mitmensch

Das, was den Menschen auf der Welt am meisten interessiert, sind andere Menschen. Denn sie sind die größte Quelle der Freude, aber leider auch der größte Risikofaktor für unser Glück. Denn Beziehungen sind absolut unberechenbar. Der gleiche Mensch kann Sie am Vormittag in den siebten Himmel schweben und am Nachmittag in die Hölle abfahren lassen. Die Gefahr, vom Verhalten und den Gefühlen anderer abhängig zu sein, ist groß.

Sind Sie abhängig von anderen?

Geht es Ihnen besonders gut, wenn Sie gelobt werden, sich von anderen bewundert und umschwärmt fühlen? Sind Sie niedergeschlagen und frustriert, wenn Ihr Kind in der Schule nicht spurt? Machen Sie ihm deshalb Vorwürfe und setzen es unter Druck? Sind Sie happy und beschwingt, wenn ein netter Mensch Sie zum Abendessen einlädt? Sind Sie daraufhin äußerst spendabel mit dem Trinkgeld an den Taxifahrer? Natürlich. Doch wenn Ihre Gefühle überwiegend von anderen abhängen, kann Ihr Leben auf Dauer ganz schön anstrengend werden.

Man braucht eine Menge Flexibilität, Anpassungsfähigkeit aber auch Eigenständigkeit, um sich selbst treu zu bleiben und mit Beziehungen so zu jonglieren, dass sie einem auf Dauer gut tun. Das ist eine große Herausforderung und nach jeder verpatzten Begegnung sind Sie mit Sicherheit schlauer als Sie es vorher waren!

Über die Fähigkeit, eigene Gefühle zu erkennen und zu steuern, haben wir schon einiges gehört. Jetzt beschäftigen wir uns damit, was wir bei anderen bewirken können, um energiezehrende Begegnungen in energiespendende zu verwandeln.

Geteiltes Leid …

Die Welt aus den Fugen, im Job brennt's, das Chaos frisst die Nerven auf, die Energie rotiert, Sie sind kurz vor dem Kollaps. Wenn Sie jetzt irgendwo ein offenes Ohr finden, das einfach nur zuhört, ein Auge, das ernst und interessiert schaut und einen Mund der ab und zu mal »Oh je, ach, wie furchtbar, hm, schlimm.« sagt, dann sind Sie gerettet! Erleichterung macht sich breit, Ihre Energie fließt wieder in geordneten Bahnen. Die Neuroforschung hat festgestellt, dass schlichte Zuwendung in Krisensituationen die Neurobotenstoffe Oxytocin und Endorphine freisetzt. Sie sind zuständig für Beruhigung, Angstlösung, Schmerzstillung und das warme Gefühl, geborgen zu sein. Und wenn Ihr geduldiger Zuhörer fragt: »Und jetzt?« kommen Sie wahrscheinlich auch schon bald wieder auf eine Idee, die tatsächlich weiterhilft.

Was Sie beide, Ihren Retter und Sie, zu einem unschlagbaren Trouble-Shooting-Team gemacht hat, nennen die Kommunikationswissenschaftler soziale Kompetenz. Jemand, der seine Bedürfnisse, Ansichten und Gefühle ausdrücken kann, der sich aufmacht, um sich Hilfe zu holen und jemand anderen dazu bringen kann, ihn auch in gewünschter Weise zu unterstützen, verfügt über ein gutes Instrumentarium, um selbst schlimme Krisen zu meistern. Doch auch der Zuhörer braucht ein gewisses Geschick, um das Nervenbündel aufzufangen. Es muss in der Lage sein, seine eigenen Bedürfnisse, seine Klugheit und Bedeutung, seine eigenen wichtigen Erlebnisse einen Moment in den Hintergrund zu stellen und sich ganz dem anderen zu widmen. Jetzt mit den tollsten Ratschlägen vorzupreschen, nach bestem Wissen und Gewissen das Beste für den anderen zu tun, wäre völlig fehl am Platz.

Sein feines Gespür für die Situation sagt ihm, was der andere tatsächlich von ihm braucht: Rücksichtnahme und Sensibilität. Und dieses Gespür kann er am besten einsetzen, wenn er sich von der Katastrophenstimmung nicht anstecken lässt. Soziale Kompetenz bedeutet also auch, eine gewisse emotionale Unabhängigkeit bewahren zu können. Sie bedeutet nicht, ohne Mitgefühl zu sein, aber das Mitgefühl unter Kontrolle zu halten und angemessen auszudrücken.

So stärken Sie andere: Fragen statt sagen!

Menschen, die in der Lage sind, anderen dabei zu helfen, ihre Emotionen zu regulieren, sind sehr beliebt. Sie können bei Aufregung beruhigen oder bei Niedergeschlagenheit unterstützen, sodass der Hilfesuchende wieder frischen Mut schöpft. So stärken Sie andere:

► Nehmen Sie sich Zeit!
► Hören Sie interessiert zu. Schauen Sie den anderen an, nicken Sie.
► Stellen Sie sicher, dass Sie verstanden haben, indem Sie gelegentlich nachfragen (»Der Georg hat tatsächlich gemeint, dass …?«)
► Werden Sie sich der Gefühle Ihres Gegenübers bewusst.
► Lassen Sie sich nicht anstecken.
► Bestätigen Sie die Gefühle! (»Mir ginge es genauso. Das ist ja unangenehm für dich.« etc.)
► Nicht dagegen argumentieren: Auch wenn der Betreffende auf der sachlichen Ebene daneben liegt, er fühlt sich verletzt, verärgert, wütend, traurig, enttäuscht, etc., da gibt es nichts dran zu deuteln.
► Fragen Sie mehrfach nach (»Wie genau war das?«) und helfen Sie ihm so, alles loszuwerden.
► Setzen Sie eine Grenze, damit der andere sich nicht in seinem Frust verliert.
► Fragen Sie nach Lösungsideen.
► Loben Sie die ersten Ansätze.
► Fragen Sie, was in der schief gelaufenen Situation ursprünglich mal sein Ziel war. Damit lenken Sie ihn wieder in positives Fahrwasser.
► Fragen Sie, ob er sich vorstellen kann, noch einmal auf einem anderen Weg neu zu starten, um das Ziel zu erreichen.
► Arbeiten Sie sich gemeinsam in die positive Richtung vor.
► Danken Sie für das Vertrauen, das Ihnen entgegengebracht wurde.

▶ **Vorsicht Energiesauger!**

So wichtig, hilfreich und heilsam Beziehungen sein können: Es gibt Personen, in deren Gegenwart Sie sich klein, unbedeutend, geschwächt oder genervt fühlen: Energiesauger!
Vermeiden Sie die Gesellschaft von Menschen, die…

▶ Hilflosigkeit und Unfähigkeit einsetzen, um Sie auszunutzen.
▶ ewig mit ihren Problemen ankommen, aber sich nie für eine Lösung entscheiden können.
▶ ständig beleidigt, trostbedürftig oder verzweifelt sind und so alle Aufmerksamkeit auf sich ziehen.
▶ Macht daraus ziehen, indem sie Sie überrollen.
▶ den eigenen Glanz verstärken, weil Sie neben Ihnen so unscheinbar wirken.
▶ sich die eigene Langeweile vertreiben, indem sie Sie mit ihren Geschichten anöden.

Empathie überwindet Grenzen

Empathie – Einfühlungsvermögen – ist die Grundvoraussetzung dafür, dass zwischen Menschen Energie fließen kann, sie Beziehungen aufnehmen, sich verstehen. Denn wer schon Probleme hat, eigene Gefühle wahrzunehmen und auszudrücken, wird sich schwer tun, emotionale Signale anderer zu registrieren und entsprechend zu reagieren. Dann »stimmt die Chemie nicht«, »man bekommt keinen Draht zueinander«, was soviel heißt, dass die Begegnung unbefriedigend bleibt und nur auf den nötigsten Kontakt beschränkt wird. Doch am liebsten haben wir es, wenn wir andere verstehen, uns ihnen nahe und damit sicher fühlen können. So scheint es in unserem Bioprogramm vorgesehen. Denn Sicherheit im Zusammensein mit anderen garantiert das Überleben.

Die Körpersprache verrät mehr, als wir denken

Es ist nicht immer erwünscht, dass wir unsere Gefühle zu erkennen geben. Sich cool, beherrscht, souverän zu zeigen, oder Begeisterung und Motivation zu mimen, ist in vielen Bereichen unseres Lebens die angesagte Strategie. Und doch: Was nicht »echt« ist, nicht wirklich der aktuellen Stimmung des Betreffenden entspricht, wirkt immer aufgesetzt und falsch. Irgendetwas an der Haltung, Gestik, Mimik, Körperspannung oder dem Bewegungsablauf wirkt verdächtig. Jemand betont, sich über Ihren Besuch zu freuen, schaut aber kaum von seinem Schreibtisch auf. Sie wissen sofort, dass seine Aussage nicht stimmt.

»Man kann nicht nicht kommunizieren!«, sagen die Gurus der Körpersprache. Wir informieren immer über unseren Zustand, unabhängig davon, wie wir selbst glauben, auf andere zu wirken. »Ist egal, was du meinst, es ist wichtig, wie es aussieht!«, sagt der Körpersprache-Professor Samy Molcho, wenn seinen Schülern nicht passt, was der Meister an ihnen beobachtet. Kleinste Zuckungen im Gesicht, Mikrogesten, ein Flackern des Blickes, ein angespannter Muskel – Details unterscheiden die Darstellung einer Emotion von der Wirklichkeit. Sie alle zu registrieren und auszuwerten bedarf eines komplexen Programms – unserer Empathie.

Menschliches Verbundensein – Spiegelzellen machen es möglich

Bei Menschen, die sich gerade sehr gut verstehen, kann man etwas Interessantes beobachten: Sie synchronisieren ihre Körpersprache. Das heißt, einer ist sozusagen das Spiegelbild des anderen. Setzt er sich im Stuhl zurück, tut der andere es ebenfalls, aktiviert er sich plötzlich, weil ihm etwas Wichtiges eingefallen ist, beugt er sich nach vorne. Sofort kommt ihm sein Partner entgegen. Im Schnelldurchlauf des Videorecorders sieht so eine Begegnung aus wie ein Tanz. Und so fühlen sich die beiden auch: Harmonisch aufeinander abgestimmt bewegen sie sich durch ihr Gespräch, im besten Einvernehmen, mit dem Gefühl des gegenseitigen Verstehens, größten Vertrauens und optimaler Sicherheit. Emotional sehr befriedigend.

Zustande kommen diese »Spiegelungen« durch ein spezielles System an Nervenzellen, die Spiegelneuronen. Sie übernehmen automatisch die Blickrichtung, den Körperausdruck und die Stimmbewegungen eines Menschen, der für uns wichtig ist. Bestes Beispiel: Beim Füttern eines Kleinkindes öffnet die Mutter den Mund und das Kleine macht es automatisch nach. Denn das ist die Aufgabe der Spiegelneuronen, sie lassen und das Vorbild eines anderen Menschen übernehmen. Das ist wichtig für die ersten Lernschritte eines Kindes, aber auch die Basis unseres Einfühlungsvermögens. Denn das, was die Spiegelneuronen »sehen«, wird 1:1 in unserem Gehirn wiederholt. Mitsamt allen Gefühlsregungen, Stimmungen, Befindlichkeiten und Absichten. Wer diese Spiegelungen bei sich selbst gut spüren kann, kann fast Gedanken lesen, weil er über eine hervorragende Empathie verfügt.

Trainieren Sie Ihre Empathie: »Spiegeln« Sie andere.

Körpersprache ist immer der Ausdruck einer Gefühlslage. Umgekehrt erzeugen willkürlich praktizierte Haltungen oder Gesten auch entsprechende Gefühle.

Spiegeln Sie das körpersprachliche Verhalten eines Gesprächspartners und beobachten Sie genau, wie Ihre Gefühle sich dabei verändern. Sie werden Ähnliches fühlen wie Ihr Gegenüber und nach einer Weile werden Sie glauben, schon sehr lange mit ihm bekannt zu sein.

Gemeinsam lebt es sich gesünder!

Die wissenschaftliche Literatur ist gespickt mit Belegen: In unserem Gehirn gibt es ein Programm, das uns befiehlt: »Sei nett zu Deinem Nächsten, dann ist er auch nett zu dir, und das ist gut für Euch beide. Denn dann könnt Ihr Euch helfen, wenn mal etwas Schlimmes passiert.«

Im Zusammenspiel mit anderen Menschen wortloses Verstehen, Vertrautheit, Nähe, Trost und Unterstützung zu erfahren, ist für das Überleben der menschlichen Art unentbehrlich gewesen. Und ist es noch heute. Soziale Unterstützung nennen die Psychologen dieses Programm, das uns Anweisung und Bedürfnis zugleich ist. Wer wenig soziale Unterstützung erfährt, lebt eindeutig schlechter:

▶ Männer haben weniger gefühlsbetonte Freundschaften und erleben weniger persönliche Unterstützung als Frauen. Sie legen diese als Schwäche und Abhängigkeit aus. Männerfreundschaften sind deshalb eher auf gemeinsamen Interessen aufgebaut als auf Gefühlen. Fachleute sehen darin einen der Gründe, weshalb Männer früher sterben als Frauen.

▶ Unverheiratete Männer erholen sich von schweren Krankheiten (z.B. Herzinfarkt) schlechter als verheiratete.

▶ Migranten aus anderen Kulturkreisen, die ohne die gewohnten Netzwerke leben müssen, erkranken häufiger und schwerer.

▶ Wer seine Gefühle nicht gelegentlich teilen kann, wer meint, auf weiter Flur alleine zu stehen, wird anfälliger für körperliche und seelische Beschwerden.

▶ Auf der anderen Seite: Menschen mit schweren Erkrankungen, die sich Selbsthilfegruppen anschließen, leben leichter mit ihrem Schicksal und lernen, dem Unglück noch etwas Gutes abzugewinnen.

Auf welche Weise die Nähe zu anderen Menschen hergestellt wird, wie man zu einem Gefühl von Gemeinsamkeit und Unterstützung kommt, ist gar nicht so entscheidend. Manchen reicht es zu wissen, dass im Ernstfall wirklich jemand für sie da ist. Manchen genügt der Chat in seinem Lieblingsroom am Feierabend. Andere brauchen regelmäßigen Kontakt, intensiven Austausch von Gefühlen und Befindlichkeiten und viele Zeichen der Nähe und Zuwendung.

Positives Feedback

Wenn wir schon einmal dabei sind, uns gegenseitig so viel Gutes zu tun, möchte ich Sie auf eine ganz simple Technik aufmerksam machen, die wir von Raubtierdompteuren aus dem Zirkus lernen können. Haben Sie sich jemals gefragt, wie so ein Mensch es schafft, das wilde Tier durch einen brennenden Reifen springen zu lassen, wo es doch eine äußerst starke, genetisch programmierte Abneigung vor dem Feuer hat? Dagegen ist die Abneigung der Männer gegen herauszubringende Mülleimer ein Klacks.

»Ordentlich mit der Peitsche knallen und ihn da durchjagen!«, rufen die Verwegenen in meinen Seminaren als Antwort. »Da bekommt der Tiger Angst und frisst eher den Dompteur, als durch Feuer zu springen.«, gebe ich zu bedenken. »Belohnung geben, wenn er gesprungen ist.«, »Zuckerbrot und Peitsche!« Schon besser, aber wie schafft er es, dass er überhaupt springt? »Vertrauen aufbauen! Schon ganz früh damit anfangen.« Aha, es scheint sich also um einen langwierigen Erziehungsprozess zu handeln, der erst einmal gar nichts mit der später geforderten Leistung zu tun hat.

Und dann? Dann wird der Dompteur in mühevoller Kleinarbeit schon den leisesten Ansatz eines Schrittes in die richtige Richtung mit einem leckeren Fleischbrocken belohnen. Positives Feedback nennen das die Psychologen. Es beginnt genau in dem Augenblick, wo der Tiger zum ersten Mal in die Richtung des Feuerreifens geschaut hat. Und geht dann Stück für Stück weiter, bis das Ziel erreicht ist.

Was heißt das jetzt für uns? Wie gehen wir denn vor, wenn wir uns von anderen etwas wünschen? Wir geben jede Menge Feedback, aber immer nur negativ. »Das ist aber noch dreckig, hier in der Ecke.«, »Warum ist der Mülleimer immer noch nicht geleert?«, » Da sind aber noch zwei Fehler in dem Brief.«, »Du hast schon wieder, immer noch nicht, nie machst du, habe ich Ihnen doch schon 1000 Mal gesagt…«

Bitte, danke, nett von dir

Wir merken nicht, dass wir damit den Frust und Unwillen auf beiden Seiten nur verstärken und am Ende nichts als Energieverschwendung erreichen. Versuchen Sie es doch mal so: »Ich habe gesehen, du hast schon angefangen, deine Sachen wegzuräumen.«, »Danke, dass du den Mülleimer runter gebracht hast.«, »Nett von Ihnen, dass Sie schon daran gedacht haben, dort anzurufen.« Verteilen Sie kleine Komplimente, bedanken Sie sich, loben Sie, wo immer Sie können. Sie brauchen nur das, was tatsächlich getan wurde, freundlich zu bemerken. »Super«, »hervorragend«, »spitze« gibt es auch nur für Ausgezeichnetes! Fachleute nennen diese Art von Feedback »beschreibendes Lob«. »Ich sehe, ich habe gemerkt, ich beobachte, ich finde …« So beginnen die Beobachtungen, die Sie über das, was andere tun oder getan haben, mit positivem Unterton aussprechen. Fügen Sie die Vokabeln »schon« oder »prima« hinzu und fertig ist ein ehrliches und vor allem realistisches Lob. »Erwische deine Mitarbeiter dabei, wie sie gerade etwas richtig machen und dann erwähne es wohlwollend.«, rät uns der Altmeister der Business-Ratgeber, Dale Carnegie. »Genau richtig!«, »Prima, weiter so!« – mehr braucht es nicht. Experimentieren Sie mit dieser Strategie! Klima und Stimmung um Sie herum werden sich in kurzer Zeit völlig entspannen. Und das Schöne an dieser Art der Ermunterung: Sie müssen sich Mühe geben, die kleinen guten Ansätze und Taten anderer zu bemerken. Ständig ist Ihr Gehirn damit beschäftigt, die Gegend auf Positives hin durchzukämmen – ausgezeichnet! Denn in dieser Zeit können Sie selbst auch nur positiv denken und fühlen sich wohl!

▶ Energiequelle Freundlichkeit: Sei nett zu anderen!

▶ Ein Kellner, eine Verkäuferin, ein Tankwart bedient Sie mit sauertöpfischem Gesicht? Eine kleine Bemerkung wie »Harter Tag heute, oder?« und ein nettes Lächeln zaubern ein wenig positive Energie.

▶ Aktivieren Sie Ihre gute Kinderstube. Bringen Sie wieder mehr Höflichkeit und Aufmerksamkeit in die Welt. Anderen die Tür aufhalten, in den Mantel helfen, mit Auskünften behilflich sein – das gibt nicht nur Ihnen ein gutes Gefühl.

▶ Bitten Sie andere um kleine Gefälligkeiten. (Würde es Ihnen etwas ausmachen, mir … mitzubringen? Darf ich Sie kurz um einen Gefallen bitten? Es würde mir sehr helfen, wenn Sie …) und bieten Sie diese auch von sich aus an (Darf ich Ihnen aus der Stadt etwas mitbringen? Kann ich Ihnen sonst noch etwas Gutes tun?) Der Austausch von netten Gesten festigt das Beziehungsnetz.

▶ Vorsicht Schleimer! Übertreiben Sie nicht und spüren Sie, wann Sie anderen lästig fallen. Penetrante Freundlichkeit und Hilfsbereitschaft macht aggressiv! Man fühlt sich vom Freundlichkeitsterror unter Druck gesetzt.

Lebensziel: Glück

Glück ist … in jedem Zeitalter, in jeder Gesellschaft, für jeden Menschen etwas anderes. Von der Bedürfnislosigkeit der Mönche bis zur Verschwendungssucht barocker Fürsten, vom naturnahen Leben bis zur überspitzen Verfeinerung snobistischer Dandys – alles schon mal dagewesen. Glück lässt sich schwer in Begriffe fassen. Auch nicht in Regeln. Doch letztlich spürt es jeder, wenn er glücklich ist, aus welchem Grund auch immer.

Kleine Glücksbringer im Alltag

Heutzutage, so sagt der deutsche Glücksforscher Alfred Bellebaum, steht bei uns das »Erlebnis« als Quelle des Glücks im Vordergrund. Es gibt keine Beschäftigung, die nicht zum »Event« aufgepeppt werden soll, vom Einkaufen über das Schwimmengehen bis hin zum schlichten Zubereiten eines Abendessens. Erlebniswelten drängen sich auf, wohin man schaut. Besonders da, wo man sich für unsere Geldbörse interessiert.

Das legt die Vermutung nahe, Glück könne man kaufen, und tatsächlich meinen das auch viele. Wellness, Wohlbefinden, Fröhlichkeit, alles ganz easy – Sie brauchen nur eine Packung Teebeutel und den richtigen Badeschaum!

Die kleinen materiellen Glücksbringer haben tatsächlich ihren Nutzen, besonders wenn man sie sich als Belohnung nach einem anstrengenden Tag gönnt und mit ihrer Hilfe seine Stressbalance wieder zurechtrückt. Schreiben Sie sich eine Liste von kleinen Belohnungen, die Sie sich selbst schenken. Sie sollten allerdings nicht zu viele Kalorien und zu viel Alkohol enthalten. Es kommt also auch

hier auf den klugen und dosierten Umgang mit den kleinen Glücks-
bringern an.

Tipp: Alles ist relativ

Vergleichen Sie Ihr Leben gelegentlich mit dem anderer, denen
es schlechter geht. Auch wenn es ein wenig unmoralisch erscheint. Es schadet niemandem, doch Sie sind sich Ihres Glü-
ckes wieder voll bewusst und Ihre Stimmung wird besser.

Glück zu jeder Zeit

Auf der Suche nach der blauen Blume des Glücks werden wir Dank
der wunderbaren Fähigkeiten unseres Großhirns in allen drei Zeitdimensionen fündig. Die Vergangenheit dient uns dabei als zuverlässige
Glücksquelle. Die Gegenwart ist, wie wir sehen werden, für das höchste der Glücksgefühle zuständig und das Glück, das wir in der Zukunft
finden wollen, gibt unserem Leben die Richtung.

Schatzkiste der Erinnerung

Vielleicht denken Sie einmal darüber nach, welche Menge an High-
lights Sie in Ihrem Leben bereits einkassiert haben! Denn auch, wenn
Sie im Moment nicht auf Rosen gebettet sind: Was im Schatzkästlein
der Erinnerung tief unten in Ihrem Gehirn aufgehoben ist, kann ihnen niemand mehr nehmen.

Baden Sie in dem unbändigen Stolz, als Sie Ihren Führerschein in
der Hand hielten. Erinnern Sie sich, wie Sie nicht mehr wussten, wohin mit Ihrer Energie, dem Selbstbewusstsein und rasendem Glück,
als der angebetete Schwarm sich zum ersten Kuss herabgelassen hatte.

Spüren Sie die Wärme und Dankbarkeit, Ehrfurcht und Zärtlichkeit, die Sie fast zerfließen ließen, als Sie Ihr Neugeborenes zum ersten Mal im Arm wiegten. Je tiefer Sie sich in die Erinnerungen hineinfallen lassen, umso stärker überfluten Sie die schönen Gefühle. Auch wenn es draußen regnet, Ihr Liebster Sie verlassen hat und der Kühlschrank leer ist.

Nutzen Sie die positiven Erinnerungen Ihrer inneren Schatzkiste ganz gezielt, um sich in schwierigen Situationen selbst wieder aufzubauen. Kramen Sie in Fotokisten, alten Briefen, Tagebüchern, Souvenirschachteln oder Adressbüchern. Ein Urlaubsbild, ein gemeinsames Lied, ein flüchtiger Parfümduft, ein alter Pullover – und schon ist die schöne Zeit, die Sie mit jemandem verbracht haben, wieder da.

► Zu viel Stress hat Sie an den Rand der Verzweiflung gebracht und Ihr Selbstvertrauen liegt am Boden: Erinnern Sie sich an alles, was Sie stolz, froh oder sicher gemacht hat. Zum Beispiel wie Sie kraft Ihrer Persönlichkeit einen Kollegen zur Räson gebracht haben, wie Sie bei einer großen Anschaffung geschickt einen Vorteil für sich heraus gehandelt haben, wie Sie durch eine diplomatische Glanzleistung einen großen Familienkrach verhindert haben, usw.

► Jemand hat Ihnen einen Fehler nachgewiesen. Sie sind verunsichert und fühlen sich auf einmal nicht mehr leistungsfähig. Denken Sie an alles, was Sie bisher an Erfolgen hingelegt haben. Jede Prüfung, jede besondere Aufgabe, das Haus, das Sie gebaut haben, die schönen Dinge, die unter Ihren Händen entstanden sind – alles, was Ihnen gut gelungen ist.

► Sie haben Probleme mit dem Partner und fühlen sich nicht mehr liebenswert. Erinnern Sie sich an alle Beziehungen, auch zu Familienmitgliedern oder Freunden, in denen Sie Zuwendung, Liebe und Freundschaft erfahren haben.

► Sie sind überarbeitet und haben das Gefühl, niemand hält mehr zu Ihnen. Erinnern Sie sich an die Einladungen, Grillfeste, Partys und

Familienfeiern der letzten Jahre. Mit wie vielen Menschen haben Sie schon fröhlich gefeiert?

Sich selbst am eigenen Schopf aus dem Sumpf zu ziehen ist eine wichtige Selbstmanagement-Fähigkeit. Unabhängig von den jeweiligen Umständen und anderen Menschen schaffen Sie es, negative Gedanken, Stimmungen und damit die Stressreaktion einzudämmen. Denn in dem Moment, in dem Sie die positiven Gefühle aktivieren, verbessern sich gedankliche Klarheit und körperliches Wohlbefinden schlagartig. Und dann haben Sie auch die Energie, wirklich etwas zur Verbesserung Ihrer Lage zu tun.

Dürfen Sie glücklich sein?

Von Natur aus neigt der Mensch der negativen Seite zu. Von dort kamen schließlich der Tiger und die Flutwelle. Nur die Bereitschaft, auf Negatives und Gefährliches zu reagieren, hat das Überleben garantiert. Das heißt: Negatives sehen, das können Sie. Das brauchen Sie nicht zu üben. Das Glücklichsein hingegen schon.

Das heißt – halt, stopp! Bitte überprüfen Sie Ihre Einstellung zum Glücklichsein! Es gibt nämlich einige gute Gründe, die dagegen sprechen, das Leben zu genießen. Wo sie herkommen? Keine Ahnung! Fragen Sie mal Ihre Mama.

Es gibt Menschen, die mit strengen Glaubenssätzen zum Thema »Glück« groß geworden sind. Überprüfen Sie, ob Sie durch einen oder mehrere der folgenden Sätze daran gehindert werden, Ihr Leben zu genießen. Überlegen Sie dann, von wem diese Sätze stammen und ob Sie es tatsächlich akzeptieren, sich von diesen Personen immer noch Vorschriften über Ihr persönliches Lebensglück machen zu lassen. In Ihrer Kindheit und Jugend konnten Sie vielleicht nicht anders, als sich an den Vorstellungen anderer zu orientieren. Doch heute sind Sie erwachsen und stehen auf eigenen Beinen, führen ein selbstständiges

Leben und verdienen eigenes Geld. Warum dann also nicht auch eigenes Glück genießen? Die häufigsten Glaubenssätze gegen das Glücklichsein:

1. Ich habe es nicht verdient, glücklich zu sein.
2. Glück ist nur Illusion. In Wirklichkeit ist das Leben Mühe und Arbeit.
3. Wenn man sich auf etwas freut, wird man nur enttäuscht.
4. Man muss immer auf das Schlimmste gefasst sein.
5. Wenn es mir gut geht, sind andere neidisch und wollen mir schaden.
6. Ich habe keine Begabung zum Glücklichsein.
7. Glück ist ein flüchtiger Luxus – nicht wichtig.

Falls sich herausstellt, dass Glücksgefühle für Sie nicht in Frage kommen, wenden Sie sich der Seite zu und ziehen Ihren Nutzen aus den negativen Gefühlen, das ist dann auch etwas Positives.

Flow: Das Glück der Gegenwart

»Tu, was du tust!« – eine alte Glücksregel aus der Antike. »Widme dich deiner Tätigkeit völlig, sei im Hier und Jetzt, vergiss dich ganz darin, was immer es auch sein mag.« Schwer einzusehen, bei den vielen unangenehmen Pflichten, die man heutzutage hat: Im Stau stehen, Abwasch machen, Ablage, Buchführung, unmotivierte Mitarbeiter zu Superteams erziehen, Vokabeln üben. Wer macht das schon gerne? Und doch stimmt der Spruch. Denn spätestens seit der ungarische Psychologieprofessor Mihály Csíkszentmihályi seinen Bestseller »Flow. Das Geheimnis des Glücks« veröffentlicht hat, wissen wir, was wir zu tun haben, um das Glück auch im normalen Alltag zu fassen zu kriegen: Absolute Hingabe an die Gegenwart, Konzentration und Identifikation.

Woher kennen Sie Flow?

Auf der Suche nach der Antwort auf die uralte Frage: »Wann fühlt sich der Mensch am glücklichsten?« fand der Professor etwas erstaunliches heraus: Glück ist gar nicht das Glück, das wir zu kennen meinen. Es ist nicht der glückliche Umstand, der Zufall, 6 Richtige im Lotto, eine unverhoffte Begebenheit, nichts auf das man wartet, sondern glücklich ist man, wenn man selber aktiv wird, etwas tut und ganz darin aufgeht, die Welt um sich herum vergisst.

Csíkszentmihályi hatte Maler, Tänzer und Leistungssportler befragt, denn ihm war aufgefallen, dass sie oft völlig versunken, absolut konzentriert, kreativ und selbstvergessen und auch durch Hunger, Durst und Müdigkeit unabgelenkt, in ihre Arbeit vertieft sind – und sich dabei glücklich fühlen! Man braucht nicht zu dieser Personengruppe zu gehören, um sich an das Erlebnis von Flow erinnern zu können. Beim Durchforsten Ihrer glücklichen Vergangenheit wird Ihnen aufgefallen sein, dass Glück meistens mit einer speziellen Art der Tätigkeit verbunden ist.

 So bringen Sie Flow in Ihr Leben

Nicht alle Dinge, die zu unseren alltäglichen Pflichten gehören, haben Flow-Potenzial in sich. Doch wenn Sie wissen, worauf es ankommt, können Sie selbst eine Menge dazu beitragen, die »Flow-Rate« in Ihrem Leben zu erhöhen.

▸ **Sich den Aufgaben gewachsen fühlen:** Lieber nur eine Sache mit ganzem Herzen betreiben, als viele mit halbem. Das gilt für Hobbys genauso wie für berufliche Tätigkeiten. Beschäftigen Sie sich im Detail mit den Dingen, die Sie tun wollen. Lernen Sie etwas darüber und bilden Sie sich ständig weiter. Ob Sie nun Weinkenner, Schmetterlingssammler oder Sportler sind; der Spaß wird größer, je besser Sie sich auskennen.

▶ **Aufgaben als Herausforderung sehen:** Viele Tätigkeiten haben natürliche Grenzen und Regeln, die man für sich selbst ausreizen und hinausschieben möchte. Reinhold Messner fühlt sich von den Achttausendern herausgefordert, wo normale Menschen nicht mehr atmen können, andere stellen ihren persönlichen Rekord beim Kreuzworträtsel auf. Geben Sie sich Mühe, in Ihrem Tätigkeitsfeld immer besser zu werden, z.B. im Sport, in der Effektivität der Haushaltsführung, bei der Gartenpflege. Wo auf den ersten Blick keine Herausforderung zu sehen ist, kann man sich mit etwas Kreativität selbst eine schaffen (»Mal sehen, wieviel Kartoffeln ich in 15 Minuten schälen kann!«) Jede noch so langweilige Tätigkeit bekommt so einen interessanten Kick. Tun Sie auch Dinge, die Sie sich bisher nicht zutrauten (aber bitte nichts Gefährliches!). Die Freude des Flow entsteht auf dem schmalen Grad zwischen Unsicherheit und Langeweile, sagt Csíkszentmihályi.

▶ **Klare und erreichbare Ziele setzen:** Zielsetzung erfordert Wissen, Nachdenken, realistische Einschätzung und Planung von Ihnen. Auch wenn das Ziel eher privater Natur ist. Wenn Sie deutlich formulieren, wohin Sie wollen, können Sie Ihre Energie besser bündeln und ausrichten. Auch wenn es nur heißt: »Ich möchte den Pullover, den ich gerade stricke, in zwei Wochen auf der Party anziehen.« oder »Ich möchte mit der Buchführung Heiligabend fertig sein.«

▶ **Unmittelbare Rückmeldungen einplanen:** Rückmeldungen dienen der Kontrolle und schaffen Erfolgserlebnisse. Sie sind leicht einzuplanen, wenn man Teilziele festlegt und überprüft: In welcher Zeit haben Sie die Aufgabe erledigt, wie viel oder wie wenig Material haben Sie verbraucht, etc. Im Sport sagt Ihnen ein Schiedsrichter, Spielleiter oder ein Publikum, ob Sie sich richtig verhalten haben. Je schneller die Rückmeldung kommt, desto besser. Deshalb machen Computerspiele so viel Spaß – das Ergebnis ist unmittelbar zu erfahren.

▶ **Sich vollkommen konzentrieren**: Alle Energien sind gebündelt. Gedanken, Absichten, und Gefühle sind auf das gleiche Ziel gerichtet. Im Kopf herrscht Ordnung – sicheres und angenehmes Gefühl! Sie sind so versunken in Ihre Aufgabe, dass die Handlung wie automatisch abläuft. Diese Konzentration kann man üben. Sie hat etwas mit Wollen zu tun. Erst wenn Sie sich tatsächlich für eine einzige Tätigkeit entschieden haben, kann Flow entstehen. Viele Menschen, die sehr unruhige, zerstückelte und schnell wechselnde Aufgaben haben, sind wahrscheinlich deshalb oft so frustriert und erschöpft, weil Ihre Arbeit keine Konzentration und damit keine Flow-Erlebnisse zulässt. In dem Moment, in dem eine gewisse Vertiefung in die Aufgabe möglich ist, macht sie sofort mehr Spaß.

▶ **Die Situation unter Kontrolle haben**: Sie wissen Bescheid, Sie fühlen sich sicher und stark, Sie beherrschen die Materie. Sie wissen aber auch, dass Sie jeden Moment aus der Bahn geworfen werden können. Dieses Wissen um die Gefahr steigert noch einmal Energie und Konzentration. Sobald dagegen eine Aufgabe zur leicht beherrschbaren Routine wird, schweifen die Gedanken ab, Sie verlieren den Faden und der Flow ist gestoppt.

▶ **Sich mit Hingabe der Sache widmen**: Die Gegenwart ist mit ruhiger Freude gefüllt, andere Emotionen haben keinen Platz. Alle Alltagssorgen sind ausgeblendet. Sie sind eins mit der Aufgabe, die um ihrer selbst willen geschieht. Sie tun alles, damit sie gelingt. Dieses Gefühl, über sich selbst hinaus zu wachsen, ist für viele Flow-Erfahrene so wertvoll, dass sie darüber andere Lebensbereiche vernachlässigen. Sie haben es schon vermutet: Man kann danach süchtig werden.

Flow macht erfolgreich!

Wenn Sie sich erfolgreiche Menschen genauer ansehen, werden Sie feststellen, dass deren Leben voller Flow-Aktivitäten ist.

► Sie arbeiten in ihrem Beruf mit Leidenschaft.
► Sie haben oft ihr Hobby zum Beruf gemacht.
► Sie können sich gut konzentrieren
► Sie arbeiten lange und intensiv. Im Flow zu sein lässt das Zeitgefühl verschwinden. Geregelte Arbeitszeiten sind für sie kein Thema.
► Sie sind nicht besonders auf den Erfolg fixiert. Der entsteht sozusagen als Nebenprodukt einer hervorragenden Leistung.
► Der Spaß an der Herausforderung lässt sie immer besser werden und neue Ziele finden.
► Sie setzen selbst die Maßstäbe, nach denen sie ihren Fortschritt begutachten.
► Sie kennen ihre Schwächen und akzeptieren sie. Sie kennen ihre Stärken und bauen darauf.
► Da ihnen ihre Tätigkeit selbst schon Spaß macht, brauchen sie nicht verbissen und angestrengt dem Erfolg hinterherzulaufen. Sie bleiben innerlich frei und unabhängig.
► Sie können objektiv ungünstige Bedingungen in Herausforderungen umwandeln, indem sie sich selbst die verbleibenden Handlungsspielräume suchen. Zum Beispiel auf langweiligen Tagungen versuchen sie, möglichst viele Kontakte zu knüpfen und die Szene

genau kennenzulernen. Sie haben dadurch eine optimistische und angenehme Ausstrahlung.

▶ Ihr Beruf bedeutet ihnen sehr viel, gibt ihrem Leben einen Sinn und große Befriedigung. Diese seelische Konstellation hält auch in Zeiten harter Beanspruchung gesund.

▶ Einziger Minuspunkt: Ihre Begeisterung für ihren Beruf geht oft auf Kosten von Familie, Freundeskreis und Partnerschaft. Doch wer im Berufsleben für Flow begabt ist, wird ihn auch im Privaten finden können: Im Schmusen und der Sexualität, im Spiel mit Kindern und Hund, in der Entspannung, im Sport und dem Gespräch mit Freunden, in der Kennerschaft von gutem Essen und exzellentem Wein, in der Freude am Reisen und Studieren.

Der Schlüssel zum Glück

Wenn Sie sich jetzt noch einmal fragen, was das Leben lebenswert macht, werden Sie feststellen, dass alle Elemente des Flow in Ihren Antworten vorkommen. Sobald Sie den Flow-Zustand für sich im Griff haben, besitzen Sie den Schlüssel! Stecken Sie ihn in möglichst viele Türen und Sie werden ihr Leben meistern.

Flow ist außerdem genau die Beschreibung dessen, was Sie als optimale Leistungsfähigkeit im chronisch kontrollierten Hochleistungsstress erleben. Körper, Geist und Emotionen arbeiten Hand in Hand und machen Dinge möglich, über die Sie staunen. Doch ebenso wie die Phase des Hochleistungsstresses nicht ewig anhalten soll, können Sie nicht 24 Stunden am Tag im Flow leben. Sie brauchen Pausen zur Erholung, zur Regeneration, zur Verarbeitung des Erlebten und zur Vorbereitung auf die nächste Herausforderung.

Die besten Übungen für mehr Flow im Alltag

Die Herausforderung der Flow-Erlebnisse besteht darin, zwei zunächst gegensätzliche Qualitäten in einer Tätigkeit zusammenzubringen: disziplinierte Konzentration und leidenschaftliche Hingabe. Am leichtesten ist dieses Paradox zu verstehen, wenn man Kindern beim Spielen zuschaut. Hochkonzentriert, manchmal sogar mit ganz ernstem Gesicht, lassen sie sich völlig auf ihr Tun ein.

Spielen ist der einfachste Weg
- ▶ Spielen Sie mit Kindern.
- ▶ Spielen Sie spannende Gesellschaftsspiele.
- ▶ Erzählen Sie Kindern Geschichten, die Sie im Moment frei erfinden.

Tun Sie etwas Kreatives
- ▶ Schreiben Sie Geschichten oder Tagebuch.
- ▶ Gärtnern Sie.
- ▶ Basteln, handarbeiten oder heimwerken Sie.
- ▶ Spielen Sie ein Instrument. Improvisieren Sie.
- ▶ Erfinden Sie Rituale für besondere Ereignisse (Einladungen, Verabredungen mit dem Partner, als Vorbereitung auf besonders schwierige Aufgaben).

Konzentrieren Sie sich
- ▶ Immer wenn Sie etwas besonders Langweiliges tun (abwaschen, Kartoffeln schälen, den Parkplatz kehren, Rasen mähen), entschließen Sie sich, es ganz bewusst zu tun. Optimieren Sie die Bewegungen, sparen Sie Zeit und setzen Sie sich selber ein Ziel.

- ► Hören Sie Musik nicht nebenbei, sondern ausschließlich. Setzen Sie sich dazu ruhig hin und lauschen Sie jedem einzelnen Ton.

- ► Treiben Sie Sport und achten Sie auf jede Bewegung, jeden Atemzug, jeden Muskel.

- ► Beenden Sie jede Tätigkeit, bevor Sie etwas Neues anfangen. Vermeiden Sie es, »durcheinander« zu arbeiten. Sie gewinnen wenig Zeit, weil Sie so Unordnung produzieren.

- ► Meditieren Sie. Setzen Sie sich irgendwo hin, wo Sie ungestört sind und beobachten Sie nur Ihren Atem. Sobald Sie mit den Gedanken abschweifen, kehren Sie zum Atem zurück. Eine große Herausforderung!

Lassen Sie sich fallen

- ► Tanzen Sie alleine in der Wohnung. Schließen Sie die Augen. Denken Sie nicht daran, wie Sie aussehen, sondern lassen Sie sich fallen und folgen Sie den spontanen Bewegungen Ihres Körpers.

- ► Nehmen Sie ein warmes Bad und lassen die Muskeln ganz entspannt im Wasser schwimmen.

- ► Lassen Sie sich massieren oder von Ihrem Partner verwöhnen. Sprechen Sie nur das Nötigste und überlassen Sie sich ganz Ihren Empfindungen.

Liebe – der Mega-Flow

Alle Flow-Kriterien auf einmal und dazu die geballte Kraft der Erotik – ein Energizer, wie es ihn stärker nicht gibt. Es war schon sehr weise von der Natur, diese heftigste und schönste aller Gefühlsmischungen einerseits zeitlich zu begrenzen und uns andererseits immer wieder anfällig für sie zu machen. Dass sich Liebe auch als ruhiger und kräftiger Strom durch unser Leben ziehen kann, ist eine Erfahrung, die nach dem ersten Rausch kommt.

Das Geheimnis der Liebe

Alle wollen geliebt werden. Liebesentzug – die schlimmste Katastrophe, die uns passieren kann. Warum sind wir zu fast allem bereit, um ein kleines bisschen Liebe zu ergattern? Es steht wieder einmal in unserem Bioprogramm, denn was machen wir mit denen, die wir lieben? Wir passen gut auf sie auf, verwöhnen, pflegen, liebkosen sie, helfen ihnen und machen ihnen das Leben in jeder nur erdenklichen Form leichter. Liebe gibt. Und das ist gut für unser Überleben. Das Bedürfnis nach Liebe ist existenziell, in allen seinen verschiedenen Ausprägungen von sexueller Liebe bis zur menschlichen Verbundenheit. Wenn es nicht von Zeit zu Zeit befriedigt wird, werden wir erst unglücklich und dann möglicherweise sogar krank. Doch statt uns abhängig zu machen von der Liebe anderer ist eine andere Lösung: Selber lieben! Liebevolle Gedanken an einen anderen Menschen wärmen das Herz, machen uns glücklich, entspannt und stark. Es muss ja nicht immer eine ganze Beziehungskiste sein. Man kann viele Menschen auf eine freundschaftliche Art lieben und sich damit wohl fühlen. Sobald Erotik ins Spiel kommt gilt genauso: Was von einem Menschen ausgeht wird in irgendeiner Weise zurückkommen, andere anregen, ermutigen, motivieren. Erinnern Sie sich an den alten Spruch? » … denn die Freude, die wir geben, kehrt ins eigne Herz zurück!«

▶ Liebe zeigen und Beziehungen pflegen

- ▶ Begegnen Sie den Menschen in Ihrer Umgebung offen und vertrauensvoll.
- ▶ Zeigen Sie Ihre Zuneigung durch Lächeln, kleine Hilfestellungen, gelegentliche nette Mitbringsel, angemessene Berührungen.
- ▶ Gönnen Sie sich kleine Flirts, um Sonne in den Alltag zu bringen.
- ▶ Umarmen und streicheln Sie Familienmitglieder und enge Freunde, in dem Maße, in dem sie es gestatten.
- ▶ Berührungen der Haut sind gut für die Seele. Körperpflege, Massage oder Saunabaden erfüllen auch ihren Zweck.
- ▶ Verbringen Sie Zeit mit Menschen, die Sie mögen: Freunde, Familie und Bekannte.

Die Macht des Lachens

Treffen sich zwei Jäger – beide tot. Haha! Lachen ist ein Allheilmittel – der schnellste Weg zur Stressbalance. Es lässt Energien wieder fließen, verbindet die Herzen der Menschen und macht den Kopf frei. Denkblockaden, Peinlichkeiten, Missgeschicke – ein Witz, ein Lachen entschärfen jede unangenehme Situation sofort. Schnell, sicher und zuverlässig. Das wussten auch schon Wilma und Fred Feuerstein, die beim Umherstreifen in den Savannen ihren Nachbarn fröhlich zugrinsten und damit signalisierten: »Wir tun euch nichts, gehen nur ein bisschen spazieren.« Ziehen Sie die Mundwinkel auseinander, zeigen Sie Ihre Zähne, kneifen Sie die Augen ein wenig zu und neigen Sie vielleicht auch noch den Kopf etwas zur Seite: Diese Konstellation an Mimik und Haltung hat es in sich. Sie besänftigt nicht nur die Gefühle Ihrer Mitmenschen, sondern auch die eigenen – egal, in welcher Stimmung Sie gerade sind! Der amerikanische Psychologe an der University of California, Paul Ekman, hat es nachgewiesen: Die Erregung bestimmter Gesichtsmuskeln ruft über eine Aktivierung des vegetativen Nervensystems genau die Gefühle hervor, die mit der Mimik im Einklang stehen. Bisher galt: Wir lachen, weil wir fröhlich sind. Nun haben wir eine Möglichkeit dazubekommen: Fröhlich zu werden, weil wir lachen.

Aus Ernst wird Spaß

Humor ist, wenn man trotzdem lacht. Eine Situation wird umgedeutet, aus einer anderen Perspektive gesehen und damit harmloser gemacht, als sie eigentlich ist.

Auf der gedanklichen Ebene erfordert Humor eine gewisse geistige Flexibilität. Ein Witz ist nämlich nur dann witzig, wenn wir in der

Lage sind, den Widerspruch zwischen unserer Erwartung und dem tatsächlichen Ereignis zu verstehen. Aus diesem Widerspruch entsteht ein neues Ergebnis, das wir dann lustig finden, indem wir es von seiner eigentlichen Bedeutung lösen. Wir wären sonst angesichts der beiden eingangs erwähnten Jäger traurig statt amüsiert.

Nebenwirkung Gute Laune: Lachen als Medizin

Die innere Distanz, die ein humorvoller Mensch aufbauen kann, macht Humor zu einem Heilmittel, das Ängste oder Gefühle von Hoffnungslosigkeit und Hilflosigkeit verschwinden lässt. Dabei spielt es keine Rolle, ob der Humor sich in feinsinnigen Pointen oder lautem Gelächter äußert. Denn auch das laute dröhnende, wiehernde, markerschütternde oder prustende Lachen hat nichts Schädliches an sich. Obwohl es eine starke emotionale Erregung hervorruft und zunächst einmal Puls, Blutdruck, Muskelspannung und Stresshormone hochpeitscht – totgelacht hat sich noch niemand. Im Gegenteil! Lachen ist Therapie. Humorvolle Menschen, die das Lachen lieben, sind körperlich und seelisch gesünder als chronische Miesmacher.

▶ **Da lacht Ihr Arzt!**

Herzhaftes Lachen hat viele gesundheitliche Effekte:
- ▶ Verbessert die Herzdurchblutung
- ▶ Steigert den Sauerstofftransport
- ▶ Regt die Atmung an
- ▶ Löst Sekrete in den Bronchien
- ▶ Vermindert die bakterielle Besiedlung der Lunge (reduzierte Infektionsgefahr)

▶ Fördert die Immunfunktion (Zellen und Antikörper werden vermehrt gebildet, Infektionen und Krebszellen effektiver bekämpft)

▶ Trainiert die Muskulatur: Brustkorb-, Schulter-, Bauch-, Zwerchfell- und Beckenmuskeln werden gekräftigt und besser durchblutet

▶ Steigert den Stoffwechsel durch Ausschüttung von Stresshormonen

▶ Dämpft Schmerzen durch Ausschüttung von Endorphinen

▶ Führt anschließend zu Entspannung, Blutdrucksenkung und Abfall der Stresshormone

▶ Eine Minute Lachen kann 45 Minuten Entspannungstraining ersetzen.

So bringen Sie Humor in Ihr Leben

▶ Versorgen Sie sich selbst regelmäßig mit frischem Spaßmaterial: Filmen, Witzesammlungen, Comedy-Sendungen, Kabarettbesuch, heiteren Romane.

▶ Schärfen Sie Ihre Aufmerksamkeit für Ungereimtheiten, Widersprüchliches und falschen Gebrauch von Wörtern. Darin verbirgt sich viel Witziges.

▶ Bauen Sie sich ein »Komisches Archiv« auf: Notieren Sie in einer Kladde witzige Aussprüche (von anderen und von sich selbst).

▶ Blödeln und albern Sie mit Freunden und Familienmitgliedern herum, treffen Sie sich oft mit witzigen Freunden.

▶ Veranstalten Sie Kitzelorgien mit Ihren Kindern oder Ihrem Partner.

▶ Trainieren Sie es, Alltagssituationen aus einer witzigen Perspektive zu sehen, indem Sie …

… übertreiben: »Wenn Sie weiter so mit mir schimpfen, werden Sie nie mein bester Freund werden.« Oder: »Nach dieser Erkältung brauchst du bestimmt eine Kur.«

… untertreiben: »Dieses kleine, angebrannte Schnitzel wird dir doch wohl nicht die Laune verderben.«

… absurde Lösungen finden: »Nach so einem Misserfolg bleibt uns nur der kollektive Selbstmord.« Oder: Ein Mann fragt seine Frau kontrollierend: »Was trinkst du denn da schon wieder?« »Tinte!«

… sich das Gegenteil überlegen: »Ich könnte weinen, so gut ist der Auftrag abgewickelt worden.«

… Sprichwörter abwandeln: »Gebranntes Kind stinkt.« Oder: »Morgenstund hat Ei im Mund.«

▶ Nehmen Sie sich vor anderen gelegentlich selbst auf die Schippe: »Sprechen Sie bitte langsam, ich bin blond.«

▶ Versprechen Sie einem Kollegen (Bekannten, Familienmitglied) einen Preis (ein Eis, einen Drink oder eine andere Kleinigkeit) für den besten Witz oder die beste Anekdote der Woche.

▶ Bringen Sie Humor unter die Menschen und erzählen Sie bei passenden Gelegenheiten nette Witze.

Beachten Sie die Lachordnung

Doch Vorsicht: Auch bei der Fröhlichkeit gelten soziale Regeln. Wer sie verletzt, hat nicht mehr viel zu lachen. In hierarchischen Gruppen machen die Anführer (Chefs) Witze, über die die anderen lachen (sollten). Umgekehrt aber gilt: Macht lacht nicht. Wer als Untergebener Humor versprüht, läuft gelegentlich ins Leere. Ein Phänomen, an dem sich manchmal auch das Machtverhältnis der Geschlechter ablesen lässt. 93% der Frauen geben ein Lachen zurück, aber nur 67% der Männer. Beim Anlachen liegen die Frauen vorn, aber ihre Lachbereitschaft gilt oft als Beschwichtigungsgeste. Befreit und lauthals lachen viele Frauen erst auf, wenn die Männer den Raum verlassen haben.

Zynismus, Häme und Schadenfreude sind sozialer Sprengstoff, der eher nach hinten losgeht. Seien Sie vorsichtig damit.

Da freut sich Ihr Chef!

Lachende Mitarbeiter arbeiten besser und sind im Team erfolgreicher.
► Lachen steigert die Konzentration und Aufmerksamkeit.
► Lachen baut sozialen Stress ab.
► Humorvolle Menschen sind kreativer.
► Humor fördert die Zusammenarbeit.
► Gute Laune steckt an und motiviert.
► Fröhlichere Menschen haben eine positive und gewinnende Ausstrahlung.

Von laut bis leise: Die kleine Lachschule

Die sechs besten Übungen um schnell neue Lachenergie zu tanken.
1. **Lachgymnastik für Mutige:** Sie suchen sich einen Platz, an dem Sie für 10 Minuten ungestört sind. Sie setzen sich auf einen Stuhl, der Ihnen rundum Bewegungsfreiheit lässt. Sie schließen die Augen und fangen einfach an, lauthals loszulachen. Ohne Grund. Einfach so!
2. **Hallo, du da!** Sie stellen sich vor einen Spiegel, straffen den Rücken, nehmen die Schultern zurück, atmen dreimal tief durch und schenken Ihrem Spiegelbild Ihr strahlendstes Lächeln. Spielen Sie mit dem Lächeln solange, bis Fröhlichkeit und Selbstbewusstsein Sie völlig erfasst haben.
3. **Wie man in den Wald ruft …** Sie lächeln beim Telefonieren. Auch wenn der Gesprächsinhalt weniger lustig ist, macht das Lächeln

Ihre Stimme sympathischer, Ihren Kopf klarer und das Ganze für beide Partner wesentlich angenehmer.

4. **… denn die Freude, die wir geben, kehrt ins eigne Herz zurück!** Schenken Sie einem griesgrämigen Menschen Ihr Lächeln mit einem Hallo, einem Danke oder Bitte. Sie und er fühlen sich sofort besser als vorher.

5. **Lächeln steckt an:** Stellen Sie ein Foto mit einem fröhlich lächelnden oder lachenden Gesicht in Sichtweite. Sie brauchen den Menschen auf dem Foto gar nicht zu kennen. Das Lächeln erfasst Sie trotzdem, wann immer Sie darauf schauen.

6. **Mentallächeln:** Sie erinnern sich an das Gefühl, das sich einstellt, wenn Sie lächeln. Das Gesicht entspannt, die Augen werden klarer, ein warmes strömendes Kribbeln belebt Sie von der Magengegend aus, die Gedanken fließen wieder und die nächste gute Idee ist bereits auf dem Sprung!

If you can dream it, you can make it

»Wenn es keine Grenzen gäbe, was würde ich dann gerne tun?" Stellen Sie sich immer wieder diese Frage, mit der wir am Anfang des Buches gestartet sind. Und dann beginnen Sie zu träumen … Nutzen Sie Ihre Fantasie. Mit ihrer Hilfe finden Sie immer besser heraus, was Sie wirklich brauchen, um erfolgreich, glücklich, gesund und zufrieden zu leben.

Einen Teil des Weges zu diesem Ziel haben wir in diesem Buch gemeinsam zurückgelegt. Sie haben gesehen, wie Sie über den guten Umgang mit Ihrem Körper mehr Energie bekommen können. Sie haben Ihre Gedanken geordnet, Ziele festgelegt, Stolpersteine und Hindernisse überwunden, vielleicht Ballast abgeworfen, der Sie nur beschwert hat. Sie haben auch gesehen, welche guten Dienste Ihnen Ihre Gefühle als Wegweiser und Energiequellen leisten. Sie wissen auch, wie Sie das höchste der Gefühle, den Flow, im täglichen Leben genießen können.

Auf zu neuen Ufern

Jetzt machen Sie sich auf zu neuen Ufern – erfüllen Sie sich Ihre Träume. Überlassen Sie zunächst dem Gehirn die Arbeit. Während Sie sich entspannen und Ihre Gedanken schweifen lassen, fällt Ihr Gehirn in einen tranceartigen Zustand, in dem die Kreativität optimal arbeitet. Einzige Vorbedingung: Das Gehirn braucht einen konkreten und realistischen Suchauftrag. »Finde eine neue Vertriebsstrategie für das Produkt x in China.« »Gib mir eine Idee, wie ich meinen Sohn stärker zu seinen Hausaufgaben motivieren kann.« »Finde einen Weg, am Wochenende besser mit meinem Partner auszukommen.« Beide Gehirnhälften tauschen in der Entspannung große Informationsmengen aus. Bruchstücke finden plötzlich zu einem neuen Muster zusammen und schon wissen Sie, was zu tun ist. Die Lösung ist da.

Schöpferische Pausen sind ganz und gar keine verlorene Zeit, die Gehirnaktivität ist sogar erhöht. Träumen Sie also weiter. Stellen Sie sich alles ganz genau vor, jedes Detail, jeden Schritt, den Sie tun wollen, jedes Gefühl, das Sie erleben möchten und jedes Bild, das Sie sehen werden, wenn Sie am Ziel sind. Das Gehirn entwickelt dabei ein Handlungsmuster, das Sie später in die Wirklichkeit umsetzen werden – wenn Sie es nur wollen. Jeder Erfolg beginnt mit einem Traum.

Burnout wirksam vorbeugen

Burnout ist heute als Begriff in den allgemeinen Sprachgebrauch übergegangen. »Ich fühle mich so ausgebrannt.« kann jedoch vieles bedeuten: Ich langweile mich, ich brauche eine Pause oder ich bin ernsthaft krank. Obwohl gerade in der letzten Zeit viele Prominente mit ihrem Bekenntnis zum Burnout an die Öffentlichkeit getreten sind und damit die Aufmerksamkeit für diese Erkrankung erhöht haben, wird Burnout leider immer noch viel zu häufig als »neue Mode« belächelt und nicht ernst genommen.

Wer nicht hören kann, muss fühlen: Was ist Burnout?

Das Phänomen Burnout ist weder neu noch ungewöhnlich. Früher sprach man einfach von »Überarbeitung«. Burnout ist heute aus der Sicht der Medizin eine sich langsam entwickelnde Erschöpfungs-Depression oder Stress-Depression und gehört damit zu den psychischen Erkrankungen, obwohl sie mit vielen körperlichen Störungen einhergehen kann, die zum Teil sogar ganz im Vordergrund stehen. Damit gehört Burnout auch zu den psychosomatischen Erkrankungen, bei denen seelische Probleme zu körperlichen Erkrankungen führen. Psychiater lehnen den Begriff Burnout grundsätzlich ab, denn sie bezeichnen Burnout eindeutig als eine beginnende Depression und möchten keine Verschleierung der Diagnose. Leider ist es für viele immer noch tabu, über psychische Erkrankungen und da gerade über die Depression zu sprechen, zu viele Ängste und Vorurteile (»eingebildete Kranke«, »Simulanten«) geistern noch in den Köpfen herum. Deshalb bin ich froh über den Begriff »Burnout«, der nicht ganz so sehr mit negativen Vorurteilen belastet ist und eher als ein »Gütesiegel« aufgefasst wird. Dadurch wird es viel leichter, mit Betroffenen, Angehörigen, Kollegen und Chefs über seelische Belastungen und die sich daraus ergebenden Erkrankungen zu sprechen. Burnout »hat man sich gewissermaßen verdient«, so wie früher der Manager »seinen Herzinfarkt« haben durfte.

Das Gute am Burnout: Auch wenn viele erst den Endpunkt des Zusammenbruchs und der totalen Erschöpfung als Burnout betrachten – er kommt niemals über Nacht, sondern entwickelt sich über mindestens sechs Monate, manchmal sogar über mehrere Jahre. Stressforscher sprechen vom chronisch unkontrollierten Stress, der mehr und mehr aus dem Ruder läuft. Wer diese Zeit nutzt, für sich selbst wach ist und weiß, worauf man achten sollte, kann das Schlimmste verhindern und trotz eines hohen Arbeitspensums und großen Engagements gesund und fröhlich bleiben.

▶ Burnout: Geschichte eines Begriffs

Erste Erwähnung um 1970: Herbert Freudenberger (amerik. Psychoanalytiker) beobachtete einen körperlichen und seelischen Abbau bei Personen, die sich im sozialen und medizinischen Bereich sehr stark engagierten. Er beschrieb 12 Schritte in den Zusammenbruch.

Matthias Burisch: Der Hamburger Psychologe unterscheidet seit Mitte der 1980er Jahre 7 Stufen: Überengagement, reduziertes Engagement, negative Emotionen und Schuldzuweisungen, Abbau, Verflachung, körperliche Reaktionen und Verzweiflung.

1980er Jahre, Christina Maslach: amerik. Organisations-Psychologin beschreibt Burnout durch berufliche Überlastung mit den Hauptsymptomen emotionale Erschöpfung, reduzierte Leistungsfähigkeit und Depersonalisation (innere Distanz zu Mitmenschen).

Populärwissenschaftliche Auffassung heute (Zeitschriften und viele »Burnout-Ratgeber«): Man »brennt« so lange bis man »ausgebrannt« ist, die Batterien leer sind und man nicht mehr arbeiten kann.

Ungleichgewichtsmodell (Anpassungsstörung): Der Niederländer Organisationspsychologe Wilmar B. Schaufeli vertritt aktuell die Meinung, der Betroffene habe zu wenig Ressourcen, die ihm helfen würden, die von anderen oder auch von ihm selber geforderten Aufgaben zu bewältigen, unabhängig davon, ob sie aus dem Berufs- oder Privatleben oder aus beiden gleichzeitig stammen.

Fachärzte bezeichnen Burnout derzeit als Frühform der Depression. Die Begrenzung auf berufliche Auslösung ist aufgehoben, alle Branchen können betroffen sein. Gemeinsamer
Nenner aller Modelle: Aus welchen Gründen auch immer erlebt ein Mensch zu viele negative Emotionen und zu wenig
Erholung. Sein Stresssystem gerät außer Kontrolle und es
kommt zu unterschiedlichen körperlichen und emotionalen
Störungen. Charakteristisch ist die anfängliche Begeisterung
für eine Aufgabe, die allmählich in Desinteresse übergeht.

Stress außer Kontrolle:
Die Phasen des Burnout

Burnout trifft nicht nur, aber überdurchschnittlich oft, die Leistungs-
träger, die High-Performer, die engagierten Macher und Powerfrauen.
Am Modell des Burnout-Entdeckers Herbert Freudenberger lässt sich
der Burnout-Prozess sehr gut nachvollziehen. Ich stelle Ihnen hier die
12 Stufen vor und ergänze sie durch Aussagen meiner Seminarteilneh-
mer und Klienten. Alle Phasen beschreiben einen Prozess, in dem die
Stresskontrolle dem betreffenden Menschen zunehmend aus den Händen gleitet.

1. **Ich will!** Motiviert, tatendurstig, leistungsfähig, erfolgsorientiert.
   Es können Berufsanfänger mit hochfliegenden Idealen ohne Praxiserfahrung betroffen sein, oder erfahrene Menschen, die die
   Grenzen des Erreichbaren, der Rahmenbedingungen oder ihrer
   Kräfte nicht hinnehmen möchten. Die Stressdosis ist noch gut zu
   verkraften, denn die emotionale Belohnung des Erfolgs schafft
   den Ausgleich.

2. **Ich will immer noch mehr!** Übermotiviert: Weniger delegieren, mehr arbeiten, zu viel selber erledigen. Leicht kommt man in den Sog der Mehrarbeit, denn man will etwas erreichen. Überstunden? Kein Problem! Chronisch kontrollierter Stress macht es möglich. Dieses Verhalten wird mit Anerkennung und Aufstieg belohnt. Chronisch kontrollierter Stress ist kein Problem, wenn die Erholungsphasen richtig genutzt werden. Doch genau hier beginnt der Ausbrennprozess:

3. **Ich muss!** Die Arbeit beginnt, andere Bereiche zu dominieren, eigene Bedürfnisse werden vernachlässigt, vor allem Schlaf, Bewegung, emotional erfrischende Aktivitäten und stützende und erfreuliche soziale Kontakte kommen zu kurz. Alle Aufgaben zu schaffen, ist eine anstrengende Herausforderung, der man unbedingt nachkommen möchte. Da muss man schon Opfer bringen! Der Betreffende ist immer noch im chronisch kontrollierten Stress. Er hat seine Ziele und die sich irgendwann einstellende Belohnung und damit eine gute Erholungspause noch fest im Blick.

4. **Keine Zeit!** Konflikte am Arbeitsplatz und in der Familie (Nie hast Du mal Zeit!) und erste Symptome (Nervosität, Anspannung Schlafstörungen) werden verdrängt. An der Tagesordnung sind schlechte und gereizte Stimmung, Ärger über andere, die sich ausruhen und mal wieder nicht mitziehen. Die Stresskontrolle lässt nach.

5. **Alles andere ist langweilig!** Nur die Arbeit zählt und die wird man doch auch mal in Ruhe machen dürfen. Das funktioniert nur durch Umdeutung der eigenen Werte und führt dazu, dass man nach und nach alles Interesse an Hobbys, Familie und Freunden verliert. Der Kontakt zu den eigenen emotionalen Wurzeln geht verloren, die Persönlichkeit verflacht, man beschränkt sich nur noch auf ein begrenztes Gebiet. Allerdings fällt das je nach Beruf und kommunikativem Geschick erst einmal kaum auf. Betroffene und soziales Umfeld finden es »normal«, dass man, wenn über-

haupt, nur noch über den Beruf (bzw. die private überfordernde Aufgabe) spricht. Der berufliche Erfolg kann nach einer Weile stagnieren, was zu erhöhtem Einsatz führt. In dieser Phase mit viel Frust und hoher Reizbarkeit kann sich der Burnout-Kandidat recht lange aufhalten, sich in gewisser Weise daran gewöhnen und in seinem Hamsterrad gefangen bleiben. »So ist das eben, das Leben ist kein Ponyhof.«

6. **Alle gehen mir auf die Nerven!** Reizbarkeit, Zynismus und Aggression nehmen zu und bestimmen mehr und mehr die sozialen Kontakte. Zwischenmenschliche Probleme werden auf den Arbeitsdruck, aber nicht auf die eigene Wesensänderung zurückgeführt. Freunde und Familie beschweren sich: »Du bist nur noch schlecht gelaunt, wir erkennen dich gar nicht wieder, Du hast dich so verändert! Was ist nur los?« Der Betroffene fühlt sich unverstanden, belästigt, oft sogar ausgenutzt: »Die wollen, dass ich viel schaffe (oder Geld nach Hause bringe), aber wenn ich dann mal nicht so gut drauf bin, fallen sie mir auch noch in den Rücken! Alle zerren und nörgeln an mir herum!« Der Stress ist chronisch und nicht mehr beeinflussbar geworden.

7. **Lasst mich in Ruhe!** Der Rückzug von sozialen Kontakten scheint nun eine logische Konsequenz. Gleichzeitig verschlechtert sich die emotionale Lage. Man verliert die Hoffnung, dass die Belastungen (beruflich und/oder privat) in absehbarer Zeit weniger werden, es wird sich nichts ändern, im Gegenteil, es wird alles noch schlimmer. Jetzt wird es einfach irgendwie durchgezogen. Das ursprüngliche Engagement weicht einem mühsam aufrechterhaltenen Pflichtbewusstsein, oft wird Dienst nach Vorschrift gemacht. Abends zum Abschalten ist Alkohol beliebt und morgens beim Wachwerden müssen Medikamente helfen. Hier setzt jetzt auch die »Depersonalisation« ein: Man wird zum menschlichen Roboter, der die Empathie abgeschaltet hat (zu anstrengend!) und die zu versorgenden oder zu bedienenden Menschen nur noch als Fälle, Akten, Nummern oder zu bearbeitendes Material sieht.

8. **Ich bin ein Versager!** Wesensänderung und Abbau: Der tatkräftige Macher ist verschwunden, der Betreffende ist ängstlich, unruhig und überzeugt von der eigenen Wertlosigkeit. Die Umwelt ist schuld, dass alles so mies läuft. Ernüchterung, Enttäuschung und Widerwillen statt Begeisterung und Schaffensfreude dominieren das Gefühlsleben. Ungewohnte Fehler passieren: Vergesslichkeit, Flüchtigkeitsfehler, Fehlentscheidungen, Ungeschicklichkeiten im zwischenmenschlichen Bereich, fehlende Konzentration und Kreativität, die Unfähigkeit, Prioritäten zu setzen sowie ständiges Multitasking, kleine Unfälle oder Verletzungen: »In der Hektik ist das doch normal!« Deshalb heißt es jetzt: »Ich muss mich zusammenreißen!«

9. **Ich bin eine Arbeitsmaschine!** Leben findet nur noch in der Gegenwart statt, nichts ist wirklich wichtig, einziger Inhalt: Die Arbeit muss irgendwie geschafft werden. Manche befinden sich in einer goldenen Falle, aus der sie glauben, nicht herauskommen zu können: Der Lebensstandard muss unbedingt gehalten werden, man darf keine Kunden verlieren, die Pensionsansprüche dürfen nicht aufs Spiel gesetzt werden, der berufliche Gesichtsverlust wäre untragbar. Reaktion: Das Leben und den Beruf »automatisieren«. Je starrer das Korsett, in das man sich begibt, desto weniger Unvorhergesehenes kann passieren. Nur noch Augen zu und irgendwie durch! Körperliche Symptome nehmen mehr und mehr zu. Trotzdem wird weiterhin versucht, »wie eine Maschine« zu funktionieren.

10. **Ich kämpfe!** Nun folgt der Versuch, die innere Leere mit Alkohol, hektischen Freizeitvergnügen, Sex, Essen, Fernsehen, Internetaktivitäten oder Glücksspiel zu betäuben. Auf dieser Stufe besteht die Gefahr, dass zur Erschöpfungsdepression noch eine Suchterkrankung hinzukommt. Im verzweifelten Bemühen, sich »irgendwie« noch positive Emotionen zu verschaffen, gerät man leicht an Suchtmittel, sowohl stoffliche (Alkohol, Drogen, Medikamente) als auch nicht stoffliche (Sex, Internet, Glücksspiel, etc.).

11. **Ich will nicht mehr!** Depression: Überaktiv oder apathisch, überfordert und erschöpft – beides ist jetzt möglich. Oft auch im Wechsel, da das auslaugende Leben im unkontrollierten Dauerstress nur noch ausgehalten werden kann, wenn man sich dazwischen »tot« stellt. Man kann das Leben als völlig sinnlos empfinden, sieht keine Möglichkeiten mehr, irgendetwas zum Guten zu verändern, ist völlig desinteressiert und gleichgültig sich selbst, den anderen und der Arbeit gegenüber. Die Lebensfreude ist verschwunden. Der chronisch unkontrollierte Stress fordert seinen Tribut.

12. **Ich kann nicht mehr!** Technischer K.O.! Körperlicher Zusammenbruch, psychischer Zusammenbruch, Suizidversuch.
(nach Freudenberger, H.; North, G.: Burnout bei Frauen , Frankfurt 1992)

Erschrocken? Weil Sie sich wiedererkannt haben? Das geht vielen Menschen so. Die meisten jedoch haben ihren Burnout »irgendwie« überwunden und in den aushaltbaren chronisch kontrollierten Stressmodus zurückgefunden. Und so soll es ja auch sein. Burnout-Entwicklungen sind sehr gut zurückzuschrauben, und wenn man sich konsequent daranmacht, sind sie auch in kurzer Zeit wieder verschwunden. All jene, die ihren drohenden Burnout dazu genutzt haben, sich mit sich selbst zu beschäftigen, sind heute glücklich und stolz darauf, wie viel sie gelernt haben und wie gut sie gegen künftige Fehlentwicklungen gewappnet sind. Leider warten aber auch zunehmend mehr Menschen, bis sie zusammenbrechen und dann in einer psychosomatischen Reha-Klinik behandelt werden müssen. Nutzen Sie deshalb auch die untenstehende Symptomliste regelmäßig. Sollten Sie die Symptome in starker Form länger als zwei Wochen durchgehend an sich beobachten, beraten Sie sich bitte umgehend mit Ihrem Arzt.

▶ Symptome des Burnout: Wer nicht hören kann, muss fühlen

Beim Burnout gibt es zwei gegensätzliche Symptomgruppen: Anzeichen, die für die chronisch unkontrollierte Stressphase sprechen und Symptome, die die Erschöpfung anzeigen. Beide Phasen können ineinander übergehen oder sich unregelmäßig abwechseln.

Chronisch unkontrollierter Stress. Das ist typisch:

Geistige Leistungsfähigkeit
- ▶ Konzentrationsstörungen
- ▶ Kontrolle und Überblick gehen verloren
- ▶ Wahrnehmungsstörungen
- ▶ Denkblockade
- ▶ Kurzschlussreaktion
- ▶ Auffassungs- und Gedächtnisstörungen
- ▶ Mangelnde Flexibilität
- ▶ Fehlende Prioritätensetzung
- ▶ Blockierte Reaktion
- ▶ Fehlleistungen
- ▶ Unklarheit
- ▶ Entscheidungsschwäche

Emotionale Stresssymptome
- ▶ Kampfgeist
- ▶ Reizbarkeit
- ▶ Selbstüberschätzung
- ▶ Negative Beurteilung und Ablehnung anderer
- ▶ Innere Unruhe
- ▶ Ärger

- ▶ Misstrauen
- ▶ Mangelndes Delegieren
- ▶ Zynismus
- ▶ Isolation
- ▶ Kein Feedback und kein Lob geben
- ▶ Abbruch der Kommunikation

Körperliche Stresssymptome
- ▶ Schwitzende, kalte Hände
- ▶ Angespannte Schultern und Rückenmuskulatur
- ▶ Angespannte Kiefermuskulatur
- ▶ Kopfschmerzen
- ▶ Herzklopfen
- ▶ Gesichtsrötung
- ▶ Druckgefühl im Kopf
- ▶ Rauschen/Pfeifen in den Ohren (Tinnitus)
- ▶ Schwindel
- ▶ Unruhe und Bewegungsdrang
- ▶ Druck auf der Brust
- ▶ Herzstolpern

Erschöpfung. Das ist typisch:

Veränderungen der geistigen Leistungsfähigkeit
- ▶ Konzentrationsstörungen
- ▶ Verlangsamte Reaktionen
- ▶ Mangelnde Aufmerksamkeit
- ▶ Mangelnde Entscheidungsfähigkeit
- ▶ Ideenlosigkcit
- ▶ Ineffektivität
- ▶ Entschlusslosigkeit
- ▶ Unsicheres Auftreten

- ▶ Ausweichende Aussagen
- ▶ Keine klaren Stellungnahmen (»Ist mir egal.«)

Emotionale Veränderungen
- ▶ Motivationsverlust
- ▶ Unzufriedenheit
- ▶ Minderwertigkeitsgefühl
- ▶ Unselbständigkeit
- ▶ Lustlosigkeit
- ▶ Energielosigkeit
- ▶ Sinnlosigkeit
- ▶ Unsicherheit
- ▶ Depressive Verstimmung
- ▶ Enttäuschung
- ▶ Hoffnungslosigkeit
- ▶ Innere Distanz zu anderen Menschen
- ▶ Eifersucht

Körperliche Stresssymptome bei Erschöpfung

- ▶ Schlaffe Körperhaltung
- ▶ Gesenkter Blick
- ▶ Wenig Gestik und Mimik
- ▶ Wenig Gesprächsbeteiligung
- ▶ Müdigkeit und Gähnen
- ▶ Blässe
- ▶ Antriebslosigkeit

Schöne neue Welt:
Macht uns Arbeit krank?

Im Prinzip ja, aber … Sie hält auch gesund, wie Arbeitspsychologen festgestellt haben. Die Belastungen, die Menschen in den Burnout treiben, können genauso gut aus dem Privatleben kommen, ja sogar aus einem völlig erschöpfenden Freizeitleben. Zu allem muss es bei der betreffenden Person auch eine genetische Veranlagung zur Depression geben, die durch eine zu große Stressdosis aktiviert wird. In den meisten Fällen wird es eine Mischung aus allen Einflüssen sein.

Arbeit hilft das Leben zu ordnen

Das Gute an der Arbeit: Sie gibt unserem Leben Rhythmus und Struktur, wir haben jeden Morgen einen Grund aufzustehen und uns ordentlich anzuziehen, wir gehören irgendwo hin und können uns mit dem Arbeitgeber identifizieren. Andere Menschen reden mit uns und auch, wenn es mit der Wertschätzung manchmal etwas hapert, bekommen wir doch regelmäßig Geld. Arbeit lenkt von privaten und persönlichen Problemen ab. Sie gibt uns Gelegenheit, das Beste aus uns herauszuholen und stolz auf uns zu sein. Wir müssen ein gewisses Maß an Disziplin und Ordnung aufbringen, uns angemessen sozial verhalten und lernen ständig dazu. Und manch ein Kollege und eine Kollegin sind ja auch richtig nett! Das alles vermissen Menschen, die unfreiwillig ihre Arbeit verloren haben. Auch sie sind gesundheitlich gefährdet.

Anstrengend:
Ständiger Wandel und wachsende Unsicherheit

Auf der anderen Seite verändert sich die Arbeitswelt ständig. Die Zugehörigkeit zu einem Unternehmen und damit die Sicherheit eines Arbeitsplatzes nehmen ständig ab. Selbstständige kennen sie gar nicht und handeln immer selbstverantwortlich. Das ist Fluch und Segen gleichzeitig. Das Wechselspiel zwischen persönlich empfundener Freiheit und Abhängigkeit von den Kunden ist nicht immer ganz ausgeglichen. Viele arbeiten schon jahrelang immer am Rande des Zusammenbruchs, der sie existenziell vernichten würde. In den letzten Auswertungen der Fehlzeiten (2009) durch die Gesundheitsberichte der Krankenkassen ist wieder ein leichter Anstieg zu verzeichnen – trotz Wirtschaftskrise. Ursache: psychische Erkrankungen. Hier gibt es in den letzten 10 Jahren einen so heftigen Anstieg, dass sich die Krankenkassen bereits Sorgen machen. Dieses Phänomen wird weltweit beobachtet. Die WHO spricht von Ängsten und Depressionen als der Epidemie des 3. Jahrtausends, und Burnout gehört eindeutig dazu. Nicht betroffen von diesem Anstieg sind die Psychosen (z.B. Schizophrenie). Ein stabiler Prozentsatz von 1-2 % der Bevölkerung kommt in allen Gesellschaften vor.

Warum nehmen psychische Erkrankungen zu?

Es gibt viele Gründe, die von den Fachleuten angeführt werden. Allen voran steht die Zunahme an chronisch unkontrolliertem Stress. Anders als vor dem Wissenszeitalter arbeiten heute mehr und mehr Menschen mit der Kraft ihres Gehirns und weniger mit Muskelkraft. In ganz besonderer Weise sind wir auf seine Zuverlässigkeit und die Stabilität unserer geistig–seelischen und sozialen Fähigkeiten angewiesen. Überlastungen unseres »Denkorgans« aber können genauso zu Störungen führen, wie früher an industriellen Arbeitsplätzen der

Körper durch die Arbeit geschädigt wurde. Statt schwerer Lasten schleppen wir nun die Bürde hoher Verantwortung für andere Menschen oder für riesige Budgets mit uns herum. Das Zwangskorsett am Fließband wird mehr und mehr durch den Druck enger Zeitvorgaben im Büro ersetzt. Der Störfall am Band ist heute die Beschwerde des Kunden, der Verlust eines Auftrags oder der überraschende Verkauf der Firma. Dauernde Angst vor solchen Ereignissen wirkt nicht gerade entspannend. Schadstoffe, denen die früheren Industriewerker ausgeliefert waren, sind heute die negativen Emotionen von Chefs, Kollegen und Kunden.

Burnout – der Arbeitsunfall des Wissenszeitalters

Immer wieder schrecken uns Nachrichten von zusammengebrochenen Mitarbeitern oder gar Selbstmordfällen in Unternehmen auf, und oft beschäftigt man sich erst dann mit den Arbeitsbedingungen, dem Führungsstil und der Unternehmenssituation, die dazu geführt haben könnten. So wie es im Industriezeitalter erst zu Unfällen, Verletzungen und Erkrankungen kommen musste, bevor sich Arbeitsmedizin, Arbeitsschutz und Arbeitssicherheit entwickelten. Im Laufe der letzten Jahrzehnte wurden die körperlichen Gesundheitsrisiken am Arbeitsplatz weitgehend minimiert, und davon profitiert jeder Berufstätige heute. Wer dennoch eine berufsbedingte Erkrankung erleidet, ist durch die Berufsgenossenschaft abgesichert. Doch gerade treten wir in eine neue Ära ein – im Wissenszeitalter ist der Schutz der Psyche seit 1996 in den gesetzlichen Arbeitsschutz mit aufgenommen. Die Entwicklung von Messverfahren für psychische Belastungen am Arbeitsplatz sind in vollem Gange und bald wird es aussagekräftige Fragebogen geben, die Faktoren wie die Art und den Umfang der Arbeitsaufgaben, die Arbeitsumgebung (z.B. Lärm), die Arbeitsorganisation bezüglich der Arbeitszeiten, -abläufe und -mittel (z.B. Software) überprüfen und auch die soziale Komponente, nämlich den Führungsstil und das Betriebsklima, nicht außer Acht lassen.

Von der Anerkennung psychischer Erkrankungen als Berufskrankheiten sind wird jedoch heute noch weit entfernt. In der Tabelle auf der folgenden Seite können Sie für sich feststellen, welchen psychischen Belastungen Sie am Arbeitsplatz ausgesetzt sind. Anders jedoch als bei den objektiven Messungen der körperlichen Gesundheitsgefahren hängen die psychischen Gefährdungen auch immer zu einem großen Teil von der Person des Mitarbeiters ab. Das chronisch unkontrollierte Stressgeschehen, das sich als Auslöser für Burnout und andere psychische Erkrankungen festmachen lässt, beruht immer auf einem Wechselspiel der Einflussfaktoren von außen und der Art und Weise, wie ein Mensch sie sich zu Herzen nimmt, sich traut, sich abzugrenzen und welche Möglichkeiten der seelischen Stütze er außerhalb der Arbeitswelt hat. Außerdem hat nicht jeder die gleichen genetischen Anlagen für die Entwicklung einer psychischen Erkrankung. Da sich genetische Analysen aus Datenschutzgründen immer noch verbieten, muss jeder auch seinen Teil zum Schutz der eigenen Seele unter den heutigen Arbeitsbedingungen mitbringen. Es bleibt uns derzeit gar nichts anderes übrig, als für uns selbst die volle Verantwortung zu übernehmen, uns mit allen Mitteln gesund zu halten. Dazu sind wir als Arbeitnehmer übrigens verpflichtet. Jeder soll am Erhalt seiner Arbeitsfähigkeit mitwirken. Wie wir das am besten machen, davon handeln das Kapitel »Kraftquellen aktivieren« und der Abschnitt »Burnout wirksam vorbeugen«. Doch auch der Arbeitgeber ist im Rahmen seiner Fürsorgepflicht angehalten, Gesundheitsgefahren von Mitarbeitern abzuwenden. Davon lesen Sie später noch mehr.

▶ **Tabelle: Psychische Belastungen am Arbeitsplatz**

Arbeitsplatz-merkmal	Beschreibung	Trifft überwiegend zu	Trifft meistens zu	Trift manchmal zu	Trifft selten zu	Trifft gar nicht zu
Ganzheitlich-keit der Arbeits-aufgabe	Planung, Vorbereitung, Koordination und Ergebnisüberprüfung meiner Arbeit führe ich selbst oder gemeinschaftlich mit anderen Mitarbeitern durch.					
Aufgaben-vielfalt und Abwechslung	Meine Arbeit beinhaltet vielfältige Arbeitsaufgaben mit unterschiedlichen Anforderungen, z.B. Problemlöse- oder Routineaufgaben, Aufgaben mit und ohne Bildschirmbenutzung.					
Aufgaben-schwierigkeit	Komplizierten Aufgaben, die zu meiner Arbeit gehören, bin ich gewachsen.					
Störungs-häufigkeit	Störungen und Unterbrechungen kommen nur selten oder zu bestimmten Zeiten vor. Aufmerksamkeit erfordernde Aufgaben kann ich störungsfrei erledigen.					
Arbeits-umfang und -menge	Meine Arbeitsmenge ist so beschaffen, dass ich meine Aufgaben in der geforderten Qualität und zu den vereinbarten Terminen erfüllen kann.					

Arbeitsplatz- merkmal	Beschreibung	Trifft überwiegend zu	Trifft meistens zu	Trift manchmal zu	Trifft selten zu	Trifft gar nicht zu
Informationen und Zuarbeiten	Alle zur Aufgabenerfüllung notwendigen Informationen und Zuarbeiten stehen mir rechtzeitig und in der erforderlichen Qualität zur Verfügung.					
Rück- meldungen	Über die erfolgreiche Erfüllung meiner Arbeit erhalte ich von Mitarbeitern und Vorgesetzten Rückmeldungen. Fehler und Versäumnisse werden mir auf konstruktive Art und Weise mitgeteilt.					
Zeitlicher Spielraum und Planungs- möglichkeiten	Die Erledigung meiner Arbeit kann ich zeitlich planen und disponieren.					
Transparenz der Arbeitsab- läufe	Zur Erfüllung meiner Aufgaben erhalte ich notwendige Informationen über die Arbeit an anderen Arbeitsplätzen in meinem Arbeitsbereich.					
Entschei- dungsmöglich- keiten und Verantwortung	Bei meiner Arbeit treffe ich selbstständige Entscheidungen über die Art und Weise der Aufgabenerfüllung.					
Körperliche Abwechslung	Meine Arbeit ist mit einem täglich mehrfachen Wechsel von Sitzen, Gehen, Stehen und körperlicher Bewegung verbunden.					

Arbeitsplatz-merkmal	Beschreibung	Trifft überwiegend zu	Trifft meistens zu	Trift manchmal zu	Trifft selten zu	Trifft gar nicht zu
Kooperations- und Kommu- nikations- möglichkeiten	Bei meiner Arbeit stimme ich mich zu organisatorischen Fragen und auch zu gemeinsa- men inhaltlichen Problemlösun- gen ab.					
Rat und Unterstützung	Von Vorgesetzten und Mitarbei- tern erhalte ich jederzeit Rat und Unterstützung bei der Aufgaben- erfüllung.					
Möglichkeit zu Kurz- pausen	Um Ermüdung vorzubeugen, kann ich kurze Pausen einlegen.					
Lern- und Entwicklungs- möglichkeiten	Meine Arbeit ist interessant. Ich kann meine Kenntnisse und Fähigkeiten voll einsetzen und auch Neues dazulernen.					
Beteiligung an der Arbeits- gestaltung	Über die Gestaltung der Arbeit (z.B. Aufgabenverteilung, Arbeitsablauf, Arbeitsplatzgestal- tung, Weiterbildung u.ä.) wird gemeinsam in regelmäßigen Besprechungen beraten.					

Mehr Wissen plus mehr Beachtung = bessere Diagnose

Solange Bakterien als Ursache von Infektionen noch nicht bekannt waren und es noch keine Antibiotika gab, konnte man diese Erkrankungen weder diagnostizieren noch behandeln. Man beschrieb die Symptome, versuchte das eine oder andere und musste abwarten, ob der Patient es schaffte. Heute ist das glücklicherweise ganz anders.

Genauso verhält es sich bei den psychischen Erkrankungen. Seit allgemein mehr über ihre Ursache, Auswirkungen und Behandlung bekannt ist, können sie auch häufiger diagnostiziert und besser behandelt werden. Das gilt auch für Burnout. Deshalb meinen manche Forscher, die Zahl der psychischen Erkrankungen habe eigentlich nicht zugenommen, sie würden nur häufiger erkannt. Auch das ist gut verständlich, denn ein Kriterium der psychischen Gesundheit ist die Arbeitsfähigkeit. Wer sich aber nicht so gut konzentrieren kann und von negativen Emotionen geplagt wird, kann heute seine Arbeit, bei der schnelles Denken und Freundlichkeit im Umgang gefragt sind, schlechter ausführen. Bei einer körperlichen Tätigkeit oder einem weniger kundenorientierten Job fiel die geistig–emotionale Beeinträchtigung früher einfach weniger auf. Die Arbeitgeber sagen dazu ganz lapidar: Wir haben heute kaum noch Schonarbeitsplätze, auf denen wir weniger leistungsfähige Mitarbeiter beschäftigen können. Alles wird heute auf Effizienz und Produktivität gebürstet. Da kommen seelisch Kranke oder Ausgebrannte nicht mehr mit.

Menschen mit (noch) nicht diagnostizierten psychischen Erkrankungen leben häufig in einem sozialen Umfeld, das von Ärger, Frust, Ablehnung und sogar Mobbing bestimmt wird. Fatal für Kranke! Gut geschulte Ärzte bieten heute ihren Patienten mit psychischen Störungen eine richtige und akzeptable Erklärung an: Sie sprechen von einem Ungleichgewicht der Botenstoffe im Gehirn oder von einer Stoffwechselstörung, die die Symptome erzeugt. Der Auslöser dieses Ungleichgewichtes ist meistens jedoch chronisch unkontrollierter Stress.

Auslöser für viele Krankheiten des Körpers und der Seele: Chronisch unkontrollierter Stress

Erinnern Sie sich noch einmal an Fred und Wilma Feuerstein: Für ihr Überleben in einer lang andauernden Notsituation gibt es das Muster des chronisch unkontrollierten Stress. Er verändert auch heute noch alle unsere Funktionen derart, dass wir möglichst lange durchhalten. Die Schäden, die sich dadurch an Körper und Seele entwickeln, spielten in der Urzeit keine Rolle. Solange noch ein paar Nachkommen in die Welt gesetzt wurden, hatte unser Musterpärchen seine Lebensaufgabe erfüllt. Das ist für uns heute natürlich anders. Wir haben ein doppelt bis dreifach so langes Leben wie Wilma und Fred, die mit 30 schon alte Leute waren, und wir wollen diese Zeit gesund, fröhlich und produktiv verbringen. Deshalb ist es wichtig, sich so früh wie möglich mit der körperlichen und seelischen Gesundheit zu beschäftigen und die Basics ihrer Pflege zu beherrschen wie das Zähneputzen – und wie lange hat das gedauert, bis jeder von uns es automatisch jeden Tag machte?

Die entscheidende Kompetenz für die Gesunderhaltung der Seele heißt Stressmanagement, oder wie wir gesehen haben, Herstellung der emotionalen Balance. Denn ein Überwiegen an negativ erlebten Emotionen bringt die Stressaktivität dazu, aus dem Ruder zu laufen und sich immer weiter aufzuschaukeln. Wodurch auch immer negative Emotionen ausgelöst werden – seien es schwierige berufliche Situationen oder private Belastungen, ungünstige Persönlichkeitseigenschaften oder ein schlechter körperlicher Gesamtzustand – Angst, Frust, Sorge, Unzufriedenheit, nagende Ungerechtigkeitsempfindungen und Enttäuschung, aber auch Unsicherheit, Ziellosigkeit und Langeweile treiben das Stresslevel hoch und mit ihm eine Reihe von biochemischen Veränderungen im Gefüge der Botenstoffe. Dadurch kommt es dann zu Auswirkungen auf den gesamten Körper und das Gehirn: Je nach genetischer Veranlagung, die das eine oder andere Botenstoffsystem oder Körperorgan besonders störanfällig macht, kommt es zu verschiedenen Symptomen, die die Stimmung, das Denken und Erinnern, das Sozialverhalten, die körperliche Gesundheit, die Erholungsfähigkeit und die Leistungsfähigkeit beeinträchtigen.

Die Symptome können als leichte, uns allen bekannte Stresssymptome auftreten. Sie können mal stärker oder mal schwächer sein. Sie können nacheinander auftreten, nur einige von ihnen, oder alle zusammen. Jeder Fall liegt da ein wenig anders. Typisch für alle diese Fälle sind jedoch Schlafstörungen. Die Auswirkungen der chronisch unkontrollierten Stressreaktion auf den ganzen Menschen erklärt die vielen körperlichen Begleiterscheinungen des Burnout und anderer psychischer Erkrankungen.

▶ Chronisch unkontrollierter Stress durch

- ▶ Permanente Erreichbarkeit (»Blackberry-Krankheit«)
- ▶ Geringen Handlungs- und Entscheidungsspielraum
- ▶ Fehlende soziale Unterstützung oder sogar Mobbing
- ▶ Geringe Wertschätzung durch Vorgesetzte
- ▶ Schlechte Bezahlung
- ▶ Hohe persönliche Verausgabung (»Overcommitment«)
- ▶ Arbeitsplatzunsicherheit
- ▶ Schlechtes Teamklima
- ▶ Ungerechte Behandlung durch Vorgesetzte
- ▶ Enttäuschung von Aufstiegserwartungen
- ▶ Arbeitsverdichtung/hohe Arbeitsbelastung/Zeitdruck
- ▶ Schnelle betriebliche Umstrukturierung
- ▶ Mangelnde Aufstiegsmöglichkeiten
- ▶ Fehlende Fort- und Weiterbildung.

Dazu kommen private Probleme wie
- ▶ Partnerkonflikte
- ▶ Probleme mit Kindern

- ▶ Pflegebedürftige Angehörige
- ▶ Schulden
- ▶ Eigene gesundheitliche Probleme
- ▶ Private Überforderung durch Ehrenämter
- ▶ Überforderndes Freizeitverhalten (viele Parties, extreme Hobbies, wenige Ruhephasen)

… und persönliche Eigenschaften und Gewohnheiten wie
- ▶ Perfektionismus
- ▶ Festhalten an unerreichbaren Idealen und Wertvorstellungen
- ▶ Nicht nein sagen zu können
- ▶ Sich immer verantwortlich zu fühlen
- ▶ Es allen recht machen zu wollen
- ▶ Einzelkämpfer/in: alles alleine zu machen
- ▶ Harmoniebedürfnis (= konfliktscheu)

… besonders in Kombination mit
- ▶ Hilflosigkeit (»Ich kann sowieso nichts dagegen machen.«)

Zusammenfassend kann man wieder sagen: Es sind zu viele negative Emotionen eines Menschen, die das Stresssystem über Gebühr hochfahren lassen und auf Dauer zum Ausbrennen bringen.

Burnout: Das Notfallprogramm

Schauen Sie mindestens 1x wöchentlich die Symptomliste auf Seite 216ff. an, besonders, wenn Sie gerade eine harte Zeit haben. Und seien Sie ehrlich: Bin ich gefährdet? Habe ich einige der Symptome öfter als sonst? Machen Sie es nicht wie die Hardliner und gehen darüber hinweg nach dem Motto »Was von selbst kommt, geht auch von selbst wieder.«, sondern werden Sie sofort aktiv! Zwingen Sie sich dazu, sich für einen Moment mal von außen zu betrachten und ganz nüchtern festzustellen, was gerade mit Ihnen passiert. Man ist sonst zu betriebsblind und dreht sich im eigenen Hamsterrad immer weiter. Ein beeindruckendes Beispiel: Ein Klient schildert seine Schlafstörungen und seine absolute Energielosigkeit. Hintergrund: Hausbau mit hohem Eigenarbeitsanteil, Zeitplan nicht eingehalten, deshalb Wohnung derzeit mit drei Kindern im Wohnwagen im Garten der kranken Schwiegereltern. Frau chronisch krank, Kinder schwierig. Ehrenamt als verantwortlicher Organisator und Finanzwart im Verein. Hohe berufliche Belastung. Frage: Welche Aufgabe ist nicht lebensnotwendig und kann im Moment abgegeben werden? Keine! Ohne mich bricht alles zusammen. Da half nur noch ärztliche Strenge: Ehrenamt abgeben, mehr Handwerker einstellen, abends spazieren gehen, absolutes Alkoholverbot. In zwei Wochen nächster Termin zum Coaching.

Wenn Sie niemand berät, seien Sie bitte so streng mit sich selbst.

Handeln Sie sofort!

1. **Machen Sie den Test:** Tun Sie etwas Schönes: Was gab es früher an Aktivitäten, bei denen Sie richtig Spaß hatten oder die Sie sehr glücklich gemacht haben? Etwas mit der Familie, den Freunden,

ein Hobby, etwas, auf das sie sich freuen konnten? Sofort ausprobieren, ob es noch funktioniert! Wenn keine Vorfreude oder Freude mehr aufkommen wollen, ist der Burnout im vollen Gange!

2. **Dokumentieren Sie die Symptome:** Notieren Sie die Symptome, die Ihnen aufgefallen sind, in Ihrer Kladde.

3. **Sorgen Sie sofort für Ihren Körper:** Wasser trinken, rechtzeitig schlafen gehen, Ernährung umstellen: mehr Vitamine und Mineralstoffe, weniger Zucker und Fett.

4. **Fangen Sie umgehend mit Ausdauersport an.** Keine Übertreibung! Dreimal pro Woche mindestens eine halbe Stunde zügig spazieren gehen, Rad fahren, schwimmen, tanzen, Aerobic oder Inlineskaten. Warum? Ausdauersport ist die beste Methode, um Ihr System wieder an das Abschalten zu gewöhnen. Nach der kontrollierten Stressaktivierung der wohldosierten Bewegung schaltet es von alleine auf Regeneration. Botenstoffe werden freigesetzt, die die positiven Gefühle wieder möglich machen. Das muss wieder eingeübt werden. Es funktioniert nicht, wenn Sie sich überlasten.

5. **Schaffen Sie sich sofort Entlastung:**
   ▶ Welche Aufgabe können Sie (vorübergehend) loswerden? Sie muss nicht groß sein, aber für Sie sehr lästig oder unangenehm. Da bringt schon eine kleine Entlastung große Erleichterung.
   ▶ Wer kann mir wobei helfen?
   ▶ Was kann ich delegieren?
   ▶ Was kann ich weniger gründlich machen?
   ▶ Was kann ich seltener machen?

Vergessen Sie bitte nicht, andere darüber zu informieren, warum Sie sich jetzt anders verhalten! Schildern Sie Ihre Situation und bitten Sie die anderen, mit Ihnen gemeinsam über eine Neuverteilung von Aufgaben nachzudenken. Überfallen Sie niemanden mit fertigen Vorschlägen oder gar Anordnungen. Nur wenn die anderen an der Entscheidung beteiligt sind, werden Sie Unterstützung von ihnen bekommen. Holen Sie sich Anregungen dazu im Abschnitt »Power-Talking« (Seite 115ff.) und beginnen Sie sofort.

Überprüfen Sie Ihre Symptome nach zwei Wochen. Wenn sich Besserungen zeigen, fahren Sie mit dem Body-Tuning und Ihrer Selbstentlastung fort.

Haben Sie keine Verbesserung festgestellt, gehen Sie zu einem Facharzt oder einem psychologischen Coach. Tun Sie, was Ihnen gesagt wird, ohne Wenn und Aber! Burnout-Kandidaten neigen zur Diskussion, warum das alles gerade jetzt nicht geht. Bis man dann ganz aus der Kurve schleudert. Das kann bei rechtzeitigem beherztem Eingreifen verhindert werden!

Der Arzt – mein Freund und Helfer

Fassen Sie sich also ein Herz und lassen Sie sich so schnell wie möglich einen Termin geben. Patienten, die nach einem Zusammenbruch in einer Psychosomatischen Fachklinik behandelt werden, geben an, bereits drei bis fünf Jahre unter den Symptomen zu leiden. Schade um die Lebenszeit und schade für die Gesundheit. Denn in einer so langen Zeit können die biologischen Veränderungen auch chronisch werden und damit schwieriger zu behandeln sein. Besonders diejenigen, die sich noch im »Ärgerstadium« des Burnout befinden, sollten sich trauen, sich ein wenig genauer zu beobachten und die Schlafstörungen nicht als Beweis ihrer Leistungsfähigkeit (»Ich brauche nur drei Stunden Schlaf pro Nacht!«), die Reizbarkeit nicht als Überlegenheit (»Alles Schwachköpfe, die anderen!«) und die Rastlosigkeit nicht als Work-Life-Balance-Strategie (»Man hat doch sonst gar nichts vom Leben!«) zu interpretieren. Leider passiert das immer noch viel zu oft!

Beim Arzt die ganze Wahrheit zu berichten, führt ja nicht zur Verurteilung, sondern zur Besserung! Zugegeben, nicht jeder Allgemeinmediziner ist sofort in der Lage, Burnout zu diagnostizieren, wenn nur über Schlafstörungen und Rückenprobleme berichtet wird. Doch immer mehr Fachärzte beginnen, die biologischen Veränderungen beim chronisch unkontrollierten Stress aufzudecken und entsprechend zu behandeln. Und natürlich ist der Fachmann für das Gehirn, der Psychiater, auch für Burnout zuständig.

Achtung, Ausreden!

Auch wenn es Ihnen paradox erscheinen mag: Seien Sie froh darüber, dass Ihr eingebautes Warnsystem funktioniert und Ihnen deutlich mitteilt, dass Sie überlastet sind. Es gibt leider viele Beispiele, wo das nicht der Fall war und nicht nur Männer, sondern auch überraschend viele Frauen mittleren Alters ohne Vorwarnung vom großen Stresshammer Herzinfarkt getroffen wurden, weil sie nicht hören wollten.

Kennen Sie diese Sprüche, Ausflüchte und Ausreden?

► »So anstrengend ist das doch gar nicht. Es gibt Schlimmeres.« (Symptome werden verleugnet.)

► »Ich habe totalen Stress mit dem Haushalt.« Statt: »Eigentlich fühle ich mich im Job völlig überfordert.« (Verschiebung auf einen »Nebenkriegsschauplatz«.)

► »Ich hab schon wieder alles vergessen, ich glaube ich bin schon mit 30 verkalkter als meine Mutter.« (Ironisieren und bagatellisieren.)

► »Wenn mein Mann nicht so unzuverlässig und faul wäre, bräuchte ich mich nicht so zu verausgaben.« (Sündenbock)

► »Ich bin eben ein Mensch der alles hundertprozentig machen muss.« (Entschuldigung)

► »Wieso sagst du, ich sei gar nicht richtig für dich da? Ich mache doch alles nur, damit du es gut hast!« (Nicht verstehen wollen.)

► »Irgendwann werde ich das große Los ziehen, und alle Probleme sind gelöst.« (Flucht in Fantasien)

Werden Sie hellwach, wenn Sie so etwas bei sich oder anderen hören, checken Sie sorgfältig Ihre Symptome und überlegen Sie, wie Sie Ihre

Energien stärken oder Ihre Belastungen abbauen können. Oder greifen Sie bereits zur Selbsthilfe, nur leider zur falschen?

Die falschen Helfer Alkohol und Co. – Drogen für das Glück am Feierabend?

Im Burnout fehlen sie uns deutlich: Entspannung, Wohlbefinden und Glück. Denn die chronisch unkontrollierte Stressreaktion bringt die für sie zuständigen Botenstoffe aus dem Gleichgewicht. Dadurch, dass Dopamin, Serotonin und Acetylcholin in bestimmten Abschnitten des limbischen Systems (Gefühlshirn) den Informationsverkehr zwischen den Zellen regeln, entstehen die willkommenen Gefühle. Das geschieht entweder durch bestimmte Denk- und Wahrnehmungsvorgänge, durch Bewegung, Nahrungsmittel, oder aber durch Drogen und Medikamente. Alkohol, Nikotin, Kokain oder Cannabis, Tranquilizer und Stimmungsaufheller – alle verändern über ihren Einfluss auf die Botenstoffe unsere Gefühle – und machen abhängig.

 Wirkmechanismen von Alkohol, Medikamenten und Drogen

Substanz	Chemischer Mechanismus	Wirkung
Alkohol	Verstärkt die Wirkung des aktivierenden Botenstoffs Glutamat und des hemmenden Botenstoffes GABA; spezieller Alkoholrezeptor entdeckt; erhöht Freisetzung von Dopamin.	Anregung und Entspannung

Substanz	Chemischer Mechanismus	Wirkung
Nikotin	Erhöht Freisetzung von Dopamin, besetzt Acetylcholinrezeptor (Entspannung).	Anregung und Entspannung, Stress und Langeweile werden besser erträglich.
Kokain	Starke Dopamin-Wirkung durch Hemmung der Wiederaufnahme am Ende der Nervenzelle.	Berauschend euphorisch, kreativ, motivierend
Cannabis	Rezeptor für Cannabis im Hippocampus (Verarbeitung von Sinnesreizen und Gedächtnisinhalten); Ausschüttung des Botenstoffes Anandamid (verändert den Zellstoffwechsel)	Entspannung; veränderte Wahrnehmung
Tranquilizer (Schlafmittel), Benzodiazepine (z.B. Valium)	Verstärken die Wirkung des beruhigenden Transmitters GABA an ihrem Rezeptor.	Vermindern das Gefühl von Angst, Spannung und Unruhe und die Reaktion auf Probleme.
Stimmungsaufheller (Antidepressiva)	Verhindern den Abbau von Serotonin und verlängern die Wirkung des anregenden Botenstoffes.	Stimmungsaufhellend (nur bei Kranken); antriebssteigernd

Achtung, Abhängigkeit!

Beruhigungs- und Schlafmittel werden leider meistens viel zu leichtfertig verschrieben. Denn die Gefahr der Abhängigkeit ist groß. Darüber hinaus nehmen gerade beruhigende Medikamente und Drogen den letzten Schwung. Sie rauben uns die Chance, uns mit unserem Leben auseinanderzusetzen, Hilfe zu finden oder auf eigene Faust neue Wege einzuschlagen. Zwar gibt es Grenzsituationen (z.B. akute Selbstmordgefahr, »Durchdrehen«), in denen jemandem vorübergehend medikamentös geholfen wird, damit sein völlig aus den Fugen geratenes System eine Weile verschnaufen kann. Das muss aber immer unter fachärztlicher Überwachung und am besten in Kombination mit psychologischer oder psychotherapeutischer Hilfe geschehen. Denn sonst läuft man Gefahr, neben dem Burnout auch noch eine Suchterkrankung zu bekommen. Sich beim Hausarzt ein Rezept zu holen und dann mal zu schauen, wie es so weitergeht, hat noch niemanden wirklich weitergebracht.

Überprüfen Sie Ihren Alkoholkonsum

Ein kleiner Drink abends entspannt. Wenn es dabei bleibt, ist alles in Ordnung. Nur irgendwoher müssen die 1,6 Millionen abhängigen Alkoholiker und die 42.000 Menschen kommen, die jedes Jahr an den Folgen von Alkoholmissbrauch sterben! Neue wissenschaftliche Untersuchungen zeigen, dass Männer, die ihren Alkoholkonsum auf 20-40 g täglich beschränken, den größten gesundheitlichen Nutzen haben. Frauen bilden im Magen nur wenig Alkoholdehydrogenase, ein Enzym, das Alkohol abbaut. Sie vertragen deshalb weniger. Die vermutlich nicht schädigende Menge liegt bei ihnen bei unter 20 g Alkohol pro Tag.

In welcher Form man den Alkohol zu sich nimmt, scheint nicht entscheidend zu sein. Beachten Sie, dass ein Standardglas für das jeweilige alkoholische Getränk jeweils ca. 10 g reinen Alkohol enthält.

Was könnte es noch sein?
Kleiner Diagnoseleitfaden

Jeder, der über einen längeren Zeitraum Erschöpfungssymptome an sich selbst feststellt, sollte sich erst einmal gründlich untersuchen lassen. Denn eine Reihe von Erkrankungen gehen mit depressiven Symptomen einher, können aber körperlich sehr gut behandelt werden. Bevor Sie sich also als Hobbypsychiater selbst eine Diagnose stellen, gehen Sie erst einmal zur Untersuchung und Blutentnahme. Was könnte es sein?

Schilddrüsenunterfunktion (Autoimmune Hashimoto-Thyreoiditis) ist eine Entzündung, bei der sich das Immunsystem fälschlicherweise gegen das eigene Schilddrüsengewebe wendet. Sie wird langsam abgebaut und bewirkt eine schleichende Unterfunktion. Sie verdankt ihren exotischen Namen ihrem Entdecker, dem Japaner Hashimoto. Durch die weit verbreitete Zunahme des jodierten Speisesalzes, das wir überall unwissentlich futtern, hat diese Störung in der letzten Zeit zugenommen. Betroffen sind vor allem Frauen, und besonders dann, wenn ein Wechsel der hormonellen Situation dazukommt (z.B. in der Pubertät, nach einer Schwangerschaft, in den Wechseljahren, beim Beginn der Einnahme der Pille). Eine Blutuntersuchung der Schilddrüsenwerte und der Antikörper gegen Schilddrüsengewebe bringt schnell die Diagnose. Dann wird mit Thyroxin das fehlende Schilddrüsenhormon ersetzt. Dafür ist dann etwas Geduld notwendig, die Einstellung kann ein paar Monate dauern und erfordert einige Kontrollen der Werte! Doch das Wohlbefinden, die langsam einsetzende Gewichtsabnahme und die wiederkehrenden Lebensgeister entschädigen den Aufwand auf jeden Fall!

Hormonmangel: Geschlechtshormone bewirken nicht nur die typisch weiblichen und männlichen Geschlechtsfunktionen und das Aussehen, das wir am Partner so lieben, sondern sind auch im Gehirn mit für Stimmung und Antrieb zuständig. Die Lust auf Sex (Libido) hängt bei beiden Geschlechtern am Testosteronspiegel, eine gewisse Stressstabilität und angenehme Gefühlslage wird von den Östrogenen unterstützt. Hier sind viele Frauen leider ab ca. 40 betroffen, in manchen Fällen jedoch auch Männer. Der Abfall der Geschlechtshormone durch die beginnenden Wechseljahre kann bei manchen neben den üblichen Symptomen wie Schlafstörungen und Hitzewallungen zu depressionsartigen Stimmungsstörungen führen. Wundern Sie sich? »Ich weiß gar nicht, was mit mir los ist? Auf einmal habe ich so komische Heulanfälle.«, oder: »Mir geht alles auf die Nerven, ich habe keine Lust auf gar nichts mehr, so kenne ich mich gar nicht! Mein Mann ist nett, meine Arbeit macht mir eigentlich Spaß und die Kinder sind nicht mehr so stressig wie früher!« Auch Männer in diesem Alter können die sogenannte »Andropause« erleben, einen Abfall der männlichen Hormone und des Östrogens, das auch sie besitzen und das bei ihnen genauso wie bei Frauen für gute Stimmung sorgt. Nur redenden Menschen kann geholfen werden – scheuen Sie sich nicht, alle wichtigen Hormonwerte bestimmen zu lassen und entscheiden Sie dann mit Ihrer Ärztin/Ihrem Arzt, ob für Sie eine Hormontherapie in Frage kommt. Es geht um Abwägung der möglichen Risiken (z.B. Brustkrebs) gegen Ihre wiedergewonnene Fröhlichkeit!

Eisenmangel/Blutarmut: Auch hier sind oft Frauen betroffen. Der Preis jahrelanger Blutungen und einer fleischfreien oder fleischarmen Ernährung ist oft ein Eisenmangel und ein Mangel an roten Blutkörperchen. Man kann Eisen-Präparate einnehmen oder sich spritzen lassen. Da können Sie sicher sein, die Mühe lohnt sich! Denn Eisen in den roten Blutkörperchen ist für ihre Fähigkeit verantwortlich, genug Sauerstoff zu transportieren. Und je mehr wir davon bekommen, desto fitter und lebendiger fühlen wir uns!

Mangel an Vitalstoffen: B-Vitamine, Folsäure, Kalium, Zink und Q10-Mangel können ebenfalls zu Erschöpfungsgefühlen führen.

Chronique Fatigue Syndrom (CFS): Im Anschluss an eine Virusinfektion, z.B. recht häufig nach dem Pfeiffer'schen Drüsenfieber, bleiben manche Immunbotenstoffe (Zytokine) über Gebühr lange erhöht und erzeugen Mattheit, Antriebslosigkeit und depressive Stimmung. Auch die bei Depression typischen Gedächtnisstörungen und Schlafstörungen können auftreten. Während sich bei einer Depression die Symptome durch Ausdauersport bessern, geschieht hier genau das Gegenteil. Häufige Halsschmerzen, Muskel- und Gelenkschmerzen und geschwollene Lymphknoten weisen ebenfalls auf CFS hin.

Schlafmangel: Wenn man vierzehn Tage lang deutlich zu wenig Schlaf bekommt, ist man dem Burnout nahe. Woher kommen die Schlafstörungen? Lesen Sie auf Seite 259ff. nach.

Schlappmacher Medikamente: Hier nur eine Aufzählung der häufigsten Medikamente, die bei Dauergebrauch (was ja in bestimmten Fällen notwendig ist) müde und antriebslos machen: Schlafmittel, Beruhigungsmittel, Antiallergika (gegen Heuschnupfen), Antibiotika, Krampflösende Mittel (bei Rückenschmerzen), starke Schmerzmittel, Krebsmittel (Zytostatika). Auch manche Pille zur Empfängnisverhütung erzeugt depressive Symptome.

Stressabhängige Erkrankungen

Die chronisch unkontrollierte Stressreaktion kann eine Reihe an Erkrankungen nach sich ziehen, bei denen die Hormone der beiden Stresshormonachsen (Sympathisches Nervensystem und Hypothalamus-Hypophysen-Nebennierenachse) Adrenalin und Cortisol die Hauptrolle spielen.

Adrenalin stimuliert dann Herz, Kreislauf, Muskulatur, Atmung, Leber, Fettgewebe und Energiestoffwechsel übermäßig und erschöpft die Leistungsfähigkeit der betroffenen Organe.

Einen Wimpernschlag später, dafür aber nachhaltiger, überhitzt Cortisol den energiebereitstellenden Stoffwechsel, stört im Gehirn die geistige Leistungsfähigkeit, was sich auf die Stimmung auswirkt, und drosselt die Funktion des Immunsystems übermäßig.

Durch ihre Auswirkungen auf andere Signalstoffe im Netzwerk zieht die gestörte Botenstoffbalance aber auch Störungen in weiter entfernten Bereichen und Organsystemen nach sich. Ein wichtiger Merkspruch in der Medizin lautet: Man kann auch Läuse und Flöhe haben! Das bedeutet, man kann Burnout und eine andere, eine stressabhängige Erkrankung haben. Das können körperliche, aber auch andere psychische Erkrankungen, wie z. B. eine Angsterkrankung oder eine Sucht sein. Jede Erkrankung braucht ihre Diagnose und ihre spezielle Therapie. Manchmal steht diese sogar zunächst im Vordergrund, besonders wenn es sich um eine akute und nicht ganz ungefährliche Störung handelt, wie zum Beispiel den Bluthochdruck. Da wäre es geradezu fahrlässig, so lange zu warten, bis die psychologische Burnout-Therapie gegriffen hat, sich das Stresslevel normalisiert und dadurch der Blutdruck steigernde Antrieb nachlässt. Das würde viel zu lange dauern und für den Betroffenen gefährlich sein. Denn hoher Blutdruck kann einen Schlaganfall oder einen Herzinfarkt hervorrufen.

Stressabhängige Erkrankungen betreffen
► Gehirn und Psyche
► Bewegungsapparat
► Immunsystem
► Magen-Darmsystem
► Gewicht und Stoffwechsel
► Herz-Kreislaufsystem.

In der nebenstehenden Übersicht finden Sie die wichtigsten stressabhängigen Erkrankungen, die auch beim Burnout und anderen psychischen Erkrankungen vorkommen können.

Stressabhängige Erkrankungen

1. **Gehirn und Psyche**
   Angsterkrankungen
   Schlafstörungen
   Depressionen

2. **Bewegungsapparat**
   Verspannungen
   Gelenkverschleiß
   Chronische Schmerzen
   Fibromyalgie

3. **Immunsystem**
   Infektionsanfälligkeit
   Autoimmunerkrankungen
   Allergien
   Wundheilungsstörungen
   Reduzierte Wirksamkeit von Impfungen
   Zahnfleischentzündung

4. **Magen-Darmsystem**
   Verdauungsstörungen
   Geschwüre
   Reizdarmsyndrom

5. **Gewicht und Stoffwechsel**
   Appetitregulationsstörungen mit Gewichtszunahme oder
   -abnahme
   Fettstoffwechselstörungen
   Diabetes Typ II

6. **Herz-Kreislaufsystem**
   Bluthochdruck
   Arteriosklerose
   Herzinfarkt
   Schlaganfall

Vom Stress zur Depression

Burnout wird von den Fachleuten als eine Frühform der Depression angesehen. Die Überstrapazierung der chronisch unkontrollierten Stressreaktion führt über verschiedene Symptome in die Erschöpfung, die deshalb auch oft Erschöpfungsdepression oder Stressdepression genannt wird. Der Fachbegriff lautet Major Depression. Sie kann sich nach einer bestimmten Zeit von alleine bessern, tritt jedoch auch häufig wiederholt auf und wird manchmal auch chronisch. Doch Sport, Psychotherapie und Medikamente, besonders in Kombination, führen immer zur Besserung, in den meisten Fällen sogar zur Heilung.

Auch Angststörungen können nach einiger Zeit in Depressionen münden. Was nicht verwundert, denn es sind dieselben Botenstoffe, die Ängste oder Niedergeschlagenheit verursachen, und die neuronalen Systeme, in denen sie gebildet werden, liegen im Gehirn eng beieinander.

Es gibt zurzeit ca. 4-5 Millionen depressive Patienten in Deutschland.

Depression ist darüber hinaus auch der Oberbegriff für eine Reihe an Störungen, die ähnliche Symptome aufweisen, aber unterschiedliche Ursachen haben können.

Es gibt Depressionen

▶ als Begleiterscheinung von **Erkrankungen des Gehirns** und des Nervensystems (Alzheimer, Durchblutungsstörungen im Alter, Parkinson, Epilepsie, Psychosen).

▶ durch Schädigung des Gehirns, verursacht von **Drogen und Alkohol.**

▶ bei akuten **traumatischen Erlebnissen** (akut unkontrollierte Stressreaktion), wie z.B. nach dem Tod nahe stehender Personen, Unfällen oder Gewalterlebnissen.

▶ als **Bipolare Depression** (manisch–depressive Störung) übertrieben euphorische und niedergeschlagene Phasen im Wechsel (selten!).

▶ im Rahmen der **Hormonumstellung** nach Geburten, in den Wechseljahren oder im Zyklus.

Die Major Depression ist die zurzeit häufigste Form der Depression. Immer deutlicher stellte sich in den letzten Jahren heraus, dass es hier sowohl im Erscheinungsbild als auch in den biochemischen Abläufen zwischen den Geschlechtern Gemeinsamkeiten, aber auch deutliche Unterschiede gibt. Über die Gründe wird noch viel spekuliert. Unter anderem scheint es für Männer aus gesellschaftlichen Gründen besonders schwierig zu sein, Gefühle von Angst und Unruhe, Hilflosigkeit und Hoffnungslosigkeit bei sich wahrnehmen zu dürfen. Nach dem Motto »… weil nicht sein kann, was nicht sein darf« verbergen sie häufiger als Frauen ihre depressive Stimmung unter Reizbarkeit, Aggressivität im Straßenverkehr und im Sozialleben, ertränken sie in Alkohol und betäuben sie mit exzessivem Sport und übermäßigem Arbeitseinsatz. Einziges Symptom der Depression ist bei ihnen häufig die hartnäckige Schlafstörung (die immer auch durch die große Arbeitsbelastung erklärt werden kann). Irgendwann tritt die Erkrankung zu Tage, als Abgleiten in den Alkoholismus oder durch den alle überraschenden Selbstmord (häufig getarnt als Autounfall). Diese eher bei Männern (oder älteren Frauen) vorkommende Depression nennen die Fachleute »melancholische Depression«, obwohl sie eher wie ein »aufgedreht sein« anmutet. Typisch ist allerdings, dass dieses hohe Energieniveau nicht von guter, sondern von schlechter Stimmung begleitet ist. Eine Zeitlang bezeichnete man diese Form auch als »Sissy-Syndrom«. Die beliebte österreichische Kaiserin ließ sich ihre seelischen Nöte nicht anmerken und versuchte, sie durch rastlose Aktivität, Reisen und Ablenkungen zu beherrschen.

Eine besonders bei jüngeren Frauen gehäuft anzutreffende Form wird als »atypische Depression« bezeichnet (obwohl sie eher dem Bild entspricht, das wir von einem depressiven Menschen haben). Sie zeigt sich in niedergeschlagener und antriebsloser Stimmung, hohem Schlafbedürfnis ohne Erholungseffekt, Verlust von Interesse an angenehmen Dingen, verstärktem Appetit und zunehmender Gewichtszunahme. Es gibt allerdings auch Mischformen.

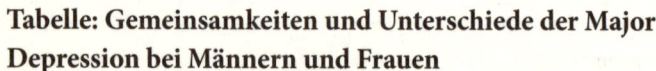 **Tabelle: Gemeinsamkeiten und Unterschiede der Major Depression bei Männern und Frauen**

Unterformen		
	Melancholische Depression	**Atypische Depression**
Geschlecht	Häufiger bei Männern, aber auch bei älteren Frauen (nach den Wechseljahren)	Häufiger bei (jüngeren) Frauen
Schlaf	Schlecht; wenig; gestört	Schlecht; viel
Appetit und Gewicht	Wenig, eher Gewichtsabnahme	Viel, eher Gewichtszunahme
Aktivität	Überaktiv; rastlos; viel Arbeit; viel Sport; Konzentrationsstörungen	Wenig aktiv; lustlos; kann sich nicht entschließen; etwas Bestimmtes zu beginnen; Verlangsamung

Stimmung und Gedanken	Frühform: Reizbar, unhöflich, aggressiv, getrieben, unruhig; erinnert sich viel an Unangenehmes aus der Vergangenheit; beschäftigt sich mit Selbstmord	Bleierne Schwere; auffallend erhöhte Empfindlichkeit bei Zurückweisung durch andere; beschäftigt sich nicht mit der Vergangenheit und nicht mit Selbstmord
Immunsystem	Erhöhte Infektionsanfälligkeit	Erhöhte Anfälligkeit für Autoimmunstörungen und chronische Entzündungen
Gemeinsame Symptome		
Stoffwechsel und körperliche Gesundheit	Störung der zentralen Stoffwechselsteuerung im Gehirn; Störung des Zuckerstoffwechsels; Zunahme des Bauchfettspeichers; erhöhtes Risiko für Herz-Kreislauferkrankungen	
Muße, Vergnügen, Sexualität	Wenig Interesse; Hobbys machen keinen Spaß; Libidoverlust	

Was kann der Arzt feststellen: Neue Wege der Diagnostik

Immer mehr Ärzte und Institute spezialisieren sich auf die Diagnose der gestörten Stressbalance. Doch leider werden diese Tests noch nicht von den Kassen übernommen und müssen privat bezahlt werden. Manche nenne diese neue Richtung »Lifestyle-Medizin«, bei anderen läuft sie unter der Bezeichnung »Anti-Aging-Medizin« oder »Neurostress-Bestimmung«. Insgesamt ist dieser neue Zweig noch nicht etabliert. Trotzdem sollen Sie einen Überblick bekommen, worum es hier geht, damit Sie derartige Angebote besser beurteilen können.

Was wird gemessen? Da Cortisol als Stresshormon viel über die Stressbalance aussagt, werden Tagesprofile der Cortisolausschüttung erhoben. Das ist recht einfach, denn man kann es im Speichel messen. Kritiker wenden jedoch ein, dass es hier keine verlässlichen Normwerte gibt, da die Cortisolwerte von Mensch zu Mensch stark schwanken. Darüber hinaus werden Neurotransmitter im Blut bestimmt und man schaut, inwieweit das Gleichgewicht zwischen beruhigenden und aktivierenden Substanzen gestört ist. Fehlende Transmittermengen sollen durch Einnahme der Substanzen selber, oder die Einnahme von Aminosäuren als Vorläuferstoffe ausgeglichen werden. Auch hier fehlen noch wissenschaftliche Beweise der Wirksamkeit, denn es ist nicht klar, ob die eingenommenen Substanzen tatsächlich den Hirnstoffwechsel erreichen und verändern können. Die Beobachtungen aus der Praxis jedoch geben Anlass zur Hoffnung.

Wichtig ist jedoch auch hier immer die gründliche körperliche Untersuchung mit allen zur Diagnose relevanten Blutwerten und eine Kombination mit zuverlässigen psychologischen Fragebögen.

Grundsätzlich gibt es eine Schwierigkeit bei der Diagnose von Stresskrankheiten, denn sie betreffen viele medizinische Fachgebiete, die noch nicht sehr stark untereinander vernetzt sind: den psychologischen Bereich, der durch Gespräche mit erfahrenen Fachleuten und zuverlässige Fragebogen erfasst wird, den Bereich der Gehirnbotenstoffe, der in den Fachbereich der Psychiatrie gehört, die Regulation der Stresshormone und anderer Hormone im Körper, der in das Fachgebiet der Inneneren Medizin und dort am besten in die Hand der Endokrinologen (»Spezialisten für die Drüsentätigkeit«) gehört. Da auch die Geschlechtshormone und deren Regulation eine wichtige Rolle spielen, braucht man die Expertise der Gynäkologen und Andrologen (»Frauen- und Männerärzte«). Und wenn es darum geht, mehr Stress- und Emotionsmanagement ins eigene Leben zu bringen, brauchen wir Psychotherapeuten, die uns mit Gesprächen, Übungen und »Hausaufgaben« helfen, unsere Gedanken und Gefühle so zu lenken, dass wir eine bessere Stressbalance erreichen können.

Im Moment fehlt also noch ein interdisziplinäres Diagnostik- und Behandlungsangebot. Doch ich bin hier sehr optimistisch, denn wir werden es in Zukunft mehr und mehr brauchen. Das Gesetz von Angebot und Nachfrage gilt schließlich auch für die Medizin.

Wer hilft und behandelt wie?

Ärzte und Fachärzte für Neurologie und Psychiatrie dürfen Diagnosen stellen und Medikamente verschreiben. Sie schauen nach körperlichen Ursachen und Begleiterscheinungen des Burnouts und behandeln diese fachgerecht nach den Regeln der Schulmedizin. Wenn sie eine Psychotherapieausbildung haben, behandeln sie ebenfalls die »seelische Seite« mit verschiedenen Verfahren. Von den Krankenkassen übernommen werden: Verhaltenstherapie, psychoanalytische Verfahren und tiefenpsychologisch orientierte Psychotherapie. Oft wird eine sinnvolle und zum Patienten passende Mischung aus diesen Verfahren genutzt.

Psychologen dürfen keine Medikamente verordnen, Heilpraktiker nur Medikamente ohne Rezeptpflicht. Psychologen benötigen eine Psychotherapieausbildung und eine Zulassung, um behandeln zu können. Erstattungsfähige Behandlungsmethoden: s.o. wie bei den Ärzten.

In **Psychosomatischen Fachkliniken oder Reha-Kliniken** können Burnout- und Depressionspatienten, falls erforderlich, über mehrere Wochen stationär behandelt werden. In Ruhe und Abgeschiedenheit kommen sie besser dazu, sich zu erholen und ihr Leben neu auszurichten.

Was ist eine psychische Erkrankung?

Da Burnout zu den psychischen Erkrankungen gehört, möchte ich Ihnen hier einige wichtige Informationen dazu geben. Sie sollen Ihnen helfen, besser zu verstehen, was bei Burnout in Gehirn und Körper abläuft.

Nach dem heutigen Stand der Wissenschaft sind psychische Erkrankungen biologische Störungen des Gehirns. Dieses Organ reagiert wegen seiner hochkomplexen Arbeitsweise sehr empfindlich auf Einflüsse aller Art. Seine Funktionen werden in ihrer Gesamtheit als psychische Funktionen bezeichnet. Im allgemeinen Sprachgebrauch benutzen wir den Begriff Psyche (= Seele) eher im Zusammenhang mit Gedanken und Gefühlen. Bei psychischen Erkrankungen erlebt man die Störungen des Denkens und der emotionalen Stimmung. Das ist es auch, was die Betroffenen am meisten quält. Und das ist es auch, was andere wiederum an den Betroffenen so irritiert und verunsichert, ja sogar Angst und Ablehnung auslösen kann. Denn ob bewusst oder unbewusst, kleinste Veränderungen im emotionalen Ausdruck durch Mimik und Körpersprache oder im Sozialverhalten anderer werden von uns unmittelbar aufgenommen, und wir reagieren auch spontan darauf, ohne uns klar darüber zu sein, dass es Folgen einer »Krankheit« sein können. In der Tabelle können Sie sich einen Überblick über die Funktionen des Gehirns verschaffen und sehen, wie sich Störungen in der jeweiligen Funktion bemerkbar machen.

Störungen der psychischen Funktionen

Normale Funktion des Gehirns	Gestörte Funktion des Gehirns
Aufnahme und Verarbeitung von Informationen (Wahrnehmung)	Konzentrationsstörungen, eingeengter Fokus auf negative Aspekte des Lebens, Konzentration auf körperliche und seelische Symptome, Gedanken-kreisen, Grübeln
Steuerung aller körperlichen automatischen Reaktionen und bewussten Handlungen	Fehlsteuerung, unverständliche Handlungen, körperliche Sympto-me der Erkrankung (psychosoma-tische Symptome)
Produktion und Auswertung von Gefühlen als »Ratgeber«	Überwiegen von negativen Gefühlen
Denken, Bewertung und Planung	Blockiertes Denken, falsche negative Bewertung, abnehmende Fähigkeit zu planen, abnehmendes Interesse an angenehmen Dingen
Speichern und Abrufen von Infor-mationen (Lernen und Gedächtnis)	Gedächtnisstörungen

Wie sehr unsere Gehirnfunktionen von der Versorgung mit bioche-mischen Substanzen abhängen und wie leicht sie auch störbar sind, hat jeder bestimmt schon einmal erlebt: Nach einem feucht-fröhli-chen Abend, an dem man sein Gehirn mit dem Nervengift Alkohol geschädigt hat, spürt man dosisabhängig die typischen Veränderun-gen: Stimmungsveränderung, Denkstörung, Störung der Wahrneh-mung und Steuerung von Körperfunktionen und Gedächtnisstörun-gen bis hin zum Bewusstseinsverlust. Diese Symptome verschwinden nach geraumer Zeit wieder, und da wir sie in der Regel freiwillig in Kauf genommen haben, machen wir uns darüber keine Sorgen.

Störung der Gehirnfunktion durch unterschiedliche Einflüsse

Bei einer psychischen Erkrankung kommt es zu ganz ähnlichen Veränderungen. Die oben genannten Funktionen sind in unterschiedlicher Weise gestört oder fallen ganz aus. Das erklärt auch die körperlichen Begleiterscheinungen bei vielen psychischen Erkrankungen. Allerdings ist der Auslöser dem Betroffenen in der Regel nicht bekannt. Man spürt die Veränderung und glaubt zunächst an etwas Vorübergehendes, das nicht weiter ernst zu nehmen sei.

Viele psychische Erkrankungen beruhen, wie körperliche Erkrankungen auch, auf einer genetisch bedingten Anlage. Sie führt entweder irgendwann »von selbst« oder getriggert durch bestimmte Auslöser zu bestimmten Störungen der Botenstoffsysteme des Gehirns. Je nachdem in welcher »Stärke« und Kombination diese Systeme beeinträchtigt sind, variieren auch die Funktionsstörungen der Nervenzellen des Gehirns. Starke Überbeanspruchung des Stresssystems im chronisch unkontrollierten Stress ist ein häufiger Auslöser, der eine genetische Anlage zum Ausbruch bringt. Drogenkonsum, Infektionen oder andere schwere Erkrankungen des Immunsystems können jedoch auch als Startschuss wirken, da das Nervensystem mit dem Immunsystem über viele verschiedene Botenstoffe ganz eng miteinander verzahnt ist. Denken Sie nur daran wie elend (»depressiv«) Sie sich fühlen können, wenn Sie eine Virusgrippe in den Knochen haben. Schuld sind nicht tiefenpsychologische dunkle Geheimnisse, sondern Botenstoffe (Interleukine), die das sogenannte »Sickness-Bahaviour« auslösen und durch die wir nur noch die Decke über den Kopf ziehen wollen.

Wie bei körperlichen Erkrankungen gibt es bei den Erkrankungen des Gehirns ebenfalls eine unüberschaubare große Anzahl, und genauso wie dort muss nicht jede zu starken Beschwerden führen. In beiden Bereichen kann man mit gut behandelten oder medikamentös eingestellten Erkrankungen ein gutes, schönes und arbeitsreiches Leben führen. Es kommt eben immer auf den Einzelfall an. Mit einer

Spinnenphobie, einer Höhenangst oder Angst vor Schlangen kann man problemlos leben, wenn man nicht gezwungen ist, sich den angstauslösenden Reizen ständig auszusetzen. Und wie viele Menschen haben diese kleinen psychischen Erkrankungen, die immer mal wieder wie ein Schnupfen, besonders in einer stressreichen Phase, auftreten und dann wieder verschwinden. Fast jeder hatte schon einmal eine depressive Episode, einmal einen Nervenzusammenbruch, bei dem er oder sie nicht mehr aufhören konnte zu weinen. Solange diese Störungen nicht allzu lange anhalten und beginnen, die Lebens- und Arbeitsfähigkeit zu beeinträchtigen, gehören sie zum Leben dazu. Deshalb ist es für die Gesundung von einer psychischen Erkrankung auch ganz entscheidend, im Leben selbstständig zurecht zu kommen.

Psychische Gesundheit:

»Psychische Gesundheit ist die Fähigkeit eines Menschen, sich realistisch den Anforderungen des Lebens ohne erschöpfendes Beanspruchtwerden stellen und ihnen innerhalb der zugehörigen Gesellschaft mit Selbstachtung und Durchhaltevermögen bei persönlicher Zufriedenheit nachkommen zu können«.*

Für wen das unmöglich ist oder zunehmend schwerer wird, wer für einfache Handlungen zu erschöpft ist, wer sich nicht mehr aus dem Haus traut, wer von seinen Emotionen zu bestimmten Dingen gezwungen wird, hat die Fähigkeit zur Selbstregulation verloren. Er befindet sich auf dem Weg in eine psychische Erkrankung.

---

* Zitiert nach Theo Payk: Pathopsychologie. Vom Symptom zur Diagnose, Berlin 2002

Terminologie der Seele

Psyche (Seele): Gesamtheit aller geistigen und emotionalen Funktionen des Gehirns. Sie können auch stattfinden, ohne dass das Bewusstsein sie bemerkt.

Geist: Tätigkeit des Gehirns, die vom Bewusstsein als denken, beurteilen, erkennen, wahrnehmen oder erinnern bemerkt werden.

Emotion: Biologische Funktion des Nervensystems, die auf bestimmte Reize hin komplexe Handlungsmuster organisiert. Es gibt vier emotionale Systeme (Such-/Belohnungssystem, Bindungs-/Paniksystem, Furcht-/Angstsystem, Wut-/Ärgersystem), viele davon abgeleitete und gemischte Emotionen.

Wahrnehmung: Ergebnis der Reizverarbeitung durch die Sinnessysteme (hören, sehen, riechen, schmecken, fühlen). Kann auch unbewusst bleiben.

Empfindung: Bewusste Wahrnehmung der körperlichen Auswirkungen einer oder mehrerer Emotionen (Herzklopfen, Erregung, Muskelspannung, »Schmetterlinge im Bauch«).

Kognition: Verstandesmäßige Gehirnleistungen: Aufmerksamkeit, Wahrnehmung, Abstraktionsfähigkeit, Erkenntnis, Schlussfolgerungen, Urteilsfähigkeit, Merkfähigkeit. Kognitionen bilden die Vorstellungen des Individuums über sich und die Welt.

Gefühl: Zusammengesetzt einerseits aus der Wahrnehmung der Empfindungen, die durch ein emotionales System im Körper erzeugt werden und andererseits aus den dazugehörigen Bewertungen (Kognitionen): Gegenwärtige, vergangene und zukünftige Umstände werden mit berücksichtigt.

Bewusstsein: Übergeordnete Gehirnfunktion, die alle anderen Funktionen und sich selbst beobachtet (»Selbst-Sinn«).

Gleichstellung, bitte! Umgang mit psychisch erkrankten Menschen

Bücher und vor allem Filme führen uns immer wieder vor Augen, wie Menschen mit psychischen Erkrankungen sich verhalten. Mal sind sie liebenswerte »Irre«, mal »gefährliche, durchgedrehte Psychopathen«, mal gelangweilte »Stadtneurotiker«, die vor lauter Langeweile und Überdruss zum Psychiater rennen. Diese Darstellungen tragen nicht zur Aufklärung bei. Wie sehr jemand an einer derartigen Erkrankung leidet, wie sie zustande kommt und wie sie fachgerecht behandelt wird, bleibt dadurch leider nach wie vor im Dunkel der Unkenntnis und Tabus verborgen. »Genie und Wahnsinn« lautet ein gängiges Vorurteil, »Schwächlinge« und »eingebildete Kranke« hört man immer wieder im Zusammenhang mit Depressionen. Auch wenn sich in den letzten Jahren schon einiges getan hat, wir sind immer noch weit entfernt von der Gleichstellung psychisch Erkrankter mit körperlich Kranken. Sobald ein Kollege oder Bekannter körperlich krank wird, fragen wir respektvoll und mitfühlend nach dem Befinden. Mit Therapievorschlägen halten wir uns angemessen zurück, denn es ist uns immer bewusst, dass wir nicht Medizin studiert haben. Doch bei »Psycho«? Jeder hat doch zu Hause neben den Kochbüchern seine Volksausgabe »Sigmund Freud« stehen und fühlt sich dadurch in der Lage, Diagnosen zu stellen, Hintergründe zu kennen und Therapievorschläge zu machen. »Reiß dich mal zusammen!«, »Komm, wir unternehmen mal was Schönes, das bringt dich auf andere Gedanken.« wird oft als erster Vorschlag genannt. Andere plädieren für Verständnis und Rücksichtnahme: Nicht ansprechen (»Ist ja Privatsache, bloß nichts Peinliches aufkommen lassen, sonst tut er sich noch etwas an und ich bin schuld!«), in Watte packen (»Da muss man ein Auge zudrücken und bei der Arbeit oder im Privatleben entlasten.«) oder ganz lieb sein: »Ich bin ja Hobbypsychologe und du kannst immer mit mir reden!«. Viele und vor allem unpassende Bemerkungen werden allerdings eher hinter dem Rücken des Betroffenen gemacht, oft zur Erheiterung anderer. Mit den Patienten spricht selten jemand offen und fair, so wie man es bei jedem Bandscheibenvorfall tun würde.

Dass ein Mensch mit psychischen Problemen zuallererst einen Arzt braucht, ist den wenigsten bewusst. Dass diese Arztbesuche von den Betroffenen oft abgelehnt werden (»Mir kann sowieso keiner helfen.«, »Ich hab schon alles versucht.«, »Ich bin doch nicht verrückt.«) macht die Sache noch komplizierter. Doch darin besteht die wirkliche Unterstützung, der Freundschaftsbeweis und Liebesdienst: Nicht nachgeben und immer wieder darauf hinwirken, dass der Fachmann konsultiert wird, der wie bei jeder anderen Erkrankung auch über Diagnose und Therapie entscheidet. Psychische Erkrankungen lassen sich in den allermeisten Fällen gut heilen, besonders wenn man mit der Behandlung beginnt, bevor sie chronisch geworden sind. In jedem Fall lassen sie sich bessern und ermöglichen vielen Betroffenen ein weitgehend normales Leben. Bei seltenen, schweren Erkrankungen kann es jedoch sein, dass jemand nicht mehr arbeitsfähig ist, sogar, dass ein Leben nur noch in einer Spezialklinik möglich ist. Doch das geschieht, so bedauerlich es ist, bei körperlichen Erkrankungen genauso. Und wie bei körperlichen Erkrankungen auch, führen einige schwere psychische Erkrankungen auch manchmal zum Tod – durch Selbstmord. Konsequente Gleichstellung von Körper und Seele hat also nur Vorteile: Schnelle und richtige Behandlung und fairer Umgang mit Patienten.

Vorbeugen ist besser als nichts tun: Was tun gegen den Burnout?

Die beste Vorbeugung haben Sie bereits geleistet. Sie haben sich mit der Lektüre dieses Ratgebers über Burnout informiert! Wenn Sie nun noch all das nutzen, was Sie gelesen haben und damit für eine gute Stressbalance sorgen, Glückwunsch! Ein gesunder Lebensstil, stresserzeugende Einstellungen verändern, Entlastung und Problemlösung anstreben und sich emotionale Gegengewichte verschaffen sind dafür die wichtigsten Methoden. Darüber hinaus gibt es auch noch die beiden wichtigsten Kraftquellen für eine gute Stressbalance: Vorfreude und Kontrollüberzeugung. Gerade diese beiden Faktoren sind für Ihre Stressbalance im Beruf sehr wichtig.

Doch Hand aufs Herz: Denken Sie immer auch an die Basics Ihrer Stressstabilität? Schlafen Sie wirklich genug und auch erholsam? Auf Dauer brauchen Sie manchmal gar keine psychologischen Probleme und keinen bösen Arbeitgeber, regelmäßig zu wenig Schlaf reicht aus, um Sie an den Rand des Burnout zu bringen. Deshalb möchte ich Ihnen auf den nächsten Seiten noch einmal das Wichtigste über den Schlaf vorstellen. Denn: Jeder Mensch kann schlafen lernen!

Häufig und heilbar: Schlafstörungen

Es gibt kaum etwas Schöneres, als frisch und ausgeruht voller Elan in einen neuen Tag zu starten! Doch für viele der Patienten in deutschen Arztpraxen ist das ein ferner Wunschtraum. Sie haben Schlafstörungen. Nach einer Studie des renommierten Karolinska-Instituts in Stockholm aus dem Jahr 2004 ist der Schlafmangel selbst aber eine bedeutende Ursache für Burnout.

Was genau in der Nacht alles passiert, weiß niemand bisher mit letzter Sicherheit. Doch Schlafstörungen rauben uns jede Energie, machen vergesslich und löschen den mühsam angelesenen Prüfungsstoff, und wer gar nicht schläft, stirbt. An Infektionen. In der Nacht ist also das Immunsystem am Werk und schlägt eine stille Abwehrschlacht gegen eingedrungene Erreger, defekte und verbrauchte Zellen, möglicherweise auch Krebszellen. Hormone und Botenstoffe sorgen dabei für die nötige Ruhe. Das Wachstumshormon, bei Kindern für die schnelle Zellteilung in der Wachstumsphase verantwortlich, veranlasst beim Erwachsenen, dass sich die Zellen der Organe erneuern. Ein biochemischer Jungbrunnen, der nach einem strengen Zeitplan nur in den Tiefschlafphasen sprudelt. Noch deutlicher als am Tag zeigt sich so in der Nacht, dass wir nach inneren Uhren ticken. Alle 90 Minuten tauchen wir in die tiefen Schlafphasen ein, steigen langsam wieder an den Rand des Bewusstseins, um kurz darauf wieder hinabzusinken. Im Laufe der Nacht werden die Tiefschlafphasen immer kürzer und der Schlaf leichter. Gegen Morgen wachen wir deshalb relativ häufig auf. Werden die inneren Rhythmen durcheinandergebracht, z.B. durch Schichtarbeit oder ein »bewegtes« Leben, durch chronisch unkontrollierten Stress oder körperliche Erkrankungen (z.B. mit Schmerzen), leidet die Regeneration und damit auch Energie, Stimmung und Wohlbefinden. Hormonsystem und Stoffwechsel geraten durcheinander, Alterungsprozesse beschleunigen sich, die Unfallgefahr steigt rasant. Auch beim Schlafen bevorzugt unser Körper also mal wieder das Normale, Gleichmäßige – eben den goldenen Mittelweg.

Tipp: Jungbrunnen Schlaf

Wachstumshormone werden im Hungerzustand (bei abgesunkenem Blutzuckerspiegel) und in der Tiefschlafphase der ersten Nachthälfte ausgeschüttet. Gegen Morgen kommt sein Gegenspieler, das Stresshormon Cortisol wieder auf den Plan. Leider nimmt die Menge an Wachstumshormonen mit zunehmendem Alter ab – ein Grund, weshalb die Regeneration der Organe nachlässt und der Körper Alterserscheinungen zeigt. Deshalb lassen immer mehr Menschen, vor allem in den USA, den Mangel vom Arzt ausgleichen. Nicht ganz ungefährlich, denn es lässt nicht nur Muskeln und Hautzellen wachsen, sondern auch im Kleinen vorhandene Krebsherde und die inneren Organe. Besser ist es also, auf die natürlichen Mechanismen zurückzugreifen, um genügend Wachstumshormone zu produzieren: Muskeltraining, zweimal in der Woche das Abendessen ausfallen lassen und regelmäßig früh zu Bett gehen! Der Schlaf vor Mitternacht ist eben doch der Beste!

Checkliste: Was stört den Schlaf?

Oft sind es die kleinen Dinge im Leben, die es schön oder schwer machen. Überprüfen Sie, ob Sie vielleicht eine naheliegende Ursache für schlechten Schlaf finden, die sich leicht abstellen lässt.

► Unregelmäßiger Schlafrhythmus (besonders nach einem Wochenende mit langen Abenden)
► Hunger (löst Aktivierung aus)
► Schmerzen

- ► Zu spät Kaffee, schwarzen oder grünen Tee getrunken (hält 5-7 Std. an)
- ► Zu viel Alkohol (unterdrückt den REM Schlaf, steigert Herzschlag und Blutdruck)
- ► Zu viel Nikotin
- ► Medikamente (Schmerz- und Grippemittel mit Koffein, Asthmamittel mit Theophyllin (wirkt wie Koffein), durchblutungsfördernde und konzentrationssteigernde Medikamente
- ► Zu viel, zu spät, zu intensiv Sport am Abend
- ► Zu viel und zu spät gegessen
- ► Zu viel und zu spät getrunken (Druck auf der Blase)
- ► Kalte Füße
- ► Geräusche (Schnarchen des Partners, Nachbarn, Kinder)
- ► Licht
- ► Intensive Gerüche (Blumen, Parfums, Zigarettenrauch, Ausdünstungen von Möbeln oder Teppichen)
- ► Schlafzimmer zu warm/zu kalt
- ► Decke zu schwer oder zu warm
- ► Matratze unbequem
- ► Nicht abschalten können
- ► Erkrankungen wie Depression, Bluthochdruck, Restless-Leg-Syndrom, etc.

Noch etwas: Schnarchende Partner gehören ins Schlaflabor und nicht ins Ehebett, denn erstens ruinieren sie die Liebe, Gesundheit und Lebensfreude des anderen und zweitens leiden Schnarcher häufig unter nächtlichen Atemstillständen (100 bis 500 pro Nacht, Schlaf – Apnoe Syndrom) ohne es zu bemerken. Übergewicht, Rauchen und Alkoholkonsum sind Risikofaktoren. Müdigkeit, Konzentrationsstörungen, Depres-

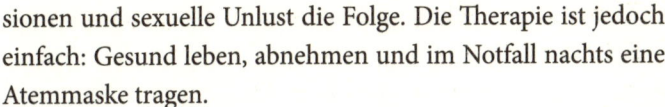

sionen und sexuelle Unlust die Folge. Die Therapie ist jedoch einfach: Gesund leben, abnehmen und im Notfall nachts eine Atemmaske tragen.

Abschalten, bitte!

Wer abends schlecht abschalten kann, ist mit den Aufgaben, Pflichten und Zielen des Tages noch zu sehr beschäftigt. Das ist gut gemeint von unserem Gehirn, doch führt es meistens nicht zu kreativen oder produktiven Ergebnissen. Wer müde ist, braucht eine Pause. Dann geht es am nächsten Tag umso besser weiter. Das müssen Sie sich ganz deutlich klar machen. Körper, Gefühle und Gedanken sollen durch die folgenden Tipps zur Ruhe kommen. Stellen Sie sich ganz bewusst darauf ein, dass das, was Sie gerade tun, das Ende eines Tages signalisiert und erlauben Sie sich selbst anschließend, frei von allen Verpflichtungen zu sein.

Wenn Sie ganz und gar nicht schlafen können, gehen Sie paradox ran: Aufstehen, statt rumwälzen. Bleiben Sie absichtlich wach und lösen Sie sich von der Angst, morgens nicht fit zu sein. Lesen Sie, tun Sie etwas Produktives, das andere nicht stört (aufräumen, bügeln, Dinge reparieren und in Ordnung bringen, planen Sie). Schaffen Sie sich dadurch ein Erfolgserlebnis. Je weniger Sie den Schlaf erzwingen wollen, desto besser werden Sie nach einer Weile einschlafen.

Die besten Methoden zum Abschalten

► Abendspaziergang (entspannt Körper, Gefühle und Geist, bringt oft noch gute Ideen)
► Leichter Sport

- Sauna (nur dem zu empfehlen, der sich dadurch entspannt fühlt)
- Warme Dusche oder warmes Bad (mit Melisse, Baldrian, Hopfen) nicht länger als 10 Minuten, Temperatur nicht zu heiß
- Tagebuch schreiben (stichwortartig): Was hat mich belastet? Was habe ich gut gemacht? Was ist Schönes passiert? (Emotionale Entlastung, positive, entspannende Gefühle werden ausgelöst)
- Checkliste für den nächsten Tag erstellen (entlastet von dem Gefühl, Wichtiges vergessen zu können)
- Sex und/oder kuscheln
- Entspannungsübung
- Lesen (erfreuliches Thema)
- Musik hören

Vorsicht, Schlafmittel!

Rezeptpflichtige Schlafmittel (Tranquilizer, Benzodiazepine) sollten nur im äußersten Notfall genommen werden, wenn alle anderen Methoden versagen. Und dann niemals länger als zwei Wochen. Denn Sie machen abhängig. Wenn es schon sehr spät geworden ist und Sie morgens früh raus müssen, nehmen Sie besser nur die halbe Dosis, sonst gefährden Sie sich im Verkehr und bei der Arbeit durch den gefürchteten »Hang-Over« – das Nachwirken des Schlafmittels. Besonders, wenn Sie es vor der Tablette schon mit ein paar Gläsern Alkohol versucht haben.

Die Schlafmittel der Natur

Besser, allerdings auch nicht immer ganz ohne Nebenwirkungen, sind die Schlafmittel der Natur.
Versuchen Sie

► Hopfen-, Melissen-, Passionsblumen-, Lavendel- oder Johanniskraut-Tee

► Ein Glas warme Milch mit Honig lenkt die Aminosäure Tryptophan ins Gehirn, das aus ihr den Glücksstoff Serotonin und das Schlafhormon Melatonin herstellt. Alternativen: ein kleiner Snack aus fettarmem Eiweiß mit etwas Süßem: zwei Esslöffel Quark mit Marmelade oder Banane, eine halbe Scheibe Brot mit Frischkäse, ein Fruchtjoghurt.

► Tryptophan und Melatonin können Sie sich auch verschreiben lassen. Allerdings bezahlen es die Kassen nicht. Nehmen Sie die angegebenen Mengen. 20% der Menschen sollen auf Melatonin nicht reagieren. Beide Substanzen machen nicht abhängig, werden schnell abgebaut und verursachen deshalb auch keinen Hang-Over (Tagesmüdigkeit).

► Baldrian-Dragees

► Johanniskraut-Tabletten gegen depressive Unruhe und Sorgen. (Vorsicht: Mikropille kann versagen, wenn Sie gleichzeitig Johanniskraut einnehmen; in Kombination mit Mitteln gegen Herzschwäche (Digitalis) oder antivirale Medikamenten gegen AIDS sind gefährliche Wechselwirkungen aufgetreten.)

► Magnesium: Der Tagesbedarf liegt bei ca. 400 mg. Bei starkem Stress, viel Bewegung und Schwitzen noch einmal 300–400 mg zusätzlich. Diese Dosis können Sie auch abends trinken. Fördert das Einschlafen. (Bei Nierenerkrankungen und niedrigem Puls (unter 60) erst den Arzt fragen.)

Viel Erfolg beim Planen und Umsetzen

Burnout bekommt man nicht innerhalb weniger Tage, und genauso wenig kann man ihn mit Hau-Ruck-Maßnahmen verhindern. Sie benötigen einen Plan. Wählen Sie ruhig einen Zeitraum von einem Jahr, in dem Sie Schritt für Schritt die Verbesserungen angehen, die Sie bei der Lektüre dieses Buches nützlich und hilfreich fanden. Auch wenn Sie, was absolut normal ist, immer mal wieder nachlässig werden, zum Beispiel beim Sporttreiben, beim Nein-Sagen oder beim Lob verteilen – wichtig ist, dass Sie sich auf den Weg machen und immer wieder auf ihn zurückkehren! Denn dadurch entsteht schon eine gewisse Zuversicht und Vorfreude auf ein gesünderes und schöneres Leben. Ich wünsche Ihnen viel Erfolg dabei! Damit haben Sie dann auch alles getan, was in Ihrer Macht liegt, um dem Burnout vorzubeugen. Wenn das nicht genug sein sollte, ist die andere Seite dran.

Burnout in Unternehmen

Die Logik ist einfach: Burnout und andere psychische Erkrankungen sind auf dem Vormarsch, führen zu Fehlzeiten (durchschnittlich ca. 23 Tage pro Erkrankungsfall im Jahr 2009 – AOK Gesundheitsbericht) und kosten die Unternehmen somit Geld. Da das Berufsleben ein so wichtiger und zeitlich ausgedehnter Bestandteil des Lebens ist, da die gut ausgebildeten Fachkräfte knapp werden und mehr und mehr ältere (und damit auch gefährdetere) Mitarbeiter beschäftigt sind, nehmen heute schon viele Unternehmen ihre Fürsorgepflicht auch im Bereich der psychischen Erkrankungen ernst. Unter der Überschrift »Betriebliches Gesundheitsmanagement« wird mit Slogans wie »Gesundheit für alle«, »fitte Mitarbeiter – fitte Unternehmen« für Gesundheitsaktionen, auch was die seelische Gesundheit betrifft, geworben. Denn Aufklärung und Information sind der erste Schritt, um Menschen körperlich und seelisch zu gesundem Verhalten anzuregen. Die Unternehmen handeln jedoch nicht nur aus »betriebswirtschaflichem Eigennutz«, sondern sind ja gesetzlich verpflichtet, den Gesundheitsschutz im körperlichen wie im psychischen Bereich ernst zu nehmen. So ergibt sich eine Situation, in der beide, Mitarbeiter und Arbeitgeber, einen Nutzen haben – die klassische Win-Win-Situation.

Gesunderhaltung als Führungsaufgabe!

Die Schlüsselpersonen für die Gesunderhaltung der Mitarbeiter sind die Führungskräfte und direkten Vorgesetzten. Diese Tatsache wird vielen Personalmanagern immer deutlicher bewusst und sie beginnen, diese Verantwortung ernst zu nehmen und das Führungspersonal zu schulen. Denn diese Personen sind, ob sie wollen oder nicht, fast die wichtigsten Menschen im Leben eines Mitarbeiters – bedenken Sie allein die »Einwirkungszeit« eines direkten Vorgesetzten auf einen Beschäftigten! Im Abschnitt über die Spiegelneurone konnten Sie lesen, wie sehr sich Befindlichkeit und Stimmungen wichtiger Personen auf andere auswirken. Eine »gestresste« Führungskraft kann auf diese Weise ihr ganzes Team anstecken. Auf der anderen Seite sind die Vorgesetzten verantwortlich für die Verteilung der Aufgaben und damit auch der Belastungen. Auch wie sie bei der Ausübung ihrer Führungsaufgaben mit den Mitarbeitern sprechen, ob Klarheit und Eindeutigkeit herrschen, Lob und Anerkennung ausgedrückt werden, die Mitarbeiter gerecht gefördert werden und ihre Arbeit als sinnvoll sehen können, hat einen großen Einfluss auf das individuelle Stresslevel jedes Einzelnen. Nicht zuletzt sind die Vorgesetzten aber auch das Nadelöhr für den Zugang zu den gesundheitsfördernden Weiterbildungsmaßnahmen, die ein Betrieb anbietet. Wenn der Chef nur die Augenbrauen hochzieht, weil sich einer seiner Mitarbeiter zum Stressmanagement- oder Burnout-Seminar anmeldet und Bemerkungen fallen lässt, wie zum Beispiel »... haben Sie das nötig«, statt die Initiative zu loben, dann sind die meisten Maßnahmen schon gestorben, bevor sie richtig Fuß fassen konnten. Gesundheitsmanagement in allen Facetten fängt deshalb am besten immer ganz oben an. Nur wenn die Geschäftsleitung mit gutem Beispiel vorangeht und die Gesunderhaltungspflicht für sich selbst ernst nimmt, wird sie das auch bei ihren Mitarbeitern zulassen.

Fürsorgepflicht ernst nehmen

Führungskräfte wissen, dass sie neben der Verantwortung für Arbeitsergebnisse auch eine Fürsorgepflicht gegenüber den ihnen Anvertrauten haben. Dass diese nicht nur vor dem Sturz über das Druckerkabel, sondern auch vor zu großen psychischen Belastungen geschützt werden sollen, ist vielen jedoch noch nicht bewusst. Manche haben geradezu Angst, die offensichtlichen Veränderungen in Stimmung, Sozialverhalten und Arbeitsleistung eines Mitarbeiters anzusprechen.

Die typischen Bedenken:

▶ Das ist doch Privatsache, ich darf doch niemanden auf psychische Veränderungen ansprechen.

▶ Wenn ich es anspreche, mache ich es doch nur noch schlimmer!

▶ Nachher bin ich schuld, wenn er sich etwas antut.

▶ Ich kann doch keine Diagnose stellen!

▶ Was soll ich denn sagen: Ich glaube, Frau Müller, Sie haben Burnout? Das geht doch nicht!

▶ Was soll ich denn den Betroffenen raten?

▶ Woher weiß ich denn, dass ich richtig liege, wenn ich eine Veränderung beobachte?

▶ Ich habe doch gar keine Zeit, mich um solche Dinge zu kümmern.

All diese Befürchtungen sind berechtigt, und deshalb muss man sehr gewissenhaft vorgehen. Einige Unternehmen haben es bereits eingeführt: einen systematischen, fürsorglichen Umgang mit der psychischen Gesundheit ihrer Mitarbeiter.

So sollte ein Unternehmen vorgehen:

▶ Information der Führungskräfte und der Belegschaft über psychische Erkrankungen, Behandlungsmöglichkeiten und Hilfsangebote (z.B. Integrationsfachdienst, arbeitsmedizinischer Dienst, interner Sozialdienst, externe Beratungsangebote)

▶ Einrichtung von Informationsquellen, die für alle zugänglich sind

▶ Organisation einer Zusammenarbeit mit internen und externen Beratungsstellen

▶ Vereinbarung mit dem Betriebsrat über eine für den ganzen Betrieb einheitliche Vorgehensweise

▶ Mitaufnahme des Themas »psychische Gesundheit« in das bestehende Gesundheitsmanagement

- ► Arbeitsgruppen, die psychische Belastungen erkennen und Vorschläge zum Abbau erarbeiten
- ► Etablierung einer gesundheitsfördernden Unternehmenskultur
- ► Messung der psychischen Belastung (z.B. durch eine Mitarbeiterbefragung)
- ► Angebote für alle Mitarbeiter zur Burnoutprophylaxe und zum Stressmanagement: Selbstmanagement, Work-Life-Balance, gesunde Lebensführung, etc.
- ► Unterstützungsangebote zur Entlastung: Familienservice, Hilfe bei Pflegebedürftigkeit, Betriebskindergarten, etc.
- ► Flexible Arbeitszeitmodelle
- ► Schulung der Führungskräfte im Erkennen von Veränderungen
- ► Festlegung, ab wann ein Fürsorgegespräch geführt werden soll
- ► Schulung der Führungskräfte im »Fürsorgegespräch«
- ► Schulung in der Wiedereingliederung nach einer psychischen Erkrankung.

Gelebte Fürsorge: Das Gespräch suchen!

Das gut strukturierte Fürsorgegespräch hat für die Führungskraft und den Betroffenen viele Vorteile.

Der Betroffene wird mit sanftem, fürsorglichem Druck motiviert, Hilfe anzunehmen, was er aus eigener Kraftlosigkeit und/oder Hoffnungslosigkeit oft gar nicht mehr kann. Manche lehnen den Blick in den Spiegel auch rigoros ab, verleugnen alle Auffälligkeiten und wehren sich massiv gegen die Schilderung von Beobachtungen. Da macht es keinen Sinn, rechthaberisch und verärgert, gar mit Druck darauf zu bestehen, dass etwas nicht in Ordnung ist. Das verhärtet die Fronten und zerstört die Kooperationsbereitschaft. Die Führungskraft kann auch keine Verdachtsdiagnose nennen, denn dazu ist sie ja gar nicht ausgebildet. Es bleibt: Die Fürsorge, geduldig, nachhaltig und mit dem einen Ziel, den Betroffenen zu bewegen, Beratung und Hilfe anzunehmen. Was dazu nötig ist, auch gegebenenfalls eine andere Arbeit, das ist Führungsaufgabe und kann in die Wege geleitet werden.

Achtung: Es gibt Fälle, in denen sich der Mitarbeiter öffnet und alle Sorgen und Probleme offenbart. Motivierte Führungskräfte sind in diesen Fällen manchmal zu verständnisvoll, zu nachsichtig und bieten sich selber als Helfer an! Finger weg! Sie haben kein Mandat und sind weder Sozialberater noch Therapeut. Verhalten Sie sich absolut korrekt und überschreiten Sie Ihre Grenzen nicht! Sie verzögern damit den Eintritt des Betroffenen in die konkrete und fachgerechte Hilfe, überlasten sich selbst und machen sich selber für den Fortschritt der »Genesung« verantwortlich. Doch seine Gesundung zu betreiben ist die Aufgabe des Betroffenen, der neben der Erbringung seiner Arbeit ja auch eine Mitwirkungspflicht zur Erhaltung der Arbeitsfähigkeit hat. Bleiben Sie streng bei den Dingen, die Sie am Arbeitsplatz für den Betroffenen tun können. Das ist Arbeit genug! Dazu gehört neben zeitlich festgelegten Erleichterungen der Arbeit immer der wiederholte Hinweis, die betrieblichen oder außerbetrieblichen Hilfsangebote zu nutzen, Telefonnummern bereitzuhalten und Ansprechpartner zu nennen. Viele mit Fürsorge begleitete Erkrankungsfälle könnten so zu einem guten Ende geführt werden. Der Betroffene ist wieder arbeitsfähig, teilarbeitsfähig oder muss in Rente gehen. Wenn eine schwerwiegende Erkrankung vorliegt, ist das bei psychischen nicht anders als bei körperlichen Erkrankungen. Man kann den Betroffenen ihr Schicksal nicht ersparen, aber fair und fürsorglich mit ihnen umgehen. Da sind die psychischen Erkrankungen den körperlichen absolut gleichzusetzten – auch wenn das im Moment noch ungewohnt ist.

▶ **Gelebte Fürsorge: Was sind die Ziele?**

Die Fürsorgegespräche haben aufeinander aufbauende Ziele.

1. Ziel der Gespräche: Keine Behandlung der Betroffenen, sondern deren Motivation, sich schnellstmöglich an einen Arzt oder einen Fachberater zu wenden.
2. Ziel der Gespräche: Möglichst realistische und zeitnahe Einschätzung der Arbeitsfähigkeit des Betroffenen.
3. Ziel der Gespräche: Mit dem Betroffenen herausfinden, ob und ggf. welche Arbeitsveränderungen für einen bestimmten Zeitraum hilfreich sein können.

Manchmal werden diese Ziele in ein bis zwei Gesprächen erreicht, manchmal dauert es Monate. Es kommt immer auf den Einzelfall an. Auf jeden Fall soll der Gesprächsfaden nicht abreißen. Es soll so oft wiederholt werden, bis der Betroffene wiederhergestellt ist.

Nach einem Reha- oder Kuraufenthalt sollte eine sorgfältige Wiedereingliederung stattfinden, bei der anfangs nicht nur die Arbeitszeit, sondern auch die Komplexität und die Schwierigkeit der Arbeit reduziert sind. Langfristig müssen Arbeitgeber und Arbeitnehmer eine Möglichkeit finden, einen Rückfall nicht gleich wieder vorzuprogrammieren.

Weiterführende Literatur und Internetadressen

Literatur:

Stress in Energie verwandeln

Damasio, Antonio R.: Ich fühle, also bin ich. Die Entschlüsselung des Bewusstseins. Berlin 2003.

Schonert-Hirz, Sabine: Meine Stressbalance. Rezepte für Vielbeschäftigte von Dr. Stress. E-Book. Frankfurt 2006.

Innere Kraftquellen aktivieren

Blank, Reiner / Schröder, Jörg-Peter: Pocket Business: Stressmanagement. Stress-Situationen erkennen – erfolgreiche Maßnahmen einleiten. Berlin 2008.

Flemmer, Andrea: Mood-Food – Glücksnahrung. Wie man durch Essen glücklich wird. Hannover 2009.

Küstenmacher, Werner Tiki / Seiwert, Lothar: Simplify your life. Einfacher und glücklicher leben. Frankfurt 2004.

Zulley, Jürgen / Knab, Barbara: Die kleine Schlafschule. Wege zu gutem Schlaf. Freiburg 2011.

Burnout wirksam vorbeugen

Benkert, Otto: StressDepression. Warum macht Stress depressiv? Warum macht die Depression das Herz krank? München 2009.

Blümmert, Gisela: Hilfe bei seelischen Erkrankungen am Arbeitsplatz. Hintergrundwissen, Handlungsanleitungen, Gesprächsleitfäden. Renningen 2010.

Carien, Karsten: Den Burnout besiegen. Das 30 Tage-Programm. Freiburg 2009.

Findeisen, Jens / Hockling, Sabine: Das professionelle 1 x 1: Burnout – Wege aus der Krise. Erkennen, akzeptieren, handeln. Berlin 2008.

Linneweh, Klaus / Heufelder, Armin / Flasnoecker, Monika: Balance statt Burn-out. Der erfolgreiche Umgang mit Stress und Belastungssituationen. München 2010.

Schmiedel, Volker: Burnout. Wenn Arbeit, Alltag und Familie erschöpfen. Stuttgart 2010.

Internetadressen:

Centrum für Disease Management Klinikum rechts der Isar: www.cfdm.de

www.kompetenznetz-depression.de

www.buendnis-depression.de/forum

www.deutsche-depressionshilfe.de

Selbsteinschätzung im Internet:

Kostenlose Testversion zum Kennenlernen zu den Themen Burnout und Erholungsfähigkeit:

HealthScreeningTool von sciencetransfer GmbH, Nordstraße 134, 8037 Zürich, www.sciencetransfer.com